·中国易学文化研究丛书·

易学经世真诠 2

——时空信息学

上册

李顺祥　著

中央编译出版社

图书在版编目(CIP)数据

易学经世真诠 2 / 李顺祥著. -- 北京：中央编译出版社，2017.7
(中国易学文化研究丛书)
ISBN 978-7-5117-2933-0

Ⅰ. ①易…
Ⅱ. ①李…
Ⅲ. ①《周易》-研究
Ⅳ. ①B221.5

中国版本图书馆 CIP 数据核字(2016)第 000392 号

易学经世真诠 2.时空信息学(上下册)

出 版 人：葛海彦
出版统筹：贾宇琰
责任编辑：邓永标
执行编辑：舒 心
责任印制：刘 慧
出版发行：中央编译出版社
地　　址：北京西城区车公庄大街乙 5 号鸿儒大厦 B 座(100044)
电　　话：(010) 52612345 (总编室)　(010) 52612371 (编辑室)
(010) 52612316 (发行部)　(010) 52612346 (馆配部)
传　　真：(010) 66515838
经　　销：全国新华书店
印　　刷：北京紫瑞利印刷有限公司
开　　本：710×1000 毫米 1/16
字　　数：1100 千字
印　　张：55
版　　次：2017 年 7 月第 1 版
印　　次：2017 年 7 月第 1 次印刷
定　　价：137.00 元

网　　址：www.cctphome.com　**邮　　箱**：cctp@cctphome.com
新浪微博：@ 中央编译出版社　**微　　信**：中央编译出版社(ID：cctphome)
淘宝店铺：中央编译出版社直销店(http://shop108367160.taobao.com)
(010)55626985

本社常年法律顾问：北京市吴栾赵阎律师事务所律师 闫军 梁勤
凡有印装质量问题，本社负责调换，电话：(010)55626985

序　一

唐明邦

改革开放新时期，神州大地涌现无穷新事物。作为中华传统文化中的术数文化也乘机得以复苏，这绝非偶然。术数文化早在《汉书·艺文志》中就已定名。今天，有人称之为神秘文化，包涵四柱、环境地理、六爻、择吉、奇门遁甲等诸多分支，都深深扎根于民间，长期口耳相传，已有数千年历史。术数文化从来受到历代史学家的公正对待，历朝历代均将术数文化领域里不少著名奇人异士的事迹载入史册。可以说，当今术数文化的复苏，不止有其现实土壤，更有其深厚历史根源，并非无源之水，无本之木。

从现实土壤方面看，术数复苏有着两方面的原因。一是经济文化建设、市场经济发展力量的推动。神州大地经济文化建设日新月异，一天等于过去二十年。经济全球化、信息网络化，导致人们的生活难免遭遇多重矛盾交织，言行举止、功利取舍等等诸多方面，往往是风险与机遇同在，必须深思熟虑，慎重决策。这时谋之领导、谋之师友、尚难决断时，谋之术数之士，亦不失为一种选择。故社会现实生活中的激烈竞争，乃是推动术数文化兴盛的动力之一，实非单纯的“周易热”所能引发。

其次，术数文化的兴起，还有两方面历史根源。一方面它是《周易》应用的一个侧面，可谓“易外别传”。《易》乃大道之源，是论道兴邦的宝典，然而数千年来，它却广被百家利用。易学与术数从来就有千丝万缕的联系。大体说来有三个层面，首先，它借用了《周易》的某些主导思想，如天人合一、三才统一、阴阳学说、常变思想等；其次，应用《周易》图像，《河图》《洛书》《太极图》、先天八卦、后天八卦、卦象图、纳甲图、爻辰图等；第三，借用易学的某些范畴、概念，如变卦、互体、吉凶、比应、中和、阴阳、刚柔、消息、常变等。术数借"周易热"之东风，乘势而兴，亦势所必然。术数之兴的另一历史根源，是它在中国二十四史、《四库全书》中，从来就有一席之地。《史记》有《日者列传》《龟策列传》；后来的正史中多有《方伎列传》，记载民间精通术数（包括医术）的奇人奇事，有的还高居庙堂，受到君王青睐。《汉书·艺文志》列有数十种或存或亡的术数类书籍目录。特别在清官修的《四库全书》中，子部列有术数一类。其中第一部列入此类者，乃是宋思想家邵雍的《皇极经世书》。此书实为大谈经世之道的易学名著，之所以将其列入术数之首，足以发人深思，表明《四库全书》编纂者，将各种列入术数的典籍，均视为同《皇极经世书》一样，有着指导人们为善去恶、崇德广业、安定社会的经世作用，应予列入子类与诸子百家典籍同等看待，不应以其为"草根"文化而加以歧视。由此启示后世，对待神秘文化术数之书，应持正确态度。首先，重视它，研究它，应用它为人民隐恶扬善、趋吉避凶、指点迷津；其次，保持中立态度，认定术数之学本有神秘奥妙之处，今人尚难破译，不会永远无人破译。譬如男女生育遗传之妙，古人难以解析，今有遗传密码的发现，真相大明。记得20世纪90年代，在北京举行的"周易与科学"学术研讨会上，中国地震局研究员翁文波先生，特别向大会献赠他的科研论著《天干地支纪历与预测》。书中表明他本人利用天干地支预测地震，屡有奇效。与今之四柱、六爻预测何其相似，难道不值得深思、存疑？无可讳言．过去社会上有少数人，不能正确对待术数行业，将术数界人士视为散布宿命论的迷信者。《四库全书》的编纂者，却是将术数之士大多视为导人自求多福、指点迷津的良师，他们能教人做"积善之家必有余庆"的主人，免遭"积不善之家必有余殃"的厄运。

我于术数之学心仪已久，视其玄妙莫测，不敢涉足此玄圃，至今仍是门外汉。但置身易坛，深交不少术数名家，耳濡目染，亦略知皮毛。今又读到《易学经世真诠 1.人生信息学》（上下册）《易学经世真诠 2.时空信息学》（上下册）《易学经世真诠 3.中国姓名学》《易学经世真诠 4.人居地理学》《易学经世真诠 5.人生信息学答疑》《易学经世真诠 6.时空信息学解惑》系列丛书，作者乃重庆市社会科学界联合会常委、国际易学联合会副会长、重庆市中华易学研究院院长、国际易学联合会易学应用研究会执行会长李顺祥同志。他从事术数文化研究与教学已三十多年，好学深思，广交师友，研读各派古典，心领神会，实践应用，去芜存菁，总结提炼，然后综合创新成此巨著。此套系列丛书立足实战应用，又有完善的理论架构，在实践中创立了诸多适合现代应用的学术新观点，完善了周易应用理论，极大地提高了周易预测的准确性和可靠性，推动了易学应用的健康发展。他治学严谨，力求完美，每一个学术新观点，都是在实际预测中，经过千百次的实践验证而得出，每有心得，笔之于书，也毫无保留，尤其是在学术应用的发展方面做出了里程碑式的贡献。此套系列丛书实属易学实战应用的权威之作。

今欲将此套系列丛书，抛砖引玉，公之于世，冀于同好，共谋发展。作者能成此套系列丛书，显示他具有令人钦佩的钻研精神。首先，显示出海纳百川、博采众长的虚心好学精神。术数之学，向来派系甚多，各美其美，莫衷一是。作者勤学好问，不受派系思想束缚，博学慎思，广征博引，加以重新架构，力求授人一套“正确、合理、简捷、实用、有效”的自学思维方法，诱导读者开启智慧，洞悟玄机。其次，显示作者富有敢为天下先的综合创新精神。在旧社会，门派规矩甚严，只许师徒二人口耳相传，素有“六耳不传”的行规，令人莫测高深。作者撰此套丛书，将先人遗训同本人创新之处，和盘托出，不加保留，打破千年行规，顺乎当代潮流，肯定会广受读者欢迎。再者，从中亦可看出，作者更有“己欲立而立人，己欲达而达人”（孔子语）的仁者心胸，乐于抛砖引玉。将此套丛书公之于众，必能广交同好，利于汲取不同意见，共同推进术数之学新发展。更愿用此套丛书鼓舞术数之学的爱好者，打消疑难情绪，热心自学成才；同时启示术数界同仁，深入研究先贤遗留的典籍，精益求精，崇德广业，树立高尚情操，以精湛技术服务社会。但愿此套丛书早日面市，乐以为之序，以就正于方家。

2017 年 5 月 9 日定稿于云鹤书房

（唐明邦，武汉大学哲学学院教授、博士生导师，首届中国周易研究会会长。）

序　二

韩　毅

2013 年元旦，我应台湾中华炎黄蚩三祖文化研究会顾问、台湾禅机山易经大学校长、中华鬼谷子学术研究会会长混元禅师邀请，带领北京易学教授专家代表团赴台湾桃园县参加“中华民族联合祭祖大典”。就在这次祭祖大典仪式上，我首次观看了儿童学易经的舞蹈，这不仅让我心灵受到强烈震撼，更是让我耳目一新，感慨万千。

易经是中华文化的源头活水，是修身齐家治国平天下的重要宝典，是世界三大著名经典之一。自汉武帝接受董仲舒“罢黜百家、独尊儒术”始，易经已经成为我国古代的群经之首。但由于众所周知的原因，易经在近现代的大陆社会中，曾经受到极大的冲击。令人欣慰的是，当代中国已经冲破了思想文化被牢牢禁锢的樊篱，十八大以后，党中央号召“建设优秀传统文化传承体系，完善中华优秀传统文化教育”，深得民心，可谓顺天应时，易学文化的复苏和发展也一步一步迎来了春天。早在 2007 年，清华、北大、人大、北师大这样的高校，在总裁培训班的课堂里，已悄然开设了国学易经的课程，央视百家讲坛也有了易经的专题，作为国家最高学术研究机构之一的中国社会科学院研究生院，更是于 2010 年在全国率先推出了《易经智慧运用实战高级研修班》，国家最高学府北京大学民营经济研究院又于 2014 年元月开设了《北京大学易经管理智库研修班》。时任社科院研究生院、北京大学民营经济研究院易经研修项目负责人的我，在社科院研究生院继续教育学院董礼胜院长、北京大学民营经济研究院赵孝哲副院长、清华紫荆管理培训中心范庆骅副主任的带动下，使全国易经研修者有了系统学习易经知识的杏坛，而始终徘徊在民间的易学文化传承也由此登上了官方学术殿堂。

2013 年 6 月 9 日，由中央编制委员会办公室批准的中国专业人才库批复设立了全国易学考评管理中心，首次将易学专业人才职业能力和从业活动管理以及全国易学考评教材出版纳入官方体系。在中国专业人才库管理中心主任刘琅博士的指导下、在全国易学专业人才考评专家委员会顾问方克立、余敦康、唐明邦、成中英等教授的关怀下，我受命担任全国易学考评管理中心主任并负责全国易学人才库的建设。中国专业人才库全国易学人才标准体系（CITP）经委托北京乾元智库教育科技有限公司研发已开始实施。CITP 是根据国情下易学发展新理念和研究成果，按照“国学院+人才库+研究院”的模式，以胜任力为导向的易学专业人才职称系列。其中批准了“易学教育与研究、易学管理与咨询、易学建筑与设计、易学文化与传承”等专业职种，制定了“课程、教师、题库和证书”等专业职级，构建了一套用于提升易学人才核心素质、增加变革创新意识、提高交流合作能力以及实践应用水平的知识体系。至此，中国专业人才库全国易学考评与应用研究工作开始步入中国特色新型智库的发展之路。

为进一步拓展全国易学考评与应用研究范围的广度和深度，尝试把中华环境地理学与中国建筑文化应用相结合，以肩负中国建筑环境地理文化传承与创新的历史使命为己任，立足正本清源、传承正能量学术思想，挖掘建筑人文环境地理文化的核心价值，展现中国建筑文化原生态环境地理学的绿色化，弘扬中华优秀传统文化走向世界为初衷，2015 年 8 月 30 日，由国家建设部批准、文化部主管、民政部注册的国家一级社团组织——中国建筑文化研究会向上级部门申报，批准设立了人文环境风水研究院。2016 年 1 月 9 日，在北京国家体育场鸟巢文化中心，由全国各大学教授、博导和各省市易学研究机构学术带头人及专家学者，组建了第一批拟承担国家级建筑人文环境地理选址、规划、咨询与科研项目的专家代表团，正式进入中国冬季奥运会艺术城项目的调研中。2016 年 3 月 7 日，国家一级学术期刊《建筑与文化》杂志“建筑风水文化”专栏孕育而生。值得一提的是，九旬老人唐明邦教授的发刊辞意味深长、催人奋进！他写道：“人文环境风水研究院任重而道远。当前任务在进一步为传统地理文化正名，为传统地理文化揭去草根文化的帽子，使之升华为荣登大雅之堂的一门新式交叉学科。应将传统地理文化的核心价值研究透彻，作出掷地有声的论述，令专家教授、及广大群众都心服口服，公认它是一门值得注重的学科，不再投以歧视目光。还当进一步为传统地理文化作出一个名正言顺放之四海皆准的科学定义，使之正规地进入现代学科之列。更应在'双百方针'指引下，允许不同的传统地理学著作范式竞长争高，使建筑人文环境地理学更上一层楼。"这一论断得到了中国建筑文化研究会领导们的高度认可，激发了全国易学考评与应用研究工作要敢于趟过深水区和面向困难所具有的勇气与智慧。

为什么易学饱经磨难却从未消失？说到底，易学文化与老百姓的生活及经济社会的发展有着千丝万缕的联系，起着不可或缺的滋养作用，故而才能生生不息。比如传统人居地理学，完全没有必要使之复杂化或神秘化，因为传统人居地理学是介于科学和哲学之间的一种交叉学科，无论是阳宅还是阴宅，都是在研究"因人而异、因地制宜"的环境规划学。只不过这种规划绝不是风和水的简单组合，而是恰到好处地揉进了易经理论中阴阳通气与五行制衡的关系，这种环境包括肉眼能够看到和不能看到的两大部分。在人类生活的环境中，无论是城乡建设还是居家住宅，人们都很注重绿化、美化以及一些基础设施的合理配置，这是能够用肉眼看到的部分。由于大多数人的认知有限，他们只相信眼见为实，因而对看到的部分往往容易接受，认为是科学的。而对那些普通人用肉眼看不见的则一概认为是不存在的。其实看不到的东西并不等于不存在，比如电流、空气等，人们每天都在利用但却看不到是什么样子。由此也就不难解释为什么阴阳宅位置的改变而使地理环境发生了变化，其人生轨迹也悄然发生了变化，这是普通人看不到的气场变化所引起的必然趋势。可见，人生现象多姿多彩，人生轨迹起落沉浮，似乎都有一只"看不见的手"在召唤。如何正确认识这只"看不见的手"？既要尊重规律又要不致于落入"宿命论"的泥坑，这需要用天人之学来定位人生，用易学思维来规划人生，以求顺势而为，有所作为。

李顺祥老师是中国专业人才库全国易学专业考评专家委员会委员，中国建筑文化研究会人文环境风水研究院专家委员会副主任，是当代易学界公认的领军人物。他的易学著作学术性与实用性兼备，极具权威性，经全国易学专业人才考评专家委员会教材编审组评议通过，决定将李顺祥老师撰写的《易学经世真诠》丛书选入中国专业人才库《全国易学考评与应用研究丛书》，作为中国专业人才库易学文化传承师培训教材和考评题库在全国认证推广，目的在于培养更多合格的易学文化传承人和创新一代，让易学应用这一中华传统文化的“奇葩”，更好地服务于社会，服务于大众，为“中国梦”的实现尽一份心力。

三十多年来，李顺祥老师敢于试错，敢于创新，取得了一系列研究成果。从 1996 年开始，先后撰写了含金量极高的许多易学应用研究丛书，深受广大易学爱好者和易学专家的赞誉与推崇。《易学经世真诠》丛书，涵盖了人生信息学、时空信息学、中国姓名学和人居地理学等当今最热门的四大易学应用板块，这四门大宗之法在丛书中既各成体系，又融会贯通，相辅相成，形式和内容如此完美结合，在当今易学专著中实属少见。初学者研习此书，能够迅速入门，进入实战；中级预测师研习此书，可使卦技大步精进，登堂入室；高级预测师精研此书，则可醍醐灌顶，更上新台阶。丛书的出版对易学应用研究有着划时代的贡献。此套丛书创新亮点很多，应用价值极大，无疑是易学应用研究的首选之作。

作为易学应用研究者，从学术传承与文化创新的角度看，我认为《易学经世真诠》这套丛书有以下重要的创新价值：

第一，思想创新，发扬光大

思想创新和观念更新是对原有的思想和观念的发扬光大，目的是为了更好地指导实践，研究出更有实用价值的东西。本套丛书体现了破除因循守旧、固步自封的保守思想，树立大胆创新、敢闯敢试的学术创新精神，在传承的基础上进行创新，在实践中大胆探索，敢于突破常规、突破前人、突破自我，从理论到实践都对易学的发扬光大起到了极大的推动作用。

第二，理论创新，不断升华

理论创新是人们在社会实践活动中，对出现的新情况、新问题作新的理性分析研究，找出研究对象的内在规律和发展变化趋势，从而形成新的理论体系。此套丛书的理论创新具体表现在以下方面：

1. 去粗取精，去伪存真，对传统易学理论进行了修正和完善。比如：

卦爻进退之真假、五行生克之真假、长生之真假、五行系统的调节机制、生克与制化的区别、岁运君臣理论、早晚子时理论、真太阳时与北京时间的具体运用等。

2. 打破陈规，创立了诸多全新理论。比如：

【人生信息学方面】合之反化、干支的相对阴阳、同类异性的干支区别、大运替代月柱的法则、十神的复合含义、用神变化、战和法则、格局变化、人为的优化造命等。

【时空信息学方面】汉字五行如何判定、四值综合预测法、姓名加四值起卦法、纳干的运用、三会局在六爻中的运用、用神向背的具体运用、六爻的从格、竞争新论等。

【中国姓名学方面】命理五格综合起名法、六爻预测起名法等。

【人居地理学方面】人体太极点、命理与人居地理学体系、形势综合传统地理、理气与砂水兼顾理论、以人为本传统地理理论等。

3. 打破旧框架，创立新模式。比如：

将四柱预测学、八卦预测学融入传统地理学中，创立了一套全新的人居地理布局调整规则，弥补了传统地理学自身的不足与缺陷。

第三，探索真理，精益求精

实践出真知，实践是检验真理的唯一标准。李顺祥老师在长期的易学研究中，对任何一种新理论的创立，都通过了大量的、反复的实践验证。书中的实例都是他在实践中积累的真实案例，有理有据，真实可信。

成语有云："人才辈出。"在任何学科发展的历史长河中，总是遵循着后浪推前浪的铁律，易学也不例外。每一代宗师都是站在前辈的肩膀上树立起来的，文王站在伏羲、黄帝的肩膀上而树《周易》，在文王的肩膀上站着孔孟之道，在往后的易学进程史上，京房、邵子、伯温、郭璞、筠松、赖公都是易学史上划时代的圣人，他们既是易学应用的实践者，更是传承者。不可否认，每位先贤的背后莫不站着无数易学传承推动者，才使得中华民族的优秀传统文化源远流长，不失根基。李顺祥老师致力于易学应用和易理的探究，求真务实、拨乱反正，形成一套以阴阳变化、五行生克为主线的预测系列体系，成果斐然。在科学昌明、大兴易学、人才辈出的今天，不失为站在历代先贤肩膀之上传承易学的又一代明师，但他一贯推崇“德艺双馨”的治学之本，以传承易学为己任，从不以“大师”自居；他是我心中的易学文化巨人，但他却自谦为一个“吃易学百家饭长大”的普通易学文化传承者。古有邵子《皇极经世》流芳百世，今有顺祥《易学经世真诠》谱写新篇！《易学经世真诠》丛书的出版，必将在当代易学文化传承与创新历程中起到里程碑的作用！

2017 年 5 月于北京

（韩 毅：中国专业人才库全国易学考评管理中心主任，文化部·中国建筑文化研究会人文环境风水研究院院长。）

前　言

李顺祥

四书五经是中国古文化的经典之作，从古到今一直深刻地影响着中国人的思想和文化，而《易经》则被誉为群经之首。《周易》卦辞云："天行健，君子以自强不息；地势坤，君子以厚德载物。"清华大学取其"自强不息，厚德载物"作为校训，足见传统的周易文化对后世的影响之大。

周易有"象、数、理、占"四大功能。"象"，是事物之形，直观的实物形状和自然现象，通过对宇宙万物的自然现象的观察总结，由表及里而抽象出事物内部的本质规律。"数"，任何事物都可以用数去描述和研究，八卦之数、河洛理数都是研究事物规律的推演模式。"理"，就是事物的内在规律，事物的哲理。"占"，就是占筮，是周易预测功能，通过某种预测模式可以揭示事物运动变化的过程、走向和结果。总之，周易就是揭示事物内在规律，研究事物运动变化的一门学问。翻开中华民族五千年的文明史，从汉至宋、明，周敦颐、邵雍、朱熹等众多著名易学家，对周易的"理、象、数、占"之规律都做过系统的研究。

任何一门学科，到底有多大价值，需要通过应用去体现。易学预测就是一门实证应用的学科，是以易学理论为依据、以事实为准绳的一门实证预测科学。易学预测具有省时省力、便捷准确的优势，这种优势是其他预测方法难以企及的。

易学预测上测天文、下测地理、中测人事，无所不能。精于此术者，胸藏玄机，时时事事皆能知己知彼，胜券在握。古曰：“运筹帷幄之中，决胜千里之外”，实非虚言。周易八卦，乃我国预测科学之精华，千古诸贤智慧之结晶，被有识之士誉为宇宙代数学。其预测天文、地理、人事的神奇功能，现代科技也望尘莫及。耳熟能详的周文王、孔子、诸葛亮、袁天罡、李淳风、刘伯温等，无一不是精通预测的一代高人。他们研易用易，从中汲取智慧，运筹帷幄，开创了伟大的事业。易学预测的神奇功能有力地证明了自身的道理，吸引着千万学者，以致在 20 世纪 80 年代改革开放以来，特别是最近三十多年，迅速在海内外掀起了空前的易学热潮。我相信，易学将渗透到社会科学、自然科学和社会民众的日常生活中，为经济建设和社会发展服务。

易学应用虽然有许多分支系统，各具功能，各有特色，但都遵循阴阳五行之理，目的都是趋吉避凶，可谓同理同宗。“四柱预测学、八卦预测学、传统地理学、中国姓名学”是现代易学应用的四大热门板块。将八卦融入四柱预测，可使四柱预测更加出神入化，而将环境地理学和姓名学应用于四柱预测，则为改良人的命运提供了更有实效的方法和手段。传统环境地理布局必须结合居住者或使用者本身的五行气场和需求，这样布局出来的环境地理才是“人居环境地理”，将四柱预测学与传统地理学技术综合运用，可以解决环境地理“为谁而做”“以人为本”“人居环境地理”等传统地理学未能解决的基本原则问题，将八卦预测与传统地理技术综合运用，可以预测出肉眼看不到，罗盘测不出的隐蔽信息，从而做出效果更佳的环境地理布局与调理。现代姓名学的真正精髓是将四柱预测学与五格剖象法相融合后应用到实际操作中的学问，因此将四柱预测学与姓名学综合应用，才能使现代姓名学彻底走出原来的学术误区，成为一门具有真正实用价值的学问。

总之，四柱预测的最终目的是为了改良命运，环境地理调整与布局、姓名的配置是改良命运的两个重要调控方法，前者为后者提供依据，后者为前者达到目的。八卦预测学与传统地理学和姓名学的关系也是同样的道理。因此，只有真正掌握和应用这四门易学应用的大宗之法，才能解决现代易学应用所面临的诸多难题和新的课题，更好地为现代社会服务，为民众谋求福址。

纵观古今，易学预测典籍浩如烟海，虽各有见地，但大多杂而不精，或偏执疏失，有误人子弟之处；或只专注于某一领域，很难见到将诸法融会贯通在一起的著作。毋庸讳言，易学预测领域尚有许多新的学术项目急需开发研究，古人的理论亦需进一步完善，错误之处尚待纠正。纵观目前易学队伍，学习热情甚高，求索精神极强，但大多因既无适宜自学的教科书，又无明师指导，所以即使久学却大多是会而不精，欲进不易，欲弃不舍。我在三十多年的专业预测中经常碰到这类彷徨的同行。

万物皆有数。我刻骨铭心地记得我的授业恩师对我说过："顺祥啊，你将来一定要著书立说，把本门学术发扬光大，传承下去，为民服务啊！"从那以后，我无论走到哪里身上都带着纸和笔，记录每一个案例和心得。很多面测的案例当时没记录的，到了晚上，不管多么晚也要整理记录。1996 年我就开始收集整理自己的预测案例和研究成果，致力于四柱预测学和八卦预测学教材的编写。2004 年 6 月、2012 年 5 月，拙著《四柱玄机》《六爻玄机》先后出版发行；2007 年 12 月，《四柱详解》《四柱集锦》和《六爻详解》三部学术专著出版发行。

在我编著的每一本书中所举的实例，都是从我的预测生涯中无数个亲自预测的案例里面精选出来的，都是经过事实反馈验证正确、并具有普遍性和典型性的例子。每一本书的编写和出版，都代表了我当时最高的、最真实的学术水平。自从我的第一本易学专著出版以来，众多的热心读者不断地针对书中的内容进行了探讨，并提出了好的建议，正是得益于众多读者的鞭策和推动，才使得拙著都能够在前著的基础上更上一层楼。

学无止境，很多读者和学员向我提出了诸如：掌握了四柱预测学和八卦预测学，但没有掌握传统地理学和姓名学，在为客户进行五行调整改良命运时不尽人意；在为客户进行环境地理选址、布局调理时没有四柱预测和八卦预测的辅助，心中就没有底气，也难以达到良好的效果；在实践中如何把四柱预测学、八卦预测学、环境地理学、姓名学进行综合运用等问题。纷纷要求将我在四柱、八卦、姓名学、环境地理学等方面的研究成果及思维方法编写成系统的书籍公开出版。为了满足众多易学爱好者的强烈要求，我从2009年开始收集和整理四柱、八卦、姓名、传统地理方面的资料及研究心得，将这四门学科集结在一起，编写成《易学经世真诠》（四部）丛书。经过几年的辛苦努力，于2012年完成了本丛书初稿。此后，书稿在许多好友中进行审阅和校对，并不断地增加我的最新学术成果。2014年11月，经全国易学专业人才考评专家委员会编审组评议，一致决定将此套丛书选入中国专业人才库《全国易学考评与应用研究丛书》，将作为中国专业人才库“易学文化传承师”培训教材和考评题库在全国认证推广。因此，书稿又按照中国专业人才库全国易学标准认证体系CITP考评教材的要求重新进行了两年多时间的修改。从开始编著此套丛书的那天起，我就专注于此书的编写、校对工作，推掉了很多业务，也暂停了函授、面授教学，以至于很多好友和易学爱好者纷纷打来电话，询问我的新书什么时候出版，什么时候开始举办函授、面授，特别是近两年以来，每天都接到这样的询问电话。众多好友和爱好者的强烈期望和支持，让我受到极大鼓舞和鞭策。为力求内容完善，尽量做到对易学负责、对读者负责、对自己负责，我和参与书稿修订、校对的各位领导、前辈、好友、弟子和学员对书稿进行了无数次煞费苦心的修订和校对，其过程用“吹毛求疵”来形容一点也不为过！

功夫不负苦心人，这套《易学经世真诠 1.人生信息学》（上下册）《易学经世真诠 2.时空信息学》（上下册）《易学经世真诠 3.中国姓名学》《易学经世真诠 4.人居地理学》易学应用研究丛书，虽然一再拖延，直到今天才终于有缘与读者见面，虽然其中缘由皆为定数，但愿能不负众望。

此次编著的《易学经世真诠 1.人生信息学》（上下册）是在《四柱玄机》《四柱详解》《四柱集锦》《中国四柱预测学讲义》四部前著基础上修正并增加了最新研究成果重新编写而成；《易学经世真诠 2.时空信息学》（上下册）是在《六爻玄机》《六爻详解》《中国八卦预测学讲义》三部前著的基础上修正并增加了最新研究成果重新编写而成；《易学经世真诠 3.中国姓名学》《易学经世真诠 4.人居地理学》是从未出版的新作，中国姓名学和传统地理学也是与四柱预测学和八卦预测学融会贯通、互为应用的。

整套丛书是按照中国专业人才库“易学文化传承师”培训教材和考评题库的范式编写的。因此，此套丛书既要尽量做到从全面系统的基本理论、基础知识讲起，又要尽量囊括我本人目前易学应用的最新最高水平。没有基础何成大厦，正是丛书在原著基础上集结出版的另一个重要原因。

整套丛书的各分部中都不同程度地存在阴阳五行的基本理论和基础知识等内容相同的章节，也存在互为引用的个别相同实例。其目的之一是为了使四柱预测学、八卦预测学、中国姓名学和传统地理学能够形成一个既各自独立又相互联系的完整的体系，以满足不同读者的需要；二是让当今易学应用的四大分支系统，既能分开运用又能独领风骚，综合运用则更能如虎添翼！

我一贯坚持学术一定要走正道，要以阴阳学说为理论指导，以五行生克制化为法则，不要去走旁门左道。凡是不符合此理论和法则的预测都不是易学预测。学术研究要戒除浮躁，不要企图一步登天，要脚踏实地，从基础理论学起，从根本法则学起，才能一步一个脚印地踏入易学的殿堂。此次出版的这套丛书积累了我三十多年的心血，在三百多万字中没有哪一章节提过所谓的“绝招”。易学应用的正确思维和方法是基本理论、基本法则的融会贯通和灵活运用，我们的每一条预测结论都是根据一定的基本理论和基本法则推断出来的，所以根本没有什么“绝招”可说。如果一定要说“绝招”的话，几千年来经过无数先哲总结出来的每一条基本理论、基本法则都是“绝招”。正如武学上的“绝招”一样，把基本功练扎实了，深厚了，举手投足都是“绝招”，没有深厚功力支撑的所谓“绝招”，招招都是“虚招”，易学的研究和应用也不外此理。能把基本理论和基本法则融会贯通、灵活运用就是易学研究和运用的“最高招”！本丛书不求字字珠玑、辞藻华丽，只求深入浅出、通俗易懂，既要力求涵盖全面系统的阴阳五行学说的理论、法则和应用技法，又要纲提领挈地阐述阴阳五行学说的真要。因此，此书历经近十年的增补修订，正应古人云“书越写越厚”。同时，又要归纳总结到诸如四柱预测中以全命局的“扶、抑，战、和”论吉凶；六爻预测中以用神的“向、背”论成败；现代姓名学的真正精髓是命理学与五格剖象法的融合运用；环境地理学在理论和应用上的全新高点就是“人居环境地理”和“人体太极点”等应用要领，做到如古人所训“书越读越薄”。旨在能对广大易学爱好者在易学研究和应用的思路上得到有益的启发，诚愿读者的易学水平由此产生一个质的飞跃。

清人江永曾说：“凡著述有三难：淹博难，识断难，精审难。”编写易学书籍尤其如此。庄子云：“吾生也有涯，而知也无涯。”学无止境，只有更高，没有最高。本人才疏学浅，拙著中难免有疏漏和错误之处，诚望广大读者指正并告之，以便再版时更正，必将不胜感激！

在本书出版之际，十分感谢在我出版、编写、整理、校对、编辑这套丛书的过程中给予我帮助的领导、朋友、易友、弟子及学员们，为免挂一漏万，在此就不将名字一一列出，但对他们的感激之情会一直萦绕在我心中。

2017 年 4 月于重庆市中华易学研究院

内容简介

本书作者李顺祥老师十多年前撰写的系列易学应用研究专著，自公开发行以来，深受广大读者、易学爱好者及学术界人士的充分肯定和广泛赞誉。读者纷纷致函、致电询问是否还有可供深造的教材。读者们的迫切要求促使李顺祥老师产生了强烈的责任感，为了解决广大易友学易难的问题，提高易学队伍的整体学术水平，李老师通过深思熟虑，最终决定将自己积累了三十多年的宝贵经验——原高级预测师内部培训教材（现正式命名为《易学经世真诠 2.时空信息学（上下册）》拿出来奉献给广大读者。

此书弥补了前人易学预测体系中的诸多缺陷，纠正了部分谬误，极大地提高了六爻预测的准确性和可靠性。作者本着对学术负责的态度，坚持理论联系实际，奉行“实践是检验真理的唯一标准”的治学原则，根据自己三十多年的实战经验，提出了许多全新的、经得起实践证明的学术观点。旨在让广大易友学到正确实用的六爻理论与实战技法，从盲从轻信、拘泥教条的迷途中走出来，重新梳理易学思维，快速提高六爻预测技术。

本书承古创新，注重实践，论理透彻，由浅入深，理论体系和实战技术皆达到了空前的高度，读之令人振奋。诸如：

1. 人体密码加四值起卦法。

2. 起卦是断卦的基础，起卦方法决定卦象的可靠性，有些卦断不准的原因就是由于起卦方法不当所致，什么情况下用什么起卦方法很有讲究。

3. 五行生克制化历来被混为一谈，实际上生克与制化是属于两个不同系统的概念，它们既有联系又有区别，作用不同。

4. 准确衡量卦爻力量强弱需要考虑四值、卦宫、爻位及六神对卦爻的作用力。

5. 窥破了六爻卦中的特殊格局（即六爻卦中的从格和专旺格）。

6. 取准用神是准确断卦的前提，但许多人常常取错用神而不察觉，书中将教给你正确的取用方法。

7. 卦爻的动变是卦的玄机信息切入点。

8. 伏神隐藏秘密，其中大有玄机。

9. 传统理论的卦爻进退有不少致命的错误，书中首次披露了进退的真义与运用方法。

10. 被人忽略的六静卦中的动变之秘。

11. 卦爻生与不生、克与不克之形和质。

12. 通关成败与吉凶走向。

13. 旬空的“长空”与“短空”。

14. 八卦与四柱的综合运用。

15. 怎样根据预测结论进行最佳策划。

16. 论述了四柱命理学理论与技法在八卦纳甲筮法中的借鉴与应用，就“怎样区分六爻卦的从格、专旺、亢旺、强旺以及各自的吉凶意义”等问题作了详尽的论述，从而创立了“类四柱占断法”。

17. 纠正了“用神越旺越好”的错误观点。

18. 弥补了预测疾病仅以官鬼来断吉凶的缺陷。

19. 指出了只用月日而不用年时去衡量卦爻旺衰强弱的不完善之处，并给出了正确可靠之法。

20. 揭示了纳干、六神及神煞在断卦中的奥秘及用法。

21. 创立并披露了竞争类（如竞选胜负、职位升降、项目夺标、比赛输赢等）预测的全新秘法，其准确率远远高于传统方法。

22. 创立了用神向背决定成败得失的新观点，让你对高难度的卦迎刃而解。

23. 指出了三会局在六爻预测中的存在及其重要作用。

……

这些学术新观点的提出不仅对易友的理论水平和实战技术起到了升华的作用，而且对六爻预测术的发展更是起着极大的推动作用。书中还列举了600多个实例，分别从求财进退、婚姻大事、流年运势、疾病状况、竞选胜负、职位升降、项目夺标、比赛输赢、官司策略、失物寻踪、用人之道、出行逆顺、地理勘测、考试成败、吉凶祸福、天气变化、日常杂事等诸多方面进行了详尽的剖析。对实例的分析思路清晰、层次分明、条分缕析、透彻入微，读者从中可领悟到作者简捷、明快、准确、独特的预测风格和全新的思维方式。初学者研习此书，能够迅速入门，进入实战；中级预测师研习此书，可使卦技大步精进，登堂入室；高级预测师精研此书，则可醍醐灌顶，更上新台阶。

李老师一再强调，学习六爻、乃至命理预测术，重在掌握正确的思路，而不是束缚于古今论著中的断语，我们最终应从浩如烟海的断语中走出来，建立自己的思维模式，并通过行之有效的扎实学习，使自己的思维方式不断进步，不断升华，逐渐同现实社会人事相通，同易理相通，进而登堂入室，步入真正的易学殿堂。

作者李顺祥老师是当今易学界的权威人士，有着三十多年的从业经验，是易学界实战派的杰出代表，其撰写的《易学经世真诠 1.人生信息学》(上下册)《易学经世真诠 2.时空信息学》(上下册)《易学经世真诠 3.中国姓名学》和《易学经世真诠 4.人居地理学》等易学专著的正式出版，将对易学应用的发展起到非常良好的推动和提高的作用。

读者在研习过程中，若有疑问可与作者联系咨询 (具体联系方式在本书“后记”中有附)，也可参加作者主办的函授、面授班进行深造。

作者简介

李顺祥先生，当代著名易学家、著名预测学家、WBSA国际注册高级商务策划师、高级心理咨询师、重庆市社科联常委、国际易学联合会（国家民政部注册、中国社科院主管）副会长兼国际易学联合会易学应用研究会执行会长、中国专业人才库管理中心全国专业人才易学专业考评专家委员会委员、北京大学相关研修班主讲教授、广西大学国学易经研究院名誉院长及特聘教授、北京联合大学易学与经济发展研究中心专家顾问、山东财政学院及太原师范学院客座教授、中国人生科学学会国学院讲座教授、重庆市中华易学研究院及重庆市华夏周易文化研究院院长、同时还担任多家集团、公司及个人常年高级顾问。

其早年投身易学，遍访“明”师，深得各家精华。他博览群书，在继承先贤易学精华的基础上，经过自己大量的预测实践，独创了许多新的学术理论和预测技法。在易学领域三十多年的浸润和探索中，他一直致力于易学理论与应用的探究，求真务实，以其高瞻远瞩的目光，高尚的道德情操及精湛的技艺始终屹立于易学的前沿，是易学领域实战派的杰出代表，为弘扬祖国应用易学的健康发展做出了里程碑式的贡献。

其将四柱命理学、八卦预测学、传统环境地理学、择吉学、姓名学等融会贯通，综合应用，独树一帜。以精湛的技术、精准的判断、合理的调控，为顾客指点迷津、点拨人生，为许多单位和个人进行了成功的环境地理调理及策划，收到了良好的效果。为顾客预测与策划的满意率达98%以上，单位及个人调理改良方案有效率达100%。求测者遍及海内外。其快捷准确的预测与策划风格令人叹为观止，蜚声海内外，被誉为“预测活电脑”。

他在国际、国内的易学刊物及易学大会上发表了学术论文数十篇，其中多篇被评为特等奖、一等奖。他撰写出版的《四柱玄机》《四柱详解》《四柱集锦》《六爻玄机》《六爻详解》《四柱解惑》《八卦解惑》《中国四柱预测学讲义》《中国八卦预测学讲义》《易学经世真诠 1.人生信息学》（上下）《易学经世真诠 2.时空信息学》（上下）《易学经世真诠 3.中国姓名学》《易学经世真诠 4.人居地理学》《易学经世真诠 5.人生信息学答疑》《易学经世真诠 6.时空信息学解惑》等十多部易学专著，极大地完善了周易应用理论和操作技法。他本着学以致用，奉行“实践是检验真理的唯一标准”的治学原则，对长期有争议的诸多学术问题进行了深入浅出的剖析与正确的定论。因此，其易学专著畅销度久居易学书籍类榜首。2016 年 9 月，由国际易学联合会在北京召开的第八届国际易学与现代文明研讨会暨国际易学联合会第四届会员和理事大会上，他撰写的系列易学专著经国际易学联合会专家委员会评定，授予伯崑奖（易学著作类最高奖）。

他创办的易学研究机构，自开展预测与策划以及函授、面授业务以来，以其系统全面的专业知识，独到的教学方式，成功举办了数十届“李顺祥易学预测师”函授班和 “李顺祥高级易学预测师”面授特训班，深受海内外有识之士及专家学者的高度好评与肯定。他在教学中，不但重视提高学员的业务技术水平，也注重对学员的品德修养和职业道德操守的提升，为易学界培养出了众多德才兼备的预测精英。

目　录

第一章　阴阳五行基础

阴阳学说是一切术数预测的指导性理论。阴阳学说是我国古代先贤通过对自然、社会、生活的长期观察和总结而创立的一套完整的哲学理论。阴阳学说所涵盖的范围极其广大，宇宙间的一切事物和现象无所不包，它所揭示的是关于宇宙万物运动、发展和变化的普遍规律。因而，阴阳学说被称为“宇宙法则”，六爻预测学就是八卦系统与五行干支系统结合起来的一门应用技术范畴的学科。

要学习六爻预测，必须要精通阴阳学说。如果不能深入领悟阴阳学说的精髓实质，那么，即使你在六爻预测方法和运用技巧方面再怎样潜心钻研，都不能真正领悟到六爻预测的真谛，这样，你就永远无法登上六爻预测的顶峰。

绝大多数研习六爻预测的人，都不重视对阴阳学说的研习，以致遇到非常简单的问题都无法理解和回答。比如这样的问题：用三个铜钱摇卦时，为什么以有字的一面为正面，另一面为反面？为什么两正一反记为阳爻，两反一正记为阴爻？为什么三个都是正面反而为阴动爻，阴动爻为什么一定会变出阳爻？

能正确回答以上问题的人少之又少。于是有人说，这是发明六爻的人规定的。其实，“规定”是属于行政范畴的东西，它讲求的是目的，却不一定要遵循什么理论依据；属于科学和技术范畴的东西是不应该有什么硬性规定的，它们都有其正确的理论依据。上述问题也不存在什么规定，而完全是以阴阳学说为依据的。当你真正领悟了阴阳学说的精髓之后，对上述问题就迎刃而解了。

如果对上述这类简单问题都不能正确解释，又怎样谈得上领悟到六爻预测的真谛呢？如果我们把研习六爻预测技术比作习武，那么，六爻预测的操作方法、技巧就相当于武术的招式，而阴阳学说则是武术的内功。练武不练功，到老一场空。同样的道理，如果要想真正精通六爻预测技术，对阴阳学说务必吃透，不然的话，无论学多长时间，也无论有多少所谓的“绝招”，学到的都只不过是些雕虫小技的皮毛而已。

阴阳学说是六爻预测的理论源头和根基。脱离了阴阳学说，六爻预测就是无源之水，无根之木。阴阳学说是母亲，六爻预测是孩子，如果你还没有精通六爻预测，那么你就还没有成熟，还需要“母亲”的教诲，所以，当你在研习六爻预测的进程中遇到无法解决的问题时，你最好是回头悉心领悟阴阳学说，它会像母亲那样教你明白其中的许多道理，告诉你一切答案。

第一节 阴阳的实质含义

物竞天择，适者生存，这是自然法则。宇宙内的事物其种类之多，用万事万物也难以形容，而每一种事物内部又是千头万绪，所以，宇宙事物之复杂，实在使人感到眼花缭乱。华夏民族在漫长的生活与生产实践中，通过长期的观察、类比、思考和总结，发现了一个规律：

宇宙万物虽然纷繁复杂，变化无穷，但其中一部分事物都具有一种相同的属性，另一部分事物又都具有另一种相同的属性，因此，如果按照事物的属性划分，宇宙万物仅用两类即可概括。有趣的是，这两类事物的属性刚好相反。另外，宇宙间的任何一个具体的事物，无论是多么大还是多么小，无论是多么复杂还是多么简单，其内部又都有完全相反的两种属性。

先贤们把上述相反的两种属性分别用“阴”与“阳”来代表。可见，“阴阳”代表的就是两种相反的属性，这就是阴阳的实质。属性是抽象的，所以，阴阳是一个抽象的概念。

阴阳既可以囊括宇宙间全部事物的对立属性，又可以指代任何一个具体事物内部的两种相反的属性，其范畴大至宇宙，小至原子以至最小的事物。换言之，宇宙间的任何大大小小的事物都逃不出阴阳的范畴。

阴与阳是对立的关系，其含义刚好相对、相反。比如：按照位置高低属性来划分，天在高处为阳，地在低处为阴，天地为一对阴阳；山在高处为阳，河在低处为阴，山河为一对阴阳；这是相关联的两种事物之阴阳。同一事物内也必然存在阴阳两个方面，比如：以内外属性来划分，人体的体表皮肤为阳，体内脏腑为阴；房屋外墙为阳，室内为阴。

需要强调的是：任何事物虽然都可用阴阳的属性来划分，但必须是针对相互关联的一对事物，或者是一个事物的两个方面，这样的划分才有实际意义。如果被分析的两个事物互不关联，或者不是某个统一体的两个对立方面，就不能用阴阳来划分其相对属性。

阴阳具有无限可分性。阴中有阳，阳中有阴，阴阳之中又含有阴阳，可以不断地一分为二，以至无穷小、无穷细。比如，以内外属性划分，人体的皮肤为阳，内脏为阴，细分下去，则皮肤的外层属阳（阳之阳），里层属阴(阳之阴)；皮肤里面有无数个细胞，每个细胞有从外到内依次有细胞壁、细胞膜、细胞质、细胞核，细胞壁为阳之阳，细胞膜为阳之阴，细胞核为阴之阴，细胞质为阴之阳。随着事物对立面的改变，阴阳之中又可以再分阴阳。总而言之，“阴阳”是一个哲学范畴的概念，表示“相反、相对”的意思，其范畴大可至天体，小可至微粒。阴阳分别代表任意范畴的大大小小的相互关联之事物或对象的两类相反、相对之属性。

第二节　阴阳特性

任何事物都具有自身的阴阳特性和五行特性，掌握这些特性是研习六爻预测技术的基本功。因为阴阳五行特性在六爻预测中会经常用到，所以，大家一定要打好基础。

阴与阳的特性刚好相反、相对，只要知道了阴的特性，就能从反面抽象出阳的特性。

阴的特性如下：

向下、收敛、隐蔽、内敛、收缩、含蓄、消极、顺从、柔弱、安静、忍耐、模糊、黑暗、里面、持续、抽象……

阳的特性如下：

向上、生发、显露、外露、伸展、浅显、积极、对抗、刚强、躁动、冲动、清晰、光明、外表、短暂、具体……

两相比较，阴的特性与阳的特性形成鲜明的对比，二者刚好是相反的、对立的。从哲学的角度讲，阴与阳就是一对矛盾。

宇宙自始至终存在着阴阳两大类对立的事物。对立的事物在矛盾的斗争中不断运动变化，从而促进一类事物的发展壮大，同时又使另一类事物走向衰退与消亡。这是从宏观的角度而言的。如果从小的范围讲，每一种具体的事物内部也同时具有阴阳的两个方面。事物自身内部阴阳的矛盾斗争，使事物自身朝着一定的方向发展变化。总之，无论在异类事物之间，还是在同一事物内部，阴阳都是一对矛盾，这种矛盾运动是事物运动变化的内因。

第三节　阴阳学说

阴阳学说是一切术数预测的指导性理论。当你遇到难断的卦时，不妨把阴阳学说的理论与卦中每个爻结合起来进行辩证思维，如果功夫到家，你将会发现其中的许多玄机。一般的六爻预测师都没有将阴阳学说与断卦相联系的意识，所以，这正是他们断卦水平老是原地踏步的原因之一。

阴阳学说包括四大规律：

一、对立统一规律

阴阳是对立统一的关系。一般人对阴阳对立的道理都容易理解，而对阴阳统一的道理却感到有些疑惑。

阴阳对立是指一个统一体的矛盾双方的相互排斥、相互斗争。阴阳学说认为，阴阳双方的对立是绝对的，如天与地、昼与夜、明与暗、热与寒、实与虚、上与下、内与外、动与静、升与降、入与出、生与死等等。只要事物具备了某一面，就必然会滋生相反的另一面。阴阳双方的争斗和比拼，推动着事物的运动变化。

阴阳统一是指矛盾的双方虽然相互对立，彼此斗争，但二者又都同时处于一个统一体并维护这个统一体。我们不妨把这个统一体比作一个壳，因为阴阳双方都依附于同一个壳内，所以，双方在争斗的同时都会尽量维护这个壳，阴阳双方之所以争斗，无非是为了自己占据更大的利益，如果壳被毁掉，双方都失去了生存的条件，争斗也就失去根本的意义。由于阴阳双方的争斗会使双方的统一体（壳）遭到一定程度的破坏，所以，阴阳双方的对立必须把握一个度的极限，一旦超过这个极限，统一体就会被彻底毁坏，于是事物就会发生质的变化。

在六爻卦中，五行相克也是阴阳对立，一旦五行相克的程度超过了极限，打破了六爻卦原来的五行状态，所测的相应事情就会有实质性的变化。这就是阴阳学说在六爻预测中的具体运用。所以，阴阳学说是断卦的指导性理论之一，千万不可轻视。

二、阴阳互根规律

相互对立的事物之间相互依存、相互依赖，任何一方都不能脱离另一方而单独存在，这种关系就叫做“互根”。阴阳互根就是阴阳之间的相互依存，双方互为根据和条件，以对方的存在为自身存在的前提和条件。阴阳所代表的性质或状态，如上与下、动与静、善与恶、好与坏等等，虽然互相排斥，但又互为存在的条件。阳根于阴，阴根于阳，无阳则阴无以生，无阴则阳无以化。阴蕴含于阳之中，阳蕴含于阴之内。

太极图中有黑白两个鱼，黑者为阴鱼，白者为阳鱼。阴鱼体黑眼白，表示阴中含阳，阴根于阳；阳鱼体白眼黑，表示阳中含阴，阳根于阴。太极图把阴阳互根的道理描绘得十分形象和明白。有兴趣的读者如果进一步深入琢磨太极图，也许还会悟出许多玄机。

阴阳互根很好理解，因为生活中它是一种随处可见的普遍现象。比如，法律与犯罪是一对阴阳，法律的产生是因为社会上存在犯罪行为，法律的使命是制止犯罪，如果社会上本身就不存在犯罪，那么政府就不必制定法律。可见，犯罪行为的存在是法律产生的前提条件；有了具体的法律条文，才能界定什么行为属于犯罪，如果没有任何法律条文，那么任何行为都不存在触犯法律的问题，也就没有犯罪一词的概念。又比如，夫妻是一对阴阳，只有当一个男人 A 娶一个女人 B 作为配偶的同时，女人 B 才被称为男人 A 的妻子，同时男人 A 才被称为女人 B 的丈夫，如果 A 和 B 不存在嫁娶婚配的关系，那么 A 就非 B 之夫，B 也非 A 之妻，夫因妻而名，同时，妻也因夫而名。正是因为阴阳互根的原理，阴阳才能在相互对立的同时而相互滋生，因此，阴阳互根是事物产生的前提条件，一旦某一方消失，那么相对的另一方也随之消失。换一种通俗易懂的说法，阴阳互根就是阴阳双方的相互关联。

由阴阳互根原理我们可以明白一个道理：在一个矛盾统一体中，事物正反两个方面没有绝对的好坏之分，好与坏是比较而言的，“好”只有依赖于“坏”的反衬才能显示出其好，“坏”也正是由于“好”的反衬才能显示出其坏，否则，“好”与“坏”就无从比较，无法定论。正是依赖这种反衬与比较，才能帮助我们界定好与坏，从这个意义上讲，“好”帮了“坏”的忙，同时“坏”也帮了“好”的忙。“福兮祸之所伏，祸兮福之所倚”就是基于这个原理。

三、阴阳消长规律的特性

消长就是增减、盛衰之意。阴阳消长，是指对立的阴阳双方之增减、盛衰、进退等方面的运动变化。对立的阴阳双方不是处于静止不变的状态，而是始终处于此增彼减、此盛彼衰、此进彼退的运动变化状态之中。

阴阳消长规律是：阳消则阴长，阴消则阳长。

阴阳双方在彼此消长的动态过程中保持相对的平衡时，事物才能保持正常的运动状态，如果这种消长的量超过了限度，事物就会出现阴阳某一方面的过盛或过衰，从而导致质变。比如，人体阴阳消长超过极限，动态平衡严重失调，就会产生疾病。

阴阳偏盛，是指阴阳消长中某一方长得太过，阴阳偏衰，是指阴阳某一方面消得太过。阴阳偏盛偏衰都属于阴阳异常消长，都会使事物发生质的变化。

四、阴阳转换规律

阴阳转化，是指阴阳对立的双方，在一定条件下的相互转化，阴可以转化为阳，阳可以转化为阴。

任何事物内部都包含着量与质的两个方面，量即数量，质即性质，量与质是相互关联和影响的。量的变化一旦超过了度的范围就必然发生质的变化。这时，阴就转化为阳，或者阳就转化为阴，如果从命学的角度讲，就是吉转化为凶，或者凶转化为吉。

从形式上看，量变是表现为缓慢的、渐进的、不明显的；质变则是表现为迅速的、突然的、明显的。所以，在发生质变之前，事物内部的变化不易被察觉，不易被引起注意。人的运势也是如此，在没有发生重大转折之前，并不引人注目，但运势突然发生根本性转折后，其举动和遭遇都会令人大吃一惊。

量变是质变的必要准备，质变是量变的必然趋势和结果。先有量变，然后才有质变；量变是质变的前提和基础，没有量变就没有质变。

质变打破旧质对量变的限制，巩固量变的成果；在前进性运动中，质变导致旧事物灭亡，新事物产生，所以质变是事物变化的决定性环节。

质变又会引起新的量变，新的量变又会引起下一轮新的质变。如此循环往复，事物的运动变化永不停息。

最后需要强调一点：阴阳的相互转化必须满足一个条件，这个条件就是阴阳消长（量变）的度。只有当阴阳消长（量变）超过度的范围时才会发生阴阳转化（质变），不能把阴阳消长（量变）与阴阳转化（质变）完全等同起来。

太极图中的两个阴阳鱼体随着空间位置的变化，其鱼体的阴阳比例逐渐变化，当变化的量到达圆的边沿时就等于是超过阴阳原本的度，这时阴就转化成了阳，阳就转化成了阴。但如果变化的量没有达到圆周边沿，阴还是原来的阴，阳也是原来的阳，并不会发生质变。

以上讨论的“对立统一、阴阳互根、阴阳消长、阴阳转化”四大规律，就是阴阳学说的基本内容。考虑到学科专业知识在本书的比例安排，在此只能对阴阳学说作如上的简介。读者如果需要更加深入地理解掌握阴阳学说，可以参阅相关的哲学著作。阴阳学说与马克思主义哲学在理论上有某些惊人的吻合，一定意义上二者可以互补与加强。

阴与阳之间的关系是一种辩证的关系。阴阳存在于一切事物之中，当然也存在于六爻预测中。懂得了阴阳之间的辩证关系，对我们用辩证的思维去分析和推断六爻卦中的信息具有指导性意义。

第四节　五行概念及分类

宇宙包含万物万事万象，面对如此复杂多变的世界，我们如何去认识、分析并从中探寻其规律呢？中华民族的祖先在长期的生产与生活实践中，通过对宇宙自然的观察、比较和分析中发现，宇宙世界的事物虽然无计其数、异彩纷呈，令人眼花缭乱，但如果按事物的属性划分，宇宙万物却不过是由五种属性各不相同的五大类物质构成。这五大类属性不同的物质分别将其命名为“金、木、水、火、土”。这五大类物质的运动变化便构成了缤纷多彩的宇宙。我们把“金、木、水、火、土”称为五行。

这里需要说明的是，五行意义上的“金、木、水、火、土”并不是单指具体的五种实物，金并非单指金属之物，木也并非单指森林树木，水不是单指雨水，火也不是单指燃烧着的火焰，土当然也不是单指泥土。

《尚书·洪范》对五行的解释是：“五行：一曰水、二曰火、三曰木、四曰金、五曰土。水曰润下，火曰炎上，木曰曲直，金曰从革，土曰稼穑。”“水曰润下”是说凡具有寒凉、滋润、向下之性的事物均归属于水；“火曰炎上”是说凡具有温热、升腾、向上之性的事物均归属于火；“木曰曲直”是说凡是具有生长、升发、条达、舒畅之性的事物均归属于木；“金曰从革”是说凡具有清洁、肃降、收敛之性的事物均归属于金；“土曰稼穑”是说凡具有生化、承载、受纳之性的事物均归属于土。可见，五行是人们对事物按照其特性加以类比后而进行的归类，五行分别代表五类特性不同的五大类事物。请看下表：

五行万物类象表

五行	五色	五化	五气	五方	五季	五味	五脏	五官	形体	情志	五声	五常
木	青	生	风	东	春	酸	肝	目	筋	怒	呼	仁
火	赤	长	暑	南	夏	苦	心	舌	脉	喜	笑	礼
土	黄	化	湿	中	长夏	甘	脾	口	肉	思	歌	信
金	白	收	燥	西	秋	辛	肺	鼻	皮毛	悲	哭	义
水	黑	藏	寒	北	冬	咸	肾	耳	骨	恐	呻	智

从这个表中我们不难看出五行所指代的含义。表中仅仅是对部分事物的归类，宇宙间的万事万物都可以用五行归类，读者可以仿此对其他事物自行归类。

熟练掌握五行归类的内容，对六爻预测中推断出更多、更细的信息会大有帮助，望读者不要忽视。

宇宙间的事物虽然种类繁多，但归纳起来不过
事万物的分析研究变成了对五类事物的分析研究，
于五行各有其自身的独有特性，因此我们对五行
就有理可依、有章可循了。

为什么要用“五行”一词来称谓宇宙的五

“行”者动也，运动之意。宇宙间一切事物每时每刻都在运动，静止只是相对的，而运动是绝对的。五行就是指五大类运动的事物。用这个“行”字是意在强调所有事物始终具有的运动特性。

千条江河归大海，宇宙万物归五行。掌握了五行理论，就可以此探究宇宙万物的运动变化规律。将五行理论运用到六爻预测中，就可以推断出我们想要得到的各种信息。

第五节　五行特性

宇宙万物虽然千差万别，但许多事物都具有共同的特性，如果我们把宇宙万物的特性加以概括，则只有以下五种基本特性：

一、水的特性

1. 基本特性：寒凉、滋润、向下、黑色。

2. 正面特性：湿润、流动、渗透、漫延、聪明、智谋、灵活、变化、深入、扩散、奔放、欲望、艺术……

3. 负面特性：冲击、毁坏、无情、泛滥、放纵、偏激、贪淫、诡诈、多疑、阴谋……

二、火的特性

1. 基本特性：温热、升腾、向上、红色。

2. 正面特性：热情、礼貌、豪迈、谦恭、安分、温暖、热烈、照耀、光明、坦诚……

3. 负面特性：谎言、酷烈、歹毒、急躁、冲动、无情、毁灭……

三、木的特性

1. 基本特性：生长、升发、条达、青色。

2. 正面特性：柔和、博爱、恻隐、仁慈、伸缩、生发、绵长、直爽、济助……

3. 负面特性：胆怯、软弱、屈服、嫉妒、狭隘、封闭、固执……

四、金的特性

1. 基本特性：清洁、肃降、收敛、白色。

2. 正面特性：革新、肃杀、延展、坚韧、威猛、刚强、豪侠、果敢、魄力、仗义、武力、争强好胜……

3. 负面特性：鲁莽、贪婪、刻薄、尖锐、狠毒、淫威、无谋、攻击、无义、退却、缺乏自信、外强中干……

五、土的特性

1. 基本特性：生化、承载、受纳、黄色。

2. 正面特性：孕育、藏纳、容忍、厚重、贡献、诚信、忠孝、宽广、踏实、守约、包涵……

3. 负面特性：倔强、固执、封闭、愚顽、吝啬、浅薄、轻佻、失信……

以上所列的正负面特性仅仅是五行基本特性展开后的部分内容，读者可以结合实际进一步扩展，推衍出更多的内容，以满足六爻预测的需要。

五行在卦中强弱适中时，多显现其正面特性，同时，其负面特性被抑制；当五行在卦中太强或太弱时，多显现其负面特性，同时，其正面特性被抑制。负面特性又有过强与过弱的区别，不能混为一谈。比如，土过强的负面特性为倔强、固执、愚顽之类，土过弱的负面特性则为浅薄、轻佻、失信之类。大家要注意这种区别，不然就会在预测中出现偏差。

对于五行特性在断卦中的具体应用，几乎没有一部卦书进行过专题论述，所以，很多人也不知道其具体的运用方法。其实，五行特性不但在命理预测中很有用处，在六爻预测中也同样大有用处。它在用六爻法推断人的性格和事物的形态方面非常管用，而离开了它，则几乎无从下手。所以，大家对五行特性在六爻预测中的运用不能轻视，掌握它对提高你的断卦水平会大有帮助。本书将在后面设立专节进行论述。

第六节　五行旺衰

五行四时旺衰强弱，是判断卦中五行（尤其是用神）的根据。在六爻预测中，判断爻之五行力量强弱是一个重要环节，而五行力量的强弱又直接与五行旺衰有密切的关系，所以，欲判强弱，需先明旺衰。五行是宇宙万事万物的抽象概括，它将宇宙万事万物分为五大类。每一类事物都有其自身的发生、发展、壮大、衰败、灭亡的过程，各类事物在不同的宇宙时空状态下其存在的方式也不同，按照这一宇宙间的客观自然规律，人们通过长期观察、总结、验证，发现了如下规律：

五行四时旺衰表

四时＼五行	木	火	水	金	土
春	旺	相	休	囚	死
夏	休	旺	囚	死	相
季	囚	休	死	相	旺
秋	死	囚	相	旺	休
冬	相	死	旺	休	囚

为了便于读者理解、记忆，作如下解释：

旺——事物发展至鼎盛时期的状态。如木在春季，得时秉令，为一年四季最旺之时。

相——事物处于受生受益时期正适宜发展的状态。如木于冬季水旺之时，吸纳水气（进气）而受益，为生长发育提供了条件，处于次旺状态。

休——一事物因生另一事物而被泄其气而衰败。

囚——事物失去生的源泉又克制不了当令之事物，导致自身力量比“休”更弱的状态。如夏天之水，生水的金被当令之旺火重克，使水失去金之生助，水克火耗水之气，但又战不过旺火，故以失败告终，像战俘一样反被囚禁起来。

死——事物被力量极强旺的另一事物重克，元气伤尽，走向灭亡的状态。如冬季火被旺水重克而趋于熄灭。

旺、相、休、囚、死的旺衰次序为：旺为最旺，相为次旺，休为小衰，囚为中衰，死为最衰。

记忆规律：当令者旺，令生者相，生令者休，克令者囚，令克者死。

旺相休囚死的含义，读者可以以实际生活中的事理进行推导，就能加深理解，领悟其实质意义。

表中除春、夏、秋、冬四时外，还有一个“季”字，它是指辰、戌、丑、未四个月，辰、戌、丑、未土的性质和力量是有所差别的，如水在辰、丑湿土之月的力量就比在戌未燥土之月的力量大，其余木火金的力量在不同的土月也不一样。

学六爻的人对旺、相、休、囚、死的规律可谓烂熟于心。但是，对旺、相、休、囚、死这五个等级的力度差别到底有多大，很多人却心中没有底。

五行的力度无法用器具进行衡量，只能通过在实践中的体悟去衡量，因此，这杆秤只在自己的心中。很多人虽然经过长期的六爻预测实践，但心中总是缺乏一杆准确衡量五行旺衰力度的秤，因而对有些卦就无法断准。我通过自己三十多年的实践体悟，对五行五个等级的旺衰力度差别有些心得，在此提出来供读者参考。

对于五行的旺度来说，五行的“旺、相、休、囚、死”五种旺衰状态就好像是五步台阶。从“旺”到“死”是向下的台阶，从“死”到“旺”是向上的台阶。其力量差别大家不难想象。

在五行旺、相、休、囚、死这五种状态中，“休”介于旺衰之间，可视为旺衰的分水岭，处于既不算旺也不算衰的中间状态。

在六爻卦中，如果某爻被月令和卦中其他旺相的爻同时重克又无生助，那么，该爻的力量则接近于零而处于从的状态。

一员精兵能胜过几个弱兵，一个当令的爻其力量不亚于两个“休”或三个“囚”的爻。处于死地的爻，则三四个也不如一个当旺的爻。这就好像一群卧床濒死的人无法对付一个壮汉一样。

总之，一旺可抵几衰。爻的强弱在很大程度上取决于爻的旺衰等级。月令起着主宰卦爻旺衰的作用。旺相之爻，虽少而易强；囚死之爻，虽多而难强。

第七节　五行生克关系

一、概述

五行之间存在着相生相克的关系。生克是矛盾的两个方面，也就是阴阳的两个方面，所以说五行含有阴阳。相生相克是事物的普遍规律，是事物内部不可分割的两个方面。生克是相对的，没有克，也就无所谓生。有生无克，事物就会无休止地发展而走向极端，造成物极必反，由好变坏；有克无生，事物就会因被压制过分而丧失元气走向衰败或灭亡。只有当生克达到相对平衡时，才有利于事物的稳步发展。

五行生克的相对平衡，就是事物矛盾的对立统一。这种平衡被打破，则“统一”也就随之而被破坏。这一法则适用于宇宙间的万事万物。比如说民主和集中也是一对生克，民主是自由是生，集中是约束是克；过分自由就是无政府主义，势必导致社会混乱；约束过分民众无半点自由，就会导致反抗，动摇社会制度。生克平衡为贵的例子，举不胜举，希望读者对五行生克有一个比较明确的、全面的认识。生与克不过是两种概念，两种名称，千万不要把生与吉画等号，也不要把克与凶画等号。需要生时，生就是吉，需要克时，克也是吉；不宜克时，克就是凶，不宜生时，生也是凶。生与克就是阳与阴的关系，我们不能说阳都为吉，阴都为凶。阴阳生克与吉凶的判断标准只能看是否符合需要，是否适宜。学过命理的人是懂得这个道理的，但许多人往往却不会把这个道理用在八卦预测学上，以致片面认为八卦用神逢生为吉，遇克为凶，也不分析是否生得过分或克得适宜，结果预测中难免出些错误，却又找不到原因。在此，提示读者在思路上要开阔一些，再往后学，你就会知道命理用于八卦中的妙处。

二、五行相生

五行之生，是五行中某一行（如木）对另一行（如火）具有促进、助长性的施与作用。这两行又分主生者（如木）和受生者（如火）。主生者力量被泄弱，受生者力量得到加强；主生者施与，受生者吸纳。

五行相生的关系是：木生火、火生土、土生金、金生水、水生木。

五行相生分真生和假生。

真生，指主生者有力量生受生者，同时受生者也有力量吸纳主生者的施与。这必须是主生者和受生者都不太弱，主生者的力量不能过分地超过受生者的力量。木能生火，必须是木、火皆有气，这样的木生火才是真生。如果火太弱接近熄灭，火就无力吸纳木之气而使火旺。这就好比一个年老体衰、濒临死亡的重病者，纵有玉液琼浆或珍贵良药，他也难以吞咽，故只有渐渐等死。主生者力量太弱无力生受生者，或受生者力量太弱无力吸纳主生者之气的两行之间的生为假生。这就是人们常说的心有余而力不足。受生者相对太弱而不受生的情形按五行归类则为：

木赖水生，水多木漂；水赖金生，金多水浊；金赖土生，土多金埋；土赖火生，火多土焦；火赖木生，木多火窒。

主生者太弱，受生者太旺，则又表现为：

木能生火，火多木焚；火能生土，土多火晦；土能生金，金多土虚；金能生水，水多金沉；水能生木，木多水缩。

由此可知，主生者与受生者力量悬殊太大，都是假生。假生实质上等于克，是克的一种特殊表现形式。一般初学者对真生的理解和运用较容易掌握，但对假生的理解、掌握和运用就稍微难一些。首先必须搞清楚什么程度为太旺，什么程度又为太弱。希望读者仔细体悟，深刻理解并牢牢掌握上述假生的十种形式和实质，为今后的实际预测打好坚实的基础。

三、五行相克

五行之克，就是一行对另一行的制约（牵制、抑制等）作用，克也分主克与受克。主克者制约对方，受克者受制于对方。主克者的力量因行克而被消耗，受克者的力量因受克而被抑制、损失。相对来说，主克者消耗的力量较小，受克者损失的力量较大（反克例外）。比如用刀砍木，刀主克，木受克，刀比木硬，刀不过把刃砍钝，而木却被砍折。二者的受损程度肯定有悬殊。

木克土、土克水、水克火、火克金、金克木。

克又分正克、反克和重克。正克是指主克者力量克制受克者，就是通常所说的木克土、土克水、水克火、火克金、金克木。反克是指主克者本身力量太小根本不足以克制对方，而反被对方所制约。比如水是克火的，但要用一杯水去浇灭熊熊大火，不但止不住火势，泼进去的水反而一下子就被大火烧干，化为乌有。这就是人们常说的以强敌弱的道理。

木本克土，土重木折；土本克水，水多土流；水本克火，火多水干；火本克金，金多火熄；金本克木，木坚金缺。

重克，是指主克者太强，受克者太弱，克的结果，使受克者遭到极其严重的损伤，造成毁灭性的结局。因为太弱的五行，好似风中残烛，遇上狂风席卷，岂有不灭之理。重克归纳起来表现为：

木弱逢金，必被砍折；金弱逢火，必见消熔；火弱逢水，必至熄灭；水弱逢土，必为淤塞；土弱逢木，必遭倾陷。

四、五行亢旺

事物发展到了旺盛的极点，就会朝着相反的方向转化，这就是物极必反，在五行学说中，我们把它称为“亢旺”。导致亢旺的条件，必须是自身旺盛至极，又无别的力量对其进行有效的制约。旺与亢旺的界限，有时很难区分，往往只是毫厘之差，但若不能精确判别，在预测中就会得出错误的结论。亢旺的规律，主要是用于八卦预测学中的特殊卦例和命理学的特殊格局，这是比较复杂的问题，请参阅拙著《易学经世真诠 1.人生信息学》(上下册)。只有牢固掌握基础知识，在弄通五行生克制化的基础上，才能真正领悟特殊情况下关于亢旺的特殊规律。五行亢旺的表现形式为：

木过则顽；火炽则烈；土厚则壅；金刚则折；水狂则滥。

五、五行生克小结

从前述的五行生克中可以看出，在生克这个对立统一的矛盾中，无论是生得过分还是克得过分都会因对立而打破统一，或者叫做打破五行生克的相对平衡。打破平衡，事物就会向一方倾斜发展。为了维持相对平衡，生与克要相互牵制。当不能相互牵制时，平衡被打破，这时事物就出现了新的变化，这种变化就是人们常说的吉凶。

五行生克是八卦预测学最基础也是最重要的理论，是八卦的中枢，所以，读者务必细心体悟，牢固掌握，不可放过一字一词。五行取象于实际生活，五行生克学说自然也与实际生活中的事理相吻合，所以，建议读者将五行生克之理与实际生活中的各种事理有机地结合起来，细心地比较，模仿，开通思路，展开联想。宇宙万事万物皆逃不出阴阳五行的范畴。

第八节　五行乘侮

五行乘侮包括“五行相乘”和“五行反侮”，二者的意思刚好相反。

一、五行相乘

某一行对另一行的过分克制称为“相乘”。乘，凭仗之意。相乘就是凭仗自己的优势而以强凌弱。

在相克双方中，具有克伐性质的一方称为“主克方”，另一方称为“被克方”。如木克土，木是主克方，土是被克方。

构成相乘的条件是：主克方特别强盛，被克方过于衰弱。比如，木克土，木的力量太过，土的力量不及，木恃强凌弱，土被制服。

五行相乘是一种超过正常限度的制约，会破坏五行的动态平衡。

五行相乘为什么会打破五行原有的相对平衡状态呢？我们可以从五行相生链中的五行连环相生关系来看——木→火→土→金→水→木，这是五行连环相生所构成的一个圆环。在这个圆环中，只要任何一行被制服而不能起到相生的作用时，就会在这个部位出现一个缺口，从而导致五行循环相生的中断，原来那个循环相生的圆环也就因出现缺口而不再成其为圆环，循环相生便不再成立。

比如，土过于强旺制住了衰弱的水，水就不能生木，在原来的循环相生圆环里，水居于金和木的中间，正是因为水居于金和木的中间，才形成金生水→水生木链条，现在水被去掉，金和木就紧靠在一起而相克，这样就打破了五行原来那种循环相生的平衡状态。所以，五行相乘不是好事。

二、五行反侮

主克方因太衰弱不能克制对方而反被对方所克制，这种情况称为“反侮”。侮，欺负之意。反侮就是以反常规的方式反过来欺负对方。

构成反侮的条件是：主克方特别衰弱，受克方特别强盛。二者相战，主克方力量太小不但不能克制对方，反被强盛的对方所制服。比如水克火，水本是主克方，火是被克方，由于水的力量太小而火的力量极大，水不但不能抑制火势，反而被火蒸发殆尽。按常规水是克火的，但这时火反过来去克了水，是属于一种反常规的颠倒阴阳之现象。

五行反侮也是一种超过正常限度的制约，也会破坏五行系统的动态平衡，其道理与五行相乘一样，也是打破了五行系统循环相生的圆环而导致战克。

总之，五行相乘和反侮都是一种非正常状态，它们会破坏五行系统的相对平衡而使事物发生变化。

第九节　母子相及

母病及子：五行中作为母的一行异常，必然影响到作为子的一行，结果母子皆异常。比如水生木，水太弱无力生木，则水竭木枯。这是由母太衰引起的子病，总结起来有以下五种情况：

木赖水生，水竭木枯；火赖木生，木枯火熄；土赖火生，火熄土寒；金赖土生，土寒金弱；水赖金生，金弱水竭。

母病及子的构成条件是：母子皆弱。也就是主生方与受生方都过于衰弱。只要其中有一方处旺地，就不会出现母病及子的情况。比如水旺时金处休地，水旺则不需金生，故金在一旁休息，金处休地也并不算弱；金旺时水处相地，此时金能生水，二者都不弱。

另外，母太过也会导致子病。比如，木生火，木太旺太多就会导致火的窒息。这种情况总结起来也有五种：

木能生火，木多火窒；火能生土，火多土焦；土能生金，土多金埋；金能生水，金多水浊；水能生木，水多木漂。

子病及母：五行中作为子的一行异常，必然影响到作为母的一行，结果母子皆异常。比如木生火，若火过于强旺，则会狂吸木之气而使木消耗过多致木衰竭，造成火多木焚。总结起来有以下五种情况：

木能生火，火多木焚；火能生土，土多火晦；土能生金，金多土变；金能生水，水多金沉；水能生木，木多水缩。

上述母子相及是两种病态，都是由于母子中的一行太过或不及导致的。所以，五行系统中的太过与不及都是事物发生病变的根源之一。在六爻卦中，用神出现母子相及的病态则所测之事不吉。这是六爻预测判断吉凶的理论依据之一。

第十节 五行生克与制化的联系区别

人们习惯把生克制化连在一起说。很多人对生克制化的理解是："生即相生，克即相克，制即克制，化即合化。"对生克的解释是正确的，大家都没有异议，但这种对制化的理解则是错误的。五行系统内部有一种"制化调节机制"，对"制化"一词有专门的解释（详见拙著《易学经世真诠 1.人生信息学》（上下册）中的相关内容)。制化的"化"并不是指的"合化"，而是指的"生化"。"制化"是制约和生化的合称。

"制约"就是克制，如木克制土，土克制水，水克制火之类。这种克制是正常范围内的克制，在力度没有超过对方承受的限度。比如木克土，木对土的克制在力度上没有超过土的正常承受能力，反过来说，土对于来自木的克制是能够承受的，不会因为木的克制而被完全制服，此时土对水的克制作用和受火的资生作用都能够正常发挥。简言之，这种克制是适度的。另外，这种克制还是有益的、必要的，因为如果没有这种适度的克制，就会因为有生无克而导致其力量太过，力量太过则会导致相乘，相乘则会破坏五行系统的动态平衡。比如水太过而无土制约则会导致水盛灭火，火被灭则不能生土，土无火生则会被木制服，土被制服则水因无土制而更加亢盛，这样就打破了五行系统的动态平衡。如果水有土适度的制约，则上述异常状态就不会发生，五行系统的整体平衡就能得到维持。这就是适度的克制是有益的、必要的道理所在。

"生化"，包括生和化两方面的意思。生就是资生，化就是因为生而对克制的化解。比如，木克土，因为火能生土，并且火在木与土之间起到了通关的作用，形成木生火、火生土的连环相生链，从而化解了木对土的克制。正是因为这种生化能够化解克制，才使得五行能够形成循环相生的圆环，从而使五行的气势顺畅流通，这种流通能使五行中每一行的力量都接近均衡，因而最终使整个五行系统形成动态平衡。这种动态平衡是一种最佳的状态。

如果只有制约而没有生化则无法使五行之气顺畅流通，难以达到和谐式的平衡。制约必有消耗，如果只有消耗而没有资生去补充则将使五行力量消耗过度。没有资生化解克制则五行永远处于对立状态，只有解除了对立状态最终才能形成五行的和顺与流通，最终才能达到和谐式的平衡。可见，生化是五行自行调节机制的最终结果，也是最期望的结果。

生克与制化有什么区别呢？生和克是五行之间的两种不同的相互作用形式，生是资生的作用形式，克是克制的作用形式。这两种作用形式能达到什么样的结果呢？在一般情况下，生能使五行力量增加，克会使五行力量削弱，生与克的结果就是使五行力量发生变化，即五行的量变。五行量变如果超过了一定的限度，就会打破五行系统的整体平衡，就会发生质变。为了维护五行系统的整体平衡，就需要调节五行量变的程度，调节的任务就是由制化完成的。生与克是相对独立的，比如水，它既能克火，又能生木，水克火和水生木都是水主动的行为，都是直接的，但水不会去生克土、金，只有被动地接受金的生和土的克，所以，五行中的任何一行只能与特定的两行主动地直接发生作用，而不能主动地直接与其他两行发生作用，这样就造成了五行缺乏整体的亲和力，而制化的作用则是把五行全部串联在一起，并且凭借相生相克的双向调节作用让五行既受到制约又得到生化，使得每一行都受到必要的约束而不致恣意妄为，同时又使每一行都得到资生而充满活力，这样，五行系统就构成了一个有组织、有纪律的有序之整体。

由上可知，生克是五行之间的作用形式，制化则是五行系统的调节机制；生克是个体的自发行为，制化则是整体的协调行为。单个的生克只能破坏整体平衡，制化则能将五行的全部生克进行有序的组合而使五行系统整体趋于平衡。这就是生克与制化的区别。

正是由于生克与制化是两个不同概念，各自具有不同的作用，因此不能将二者混为一谈，否则就不能正确领会五行学说的实质内涵。关于五行生克制化的调节机制的详细论述，请参阅拙著《易学经世真诠 1.人生信息学》（上下册）和《易学经世真诠 5.人生信息学答疑》的相关章节。

第十一节　本章结语

阴阳五行理论是八卦预测的基础和根本，具有指导性的作用。只有全面掌握了它，才能真正学好预测技术。

阴阳学说看起来比较抽象，却是从万事万物中总结提炼出来的关于事物运动、发展、变化、结果的内在规律。阴阳是可以相互转化的——阴极必阳，阳极必阴。比如生为阳，死为阴，任何事物从发生到消亡就是一个阴阳转化的过程；一种事物消亡后，它又会以另一种形式重生和出现，这也是物质不灭定律。预测如果仅仅只有一个结果，就会显得枯燥乏味，缺乏说服力，而根据阴阳学说，在用八卦预测某件事时，我们就会看到此事所经历的发生、发展、变化、结果的全过程，用语言去描述这个过程，预测的内容就显得生动具体，丰富多彩，从而令人信服。由于阴阳学说的内容比较抽象，需要我们去潜心领悟才能明白其中的玄妙，领悟的方法，可以找一些生活中你熟悉的事物从发生到结束的过程去比照分析。

五行理论比阴阳学说好理解一些，它有生、克、冲、合、会、泄、耗等各种形式，有比较具体的内容，主要是从量的角度去研究五行力量的变化。五行力量变化的结果，可揭示事物吉凶的程度。阴阳变化主要是研究质的变化轨迹，五行生克则主要是研究量的变化轨迹。五行力量变化只要未达到极限，事物的吉凶性质就不会改变，而一旦量变达到极限，就会由量变到质变，从而改变事物的吉凶性质。这是五行理论的精髓，必须要十分明白。

五行生克的实质就是五行力量的强弱变化，此消彼长，某一方力量增强则另一方力量减弱。某方力量强，则此方代表的事物处于优势甚至统治地位，对立的一方则处于劣势或服从地位。明白这个道理，通过卦中五行力量的强弱对比就可判断事物本身以及对方的吉凶、胜负，这正是预测所要知道的结论。

阴阳五行学说是术数预测的基础和根本，能否真正掌握是检验你预测水平的试金石。只有熟练掌握了阴阳五行的理论核心，灵活运用，才能结合实际去处理各类问题而不至于迷茫。

本章习题：

1. 关于土重金埋、木多火窒、火多土焦、金多水浊、水多木漂等等，有量的比例可循吗？和旺衰、三合局、三会局、动静有关吗？在断卦时怎样把握才能分析正确？

2. 如何深入理解和准确衡量五行之间的生克关系及力量大小？

第二章　天干地支与五行旺衰

五行之气细分阴阳，在天成象，在地成形，为了细致描述事物万象，便以干支相配的模式进行模拟分析。干支能细致地反映五行之气在时空中的分布和轨迹，其结构比五行生克更为复杂，希望研习者能熟记有关基础理论。

第一节　天　干

天干共十位——甲、乙、丙、丁、戊、己、庚、辛、壬、癸，所以称之为十天干。天干和地支一起，参与生克作用，八卦预测虽重地支，但又不能忽视天干的作用，四柱预测则干支并重。纵观古今，一般研习八卦的人，都纯粹抛开天干，其实这是一种很大的疏失。

天干与阴阳五行的关系为：

甲丙戊庚壬为阳干，乙丁己辛癸为阴干；

甲乙属木，甲为阳木，乙为阴木；

丙丁属火，丙为阳火，丁为阴火；

戊己属土，戊为阳土，己为阴土；

庚辛属金，庚为阳金，辛为阴金；

壬癸属水，壬为阳水，癸为阴水。

天干的生克与五行生克一致。

即：甲乙木生丙丁火；丙丁火生戊己土；戊己土生庚辛金；庚辛金生壬癸水；壬癸水生甲乙木。

甲乙木克戊己土；丙丁火克庚辛金；戊己土克壬癸水；庚辛金克甲乙木；壬癸水克丙丁火。

人们都熟悉物理学上同性相斥、异性相吸的规律。五行也有这个规律。所谓同性，就是阴见阴（如乙见乙，乙见丁等），阳见阳（如甲见甲，甲见丙等），异性就是阳见阴（如甲见乙，甲见丁等），阴见阳（乙见甲，乙见丙等）。同性相克力较大（克力+斥力），异性相克力相对较小（克力–吸力）。

一、十干配四时

甲乙属春，丙丁属夏，戊己属长夏，庚辛属秋，壬癸属冬。

二、十干配四方

甲乙位东，丙丁位南，戊己居于中央，庚辛位西，壬癸位北。

三、十干与人体部位

十干与体表：甲为头，乙为肩，丙为额，丁为舌齿，戊己为鼻面，庚为筋，辛为胸，壬为胫，癸为足。

十干与脏腑：甲为胆、乙为肝，丙为小肠，丁为心，戊为胃，己为脾，庚为大肠，辛为肺，壬为膀胱，癸为肾。其中阳干为腑，阴干为脏。

第二节　地　支

地支共十二位——子、丑、寅、卯、辰、巳、午、未、申、酉、戌、亥。统称为十二地支。

一、地支序数

子 1、丑 2、寅 3、卯 4、辰 5、巳 6、午 7、未 8、申 9、酉 10、戌 11、亥 12。

二、地支阴阳五行

奇为阳，偶为阴。故子、寅、辰、午、申、戌为阳；丑、亥、酉、未、巳、卯为阴。

寅卯属木，巳午属火，申酉属金，亥子属水，辰戌丑未属土。

三、地支与四时方位

寅卯属东方木，巳午属南方火，申酉属西方金，亥子属北方水，辰戌丑未为四隅之土。

寅卯辰司春之令，巳午未司夏之令，申酉戌司秋之令，亥子丑司冬之令。

四、十二支配月建

正月建寅，二月建卯，三月建辰，四月建巳，五月建午，六月建未，七月建申，八月建酉，九月建戌，十月建亥，十一月建子，十二月建丑。

这里的月份以农历（夏历）为准。农历月份又是以十二节令来划分的。不要把每月初一至三十（小月廿九）看成八卦预测学上的某一月。比如一九九七年正月初一至二十七属寅月，正月二十七交惊蛰，故二十七至三十属卯月。上一个节令起至下一个节令止为一个月；如立春起至交惊蛰止为正月。

十二月与节令的对应关系如下表：

月份	正月	二月	三月	四月	五月	六月	七月	八月	九月	十月	冬月	腊月
月建	寅	卯	辰	巳	午	未	申	酉	戌	亥	子	丑
节令	立春	惊蛰	清明	立夏	芒种	小暑	立秋	白露	寒露	立冬	大雪	小寒

五、十二支与生肖、时辰及人体器官的对应关系

地支	生肖	每日时间	人体	
			内五行	外五行
子	鼠	23—1	膀胱三焦	耳
丑	牛	1—3	脾	胞肚
寅	虎	3—5	胆	手
卯	兔	5—7	肝	指
辰	龙	7—9	胃	肩·胸
巳	蛇	9—11	心	面·咽齿
午	马	11—13	小肠	眼
未	羊	13—15	脾	脊梁
申	猴	15—17	大肠	经络
酉	鸡	17—19	肺	精血
戌	狗	19—21	胃	命门腿足
亥	猪	21—23	肾·心包	头

第三节　地支生克

五行之间的作用归结起来就是生克。十二支属于五行的范畴，相互之间的作用自然不外乎生克。由于地支中藏干较多，其气不专一，地支间的生克就表现出许多形式，自古以来，把这些形式分别称做：

生、克、泄、耗、刑、冲、合、害、会、拱、扶（助）、制、化，后来简称为“生克制化刑冲合害”或“生克制化”。这个法则在纳甲预测法中十分重要。

一、地支生克

寅卯木生巳午火，巳午火生辰戌丑未土，辰戌丑未土生申酉金，申酉金生亥子水，亥子水生寅卯木。

寅卯木克辰戌丑未土，辰戌丑未土克亥子水，亥子水克巳午火，巳午火克申酉金，申酉金克寅卯木。

十二支生克与五行生克之理完全一致。只是这种生或克不像天干那样单纯，由于地支藏干五行不一致，故往往生中有克，克中有生。

如：寅卯木生巳午火，寅木生巳午火之力比卯木生巳午火之力要强，这是因为寅中藏丙火，为火之长生，而卯中只有乙木本气。另外，寅木生午火的力量也比生巳火的力量要强，因寅与午半合火局，连生带合，而寅与巳之间只有相生而无合，且存在寅巳相刑，所以寅木生午火力量更大。

二、地支合会

1. 地支六合

子丑合化土，寅亥合化木，卯戌合化火，辰酉合化金，巳申合化水，午未合化土，共六组，故称为六合。

地支相合也是阴阳相合。合分为生合与克合。丑与子、卯与戌、巳与申为克合，合中有克。克合有强行相合的意思。丑土凭借自己强旺之力克制子水，子水受到制约不得不从。卯戌合、巳申合道理一样。在克合中，由于二者异性相吸，虽五行相克，却是对立统一，虽有怨，亦有情。亥寅、辰酉、午未之合为生合，二者异性相吸，而且五行相生，可谓情投意合，如胶似漆。在五行力量相等的条件下，生合比克合更牢固，合力更大，而且生合也比克合更容易成化。

地支六合中，相合二支的藏干皆具有相生相助之干。丑中辛癸生助子中癸水，亥中壬甲生助寅中甲木，卯中乙木生戌中丁火，辰中戊土生酉中辛金，巳中庚金生助申中壬水，午中丁己生助未中己土。这含有“同气相求，同声相应”之意。

地支合化，实质上就是一支对另一支五行力量的生助、抑制或引化。如子丑合化土，子水的力量被丑土抑制，寅亥合化木，亥水生助寅木，亥的力量就被寅木引化。六合的结果，使相合两支的力量与未合时发生改变，所以合的实质仍不外乎是生克。

2. 地支三合局

寅午戌三合火局，亥卯未三合木局，申子辰三合水局，巳酉丑三合金局。

寅中藏丙火，寅为火的长生之地，午乃火之本气，为火的帝旺之所，戌中藏丁火，为火之墓库。从初生（长生）到帝旺至墓库收藏，是事物发生、发展、归宿的三个主要环节，这三个环节自始至终有利于事物本身，故“生旺墓”一气构成三合局。寅午戌三合局如此，其余三合木局、三合水局道理一样，只是三合金局稍有不同。

三合局的中间这个字称为“中神”，是合局的核心。三合局的中神，前面有长生，后面有墓库收藏（储蓄力量），前呼后拥，聚集成一股强大的力量，所以三合局比单独一个中神的力量强大，稳固。

地支合局里还有一种形式，称为半合，寅午半合火局，寅为午长生之地，故称为生地半合；午戌半合火局，戌为午之墓地，故称为墓地半合。生地对中神有生之力，而墓地对中神有收敛作用，故在一般情况下，生地半合之力大于墓地半合之力（但半合金局的“酉丑”墓地半合之力通常大于“巳酉”生地半合）。半合局实际上是残缺的合局，所以其力量小于完整的三合局。

无中神者不为半合局（如寅戌），但当中神（如午）出现时则可以构成三合局（寅午戌）。寅戌之类，可称为“闸局”或“拱局”。

3. 地支三会局

寅卯辰三会东方木局，巳午未三会南方火局，申酉戌三会西方金局，亥子丑三会北方水局，辰戌丑未会四方土局。

如木旺于春，寅司孟春之令，为木之本气。三者一气相连，将木之旺气会聚在一块，不需水来生，就十分强旺，好比群英聚会，故称为三会东方木局。其余三会局同理。

三会局（如寅卯辰木局）的力量大于同类三合局（如亥卯未木局）的力量。

4. 合化

即地支合会以后其原来的特性有所变化。这种变化分为抑制和转化（引化）两种。如申子辰三合水局成化后，申、辰原来的特性被转化为水的特性，与子合成旺水，加强了水的特性。亥卯未三合木局成化后，亥的特性被转化为木的特性，未的特性受到木的抑制而不能显现出未土原来的特性。其他六合、三会成化后的道理一样。

三、地支之冲

子午相冲，丑未相冲，寅申相冲，卯酉相冲，辰戌相冲，巳亥相冲，共六组，故称为六冲。

地支六冲与天干冲的道理一样，也是同性相斥，五行不和，方位对冲。如午火属阳位南，子水属阳居北，二者同性相斥，水火相克，南北对冲。

冲为对立、排斥相击之意，六冲本身两支相克，再加上对立、相击的排斥力，所以，冲比克力量大。这大出的力量来自于同性之间的排斥力。假设子的力量为 10，巳午的力量为 6，异性合力为 1，同性斥力为 1，则子克巳后子水余力=10－6＋1＝5，子冲午后子水余力=10－6－1＝3，主冲者耗去的力量比主克者耗去的力量大。反过来说被克者受损较小，被冲者受损较大。这里假设的数字只是为了形象说明冲与克的力量差异，请不要把子冲午之力看成比子克巳之力就刚好大“2”，这个“2”到底代表多少，应针对具体的节令和整个卦的组合来定。

为了加深理解，我们可以把相克比作夫妻（异性）相斗，手下留情；把冲比作情敌（同性）相见，分外眼红。

四、地支六害

子与丑合，午冲子而破合，此为午害丑；午与未合，丑冲未而破合，此为丑害午，故丑午相害。同理可推出其余五组相害。地支六害为：

子未相害，丑午相害，寅巳相害，卯辰相害，申亥相害，酉戌相害。

五、地支相刑

子卯相刑，为无礼之刑；寅刑巳、巳刑申、申刑寅，为恃势之刑；丑刑戌、戌刑未、未刑丑，为无恩之刑；辰见辰、午见午、酉见酉、亥见亥，为自刑。

刑的意义，解释之一：我根据地支相刑的五行关系和大量的实际命例卦例分析总结出，刑就是一种克。有人会问，子生卯，寅生巳，丑未戌同类为相助，辰午酉亥自见也为比和，这些都是生，为何说是克？这实质上就是前面“五行相生”的内容里讲的假生，假生反而为克。也就是说，当两者力量太悬殊时，主生者太弱不能生或受生者太弱不受生。子生卯，子水太强卯木太弱为水多木漂，卯木太强子水太弱则为木多水缩；寅刑巳的道理一样。丑未戌三刑，辰午酉亥自见皆为同类相助，当其本身已经很强旺时，再遇相助而增大力量，就导致了物极必反即亢旺，亢旺在一般情况下为克。至于巳刑申、申刑寅，本身就是一种五行相克的关系，容易理解。

综上所述，刑就是克，是克的又一特殊表现形式。当刑旺忌神时，刑的结果会导致命运走向凶的一面，这样的刑便是一种妨害。产生刑的根源是五行力量的强弱悬殊或亢旺。因此，当相刑的两支或三支（巳刑申、申刑寅除外）力量不太悬殊时，以生助论而不以刑论，巳申相刑又相合，当合力较大时也论合不论刑。这一点在实际预测中十分重要，希读者一定牢牢掌握，否则差以毫厘，谬之千里。

由于刑的结果使五行严重失衡，因此容易导致灾祸，或伤残病亡，或官司牢狱。

子为卯之母，母子相刑，有失礼教，故为无礼之刑。子卯相刑而无制，为人不讲孝道，不遵礼节，六亲无情。

寅、巳、申各为木、火、金的临官之地，各恃力量强旺而相刑，故称为恃势之刑。犯寅巳申三刑之人，多主性情躁烈，不容他物，以强欺弱，孤独怪僻，幸灾乐祸。

丑未戌皆为土，同类应相亲相助，但同类又为比劫，有竞争之性，彼此争竞，激起旺气，各不相让，以至兄弟失和，恩将仇报，故称为无恩之刑。

辰午酉亥自见，为同类聚集，物极必反。主人贪婪暴虐，外善内毒，偏激自私，往往为达到自己的某种私欲而惹祸上身。

六、地支的泄、耗、扶（助）、拱、制、化

【泄】如子生寅，子被泄气，即主生者泄气。

【耗】如申金克卯木，申金需耗费自身的力量，故称之为耗气，即主克者被耗气。

【扶（助)】寅与卯，寅与寅，卯与卯相见，同属于木，可以相扶相助，故同类相见为相扶或相助。

【拱】三合局、三会局缺中间一字者为拱局。如申辰拱子，亥未拱卯，亥丑拱子，寅辰拱卯。

【制】就是制约、牵绊、牵制、抑制之意。如子丑合而不化，但相互间因有合力而相互牵绊。又如子生寅，有戌克子，则子被戌制而削弱生寅之力；子冲克午，有未制子而削弱冲克午之力。再如原本有寅亥合，但又有申冲寅或旺土克亥水等，则会影响寅亥的合化，这种复杂的制约关系就是制，制就是克。

【化】通关、转化或化解之意。比如金木相战，有水通关，金木相战的局势则被化解，转而变成金生水、水生木的流通之势。这时的金不但不克木，反而生木的原神水，所以金就成了木之原神的原神。金就由木之敌变为了木之友。金克木无水通关，若有火能够克制金，就解了木受金克之围，火就起了化解金木相战之势的作用。当然这种化解不及通关转化好，因为火虽可制金但火同时又泄木之气，而不像水通关那样可以使木非但不受金克反而受益于金。其他五行之间的化同理。

化也是五行力量转换的一种损益形式，也就是生克。

从上述地支间的十三种关系中可以看到，任何一种关系都不外乎损益的

范畴，损就是克，益就是生。比如泄、耗、刑、冲、害、制都属于损的范畴为克；合、会、拱、扶（助）、化都属于益的范畴为生。损益是相对一个主体而言的。这个主体受益，相对它的客体必然受损，而主体受损，相对的客体有的会受益，有的则同时受损（如子午冲），所以上述地支间的各种关系和作用归纳起来就是生克。在具体分析一个卦时，把各种复杂的关系划分为生克两类，则许多复杂问题就可得到简化而条理分明，这样，吉凶也就易于判断了。

第四节　干支纪时法

八卦是对时空的描述，八卦预测离不开时间因素。在阴阳五行学说中，是以干支进行纪时的，即以天干地支作为记录年、月、日、时的符号。十干与十二支配合共可组成六十对干支，常称为“六十甲子”。

见下表：

十位＼个位	1	2	3	4	5	6	7	8	9	10
0	甲子	乙丑	丙寅	丁卯	戊辰	己巳	庚午	辛未	壬申	癸酉
1	甲戌	乙亥	丙子	丁丑	戊寅	己卯	庚辰	辛巳	壬午	癸未
2	甲申	乙酉	丙戌	丁亥	戊子	己丑	庚寅	辛卯	壬辰	癸巳
3	甲午	乙未	丙申	丁酉	戊戌	己亥	庚子	辛丑	壬寅	癸卯
4	甲辰	乙巳	丙午	丁未	戊申	己酉	庚戌	辛亥	壬子	癸丑
5	甲寅	乙卯	丙辰	丁巳	戊午	己未	庚申	辛酉	壬戌	癸亥

六十甲子纪年可直接从万年历上查得。如 1924 年为甲子，1925 年为乙丑，1926 年为丙寅……每隔 60 年循环一次，则又 1984 年为甲子，1985 年为乙丑，1986 年为丙寅……

知道了年干，要推算这年各月的干支就容易了，因为每年十二个月的地支是固定的，所以，只需给各月地支配上天干就行了，先看下表：

年上起月表

年 月	甲己	乙庚	丙辛	丁壬	戊癸
正月	丙寅	戊寅	庚寅	壬寅	甲寅
二月	丁卯	己卯	辛卯	癸卯	乙卯
三月	戊辰	庚辰	壬辰	甲辰	丙辰
四月	己巳	辛巳	癸巳	乙巳	丁巳
五月	庚午	壬午	甲午	丙午	戊午
六月	辛未	癸未	乙未	丁未	己未
七月	壬申	甲申	丙申	戊申	庚申
八月	癸酉	乙酉	丁酉	己酉	辛酉
九月	甲戌	丙戌	戊戌	庚戌	壬戌
十月	乙亥	丁亥	己亥	辛亥	癸亥
冬月	丙子	戊子	庚子	壬子	甲子
腊月	丁丑	己丑	辛丑	癸丑	乙丑

只要知道了某年的年干，在表上就可直接查出该年任何一个月的月干。如 1992 年为壬申年，1997 年为丁丑年，要查这两年三月（辰月）的月干，在表查得为甲辰。经常在表上查，也不方便，于是，古人便总结出一个年上起月的歌诀：

甲己之年丙作初，乙庚之岁戊为头，
丙辛之年寻庚上，丁壬壬寅顺水流，
若问戊癸何处起，甲寅之上去寻求。

用这个歌诀在手掌上推月干很方便。比如甲戌年（1994 年），以丙为该年第一个月（寅月）的月干，即正月为丙寅月，按照本书前面介绍的掌诀图，先在掌上寅位（食指第三指节下部）起丙，其余月份天干依序顺推为：卯月配丁，辰月配戊，巳月配己，午月配庚，未月配辛，申月配壬，酉月配癸，戌月配甲，亥月配乙，子月配丙，丑月配丁。其余年份各月的天干仿此。要推哪一个月，只要在手指上一掐就知道了。

月支又叫月令。令者，掌权司令也。它是衡量干支五行衰旺的首要标准。由于月令具有主宰一月五行的生杀之权，居统帅地位，所以，又叫提纲。

每日的干支也可直接从万年历查得。

每日十二个时辰的地支数也是固定不变的，按日干配上时辰天干即得十二时辰干支。

见下表：

日／时	甲己	乙庚	丙辛	丁壬	戊癸
子	甲子	丙子	戊子	庚子	壬子
丑	乙丑	丁丑	己丑	辛丑	癸丑
寅	丙寅	戊寅	庚寅	壬寅	甲寅
卯	丁卯	己卯	辛卯	癸卯	乙卯
辰	戊辰	庚辰	壬辰	甲辰	丙辰
巳	己巳	辛巳	癸巳	乙巳	丁巳
午	庚午	壬午	甲午	丙午	戊午
未	辛未	癸未	乙未	丁未	己未
申	壬申	甲申	丙申	戊申	庚申
酉	癸酉	乙酉	丁酉	己酉	辛酉
戌	甲戌	丙戌	戊戌	庚戌	壬戌
亥	乙亥	丁亥	己亥	辛亥	癸亥

第五节　五行旺衰与十天干生旺死绝

旺相休囚死，是五行在不同时空状态下的几种不同的存在状态。古人为了更明确更细致地描述其各种状态的差异，又进一步总结出了十天干分别相对于十二地支的旺衰状态之规律。描述这种规律的表称为“十天干生旺死绝表”。

列表于下：

十天干生旺死绝表

时令 五行 状态	五阳干					五阴干				
	甲木	丙火	戊土	庚金	壬水	乙木	丁火	己土	辛金	癸水
长生	亥	寅	寅	巳	申	午	酉	酉	子	卯
沐浴	子	卯	卯	午	酉	巳	申	申	亥	寅
冠带	丑	辰	辰	未	戌	辰	未	未	戌	丑
临官	寅	巳	巳	申	亥	卯	午	午	酉	子
帝旺	卯	午	午	酉	子	寅	巳	巳	申	亥
衰	辰	未	未	戌	丑	丑	辰	辰	未	戌
病	巳	申	申	亥	寅	子	卯	卯	午	酉
死	午	酉	酉	子	卯	亥	寅	寅	巳	申
墓	未	戌	戌	丑	辰	戌	丑	丑	辰	未
绝	申	亥	亥	寅	巳	酉	子	子	卯	午
胎	酉	子	子	卯	午	申	亥	亥	寅	巳
养	戌	丑	丑	辰	未	未	戌	戌	丑	辰

古人将事物从孕育、产生、由弱变强再变衰亡消失的全过程分为十二个阶段，分别以胎、养、长生、沐浴、冠带、临官、帝旺、衰、病、死、墓、绝来表示。这十二个名称，乃是古人为了细致、形象地描述事物从孕育、产生、发展壮大到灭绝整个全过程的各个阶段而给予的形象命名。我们的祖先历来长于形象思维，善于根据宇宙间的事物类比取象，同时我国的汉字又具有十分形象、细腻、贴切的表意作用，古人就恰当地运用了这一优点。人对自身是最了解不过的，而人又是宇宙这个大天体的一个小天体，根据天人合一的中国古代哲学思想，先贤就以人为例来形象地描述宇宙万物从孕育、产生、成长到灭亡、消散整个全过程的十二阶段的状态。其含义在《滴天髓》评注中有形象的描述：

长生者，犹人之初生也。沐浴者，犹人之初生而沐浴以去垢也。冠带者，形气渐长，犹人年长冠带也。临官者，由长而旺，犹人之可以出仕也。帝旺者，壮盛之极，犹人之辅帝而大有为也。墓者，造化有收藏，犹人之埋于土也。绝者，前之气绝而后将续也。胎者，后之气续而结胎也。养者，如人之养母腹也。

这十二种状态，我们可以引申到万事万物，我将其用另一种相应的语言表述：

胎	养	长生	沐浴	冠带	临官
酝酿	孕育	产生	吸纳	发展	壮大

帝旺	衰	病	死	墓	绝
高峰	衰退	破败	灭亡	收敛	消散

“十天干生旺死绝表”把十干分为阴阳两类，生旺死绝的顺序则按阳干

顺行，阴干逆行的法则排布。阳干之生地，则为阴干之死地；阴干之生地，则为阳干之死地。

如此一来，就产生难以说清的道理。自古就有两种不同的观点：

一种观点认为：十天干生旺死绝顺序一律以阳干为准，阴阳干不存在区别。

另一种观点认为：十天干生旺死绝顺序应遵循上述“十天干生旺死绝表”的排法。

这两种观点，有一个共同处，即阳干生旺死绝的排布顺序一致，但又有一个完全对立之处：后者把阴干从天干中独立地划分出来，将生旺死绝的排布顺序颠倒过来。在术数界，这个学术官司长期纠缠，未取得统一认识。“理论家”各执己见，找出一大堆理由进行论战，但都没有用大量的实际命例（或卦例等）作为令人信服的论据进行论证。越是讲不清，就越把“理论”引向深奥难懂的抽象区域，牵强附会，越论越玄越难懂越糊涂，叫后学者感到无所适从。这是一种理论脱离实际的主观主义做法，是一种不负责任的治学态度。实践是检验真理的唯一标准。无论理论多高深，多玄妙，凡经不起实践检验的都是谬论。

《子平真诠》和《滴天髓》被术数界公推为命理名著。民初命理学家方重审高度评价二书：“最为完备精审，后之言命学者，虽千言万语，不能越其范围，如江河日月，不可废也。”《滴天髓》为清代命理学家任铁樵评注；《子平真诠》为民初命理学家徐乐吾评注。《滴天髓干支总论》曰：

阴阳顺逆之说，洛书流行之用，其理信有之也，其法不可执一。

如果作者在这里所说的“阴阳顺逆之说”是指十天干生旺死绝的阴阳排布顺序的话，那么，此言就表明了作者并不否定阴阳顺逆之说，但又说“其法不可执一”，似乎“理”与“法”不易完全统一。须知“法”由“理”生，怎会不统一呢？看来作者也不完全赞成阴阳顺逆之说，却又羞羞答答地不愿明言，也许是作者找不出充分的论据或虽有论据却又难以用一种贴切的方式进行圆说，只好把这个结留给后学者来解。但作者能提出这种观点，虽然含糊，却也十分可贵，给了后学者一个有益的提示。

评注者任氏，则观点鲜明：

古法只有四长生，从无子、午、卯、酉阴长生之说。水生木，申为天关，亥为天门，天一生水，即生生不息，故木皆生在亥。木死午为火旺之地，木至午发泄已尽，故木皆死在午。言木而余可类推矣。夫五阳育于生方，盛于本方，弊于泄方，尽于克方，于理为顺。五阴生于泄方，死于生方，于理为背。即曲为之说。而子午之地，终无产金产木之道；寅亥之地，终无灭火灭木之道。古人取格，丁遇酉，以财论，乙遇午、己遇酉、辛遇子、癸遇卯，以食神泄气论，不以生论；乙遇亥，癸遇申，以印论，不以死论。即己遇寅中之丙火，辛遇巳藏之戊土，亦以印论，不以死论。由此观之，阴阳同生同死可知也。若执定阴阳顺逆，而以阳生阴死，阴生阳死论命，则大谬也。

《子平真诠》成书于《滴天髓》之后，作者沈孝瞻在《论阴阳生死》章中明确提出：

阳之所生，即阴之所死，彼此互换，自然之运也。即以甲乙论，甲为木之阳，天之生气流行万木者，是故生于亥而死于午；乙为木之阴，木之枝枝叶叶，受天生气，是故生于午而死于亥。夫木当亥月，正枝叶剥落，而内之生气，已收藏饱足，可以为来春发泄之机，此其所以生于亥也，木当午月，正枝叶繁盛之候，而甲何以死？却不知外虽繁盛，而内之生气发泄已尽，此其所以死于午也。乙木反是，午月枝叶繁盛，即为之生，亥月枝叶剥落，即为之死。以质而论，自与气殊也。以甲乙例，余可知矣。

沈氏以树木来阐述甲乙木的阳顺阴逆，将甲作为树干，乙作为枝叶。沈氏认为树为木，树同时包含了甲乙木。甲为木的内气，乙为木的外表形态，甲为气，乙为质，气和质共同构成了具有生命力的木。这说明“活木”既非单独的甲木，也非单独的乙木，而是甲乙兼备，阴阳同体，气质并存。可见，作者在书中所说的甲、乙只是木的阴阳两个方面，而并非指宇宙间有独立存在的甲、乙木。但十天干运用于预测，甲、乙（包括其余八干）却是独立的木，你不可能说甲日生的人只有气没有质、乙日生的人只有质而没有气吧。否则的话，必须让甲日生的人与乙日生的人合二为一，才能气、质

(阳、阴) 兼备，成为一个活人。所以，《子平真诠》原著中“甲、乙”木与实际用于命理预测的“甲、乙”木是两个不同的概念，其内涵不同。前者所说的“甲、乙”是木的阴阳两方面，合起来才能成为木，后者所指的甲、乙木则是独立的木。可以说，后者甲中有乙，乙中有甲，甲乙统一于木的太极之中。著书者对这个问题的关键讲得比较含蓄，不够浅显明白，部分后学者则由于未得真谛而望文生义，曲为解说，以讹传讹，贻误子孙后代，如果把大树看成甲木，把花草看成乙木，那么，有树（甲）长生于亥月，而花草却死于亥月的道理吗？所以，《子平真诠》的评注者徐氏认为：

生旺墓绝者，五行之生旺墓绝，非十干之生旺墓绝也。十干之名称，为代表五行之阴阳，五行分阴阳，实为一物。甲乙，一木也，非有二也。寅申巳亥，为五行长生临官之地；子午卯酉，为五行旺地；辰戌丑未，为五行墓地。非阴干另有生长禄旺墓也……后世未察其理，而欲自圆其说，支离曲解，莫知所从。

可见，徐氏与任氏的观点完全一致。

综上所述，阴逆阳顺的观点，用以研究事物的阴阳进退消长规律不无道理，但命理预测中的十天干，其本身就包括了阴阳的两个方面：甲日生者，气、质兼备；乙日生者，也是气、质兼备。质的变化是由气引导，气为阳。所以，生旺墓绝，仅分五行，不必分明阴阳。在命理预测实践中，十天干的生旺死绝排布规律应遵从于五行。

另外，一般认为“长生、沐浴、冠带、临官、帝旺”这五种状态都属于五行“旺”的范畴。在五行旺相休囚死规律中，金死于夏（即巳午月），而生旺死绝表中却是金长生于巳，沐浴在午，为旺的范畴。这也是一个矛盾之处，又有一种看法认为：沐浴之地皆为败地，与五行的旺相休囚死规律又是一个矛盾之处。怎样澄清这些问题，请参阅拙著《易学经世真诠 1.人生信息学》（下册）第二十一章“实战精粹”第一节“论金的真假长生”，《易学经世真诠 1.人生信息学》（上册）第十一章“日干”第三节“日干旺衰强弱”和第四节“判断日干强弱的学术误区举例”及《易学经世真诠 5.人生信息学答疑》的相关内容。

第六节 本章结语

天干地支之间的作用方式主要有两种：一种是干支五行生克，包括生、克、泄、耗、扶、制、化，这是五行生克时力量变化的体现；另一种是干支之间特定的作用关系，包括刑、冲、合、害、拱、会、旺衰状态等，各有其特殊含义。这种特定的作用方式也就反映出相应人事含义。干支之间相生、相合是生助、合好之意，谓之有情，为向；相克、相冲、刑害为排斥、妨害之意，谓之无情，为背。“向、背”决定干支间的有情无情，决定事情发展的成败得失。关于向、背的话题在本书第十九章《竞争新论》中有专门论述。

五行旺衰随时空的变化而变化。时指季节，空指方位，季节不同，方位不同，五行旺衰就不同。根据这一规律，我们可以准确把握五行的旺衰程度，从而在八卦预测中能够准确地衡量每个卦爻的力量强弱，从而推算出所测之事的走势与结果。因此，对于五行旺衰的理论必须熟练掌握。

本章习题：

1. 为什么奇为阳，偶为阴，理论依据是什么？把地支进行阴阳分类有什么意义和作用呢？

2. 地支生克有哪些形式？它们各自有什么不同的含义？

3. 土旺于四季之末月，但四季之末月的土其旺度也有差别，请问：巳午月的土虽然不在季末，但得火生而有力，它是否应该比春末、秋末、冬末的土要旺一些呢？

4. 辰戌丑未的五行本来是土，但为什么古今术数书上却都说寅卯辰为东方木地，巳午未为南方火地，申酉戌为西方金地，亥子丑为北方水地？这样把辰、未、戌、丑土各自分别归了木、火、金、水的五行，是何道理？

第三章　象数基础知识

易者，象也。象者，像也。八卦以直观形象的方式表现自然万物，又以其内涵引申到人事，反映揭示各种人事现象。从《易经·说卦传》的分类描述，到宋朝邵康节的万物类象，以及爻数、爻位、体用互变卦等，都是八卦象数的基础知识，熟记这些知识需要以形象思维去理解，并充分展开联想，才能进一步掌握丰富的卦象内容。

第一节　八卦释义

关于八卦的起源，在诸多易学书籍中都有介绍，本书就不再赘述。

八卦是指八经卦。所谓经卦，是指由三个“**—**”或“**- -**”符号组合成的卦。“**—**”称为阳爻，“**- -**”称为阴爻。经卦的组成方式，可以是三个阳爻组合，可以是三个阴爻组成，也可以是两个阳爻一个阴爻或两个阴爻一个阳爻组成。这四种组合方式共能（也只能）组成八个不同的象，因而称之为八经卦。对“卦”的释义，许慎《说文解字》云：“卦，所以筮也，从卜，圭声。”由此可知卦是具有占筮功能的。《周易正义》的作者孔颖达进一步解释了“卦”的含义：“卦者，挂也。言挂物象以示于人，故谓之卦。”就是说通过物象而告知人以整体，即用象寓意以示人。

八经卦取象于宇宙间八大自然物象——天、地、雷、风、水、火、山、泽。

象征天，谓之乾；象征地，谓之坤；象征雷，谓之震；象征风，谓之巽；象征水，谓之坎；象征火，谓之离；象征山，谓之艮；象征泽，谓之兑。以上八大物象是从宏观的角度象征整个宇宙。

宇宙是一个大太极体，宇宙间的万事万物又分为无数的小太极体。宇宙是由万事万物组成的，大太极体是由各个小太极体组成的，各个小太极体还可以无限地继续细分下去。八卦可以象征宇宙这个大太极体，也同样可以象征宇宙无数的小太极体，人、人类社会的一切生产生活环境、事物、秩序，也各是一个小太极体，所以八卦也可以取象于人事。这就是八卦“远取诸物，近取诸身，其小无内，其大无外”的功能。

《易经·说卦传》对此有比较具体的分类描述：

乾，健也；坤，顺也；震，动也；巽，入也；坎，陷也；离，丽也；艮，止也；兑，说也。

乾为马，坤为牛，震为龙，巽为鸡，坎为豕，离为雉，艮为狗，兑为羊。

乾为首，坤为腹，震为足，巽为股，坎为耳，离为目，艮为手，兑为口。

乾天也，故称乎父，坤地也，故称乎母；震一索而得男，故谓之长男；巽一索而得女，故谓之长女；坎再索而得男，故谓之中男；离再索而得女，故谓之中女；艮三索而得男，故谓之少男；兑三索而得女，故谓之少女。

乾为天、为圆、为君、为父、为玉、为金、为寒、为冰、为大赤、为良马、为老马、为瘠马、为驳马、为木果。

坤为地、为母、为布、为釜、为吝啬、为均、为子母牛、为大舆、为文、为众、为柄，其于地为黑。

震为雷、为龙、为玄黄、为旉、为大涂、为长子、为决躁、为苍筤竹(小青竹)。其于马也，为善鸣，为作足，为的颡。其于稼也，为反生。其究为健，为蕃鲜。

巽为木、为风、为长女、为绳直、为工、为白、为长、为高、为进退、为木果、为臭。其于人也，为寡发、为广颡、为多白眼，为近利市三倍。其究为躁卦。

坎为水、为沟渎、为隐伏、为矫揉、为弓轮。其于人也，为加忧、为心病，为耳痛、为血卦、为赤。其于马也，为美脊、为亟心、为下首、为薄蹄、为曳。其于舆也，为多眚。为通、为月、为盗。其于木也，为坚多心。

离为火、为日、为电、为中女、为甲胄、为戈兵。其于人也，为大腹，为乾卦（干燥之卦的意思)。为鳖、为蟹、为蠃、为蚌、为龟、其于木也，为科上槁。

艮为山、为径路、为小石、为门阙、为果蓏、为门阍寺、为指、为狗、为鼠、为黔喙之属，其于木也，为坚多节。

兑为泽、为少女、为巫，为口舌、为毁折、为附决。其于地也，为刚卤。为妾，为羊。

第二节　八卦与五行生克旺衰

一、八卦与五行

乾兑属金，离属火，震巽属木，坎属水，艮坤属土。

二、八卦生克

八卦相生关系：

震巽（木）生离（火)，离（火）生艮坤（土)，艮坤（土）生乾兑（金)，乾兑（金）生坎（水)，坎（水）生震巽（木)。

八卦相克关系：

震巽（木）克艮坤（土)，艮坤（土）克坎（水)，坎（水）克离（火)，离（火）克乾兑（金)，乾兑（金）克震巽（木)。

三、八卦旺衰

卦气旺衰是推断吉凶的依据之一，八卦的卦气旺衰取决于时令和方位。

其关系如下表所示：

八卦	五行	时令	方位
震	木	春	东
巽	木	春	东南
离	火	夏	南
坤	土	四季之月	西南
兑	金	秋	西
乾	金	秋	西北
坎	水	冬	北
艮	土	四季之月	东北

注：表中四季之月指辰戌丑未月。

卦气同时受时令（季节）和方位的影响，如乾卦旺于秋季，若在西方占测得西方之金气则更旺，若在南方受方位之火克，卦气有所削减，在北方、东方卦气也有所减弱，但减弱的程度比南方低。反过来说，乾卦衰于夏季，若在南方更衰，居于西方则有所补益。

第三节　八卦万物类象

宋代易占宗师邵康节对八卦万物类象进行了详细分类，为历代用卦象占测者所遵从和许多易占之书所辑录。熟悉并掌握八卦万物类象，是熟练运用卦象进行预测的基础环节，掌握的万物类象越多，预测时就越能得心应手，准确占断出既丰富又具体的信息。

为传承经典，现存其原貌，将邵康节《梅花易数·八卦万物类象》辑录于下：

一、乾卦

【天时】天、冰、雹、霰。

【地理】西北方、京都、大郡、形胜之地、高亢之所。

【人物】君、父、大人、老人、长者、宦官、名人、公门人。

【人事】刚健勇武、果决、多动少静。

【身体】首、骨、肺。

【时序】秋、九十月之交、戌亥年月之时、五金年月日时。

【动物】马、天鹅、狮子、象。

【静物】金玉、宝珠、圆物、木果、刚物、冠、镜。

【屋宿】公厕、楼台、高堂、大厦、驿宿、西北向之居。

【家宅】秋占宅兴隆，夏占有祸，冬占冷落，春占吉利。

【婚姻】贵官之眷，有声名之家，秋占宜成，冬夏不利。

【饮食】马肉珍味、多骨、肝肺、干肉、木果、诸物之首、圆物、辛辣之物。

【求名】有名，宜随内任、刑官、武职、掌权、天使、驿官，宜向西北之任。

【谋望】有成，利公门，宜动中求财，夏占不成，冬占多谋，少遂。

【交易】宜金、玉、宝珠贵货，易成，夏占不利。

【求利】有财，金，玉之利，公门中得财，秋占大利，夏占损财，冬占无财。

【出行】利于出行，宜入京师，利西北之行，夏占不利。

【谒见】利见大人，有德行之人，宜见贵官，可见。

【疾病】头面之疾，肺疾、筋骨疾、上焦疾，夏占不安。

【官讼】健讼，有贵人助，秋占得胜，夏占失理。

【坟墓】宜向西北，宜乾山气脉，宜天穴，宜高，秋占出贵，夏占大凶。

【方道】西北。

【五色】大赤色、玄色。

【姓字】带金旁者，商音，行位一四九。

【数目】一、四、九。

【五味】辛、辣。

二、坤卦

【天时】阴云、雾气、冰霜。

【地理】田野、乡里、平地、西南方。

【人物】老母、后母、农夫、乡人、众人、老妇人、大腹人。

【人事】吝啬、柔顺、懦弱、众多、小人。

【身体】腹、脾、肉、胃。

【时序】辰戌丑未月、未申年月日时，八五十月日。

【静物】方物、柔物、布帛、丝绵、五谷、舆、釜、瓦器。

【动物】牛、百兽，牝马。

【屋宿】西南方、村店、田舍、矮屋、土阶、仓库。

【家宅】安稳、多阴气、春占宅舍不安。

【饮食】牛肉、土中之物、甘味、野味、五谷之味、芋笋之物、腹脏之物。

【婚姻】利于婚姻，宜税产之家、乡村之家，或寡妇之家，春占不利。

【生产】易产，春占难产，有损或不利于母，坐宜西南方。

【求名】有名、宜西南方或教官、农官守土之职、春占虚。

【交易】宜利交易、宜田土交易、宜五谷利、贱货、重物、布帛、静中有财、春占不利。

【求利】有利、宜土中之利、贱货重物之利、静中得财、春占无财、多中取利。

【谋望】利求谋、邻里求谋、静中求谋、春占少遂、或谋于妇人。

【出行】可行、宜西南行、宜往乡里行、宜陆行、春不宜。

【谒见】可见，利见乡人，宜见亲朋或阴人，春不宜见。

【疾病】腹疾、脾胃之疾、饮食停滞、谷食不化。

【官讼】理顺、得众情、讼当解散。

【坟墓】宜向西南之穴、平阳之地、近田野、宜低葬、春不可葬。

【姓字】宫音带土姓人、行位八五十。

【数目】八、五、十。

【五味】甘。

【五色】黄、黑。

三、震卦

【天时】雷。

【地理】东方、树木、闹市、大途、竹林、草木茂盛之所。

【身体】足、肝、发、声音。

【人物】长男。

【人事】起动、怒、虚惊、鼓噪、多动少静。

【时序】春二月、卯年月日时、四三八月日。

【静物】木竹、苇、乐器（竹木）、花草繁鲜之物、核。

【动物】龙、蛇、百虫、马鸣。

【屋舍】东向之居，山林之处、楼阁。

【家宅】宅中不时有虚惊、春冬吉、秋占不利。

【饮食】蹄、肉、山林野味、鲜肉、果酸味、菜蔬、鲤鱼（鱼）。

【婚姻】可成、声名之家、得长男之婚、秋占不利。

【求利】山林竹木之财、动处求财、或山林、竹木茶货之利。

【求名】有名、宜东方之任、施号发令之职、掌刑狱之官、有茶木税课之任、或闹市司货之职。

【生产】虚惊、胎动不安、头胎必生男、坐宜向东、秋不吉。

【疾病】足疾、肝经之疾、惊恐不安。

【谋望】可望、可求、宜动中谋、秋占不遂。

【交易】利于成交、秋占难成，动而可成，山林、木竹茶货之利。

【官讼】健讼、有虚惊、行移取勘反复。

【谒见】可见、有宜山林之人，利见宜有声名之人。

【出行】宜行，利东方、利山林之人，秋占不宜行、但恐虚惊。

【坟墓】利于东向、山林中穴，秋不利。

【姓字】带木姓人、行位四八三。

【数目】四、八、三。

【方道】东。

【五味】酸味。

【五色】青、绿、碧。

四、巽卦

【天时】风。

【地理】东南方之地、草木茂秀之所、花果菜园。

【人物】长女、秀士、寡妇之人、山林仙道之人、僧道。

【人事】柔和、不定、鼓舞、利市三倍、进退不果。

【身体】肱、股、气、风疾。

【时序】春夏之交、二五八之时月日、三月、辰巳月日时、四月。

【静物】木香、绳、直物、长物、竹木、工巧之器、臭、鸡毛、帆、扇、臼。

【动物】鸡、百禽、山林中之禽、虫、蛇。

【屋舍】东南向之居、寺观楼台、山林之居。

【家宅】安稳利市、春占吉、秋占不安。

【饮食】鸡肉、山林之味、蔬菜酸味。

【婚姻】可成、宜长女之婚，秋占不利。

【生产】易生、头胎产女、秋占损胎、宜向东南坐。

【求名】有名、宜文职有风宪之力、宜为风宪、宜茶果竹、木税货之职、宜东南之任。

【求利】有利三倍、宜山林之利、竹货木货之利、秋不利。

【交易】可成、进退不一、交易之利、山林交易、山林木茶之利。

【谋望】可谋望、有财可成、秋占多谋小遂。

【出行】可行、有出入之利，宜向东南行，秋占不利。

【谒见】可见、利见山林之人、利见文人秀士。

【疾病】股肱之疾、风疾、肠疾、中风、寒邪气疾。

【姓字】草木旁姓氏、行位五三八。

【官讼】宜和、恐遭风宪之责。

【坟墓】宜东方向、山林之穴、多树木、秋占不利。

【数目】五、三、八。

【方道】东南。

【五味】酸味。

【五色】青绿、碧、洁白。

五、坎卦

【天时】月、雨、雪、露、霜、水。

【地理】北方、江湖、溪涧、泉井、卑湿之地、沟渎、池沼、有水之处。

【人物】中男、江湖之人、舟人、盗贼、匪。

【人事】险陷卑下，外示以柔，内存以利，漂泊不成，随波逐流。

【身体】耳、血、肾。

【时序】冬十一月、子年月日时、一、六月日。

【静物】水带子、带核之物、弓轮、矫揉之物、酒器、水具、工栋、丛棘、藜、桎梏、盐、酒。

【动物】猪、鱼、水中之物、狐、水族。

【屋舍】向北之居、近水、水阁、江楼、茶酒肆、宅中湿地之处。

【饮食】猪肉、酒、冷味、海味、汤、酸味、宿食、鱼、带血、淹藏、有带核之物、水中之物、多骨之物。

【家宅】不安、暗昧、防盗、匪。

【婚姻】利中男之婚，宜北方之婚、不利成婚、不可在辰戌丑未月婚。

【生产】难产有险、宜次胎、男、中男、辰戌丑未月有损、宜北向。

【求名】艰难、恐有灾险、宜北方之任、鱼盐河泊之职、酒兼醋。

【求利】有财防失、宜水边财、恐有失险、宜鱼盐酒货之利、防阴失、防盗。

【交易】不利成交、恐防失陷、宜水边交易、宜鱼盐货、酒之交易、或点水人之交易。

【谋望】不宜谋望、不能成就、秋冬占可谋。

【出行】不宜远行、宜涉舟、宜北方之行、防盗匪；恐遇险阻陷溺之事。

【谒见】难见、宜见江湖之人、或有水旁姓氏之人。

【疾病】耳痛、心疾、感染、肾疾、胃冷、腹泻、涸冷之疾、血病。

【官讼】有阴险、有失因讼、失陷。

【坟墓】宜北向之穴、近水傍之墓、不利葬。

【姓字】羽音点水旁之姓氏。

【数目】一、六。

【方道】北方。

【五味】咸、酸。

【五色】黑。

六、离卦

【天时】日、电、虹、霓、霞。

【地理】南方、干亢之地、窑、灶、炉冶之所、刚燥厥地、其地面阳。

【人物】中女、文人、大腹、目疾人、甲胄之士。

【人事】文化之所、聪明才学、相见虚心、书事、美丽。

【身体】目、心、上焦。

【时序】夏五月、午火年月日时、三二七日。

【静物】火、书、文、甲骨、干戈、槁衣、干燥之物。

【动物】雉、龟、鳌、蚌、蟹。

【屋舍】南舍之居、阳明之宅、明窗、虚室。

【家宅】安稳、平善、冬占不安、克体主火灾。

【饮食】雉肉、煎炒、烧炙方物、干脯之体、熟肉。
【婚姻】不成、利中女之婚、夏占可成、冬占不利。
【生产】易生、产中女、冬占有损、坐宜向南。
【求名】有名、宜南方之职、文官之任、宜炉冶亢场之职。
【求利】有财宜南方求、有文书之财、冬占有失。
【交易】可成、宜有文书之交易。
【谋望】可以谋望、宜文书之事。
【出行】可行、宜动向南方、就文书之行、冬占不宜行、不宜行舟。
【谒见】可见南方人、冬占不顺、秋见文书考案才士。
【官讼】易散、文书动、词讼明辩。
【疾病】目疾、心疾、上焦、热病、夏占伏暑、时疫。
【坟墓】南向之墓、无树木之处、阳穴、夏占出文人、冬不利。
【姓字】带火字旁姓氏、行位三二七。
【数目】三、二、七。
【方道】南。
【五色】赤、紫、红。
【五味】苦。

七、艮卦

【天时】云、雾、山岚。
【地理】山径路、近山城、丘陵、坟墓、东北方、门阙。
【人物】少男、闲人、山中人、童子。
【人事】阻隔、守静、进退不决、反背、止住、不见。
【身体】手指、骨、鼻、背。
【时序】冬春之月、十二月、丑寅年月日时、七五十月日、土年月日时。
【静物】土石、瓜果、黄物、土中之物、闾寺、木生之物、藤生之瓜。
【动物】虎、狗、鼠、百兽、黔啄之物、狐。
【家宅】安稳、诸事有阻、家人不睦、春占不安。

【屋舍】东北方之居、山居近石、近路之宅。
【饮食】土中物味、诸兽之肉、墓畔竹笋之属、野味。
【婚姻】阻隔难成、成亦迟、利少男之婚、宜对乡里婚、春占不利。
【求名】阻隔无名、宜东北方之任、宜土官山城之职。
【生产】难生、有险阻之厄、宜向东北、春占有损。
【交易】难成，宜山林田土之交易、春占有失。
【谋望】阻隔难成、进退不决。
【出行】不宜远行、有阻、宜近陆行。
【谒见】不可见、有阻、宜见山林之人。
【疾病】手指之疾、胃脾之疾。
【官讼】贵人阻滞、官讼未解、牵连不决。
【坟墓】东北之穴、山中之穴、近路旁有石、春占不利。
【姓字】带土字旁之姓氏，行位五七十。
【数目】五、七、十。
【方道】东北方。
【五色】黄。
【五味】甘。

八、兑卦

【天时】雨泽、新月、星。
【地理】泽、水际、缺池、废井，山崩破裂之地，其地为刚卤。
【人物】少女、妾、歌妓、伶人、译人、巫师、奴仆婢。
【人事】喜悦、口舌、谗毁、谤说、饮食。
【身体】舌、口、喉、肺、痰、涎。
【时序】秋八月，酉年月日时，金年月日，二四九月日。
【静物】金刀、金类、乐器、废物、缺器之物、带口之物、毁折之物。
【动物】羊、泽中之物。
【屋舍】西向之居、近泽之居、败墙壁宅、户有损。

【家宅】不安、防口舌、秋占喜悦、夏占家宅有祸。

【饮食】羊肉、泽中之物、宿味、辛辣之味。

【婚姻】不成、秋占可成、有喜、主成婚之吉、利婚少女、夏占不利。

【生产】不利、恐有损胎、或则生女、夏占不利、宜坐向西。

【求名】难成、因名有损、利西之任、宜刑官、武职、伶官、译官。

【求利】无利有损，财利主口舌，秋占有财喜，夏占不利。

【出行】不宜远行、防口舌、或损失、宜西行、秋占有利宜行。

【交易】难有利、防口舌、有竞争、秋占有交易之财、夏占不利。

【谋望】难成、谋中有损、秋占有喜、夏占不遂。

【谒见】利行西方、见有咒诅。

【疾病】口舌、咽喉之疾、气逆喘疾、饮食不餐。

【坟墓】宜西向、防穴中有水、近泽之墓、或葬废穴、夏占不宜。

【官讼】争讼不已、曲直未决、因讼有损、防刑、秋占为体得理胜讼。

【姓字】带口带金字旁姓氏、行位四二九。

【数目】四、二、九。

【方道】西方。

【五色】白。

【五味】辛辣。

万物类象是根据预测的需要对宇宙万物进行合理取象的，随着社会的发展，《梅花易数·八卦万物类象》已远远不能概括现代社会纷繁复杂的物象及人事之象了，所以需要进一步引申充实：

【乾卦】总统、首相、主席、总理、董事长、总经理、书记、厂长、独裁者、单位一把手、首府、政府机构、大城市、高级建筑、高级轿车、飞机、火车。

【兑卦】副手、少女、少妇、音乐界及演艺界人士、讲师、教授、广告公司、宣传器具、饭店、冷饮店、垃圾站、上端开口的物品、会场、刀具、枪械。

【离卦】中年妇女、法官、法院、文艺界人士、医生、医院、学校、书刊、报社、出版社、教会、中层干部、弹药、爆炸物品、燃油、燃气、热饮、厨房、女用化妆品。

【震卦】将领、军队、兵营、大炮、火箭、治安人员、公安局、派出所、运动员、运动场、足球、足球爱好者、飞机、飞行员、年轻人、电台、停车场。

【巽卦】寡妇、尼姑、教师、指挥者、技术员、气功、特异功能、练功者、商店、水果、菜园、木材站、花草树林、机场、码头、香烟、鸡肉。

【坎卦】中年男子、思想家、发明家、穷困者、匪盗、恶势力、劳教者、劳改场所、囚犯、囚室、酒店、冷饮店、下水道、水运、船舶、游泳者、游泳池、浴室。

【艮卦】青少年、官僚、僧尼、寺庙、台阶、丘陵、高楼、库房、矿山、监狱看守。

【坤卦】慈母、柔顺者、孕妇、农村、田地、民房、农民、群众、房地产及其经营者、农产品、农贸市场、野味。

这些八卦类象都是根据社会生活中物象和人事进行推衍出来的。事实上，大千世界，万事万物难以统计，读者在具体运用卦象预测时可根据八卦的基本卦象含义充分发挥联想，对任何事物都能配上相应的卦象。

第四节　六十四重卦

以上仅仅是从八卦的角度而言，由于宇宙万物的多样性、变化性，仅仅用八经卦是远远不足以推测和描述宇宙万物纷繁复杂的运动变化情况的，所以易学先贤又将八经卦两两相重而衍生出更多内涵的卦象，称之为“别卦”或“重卦”。八经卦两两相重，共能（也只能）组成六十四个不同的卦象，故称之为六十四重卦，简称六十四卦。今天我们习惯称谓的八卦预测实际上是指用六十四重卦预测。由于六十四卦中的任意一个卦总是由八个经卦中的某一个或两个卦象重叠而成，所以，六十四卦习惯上也被称之为八卦。

重卦的称谓方法是在重卦卦名之前冠以上下经卦的卦象，如上卦为离下卦为艮的“旅”卦，因离象征火，艮象征山，故称之为“火山旅”。同理，上乾下坤的否卦，因乾象征天，坤象征地，故称之为“天地否”，如此等等。在六十四卦中，有八个重卦，其内外卦相同而不杂，叫做八纯卦，其称谓方法则以经卦与重卦之名合称，如两个乾经卦重叠称之为“乾为天”，两个坤经卦重叠称之为“坤为地”，其余仿此。八纯卦分别为：乾为天、兑为泽、离为火、震为雷、巽为风、坎为水、艮为山、坤为地。

关于六十四卦的排列次序《易经·序卦传》有很详细的解说，其次序为：

1 乾为天	2 坤为地	3 水雷屯	4 山水蒙
5 水天需	6 天水讼	7 地水师	8 水地比
9 风天小畜	10 天泽履	11 地天泰	12 天地否
13 天火同人	14 火天大有	15 地山谦	16 雷地豫
17 泽雷随	18 山风蛊	19 地泽临	20 风地观
21 火雷噬嗑	22 山火贲	23 山地剥	24 地雷复
25 天雷无妄	26 山天大畜	27 山雷颐	28 泽风大过
29 坎为水	30 离为火	31 泽山咸	32 雷风恒
33 天山遁	34 雷天大壮	35 火地晋	36 地火明夷
37 风火家人	38 火泽睽	39 水山蹇	40 雷水解
41 山泽损	42 风雷益	43 泽天夬	44 天风姤
45 泽地萃	46 地风升	47 泽水困	48 水风井
49 泽火革	50 火风鼎	51 震为雷	52 艮为山
53 风山渐	54 雷泽归妹	55 雷火丰	56 火山旅
57 巽为风	58 兑为泽	59 风水涣	60 水泽节
61 风泽中孚	62 雷山小过	63 水火既济	64 火水未济

还有从其他不同角度进行排列卦序的方法，如“伏羲六十四卦次序图”，“伏羲六十四卦方位图”等，读者可参看有关易经典籍。在实际预测中，六十四卦次序一般不常用，但用纳甲法进行预测，却离不开按“乾兑离震巽坎艮坤”八宫进行划分的编排次序，将在后面详细介绍。

第五节　卦位含义

一、方位

重卦的上下卦位置，在实际预测中有着重要的作用，根据卦位的不同，可以挖掘出许多具体详细的信息。如上卦位代表外面、远处、高处、上方、前面、明显等，下卦位对应地代表里面、近处、低处、下方、后面、隐藏等，若把上卦位看成左，下卦则代表右，总之，上下卦位所代表的方位是一种相反的对应关系。比如测地震，外卦受月日之克，而内卦不受克，说明外地或远处有地震而内地或近处无地震；测身体之病，上卦受克而下卦得生，则病患部位多为上半身。当然，这也不是绝对的，还要参考上下卦的类象进行综合分析判断。

二、阴阳刚柔动静

乾、坎、震、艮为阳卦，坤、离、巽、兑为阴卦，阳主刚主动，阴主柔主静，所以上下卦有阴阳刚柔之别。如“地天泰”卦，上坤下乾，为外柔内刚、外阴内阳；“雷地豫”卦则为外阳刚内阴柔。如果内外卦阴阳属性相同，则内外属于一种平衡或平行关系。

卦的阴阳刚柔属性是推断人事动静刚柔特性的重要参考依据。

第六节　爻数与爻位

一、爻数

一个重卦由两个经卦组成，每个经卦三个爻，故一个重卦有六个爻，从下往上数，分别称为初爻、二爻、三爻、四爻、五爻、上爻。这种分法没有考虑爻的阴阳属性，如果按阴阳属性划分，则阴爻称“六”，阳爻称“九”。如“乾”卦，六个卦皆为阳爻，分别称为初九、九二、九三、九四、九五、上九；“既济”卦的六个爻从下往上分别称为初九、六二、九三、六四、九五、上六。

二、爻位

重卦的内外卦有卦位之别，在一个重卦中，细分下来，还有爻位之别。

（一）天、地、人位

八卦是“天人合一”思想的形象反映，每个卦都有天位、地位、人位之分。在经卦中，上爻为天位，下爻为地位，中爻为人位；在重卦中，上面两爻为天位，下面两爻为地位，中间两爻为人位。天、地、人位分别又称为上、下、中位。

（二）阴阳之位

一个重卦有六个爻，初爻、三爻、五爻为阳位，因初、三、五为奇数，奇为阳；同理，二爻、四爻、上爻为阴位。爻位的阴阳与爻象的阴阳并不是一个含义，爻位阴阳以位置定，爻象阴阳以本身的属性定。一个卦中爻位与爻象的阴阳同步时，称阴阳得位，不同步时则称不得位。如“水火既济”卦，初、三、五爻为阳爻皆居阳位，二、四、上爻为阴爻皆居阴位，就为六爻阴阳皆得位。“乾”卦初、三、五爻为阳爻居阳位，为得位，二、四、上爻为阳爻居阴位为皆不得位。六十四卦中，只有“水火既济”卦六爻皆得位，“火水未济”卦六爻皆不得位，其余六十二卦则有的爻得位，有的爻不得位。在生克和旺衰一样的情况下，得位之爻的力量优于不得位之爻，用神得位增吉，忌神得位增凶，用神不得位减吉，忌神不得位减凶。

（三）贵贱之位

一卦中五爻为君位，为尊贵之位，与之对应的二爻则为卑贱之位。二者所代表的信息之象不同。

（四）对应之位

易经讲求同声相应，同气相求，一卦中，初爻与四爻相对应、二爻与五爻相对应、三爻与上爻相对应。凡六合卦，皆为初与四、二与五、三与上爻对应相合，就是这种关系的爻位体现。

还有其他一些爻位关系，在八卦预测中应用较少，就不列出。有兴趣的读者可参阅本书第十五章第一节“爻位的运用”。

第七节　卦的变化形式

“变易”是《易经》的三大特点之一，宇宙万物无时无刻不在运动变化，而卦象的相应变化正是对宇宙复杂多变的事物的形象描述，因此，研习八卦预测法，必须知道卦象的一些基本变化形式。

一、主卦、变卦

一般情况下，按照八卦的起卦方法（后有详述），通常都会得到两个重卦，首先得出的卦为主卦或本卦，根据动爻变化而得出的卦为变卦或之卦。比如按年月日时起得“火天大有”卦，四爻动，动则变，四爻阳变为阴，则得出一个新的卦为“山天大畜”。“火天大有”卦就为主卦，“山天大畜”卦就为变卦。

主卦代表事之始，变卦代表事之终（结果）。

二、体卦、用卦

在主卦中，无动爻的经卦为体卦，有动爻的经卦为用卦。体卦代表测事的主体，用卦代表所测的事或客体。主体可为人、为物，客体为与主体有关的人或物或事。如一人起得主卦为“天地否”，初爻动，则上卦乾为体卦，下卦坤有动爻为用卦，“乾”就代表该人，“坤”就代表该人所测的事。又如某人起卦占房屋质量，得“天地否”卦，也是初爻动，上卦“乾”为体卦，下卦“坤”为用卦，但体卦就代表房屋而不代表人，用卦就代表房屋的质量。体用代表的具体人、事、物必须以具体的占测目标而定，切不可搞错。严格地说，除体卦以外的卦都可看作用卦。

三、互卦

在一个重卦中，取三、四、五爻为一个新的上卦，再取二、三、四爻为新的下卦，重叠而组成一个新的重卦，称之为互卦。如“天地否”卦，取三、四、五爻得巽经卦为上卦，取二、三、四爻得艮经卦为下卦，则组成一个互卦：“风山渐”。互卦的上卦称为上互或外互，下卦称为下互或内互，根据上下互卦与体用的对应位置又有体互用互之分。

互卦代表事情进行的中间过程。

四、综卦与错卦

将一个重卦颠倒过来，就得到一个综卦。如“天雷无妄”的综卦为“山天大畜”；“风火家人”的综卦为“火泽睽”。在六十四卦中，共有二十八对五十六个综卦，剩下的八个卦颠倒之后卦象不会改变，称为错卦，这八个错卦为：乾、坤、离、坎、颐、小过、中孚、大过。

五、旁通卦

一卦六个爻的阴阳全都改变所得出的卦称为旁通卦。如“天风姤”的旁通卦为“地雷复”，“水火既济”的旁通卦为“火水未济”。旁通卦有相反相成相通之内在联系，通过这些关系可挖掘卦中的深层次信息。

六、大象卦

将一个重卦的六个爻按两爻一组划分，可得上中下三组，如果每组之内的两个爻阴阳各自相同，则可将两爻看成一个爻，于是就可以得出一个新的“经卦”，由于这个“经卦”实际上并非三个爻而有六个爻，所以称为大象卦。如“雷山小过”为大坎卦，“风泽中孚”为大离卦，“地泽临”为大震卦。大象卦与八经卦有相似之含义，但程度上比八经卦更深。

以上这几种卦的变化形式在实际预测中较常用，尤其是主卦、体卦、用卦、互卦、变卦用得最多。

第八节　先天八卦与后天八卦

先天八卦传说为伏羲所创，其八卦的序数为乾 1、兑 2、离 3、震 4、巽 5、坎 6、艮 7、坤 8，称为先天八卦数；八卦方位为乾南、坤北、离东、坎西、兑东南、艮西北、巽西南、震东北。因其为伏羲所创，故又称为伏羲八卦。后天八卦传说为周文王所创，所以也称为文王八卦。其八卦序数为坎 1、坤 2、震 3、巽 4、中 5、乾 6、兑 7、艮 8、离 9，称为后天八卦数。

先、后天八卦原来并无图形，后来宋代大易学家邵康节根据《易经》对八卦的文字描述而绘制成图，则又进行了改制，取的是先天八卦序数和后天八卦方位合成的。为什么要这样配合，邵康节在《皇极经世》中解释说："先天非后天，则无以成其变化，后天非先天，则不能以自行也。"就是取先天之根本加上后天之变化相互配合之意，即先天为体，后天为用。

第九节　本章结语

研究八卦象数预测，对我们自身的思维方式要求很高。既需要以形象思维解读卦象，又要以逻辑思维去剖析推演，从而不至于落入野马无缰的臆想之中。八卦象天法地，全息体现了天、地、人三才包含的内容与联系，这是古代自然科学发展到高级阶段后浓缩再浓缩的产物，是古代先贤智慧的结晶。平时多玩味探索，久而久之就能领悟其中奥妙，得心应手。

本章习题：

1. 什么是先天八卦，什么是后天八卦？先天八卦和后天八卦在断卦上有何区别？

2. 八卦卦位的这些信息含义是固定的吗？为什么有时候用起来却不准确？

3. 哪些方法是先天起卦法，哪些属于后天起卦法？摇卦是属于先天起卦法还是后天起卦法？哪种起卦方法最可靠？哪种方法最为常用？

第四章　象数预测方法

卦象既成，吉凶立判。象数预测法多以卦象、爻辞直观取象并以义理决断。宋朝邵康节在《梅花易数》中以卦分体用，结合五行之生克和八卦万物类象综合占断，丰富了断卦方法，扩大了分类占测的范围。学会此法，遇事疑惑时分秒之间即可起卦占之，只要技术到家则无不应验。

第一节　起卦方法

有卦才可预测，预测必先起卦。起卦方法按大类分有两种：一是以数起卦，二是以象起卦。细分下去，具体的方法很多，下面是常用的一些起卦方法：

一、按时间起卦

此法以农历为准，最常用，并且方便、准确。

将年、月、日三数之和除以 8，取余数为上卦数；

将年、月、日、时四数之和除以 8，取余数为下卦数；

若余数为 0，则作 8 数。

动爻的算法是：以年、月、日、时四数之和除以 6，取余数为动爻数。若余数为 0，视为 6 数。

如动爻数为 1、2 或 3，则下卦为用卦，若动爻数为 4、5 或 6，则上卦为用卦。动则变，动爻的阴阳属性改变，则会得出一个新的卦象来，即为变卦。

动爻所在之经卦为用卦，无动爻的经卦为体卦。

年数取年支数：子—1，丑—2，寅—3，卯—4，辰—5，巳—6，午—7，未—8，申—9，酉—10，戌—11，亥—12。如甲戌年，年数为11。

月数取月份数：正月—1，二月—2，三月—3……十一月—11，十二月—12。

日数取日期数，例如三月二十八日，取数为28，十二月二十八日，取数也为28。

时数取时支数，与年数取法相同。子时为1数，丑时为2数……戌时为11数，亥时为12数。

例：以农历一九九七年十一月初八戌时起卦，年干支为丁丑，丑为2数，月、日、时数依次为11、8、11，（2+11+8）÷8余5，为上卦数，5数代表巽，（2+11+8+11）÷8余0，0作8算为下卦数，8数代表坤，则主卦为“风地观”；（2+11+8+11）÷6余2，二爻动爻在下卦，坤为用卦，巽为体卦；变卦为“风水涣”，互卦为“山地剥”，艮为体互，坤为用互。

断卦用的年干支以立春划分。如一九九〇年正月初九10点15分立春，起卦时一九九〇年正月初八仍取一九九〇年地支午即7数，断卦则应以一九八九（己巳）年干支为准；又如一九九〇年腊月二十日16点04分又是一九九一年的立春，故一九九〇年腊月二十日16点04分之后到腊月三十日之10天起卦的年支数都算作一九九〇年，年支为午7数，断卦时则应取一九九一年的干支辛未。

时间起卦取数以月份为主，但断卦必须以农历节令为准，如上例，一九九七年十一月初八10点02分交大雪节，若在该月初八十点整起卦，月份取11数，断卦则以亥月为准。若在该日10点03分起卦，月份数仍取11数，断卦时则以子月为准。时间起卦年支数以当年年支为准。

日期数因不考虑地支因素，仍按实际数直接取。

(注：日期交接以零时为准。如取夜子时卦，日数取当日之数而不取次日之数。)

二、按数字起卦

一组数若数字数为偶数，则平分为二，以前一半数字之和除以 8 取余数得上卦，以后一半数字之和除以 8 取余数得下卦，上下卦数的和除以 6 取余数为动爻数。若一组数其数字个数为奇数，划分时前部分数字比后部分少一个数字。

例：按 2856 起卦，（2+8）÷8 余 2，（5+6）÷8 余 3，（2+8+5+6）÷6 余 3，为 3 爻动得“泽火革”变“泽雷随”卦；按 28567 起卦，（2+8）÷8 余 2，（5+6+7）÷8 余 2，（2+8+5+6+7）÷6 余 4，得“兑为泽”变“水泽节”卦。

三、按字数起卦

1. 一个字起卦：按字的结构拆成两部分，按汉字规范写法计算笔画数(写什么字即以什么字计算笔画数，不拘繁体、简体）以上下（或左、右）部分的前一部分笔画数求上卦，另一部分的笔画数求下卦，以字的总笔画数除以 6 求得动爻。如“弄”字，上半部 4 画，下半部 3 画，总画数为 7，得“雷火丰”变“雷山小过”卦。一般来说，字要写得规范，易辨，在结构上易拆分。

2. 多个字起卦：凡一个字以上，按字数平分为两组，不能平分时，前一组少取一个字。分别以前后两组字数求卦。如“请你测此事如何？”前 3 后 4，得“火雷噬嗑”变“火地晋”卦；又如“心情很好”，前后各 2，得“兑为泽”变“水泽节”卦。

四、按静象起卦

杯置长桌上，上兑下巽，得“泽风大过”变“泽天夬”卦，老男睡觉，上乾下艮，得“天山遁”变“天风姤”卦，以手持杯，上兑下艮，得“泽山咸”变“泽地萃”卦，电脑摆在长桌上，上离下巽，得“火风鼎”变“火山旅”卦。

五、按动象起卦

少女骑车行驶，得“泽水困”变“泽地萃”卦；或“泽雷随”变“天雷无妄”卦；江水流动，得“水雷屯”变“泽雷随”卦；灯光闪烁，得“火雷噬嗑”变“火地晋”卦。

六、按颜色起卦

如见一人红衣青裤，上离下巽，得“火风鼎”变“火山旅”卦，二人同行，前者穿黑衣，后者着黄衣，上坎下坤或上坎下艮，得“水地比”变“坎为水”卦或“水山蹇”变“水火既济”卦。

七、按度量单位数起卦

以较大的度量单位整数求上卦，零星数求下卦。3 斤 2 两，得“火泽睽”变“天泽履”卦，5 丈 3 尺，得“风火家人”变“风天小畜”卦。3 斤 2 两之“3”也可算 30，5 丈 3 尺之“5”也可算作 50，总之起卦时以当时的意念随意取象，不要刻意追求，过分拘泥，反不可靠。

八、按声音起卦

如鸣笛，先闻 2 声，稍后又闻 3 声，得“泽火革”变“雷火丰”卦。敲门三下，得离卦。

九、按方位起卦

以所测之对象为上卦，其所在方位为下卦。如风从东方刮来，得“风雷益”变“风火家人”卦；少年从南方走来，得“山火贲”变“离为火”卦。北方见闪电，得“火水未济”变“火风鼎”卦。

以上这些卦的动爻的求法，一般是以上下卦数相加之和除以 6 求得。

起卦方法，实际并不止于上述内容。只要懂得有数则可起卦、有象亦可起卦的道理，就可随心所欲地提取万事万物的象数进行起卦。但起卦应遵循一个原则：心动则起，无事不占。象数的提取，最注重于瞬间第一意念，顺其自然，不要去刻意冥想，“数由心生，卦由心起”，法无定法，灵活即法。

第二节　体用互变生克法

根据体卦与他卦之间的生克关系断卦的方法称之为体用互变生克法。这里所说的体用法，指体卦为主体，其他卦为客体。

如：谋职如得“雷火丰”变“离为火”，主卦的下卦离为体，上卦震为用，互卦为“泽风大过”，变用为离经卦，震、巽皆生体，离又助体，所以求职易得。再如一人占病得“泽风大过”变“天风姤”巽经卦为体，既被用卦兑金克，又被互卦“乾为天”之乾金克，还被变卦之乾金克，有克无生，必死之象。

上述两例的生克比较单纯。实际预测中，有许多情况是生克并见的，或者用克体，但互卦生体，变卦又克体，或者用卦互卦都克体，变卦却生体，或者互卦之中既有克体者又有生体者。这种情况下，就要分别看生体之卦与克体之卦对体卦的合力。生体之卦力量强于克体之卦，则凶中有救，可化凶为吉，克体之卦力量大于生体之卦则挽救无力，难逃其凶。

体用互变之间的生克与吉凶有如下对应关系：

主卦为事之初始阶段，互卦为事之中间过程，变卦为事之终极状态。主卦用生体，互、变克体，表示先吉后凶，先易后难；主卦用克体，但互、变皆生体，则表示先难后易，先凶后吉，为凶中有救；主、变皆生体，而互克体，则事的起始阶段和结局吉利，但中途却难免有困难阻隔，甚至出现小凶。在主、互、变卦中，吉凶之判别以主卦、变卦为主，互卦为次。

上述生克吉凶的关系都是以体卦为核心为主体而言的，事实上，主、互、变卦中对体卦的生克作用并不是直接的、简单的，它们各自必须首先承受月日之力和他卦与本身生克合力，然后才能依照自身实际拥有的力量对体卦起到生或克的作用。比如“雷火丰”变“地火明夷”卦，体为离，用为震，用互为兑，体互为巽，变为坤，用震生体离，但用又被用互兑克，又被变卦坤耗气，所以用生体之力并不大；如果此卦是“雷火丰”变成“离为火”卦，则变卦为离，虽然离泄震之气，但变卦离火终究扶助体卦，与上卦为离，坤土泄体卦之气的情况就大不一样，从体卦所受的生克之力看，一负一正，形成剪刀差。两卦相比，互卦不变，但“雷火丰”变“地火明夷”卦用互兑得变坤生，有力可克用震，而“雷火丰”变“离为火”卦，用互兑被变离克，实力与前种情形相比，也呈剪刀差的下降，克用之力大大减小，如果月建日辰又为木火，则用互兑金就自身难保，根本谈不上去克别的卦了。这种情况下，就可以把用互兑金所受的生克合力看成是负数，而用卦、变卦所受的生克合力为正数。合力为正数可施生克之力，为负就无力可施了。对体卦有克之性无克之力的卦可以看作形存实亡，一般不考虑，生体之卦无力时同理。因此，在具体分析卦象时，必须首先确定用、互、变卦的实际力量，然后才能判定对体卦的生克大小，从而判定吉凶及吉凶的先后、大小。

第三节　卦气与生克

卦的生克力量之大小，除与卦的体用多少有关外，卦气的旺衰也是很重要的因素。所谓卦气，就是在所处的时令状态下卦本身所含五行之气的力量大小。不同五行属性的卦，其所含的五行之气随时令的变化而改变。卦的五行属性与月建相同者，卦气最旺，卦受月建生者次旺，被月建泄耗者卦气休囚，被月建克者卦气最衰（详见第一章第六节）。

卦气旺者生克之力大，卦气衰者，生克之力小。如果体卦旺相，克体之卦衰弱，则体卦虽受损但不严重；当然，如果克体之卦众多，而体卦孤立无援，则克体之卦虽衰弱也可克制旺相之体卦，因为将众多弱小的力量集中起来就会变得强大。

体卦衰弱，被旺相之卦克，以弱抗强，有以卵击石之危，多易发生凶祸；但若体党众多，共同对敌，则可与之抗衡，待克体之卦卦气转衰时，就可渡过难关，由凶转吉。

体卦受生或受克的程度，取决于生体或克体之卦的卦气旺衰及其党众多少而定。

第四节 体用生克与卦象含义

从体卦所受他卦的生克情况可推断人事之吉凶，但仅仅能推出吉凶是不能令人完全满意的，还需要进一步推断吉凶的类别以至更详明具体的细节。这便使断卦走向了较深入的层次。这比断吉凶较为复杂和困难一些，但这并非办不到的事。在一个卦中，体卦与用互变卦除了生克关系之外，还有更深一层的意象性、表意性的含义，而且这种含义有着具体性。八卦类象涵盖宇宙万事万物，我们通过体卦与互变卦之间的物象含义来挖掘这种具体的信息。

例：一人求测当年财运，得“雷火丰”变“离为火”卦：

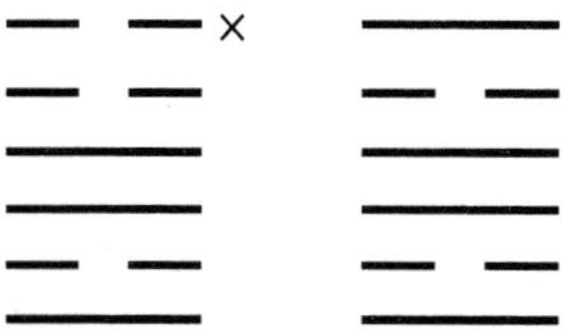

体卦离为己，用卦震为财，用生体，有进益之喜，求财可得，为吉。但所得之财属于何种类型呢？用震为木，代表木材之类，震又为动，为运动着的车，故其卦象含义为以车运输木材，为此断其做木材生意而获利；震又为长男，引申为领导，所以断其得林场当权者帮助；震为东，旺于春季，故春季在东方最佳。体卦属火，秋后水得生克体不吉；变卦为离，与体卦比和，与体比和者虽有帮助之意，但过旺又有竞争之意，离火旺于夏季，则夏季生意难做。互卦中用互兑金克体互巽木，秋季不吉。

把整个卦象的含义综合起来就是：春季在东方动用汽车运输木材做生

意，得到林场领导帮助，财利很大，夏季生意场上竞争对手太多，财运不佳，秋季货源太少（金克木），求财辛苦，冬季有破耗或意外之灾（水克体火）。至年底，上述占断全都逐一如期应验。

根据不同的卦象和卦象组合，可以挖掘出各自不同的较为详细的信息，但同类卦象又有如下普遍规律可循。

一、生体卦象的寓意

1. 乾卦生体：则主公门中有喜，或功名上有喜，或因官有财，或问讼得理，或有金玉之利，或者老人进财，或尊长惠送，或有官贵之喜。

2. 坤卦生体：主有田土之喜，或因田土进财，或得乡人之益，或得阴人（女人）之利，或有果谷之进，或有布帛之喜。

3. 震卦生体：则主山林之益，或因山林得财，或进东方之财，或因动中有喜，或木货交易之利，或因草木姓氏人称心。

4. 巽卦生体：亦主山林之益，或因山林得财，或于东南得财，或因草木姓氏人而进利，或以茶果得利，或茶果菜蔬馈送之喜。

5. 坎卦生体：有北方之喜，或受北方之财，或水边人进财，或因点水人（姓或名中有三点水等）称心，或因鱼盐酒货、文书交易之利，或有馈送鱼盐酒之喜。

6. 离卦生体：主有南方之财，或有文书之喜，或有炉冶场之利，或因火姓人而得财。

7. 艮卦生体：有东北方之财，或山田之喜，或因山林田土获财，或带土人（姓名字中有土）之财，财物安稳，事有始终。

8. 兑卦生体：有西方之财，或喜悦事，或食物金玉货利之源，或金音之人或带口之人欣逢，或主宾之乐，或朋友讲习之喜。

二、克体卦象的寓意

1. 乾卦克体：主有公事之忧，或门户之忧，或有财宝之失，或于金谷有损，或有怒于尊长，或得罪贵人。

2. 坤卦克体：主有田土之忧，或于田土有损，或有小人之害，或有阴人之侵，或失布帛之财，或丧谷粟之利。

3. 震卦克体：主有震惊，常多恐惧，或身心不能安静，或家宅见灾，或草木姓氏之人相侵，或于山林有所失。

4. 巽卦克体：亦有草木姓氏人相害，或于山林生忧，谋事乃东南方之人，忌妇人之害，小口（小孩）之厄。

5. 坎卦克体：主有阴陷之事，或盗匪之害，或失意于水边人，或生灾于酒店。或点水人（姓或名中有三点水、二点水等）相害，或北方人见殃。

6. 离卦克体：主文书之忧，或失火之惊，或有南方之忧，或火姓人相害。

7. 艮卦克体：诸事多逆，百谋中阻，或有山林田土之失，或带土人（姓名字中有土）相侵，防东北人祸害，或忧坟墓不甚安稳。

8. 兑卦克体：不利西方，主口舌之事纠纷，或带口人相侵，或有毁折之患，或因饮食而生忧。

上述寓意只是其中一部分，实际运用中可以举一反三，引申充实。

第五节　古法分类占断借鉴

《梅花易数》集象、数、理、占于一体，堪称占卜经典，书中将占测分为十八类，占卜方法和占卜经验进行了分类总结，值得后学者借鉴。

一、天时

凡测天时，不分体用，全观诸卦，详推五行：离多主晴，坎多主雨，坤乃阴晦，乾主晴明，震多则春夏雷轰，巽多则四时风烈，艮多则久雨必晴，兑多不雨则阴。夏占离多无坎，则亢旱炎炎；冬占坎多无离，则雨雪飘飘。

全观诸卦者，谓互变卦，五行谓离属火，主晴；坎为水，主雨；坤为地气，主阴；乾为天，主晴明；震为雷，巽为风，秋冬震多无制，亦有非常之雷，有巽佐之，则为风撼雷动之应。艮为山云之气，若雨久，得艮则雨止，艮者止也，亦土克水之意。兑为泽，故不雨则阴。

夫以造化之辨固难测，理之妙亦可凭。是以乾象晴天，四时晴明；坤体乎地，一气惨然。乾坤两同，晴雨时变；坤艮两并，阴晦不常。卜数有阴有阳，卦象有奇有偶，阴雨阳晴，奇偶暗重。坤为老阴之极，而久晴必雨，阴气而久雨必晴。若逢重坎重离，亦日时晴时雨。坎为水，必雨，离为火，必晴，乾兑之金，秋明晴，冬雨凛冽；坤兑之土，春雨泽，夏火炎蒸。

易曰："云从龙，风从虎。"又曰"艮为云，巽为风。"艮巽重逢，风云际会，飞沙走石，蔽日藏山，不以四时，不必二用。坎在艮上，布雾兴云，若在兑上，凝霜作雪。乾兑为霜雪雹霰，离火为日电虹霓。震为雷，离为电，重会而雷电俱作。坎为雨，巽为风，相逢而风雨骤兴。震卦重逢雷惊百里；坎爻叠现，润泽九垓。故卦体之两逢，亦爻象之总断。地天泰，水天需，昏蒙之象；天地否，水地比，黑暗之垓。八纯离，夏必旱，四季皆晴；八纯坎，冬必寒，四时多雨。久雨不晴，逢艮必止；久晴不雨，得此亦然；又若水火既济，火水未济，四时不测风云。风泽中孚，泽风大过，三冬必然雨雪。水山蹇，山水蒙，百步必须执盖；地风升，风地观，四时不可行船；离在艮上，暮雨朝晴。离互艮宫，暮晴朝雨。巽坎互离，虹霓乃现，巽离互坎，造化亦同。又须推测四时，不可执迷一理。震离为电为雷，应在夏天；乾兑为霜为雪，验在冬月。天地之理大矣哉，理数之妙至矣哉。得斯文者，当敬宝之。

二、人事

人事之占，详观体用。体卦为主，用卦为宾。用克体不宜，体克用则吉。用生体有进益之喜，体生用有耗失之灾。体用比和谋为吉利。更详观互卦、变卦，以断吉凶，复究盛衰，以明休咎。

人事之占，则以全体用总章，同决吉凶。若有生体之卦，即看前章八卦中，生体之卦有何吉；又看克体之卦有何凶，即看前章克体之卦。无生克，只断本卦。

三、家宅

凡占家宅，以体为主，用为家宅。体克用则家宅多吉，用克体则家宅多凶。体生用多耗散或防失盗之忧；用生体多进益或有馈送之喜。体用比和，家宅安稳。如有生体之卦，即以前章人事占断之。

四、屋舍

凡占屋舍，以体为主，用为屋舍。体克用，居之吉；用克体，居之凶。体生用，主资财冷退；用生体，则门户兴隆。体用比和，自然安稳。

五、婚姻

占婚以体为主，用为婚姻。用生体，婚易成或因婚有得；体生用，婚难成或因婚有失。体克用可成，但成之迟；用克体，不可成或成亦有害。体用比和，婚姻吉利。

占婚，体为所占之家，用为所婚之家。体卦旺则此家门户胜；用卦旺，则彼家资胜。用生体，则得婚姻之财，或彼有相就之意，体生用则无嫁妆之资，或此去求婚方谐。若体用比和，则彼此相就，良配无疑。

乾端正而长。坎淫邪黑色，嫉妒奢侈。艮色黄多巧。震美貌难犯。巽发少稀疏，丑陋心贪。离短赤色，性不正常。坤貌丑，大腹而黄。兑高长，语话喜悦，白色。

六、生产

占生产以体为母，用为生，体用俱宜乘旺，不宜乘衰，宜相生，不宜相克。体克用，不利于子，用克体，不利于母。体克用，而用卦衰，则子难保。用克体，而体卦衰，则母难保。用生体，易于母；体生用，易于生；体用比和，生育顺快。

或欲辨其男女，当于前卦审之，阳卦阳爻多者，则生男；阴卦阴爻多者，则生女；阴阳爻相杂，则察所占左右之人奇偶以证之；如欲决之其日辰，则以用卦之气数参决日期。用卦之气数者，即看何为用卦，于八卦时序之类决之。

七、饮食

凡占饮食，以体为主，用为饮食。用生体，饮食必丰；体生用，饮食难就。体克用，饮食有阻；用克体，饮食必无。体用比和，饮食丰足。又卦中有坎，则有酒；有兑，则有食，无坎无兑，则皆无。坎兑生身，酒醉肉饱。欲知所食何物，以饮食推之。欲知席上何人，以互卦人事推之。

饮食人事类者，即依前八卦内万物属类而定。

八、求谋

占求谋，以体为主，用为所谋之应。体克用，谋虽可成，但成迟；用克体，求谋不成，成亦有害。用生体，不谋而成；体生用，则多谋少遂。体用比和，求谋称意。

九、求名

凡占求名，以体为主，用为名。体克用，名可成但成迟；用克体，名不可成。体生用，名不可就或因名有失；用生体，名易成，或因名有得。体用比和，功名称意。

欲知名成之日，生体之卦气详之。欲知职任何处，变卦之方道决之。若无克体之卦，则名易就，只看卦体时序之类，以定日期。若在任占卜，最忌见克体之卦。如卦有克体者，则居官见祸，轻则上责罚，重则削官退职。其日期，克体之卦气者，于八卦万物所属时序类中断之。

十、求财

占求财，以体为主，以用为财。体克用有财，用克体无财。体生用，财有损耗之忧；用生体，则有进益之喜。体用比和，财利快意。欲知得财之日，生体之卦气定之。欲知破财之日，克体之卦气定之。

又若卦中有体克用之卦，及生体之卦，则有财，此卦气即见财之日。若卦中有克体之卦，及体生用之卦，则破财，此卦气即破财之日。

十一、交易

占交易，以体为主，用为交易之应。体克用，交易成迟；用克体，不成。体生用，难成，或有交易之失；用生体即成，成必有财。体用比和，易成交易。

十二、出行

占出行，以体为主，用为所行之应。体克用，可行，所至多得意；用克体，出则有祸。体生用，出行有破耗之失；用生体，有意外之财。体用比和，出行顺利。

又凡出行，体宜乘旺，诸卦宜生体。体卦乾震多主动，坤艮多主不动，巽宜船行，离宜陆行，坎防失脱，兑主纠纷之应。

十三、行人

占行人，以体为主，用为行人。体克用，行人归迟：用克体，行人不归。体生用，行人未归：用生体，行人即归。体用比和，归期不日矣。

又以用卦为行人之盈旺，逢生在外顺快，逢衰受克在外灾殃。震多不宁，艮多有阻，坎有险难，兑主纠争之应。

十四、谒见

占谒见，以体为主，用为所见之人。体克用，可见；用克体，不可见。体生用，难见，见之而无益。用生体，可见，见之有得。体用比和，欢然相见。

十五、失物

占失物，以体为主，用为失物。体克用，可寻，迟得；用克体，不可寻；体生用，失物难见；用生体，物易寻。体用比和，物不失。

又以变卦为失物所在。如变乾，则是觅于西北，或公廨、楼阁之所，或金石之傍，或圆器之中，或高亢之地。

变卦是坤，则觅于西南方，或田野之所，或仓廪之处，或稼穑之处，或土窑穴藏之所，或仓库方器之中。

震则寻于东方，或山林之所，或丛棘之中，或钟鼓之傍，或闹市之地，或大途之所。

巽则寻于东南方，或山林之所，或寺观之地，或菜蔬之园，或舟车之间，或木器之内。

坎寻于北方，多藏水边，或渠井沟溪之所，或酒醋之边，或鱼盐之地。

离则寻于南方，或庖厨之间，或炉之旁，或在明窗，或遗虚室，或在文书之侧，或在烟火之地。

艮则寻于东北方，或山林之内，或近路边，或岩石旁，或藏在土穴。

兑则寻于西方，或居泽畔，或败垣破壁之内，或废井池沼之中。

十六、疾病

凡占疾病，以体为病人，用为病症。体卦宜旺不宜衰。体宜逢生，不宜见克，用宜生体，不宜克体。是故体克用，病易安；体生用，病难愈。体克用者，勿药有喜；用克体者，虽药无功。若体逢克而乘旺，犹为庶几。体遇克而更衰，断无存日。欲知凶中有救，生体之卦存焉。体生用者，迁延难愈；用生体者，即愈；体用比和，疾病易安。

若究和平之日，生体之卦决之；若详危厄之期，克体之卦定之。

若论医药之属，当审生体之卦，如离卦生体，宜服热药。坎卦生体，宜服冷药。如艮温补，乾兑凉药。

十七、官讼

占官讼，以体为主，用为对辞之人与官讼之应。体卦宜旺，用卦宜衰。体宜用生，不宜生用；用宜生体，不宜克体。是故体克用者，己胜人；用克体者，人胜己。体生用，非为失理，或因官有所丧。用生体，不止得理，或因讼有所得，体用比和，官讼最吉，非但扶持之力，必有主和之义。

十八、坟墓

占坟墓，以体为主，用为坟墓。体克用，葬之吉；用克体，葬之凶。体生用，葬之主冷退；用生体，葬之主兴隆，有荫益后嗣。体用比和，永为吉地。大宜安葬，葬之吉昌。

上述可谓占卜经验之谈，但占卜的精髓在于“灵活”二字，所以，可借鉴却不可教条照搬，我们应该从中领悟占断的思维方法，而不要去死记照搬断语。

第六节　外　应

占卜必是在某一时空状态下进行的，任何一种时空状态都包含着时令、方位，其中有某种因素会在占断时突出地予以显示，这种因素可以用卦来描述，称为卦外之卦，也就是通常所说的断卦中出现的“外应”。

外应可以说是对占断的一种信息提示，是一种“兆机”。它包括的范围很广，大致可分以下十类：

1. 天时之应：如占得体卦为乾，天气晴朗，外卦为乾，与体卦比和；烈日当空，外应卦为离，克体；下雨天气，外应卦为坎，泄体之气；遇风吹拂，外应卦为巽，耗体之气；诸如此类，这种天时之外应卦对体卦具有损益作用。

2. 地理之应：即占断时特定的地理自然物象。如见林木茂盛之所，则外卦为震，震巽为体，比和为吉；坤艮为体，受克不吉；乾兑为体且卦气强旺，则外应卦为体卦之财，乾兑卦气衰弱，外应卦则耗气不吉。

3. 人事之应：占断瞬间所见的人或事。如见老男为乾，老妇为坤，少男为艮，少女为兑，见盗贼为坎，见伤者为兑之象，皆可视为外应卦。

4. 时令之应：即体卦在月建日辰之卦气旺衰。得令者旺，失令者衰。

5. 方位之应：即方位之卦对体卦的作用。如占一老人之事，体卦为乾，若自南方来，则外应卦为离，克体；自西方来，扶体；自坤方艮方来则生体。

6. 动物之应：即见马为乾，见羊为兑，见狗为艮，见鸡为巽之类，可以视为外应卦，看与体卦的生克关系。

7. 静物之应：如见文书笔砚为离，见刀剑为兑，见砖瓦为艮、坤，见木器为震、巽之类。

8. 言语之应：言官非讼事，恐有纠纷之应；谈婚嫁升迁，多为喜事之兆；言农事播种，主可投资；谈收割领薪，主有财进。如此等等，但须结合所占之事，依理而推。

9. 声音之应：闻欢声笑语，主快意之事；哭泣之声，多主忧愁；雄鸡高唱为佳音；乌鸦号啼主灾咎。若依卦象论，则雷声为震，风声为巽，雨水之声为坎，钟铃之声为乾兑。

10. 颜色之应：见青绿碧色为震巽，白色为乾兑，红紫色为离，黑色为坎，黄色为艮坤。

以上十应是常见的类型。

外应作为一种兆机，可以对占断者予以提示，但这种兆机必须是与所占之卦的易理相符，所以外应毕竟只是起辅助作用，对断卦者的思维起一个引导作用。

对同一个卦，用外应与不用外应所推出的结论是有粗细疏密之分的。如果占断者当时准确地捕捉到外应并且正确地运用了外应，那么，占断就会出神入化，令人感到神奇微妙；如果抛开外应，把这个卦给另一个卦技相当者推断，即使分析推断的思路毫无毛病，但推出的结论总不如前者细微准验。所以，外应的恰当运用有助于提高断卦的层次。

值得一提的是，外应中方位之应和时令之应具有相对固定性，断卦时皆需纳入分析推断的思维范畴，其余八种外应是占断瞬间所得，随机性极强，这种外应必须在当时当地才能捕捉到，离开了占断时的特定时空状态，就失去了捕捉外应的时空条件，也就无所谓外应。外应的获得必须遵循顺其自然的原则，绝不可刻意追求。在起卦或断卦过程中，某种信息兆机忽然在瞬间自然而然地涌进占断者的思维中，这种兆机者才是外应。如果在占断过程中，刻意寻求外应，所得的反而不是外应。周围的事物多得很，如果刻意寻求，可能什么东西都会是“外应”，那么多的“外应”，你到底用哪一种呢？反而叫你无所适从，甚至被不是外应的“外应”将预测思路引入歧途。

初学者不要刻意去寻求外应，卦技纯熟后，只要占断时意念高度集中，排除杂念，达到虚灵的心境，外应就可能自然而入。这是需要有一定预测功底才能达到的。

一般情况下，不用外应也都能较为准确细致地推断所测之事的全过程，所以卦为根本，外应为枝叶，切不可本末倒置。有的一见外应就纯粹将卦抛开，这未免舍本逐末，失去占断的可靠根据。

总之，外应可起锦上添花的作用，但离开了锦，花就虚无缥缈。断卦还是应紧紧抓住象数理的根本，然后才能得出准确细微的占断。外应来了就灵活地用，无外应也不必刻意追求。

象数预测断卦实例：

例 1：1997 年 10 月 4 日（丁丑年己酉月己卯日），一求测者走进预测室，要求测事，我问他测何事，他回答说：“不告诉你能测出什么？”我见他态度生硬不愿合作，便当即以其身穿绿色上装和红棕色下装起得“雷火丰”卦，见其双手抱于腹部，即以艮为变爻数，艮数为七，动爻为初九，故得：

主卦　　互卦　　变卦

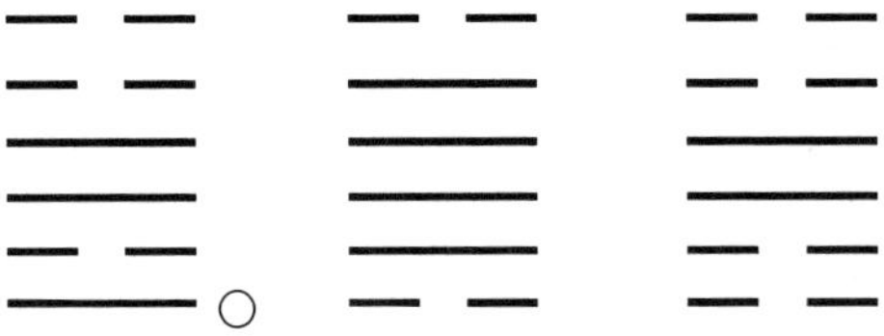

我根据卦象断了以下几条：

1. “你脾胃有病。”（双手抱腹，腹部必病弱而需护持，此为直观外应信息；今酉月金旺土虚，木值日克土，土为腹部之脾胃，受克必病，外应卦象相等。）

2. “你腿部受过伤。”（互卦“泽风大过”初爻和上爻为阴爻为缺损之象，且兑为金器，有克伤它物之能，兑又正当酉月可克木，巽为下互，为身体下部，为股（大腿），巽虽值日但不及兑当月令帝旺之力，金木相战，木被伤，故断其腿部受伤。而兑金既无太过之嫌，又无不及之弊，且面测可当场观看，未见其头部有伤痕，故未断头部之伤，此为灵活运用，正确把握。）

3. “你儿子鼻上有病。”（艮为少男为其儿子，艮为鼻，遭震木之克，又遭酉月之泄，主其儿子鼻有病。求测者回答道：“有鼻窦炎。”）

4. “你家里曾来过一条蛇，被家里女人打死。”求测者惊奇地瞪大眼睛，呆了一会儿才说：“家里是来过一条蛇，被老婆用锄头打死。”（当时我看他一排上衣纽扣之斑纹，很像蛇皮斑纹，再看互卦，下巽正好代表蛇，遭上互兑之克，兑上巽下，蛇被击而死。但当时没想到“泽风大过”卦为金短木长〈巽为长〉之象，故未断出蛇是被锄头、铁锹之类的金短木长之物打死。兑为女人，故断蛇被女人打死。“泽风大过”卦，兑卦之金当令，兑居上克下巽，表示此女人在家居领导地位，而这样的女人理应为家庭主妇，为其妻子。但当时却未想到这一点。）

5. “在兄弟姐妹中你排行不是老大。”回答：“对！”（震为体为求测者，震木本为长男，但震虽值日，却仍不免受月令之金所克，且体生用泄气，互体为兑金又克体卦，震气受损不够强，故不为长男。）

6. “你妻子向庙里许过愿未还。”（变用艮由主用离变出，离为中女为妻，艮为庙，艮遭下互巽之克，故断其妻曾向庙里许愿未还。他说与事实完全符合。）

从以上可以看出，梅花易数关键在于联想丰富，掌握大量的万物类象，灵活取用，这种断卦方法要注意形象思维、循环思维和综合思维，相当于看图说话。

例 2：一九九七年壬子月癸未日，一位年轻顾客到广东某公司找到我和另外一位预测师给他做环境布局，同时，该客户要求与我同行的预测师给他测测运气，该预测师叫他报出出生时间，那位客户说："你是预测师，我不告知你出生时间你有没有办法预测呢？"与我同行的预测师一下被难住了。这位顾客的要求的确是有些特殊，辩白和沉默都不是办法。他听别人介绍过我，于是又问我能不能测。

其实在他问与我同行的预测师的时候，我就起卦预测出了他近几年的运气概况。我说："你 1992、1993 年运气很差，办事难成，1995 年开始交上好运，至今都不错，单位上的当权者赏识你，明年（1998 年）正、二月你会有晋升之喜。"

我当时根据他的坐向起得"泽雷随"变"天雷无妄"卦：

1. 用克体，本为运气不佳，但运气是变化的，不能一见用克体便断自始至终运气不佳。用卦能克体卦之年，运气才差，用卦克不了体卦，而太岁反而生助体卦之年，则运气就好。

2. 体卦震木在子月为寒木，需火暖，幸日辰未土藏火，恰好起卦时室内地毯也为红色属火。

3. 体卦震木得月建之生，用卦虽动，水可通关。所以逢属水的流年运气不错，1995 年至 1997 年，流年为亥子丑北方水，故断其运气不错；木可扶助体卦抗金克，所以逢属木的流年运气也好，而且金为木之官，体木力量强大时反而喜金，正所谓强木得金方能成器，所以断 1998（戊寅）年正（寅）、二（卯）月木旺之时有晋升之喜。1992 年、1993 年，流年申、酉金当值，1994 年，流年甲戌，戌中藏金，戌土又生金，所以这三年运气很差。

4. 用卦兑变乾，乾代表掌权者，为体卦之领导，也为体卦之官星，体卦得流年亥、子水通关，形成金生水，水生木，生则为信任，所以断单位领导赏识他。

实际情况：这位年轻客户 1992 年到 1994 年一直工作不顺，过得很窝囊；1995（乙亥）年后直到现在，各方面都比较顺心，公司一把手确实比较器重他。

第二年（1998 戊寅）正月，他高兴地打电话告诉我："我于正月被提升为经理，谢谢您的预测。"

第七节　卦爻辞占断

在古代的筮案中，有不少用卦辞、爻辞断卦的例子。没有动爻卦一般用卦辞来断，一爻动的则用动爻辞来断。

这里摘选的几个古今筮例，读者从中可略见一斑：

1. 一次，邵康节先生见一少年喜形于色，问到底有何喜事，少年回答说："没有。"邵先生感到这是一种预兆，于是起得"山火贲"卦五爻动，其动爻辞曰："贞于丘园，束帛戋，吝，终吉。"爻辞已见其吉，卦象又为"山火贲"变"风火家人"，婚喜之象，故断少年十七日内有定亲之喜。果然如期应验。

2.《左传·庄公二十年》：陈侯让史官为陈公子完的前途占算，得"风地观"变"天地否"卦，"风地观"之四爻辞曰："观国之光，利用宾于王。"史官认为，这意味着公子完的后代能够在别人处拥有国家而使陈国得以延续。后来的事实证明：公子完到齐国，经过几代人的发展，最后终于夺得齐国的政权。

3. 唐代董元范的母亲得了一种怪病，每到晚上就发作。卜士朱邯为之占得"雷水解"卦上六爻动，其动爻辞曰："公用射隼于高墉之上，获之，无不利。"于是他告诉董元范：今天日色过午之时，有个带着弓箭的人从你家附近经过，你可请他帮忙，便能治好你母亲的病。董照朱的嘱咐，果然在路旁遇到当地猎人李楚宝，于是把猎人请到家中，待以酒食，晚上又留他在家住。当晚明月皓洁，李楚宝出去查看，发现房顶上站着一只大鸟，以嘴啄屋，这时屋里便传出了董母的呻吟。李拈弓搭箭，两箭都射中大鸟，鸟惊而飞走，屋里的呻吟声便也停止了。第二天，两人在一间破屋里发现一个碓臼，里面有两枝带血的箭，正是李楚宝昨晚射出的。从此以后，董母的病便再未复发过。

此例的爻辞与所发生的事相符到惊人的程度。

4. 1996 年 5 月 24 日晚，我想去找韩先生，欲知能否见到，占得“水天需”变“地天泰”卦，当时我按卦象法和纳甲法综合占断，得出韩先生出去赴宴的结论。为了验证结论是否正确，特地到他家里去，其妻告诉我，丈夫到朋友家喝酒去了。“水天需”卦五爻辞曰：“需于酒食，贞吉。”爻辞已给出了明确的答案。

以上都是只有一爻动而用动爻辞之例。遇到多爻动的情况，可参照下述方法运用卦爻辞决断：

两个爻动，取阴爻辞断未来之事，阴阳相同，取上动之爻辞。

三个爻动，以中间动爻辞断。

四个爻动，以下静之爻辞断。

五个爻动，以静爻辞断。

六个爻动，“乾为天”卦以用九爻辞、“坤为地”卦以用六爻辞断，其他卦以变卦的卦辞占断。

第八节　本章结语

在研习象数预测法时要掌握以下重点：

一、熟知各卦的万物类象含义。

二、起卦做到合理、灵活且符合易理。

三、结合起卦时五行之气的旺衰判别卦气强弱。

四、熟悉分类占断的原理和思路。

五、充分运用形象思维去展开和解读卦象信息，并以严密的逻辑思维去剖析挖掘深层信息，最终推断出正确结论。

在初学象数预测法时，遇到测错的卦，可从起卦方法、分析思路上查找问题，实在解释不通，就留待以后水平提高了，再查找原因，到时自会有所发现。凡事熟能生巧，只有勤加练习，卦不离心，才能真正达到运用自如、应验如神的境界。

本章习题：

1. 以时间起卦要不要考虑北京时与地方时的差异？如何准确计算当地的地方时？

2. 按数字起卦时，如一个人报一组三位数，如何起卦？

3. 在用铜钱摇卦时，若只摇出四个爻便遇事打扰中断，不能继续摇卦，该怎么办呢？事后再接着继续摇卦是否有效？

4. 八纯卦皆为六冲卦，以梅花易的方法论是体用比和，以六爻的方法论则是彼此相冲克，二者是矛盾的。这种情况如何应对？到底该采用哪种方法去断？

第五章　六爻基础

汉朝易学家京房在继承前人易学体系的基础上，将五行学说、干支系统与八卦结合，发明“纳甲筮法”，并简化之前以蓍草起卦的繁琐程序为“铜钱摇卦法”，以其应验如神、操作便捷而流传至今。纳甲筮法重视卦爻的五行生克制化，擅长测成败得失、吉凶祸福，此章我们先了解其相关的基础知识。

第一节　起卦的理论依据

起卦是六爻预测的基础环节。要使六爻预测具有可靠性，首先必须使起卦这个基础环节有正确的理论依据。如果起卦这个基础环节就无理可依，又怎么能说明六爻预测具有可靠性呢？

六爻卦的起卦方法很多，比如摇卦法、数字起卦法、文字起卦法、颜色起卦法、方位起卦法以及万物类象起卦法等等。这些起卦方法是否具有正确的理论依据呢？下面分别论述。

一、摇卦法的理论依据

众所周知，传统的摇卦法是以三个铜钱作为摇卦的工具，捧在手心中每摇一次自由抛落在某种物体的平面上便得出一爻，如此六次，共得六个爻，合成一个卦，若有动爻则生出变卦，它与主卦共同组成一个卦；若无动爻则得出一个六静卦。

六个爻有阴阳之分，阴阳爻的划分规则是：

以铜钱印有政权标志的一面为正面，以另一面为背面。一个正面两个背面记为阴爻；两个正面一个背面记为阳爻；三个正面记为阴爻但同时又是动爻，称为“阴动爻”，阴动爻还要变出一个新阳爻，这个变出的新阳爻就叫“变爻”；三个背面记为阳爻但同时又是动爻，称为“阳动爻”，阳动爻也要变出一个新的阴爻。

问题：

1. 为什么要规定“铜钱印有政权标志的一面为正面，以另一面为背面”呢？

2. 为什么一定要按“一正两背为阴、两正一背为阳、三正为阴动、三背为阳动”的规则去划分爻的阴阳呢？

3. 为什么三个正面或三个背面就是动爻呢？

4. 为什么不用完全相反的规则去划分爻的阴阳呢？

答案及原理：

1. 货币是政府下令发行的。在我国，朝代的更换一般都会引起新货币的发行。可以说，货币是政权的标志物之一。不同的朝代其货币的标志就不同，比如顺治年代用“顺治通宝”，康熙年代换用“康熙通宝”，雍正年代又换用“雍正通宝”，乾隆年代再改用“乾隆通宝”……以至最后的“宣统通宝”。

民国时期战乱频频，各种势力相继执掌一方政权。政权不统一，货币也就无法统一，在此期间发行过许多种货币。中国共产党建立人民政权后，又发行了人民币。人民币的发行流通也与人民政权同步。

由此可见，货币是政权的标志物之一。也正是这个原因，所以每种货币都印有其发行的政权标志。强制性是政权的特性之一，强制性属于阳的范畴，正面也是属于阳的范畴，所以，货币印有政权标志的一面就是正面，属阳；阳的反面是阴，所以，货币另一面为背面，属阴。

这就是“铜钱印有政权标志的一面为正面，以另一面为背面”的道理所在。

人们通常是以清朝乾隆年代发行的“乾隆通宝”铜币摇卦。根据上述道理，以印有“乾隆通宝”的一面为正面，表示阳，以另一面为背面，表示阴。

2. 摇卦使用的是三个铜钱，每摇动撒落一次代表一个爻。每摇动撒落一次必然会且也只会出现“一正两背、两正一背、三个正面、三个背面”这四种组合中的某一种。在这些组合中，每一种组合都代表一个具有特定阴阳属性的爻，四种组合共代表四种爻——阴爻、阳爻、阴动爻、阳动爻。

一个铜钱的一面代表一个阴或阳，三个铜钱各显示一个面共三个面，当然就是三个阴阳的组合。三个阴阳混合在一起生成一种新的阴或阳，那么，这种新的阴或阳怎样界定呢？在一个集体中，谁的力量大、势力强就以谁为代表。这是阴阳消长规律，也是自然法则。三个阴阳组成一个集体，就看阴与阳谁的势力强，强者为代表。阴阳势力的强弱以数量多少来区分：数量多者强，数量少者弱。根据这一规则可以推知：一正两背即一阳两阴，两阴强过一阳，故“一正两背”组合为阴。同理可以推知：两正一背为阳。这就是摇卦时阴阳爻的划分原理。

3. “三个正面为阴动爻”又是怎么回事呢？阴阳学说的阴阳转化规律告诉我们，当阴阳双方的量变达到极限时会导致质变，即阴阳相互转化。阴至极则转化为阳，阳至极则转化为阴。在三个铜钱面中，三个都是正面，表示三个都是阳而无阴，这种组合实际上就是阳达到了极限，阳至极则转化为阴，所以，三个正面因阳至极就转化阴动爻了。这就是“三个正面代表阴动变为阳爻”的原理。

“三个背面为阳动爻”也是根据阴阳转化的原理推导出来的，道理一样简单，就不赘述。

三个正面为什么叫做“阴动爻”呢？因为三个正面为阳至极，阳至极则会发生质变，质变是一种最大的变动，所以称之为“动爻”。故三个正面被称之为“阴动爻”。

三个背面称之为“阳动爻”的道理相信大家也不言而喻了。

4. 知道以上所述，其他问题就不攻自破了。

以上述阴阳规则起卦的方法是传统的起卦方法。我们称之为“常规起卦法”。

二、其他起卦法的理论依据

1. 数字起卦法。这种方法是将数字转化为卦象而得出六爻卦。先天八卦与数字有着固定的对应关系，即乾 1、兑 2、离 3、震 4、巽 5、坎 6、艮 7、坤 8。这种对应关系是八卦对宇宙自然的模拟，是八卦对宇宙自然从象数的角度进行的描述。有象即有数，有数即有象，这是象数的对应原理。数字起卦法就是根据以数取象的原理起卦的。

2. 文字起卦法。此法以文字的笔画数进行起卦，实质上就是数字起卦法。

3. 颜色起卦法。颜色与八卦也有固定的对应关系。即乾兑为金代表白色、离为火代表红色、震巽为木代表青色或绿色、坎为水代表黑色、艮坤为土代表黄色。颜色是五行的基本属性之一，八卦中的每一个卦都代表一类客观事物，所以，八卦所代表的颜色是对自然界客观事物本来面目的反映，是一种客观现象。因此，有卦则有对应的颜色，有颜色则有对应的卦。根据卦与颜色的对应关系，就能以颜色取出卦象。可见，这种起卦方法也是有理论依据的。

4. 方位起卦法。八卦中的每一个卦都有固定的方位，即乾位西北、兑居西方、离在南方、震处东方、巽位东南、坎在北方、艮处东北、坤处西南。这是自然之方位。有卦则有对应的方位，有方位则有对应的卦。根据这种对应关系，有了方位，就等于有了卦象。

5. 万物类象起卦法。宇宙万物虽然不计其数，但根据其基本特性却可以归纳为八大类，这八大类事物分别以乾、兑、离、震、巽、坎、艮、坤八个卦来代表。任何一种事物都必然归属于八卦中的某一卦。这就是万物类象。物即万物，象即卦象。物与卦象有着固定的对应关系。因此，知其物便知其卦象。有物则有卦，这就是万物类象起卦的原理。

起卦的方法并不止上述几种，但无论哪种起卦方法，都必然有其可靠的理论依据，并不是凭想当然起卦的。所以，六爻预测从起卦这个基本环节开始就是有理可依的，没有任何玄虚的成分，因此，它是一门实实在在的学问。当然，对于那些不明其中道理的人来说，就感到神秘、玄乎和“眩晕”了。

第二节　摇卦法

卦由心生，心动信息则发。人体所发射的信息，实际上就是一种具有能量的电磁波，借助某种工具，就能以某种形式反映出这种信息。用铜钱摇卦可以预测各种信息，其原理就在于此。

铜钱就是过去使用过的铜制硬币，一般中间都有孔，其种类很多，如“乾隆通宝”、“光绪通宝”等等，一般较常见的是“乾隆通宝”铜钱，如没有这种铜钱，用其他铜钱甚至现在流通的硬币代替也行。

铜钱分正面和背面，有字（如“乾隆通宝”字样）的一面为正面，另一面为背面。

摇卦时需要三个铜钱，最好是三个铜钱完全一样（大小、厚薄、质地、文字符号相同）。摇卦方法如下：

将三个铜钱合扣在手心，将意念集中于欲测之事上，不要被外界和其他杂念干扰，当你觉得将欲测之事想得差不多了，就可以摇卦。摇卦时两掌虚空，既要能罩住铜钱不使其漏出，又要使铜钱在两掌间有充分活动的空间，随意摇动若干下后，松开两手，使铜钱自动落在平整、干净、较硬的物体平面上，依三个铜钱的正背面组合分别阴阳，如此连续六次。从第二次起，可将铜钱拾起直接摇卦，不要分心。这样才能得到准确的卦。每摇一次可得一个爻象。铜钱正背面组合的识记规则如下：

三个正面，记为：×- -或×；

三个背面，记为：○—或○；

一个正面，两个背面，为阴，记为：- -或″；

一个背面，两个正面，为阳，记为━或′。

“×”、“○”为动爻，动则变，故“×”会变为“′”，“○”会变为“″”。正因为变才有新的爻产生，由“○”或“×”变化出来的卦为变卦，未变之前的卦为主卦。

请一定明确：“○”未变之前为阳爻，“×”未变之前为阴爻，变化后爻象刚好相反。

摇卦是采集信息符号的一种形式，为了使所采集的信息符号准确可靠，首先必须保证发出的信息准确可靠，而信息的发出到转换成信息符号（卦象），是通过人体和摇卦所用的铜钱与空间磁场共同配合完成的，所以，要求净心、净身（至少净手）、净钱（无污垢），意念不受外界干扰。如果做不到这四点，所摇的卦，其信息的准确度或可靠程度就难保证。有的卦推断上无任何弊端，但就是测不准，这是因为起的卦本身不具可靠性。如果不具备摇卦所必须的条件，可采用象数法起卦。

第三节　起卦方法有讲究

起卦的方法很多，各种起卦方法是否有优劣之分呢？从理论上讲是没有的，但从实战的角度讲，则确实存在优劣之分。那么，哪种起卦方法最可靠呢？这要根据具体的情况而定，不然，就不能说哪种方法好，哪种方法差。

有人认为单凭预测师本人就能预知天下所有的事，这种观点其实是错误的。天下有许许多多的事都与预测师本人并无直接和紧要的利害关系，都不是预测师需要知道或应该知道的事。卦由心生，对这类与自己并无直接利害关系的事情，预测师即使亲自起卦也难以达到那种求知信息时所需的意念状态，达不到那种状态，所起的卦就不具备足够而可靠的信息含量，因此，得出的卦就失去了可靠的信息基础。对失去信息基础的卦，哪怕你是超级预测师，也无法推断出正确的结论。

正是基于这个原因，卦象只能由求测者本人提供。一般情况下，只有求测者本人提供的卦象才能反映其求测之事的信息，预测师只能断卦而不能代替求测者起卦，否则就是越俎代庖，不但毫无实际价值，而且还会给求测者以错误的预测结论，这样的结果当然是害了求测者。

到底以哪种方法起卦为好，需要根据当时的具体情况而定。

如果求测者精神状态正常，并且有一种急于求知的问事意念状态，周围没有干扰其精神状态的因素，有摇卦的工具，有摇卦的合适条件，并且又明白摇卦的方法，那么，求测者就能完成整个摇卦的过程，这种情况就适宜于用摇卦的方法。

如果求测者精神状态不正常，或者没有急于求知的问事意念状态，摇卦时就无法进入应有的意念境界，就无法做到卦由心生，摇出的卦就不可靠。这种情况就不宜使用摇卦之法。

如果摇卦的环境有严重干扰心态和情绪的因素，比如烦人的噪音、刺鼻的气味、令人惊恐的场面、影响心态的场面、有旁人而感到难为情或感到有压力等等，这时也不宜用摇卦之法。

报数起卦之法也需要求测者在报数之时不但要有正常的精神状态，还要有一种急于求知的问事意念状态，如果求测者在报数之时能够达到这个要求，就可以用此法。反之，就不宜此法。

摇卦、报数是求测者最直接的提供卦象之方式。如果这两种方法都无法使用，那么，预测师可以捕捉求测者求测时所提供的起卦要素进行起卦。比如，求测者的求测时间、求测者所居的方位、求测者的姓名、求测者的服装颜色、求测者的面部表情或者肢体动作等等，这些都可以作为起卦的依据。因为这些都是求测者本人传递出来的起卦要素，所以这样所得出的卦就能够反映其求测的信息。从实质上讲，这样的卦象是由求测者本人提供的，而不是预测师代为提供的，所以就具有预测的可靠基础。但是，这种方法是不得已而为之的方法，其可靠程度不如摇卦法和报数起卦法稳定。为什么呢？因为预测师在捕捉上述起卦要素时未必都能那么精准，这与预测师本人的六爻造诣和当时的技术状态有着极大的关系。所以，如果能用摇卦法或报数起卦法，就最好不用后面这些方法。当然，如果你的六爻水平确实达到顶尖程度，并且当时的技术状态又很好，那么，用后面这些方法起卦也是非常可靠的。预测师在实测中应该量力而行，不要勉强采用后面这些方法起卦给人预测。如果没有把握，为了保证预测的准确性，宁可不测，也不宜勉强自己去冒险预测，否则，对求测者和自己都是没有益处的。

第四节　列卦法

将铜钱摇动散落六次，则得一个完整的卦。

一个主卦共六个爻，以第一次所得的爻为初爻、第二次所得的爻为二爻，第三、第四、第五、第六次所得的爻分别对应为三爻、四爻、五爻、上爻。无动爻则无变卦，有动爻则有变卦。变卦的构成为：

主卦的动爻阴阳属性改变，静爻依旧。一个爻动，则一个爻改变其阴阳属性，多爻动，则多爻阴阳属性改变，六个爻全动，则六个爻的阴阳属性全部改变。如摇得"火风鼎"，若初爻为动爻，则初爻阴变阳，变卦为"火天大有"；若初爻、四爻、上爻三个爻动，则变卦为"地天泰"。

列式如下：

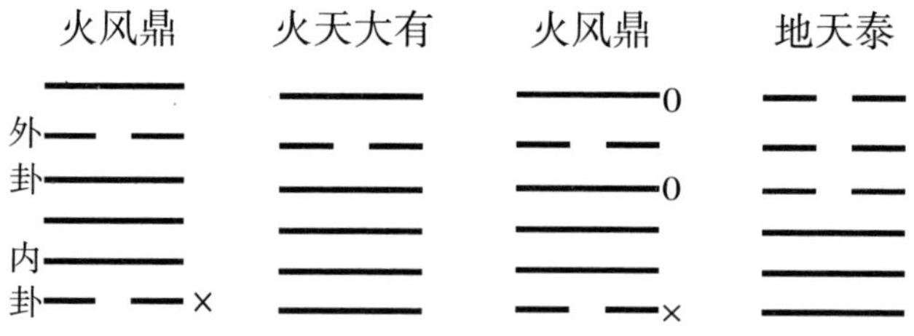

内外卦、主变卦的区分与本书象数起卦法所述的法则相同。

纳甲预测法的爻象表示法有的以"′"代表"——"，以"″"代表"- -"，以"○"代表"○——"，以"×"代表"×- -"。这大概是因为纳甲法重在世应、六亲，而一般不考虑卦象，为了书写方便，少占篇幅的原因吧。习惯不同，不必强求一致，只要表明意义就行。

第五节　八宫卦序

西汉易学大家京房创立的八卦纳甲预测法，是以世应、六亲、用神为主要推断元素的，与用卦象占测和卦爻辞占测的出发点不同，虽然都遵循阴阳学说和五行生克法则，但以具体的占断方法来划分，属于不同的体系。京房也将六十四卦按一定规律排列，但其排列的次序与《易经·序卦传》所述的排列次序不同。六十四卦中，有“乾、兑、离、震、巽、坎、艮、坤”八个纯卦（上下卦相同），以纯卦为卦首又称为“首卦”。以首卦为宫名，如以乾卦为首之宫，就称“乾宫”。每宫的卦，按一定次序排列，如乾宫八卦的排列次序为：乾为天、天风姤、天山遁、天地否、风地观、山地剥、火地晋、火天大有。把八宫的卦按序列出卦象，可以发现一个规律：请看以下按乾宫次序排列的乾宫卦象：

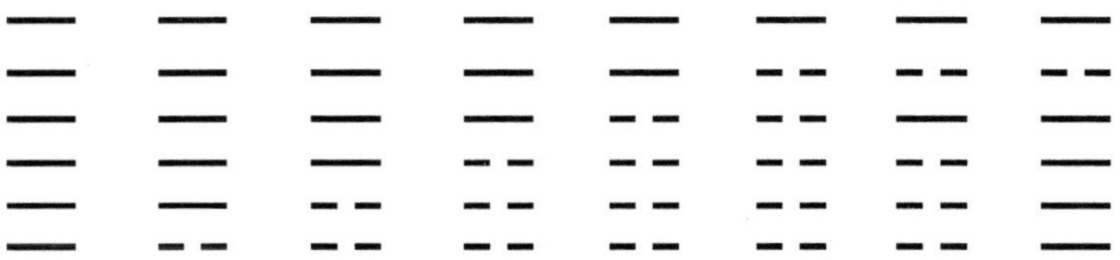

卦象显示：以首卦为基础，从首卦的初爻开始，由下往上每变易一个爻的阴阳，即得一个新卦。乾卦初爻阳变阴，得天风姤，在此基础上，再变动二爻，得天山遁，以此为基础，再变动三爻，得天地否，如此一直变到五爻，便得出本宫第六个卦；上爻始终不变，变至第五爻，再往回变，即在第六卦的基础上，变动第四爻，则得出第七卦，最后在第七卦的基础上，使下卦的三个爻皆变，便得出本宫最末一卦。如果把八宫依序排列的卦象列出来，还可发现一个规律：每得出第七卦后，使下卦的三个爻皆变，便得出本宫最末一卦。每宫末卦的上下卦，其卦象所属的五行属性总是相克的。其他还有些规律，对研究卦象变化有一定意义，但在纳甲预测法中并不重要，故不赘述，有兴趣者可仔细玩味。

八宫又分阴阳，乾、震、坎、艮四宫属阳，兑、离、巽、坤四宫属阴。

每宫第七卦为游魂卦，末卦为归魂卦。其特性在后面详述。

八宫的卦序排列如下：

乾宫八卦

乾为天、天风姤、天山遁、天地否、风地观、山地剥、火地晋、火天大有。

兑宫八卦

兑为泽、泽水困、泽地萃、泽山咸、水山蹇、地山谦、雷山小过、雷泽归妹。

离宫八卦

离为火、火山旅、火风鼎、火水未济、山水蒙、风水涣、天水讼、天火同人。

震宫八卦

震为雷、雷地豫、雷水解、雷风恒、地风升、水风井、泽风大过、泽雷随。

巽宫八卦

巽为风、风天小畜、风火家人、风雷益、天雷无妄、火雷噬嗑、山雷颐、山风蛊。

坎宫八卦

坎为水、水泽节、水雷屯、水火既济、泽火革、雷火丰、地火明夷、地水师。

艮宫八卦

艮为山、山火贲、山天大畜、山泽损、火泽睽、天泽履、风泽中孚、风山渐。

坤宫八卦

坤为地、地雷复、地泽临、地天泰、雷天大壮、泽天夬、水天需、水地比。

第六节　世应定位法

象数预测法有体用之别，纳甲预测法则有世应之分。世应就类似于体用，用以分别测事的主体和客体，但世应的用法，比体用的用法要灵活一些。

如测彼此情况，世代表自己、我方，应代表他人、对方；测自己之事，世为己身，应为自己所测之事；而测与自己关系较密切的人或事，又以按六亲所取的用神为主来定主体和客体，而不以世应定。

以世为测事的主体，应为测事的客体时，二者的关系为：世弱需生时，应生世则吉，应克世则凶；世太强旺需克制时，应克世则吉，应生世则凶。切不可不论世爻之强弱，笼统地认为应生世则吉，应克世则凶。这一点请读者注意。

世动世空我心不实，应动应空他心有变。世应生克的吉凶程度，又以各自的力量而定。

世应在不同的卦中各有其相应的爻位，世临之爻，称为世爻，应临之爻，称为应爻。那么，世爻和应爻的位置是如何确定的呢？一卦六个爻，初、二、三爻分别与四、五、上爻相对应。世应之间总是相隔两个爻，世应之间的两个爻称为间爻。所以，只要知道了世爻的位置，也就知道了应爻的相应位置。

上一节谈了每宫八个卦的次序及其爻变规律，每宫八个卦的世爻位置变化规律与爻变规律相似（末卦除外）。这里所说的爻变，只是相对于本宫的卦变与爻变规律而言，绝不是指摇卦时所得变爻，切莫混淆。以乾宫为例：首卦是基础卦，无变爻，世爻居于上爻之位（其余各宫首卦世爻皆居上爻之位）。

第二卦天风姤，由首卦初爻变而得，世爻在初爻之位；第三卦由第二卦的二爻变而得，世爻在二爻之位；第四卦由第三卦的三爻变而得，世爻在三爻之位；第五卦由第四卦的四爻变而得，世爻在四爻之位；第六卦由第五卦的五爻变而得，世爻在五爻之位；第七卦由第六卦的四爻变而得，世爻在四爻之位；末卦由第七卦下卦三个爻变而得，以三爻开始，引动二爻、初爻俱变，故世爻在三爻。其余七宫各个卦的世爻位置与乾宫完全相同。

所以，只要懂得了宫内卦序的排列和爻变规律，也就知道了世爻的位置。初学时，有些模糊，容易弄错，练习一段时间后，就逐渐熟练了。若能背熟八宫卦序，定世爻位置更快。记忆力差的读者，可参考下述“寻世歌诀”法：

天同二世天异五，地同四世地异初，

人同四位人异三，纯六三异下天处。

歌诀中天、地、人指上下卦爻位。上卦三个爻，上爻（第六爻）为天，中爻（五爻）为人，下爻（四爻）为地；下卦三个爻，上爻（三爻）为天，中爻（二爻）为人，下爻（初爻）为地。同、异指爻象的阴阳同、异。

例释（以乾、兑、离宫为例）：

天同二世天异五——上下卦仅天爻相同，而其余之爻不同者世爻必在二爻之位；上下卦仅天爻不同而其余之爻相同者，世爻在五爻之位。

“天同二世”例：

乾宫天山遁

兑宫泽地萃

离宫火风鼎

“天异五”例：

乾宫山地剥

兑宫地山谦

离宫风水涣

地同四世地异初——上下卦仅地爻相同而其余之爻不同者，世爻必在四爻之位；上下卦仅地爻不同其余之爻相同者，世爻必在初爻。

“地同四世”例：

乾宫风地观

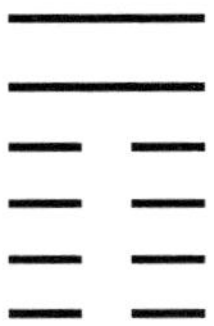

兑宫水山蹇

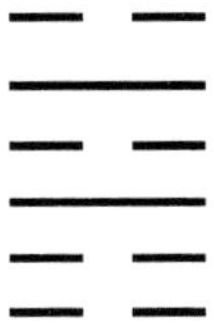

离宫山水蒙

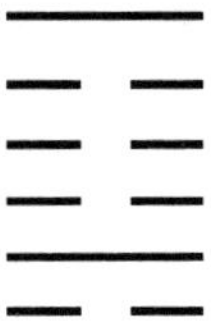

“地异初”例：

乾宫天风姤

兑宫泽水困

离宫火山旅

人同四位人异三——上下卦仅人爻相同而其余之爻不同，世爻必在四爻之位；上下卦仅人爻不同而其余之爻相同，世爻在三爻之位。

“人同四位”例：

乾宫火地晋

兑宫雷山小过

离宫天水讼

“人异三”例：

乾宫火天大有

兑宫雷泽归妹

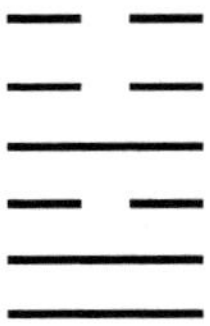

离宫天火同人

纯六三异下天处——纯指八纯卦，即八宫首卦，世爻必在第六爻（上爻）。三异：上下卦天地人三个爻全都对应相反；下天：下卦天位，即三爻。“三异下天处”意为上下卦天地人爻全都对应相反，则世爻必在三爻之位。

“纯六”例：

“三异下天处”例：

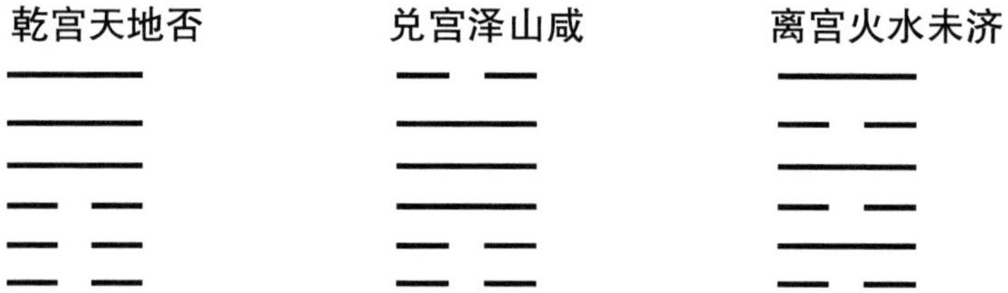

其余五宫的世应法请读者自行练习。只要能记住并会用上述四句歌诀，六十四卦的世应位置便可一眼观定，而不必机械记忆六十四卦的世应位置，也不必查工具书。

第七节　世应的实质意义与作用

每个六爻卦里都有世爻和应爻。大家都知道，如果卦里没有世应，有些事情就无法入手进行预测。所以，世爻和应爻在六爻卦里担当着非凡的角色。

根据世爻在卦里的所在位置可以推知它属于哪一宫，同时还可以推知它属于该宫的第几卦。不过，这些都是人人皆知的简单的问题，这里，我们要讨论的问题是：世爻和应爻在卦里到底是个什么角色？有什么作用？各自代表什么事物？在预测中应该怎样正确把握与运用？

我们知道，六十四卦分属八个宫，每个宫各有八个卦，每个卦在宫中都有自己的序号。卦的序号与卦的世爻位置有着固定的对应关系。比如乾宫的八个卦：

1 乾为天

父母壬戌土′世
兄弟壬申金′
官鬼壬午火′
父母甲辰土′应
妻财甲寅木′
子孙甲子水′

2 天风姤

父母壬戌土′
兄弟壬申金′
官鬼壬午火′应
兄弟辛酉金′
子孙辛亥水′
父母辛丑土″世

3 天山遁

父母壬戌土′
兄弟壬申金′应
官鬼壬午火′
兄弟丙申金′
官鬼丙午火″世
父母丙辰土″

4 天地否

父母壬戌土′应
兄弟壬申金′
官鬼壬午火′
妻财乙卯木″世
官鬼乙巳火″
父母乙未土″

5 风地观

妻财辛卯木′
官鬼辛巳火′
父母辛未土″世
妻财乙卯木″
官鬼乙巳火″
父母乙未土″应

6 山地剥

妻财丙寅木′
子孙丙子水″世
父母丙戌土″
妻财乙卯木″
官鬼乙巳火″应
父母乙未土″

7 火地晋

官鬼己巳火′
父母己未土″
兄弟己酉金′世
妻财乙卯木″
官鬼乙巳火″
父母乙未土″应

8 火天大有

官鬼己巳火′应
父母己未土″
兄弟己酉金′
父母甲辰土′世
妻财甲寅木′
子孙甲子水′

乾、兑、离、震、巽、坎、艮、坤为八纯卦，各居八宫之首，分别为各宫之母卦。每个母卦都衍生出七个子卦。每一宫的八个卦都是由一个母卦和七个子卦组成。

从以上的卦象排列图可以看到：每个子卦都是在前一个卦的基础通过上卦爻的阴阳变化衍生出来的。整个卦宫子卦衍生的规律是：

第一个子卦“天风姤”由母卦“乾为天”的初爻变化（阳变阴）而来；

第二个子卦“天山遁”由第一个子卦“天风姤”的二爻变化（阳变阴）而来；

第三个子卦“天地否”由第二个子卦“天山遁”的三爻变化（阳变阴）而来；

第四个子卦“风地观”由第三个子卦“天地否”的四爻变化（阳变阴）而来；

第五个子卦“山地剥”由第四个子卦“风地观”的五爻变化（阳变阴）而来；

第六个子卦“火地晋”由第五个子卦“山地剥”的四爻变化（阴变阳）而来；

第七个子卦“火天大有”由第六个子卦“火地晋”的初、二、三爻变化（阴变阳）而来。

很明显，每个子卦的世爻就是该卦的变化之爻。其中比较特殊的是，最后一个子卦的下卦三个爻全都变化了，既然下卦三个爻都发生了变化，那么，世爻该居何爻呢？因为三爻为下卦之天爻，天爻统率地爻和人爻，所以，世爻就定在天爻即三爻。

母卦“乾为天”的世爻为什么又在上爻呢？因为在一卦六个爻之中，上爻位置最高，为整个卦的天爻，其位置至高无上，所以就由它统率这个卦，因此，世爻就定在上爻。

乾宫卦的子卦生成与世爻位置就如上述，其他各宫的子卦生成和世爻位置也与乾宫的衍生规律一样，在此就不一一举例，读者可以自己对照比较。

一个子卦皆由前一个卦的爻变化而来，没有这种变化，就不能衍生出此卦，所以，变化之爻是子卦生成的根本。既然子卦生成的根本是变化之爻，那么，变化之爻就是此卦的核心和代表。变化之爻就是世爻，所以，世爻就是卦的核心和代表。

六爻卦是用来预测事情的，事情的相关信息都包含在六爻之中。既然世爻是卦的核心和代表，那么，世爻当然就是预测的主体。对很多事情的预测，都要以世爻这个主体为核心，通过分析卦中其他各爻与世爻的关系，从而推断出事情的相关信息。

任何事物都有阴阳的两个方面，有阴必有阳，有阳必有阴，阴阳同处一体而相对应。六爻卦也是一样，有了世爻，就必然有与之相对应之爻。这个爻就是“应爻”。“应”指的就是对应之意。

应爻在卦爻里所居的位置与世爻刚好形成一种固定的对应关系：二者之间相隔两个爻位，分别居于上卦与下卦。比如，“乾为天”卦，世爻居于上卦的第六爻，应爻就居于下卦的第三爻，相隔两个爻位。“天山遁”卦，世爻居于下卦的第二爻，应爻居于上卦的第五爻，仍然是相隔两个爻位。六十四个卦的世应都遵循这个排列规则。按照这种排列规则，只要知道了世爻的位置，应爻的位置也就很容易确定了。

世爻和应爻之间的关系就是一对阴阳关系。这里所说的阴阳，不是指世爻和应爻的爻象之阴阳，而是指的相对、相反、相应之意。比如，测婚姻，世爻代表自己，应爻代表配偶；测出行，世爻代表本人，应爻代表目的地；测官司，世爻代表我方，应爻代表对方；测合作，世爻代表己方，应爻代表合伙方。任何一种事物，总有与事物主体相对应之物。世爻代表事物的主体，应爻则代表与主体相对应之物，为事物的客体。所以，世爻和应爻之间也是一种主客关系。当然，主客关系也属于阴阳的范畴。

在实际预测中，世应是经常需要用到的断卦要素，它们在预测中常常充当着用神的角色，尤其是世爻，更是经常被作为断卦的核心。所以，在预测过程中，世应往往是需要重点分析的对象。一个卦有六个爻，加上变卦共有十二个爻，爻与爻之间关系之错综复杂，就好比一张纵横交错的大网，如果抓不住要领，你就无法收放此网，就找不到断卦的突破口。在实际预测中，很多时候世爻都是六爻卦这张网中的纲，纲举则目张，只要抓住了世爻这个纲，六爻这张网就收放自如了。

关于世爻和应爻的具体运用，在后面大量的卦例分析中有详细的讲解，读者可以仔细琢磨，在此就不单独举例。

第八节　纳　支

八卦纳甲预测法主要是根据卦中地支间的五行生克强弱关系推断吉凶的，所以如果卦中不配上地支，就无法进行推算。地支纳入六十四卦，每卦的地支组合各不相同，如果死记硬背，实在费力不好记。下面先将六十四卦纳支及六亲爻象全图分宫排列于下：

一、乾宫八卦

乾为天	**天风姤**	**天山遁**	**天地否**
父母戌土′世	父母戌土′	父母戌土′	父母戌土′应
兄弟申金′	兄弟申金′	兄弟申金′应	兄弟申金′
官鬼午火′	官鬼午火′应	官鬼午火′	官鬼午火′
父母辰土′应	兄弟酉金′	兄弟申金′	妻财卯木″世
妻财寅木′	子孙亥水′	官鬼午火″世	官鬼巳火″
子孙子水′	父母丑土″世	父母辰土″	父母未土″

风地观	**山地剥**	**火地晋**	**火天大有**
妻财卯木′	妻财寅木′	官鬼巳火′	官鬼巳火′应
官鬼巳火′	子孙子水″世	父母未土″	父母未土″
父母未土″世	父母戌土″	兄弟酉金′世	兄弟酉金′
妻财卯木″	妻财卯木″	妻财卯木″	父母辰土′世

官鬼巳火〃	官鬼巳火〃应	官鬼巳火〃	妻财寅木′
父母未土〃应	父母未土〃	父母未土〃应	子孙子水′

二、兑宫八卦

兑为泽	**泽水困**	**泽地萃**	**泽山咸**
父母未土〃世	父母未土〃	父母未土〃	父母未土〃应
兄弟酉金′	兄弟酉金′	兄弟酉金′应	兄弟酉金′
子孙亥水′	子孙亥水′应	子孙亥水′	子孙亥水′
父母丑土〃应	官鬼午火〃	妻财卯木〃	兄弟申金′世
妻财卯木′	父母辰土′	官鬼巳火〃世	官鬼午火〃
官鬼巳火′	妻财寅木〃世	父母未土〃	父母辰土〃

水山蹇	**地山谦**	**雷山小过**	**雷泽归妹**
子孙子水〃	兄弟酉金〃	父母戌土〃	父母戌土〃应
父母戌土′	子孙亥水〃世	兄弟申金〃	兄弟申金〃
兄弟申金〃世	父母丑土〃	官鬼午火′世	官鬼午火′
兄弟申金′	兄弟申金′	兄弟申金′	父母丑土〃世
官鬼午火〃	官鬼午火〃应	官鬼午火〃	妻财卯木′
父母辰土〃应	父母辰土〃	父母辰土〃应	官鬼巳火′

三、离宫八卦

离为火	**火山旅**	**火风鼎**	**火水未济**
兄弟巳火′世	兄弟巳火′	兄弟巳火′	兄弟巳火′应
子孙未土〃	子孙未土〃	子孙未土〃应	子孙未土〃
妻财酉金′	妻财酉金′应	妻财酉金′	妻财酉金′
官鬼亥水′应	妻财申金′	妻财酉金′	兄弟午火〃世
子孙丑土〃	兄弟午火〃	官鬼亥水′世	子孙辰土′
父母卯木′	子孙辰土〃世	子孙丑土〃	父母寅木〃

山水蒙	风水涣	天水讼	天火同人
父母寅木′	父母卯木′	子孙戌土′	子孙戌土′应
官鬼子水〃	兄弟巳火′世	妻财申金′	妻财申金′
子孙戌土〃世	子孙未土〃	兄弟午火′世	兄弟午火′
兄弟午火〃	兄弟午火〃	兄弟午火〃	官鬼亥水′世
子孙辰土′	子孙辰土′应	子孙辰土′	子孙丑土〃
父母寅木〃应	父母寅木〃	父母寅木〃应	父母卯木′

四、震宫八卦

震为雷	雷地豫	雷水解	雷风恒
妻财戌土〃世	妻财戌土〃	妻财戌土〃	妻财戌土〃应
官鬼申金〃	官鬼申金〃	官鬼申金〃应	官鬼申金〃
子孙午火′	子孙午火′应	子孙午火′	子孙午火′
妻财辰土〃应	兄弟卯木〃	子孙午火〃	官鬼酉金′世
兄弟寅木〃	子孙巳火〃	妻财辰土′世	父母亥水′
父母子水′	妻财未土〃世	兄弟寅木〃	妻财丑土〃

地风升	水风井	泽风大过	泽雷随
官鬼酉金〃	父母子水〃	妻财未土〃	妻财未土〃应
父母亥水〃	妻财戌土′世	官鬼酉金′	官鬼酉金′
妻财丑土〃世	官鬼申金〃	父母亥水′世	父母亥水′
官鬼酉金′	官鬼酉金′	官鬼酉金′	妻财辰土〃世
父母亥水′	父母亥水′应	父母亥水′	兄弟寅木〃
妻财丑土〃应	妻财丑土〃	妻财丑土〃应	父母子水′

五、巽宫八卦

巽为风	风天小畜	风火家人	风雷益
兄弟卯木′世	兄弟卯木′	兄弟卯木′	兄弟卯木′应
子孙巳火′	子孙巳火′	子孙巳火′应	子孙巳火′
妻财未土〃	妻财未土〃应	妻财未土〃	妻财未土〃
官鬼酉金′应	妻财辰土′	父母亥水′	妻财辰土〃世
父母亥水′	兄弟寅木′	妻财丑土〃世	兄弟寅木〃
妻财丑土〃	父母子水′世	兄弟卯木′	父母子水′

天雷无妄	火雷噬嗑	山雷颐	山风蛊
妻财戌土′	子孙巳火′	兄弟寅木′	兄弟寅木′应
官鬼申金′	妻财未土〃世	父母子水〃	父母子水〃
子孙午火′世	官鬼酉金′	妻财戌土〃世	妻财戌土〃
妻财辰土〃	妻财辰土〃	妻财辰土〃	官鬼酉金′世
兄弟寅木〃	兄弟寅木〃应	兄弟寅木〃	父母亥水′
父母子水′应	父母子水′	父母子水′应	妻财丑土〃

六、坎宫八卦

坎为水	水泽节	水雷屯	水火既济
兄弟子水〃世	兄弟子水〃	兄弟子水〃	兄弟子水〃应
官鬼戌土′	官鬼戌土′	官鬼戌土′应	官鬼戌土′
父母申金〃	父母申金〃应	父母申金〃	父母申金〃
妻财午火〃应	官鬼丑土〃	官鬼辰土〃	兄弟亥水′世
官鬼辰土′	子孙卯木′	子孙寅木〃世	官鬼丑土〃
子孙寅木〃	妻财巳火′世	兄弟子水′	子孙卯木′

泽火革	**雷火丰**	**地火明夷**	**地水师**
官鬼未土〃	官鬼戌土〃	父母酉金〃	父母酉金〃应
父母酉金′	父母申金〃世	兄弟亥水〃	兄弟亥水〃
兄弟亥水′世	妻财午火′	官鬼丑土〃世	官鬼丑土〃
兄弟亥水′	兄弟亥水′	兄弟亥水′	妻财午火〃世
官鬼丑土〃	官鬼丑土〃应	官鬼丑土〃	官鬼辰土′
子孙卯木′应	子孙卯木′	子孙卯木′应	子孙寅木〃

七、艮宫八卦

艮为山	**山火贲**	**山天大畜**	**山泽损**
官鬼寅木′世	官鬼寅木′	官鬼寅木′	官鬼寅木′应
妻财子水〃	妻财子水〃	妻财子水〃应	妻财子水〃
兄弟戌土〃	兄弟戌土〃应	兄弟戌土〃	兄弟戌土〃
子孙申金′应	妻财亥水′	兄弟辰土′	兄弟丑土〃世
父母午火〃	兄弟丑土〃	官鬼寅木′世	官鬼卯木′
兄弟辰土〃	官鬼卯木′世	妻财子水′	父母巳火′

火泽睽	**天泽履**	**风泽中孚**	**风山渐**
父母巳火′	兄弟戌土′	官鬼卯木′	官鬼卯木′应
兄弟未土〃	子孙申金′世	父母巳火′	父母巳火′
子孙酉金′世	父母午火′	兄弟未土〃世	兄弟未土〃
兄弟丑土〃	兄弟丑土〃	兄弟丑土〃	子孙申金′世
官鬼卯木′	官鬼卯木′应	官鬼卯木′	父母午火〃
父母巳火′应	父母巳火′	父母巳火′应	兄弟辰土〃

八、坤宫八卦

坤为地	**地雷复**	**地泽临**	**地天泰**
子孙酉金〃世	子孙酉金〃	子孙酉金〃	子孙酉金〃应
妻财亥水〃	妻财亥水〃	妻财亥水〃应	妻财亥水〃
兄弟丑土〃	兄弟丑土〃应	兄弟丑土〃	兄弟丑土〃
官鬼卯木〃应	兄弟辰土〃	兄弟丑土〃	兄弟辰土′世
父母巳火〃	官鬼寅木〃	官鬼卯木′世	官鬼寅木′
兄弟未土〃	妻财子水′世	父母巳火′	妻财子水′

雷天大壮	**泽天夬**	**水天需**	**水地比**
兄弟戌土〃	兄弟未土〃	妻财子水〃	妻财子水〃应
子孙申金〃	子孙酉金′世	兄弟戌土′	兄弟戌土′
父母午火′世	妻财亥水′	子孙申金〃世	子孙申金〃
兄弟辰土′	兄弟辰土′	兄弟辰土′	官鬼卯木〃世
官鬼寅木′	官鬼寅木′应	官鬼寅木′	父母巳火〃
妻财子水′应	妻财子水′	妻财子水′应	兄弟未土〃

从上列六十四卦中可以看出，每个卦都是由上下两个经卦组成，凡是上卦相同的经卦，不论属于何宫，其纳支完全一样；凡是下卦相同的经卦，不论属于何宫，其纳支也完全相同。

比如“天火同人”卦与“天山遁”卦，上卦皆为乾经卦，纳支从上往下依次都为：

戌土、申金、午火。

又如“天火同人”卦与“风火家人”卦，下卦都是离经卦，纳支从上往下依次都为：

亥水、丑土、卯木。

因此，只要熟记八宫首卦的纳支，就可快速地给其余五十六卦中的任意一卦配上地支。

但必须注意：不要把八宫首卦上经卦的纳支配在相同经卦的下卦中，也不能把首卦下经卦的纳支搬到有相同经卦的上卦中。经卦卦象虽同，但因上下卦位置不同，所以纳支就不同，万万不可混淆。

记忆八宫首卦六爻纳支，可选择适宜自己的记忆方法，只要有规律可循，利于记忆就行。比如乾纯卦，从初爻至上爻纳支依次为：子、寅、辰、午、申、戌，因乾属阳卦，所纳之支也全为阳支、奇数，从下至上每相邻之支隔一阴支，如子与寅隔丑，寅与辰隔卯；其余震、坎、艮三个阳纯卦纳支也都为阳支；阴纯卦兑、离、巽、坤全纳阴支。只要记住每个卦初爻或上爻就可推出六个爻的纳支。其规律是：阳纯卦地支序数由下往上顺数阳支,阴纯卦由上往下顺数阴支。

八卦纳支的练习开始可用纸笔排列，熟练后要逐渐学会在脑中起卦纳支，于不动声色之间断人吉凶祸福。

第九节 纳干方法

天干共十位，以甲为首，将干支纳入八卦之法，称为纳甲法。此处之“甲”实乃“六十花甲”之意。古人将天干纳入八卦，是有一定实用价值的，否则不会多此一举，也不会将六爻预测法称为纳甲预测法。只是这种预测方法以地支为主，天干为辅，而经历代相传，经过“去繁就简，去辅从主”，至今只用地支而根本不用天干了。这种“去法”未免割裂了纳甲法中天干部分的精华。有的预测者（甚至有的预测名家）之所以对有的卦测不准，就是不懂得纳甲法中天干的作用。

天干对断卦的微妙作用，读者可从本书某些卦例中去领悟，详细论述可参阅本书和《易学经世真诠 6.时空信息学解惑》的相关内容。

天干有十，卦有八，将十天干纳入八卦，乾、坤两卦各纳两干，其余六个卦各纳一干。

其纳干规则是：乾内卦纳甲，外卦纳壬；坤内卦纳乙，外卦纳癸；兑纳丁，离纳己，震纳庚，巽纳辛，坎纳戊，艮纳丙。

列式如下：

乾纯卦	**兑纯卦**	**离纯卦**	**震纯卦**
——— 壬戌	— — 丁未	——— 己巳	— — 庚戌
——— 壬申	——— 丁酉	— — 己未	— — 庚申
——— 壬午	——— 丁亥	——— 己酉	——— 庚午
——— 甲辰	— — 丁丑	——— 己亥	— — 庚辰
——— 甲寅	——— 丁卯	— — 己丑	— — 庚寅
——— 甲子	——— 丁巳	——— 己卯	——— 庚子

巽纯卦	**坎纯卦**	**艮纯卦**	**坤纯卦**
——— 辛卯	— — 戊子	——— 丙寅	— — 癸酉
——— 辛巳	——— 戊戌	— — 丙子	— — 癸亥
— — 辛未	— — 戊申	— — 丙戌	— — 癸丑
——— 辛酉	— — 戊午	——— 丙申	— — 乙卯
——— 辛亥	——— 戊辰	— — 丙午	— — 乙巳
— — 辛丑	— — 戊寅	— — 丙辰	— — 乙未

其余五十六卦就直接按上下经卦所属进行纳干。如：

天山遁	**雷火丰**	**水地比**	**风天小畜**
——— 壬戌	— — 庚戌	— — 戊子	——— 辛卯
——— 壬申	— — 庚申	——— 戊戌	——— 辛巳
——— 壬午	——— 庚午	— — 戊申	— — 辛未
——— 丙申	——— 己亥	— — 乙卯	——— 甲辰
— — 丙午	— — 己丑	— — 乙巳	——— 甲寅
— — 丙辰	——— 己卯	— — 乙未	——— 甲子

第十节　纳干的重要作用

纳甲筮法，顾名思义，就是在八卦中纳用六十甲子占筮的方法。由于历代占筮典籍理论，只重地支而不用天干，关于八卦的纳干，是只纳而不会用。这就给后学者留下了一个难解之谜，一是八卦的纳干到底有没有用；如果没有用，纳干有何意义？二是八卦的纳干到底该如何运用的问题。

六十甲子是用来记述时空的符号，而六十甲子又是由天干和地支相配而成，干支一体，天覆地载，阴阳始成，动静既分。地支若脱离了天干，则无法构成完整的时空概念，所以八卦中的纳干在预测实践中的作用是不可忽视的。天干和地支一样，遵循五行的生克制化、刑冲合害的规律。需要特别注意的是，就是八卦纳甲筮法在预测中要遵循以地支为主，天干为辅的原则。即以地支为体，天干相辅的原则方法而展开预测。

关于八卦纳干在预测中的地位作用和具体运用方法，我们可以从下面的几个筮例分析中获得感性与理性上的认识。

例 1：某女因其夫被囚禁，故求测其夫可出狱否？及何日出狱？正要摇卦时，其又说想同时问一下何日可收一笔汇款。我即让其集中意念同时默想此二事：

丙子　癸巳　壬申　辛亥

风山渐	**坤为地**	**六神**
官鬼辛卯木〇应	子孙癸酉金″世	白虎
父母辛巳火〇	妻财癸亥水″	螣蛇
兄弟辛未土″	兄弟癸丑土″	勾陈
子孙丙申金〇世	官鬼乙卯木″应	朱雀
父母丙午火″	父母乙巳火″	青龙
兄弟丙辰土″	兄弟乙未土″	玄武

我仔细地分析了卦象即对她说："你丈夫在本月二十二（乙亥）日定可出狱，汇款也将在二十二日收到。但你丈夫出狱之事中途有反复。"四月二十二日晚饭后，他们夫妻俩兴高采烈地拿着礼物来答谢我，落座后便激动地向我说："哎呀！李老师，你真是料事如神啦！我做梦也没想到事情竟这么奇怪，本来一开始司法部门就答应，只要我们交保释金，就同意放人的，但等我们在二十、二十一号这两天把钱准备好了，去交钱换人时，没想到他们又临时变卦，说交钱也不放人，态度极其强硬。这一下我便以为再没希望了。但后来我想到了你给我算的卦，所以今天早上起来后我便再抱着一线希望准备去碰碰运气，没想到我去那里向他们一提此事，他们便鬼使神差般地答应了。钱一交，下午就把人放出来了。汇款也是今天下午刚收到的。"

1. 测夫以应爻官鬼为用，用化子孙回克，又遭白虎动克，正主遭官非之事。

2. 用动化子孙酉金回头克，辛酉金纳干癸水有通关之用；三爻申金临日动而克用，五爻动而合之，且纳干又分别为一丙一辛，天合地合有化水之意向，今逢日令壬申，干透壬水，支又为水之长生，助其合化；月支日支巳申合，其情皆向水，水为用爻之原神。用爻卯木月休日绝，今得原神相生乃为绝处逢生之吉象，且变卦五爻变出亥水，三爻亦变出卯木，又生助用神。用神凶中得救，说明有出狱的希望。主卦归魂变六冲，亦主忧虑事散，人可归家之象。

3. 乙亥日出狱：乙亥日化神当值，壬癸水透、申巳合水成化，生用之力增强，且亥又为用神之长生；日干乙木透出，乙木是官星，为官星出现，所以其夫该日出狱。

4. 出狱之事有反复，是因为外卦反吟。

5. 汇款亦于乙亥日收到：测汇款以财爻为用，主卦用神不现，以变卦亥水为用，虽绝于月建，但太岁子水之帮又长生于日，为绝处逢生，亥又旬空，乙亥日亥水填实发用，所以收到汇款。

从此卦可看到天干在纳甲预测中的重要作用，研习八卦者不可等闲视之。

例 2：求测书商何日来：

戊寅　丁巳　癸亥　丁巳

风山渐　　**六神**

官鬼辛卯木′应　白虎

父母辛巳火′　螣蛇

兄弟辛未土″　勾陈

子孙丙申金′世　朱雀

官鬼丙午火″　青龙

兄弟丙辰土″　玄武

1. 因与书商是初交，故当取应爻官鬼卯木为用神。

2. 应爻卯木被纳干辛金盖头，待甲子日甲木透出本应来，但因甲木不是本气，乙丑日乙木为应爻辛卯木之本气，乙木透出，用神出现值日必到。其人果于乙丑日到。

总之，八卦的纳干在纳甲理论中占有十分重要的地位，它与地支互相配合，共同构成完整的记述时空的信息符号，八卦的纳干，不外乎也是一种五行，既然是五行，就必然要遵循五行生克制化的普遍规律，既然存在五行之间的生克制化作用，就必然会引起一系列的损益现象，这种五行之间的损益现象，反映到人事上，就是我们所说的吉凶祸福。因此，八卦的纳干在纳甲筮法中的地位、作用和意义是不容忽视的。

第十一节　本章结语

无论是以摇卦法还是其他起卦方法得出卦后，按书中介绍的方法装上干支、世应，就能针对所测之事展开分析了。初学者刚开始记忆、背诵会有些困难，但可以采用循序渐进的办法，先记住八宫卦序和卦象、卦名，然后记住世应定位法，最后熟记各宫首卦的纳干纳支，这样，很快就能将六十四卦熟记于心了。卦一起出来，就能在脑中迅速排好卦象进行分析而不必查阅工具书。

本章习题：

1. 起卦测与自己无关的事，怎样取用神？比如测比赛双方哪方赢，测两人是不是一对恋人，应怎样取用神？

2. 什么情况下用摇卦法？什么情况下用数字起卦法或者其他方法？为什么？

3. 预测师想知道求测者的来意，可以自己先起卦预测吗？

4. 八卦纳干在断卦中怎样运用？

5. 第十节例 1，断求测者的丈夫在乙亥日出狱，为什么应期是亥日不是在亥月？

第六章　六亲　六神

六爻预测系统的六亲即父母、妻财、官鬼、兄弟、子孙。天下万事万物可分为五大类，六亲是对一切事物的分类和指代，每种六亲分别指代一大类事物。六亲是六爻预测取用神和指代各种事物的基本依据，根据六亲的含义，可以预测出求测者所咨询的任何信息。离开六亲，六爻预测就无法进行。

六亲含义包括对事物分类和指代、对事物特性的形容和描述，通过对六亲含义的运用，可将一个个信息编辑成一个完整的故事并推导出预测结论，所以，熟练掌握和运用六亲含义是六爻预测的基本功。

六亲以卦宫五行相同者为兄弟。比如乾宫卦，金为兄弟，土（生金者）为父母，水（金生者）为子孙，火（克金者）为官鬼，木（金克者）为妻财。这是六爻卦排六亲的规则，必须熟记。

要正确排出六亲，必须首先确定这个卦属于那个宫卦，千万不能有误，否则六亲就会排错。世爻是六爻卦的核心，断卦必须首先确定世爻在卦中所居的爻位，然后才能以此为出发点去进行分析推断所要预测的事情。本章第二节对此皆有详细的判定方法。

不同的六亲持世具有不同的信息含义，掌握各种六亲持世的含义就可以给所测之事进行分类、定性和定向。

动爻和变爻往往是卦的玄机所在，六亲发动和变化常常反映出所测之事的核心信息，每种六亲的动变信息含义不同，掌握每种六亲动变的含义，可以推断出事情变化的过程、走向和结果。

六神即青龙、朱雀、勾陈、螣蛇、白虎、玄武，它们是断卦的重要辅助元素，据此可以更加细致具体、生动地描述事物特征和情状。六神与六亲合断，可以达到细致入微、断事如神的境界。

第一节　六亲定万物

一、六亲是何物

在六爻预测中，根据性质不同将相关事物分成几个大类，每类事物用一个对应的名称来代表，这种名称统称为“六亲”。六亲就是对万事万物的分类和指代。将六亲配在六爻卦的每个爻上，便可以进行系统的六爻预测了。

那么，卦爻的六亲是怎样配置的呢?

我们知道，六十四卦分属八个宫，每个宫都有自己的五行属性，即乾、兑宫属金，离宫属火，震、巽宫属木，坎宫属水，艮、坤宫属土。各宫每个卦的卦爻以本宫五行为基准，生本宫者为父母，克本宫者为官鬼，本宫生者为子孙，本宫克者为妻财，与本宫五行同类者为兄弟。父母、官鬼、子孙、妻财、兄弟统称为“六亲”。这便是卦爻六亲的命名规则。例如：

乾为天

父母壬戌土′世

兄弟壬申金′

官鬼壬午火′

父母甲辰土′应

妻财甲寅木′

子孙甲子水′

乾卦属于乾宫，乾宫五行属金，上爻戌土和三爻辰土生金为父母，五爻申金与本宫五行相同为兄弟，四爻午火克金为官鬼，二爻寅木被本宫金克为妻财，初爻子水得本宫金生为子孙。

其余的卦爻同理可推，大家只要参看六十四卦爻象全图就一目了然，在此就不多举例。

二、六亲的含义

六爻卦中的六亲与命理学中的十神在含义上完全一样，只是名称不同而已。即父母等于印星，官鬼等于官星，子孙等于食伤，妻财等于财星，兄弟等于比劫。六亲含义如下：

父母：父母、长辈、教师、单位、文书、学历、文凭、职称、票据、凭证、执照、标志、服装、车船、飞机、住宅以及对我有庇护、保护、生益作用的人、事、物。

兄弟：亲兄弟姐妹、有血缘关系的表兄弟姐妹、结拜的兄弟姐妹、同辈好友、合作伙伴、平级同事、竞争对手以及所有能对我的财物有损失、损耗、消耗、浪费作用的人、事、物。

妻财：金钱、妻子、情妇、二奶、宝物、玉器、金银、财物、贵重物品以及我所追求和我能操控、支配、使用的人和物。

官鬼：官员、政府、上司、功名、权柄、官职、丈夫、情夫、司法机关、执法人员、灾害、祸患、鬼神、坏人、恶人、小人、官司、牢狱、伤病、痛苦、困难、危险以及对我有管理、制约、牵制、威胁、损害作用的和我所厌恶的人、事、物。

子孙：子女、小辈、弟子、学生、医生、军人、警察、武士、运动员、良药、畜禽、宠物、智慧、才华、口才、名气、浪漫、表演、艺术、音乐、歌舞、演员、演说家、技艺以及我所喜欢、欣赏、赞赏的和能使我高兴、舒服、自由的人、事、物。

以上所列的六亲含义只是其中的一部分，大家可以根据六亲的本质含义凭着自己对生活的观察和理解进行更多的引申。

三、六亲的功用

学过命理的人都知道，十神在命理预测中是极其重要的预测要素，没有十神，就无法进行命理预测。六亲的功用与十神的功用完全一样。六爻预测也离不开六亲，没有六亲，就无法取用神，也无法进行相关信息的推断。

六亲的功用表现在以下几个方面：

1. 用以选取用神

六爻预测需要选取用神。用神选取的正确与否直接关系到预测结论的是否正确。取用神必须首先彻底弄清六亲的正确含义，对六亲的归类必须正确无误，否则就难以取准用神。所以，六亲是选取用神的唯一根据。离开了六亲，就无法取用，也就无法进行预测。

2. 用以描述事物

六爻预测不仅要得出一条结论，还要对所测之事的某些过程、某些情节进行必要的描述。要做到这一点，就需要充分使用六亲的含义。六亲代表的信息不但非常广泛，如果把它们在卦中的信息有机地编织起来，还可以构成一个个精彩的情节或故事。当然，这些情节或故事并不是虚构的，而是将会出现或已经出现的事实。许多求测者当面听到预测师能将并未看见的东西描述得如亲眼见过一般，因此而感到六爻预测非常神奇，其实，这正是六爻预测的魅力所在，也正是六爻预测本身所具有的功能。难者不会，会者不难，只要六爻预测技术过硬，要准确地描述所测之事的某些过程和情节也并不是什么难事。

四、六亲的运用

六亲是六爻预测的主要元素，对六亲运用的深度和娴熟程度直接体现一个预测师的技术水平之高低。六亲运用是一个对卦中信息挖掘、筛选和链接的过程。这个过程需要预测师以敏捷的思维、充分的联想、严密的推理和准确的判断去完成。当然，要完成这个过程，首先还必须深刻领悟和熟练掌握六亲的相关知识。

六亲的运用需要一个训练的过程，在开始的时候，面对一个卦的大量六亲信息，你也许只能发现其中很少一部分，而且还难以把它们有机地编织起来构成一个个生动的情节或完整的故事，告诉给求测者只是一些零碎的信息语言。但只要坚持训练，细心琢磨一些行家的类似卦例，认真体悟和总结，假以时日，就会功到自然成。

六亲运用的关键是要解决思路的问题，只要思路正确，就会走上正轨。下面略举几个实例，与读者共同切磋，但愿能起到抛砖引玉的作用。

例 1：湖北王先生求测自己官司能否摆平：

丙戌　壬辰　乙丑　丙戌

天地否	**震为雷**	**六神**
父母壬戌土○应	父母庚戌土″世	玄武
兄弟壬申金○	兄弟庚申金″	白虎
官鬼壬午火′	官鬼庚午火′	螣蛇
妻财乙卯木″世	父母庚辰土″应	勾陈
官鬼乙巳火″	妻财庚寅木″	朱雀
父母乙未土×	子孙庚子水′	青龙

年月日时都是父母，卦中又有两个父母爻发动，其中初爻父母为世爻之墓，上爻父母与世爻相合，入墓与相合都有藏匿不见之意。父母代表住所，既然年月日时都是父母，卦中又有两个父母发动使世爻藏匿，意味着此人的住所会经常变动，并且他会待在住所里难以被别人发现。他为什么要这样呢？结合他问的官司之事这个信息，可以推断他在此官司中必然遇到很大的麻烦，为了躲避这种麻烦，他只好四处躲藏。既然一定要躲藏，就说明一定有人想要抓住他？是什么人想要抓住他呢？卦中勾陈临世，勾陈属土，在此卦中勾陈为父母，代表房屋，勾陈有牢房之意，他的麻烦之大可能会使他进监狱。从整个卦的父母爻发动与世爻所构成的卦象看，他是为了不进监狱而在四处躲藏。五爻为道路，五爻兄弟临白虎发动克世爻，说明他在躲藏的路上充满风险。兄弟为劫财之物，说明他在躲藏的路上还会花费不少的钱。

他能通过躲藏而了结官司吗？世爻乙卯双体，在辰月又有余气，衰弱不从，土重木折。世爻乙卯木化辰土父母，辰与卯相害，辰为父母为房屋，害他的房屋应该是牢房，同时世爻入初爻之墓，身弱入墓也为入狱之象，所以最终他还是会被抓进监狱。

我推断他应该有案子在身，建议他主动投案自首，争取宽大处理，如果选择逃跑和藏匿，不但要花费钱财，最终还会受到严惩。

后来得知：他是从监狱中逃跑出来的，警方正在通缉他，他正想办法了结此事。但直到现在（丁亥年），他的官司仍未了结。天网恢恢，疏而不漏，对于犯法的人来说，投案自首，争取宽大处理才是正确的选择。

此卦运用六亲的信息含义，便推断出了与事实相符的上述结论。有人会问："父母代表的含义很多，为什么将此卦中的父母看成是藏匿的处所呢？为什么就推断他是在负案藏匿呢？"这就要结合求测者所提供的已知信息去进行合理的推断了。此卦勾陈临世爻，他本身又问的是官司，所以勾陈就有牢狱之象；一个父母爻为世爻之墓，一个与世爻六合，都有使世爻隐藏之信息，所以就可以推断这两个父母爻为他的藏匿的房屋。这是结合生活经验和卦象而推导出来的结论。至于父母爻代表的其他信息在本卦中就应该被过滤出去。

例 2：北京张女士在求测完一个卦后，想考考我，她说："李老师，我现在遇到一件事情，你能测出是什么事吗？"

丁亥　庚戌　丁亥　丁未

坤为地	**山地剥**	**六神**
子孙癸酉金×世	官鬼丙寅木′	青龙
妻财癸亥水″	妻财丙子水″世	玄武
兄弟癸丑土″	兄弟丙戌土″	白虎
官鬼乙卯木″应	官鬼乙卯木″	螣蛇
父母乙巳火″	父母乙巳火″应	勾陈
兄弟乙未土″	兄弟乙未土″	朱雀

卦中只有子孙爻发动，信息应该集中在子孙爻代表的事项方面。但子孙代表的含义很多，到底该取哪一种含义呢？子孙在世爻，表示这个子孙与自己最贴近。孩子与母亲是最贴近的，所以可推断这个子孙代表的就是自己的孩子。因此，断她问的应该是孩子的事。张女士说确实没错。

推断方向对了以后，我们再来看她的孩子到底给她带来了什么事情：主卦六冲，子孙动又化官鬼，官鬼代表烦心之事，由此可以推断她的孩子与人发生了矛盾而引起令人烦恼的事。应爻代表矛盾的对方，应爻为官鬼，与子孙相冲，说明这种矛盾比较尖锐，因为卦中之水失令不能作为世应的调节之物，因而这个矛盾无法缓和。综上所述，孩子惹的事是非常麻烦的。

张女士说，孩子在校与体育老师打架，学校决定要开除她，因为学校态度坚决，不愿让步，她为此而感到非常无奈和烦恼。

此卦就是把唯一的动爻与变爻的六亲含义结合起来分析得出的结论。

这就是六亲在六爻预测中所起的重要作用。如果离开了六亲，就无法推断出上述预测结论。

例子就不多举，六爻预测的卦例几乎都要用到六亲，读者可以从本书的其他卦例中去进一步琢磨。

第二节　六亲持世

世爻在卦中地位很重要，在许多情况下，它与用神有着密切的关系，尤其是世爻为用神时，更是全卦的核心。世爻所临的六亲，可以反映出许多规律性的意象。古人有以下总结：

父母持世主身劳，求嗣妾众也难招，官动财旺宜赴试，财动谋利莫心焦，占身财动无贤妇，又恐区区寿不高。

父母为辛苦之神，主奔波劳碌，谋事多须努力奋斗，方可成功；父母爻克子孙，占求子嗣不利；占考试，若得日月生扶，得卦中官鬼爻旺动生之，必榜上有名；占求财，得财动克世（世爻有力），可得财；占自身，遇财爻发动克世，难得贤妇，且寿不长。

子孙持世事无忧，求名切忌坐当头，避乱许安失可得，官讼从今了便休，有生无克诸般吉，有克无生反见愁。

子孙为福神，有趋吉避凶之能，飞灾横祸化于无形；子孙克官鬼，官鬼主功名，故子孙持世不利求功名：子孙生财，占失物可寻回；占官非词讼，官鬼为祸根，子孙克去官鬼，官司易了结。以上皆指子孙旺而持世又不被克破时的情形，若衰弱又遭克破，诸占皆凶。

鬼爻持世事难安，占身不病也遭官，财物时时忧失脱，功名最喜世当权，入墓愁疑无散日，逢冲转祸变为欢。

官鬼乃忧患之神，故持世事难安（指占忧患之事）；占自身主疾病官非（指身弱遭克时）；占财物防失脱破耗（但财爻生世相停匀反得财）；占功名为用神，旺相当权则仕途顺畅；官鬼持世入墓，忧愁疑虑难休止，若逢冲则可冲去愁疑转祸为欢。

财爻持世益财荣，兄若交重不可逢，更遇子孙明暗动，利身克父丧文风，求官问讼宜财托，动变兄官万事凶。

财爻持世，占求财以其为用神，乃进财之征，但若遇兄弟爻动克住财爻则不利；子孙生财，卦中若遇之明动或暗动生世（世须有力），必获财利；财爻克父母，父母又代表文书之类，故若占父母或文途，必不吉；求官问讼，宜世旺更宜财爻相帮，若世化兄弟官鬼乃克耗自身，诸事皆凶。

兄弟持世莫求财，官兴须虑祸将来，朱雀并临防口舌，如摇必定损妻财，父母生身必有寿，化官化鬼有奇灾。

兄弟乃劫财之神，若其持世，一般不利求财（世财皆有力且相停匀仍可求）；官旺动而克世爻兄弟，灾祸临近；兄弟本主争竞，若再与朱雀口舌之神并，言语纠纷难免；兄弟爻动克妻破财；父母可生兄弟，占身益寿；世爻兄弟化官鬼回头克，其灾不小。

以上是古人总结的六亲持世的各种情形，属于经验性总结的一般规律，并非绝对如此，当世爻或变爻在全卦中力量发生重大变化时，就会打破上述一般规律而出现相反的情况，希读者视具体情况灵活变通，不要拘执。

第三节 六亲发动

卦中动爻是明显的信息标志，六亲发动具有以下信息导向：

父动当头克子孙，病人无药主昏沉，姻亲子息应难得，买卖劳心利不存。观望行人书信动，论官下状理先分，士人科举登金榜，失物逃亡要诉论。

子孙发动伤官鬼，占病求医身便痊，行人买卖身康泰，婚姻喜美是前缘。产妇当生子易养，词讼私和不利官，谒贵求名休进用，劝君守分听乎天。

官鬼从来克兄弟，婚姻未就生疑滞，病因门庭祸祟来，耕种蚕桑皆不利。出外逃亡定见灾，词讼官非有囚系，买卖财轻赌博输，失脱难寻多暗昧。

财爻发动克文书，应举求名总是虚，将本经营为大吉，亲姻如意乐无虞。行人在外身将动，产妇求产易脱除，失物静安家未出，病人伤胃更伤脾。

兄弟交重克了财，病人难愈未离灾，应举夺标为忌客，官非阴贼耗钱财。若带吉神为有助，出路行人便未来，货物经商消折本，买婢求妻事不谐。

第四节　六亲变化

父母化父母，进神文书许，化子不伤丁，化官鬼迁举，化财宅长忧，兄弟为泄气。

子孙化退神，人财不称情，化父田蚕败，化财加倍劳，化鬼忧生产，兄弟谓相生。

官鬼化进神，求官应即速，化财占病凶，化父文书遂，化子必伤官，化兄家不睦。

妻财化进神，钱财入宅来，化官忧戚戚，化子笑哈哈，化父宜家长，化兄当破财。

兄弟化退神，凡占无所忌，化父妾奴惊，化财财源遂，化官弟有灾，化子却如意。

第五节　快速　正确排六亲

在六爻预测中，卦爻六亲是信息分析与推断的基本元素。可以说，没有六亲，就难以完成六爻预测的全过程。一个卦的卦象确立之后，首先需要给每个爻安上六亲，然后才能据此进行信息的分析与推断。

对于初学者或业余爱好者来说，如果不会独立装卦，则可查《六十四卦爻象全图》。但如果完全照搬，也可能出错。当然，这种错误不会出现在主卦中，而是出现在变卦中。比如起得“天山遁”之“火水未济”卦，如果从六十四卦爻象全图中完全照搬，就会组合成下面的卦象：

天山遁	**火水未济**
父母戌土′	兄弟巳火′应
兄弟申金○应	子孙未土″
官鬼午火′	妻财酉金′
兄弟申金○	兄弟午火″世
官鬼午火×世	子孙辰土′
父母辰土″	父母寅木″

实际上，这个卦的主卦六亲是对的，而变卦六亲则是错的，因为变卦六亲也必须按主卦所属的卦宫五行去定。

主卦“天山遁”属乾宫卦，乾宫五行属金，所以卦中的金为兄弟爻，木为妻财爻，水为子孙爻，火为官鬼爻，土为父母爻。主卦、变卦的六亲都要以乾宫为标准去定。因此，整个卦象正确的六亲应该是：

天山遁	**火水未济**
父母戌土′	官鬼巳火′应
兄弟申金○应	父母未土″
官鬼午火′	兄弟酉金′
兄弟申金○	官鬼午火″世

官鬼午火×世　　父母辰土′

父母辰土″　　妻财寅木″

只要记住了“以主卦的卦宫五行定六亲”这个法则，变卦的六亲就不会排错了。

装卦查“六十四卦爻象全图”是比较浪费时间的。如果作为专业预测师，装卦还要去查工具书，那就会让人笑话你连基本功都不具备。其实，无论是专业预测师还是六爻爱好者，都应该熟练掌握装卦的基本功，这样才能为研究和预测节省时间，也更加方便。试想，如果有人临时要求你测一件紧急事，而你又没带八卦工具书，你怎么办？

给卦爻安六亲，对初学者来说，似乎有些麻烦，但其实这是一件非常简单的事情。下面介绍一首十分简短的歌诀，你只要掌握了它，就能在瞬间为卦爻正确地排出六亲。

歌诀是：

一二三六外卦宫，
四五世爻内变更，
归魂内卦是卦宫。

解释：

一二三六外卦宫——凡世爻在一爻、二爻、三爻、六爻的卦，其外卦就是卦宫。

比如，“天风姤”世居一爻，“天山遁”世居二爻，“天地否”世居三爻，这三个卦的外卦都为乾，所以，它们都属于乾宫卦，卦宫五行为金，金为兄弟爻。又比如：“泽水困”世居一爻，外卦为兑，所以，“泽水困”属兑宫，卦宫五行为金，金为兄弟爻。“再比如，风雷益”，世居三爻，外卦为巽，所以属巽宫，卦宫五行为木，木为兄弟爻。“离为火”，世居第六爻，外卦为离，故属离宫，卦宫五行属火，火为兄弟爻。

四五世爻内变更——凡世爻在四爻、五爻的卦，将内卦三个爻的阴阳全部颠倒之后所得的卦就是此卦的卦宫。

比如，“风地观”世居四爻，“山地剥”世居五爻，其内卦为坤；将坤的三个阴爻颠倒后变为三个阳爻则为乾，所以，“风地观”、“山地剥”都是属于乾宫。又比如，“风水涣”，世居五爻，内卦为坎，将坎的三个爻阴阳颠倒后则为离，所以，“风水涣”属于离宫。

归魂内卦是卦宫——凡属归魂卦的，皆以内卦为卦宫。

八宫中每宫的最后一个卦为归魂卦，一共有 8 个，分别是乾宫“火天大有”、兑宫“雷泽归妹”、离宫“天火同人”、震宫“泽雷随”、巽宫“山风蛊”、坎宫“地水师”、艮宫“风山渐”、坤宫“水地比”。归魂卦的世爻都无一例外地居于三爻。

前面第一句歌诀“一二三六外卦宫”讲到，世居三爻者，其外卦为卦宫，而归魂卦的世爻虽然也全都在三爻，却是以内卦为卦宫。这与其他世居三爻的卦是不同的，需要特别注意加以区分。

世居三爻的卦一共 16 个，其中有 8 个是归魂卦。怎样区分呢？归魂卦的特征是：内外卦比较，天爻、地爻都相同，唯独人爻不同。

比如：

大家对照卦象就一目了然了。这几个归魂卦，内卦就是其卦宫。

只要找出了卦所属的卦宫，也就知道了卦宫的五行，卦宫五行就是卦中的兄弟爻。然后，以兄弟爻为“我”，按“生我者为父母、克我者为官鬼、我克者为妻财、我生者为子孙、比和者为兄弟”之法则即可确定主卦和变卦各个爻的六亲。

注意：以此歌诀确定卦宫五行，是针对主卦而言的；变卦须以主卦的卦宫排六亲，不需要也不能再另外去确定变卦的卦宫。

第六节　六　神

一、六神的作用

在六爻预测中，有一种断卦的辅助元素——六神。六神就是“青龙、朱雀、勾陈、螣蛇、白虎、玄武。”

六神在六爻预测中到底有什么作用呢？它的作用与六亲相似，但又不如六亲重要，不是断卦的主要元素。不用六神也能进行六爻预测，只要用六亲就能进行正常的预测。但是，如果加入六神这种辅助元素，则可以反映六亲所不能反映的某些信息，就能够断出更加细致入微的信息，所以，它能在六爻预测中起到锦上添花的作用。

六神的运用与六亲相似，只要熟悉了它的含义，运用就不是难事了。

六神也有五行属性：青龙属木，朱雀属火，勾陈、螣蛇属土，白虎属金，玄武属水。

六神所代表的颜色：青龙代表绿色，朱雀代表红色，勾陈、螣蛇代表黄色，白虎代表白色，玄武代表黑色。不难看出，六神所代表的颜色是由六神的五行属性决定的。

六神是附在六爻旁边的，它对每个爻的信息能起到一个补充说明的作用，就好像文章正文的旁注。六神实际上就是六爻的旁注。

六神是对事物状态、形态、情态、颜色、外貌等方面之特征的标示和描述。它就好像贴在事物外面的标签，能给预测师以明确的信息提示。通过六神各自代表的含义，我们可以更全面、细致地认识事物。要运用六神断卦，首先必须熟悉六神的含义。六神含义如下：

青龙：喜庆、高兴、兴奋、体面、礼仪、酒色、名誉、进取……

朱雀：文书、书信、歌舞、艺术、宣传、口才、礼貌、热情、口舌……

勾陈：田土、房屋、不动产、牢房、顽固、沉着、暗中、阴森、守旧、固执、信义……

螣蛇：虚惊、怪异、猜疑、意外、噩梦、小气、狭隘……

白虎：刚强、凶险、惊恐、攻击、伤害、冷酷、血光、丧孝、是非……

玄武：暗昧、隐晦、变化、智慧、流动、渗透、狡诈、盗贼……

在实际预测中，我们可以将六神与卦爻六亲的含义合理地进行组合而得出一些细微的信息。

二、六神排布规则

甲乙日初爻起青龙，丙丁日初爻起朱雀，戊日初爻起勾陈，己日初爻起螣蛇，庚辛日初爻起白虎，壬癸日初爻起玄武。以起卦之日的日干为准进行排布，见下表：

爻位	甲乙日	丙丁日	戊日	己日	庚辛日	壬癸日
上爻	玄武	青龙	朱雀	勾陈	螣蛇	白虎
五爻	白虎	玄武	青龙	朱雀	勾陈	螣蛇
四爻	螣蛇	白虎	玄武	青龙	朱雀	勾陈
三爻	勾陈	螣蛇	白虎	玄武	青龙	朱雀
二爻	朱雀	勾陈	螣蛇	白虎	玄武	青龙
初爻	青龙	朱雀	勾陈	螣蛇	白虎	玄武

三、六神的运用

前面讲了，六神只是断卦的一种辅助元素，在卦中充当的是配角，六亲才是主角。因此，在选用六神的含义时必须服从于六亲。凡是与六亲含义不匹配的六神含义都要舍弃，只有与六亲含义不相抵触的六神含义才能提取出来加以运用。这是选用六神含义的规则。

并不是所有的卦都一定要用六神，也并不是卦中的每个六神都要用上。那么，哪种情况下用，哪种情况下又不用呢？其原则就是：六神的含义与六亲含义不相抵触时就可用，反之就不能用。有的人断卦很少用甚至完全不用六神，这也无可厚非，因为用与不用是个人的习惯问题。用得恰当可以为六爻预测增色，用得不当反而会画蛇添足，所以，是否运用六神去断卦，需要根据本人对六神理解和掌握的程度而定。

总之，在实际预测中，六亲是必须要用的，六神则不是必须要用，但也不是不可用。六亲有如衣服，六神就好比装饰品。

下面举例说明六神的作用与用法：

例 1：日本李先生问以前的某件事有无后患：

乙酉　乙酉　乙卯　乙酉

山地剥	**艮为山**	**六神**
妻财丙寅木′	妻财丙寅木′世	玄武
子孙丙子水″世	子孙丙子水″	白虎
父母丙戌土″	父母丙戌火″	螣蛇
妻财乙卯木×	兄弟丙申金′应	勾陈
官鬼乙巳火″应	官鬼丙午火″	朱雀
父母乙未土″	父母丙辰土″	青龙

卦中只有三爻妻财动，信息应该集中在妻财上。妻财代表钱财、情人之类的事，如果妻财临青龙，往往会是酒色情感之事，但此卦妻财临勾陈，勾陈有暗中进行之意，可以联想为通过暗地里的活动而得到的钱财。他说确实是这么回事。

此事会有后患吗？

世爻代表求测者，财爻卯木动与世爻相刑，日辰也刑世爻，说明此事对他不利。财爻动化回头克，又被年月冲克，意味这笔到手的钱损耗许多；由于日辰卯木入爻，日辰的作用久远，所以，这笔钱虽有较大损耗但不至于全部拿出去。怎么个损耗法？由于此财来路不正，带来麻烦，因此他最好是主动退还一部分。

白虎临世爻，白虎主凶险、惊恐，说明他为此事感到害怕，但白虎为金生世爻子水，这种凶险并不会对他造成实质性的伤害，等于是有惊无险。世爻旬空，他心中总是为此事感到不踏实，这也正是他求测的原因。

八卦可以反映过去的信息。卦中卯木财爻发动，这笔钱应该是在己卯年到手；卯木动化申金回头克，这笔钱在甲申年会有所损耗；今年流年酉金冲克卯木，所以今年还会有损耗。

实际情况是：李先生以前在一单位负责销售工作，1999年，他利用职务之便在销售环节中暗中吃了不少回扣，2004年受到别人检举，只是暂时证据还不确凿，他心里感到害怕，便花钱活动想私了此事，但别人不放过他，继续寻找证据，所以他这两年一直都为此事担心，不知该怎样处理为妥，故而求测。他说想不到一个卦竟然能测出他心中的隐秘之事。

从此例我们可以看到：六亲是断卦的主要元素，但六神也起到了辅助作用。如果不用六神，上面的有些信息就无法推断出来。

例2：香港李先生求测乘飞机出外做业务是否安全：

丁亥　庚戌　辛卯　癸巳

地天泰　　　　**六神**

子孙癸酉金″应　　螣蛇

妻财癸亥水″　　　勾陈

兄弟癸丑土″　　　朱雀

兄弟甲辰土′世　　青龙

官鬼甲寅木′　　　玄武

妻财甲子水′　　　白虎

世爻居坤宫被月建冲旺，有四爻丑土相帮，力量不弱，但不宜被日辰卯木克害，所以会有不吉之事发生。由于卯木在戌月不旺，再者卯木被月建合绊，克世之力减弱，力量远不如世爻辰土强，所以卯木对世爻的克力不大，不会对世爻造成致命的伤害，只是会受点小小的损伤而已。

卦中青龙持世克世，加之玄武、白虎生扶财爻和官鬼爻克世，世爻代表自身，综合上述信息，断身体会受点小伤。由于世爻旺，这点小伤无所谓，对生命安全不会造成威胁，可以放心出去。

结果：在做业务的过程中不慎将手烧伤，但伤势很轻微。其他一切顺利。

第七节　本章结语

对本章内容的学习应抓住以下几个要点：

一是熟记六亲基本含义并加以引申。

二是掌握排六亲的方法。

三是熟悉六神的含义和排布规则。

理解了六亲、六神含义，那么，六亲、六神持世所代表的信息就很容易领悟了。理解了六亲之间相生相克的作用关系，就能够推导出六亲变化所代表的人事信息。六亲变化就是动爻与变爻之间的含义变化，据此可以看出所测之事的变化轨迹以及当事人思想轨迹和行为轨迹。

本章习题：

1. 书中强调了动爻在卦中的作用，那么，没有动爻的卦，是否事情就没有变化呢？

2. 六神在六爻预测中一定要用吗？如果不用六神，是否会影响预测结果的准确性？

3. 六神在断卦中有何作用？它的信息之象在预测中如何体现？

4. 官鬼持世在什么情况下主忧患之事？在什么情况下主吉利？

第七章　用神　原神　忌神　仇神　伏神　飞神

用神即卦中所测之对象。生用神者为原神，克用神者为忌神，克制原神而生忌神者为仇神。以上四神实际是生助用神与克害用神的归类细分。

伏神就是每宫首卦各爻之六亲，伏于所起之卦之下，因藏而不现，故谓之伏神。伏神上面的主卦爻称为飞神，伏神往往需要通过飞神才能起作用。

用神、原神、忌神、仇神是在选取预测对象后进行生克关系的利弊分析，伏神就是用神不现时而从该卦首宫查找出的六亲。

第一节　用　神

用神是以卦中六亲对所测人、事、物的代称。比如测房屋，以卦中父母爻来代表，父母爻即为用神；测妻子，以卦中妻财爻来代表，妻财爻即为用神；测自身，以世爻代表自己，世爻就是用神。

取用神是断卦的关键步骤之一，用神取错，占测也就会失误。比如占测财运当取妻财爻为用，却错误地取父母爻为用，则占测就会有方向性的错误，自然不会得到正确的结论。

用神的确定以六亲类象为根据，分类如下：

父母：父母、与父母同辈之亲属、有血缘关系或亲密关系的长辈、老师、所在单位、天空、房屋、服装、雨具、车船、文书、消息、徽章、商标、证件、票证、广告等。

兄弟：同胞手足、有其他血缘关系的兄弟姐妹、结拜兄弟姐妹、朋友、同事等。

妻财：妻妾、情妇、钱财、货物、珠宝、粮食、用具等。

官鬼：丈夫、功名、官府、长官、司法者、雷霆、祸患、疑虑、鬼神、匪盗、官司、牢狱、刑法、病痛、尸首等。

子孙：子女、后辈、门徒、忠臣、医生、药物、公安人员、士兵、牲畜、飞禽走兽等。

宇宙万事万物，难以列举，读者可举一反三，类推引申。

用神是所测之事的核心，用神受克破，事必不吉，用神弱而得生助，事必称心。

用神临世爻者，直接分析世爻即可，若不是持世之爻，还需看用神与世爻之间的关系，生、合世爻谓之“向我”，冲、克世爻谓之“背我”。“向我”则吉，“背我”则凶。

第二节　用神两现

一卦六爻，即使五行俱全，也总会有两个五行属性相同的六亲。如乾卦，就有两个父母爻，如果要测父母之类的事，该取哪一个父母爻为用神呢？

《卜筮正宗》曰：“舍其闲爻而用持世，舍其无权而用月日，舍其安静而用动爻，舍其不破而用月破，舍其不空而用旬空。天机尽泄于有病之间，断法总在于医药之处。”但也有的主张“舍其月破而用不破，舍其旬空而用不空，舍其破伤而用不伤”。二者的观点不尽相同，我通过在预测实践中比较、验证，认为两种观点都有可取之处。后者用以断事之吉凶，前者用以断事之应期。

还有一种情况，卦中用神两现都动或都不动，则取离世爻较近者或得日、月卦爻生助而较有力者。

例 1：张先生求测近期财运：

癸酉　壬戌　癸亥　庚申

山风蛊	六神
兄弟丙寅木′应	白虎
父母丙子水″	螣蛇
妻财丙戌土″	勾陈
官鬼辛酉金′世	朱雀
父母辛亥水′	青龙
妻财辛丑土″	玄武

财爻生世，易得之象。卦中用神两现，戌临月建旺说明财多而易得，故以戌土定事之吉；那么何时得财呢？丑为旬空，天机透露，出空填实之日可得，故以丑土断应期。

实际果于乙丑日得财。

例 2：一妇求测儿子的慢性病何时能治愈：

戊辰　癸亥　甲午　丁卯

雷地豫	雷泽归妹	六神
妻财庚戌土″	妻财庚戌土″应	玄武
官鬼庚申金″	官鬼庚申金″	白虎
子孙庚午火′应	子孙庚午火′	螣蛇
兄弟乙卯木″	妻财丁丑土″世	勾陈
子孙乙巳火×	兄弟丁卯木′	朱雀
妻财乙未土×世	子孙丁巳火′	青龙

用神子孙两现，一动一静，加之儿子就在自己身边故宜取世爻经卦之动爻巳火为用，但动爻月破旬空，衰败之象，正说明其子有病在身，幸四爻午火临日辰扶助用神巳火，且巳火又动化回头生，乃凶中有救，病可治愈。卦中午火临日辰而有力，据此断病可治，而巳火空破，乃病之所在，填实之时病则可愈。慢性病，断愈期远应年月，明年己巳年巳月，用神填实，病必愈，后果于 1989（己巳）年巳月康复。

例 3：2016 年 4 月 24 日晚饭后，小女急着去学校参加活动，她在用盒子装苹果 ipad 的时候却怎么也找不到盒子的盖子，她妈妈帮她找了很久也没找到，这时她妈妈也焦急起来了，一边帮她找一边责怪她是不是白天丢在另一个学习的地方了。母女俩在书房里上上下下找了好几遍还是没找到，越找越焦急。

见此情景，我立刻用小女的姓名笔画数 30 加上时间数，求得“雷山小过”变“泽山咸”卦：

丙申 9　壬辰 3　丙子 18　戊戌 11

雷山小过	**泽山咸**	**六神**
父母庚戌土″	父母丁未土″应	青龙
兄弟庚申金×	兄弟丁酉金′	玄武
官鬼庚午火′世	子孙丁亥水′	白虎
兄弟丙申金′	兄弟丙申金′世	螣蛇
官鬼丙午火″	官鬼丙午火″	勾陈
父母丙辰土″应	父母丙辰土″	朱雀

根据卦象，卦中父母爻（盒子有装载之功能故取父母爻为用神）得月建和时辰之助强旺有力，盒盖肯定不会丢；雷山小过的大象卦为坎卦，坎为文书为书桌，当时我断定盖子一定在书桌上，但是我们找遍了书桌也找不到。这时我感觉有点奇怪了，卦中有初爻辰土、上六戌土两个父母爻，因为是寻找失物，按照一般的取用方法当取世爻之外经卦的应爻辰土为用神，那么盖子肯定在书桌的底下。但是我重新找遍了书桌底下也不见。我再凝神思索卦象，上爻戌土被月建辰冲为暗动，动则变也，“动变泄天机！”此卦必须以上六戌土为用神。用神处在大坎卦的上六位置，为书桌的桌面上，但桌面上只有一个没有盖子的 iPad 盒子别无它物啊。

我对女儿说：“这也太奇怪了，根据我起卦分析，盖子明明是在书桌上面的嘛，它变成了什么东西了呢?!”

我边说边拿起盒子仔细端详，之后恍然大悟地说：“这不是骑着马找马嘛!”

原来，盖子反过来套在了底盒的下面，由于苹果 ipad 盒子很薄，底盒与盖子的颜色一致，所以盖子反过来套在底盒的下面就和一个没有盖子的盒子一模一样，如果没有拿起来仔细分辨的话，确实是很难看出端倪的。这次，若不是借助于神奇的六爻预测，最终把目标精准地定位在桌面上，恐怕一时之间也找不出这个盒盖来！

通过此例，事实告诉我们在选取用神的问题上必须引起高度的重视。此卦用神两现，《卜筮正宗》关于用神两现的取用方法："舍其闲爻而用持世，舍其无权而用月日，舍其安静而用动爻，舍其不破而用月破，舍其不空而用旬空。天机尽泄于有病之间，断法总在于医药之处。"

按照上述方法，第一，"舍其闲爻而用持世，舍其无权而用月日"则应该取临月令的应爻辰土为用神，但是若取辰土为用，则失物必在书桌底下(因用神居初爻)，事实证明这显然不对。

第二，"舍其安静而用动爻，舍其不破而用月破，舍其不空而用旬空"。这里有三个细节问题要仔细分辨：一是取动爻，两个父母爻都在暗动而没有明动：上六戌土被月支辰土冲为暗动，而初爻辰土被月支辰相刑，时支戌冲(在本时辰内）也为暗动。二是辰月土当令，戌土被月支冲为暗动不为月破。三是辰土和戌土两个爻都不临空亡，至此还是难以取舍。

第三，"天机尽泄于有病之间，断法总在于医药之处"。一个卦象的最大天机在于动变之间。此卦两个父母爻都在暗动，因为，月支辰土冲戌土，则戌土爻暗动，辰辰自刑也为暗动，时支戌土（在本时辰内）也冲动初爻辰土。

事实证明，此卦要精准取用，还得洞悉"动变"二字，月支辰土当权司令，因此冲戌土爻的力量最大，而辰辰自刑、时支戌土冲辰爻的力量比前者要小一些，两相比较，戌土爻"动"的幅度要比辰土爻"动"的幅度大得多，所以当取六爻戌土为用神。还有一个取用的关键就是，下经卦安静初爻辰土没有变化，而五爻发动带动上经卦"震"变"兑"，戌土爻随之变为未土爻。正是因为这一"变"，事实上就是"盖子就反过来套在了盒子的底下！"

八卦预测之神妙，从古到今“引多少英雄竞折腰”啊！

此卦例重点在于说明如何精准取用的问题，至于卦象中还能看出的信息，如月令冲动戌土用神，说明只有我们做父母的更容易找到盖子；世爻入戌土之墓，单凭小女自己当时是无法找到盖子的等等其他信息，在此就不展开分析，留给读者自悟。

总之，主卦用神两现，各有玄机所在，应根据具体的求测事项，把卦理和事理有机结合，才能精准取用，提高预测的准确率。本书其他章节还有大量的用神两现的卦例分析，请读者自行参详。

第三节　用神的学问与误区

六爻预测中的用神与命理学中用神是两个不同概念。前者是对预测对象的指代，后者是使命局五行趋向平衡或保持流通的调节物。可见，它们的功能是完全不同的——六爻用神起的是指代作用，命局用神起的是调节作用。

比起命局用神来，选取六爻用神要简单多了。但是，简单并不等于人人都完全掌握了。越是简单的东西就越不被人们重视，就越容易粗心大意，而正是这种粗心大意，便导致出现低级的错误。比如，一个求测者问购买客车搞客运效益如何，有的取父母为用神，理由是客车是载客的，而装载是六亲中父母的含义；有的则取子孙为用神，理由是客车为生财的工具，是财源，而财源正是六亲中子孙的含义；还有的是取妻财为用神，理由是客车是我的财产，是有价值的东西，这在六亲中正是妻财的含义。就这么一个简单的问题，竟然有几种不同的答案。这种类似的事情在六爻预测的队伍中可以说是屡见不鲜。这足以说明对于六爻预测中的用神问题有些人并没有真正掌握。

对于行家来说，选取六爻用神的确是个极其简单的事情，但对于六爻造诣较差的人来说，选取用神也并不是一点难度都没有。即使是六爻技术不错的预测师，如果粗心大意，或者一时糊涂，也会取错用神。世界丰富多彩，天下之事纷繁复杂，即使你的六爻造诣不错，即使你在预测中随时都很细心，但偶尔也会遇到难以取用的卦，因为这种卦所测的事情非常特殊，所以，取用神的时候就需要费些心思。

比如，测疾病，一般都以官鬼代表疾病，以世爻代表患者，但恰恰起得一个官鬼持世之卦，既然官鬼代表疾病，那么要康复就应该克掉官鬼，但官鬼又为世爻，克掉官鬼不是连同把患者也一同克掉了吗？有人说，这种卦，持世的官鬼要克但又不能完全克掉，否则就会把患者克死。按照这种逻辑，这种患者的病就只能适当治疗一下而不能完全治愈，否则就会把患者治死。这显然是荒唐的说法。遇到这种卦，究竟该以什么代表疾病，什么代表患者呢？这个问题本来并不难，但还是有不少人答不上来。

所以，对于用神的问题，我们不要以为它过分简单而不去认真对待。

那么，怎样才能正确选取用神呢？

一、把握事物的实质

我们知道，六爻卦的用神是对所测对象的指代。前面我们学过六亲的知识，知道六亲对事物正好具有指代的功能。所以，我们取用的依据就是六亲。六亲分为五大类，每类都有各自的含义，它们分别代表宇宙间的万事万物。求测者所求测的事都是具体的，要取准用神，首先必须把求测的事归类到六亲中的某一类，然后才能根据所测之事的六亲类别去确定以哪种六亲去代表。如果不能将所测之事正确归类，就难以正确选取用神。

天下有万事万物，有些事物比较复杂，在归类时会感到模棱两可，如果你不能把握事物的实质内涵，就无法正确归类。所以，把握事物的实质内涵，是将其正确归类的前提。这就要靠预测师在预测取用之前必须对所测之事进行认真细致的分析，这种分析必须要深入到事物的实质，千万不能被事物的某些表象所迷惑。

以前面求测“购买客车搞客运效益如何”为例，这件事有两个要素：一是客车，一是效益。求测者购买客车的最终目的是为了赚钱，能否赚钱就是这件事的实质内涵。客车只是一种工具，并不等于效益。效益如何是由车主自己的运气和经营能力等因素决定，客车反而不是决定性的因素。既然此事的实质是问效益，那么，效益是什么呢？效益就是金钱，所以它是属于六亲中妻财的范畴，当然就应该以妻财为用神。以父母为用神则偏离了此事的实质，所以是错误的。子孙能生财，财源好就能多挣钱，似乎也合乎逻辑，但如果仔细分析，却并不是那么回事：生活的事实告诉我们，有些搞客运的人的确挣了不少的钱，却因车祸等意外之事将所挣得的钱几乎都赔了进去，甚至因此而赔本；有些搞客运的人虽然挣钱不是特别多，但经营中从未出现过意外事故，所挣的钱都是纯利，效益反而要好得多。这说明挣钱与效益不能划等号。求测者所问的是最终的效益，而不是问的经营过程中的财源如何，所以，不能以子孙为用神。

从此例的分析中我们可以看到，对所测之事的分析贵在深入到实质，这是取用的关键。

二、同一事物的角色转变与取用的灵活性

同一种事物在不同的情况下会扮演不同的角色。六亲归类要随着该事物角色的改变。用神的选取也要随着这种变化而作出相应调整。

我们仍然以车为例：

如果用于营利性的运输，那么，它扮演的角色就是挣钱的工具，属于六亲中子孙的范畴。要想知道车况如何，取用神时就应该取子孙。如果子孙旺相，就表明车况不错，反之，车况就差。

如果是用于销售，那么它本身就是一种具有价值的商品，通过销售环节使商品的价值得以提升，然后通过购买时与销售后的价位差最终达到获取利润的目的。这个过程就是一个价值变化的过程。价值属于妻财的范畴，因为销售的目的是为了获取利润，所以取用神时就应该取妻财。

如果车被盗，测能否找回，这时的车又是什么角色呢？车被盗从本质上讲是一种财物损失，能找回则能挽回损失，不能找回则损失就成了定局。财物属于妻财的范畴，所以应该取妻财为用神。

如果要想知道这辆客车用起来是否令人感到舒适，那么，它的角色又发生了变化。对车的使用实际上是对其功能的使用，客车的功能主要是载运乘

客，是属于六亲中父母的含义。如果父母生世爻，则乘客感到舒适，如果父母克世爻则会感到不舒适，所以，测这种事就应该取父母为用神。

如果要想知道车在使用过程中是否会发生车祸，那么，就应该以世爻当做车主，以官鬼为忌神去看。因为车祸是令人讨厌和害怕的东西，在六亲中这种东西是以官鬼来代表的。测这种事就只需取出忌神即可，不必再取用神。如果一定要取用神，那世爻就是用神了。因为世爻为车主或乘客，测是否有车祸发生实际上就是看世爻是否会受到伤害。我们来看看以下实例：

例 1：郑先生的钱包丢失，问能找回否：

癸巳 丙辰 己巳 辛未

乾为天	**火天大有**	**六神**
父母壬戌土′世	官鬼己巳火′应	勾陈
兄弟壬申金○	父母己未土″	朱雀
官鬼壬午火′	兄弟己酉金′	青龙
父母甲辰土′应	父母甲辰土′世	玄武
妻财甲寅木′	妻财甲寅木′	白虎
子孙甲子水′	子孙甲子水′	螣蛇

1. 郑先生不是穷人。他说，钱包里只有几百元钱，丢了倒无所谓，但有些证件很重要。他关心的是证件不是钱，故应以父母爻为用神代表失物。

2. 主卦两个父母爻，以持世的戌土为用神。

3. 年月日时生助用神戌土，勾陈也驾临世爻相助，卦中无克土的动爻，用神力量非常强旺。用神力量强又持世，东西肯定能找回。

4. 主卦为乾为天，用神戌土居上爻最高位，人在天的高位就是在飞机上，所以有在飞机上丢失的象征。

5. 五爻为道路或旅途，五爻动恰恰化出父母，是在旅途中丢失的象征。

6. 申金为金舆星，代表交通工具。金舆星在五爻发动，是出差之象。

7. 朱雀临五爻，朱雀动生父母用神，说明如果通过电话询问机场工作人员，很可能会有好消息。

郑先生说，他确实是在下飞机后发现钱包不见了的。根据我的预测信息，他马上与机场联系，结果于当晚戌时找回了失物。

例 2：李先生钱包丢失，打电话问我能否找到。他说里面有几千元钱还有银行卡和身份证，估计是丢在公交车上了。他说身份证和银行卡丢了可以挂失补办，也花不了多少钱，但着急的是，现金丢了却无法弥补：

壬辰　丁未　丙申　乙未

离为火	天火同人	六神
兄弟己巳火′世	子孙壬戌土′应	青龙
子孙己未土×	妻财壬申金′	玄武
妻财己酉金′	兄弟壬午火′	白虎
官鬼己亥水′应	官鬼己亥水′世	螣蛇
子孙己丑土″	子孙己丑土″	勾陈
父母己卯木′	父母己卯木′	朱雀

1. 根据失主的叙述，可知他是在乎丢失的现金，故应以财爻为用神代表失物。

2. 财爻为酉金，得日月生助，力量很强，可惜用神财爻生官鬼盗贼而不生世爻，此为用神背我向他，所以失物就只能与盗贼有缘而与我无缘，故断其无法找回。

实际：当天与公交公司联系，但未能找到破案线索和证据，之后也无任何消息，未能找回。

从以上分析可以看到，同一种事物，在不同的情况下所扮演的角色是不相同的，在预测中选取用神时就必须根据其角色的改变而选用不同的六亲。可见，选取用神具有灵活性，需要针对具体情况作出具体的分析，抓住事物的本质，最终才能正确取用。这也正是易学的“变易”特点。

第四节　原神　忌神　仇神

生用神者为原神，克用神者为忌神，克制原神而生忌神者为仇神。

比如木为用神，水生木，水就为木之原神。

金克木，金就为木之忌神。

土克水而生金，土就为木之仇神。

原神、忌神对用神的生克作用，是断卦的重要依据，但正如第一章所讲，五行生克有真假之别，那么原神在什么情况下才能生用神，在什么情况下又不能生用神呢?

原神有力可生用神，分为以下九种情况：

1. 原神旺于月、日建有力者

如亥子月或亥子日得“坎为水”卦：

坎为水

兄弟戊子水″世

官鬼戊戌土′

父母戊申金″

妻财戊午火″应

官鬼戊辰土′

子孙戊寅木″

初爻寅木为用神，上爻子水原神旺于月建或日建有力，可以生用神寅木。

2. 原神相于月、日建有力者

如申酉月或申酉日得“坎为水”卦：

坎为水

兄弟戊子水″世

官鬼戊戌土′

父母戊申金″

妻财戊午火″应

官鬼戊辰土′

子孙戊寅木″

原神子水相于月建或日建有力，可以生初爻寅木。

3. 原神化进神有力者

如卯月卯日得“雷风恒”变“泽风大过”卦：

雷风恒	**泽风大过**
妻财庚戌土″应	妻财丁未土″
官鬼庚申金×	官鬼丁酉金′
子孙庚午火′	父母丁亥水′世
官鬼辛酉金′世	官鬼辛酉金′
父母辛亥水′	父母辛亥水′
妻财辛丑土″	妻财辛丑土″应

五爻申金虽然休囚于月、日建，但发动化进神即为有力，待时可帮三爻酉金。

4. 原神化有力之回头生者

如戌月卯日得“泽水困”变“坎为水”卦：

泽水困	**坎为水**
父母丁未土″	子孙戊子水″世
兄弟丁酉金′	父母戊戌土′
子孙丁亥水○应	兄弟戊申金″
官鬼戊午火″	官鬼戊午火″应
父母戊辰土′	父母戊辰土′
妻财戊寅木″世	妻财戊寅木″

四爻亥水虽死于月建休于日建，但化申金有力之回头生，则可生初爻寅木。

5. 原神与忌神同动，原神得生有力者

如丑月壬申日得“雷火丰”变“泽地萃”卦：

雷火丰	**泽地萃**
官鬼庚戌土″	官鬼丁未土″
父母庚申金×世	父母丁酉金′应
妻财庚午火′	兄弟丁亥水′

兄弟辛亥水○　　子孙乙卯木"

官鬼辛丑土"应　　妻财乙巳火"世

子孙辛卯木○　　官鬼乙未土"

原神亥水与忌神申金同动，原神得生助有力，即可转生初爻卯木。

6. 原神旺相有力逢空或化空无碍者

如酉月癸酉日得“泽天夬”变“水天需”卦：

泽天夬　　水天需

兄弟丁未土"　　妻财戊子水"

子孙丁酉金'世　　兄弟戊戌土'

妻财丁亥水○　　子孙戊申金"世

兄弟甲辰土'　　兄弟甲辰土'

官鬼甲寅木'应　　官鬼甲寅木'

妻财甲子水'　　妻财甲子水'应

四爻亥水虽处旬空，但得月、日建生，旺相有力不以空论，可生二爻寅木。

7. 原神旺相有力临墓绝或化墓绝无碍者

如申月申日得“乾为天”变“天山遁”卦：

乾为天　　天山遁

父母壬戌土'世　　父母壬戌土'

兄弟壬申金'　　兄弟壬申金'应

官鬼壬午火'　　官鬼壬午火'

父母甲辰土'应　　兄弟丙申金'

妻财甲寅木○　　官鬼丙午火"世

子孙甲子水○　　父母丙辰土"

初爻子水动而化辰墓，因子水处旺相之地不以化入墓论。此为旺而化库，原神有力可生二爻寅木用神。

8. 原神化退，占近事临月、日建旺相有力而暂不退者

如寅月卯日得“山泽损”变“山雷颐”卦：

山泽损　　　　**山雷颐**

官鬼丙寅木′应　官鬼丙寅木′

妻财丙子水″　　妻财丙子水″

兄弟丙戌土″　　兄弟丙戌土″世

兄弟丁丑土″世　兄弟庚辰土″

官鬼丁卯木○　　官鬼庚寅木″

父母丁巳火′　　妻财庚子水′应

二爻卯木化寅木退神，如占近事其临月、日建旺相而暂时不退可生初爻巳火。

9. 原神旺相化仇神回头克，仇神休囚不能克原神者

如亥月子日得“艮为山”变“水山蹇”卦：

艮为山　　　　**水山蹇**

官鬼丙寅木○世　妻财戊子水″

妻财丙子水×　　兄弟戊戌土′

兄弟丙戌土″　　子孙戊申金″世

子孙丙申金′应　子孙丙申金′

父母丙午火″　　父母丙午火″

兄弟丙辰土″　　兄弟丙辰土″应

五爻子水虽化戌土回头克，然子处旺地戌处休囚，囚土难克旺水，子水原神仍可生上爻寅木用神。

反之，原神无力而不能生用神，也有九种情况：

1. 原神死于月、日建无力者

如未月戌日得“山风蛊”变“艮为山”卦：

山风蛊　　　　**艮为山**

兄弟丙寅木′应　兄弟丙寅木′世

父母丙子水″　　父母丙子水″

妻财丙戌土″　　妻财丙戌土″

官鬼辛酉金′世　官鬼丙申金′应

父母辛亥水○　　子孙丙午火″

妻财辛丑土″　　妻财丙辰土″

二爻亥水虽动，然死于月、日建休囚无力，难以生上爻寅木。

2. 原神休囚于月、日建静而无力者

如巳月卯日得“乾为天”卦：

乾为天

父母壬戌土′世

兄弟壬申金′

官鬼壬午火′

父母甲辰土′应

妻财甲寅木′

子孙甲子水′

初爻子水囚于月建，休于日建，安静无力难生二爻寅木。

3. 原神休囚化退神者

如戌月巳日得“山泽损”变“山雷颐”卦：

山泽损　　**山雷颐**

官鬼丙寅木′应　　官鬼丙寅木′

妻财丙子水″　　妻财丙子水″

兄弟丙戌土″　　兄弟丙戌土″世

兄弟丁丑土″世　　兄弟庚辰土″

官鬼丁卯木○　　官鬼庚寅木″

父母丁巳火′　　妻财庚子水′应

二爻卯木囚于月、休于日建无力，其又化寅木退神更难生助初爻巳火。

4. 原神休囚化回头克损者

如巳月巳日得“风雷益”变“风地观”卦：

风雷益　　**风地观**

兄弟辛卯木′应　　兄弟辛卯木′

子孙辛巳火′　　子孙辛巳火′

妻财辛未土″　　妻财辛未土″世
妻财庚辰土″世　兄弟乙卯木″
兄弟庚寅木″　　子孙乙巳火″
父母庚子水○　　妻财乙未土″应

初爻子水囚于月、日建又化未土回头克，无力生二爻寅木。

5. 原神休囚被旺相仇神克损者

如午月午日得“泽雷随”变“天雷无妄”卦：

泽雷随　　　　天雷天妄

妻财丁未土×应　妻财壬戌土′
官鬼丁酉金′　　官鬼壬申金′
父母丁亥水′　　子孙壬午火′世
妻财庚辰土″世　妻财庚辰土″
兄弟庚寅木″　　兄弟庚寅木″
父母庚子水′　　父母庚子水′应

四爻亥水处于囚地，又遭上爻未土乘旺动来克损，则难以生助二爻寅木。

6. 原神休囚逢空或化空者

如巳月丁巳日得“震为雷”变“雷天大壮”卦：

震为雷　　　　雷天大壮

妻财庚戌土″世　妻财庚戌土″
官鬼庚申金″　　官鬼庚申金″
子孙庚午火′　　子孙庚午火′世
妻财庚辰土×应　妻财甲辰土′
兄弟庚寅木×　　兄弟甲寅木′
父母庚子水′　　父母甲子水′应

初爻子水囚于月、日建，又旬空难以生助二爻寅木。

7. 原神休囚临墓绝或化墓绝者

如巳月辰日得“水天需”变“水山蹇”卦：

水天需	**水山蹇**
妻财戊子水″	妻财戊子水″
兄弟戊戌土′	兄弟戊戌土′
子孙戊申金″世	子孙戊申金″世
兄弟壬辰土′	子孙丙申金′
官鬼壬寅木○	父母丙午火″
妻财壬子水○应	兄弟丙辰土″应

初爻子水休囚入日墓，又动而化墓，难生二爻寅木。

8. 原神化进但处休囚或被月、日建动爻克损不能进者

如巳月午日得“雷火丰”变“泽火革”卦：

雷火丰	**泽火革**
官鬼庚戌土″	官鬼丁未土″
父母庚申金×世	父母丁酉金′
妻财庚午火′	兄弟丁亥水′世
兄弟己亥水′	兄弟己亥水′
官鬼己丑土″应	官鬼己丑土″
子孙己卯木′	子孙己卯木′应

五爻申金虽动化进神，但遭月、日建克损则进而不进，难生三爻亥水。

9. 原神衰弱化忌神回头生，但原神弱极不受生或忌神弱极不能生者

如午月午日得“泽水困”变“坎为水”卦：

泽水困	**坎为水**
父母丁未土″	子孙戊子水″世
兄弟丁酉金′	父母戊戌土′
子孙丁亥水○应	兄弟戊申金″
官鬼戊午火″	官鬼戊午火″应
父母戊辰土′	父母戊辰土′
妻财戊寅木″世	妻财戊寅木″

四爻亥水虽化申金回头生，但申金遭月、日克损难以生水，亥水囚于

月、日建本身无力，则难以生助初爻寅木。又如已未月戊戌日得“困”之“坎”卦，亥水因被月、日克损太过，虽化申金回头生，但本身力量太弱已不受生，故无力生木。

忌神能否克用神，也分两大类情形。

下列情况，忌神可以克用神：

(1) 忌神旺于月、日建有力者。

(2) 忌神相于月、日建有力者。

(3) 忌神化进神有力者。

(4) 忌神化有力之回头生者。

(5) 忌神与仇神同动，忌神得生有力者。

(6) 忌神旺相有力逢空或化空无碍者。

(7) 忌神旺相有力临墓绝或化墓绝无碍者。

(8) 忌神化退，占近事临月、日建旺相有力而暂不退者。

(9) 忌神旺相化闲神（泄用神、耗原神、克忌神、生仇神者为闲神）回头克，闲神休囚不能克忌神者。

下列情况，忌神无力克用神：

(1) 忌神死于月、日建无力者。

(2) 忌神休囚于月、日建静而无力者。

(3) 忌神休囚化退神者。

(4) 忌神休囚化回头克损者。

(5) 忌神休囚被旺相之闲神克损者。

(6) 忌神休囚逢空或化空者。

(7) 忌神休囚临墓绝化墓绝者。

(8) 忌神化进，但处休囚或被月、日建、动爻克损而不能进者。

(9) 忌神化仇神回头生，忌神弱极不受生或仇神弱极不能生者。

用神与原神、忌神、仇神的关系，是生或克的关系。原神对用神有益，忌神、仇神皆对用神有损，但由于五行具有循环相生、隔位相克之性，所以，只要能使相克的两行之间有一种能起到“承上启下”的通关作用之某行，就可变相克为相生，忌神克用神，但忌神生原神，仇神又生忌神，所以，如果能使原神起到通关的作用，就可以化克为生，进而使仇神生→忌神生→原神生→用神。而要起到通关的作用，首先要卦中有通关的这种五行，其次要使这种五行有力，所谓有力，就是要旺相或发动。

例如：一妇求测夫病何日愈：

甲戌 癸酉 甲子 己巳

乾为天	**天山遁**	**六神**
父母壬戌土′世	父母壬戌土′	玄武
兄弟壬申金′	兄弟壬申金′应	白虎
官鬼壬午火′	官鬼壬午火′	螣蛇
父母甲辰土′应	兄弟丙申金′	勾陈
妻财甲寅木○	官鬼丙午火″世	朱雀
子孙甲子水○	父母丙辰土″	青龙

官鬼午火为用神，初爻子水忌神动临日辰旺而克用，病沉重；幸二爻寅木原神动而生用，且天干纳甲，甲寅双体有力，日辰又透甲木，可化水生火，故有救。酉月木死，但日辰子水生之为有气，木临日辰之时由弱转强化水生火，病可愈。果于丙寅日康复。

又例：某企业单位张先生求测近期仕途：

甲戌 乙亥 庚申 壬午

天风姤	**天地否**	**六神**
父母壬戌土′	父母壬戌土′应	螣蛇
兄弟壬申金′	兄弟壬申金′	勾陈
官鬼壬午火′应	官鬼壬午火′	朱雀
兄弟辛酉金○	妻财乙卯木″世	青龙
子孙辛亥水○	官鬼乙巳火″	玄武
父母辛丑土″世	父母乙未土″	白虎

午火用神生世爻，且世应安静，有职务在身，但不宜用神失令，忌神子孙亥水临月建旺动克用，加之仇神得日辰帮动而生忌神，用神遭重克而无

生，本月癸亥日必有剥官之忧。果于第四（癸亥）日被董事会决定撤职。

两卦用神皆为午火，忌神都动，前者有原神通关相救，后者不但无原神救助，反有仇神助纣为虐，所以吉凶截然不同。

凡卦中原神有力与忌神同动，则原神生用神之力反而加大，且忌神不克用神，仇神、忌神、原神同动，生用之力更大；忌神旺动，无原神或原神衰弱安静，忌神必克用神，再若仇神同动，克用之力愈增。

第五节　伏神　飞神

六爻卦的六亲共有五种。在六十四卦中，有许多卦的六亲都不齐全，或者只有四种，或者只有三种。像这种六亲不全的卦，在取用神时就可能会找不到目标。如果起卦四值中都没有属于用神的这种六亲，就要在卦的伏神中去找。

其实，伏神也不单单是在取用神时才有用，不属于用神的伏神在断卦过程中也有一定的作用，只是许多人不大注意这个问题而未洞察到其中的玄机而已。

什么是伏神？伏神就是将每宫首卦（即八纯卦）之六亲排在本宫其他卦的卦爻下面的六亲。换句话说，就是本宫首卦的六亲。

比如：

伏神	**风地观**
父母壬戌土	妻财辛卯木′
兄弟壬申金	官鬼辛巳火′
官鬼壬午火	父母辛未土″世
父母甲辰土	妻财乙卯木″
妻财甲寅木	官鬼乙巳火″
子孙甲子水	父母乙未土″应

“风地观”属于乾宫卦，“乾为天”是乾宫的首卦，我们将它排在“风

地观”卦的左边。排在“风地观”左边的六亲就是伏神。

因为子卦是由母卦（首卦）演变而来的，所以，每个子卦都与母卦有渊源，因而母卦就是子卦的伏神。

有了伏神，六亲就齐全了，无论取什么样的用神都有了目标物。所以，伏神能解决六亲不全之卦的取用问题。

关于以伏神取用的问题大家都很明白，在此就不赘述。下面我们着重讨论伏神在断卦中的功用及其运用方法：

一、伏神的功用

伏神六亲与主卦六亲都有一种五行生克的关系，通过这种关系，我们还可以挖掘出比较隐蔽的信息，这是伏神在断卦中的特殊功用。这种功用通常被人们所忽视，因而有些信息就推断不出来。当然，伏神在断卦过程中的作用是一种辅助作用，并不能以它为断卦的主导。但是，学会和掌握这种方法无疑会对断卦起到有益作用。它能使推断的信息更细致、更全面。

二、伏神的力量

伏神五行力量的衡量标准和判断方法与主、变卦卦爻的五行力量之衡量标准和判断方法一样。这里就不必重复。

虽然伏神的五行力量与主变卦卦爻的力量没有什么区别，但在作用力的大小上却有所不同。其道理何在呢？这是因为伏神与主、变卦的位置不同。伏神是隐伏在主卦之下的，主卦的卦爻对它有一种屏蔽和遮盖的作用。因此，伏神要发挥作用，需要冲破主卦卦爻的屏蔽和遮盖。伏神是一种居于被动位置的爻，要冲破主卦卦爻的屏蔽和遮盖，伏神必须具备足够的力量。如果力量不是特别大，它就无法发挥其对主卦卦爻的生克冲合之作用。正是因为这一点，一般的伏神都难以起到实质性的作用。但是，力量特别大的伏神其作用是不可忽视的，它甚至会影响到断卦的准确与否。

相反，主卦卦爻居高临下，所以它对伏神的生克冲合要容易得多。

伏神所隐伏的主卦卦爻，就是飞神。

三、伏神的信息含义

伏神是隐匿难见之物，所以它代表着具有隐蔽、隐秘、暗藏之类性质的信息。

隐私、暗恋、暗财、地下活动、神秘事件、神秘人物、暗藏之物、不明事物等等都可以通过伏神窥见踪影。

四、伏神的喜忌作用

在预测实践中，卦爻有喜忌之分，伏神也有喜忌之分。伏神在卦中的喜忌与卦爻在卦中的喜忌在区分方法上是一样的。克损用神者为忌神，生助用神者则为喜神。当伏神为喜神并能发挥作用时，意味着将会有意想不到的惊喜或好事；当伏神为忌神并能发挥作用时，意味着将会有防不胜防的麻烦或祸患。

五、伏神能发生作用的几种情况

1. 伏神力量特别强时，可以生克冲合飞神。

2. 伏神特别强而飞神衰弱时，伏神可以冲破飞神的遮盖而发挥作用。

3. 伏神本身有力但力量不是特别强大，当飞神被日月冲去时伏神能发挥作用。

4. 伏神有力而飞神临月破旬空或入墓，伏神能发挥作用。

5. 飞神被合化为它物而不克伏神时，伏神能发挥作用。

6. 伏神强旺但旬空，出空后可以发挥作用。

六、伏神不能发挥作用的几种情况

1. 飞神强旺或比较有力而克制住伏神时，伏神被飞神压制而不能发挥自身的作用。

2. 伏神衰弱时无力发挥作用。

3. 伏神旬空，在出空之前不能发挥作用。

七、伏神运用举例

例 1：四川王先生求测二〇〇六年运气：

丙戌 庚寅 癸未 甲寅

	水泽节	风泽中孚	六神
	兄弟戊子水×	子孙辛卯木′	白虎
	官鬼戊戌土′	妻财辛巳火′	螣蛇
	父母戊申金″应	官鬼辛未土″世	勾陈
妻财戊午火	官鬼丁丑土″	官鬼丁丑土″	朱雀
官鬼戊辰土	子孙丁卯木′	子孙丁卯木′	青龙
子孙戊寅木	妻财丁巳火′世	妻财丁巳火′应	玄武

上爻兄弟子水发动，兄动则破财。为什么事破财？因兄动化出子孙，故会为孩子之事而破财。子孙寅木伏在世爻之下，寅木对世爻既生又刑，且与应爻构成三刑，美中不足，因而孩子之事会使他喜忧参半。上面讲到会为孩子之事而破财，破财本为坏事为忧，那么喜又从何来呢？世爻之下的子孙在测卦时伏藏不现，孩子伏藏不现是什么意思呢？或者是被关在不为人知的地方，或者是在母亲的腹中已经成形而尚未出生。因寅木临月建而强旺，没有被关押控制之理，并且子孙伏在世爻之下，表示藏在自己家中，但在自己家中天天可以看见，没有隐藏不见之理，所以就应该是在母亲腹中才符合逻辑。这样分析起来，他会因让妻子生下这个孩子而破财。他是某企业主管财务的副董事长（财爻持世得月建生为掌握管钱财之官），按目前的计划生育政策，超生必然会影响自己的职务。这就是孩子带来的忧。他想多生一个孩子，孩子出生了就达到了目的，当然就是喜事。喜忧参半就是这个含义。

官鬼丑土与世爻同在内卦，这个官鬼代表他的官职。丑遇日冲为动而泄世之力，其官职必然会被革掉。何时革掉？未月冲丑，当为应期。外卦戌土官鬼临太岁，又化出巳火回头生，所以他的官职会被别人取代。

实际情况是：2006 年卯月因超生在未月被免去副董事长职务，降为一般中层干部。为生此小孩也花了一些钱，于亥月辞职。

此卦如果不看世爻之下的伏神，就推断不出因超生而被处罚之事。可见，伏神的作用是非常微妙的。

例 2：北京王女士求测投资某公司前景：

丙戌　庚寅　丙子　戊戌

	水雷屯	水山蹇	六神
	兄弟戊子水″	兄弟戊子水″	青龙
	官鬼戊戌土′应	官鬼戊戌土′	玄武
	父母戊申金″	父母戊申金″世	白虎
妻财戊午火	官鬼庚辰土×	父母丙申金′	螣蛇
官鬼戊辰土	子孙庚寅木″世	妻财丙午火″	勾陈
子孙戊寅木	兄弟庚子水○	官鬼丙辰土″应	朱雀

世爻为自己，应爻为所投资的公司。从表面上看，世爻克应爻，似乎自己可以克制对方而不至于有所损失。但实际上，投资是长久之事，应爻临太岁，而世爻只是在寅卯月才旺，过了寅卯亥子月，就无法克制对方。世应相克，双方会发生矛盾。妻财午火伏在官爻之下又入墓于应爻戌土，因为戌土墓库临太岁，意味着自己拿出的钱在今年将会被对方锁定。

世爻之下的伏神为辰土官鬼耗世爻之气，表示隐患就埋伏在身边。寅卯月世爻旺能克制辰土，伏神官鬼不致为害。到了夏季，木衰火旺，土得火生土由弱转强，世爻再也不能克制伏神，因而将会在夏季出问题。

三爻的伏神午火为财星，伏神生飞神官鬼辰土，这个官鬼发动，说明此事有诈。飞神官鬼辰土吸纳伏神财爻午火之气，意味着欺诈的目的就是为了吸纳钱财。

综合以上分析，投资会中圈套，建议她放弃投资。可她将信将疑，最后还是抱着侥幸的心理分别于巳、亥两个月共投资五十多万元。2006 年底和 2007 年初，该公司涉嫌非法融资被调查，调查的结果确实是非法融资。于是，公司老板被捕，王女士的投资也受到损失，可是已经后悔莫及。

此卦伏神所揭示的信息就是令人难以置信的隐患和陷阱。

例 3：某先生求测家中父母及妻子吉凶：

壬申　壬子　壬戌　乙巳

	风山渐	**六神**
	官鬼辛卯木′应	白虎
妻财丙子水	父母辛巳火′	螣蛇
	兄弟辛未土″	勾陈
	子孙丙申金′世	朱雀
	父母丙午火″	青龙
	兄弟丙辰土″	玄武

伏神妻财子水旺克飞神父母巳火，妻子无事，父母定有灾，伏克飞为出暴，快而凶，应期多在最近的亥子日。果于第二天（亥日）父病，第三天动手术。

例 4：一人求测妻子近期财运：

癸酉　庚申　甲戌　己巳

	地火明夷	**六神**
	父母癸酉金″	玄武
	兄弟癸亥水″	白虎
	官鬼癸丑土″世	螣蛇
妻财戊午火	兄弟己亥水′	勾陈
	官鬼己丑土″	朱雀
	子孙己卯木′应	青龙

妻财午火伏神为用，飞神兄弟亥水得月之生有力而克伏神。戌日水有制无妨，亥日水当值，重克伏神，不但破财，犹恐伤身。果于翌日因生意亏损数千元，又遭伤灾。

例 5：吴某在外听说其妹在家患病，问何日愈：

癸酉　甲寅　癸酉　癸亥

	地风升	**六神**
	官鬼癸酉金″	白虎
	父母癸亥水″	螣蛇

妻财癸丑土″世　　勾陈
官鬼辛酉金′　　朱雀
兄弟庚寅木　父母辛亥水′　　青龙
妻财辛丑土″应　　玄武

兄弟寅木伏神为用，临月建，又得飞神临时辰癸亥双体之生，病轻且易痊愈，今被日辰所克，过酉、戌二日必愈。果于第三日（亥日）康复。

第六节　本章结语

用神为所要测的人事对象，用神是否强旺有力，直接关系到预测结果的吉凶性质。分析用神、原神、忌神、仇神之间的生克刑冲合害状况，就是分析人事的发展过程和结果。再结合用神与世爻之间的“有情无情”，去推断事情的吉凶成败。本章要掌握的重点，就是干支能否真正起到生克作用及其作用大小的各种情况，在五行生克理论的应用上打好基础。

本章习题：

1. 六爻卦的用神是否越旺越好？
2. 预测对方说的话是否真实，应该怎样取用神去分析推断？
3. 代测他人之病，如果用神刚好居于世爻，那么，世爻代表患者还是代表求测者本人呢？世爻与用神重叠在一个爻上又代表其他什么含义呢？
4. 卦中用神两现，一样的阴阳五行，都动或都静，应取哪一个为用神？
5. 在六爻预测中，一些动物用什么爻来代表？比如鸡、鸭、蜻蜓、蜘蛛、老虎、孔雀这些。
6. 在一个单位上班，人事关系比较复杂，想知道单位里是否有人对自己不利，如何取用？如何推断？
7. 变爻可以生克伏神吗？如果伏神伏在主卦的初爻之下，那么，主卦的二、三、四、五、上爻对伏神有生克作用吗？

第八章
太岁 月令 月破 日辰 旬空

“年、月、日、时”谓之四值，四组干支构成一个完整的时空信息库，它们作用于卦爻干支，决定卦爻的旺衰强弱。测不同之事，四值侧重各有不同。本章着重讲述四值在各方面的应用，一改千百年来诸书对卦爻的分析只看月、日的习惯，完善四值运用的理论。

第一节 太 岁

六爻古籍中的卦例，一般都没有标注起卦的流年。当今的许多六爻书籍作者，也效仿古人的做法，并不标注起卦的流年。由于大多数的六爻书籍都是这样的模式，以致绝大多数研习六爻预测的易友甚至专家学者便一致认为起卦的流年对断卦没有什么作用。

六爻预测是一门实证性的学科，时空因素是它的核心内容之一，离开了时空因素，就无法进行该学科的研究和应用。

每一个时刻都有一个对应的年月日时。一个完整的时空模式必须是由年月日时四大元素组成，去掉其中的任何一种元素都不能成其为完整的时空模式，因此，要反映起卦时的时空状态，必须将当时的年月日时完整地记录下来，否则，就不能完全真实地反映起卦之时的时空状态。

学过四柱命理预测的人都知道，人的原命局必须是由出生之时的年月日时构成，缺一不可。

六爻预测离不开对卦爻力量强弱的衡量，而衡量卦爻力量强弱的依据就是年月日时。在这四大元素中，虽然它们对卦爻旺衰强弱的影响程度各有差别，但并没有哪一种元素对卦爻的旺衰强弱毫无影响。因此，如果去掉其中的任何一种元素去衡量卦爻的力量强弱，都会影响其精确度。反过来说，要精确衡量卦爻的旺衰强弱，必须将年月日时全部用上。

我们知道，大多数卦，在推断时都需要确定相关卦爻的强弱，而卦爻的强弱主要（非全部）取决于卦爻自身的旺衰，卦爻的旺衰是由月令决定的。因此，在大多数情况下，很多类型的卦，其卦爻的强弱主要就是由月令决定的。而流年对卦爻强弱的影响非常小，小到只能相当于卦中的某一个静爻，这就是那些卦不用流年也能断准的原因。对于那些卦，起着关键作用的是月令和日辰，因此，人们就放弃了流年而紧紧抓住月令和日辰进行分析推断。有人会说：既然用不用流年都一样可以断准，那为什么要多此一举而去用流年呢？

前面已讲过，即使有一些卦不需要用流年和时辰，因流年和时辰的力量也还相当于主卦中的一个静爻的力量，故在衡量卦爻旺衰时也应考虑流年和时辰。另外，还有一部分卦，如果不用流年，则根本无法分析推断，对这种卦的推断，流年的作用是最大的，而月令、日辰的作用则反而不怎么重要。

作为一名职业预测师，不断提高预测准确率应该是自己毕生的追求。运用流年断卦是六爻预测中的一种技术，虽然这种技术所涵盖的卦比例不大，但如果你不会这种技术，那么，你的六爻预测技术就会存在这方面的缺陷。而这种看似并不大的缺陷，却有可能在关键时候给你的预测生涯带来沉重的打击。

由此可见，掌握流年断卦的技术是很有必要的。

那么，究竟哪些卦需要运用流年去进行分析推断呢？

答案是：凡是预测若干年事情的卦，都必须运用流年去推断，而且流年的作用远远大于月令和日辰。

若干年的事情，是长期的事情，在这类事情中，有许多都是大事情，如果预测失误，将会给求测者带来严重的损失，因此，我们必须对这类事情的预测慎之又慎。

下面我们来看一些实例：

例 1：重庆李先生求测在广州买房能否增值：

甲申 甲戌 戊子 己未

雷火丰	**六神**
官鬼庚戌土″	朱雀
父母庚申金″世	青龙
妻财庚午火′	玄武
兄弟己亥水′	白虎
官鬼己丑土″应	螣蛇
子孙己卯木′	勾陈

看房屋能否增值，应以财爻为用神，而不能以父母为用神。

财爻午火不得年月日时之生，财爻旬空本就非常衰弱，再被日辰子水冲克，于是弱极而从。房屋增值是长期之事，应以流年为主去看。明年乙酉，财爻午火与甲申年的状态差不多，因而会有增值空间。丙戌年，虽子水受克，但财爻午火入墓于流年，从得较真，因而此年在上一年的基础上还会有所增值。丁亥年，水旺，加之亥水入卦克制午火，使财爻比甲申、乙酉都从得更好，因而此年会有大幅度的增值。

结果至丁亥、戊子年，房价狂涨了近 5 倍。

例 2：北京某私营公司徐先生想入住另一套房屋，求测入住后对自己有何影响：

丙戌 癸巳 辛酉 癸巳

山火贲	**天火同人**	**六神**
官鬼丙寅木′	兄弟壬戌土′应	螣蛇
妻财丙子水×	子孙壬申金′	勾陈
兄弟丙戌火×应	父母壬午火′	朱雀
妻财己亥水′	妻财己亥水′世	青龙
兄弟己丑土″	兄弟己丑土″	玄武

官鬼己卯木′世　　官鬼己卯木′　　白虎

官鬼持世表示求测者目前有职务在身。此卦持世的官鬼为用神。用神卯木虽得五爻子水动化回头生之来生世，但被流年入卦制住子水而合住世爻，使用神卯木无法动弹，因而在丙戌年是没有希望晋升的。

明年丁亥，流年亥水入卦生用神，用神在明年春季最旺，因而明年春是晋升的良机。

实际情况：入住此宅后，2006 年本来有几次提升的机会，但最终总是不能成功，2007 年春季却非常顺利地由副职升为正职。

这两年的差别，正是流年的作用所导致的。

例 3：某外资公司朱先生求测住此套别墅对自己的职位有何影响：

辛巳　己亥　丁丑　戊申

地雷复	**山泽损**	**六神**
子孙癸酉金×	官鬼丙寅木′应	青龙
妻财癸亥水″	妻财丙子水″	玄武
兄弟癸丑土″应	兄弟丙戌土″	白虎
兄弟庚辰土″	兄弟丁丑土″世	螣蛇
官鬼庚寅木×	官鬼丁卯木′	勾陈
妻财庚子水′世	父母丁巳火′	朱雀

官鬼寅木为用神。用神动化进，晋升之象。子孙酉金动克用神寅木为忌神，所幸忌神旬空入日墓，化出寅木帮扶用神，又有流年巳火克制忌神，加之五爻亥水临玄武、月建遇太岁相冲为暗动，因而它虽然发动，却并不具备克用神的力量，反而使五爻亥水起到了通金木交战之关的作用，因而并无大碍。目前用神得月建生合，最近就有晋升的机遇。

壬午年，世爻旺相被冲，此年有动变。

癸未年，用神入墓于流年，难有变动。

甲申、乙酉年，忌神申金填实，克制用神，仍然难于晋升；但这两年的流年帮助子孙生世爻妻财，因此，这两年所从事的工作对自己的财运很有利。

丙戌年，流年克世爻，又合住用神化出的官鬼卯木，此年也无晋升希望。

丁亥年，世爻得助，用神得生合，权力会有所提升。

后来反馈：住进去不久就得到了提升。2004、2005 年财运转好。其他与所测一致。

例 4：广州刘先生求测将企业规模扩大 300–500 万后前景如何：

壬午　己酉　丙申　己亥

天地否	**天水讼**	**六神**
父母壬戌土′应	父母壬戌土′	青龙
兄弟壬申金′	兄弟壬申金′	玄武
官鬼壬午火′	官鬼壬午火′世	白虎
妻财乙卯木″世	官鬼戊午火″	螣蛇
官鬼乙巳火×	父母戊辰土′	勾陈
父母乙未土″	妻财戊寅木″应	朱雀

扩大企业规模的目的是为了获得更好的经济效益，测此种事应该以财爻为用神。因为扩大企业规模去求得效益是长期的事情，所以应该以流年为主去推断各年的财运走势。

用神持世，说明刘先生对扩大企业规模后的效益非常在意。用神被重重的官鬼爻围住，其中还有一个巳火官鬼发动共同去泄泻用神之气。

用神本来很衰弱，但世爻为乙卯双体之木还得时辰亥水之生又不能弱极而从，处于衰弱又被泄泻的不利状态。

壬午、癸未、甲申、乙酉、丙戌年，用神都得不到有力的生助，因而扩大企业规模之后在这几年是难以见到效益的。

刘先生对我的预测结论感到半信半疑，因为以他自己的客观分析，扩大规模是应该取得很好的效益的。

众多官鬼围困世爻，官鬼泄世爻财星之气，为不利因素，说明他的企业存在一些比较大的问题，需要进行适当的调理。调理之后有无效果，也需要进行预测。但他对调理的作用感到怀疑，于是当时未置可否。经过一天的考虑，他心里是有些不踏实，第二天，他又摇了一卦，看请我去进行调理之后会如何：

壬午　己酉　丁酉　丁未

坤为地　　　　**六神**

子孙癸酉金″世　　青龙

妻财癸亥水″　　　玄武

兄弟癸丑土″　　　白虎

官鬼乙卯木″应　　螣蛇

父母乙巳火″　　　勾陈

兄弟乙未土″　　　朱雀

日辰入卦临世爻生财星，日辰的作用长久，说明经过调理后，生财的主动权就掌握在自己的手中。官鬼被日月冲克为破，世爻克官鬼，说明泄泻财爻的障碍因素能被自己排除。

壬午年，父母旺克世爻子孙，不会见到效益，目前已是酉月，今年的时间本身就不多了，因为扩大规模需要时间，所以，壬午年见不到效益是理所当然的事。

癸未年，兄弟值年克财，仍然不会有效益，可能是扩大规模后需要一个摸索适应的阶段。

甲申、乙酉年，流年子孙生财，财运亨通，将得到丰厚的回报。

丙戌年虽为兄弟值年，但金有余气，虽然效益不如甲申、乙酉年，但并无大碍。

丁亥、戊子年财星值年，效益最佳。

从以上分析可知，如果进行调理，会收到很好的效果，与不做调理的效果大不一样。但他似乎对调理的作用还是不相信，最终放弃并未进行调理。他认为凭他自己的能力，一定能够收到预期的效益。可是后来的结果表明，扩大规模并没有达到自己的目的，效益很差，实际情况正与我预测的一样。经过这几年事实给他的教训，他才相信了预测的先见性和惊人的准确性，直到 2007 年，他才请我去给他的企业进行全面的策划和调理。如果在 2002 年就进行调理，现在必然是硕果累累，这一点，上面后一个卦已经有很明确的显示。可惜他当时的一念之差，导致了他这几年费力不好看，一得一失，损失真是难以估量。不过，现在调理也不晚，调理之后，必将出现柳暗花明的大转机。

例 5：天津邓女士求测项目投资前景：

壬午　甲辰　庚戌　丙戌

风火家人	**离为火**	**六神**
兄弟辛卯木′	子孙己巳火′世	螣蛇
子孙辛巳火〇应	妻财己未土″	勾陈
妻财辛未土×	官鬼己酉金′	朱雀
父母己亥水′	父母己亥水′应	青龙
妻财己丑土″世	妻财己丑土″	玄武
兄弟己卯木′	兄弟己卯木′	白虎

我们来看此卦的推断过程：

卦中财爻丑土持世，年月日时一片财星助用神，卦中又有子孙爻动生动爻用神未土，兄弟卯木又旬空。这些都是利于求财的大好因素，岂有不赚之理。

此卦用神专旺，喜生助，最怕克泄。壬午、癸未年用神得生助，财运亨通。甲申、乙酉年用神被流年泄泻（财爻生官鬼，官鬼代表官方），此为用神专旺的大忌，如果经营，必然破财。丙戌年，用神又得流年之助，与癸未年的情况相似，是获利的大好流年。

这个卦推断起来非常简单，但必须看到用神专旺这个特点，否则，如果按照用神众多不畏泄泻的一般卦去预测，就会认为这两年只不过是少赚些钱而已，不至于亏损。如果求测者根据这种错误的预测结论去经营，那么，就会使前两年的丰厚利润付之东流。因此，准确的预测与错误的预测给求测者带来的影响是有天壤之别的。

邓女士相信预测，并能够理智地根据预测信息作出适时的进退，所以她既获得了丰厚的经营利润，又规避了风险。可是，有些求测者就没有她那样理智，只要以前赚了，就想无休止地赚下去，即使预测师给他们指出了什么时候应该急流勇退以规避风险，他们也会置之一笑，反而认为自己财运正旺，应该趁热打铁，到时候栽了大筋斗，才知道预测师所言不虚，后悔不已；但天下没有后悔药，苦果只有自己吞。

当时我断：2002、2003 很好，2004、2005 年欠佳，但 2006 年又很不错。

实际情况：自己经营的是家俱外销。2002、2003 年效益非常好；2004 年开始下滑，于是就马上暂停经营，避免了损失，保住了胜利果实。根据预测信息，2006 年又开始经营，效益相当不错。

例 6：西宁夏小姐求测与丈夫的婚姻前景：

壬午　癸卯　己卯　辛未

雷泽归妹	**泽天夬**	**六神**
父母庚戌土″应	父母丁未土″	勾陈
兄弟庚申金×	兄弟丁酉金′世	朱雀
官鬼庚午火′	子孙丁亥水′	青龙
父母丁丑土×世	父母甲辰土′	玄武
妻财丁卯木′	妻财甲寅木′应	白虎
官鬼丁巳火′	子孙甲子水′	螣蛇

世爻为本人，应爻为丈夫。世应丑戌相刑，说明夫妻关系有隔阂，同床异梦。父母临世应，世应都是土，土主倔强，土虽失令，但党众多，说明夫妻的脾气都比较倔强，互不相让；世应都化土，双方的这种脾气最终都难以改变。

月建和日辰卯木同时入卦克世应，使双方都受到克制，受到克制则难以自主，因而任何一方想离婚都难办到。由于双方同床异梦，离婚的念头总是不会打消。但要离婚，就必须解除卯木对双方的克制。能解除这种克制的是申酉金，卦中正好有一个申金发动，但这个申金却临旬空，必须等到申金填实的流年它才能克制卯木。2004 年为甲申年，卯木被流年克制，它就再不能克制世应，这时，夫妻双方都不受卯木的克制，就有了自由，离婚的念头就能变成事实。

后来果然于 2004 年离婚。

例 7：张女士求测在天津继续发展的经济前景如何：

甲申　丙寅　辛未　甲午

火雷噬嗑　　　　六神

子孙己巳火′　　螣蛇

妻财己未土″世　勾陈

官鬼己酉金′　　朱雀

妻财庚辰土″　　青龙

兄弟庚寅木″应　玄武

父母庚子水′　　白虎

卦中内外卦有财，且得日时生扶，日辰未土财星入世爻，日辰作用久远，说明她的财气根基深厚，将会经久不衰。

子孙巳火与用神紧贴相生，能够化解兄弟对用神的克伐。这是此卦五行结构的优势。

甲申、乙酉年，忌神兄弟寅木被申、酉金制住，求财无忧，而且不会有大的破耗。

丙戌年，财星当值，求财顺利。

因为她是求测继续留在天津的前景，所以她以前就在此地经营。八卦不但可以预测未来，还能追溯过去。凭此卦我们可以推知，她在癸未年的财运也相当不错，因为此年正是流年助用神。

反馈：2003 年至 2007 年一直不错。

总结：通过以上实例的分析推断，大家不难领悟流年在预测中的运用方法。凡是预测若干年之事的卦，都必须以流年为主去衡量相关卦爻的强弱，而不能以月令和日辰作为其衡量旺衰的主要依据。这就是与一般不用流年的卦的区别所在。运用流年不但可以预测未来信息，还可以推断过往的信息。在实际预测中，为了使求测者对预测有充分的认识和信任，有经验的预测师往往都会以所起的卦去推断求测者过去的某些信息以作为验证。由此可见，学会和掌握运用流年衡量卦爻旺衰断卦的技术是很有实用价值的。

第二节　月　令

一年十二个月，配以十二地支，每个地支掌一月生克之权。

比如正月建寅，寅木掌正月之权，十月建亥，亥水司十月之令。

卦爻的旺衰强弱，在很大程度上取决于月建。

月建可以生扶衰弱之爻，克制强旺之爻。静爻得月建生扶不失其强，动爻被月建冲克难显其力。

伏神被飞神克制，若得月建制服飞神，扶助伏神而可为用。

静爻被动爻克害，有月建克制动爻，则静爻有救。

动爻克动爻，月建克住施克之爻则另一爻受克之力大减。

动爻生动爻，月建克住其中施生之爻则另一爻受生之力大减。

变爻回头生克冲合刑害本爻，月建可增减变爻对本爻的作用力。

测月内之事，月建始终起主要作用，测长久之事，出月则原月建失权退居，新的月建又占主导地位。

月建入爻，当令之爻力量强大，月建不入爻，卦中之爻仍脱离不了与月建的关系，月建临用神、原神，大吉大利，月建临忌神、仇神凶祸难免，其吉凶的应期，月建入爻则速，不入爻则缓。

临月建之爻，当权得令，强旺有力，不畏克害空破，可待时而用。

在梅花易数预测法中，月令是衡量卦气旺衰的标尺；在命理预测中，月令是衡量原命局五行旺衰的依据；在六爻预测体系中，月令是衡量卦爻旺衰的标准。只要涉及五行旺衰，就与月令有不可分割的内在关系。五行旺衰是预测的重要依据之一，而五行旺衰是由月令决定的，因此，月令在各种预测体系中都被看作是至关重要的基本元素。可以说，凡是研习预测的人，无不重视月令的重要作用。

在六爻预测体系中，月令的重大作用的确不容置疑，甚至可以说，如果离开了月令，有些卦就无法准确推断。

然而，月令的作用虽然非常重大，但它却并不是万能的，也并不是卦的灵魂所在，它所具有的功能也只不过是决定卦爻五行的旺衰而已。可是，有不少易友由于过分看重月令的作用，“月令是提纲、是主宰”等观念越来越强，久而久之，就把月令的作用凌驾于一切卦理要素之上。这是一种潜意识的长期作用所造成的错误意识，他们把月令看成是一个自始至终都拥有绝对权威、绝对力量、绝对不会变化的恒定之物，认为月令的作用会贯穿所测之事的始终并恒定不变。实践证明，这是非常错误的。为了帮助这部分易友走出这种认识误区，同时也为了不使其他易友陷入这种误区，在此，我对月令的真正作用进行重新的阐述，希望大家也从中对月令作用有更深刻的认识。

那么，月令到底有些什么作用呢？

一、月令只能在当月有主宰作用

每起一卦，都必然有起卦的年月日时，而其中的月令就是衡量卦爻在起卦之月五行旺衰的唯一标准。如果所测之事的结束时段是在当月之内，那么，起卦时的月令始终都是衡量卦爻五行旺衰的唯一标准。这是毫无疑问的。但如果所测之事并不是在当月之内就能结束，那么，过了当月之后，起卦时的月令就不再是衡量卦爻五行旺衰的依据了，而是应该以今后相对应的时令去衡量卦爻的旺衰。比如，寅月起卦，所测之事要在一年之内才能结束，那么，从年初的寅月到年末的丑月共有十二个月，卦爻的旺衰就必须以对应的每个月去衡量，而绝不能一直以寅月木当令去作为衡量的标尺。比如卦爻辰土在起卦的寅月非常衰弱，但到了辰月则会变得强旺起来，在巳、午、未月，辰爻的状态也是处于旺相状态，而绝不是像寅月那样的衰弱状态。因此，只要过了起卦之月的时间段，起卦时的月令就不再有主宰卦爻五行旺衰的权力。可见，月令对卦爻的旺衰的决定作用只能是在当月之内，交节之后，它就必然让位于下一个月令。

正是这种月令的交替，使卦爻旺衰发生了重大变化，所测之事才会有一个变化的过程，不然的话，事物就会静止不动，但这显然是与客观事实不相符合的。

二、月令并不是决定卦爻强弱的唯一要素

卦爻的旺衰固然是由月令决定，但五行的旺衰并不等于强弱，旺衰只是一种状态，强弱才是五行的实有力量。卦爻的作用最终是通过自身力量实现的，而不是通过旺衰实现的。衰的卦爻不一定就弱，旺的卦爻不一定就强——当衰的卦爻得到多种生助时，它就会衰而不弱；当旺的卦爻遭到多种克损时，它就会旺而不强。当然，一般来说，旺的卦爻大多强，衰的卦爻大多弱，但“大多”并不等于“全部”。衰的卦爻由于得到年、日、时和其他卦爻的生助也有可能具备较强的力量，旺的卦爻由于遭到年、日、时和其他卦爻的克损也可能力量不足。

因此，我们不要把月令看得过分至高无上，不要过分夸大它的实际作用。虽然月令的作用非同寻常，但也是有限的。

三、测若干年之事，月令的作用不及流年

月令只是司当月之令，过了当月，就无能为力，而流年在一年之中都能够发挥作用，因此，从长期来看，流年的作用远比月令大。这一点是有事实依据的：

凡是有六爻预测经验的人都知道，通过一个卦，可以推断以前若干年的事情，而推断的主要依据之一就是流年而不是月令。事实上，测若干年之事，一般都不重视月令而只重视流年。如果以月令作为衡量卦爻五行的强弱，反而会出现大量的错误。这足以证明，测各年之事，流年的作用远比月令的作用大。

四、测月内之事，月令也不是唯一的主宰

一个月约有三十天，在这三十天内，卦爻的旺衰在各个日辰虽然没有大的差距，但卦爻的强弱在各日辰却是不同的。卦爻的强弱会由于日辰的不同而会有相应的变化。也就是说，日辰对卦爻强弱的影响是相当大的。有句话叫做“日月同功同权”，就是日辰的巨大作用。虽然日月并不能完全“同功同权”，但日辰作用是月令所不能替代和掩盖的。因此，即使是测月内之事，月令也并不是独掌大权的，它还得将权力让出一部分给日辰。

综上所述，月令的作用虽然很大，但并不是大到极点，也不是一切都唯月令独尊。月令的作用有范围和程度的限制，并不是至高无上。测不同时限的事，月令所起的作用就各不相同。

以上观点，我们可以通过实例去证明：

例 1：某人求测官司胜败：

壬申　丁未　丙戌　己亥

山水蒙	**山泽损**	**六神**
父母丙寅木′	父母丙寅木′应	青龙
官鬼丙子水″	官鬼丙子水″	玄武
子孙丙戌土″世	子孙丙戌土″	白虎
兄弟戊午火″	子孙丁丑土″世	螣蛇
子孙戊辰土′	父母丁卯木′	勾陈
父母戊寅木×应	兄弟丁巳火′	朱雀

应爻寅木发动克世，此事必由对方挑起，幸世爻戌土得月、日建帮扶旺相有力，应爻寅木处休囚又化巳火泄气，难以克害世爻，此讼事己方必胜。后果如所测。

例 2：宋先生求测父患肝硬化之病还有救否：

癸酉　庚申　戊辰　乙卯

天火同人	**离为火**	**六神**
子孙壬戌土′应	兄弟己巳火′世	朱雀
妻财壬申金○	子孙己未土″	青龙
兄弟壬午火′	妻财己酉金′	玄武
官鬼己亥水′世	官鬼己亥水′应	白虎
子孙己丑土″	子孙己丑土″	螣蛇
父母己卯木′	父母己卯木′	勾陈

用神卯木死于月建，囚于日辰又遭旺相之申金动来克害，病必严重；原神亥水虽得月生，但安静旬空，力量微弱难以通关；用神有克无生，此病多凶，慎防月内申、酉之日。后于本月癸酉日未时去世。

例3：何先生欲做一笔生意，求测能否赚钱：

癸酉　癸亥　己亥　庚午

地水师	**坎为水**	**六神**
父母癸酉金″应	兄弟戊子水″世	勾陈
兄弟癸亥水×	官鬼戊戌土′	朱雀
官鬼癸丑土″	父母戊申金″	青龙
妻财戊午火″世	妻财戊午火″应	玄武
官鬼戊辰土′	官鬼戊辰土′	白虎
子孙戊寅木″	子孙戊寅木″	螣蛇

玄武临财所营生意多暗昧，财爻持世看似有财可得，实际午火处月、日死地遭五爻旺兄之克，不仅钱财难求，而且还防本人有灾。实际该人财迷心窍，铤而走险倒卖国家文物，后被公安机关查获，不仅没收了全部财物，而且本人也落入法网。

例4：某生意人求测近期财运：

甲戌　丁卯　丁未　辛亥

兑为泽	**水泽节**	**六神**
父母丁未土″世	子孙戊子水″	青龙
兄弟丁酉金′	父母戊戌土′	玄武
子孙丁亥水○	兄弟戊申金″应	白虎
父母丁丑土″应	父母丁丑土″	螣蛇
妻财丁卯木′	妻财丁卯木′	勾陈
官鬼丁巳火′	官鬼丁巳火′世	朱雀

财爻临月建又得子孙动来相生，世临日辰，可谓身财两停，断其近期财运必佳。辰月财有余气，财运尚可；巳月原神临月破，午月福财同处休囚，较卯、辰之月将大为逊色。后实际情况与所测完全相符。

例 5：某商店老板张某摇卦求测冬季财运：

壬申　壬子　戊午　丙辰

地泽临	泽天夬	六神
子孙癸酉金″	兄弟丁未土″	朱雀
妻财癸亥水× 应	子孙丁酉金′世	青龙
兄弟癸丑土×	妻财丁亥水′	玄武
兄弟丁丑土×	兄弟甲辰土′	白虎
官鬼丁卯木′世	官鬼甲寅木′应	螣蛇
父母丁巳火′	妻财甲子水′	勾陈

妻财亥水得月建帮且动化回头生又转生世爻，为财运亨通之象，但不宜间爻两重兄弟争相发动攻克财爻，伏下破财之患；目下子水当令，财爻、兄爻与月令尚可三会水局生世，财利犹可，待交丑令，兄弟当旺，财爻受伤，定见破耗。后子月财运甚佳，至丑月商店被盗，破财近万元。

例 6：北京于先生求测二〇〇六年运气：

丙戌　庚寅　戊寅　癸亥

水地比	坎为水	六神
妻财戊子水″应	妻财戊子水″世	朱雀
兄弟戊戌土′	兄弟戊戌土′	青龙
子孙戊申金″	子孙戊申金″	玄武
官鬼乙卯木″世	父母戊午火″应	白虎
父母乙巳火×	兄弟戊辰土′	螣蛇
兄弟乙未土″	官鬼戊寅木″	勾陈

测流年运气主要是看每个月的运气情况。推断时主要以当年各月的月令分别去衡量相关卦爻的旺衰强弱，而不是始终以起卦时的月令作为衡量的标准。

一个人在一年之中会有许多事情发生，但其中有许多都是鸡毛蒜皮的日常小事，对本人的运气不会有多大的影响，因而不在预测之列。流年卦所预测的流年运气主要是指在本年对本人有较大影响的大事。这些事情在卦中一般都会有所反映。

流年卦的动爻一般都预示着此年最重要的信息。此卦只有一个动爻，这个动爻就是此年重大的信息标志，我们要紧紧抓住它进行分析推断。

动爻为父母巳火。父母可以代表自己的父母亲，也可以代表房屋以及自己工作的单位或就读的学校等等。因为于先生不是学生，所以就把“学校”从父母的含义中去掉，剩下的就是关于“父母亲、房屋和工作单位”的信息。

官鬼持世临白虎，意味着自己的安全和健康方面会发生一些变故。世爻官鬼化出父母，进一步加强了父母爻的信息，说明他对父母亲、房屋和工作单位的事情特别在意，这也是他最想知道的信息。

父母动必然会有生克作用，它的生克作用必然会导致某种结果。会是什么结果呢？父母爻生的是兄弟，兄弟为克财之物，说明此年会有钱财上的较大开支。

上面已经把可能发生的事情分析出来了，我们就来进一步分析各种事情最终的结果是什么，分别会在什么时候发生：

1. 父母、房屋、单位：父母巳火动，有日辰寅木生，日辰的作用久远，所以，父母爻所代表的事物和事情不会出现什么问题，在这些方面可以放心。也就是说在父母亲和工作单位方面不会有不吉的变故。

父母动化出兄弟辰土，辰土克财，父母动泄世爻之气，说明将会为购房而支付一笔较大资金。兄弟在夏季的未月力量最大，卦中父母动又生初爻未土兄弟，说明这笔钱将会在未月付出。由于日辰为寅木官鬼，它可以克制兄弟，就不会因此而造成损失，也就是说，购房不会吃亏，只不过是把现金换成了实物而已。但因为丙戌年戌土为兄弟值年，财爻受到克制，因此，所购的房屋在本年也不会升值。明年丁亥，财爻值年，到时所购的房屋就会增值。

2. 孩子：父母巳火动克子孙申金，申金临月日之破又旬空，弱极而从，从则不畏克，故为吉。

3. 本人：父母爻巳火动泄世爻之气，显然对身体不利。巳、午月卦中巳、午得月令旺火之助，力量最大，对世爻泄气最为严重，因而在这两个月自己会患病。但由于世爻有日辰寅木扶助，不至于被泄尽，因而不会有生命危险。

此卦财爻力量很弱，在春夏季财爻处于泄耗克状态，若消费较高，则不会出现大的问题。秋季财爻得生，但因有金当值通关，兄弟不能克财爻，也没有问题。亥子月财爻旺，财爻生世，为吉利之月。腊月财爻被克合，有退财之象。

2007 年秋于先生反馈：公历 2006 年夏季（巳、午月）本人患呼吸道疾病；7 月（未月）买两百多平方的房屋，每平方九千多元，到 2007 年增值为每平方一万五千多元；2006 年 12 月为朋友花钱。2006 年收益不错，全年收入比较平稳。

从此例我们可以看到，起卦之时的月令只是在当月能起作用，其他月份则是当值的月令在起作用。

例 7：四川达州苏先生被人敲诈，对方扬言要杀他，他非常担忧，因而特地求测近期吉凶：

丙戌 丙申 丁亥 辛亥

火泽睽	**巽为风**	**六神**
父母己巳火′	官鬼辛卯木′世	青龙
兄弟己未土×	父母辛巳火′	玄武
子孙己酉金○世	兄弟辛未土″	白虎
兄弟丁丑土×	子孙辛酉金′应	螣蛇
官鬼丁卯木′	妻财辛亥水′	勾陈
父母丁巳火○应	兄弟辛丑土″	朱雀

测近期之事，月令起着至关重要的作用。如果月令为忌神则凶，为喜用神则吉。

世爻为自己。应爻动克世爻为忌神，代表威胁他的人。

此卦世爻得月令之助，力量强大，在下个月力量更强，因而抗克能力很强，如果没有十分强旺的火，是无法对他造成伤害的。

应爻为忌神，在申月衰弱。应爻对世爻形式上是相克的，因而世爻会感到有一种威胁的气氛，但应爻力量太弱，根本不能对世爻构成实质性的克伐。卦中有众多的土动而生世爻，又有三合金局帮世，这样就能彻底化解火对世爻的克力，说明有一种力量在保护他，这使应爻毫无办法。

应爻发动无力，不过是虚张声势，有风无雨，一场虚惊而已。

根据以上分析，我叫他安心生活和工作，不会有任何问题发生。

当时有人想敲诈他，扬言要杀他。结果正如所测，平安无事。

这个卦，月令就起到了最重要的作用。

例 8：四川渠县张小姐求测在永川某学院工作前景：

丙戌　丁酉　丁卯　庚戌

坎为水	**水地比**	**六神**
兄弟戊子水″世	兄弟戊子水″应	青龙
官鬼戊戌土′	官鬼戊戌土′	玄武
父母戊申金″	父母戊申金″	白虎
妻财戊午火″应	子孙乙卯木″世	螣蛇
官鬼戊辰土〇	妻财乙巳火″	勾陈
子孙戊寅木″	官鬼乙未土″	朱雀

测工作前景是指一个比较长的时段，因此，起卦时月令就不起多大作用，相反，流年的作用相对却要大一些。当然，主要还得看卦爻的组合情况。

世爻为子水，四值及主变卦皆无亥子水相帮，即为从象，从则吉。到了丁亥年，亥水帮子水，世爻子水还原身弱，自己会感到在此校不痛快。

丁亥值年，日辰卯木刑世爻，日辰的作用长久，因而她在此校将会感到很不适应。五爻官鬼戌土代表院长，五爻克世爻，说明院长对她并不赏识，虽然戌土旬空而克力不大，不会造成大的伤害，但毕竟是相克关系，因而不会重用她。

丁亥年最大问题是太岁帮身还原遭卦中辰土发动克世爻，辰土为官鬼，官鬼克世爻则意味着自己会遇到压力和排挤。加之丁亥年，申酉金处休地，生世之力很有限，因而自己就感到势单力薄，不能抵制动爻辰土的克伐。

主卦六冲，人际关系复杂，自己处于各种矛盾的氛围之中，心里很不是滋味。

辰土为世爻之墓，对世爻有牵制作用，因而就使得自己既受压制，又难以脱身。只有到了丁亥年的申月，月令入卦生起世爻，化解辰土对世爻的克伐和牵制，才有脱身的机会。

后来反馈：自己对工作环境不满意，又得不到重用，于 2007 年 8 月（申月）下旬离开了那个学校。

此卦中的当事人最后离开学校，是因为丁亥年申月的月令之生才得以脱身的，但这并不是起卦的月令。

月令到底有些什么作用？到底有多大的作用？到底在不同的卦中扮演了什么不同的角色，通过前面的论述和以上的实例分析，相信大家应该知道答案了。

例 9：重庆李女士求测搬进新宅居住吉凶如何：

乙酉 戊寅 庚辰 甲申

天水讼	**泽风大过**	**六神**
子孙壬戌土○	子孙丁未土″	螣蛇
妻财壬申金′	妻财丁酉金′	勾陈
兄弟壬午火′世	官鬼丁亥水′世	朱雀
兄弟戊午火×	妻财辛酉金′	青龙
子孙戊辰土′	官鬼辛亥水′	玄武
父母戊寅木″应	子孙辛丑土″应	白虎

父母爻代表住宅。父母寅木临月建生世爻，本来应该不错；但居住是长久之事，需要看这个父母爻是否对世爻能长期相生。目前父母临月建强旺，说明当前没有问题。但今年是乙酉年，过了寅卯月，父母就变得衰弱，并且还会受到流年之克，因而就无法生世爻。

世爻入墓于动爻戌土，这是相当不利的因素。世爻弱而入墓，有不住法院就住医院之兆，所以就会有官司疾病临身。

由此可见，入住新宅并不吉利。不吉则凶，那么，凶的程度如何呢？由于凶是由世爻入墓所致，如果墓库没有制约，就会大凶。所幸动爻与太岁时辰及五爻三会金局，对戌土有泄泻之功，使墓库力量减弱，因而此为凶中有救，不至于有生命危险。

根据上述分析推断，我建议她还是不入住为好，但她认为新房买下后不住岂不浪费，因此她还是住进了新宅。

结果住进去后长期生病，后来请人检测出此房屋甲醛超标，这正是致病的原因，于是将此房退还给了开发商。

第三节 月 破

卦爻被月令冲称为“月破”。除辰戌丑未外，在一般情况下，月破之爻必然处于衰弱或者最衰弱的状态。比如：卯月起卦，酉爻月破，酉金在卯月本就处囚地，又被月令冲，处于很衰弱的状态；酉月起卦，卯爻月破，卯木本就处死地，又被月令既冲又克，处于最衰弱的状态。两相比较，酉月的卯爻比卯月的酉爻更加衰弱。

卦爻自身需要具有一定的力量才能发挥作用。月破之爻，非常衰弱，是否完全没有作用呢？这不能一概而论，需要根据具体的情况而定。像上述卯木这种最衰弱的月破之爻，在当月内是不能起作用的；即使得到日辰的生助，也无济于事；而卯月的酉爻虽然也为月破，但如果有日辰之生，却并非一点作用也没有。

月破之爻，出月则不破，但也并不是出月就一定能起到很大的作用，仍然需要根据它所在月份的旺衰状态去衡量。比如：午月子爻月破，出了午月就进入未月，未土克子水的力量最大，未月的子水并不会比午月的子水力量大，所以子爻即使出了午月不再是月破，但在未月也不能发挥作用；接下去进入申、酉、亥、子月则因得到月令生助而力量大增，这时子爻就能发挥很大的作用。因此，月破之爻出月不破后能否真正发挥作用，必须结合所在的月令看。

月破之爻是处于一种衰弱而不能发挥作用的状态，但在许多卦中，月破之爻出月之后一旦力量大增，都可以发挥作用，这就是待时而用。月破之爻如果是喜用神，从起卦之时的无用到后来发挥良好作用的过程，是一个否极泰来的过程；月破之爻如果是忌神，从起卦之时的无危害到后来发挥破坏作用的过程，则是一个死灰复燃的过程。

如果月破之爻被起卦日辰克制，出月之后的作用会小一些；如果月破之爻得日辰生助，出月之后的作用会更大；如果月破之爻临日辰、太岁、时辰，或得太岁时辰帮扶，或者得主变卦之爻帮扶，此时的月破之爻就不为月破反而为暗动，其力量就由弱变强，甚至在当日就能发挥作用 。

下面我们通过一些实例来看月破的用法。

例 1：重庆李先生求测出外办事是否顺利：

庚辰　己丑　乙未　甲申

风火家人　　　　**六神**

兄弟辛卯木′　　　玄武

子孙辛巳火′应　　白虎

妻财辛未土″　　　螣蛇

父母己亥水′　　　勾陈

妻财己丑土″世　　朱雀

兄弟己卯木′　　　青龙

此卦财爻虽然被月令冲，但由于是同类相冲，愈冲愈旺，这种土的月破与其他五行属性地支的月破有很大的区别，不能以月破不能发挥作用看。

世爻临月与日辰相冲为暗动，力量强盛，应爻临空亡从于世爻，出去办事会得到对方的配合，因而办事必然顺利。

财爻未土看似月破实为暗动，力量并不弱，加上日辰入卦助未土，使其力量更强。这个未土在外卦，代表外面之财，力量强盛来冲世爻，因与世爻为同类相冲，说明出去还能得到一笔意外之财。

结果出行顺利，要办的事都办好了，并且还获得不少外财。

例 2：深圳李先生求测丢失的行李包能否找回：

壬午　壬子　戊午　戊午

雷风恒	**地风升**	**六神**
妻财庚戌土″应	官鬼癸酉金″	朱雀
官鬼庚申金″	父母癸亥水″	青龙
子孙庚午火○	妻财癸丑土″世	玄武
官鬼辛酉金′世	官鬼辛酉金′	白虎
父母辛亥水′	父母辛亥水′	螣蛇
妻财辛丑土″	妻财辛丑土″应	勾陈

该行李包是具有价值的物品，丢失就等于破财，因而应以财爻代表。卦中有两个财爻，应以哪一个代表呢？因为目前行李包丢失了，它不在自己身边，所以应该以外卦的戌土财爻代表。

卦中子孙午火动去生戌土，但这个午火临月破，它能生戌土吗？能否生，取决于它的实际力量。午火在子月本来极弱，不具备生财爻戌土的力量，但年日时都是午火，它们一同帮助动爻午火，就使得动爻午火的力量衰而不弱，因而它就能够生戌土。戌土得生，失物当然应能找回来。

实际情况：当天乘坐出租车，下车时忘记从尾箱中拿走，事后联系上了司机，当时司机就将行李包送来了。

例 3：北京王女士求测二○○六年运气：

丙戌　庚寅　丙子　戊戌

天风姤	**风水涣**	**六神**
父母壬戌土′	妻财辛卯木′	青龙
兄弟壬申金′	官鬼辛巳火′世	玄武
官鬼壬午火○应	父母辛未土″	白虎
兄弟辛酉金○	官鬼戊午火″	螣蛇
子孙辛亥水′	父母戊辰土′应	勾陈
父母辛丑土″世	妻财戊寅木″	朱雀

我们来看年运中的财运部分：

财爻用神伏在二爻亥水之下，伏神得飞神生，飞神又得日辰扶助，说明此年会有进益。虽财爻伏神临月建与世爻暗合，但父母持世，说明她需要通过辛苦才能获得。春冬用神得生助，财运相对较好。兄弟为克财之物，如果它的力量强大无制之时，就会破财。卦中申酉金为忌神，申金月破，至少在寅月无力克财；酉金发动有午火克制，在春夏它也无力克财，因而春夏无碍。申酉金旬空，需要出空填实才能克财，什么时候填实，测一年之事，远应月份，应该在申酉月才能真正填实。而在申月，用神寅木恰恰又是月破，用神逢月破肯定不吉，所以申月必将破财。酉月金旺，午火不能克制住它，因而在酉月也会破财。

后来反馈：七月（申月）被摩托撞伤，自己又翻车，花钱不少。八月治伤疗养，花钱不挣钱，有出无进。

此卦忌神月破时吉，而忌神出月填实后，用神又月破，用神月破则破财。可见，月破的对象不同，其结果就完全不同。

例 4：沈阳王先生求测能否拿到文件：

癸未 甲寅 庚申 甲申

坎为水	水泽节	六神
兄弟戊子水″世	兄弟戊子水″	螣蛇
官鬼戊戌土′	官鬼戊戌土′	勾陈
父母戊申金″	父母戊申金″应	朱雀
妻财戊午火″应	官鬼丁丑土″	青龙
官鬼戊辰土′	子孙丁卯木′	玄武
子孙戊寅木×	妻财丁巳火′世	白虎

父母申金为用神。用神月破，但这种月破并不是月令克它，所以它并没有弱到极点，而日辰恰恰又是庚申双体之金，时辰申金也对它起到了有力帮扶作用，太岁未土又生用神申金，因此，这个用神虽然月破，但它的力量却并不弱，而且用神又是生世爻的；还有初爻寅木发动看似冲克用神又与用神构成三刑，殊不知寅木动而入年支之墓，故而对用神冲克之力大减，表明此事办起来比较容易。

结果拿到了文件。

此卦的月破用神之所以能够发挥作用，就是因为得到了年日时的有力生扶，不然的话，它也难以发挥作用。

例 5：一人求测去他处做事求财能否成功：

甲申　庚午　乙卯　乙酉

地天泰	**水泽节**	**六神**
子孙癸酉金″应	妻财戊子水″	玄武
妻财癸亥水×	兄弟戊戌土′	白虎
兄弟癸丑土″	子孙戊申金″应	螣蛇
兄弟甲辰土○世	兄弟丁丑土″	勾陈
官鬼甲寅木′	官鬼丁卯木′	朱雀
妻财甲子水′	父母丁巳火′世	青龙

求财以财爻为用神。卦爻中两个用神，因为是去对方那里求财，所以应该取应爻经卦之财爻亥水为用。亥水在午月处囚地，因有上爻酉金暗动生之，所以亥水并不是太弱；然而，亥水发动化出力量较强的戊戌双体之土回头克，而日辰也不帮它，所以它就变得很弱了。这样，就没有什么财可求。世爻兄弟发动，表明此去将会白花钱而达不到求财的目的。

结果确实是事与愿违。

例 6：关某求测兄被讼吉凶：

乙亥　乙酉　癸亥　乙卯

巽为风	**风山渐**	**六神**
兄弟辛卯木′世	兄弟辛卯木′应	白虎
子孙辛巳火′	子孙辛巳火′	螣蛇
妻财辛未土″	妻财辛未土″	勾陈
官鬼辛酉金′应	官鬼丙申金′世	朱雀
父母辛亥水○	子孙丙午火″	青龙
妻财辛丑土″	妻财丙辰土″	玄武

兄弟卯木遭月令官鬼克破，明现官非之事；卯木月破幸得亥水动爻临年

日相生，时辰帮扶，此为破而不破，凶中有救；目下似乎大凶，待出月交亥令用神不破，原神临旺之时自可转危为安。实际该人之兄因经济之事，被他人诉讼，酉月拘捕入狱，亥月被保释。

例 7：某电子器材厂法人代表求测单位前景：

壬申　戊申　庚辰　己卯

泽水困	**兑为泽**	**六神**
父母丁未土″	父母丁未土″世	螣蛇
兄弟丁酉金′	兄弟丁酉金′	勾陈
子孙丁亥水′应	子孙丁亥水′	朱雀
官鬼戊午火″	父母丁丑土″应	青龙
父母戊辰土′	妻财丁卯木′	玄武
妻财戊寅木×世	官鬼丁巳火′	白虎

“困”者，危困也；今世爻妻财月破日囚又化巳火官鬼耗气，且又与月建构成三刑之局，刑损己身；其临月破，不见生扶，只见损耗，是为真破；卦逢六合变六冲亦是破散之意，断其月内必然破产倒闭。

后果验。

例 8：海口某公司老板求测招人来工作是否能发挥预期的作用：

乙酉　乙酉　丁未　辛亥

风雷益	**水火既济**	**六神**
兄弟辛卯木○应	父母戊子水″应	青龙
子孙辛巳火′	妻财戊戌土′	玄武
妻财辛未土″	官鬼戊申金″	白虎
妻财庚辰土×世	父母己亥水′世	螣蛇
兄弟庚寅木″	妻财己丑土″	勾陈
父母庚子水′	兄弟己卯木′	朱雀

财爻持世化出父母，表明自己花钱雇人来工作是为了给公司创造财富。应爻为所雇之人，应爻为兄弟，应爻发动克世爻财星，说明所雇之人不过是个吃白饭的角色，并不能创造财富。不过，应爻月破、旬空又入日墓，对财

爻不能构成实质性的伤害，这说明公司所给的工资并不高。虽然所给的工资不高，但养一个没有能力的人毕竟是不划算的，因而这种人不会被长期聘用。

后来的事实证明，此人的工作能力差，没有多大用处。

此卦应爻克财为忌神，好在应爻月破、旬空又入墓，因而不至于使财星受到大的伤害，不然，招他进来工作就会造成较大的经济损失。因此，忌神月破而无用恰恰是件好事，如果忌神月破受到生助而能发挥作用的话，就会带来较大的损失。

第四节　日　辰

每日当值的地支称为日辰，又称日建或日令。日辰为一日之主，如果不被月建克制，则在当日内对卦爻有生克主宰之权。

日辰对卦爻的生克冲合作用，与月建基本相同，就不赘述。这里谈谈月建与日辰对卦爻共同作用的结果：

1. 月日五行相同临爻，则该爻极旺。

2. 月日建皆生助卦爻，则该爻力量十分强大，其他动爻难以克制该爻。

3. 月日建皆克损卦爻而无旺动之爻通关生助，则该爻受伤极重，不能对他爻发生作用。

4. 当月建与日辰五行不同类时，月建之力强于日辰。单就一个爻而言，爻逢月生日克者旺，爻逢月克日生者弱。

从古今六爻书籍中大家可以看到：每一个卦都有起卦的日辰，而且都会把日辰明明白白地写在卦的前面。旬空也必须以起卦之日的日辰为依据才能推算出来。在所有六爻预测书籍中，没有起卦年份和时辰的六爻卦比比皆是，但没有起卦日辰的六爻卦却是极难看到的。这说明，起卦日辰是断卦不可缺少的重要元素。

但是，从大量六爻预测书籍中我们也看到：对有许多卦，在推断的过程中，并没有用到起卦之时的日辰，而对另外有些卦，却紧紧抓住起卦之时的日辰进行分析推断。这就令许多易友感到茫然——到底哪种情况要用日辰，哪种情况又不用日辰呢？

如果没有彻底解决这个问题，那么，就必然会在预测实践中出现许多失误。下面，我们就来对这个问题进行专题讨论。

一、日辰的实质

日辰的五行实质是什么？日辰就是对该日时空五行状态的记录。起卦之时的日辰，就是对起卦之日的五行时空状态的记录。日辰的这种五行时空状态，其实质是一种时空能量，这种能量对卦爻的强弱有着增益或者削弱的作用，并且这种作用根深蒂固，能够长期地影响所测之事的整个进程。当然，其影响的程度会随着流年、月令等因素的变化而发生相应的变化。

总之，起卦日辰对卦爻的作用是久远的，只要所测之事没有结束，这个日辰就会对卦爻有所影响。

明白了上述道理，也就知道了日辰的使用方法——在断卦过程中，我们应该将起卦日辰及其他时空因素（年、月、时）与卦爻联系起来进行综合分析推断。

二、日辰的力量及其作用大小

起卦的日辰既然自始至终对卦爻都有作用，那么，这种作用到底有多大呢？我们知道，五行对卦爻的作用是通过其自身力量实现的。日辰对卦爻的作用大小，当然也取决于它自身的力量。

起卦日辰的力量大小并不能由日辰本身决定，它要受到月令的影响。如果月令生助日辰，日辰的力量就强大；如果月令克伐日辰，日辰的力量则弱小。起卦日辰会随着月令的改变而发生相应的变化。打个比喻，在大雪盖地的冬天，即使艳阳高照，气温也不会有多高，不会让人感到温暖；而在夏季，即使是雨天，气温也比冬季的晴天暖和得多。所以，冬天的五行之火不会旺到哪里去，而夏天的五行之火则比冬天的五行之火强旺得多。因此，日辰的力量再强也强不过月令。这就是日辰与月令之间的力量差别。

比如，起卦日辰为丙午，这个丙午在午月最旺，力量最强大，在巳月则稍次，在寅月其力量又比巳月小，在子月则最弱。因此，子月的丙午跟午月的丙午相比，其力量是悬殊很大的。日辰午火在寅、卯、巳、午月能发挥作用，但在子月却难以发挥作用。可见，日辰的力量大小会受到月令的重大影响。

衡量起卦日辰对卦爻的作用大小，就必须结合月令去看，测长远之事还要以流年去看。抛开了月令和流年对日辰的影响而单纯以日辰去论它对卦爻的作用大小无疑是错误的。

从以上论述可以知道，起卦的日辰虽然对卦爻有着长久的作用，但其作用的大小却是随着太岁和月令的变化而变化的，在被月令或太岁克制的日辰的作用就会显得非常渺小，甚至不能发挥作用。这个结论大家必须掌握，今后才能在实践中正确运用。

在有些卦中，由于起卦日辰受月令的克制而难以发挥作用，因此，在分析时就将它忽略了，这就是有些卦没有用起卦日辰断卦的原因所在。还有些卦，虽然日辰对卦爻中的用神或者忌神有一点点作用力，但由于这种作用力太小，对卦爻的力量不会造成多大的改变，因此也没有去理会它。

关于日辰对卦爻的作用，不要只看起卦之时的日辰对卦爻是否有实质的作用，随着时令的变化，这种作用的大小会随之变化，因此，我们必须辩证地看，要以运动变化的观点去分析，否则就会犯教条主义的错误。

三、流日对卦爻的作用

起卦之时的日辰是固定的，而起卦以后的日子是不断向前运行的，向前运行着的日辰就是流日。

流日的作用只限于当日，它对卦爻的作用大小又该怎样去判断呢？这与起卦日辰的道理完全一样，在此就不必重复。

流日的五行属性是随着日辰的运行而不断改变的，今天是午火，明天就是未土，后天则是申金，如此顺序流动，每十二天周而复始一次。起卦日辰的五行属性则是固定不变的。这是二者的区别之一。

流日与起卦日辰对卦爻的作用相比，前者的作用虽然短暂但力量相对较大，因为它毕竟值日，而起卦日辰对卦爻的作用虽然长久但其作用力却相对较小。这是二者的区别之二。

所测之事的应期是由流日决定而不是由起卦日辰决定。这是二者的区别之三。

关于起卦日辰和流日的理论问题就讲到这里。为了加深理解和学会运用，下面我们来分析一些实例。

例1：（A）成都张女士求测二〇〇六年财运：

丙戌　庚寅　乙酉　丙戌

风雷益	**天雷无妄**	**六神**
兄弟辛卯木′应	妻财壬戌土′	玄武
子孙辛巳火′	官鬼壬申金′	白虎
妻财辛未土×	子孙壬午火′世	螣蛇
妻财庚辰土″世	妻财庚辰土″	勾陈
兄弟庚寅木″	兄弟庚寅木″	朱雀
父母庚子水′	父母庚子水′应	青龙

（B）北京龚女士求测二〇〇六年财运：

丙戌　辛卯　丁巳　丙午

风雷益	**天雷无妄**	**六神**
兄弟辛卯木′应	妻财壬戌土′	青龙
子孙辛巳火′	官鬼壬申金′	玄武
妻财辛未土×	子孙壬午火′世	白虎
妻财庚辰土″世	妻财庚辰土″	螣蛇
兄弟庚寅木″	兄弟庚寅木″	勾陈
父母庚子水′	父母庚子水′应	朱雀

两人都是问同一年的财运，所起的卦完全一样，只是起卦的时间不同。从起卦时间上看，流年相同，月令五行同类，差异不大，但日辰却完全不

同。这个日辰的差别，会使相同的卦有不同的结果吗？

我们先来分析（A）例：

财爻持世，流年财星冲世爻，说明本年财运将会有较大变化。财爻未土发动化出午火回头生，这本来是一种生财有道的好征兆。但可惜午未都旬空，因而未化午就是空化空，于是，财爻动化回头生就失去了作用。这种财爻的动化回头生又空化空的情况，意味着看起来挣钱很容易，但最终却会落空。因为觉得挣钱容易，所以就会大胆投资，以图厚报；然而，这种容易挣钱的感觉却不过是一个美丽的诱惑，而在诱惑的后面，早就给她掘好了一个大大的陷阱。

她会被诱惑吗？求问财运，财爻持世，说明她心里面想的就是求财。未土财爻动来帮扶世爻，财神向她招手，她高兴都来不及，岂有不去的道理？既然中了诱惑，就开始向陷阱一步步接近。

日辰酉金与世爻相合，这种合是世爻去生酉金，日辰泄世爻之气，世爻为财爻，就等于是自己的钱财被日辰所泄泻。日辰作用久远，因而这种状况在今年较难改观。

流年财星冲动世爻之财，同类相冲虽然没有什么损失，但既然世爻被冲动，就意味着自己会拿出钱去投资。由于上述的不利因素，这种投资的结果，无疑是把钱往火坑里扔，到时候会让她哭都哭不出声。

实际情况：张女士此年投资房地产失误，亏了几百万。

我们再来看（B）例：

与前一例一样，流年财星冲动持世的财爻，她肯定会拿出钱去投资。由于这个卦与前一例的卦象完全一样，因此，她的想法和感觉也跟前一例张女士相同，这里就不重复叙述。

与前一例不同的是：此例财爻未土发动化回头生，由于起卦日辰是丁巳，午未都不旬空，因此财爻未土化午火回头生就是真正的回头生，加上日辰既生财爻未土，又帮助午火，这样，财爻未土的力量就非常强盛。这样的未土财爻就能够对世爻起到实质性的帮扶作用，因为未土力量很大，所以世爻得到它的帮扶也很大；更为有利的是，日辰丁巳为双体之火，为子孙，是财源，日辰生世爻，作用久远，在一年之中都能发挥作用，所以，她在此年所面临的就是一个财源茂盛的环境，这样，投资无疑会有丰厚的回报。

实际情况：龚女士把自己的财产作抵押借钱去炒股，美美地赚了一大把。

这两个例子虽然卦象完全一样，但因为起卦的日辰不同，其结果有天壤之别。起卦日辰对卦爻的作用之大由此可见。

例 2：重庆陶先生求测母病吉凶：

甲申　甲戌　壬午　庚戌

泽地萃　　　　六神

父母丁未土″　　白虎

兄弟丁酉金′应　螣蛇

子孙丁亥水′　　勾陈

妻财乙卯木″　　朱雀

官鬼乙巳火″世　青龙

父母乙未土″　　玄武

测母病，以父母爻为用神。卦中两个父母爻，因是测自己的母亲，所以应取与世爻相邻的初爻父母未土为用神。

戌月之未土本来就强旺，得日辰午火之生，就更加强旺。按常理是讲，病人的身体是说不上强壮的，因此，在卦中对应的用神也不应该强旺。可是，在此卦中，用神父母爻却特别强旺，对于病人来说，这种过分的强旺是一种反常现象，就是所谓的“回光返照”。卦中出现这种情况，无疑就是大凶之兆，预示着患者已经接近了死亡边缘。今天日辰生用神，表明眼下就已经非常危险；明日为癸未日，日辰入爻使用神旺到极点，也凶到极点，因而明日患者当会有灭顶之灾。

以上预测，不幸很快被证实。患者果然于第二天（10 月 31 日，日辰癸未）上午 10 点多钟去世。

此卦的起卦日辰就起到了生用神的作用，而第二天的流日未土则起到了帮扶用神的作用。然而，这种生助作用虽然使用神力量进一步加强，但并不是一件好事，反而起到了回光返照的致命作用。

对于卦理造诣不够和实战经验不足的预测者来说，遇到这种卦往往都会得出“平安无事”的预测结论。为什么呢？因为他们认为用神强旺又得生助，当然应该是好上加好，哪有不吉之理呢？但事实上，这恰恰是一种脱离客观实际的错误认识。为什么这样说呢？因为代表患者的卦爻过分强旺，与患者的实际情况不相符合，这种反常现象所代表的必然是另一种特殊的含义——回光返照。回光返照现象确实是大病濒死之人的一种特殊征兆，如果预测者不懂得这一点，就无法理解这种卦所代表的含义，当然也就无法得出正确的预测结论。可见，作为一位六爻预测师，不但要精通卦理，还要熟知生活中的许多客观现象。否则，就会脱离客观实际，在预测中闹出笑话。

例 3：预测某广告号能否在今天获得批准：

丙戌　癸巳　丁未　丙午

风雷益	**地火明夷**	**六神**
兄弟辛卯木○应	官鬼癸酉金″	青龙
子孙辛巳火○	父母癸亥水″	玄武
妻财辛未土″	妻财癸丑土″世	白虎
妻财庚辰土×世	父母己亥水′	螣蛇
兄弟庚寅木″	妻财己丑土″	勾陈
父母庚子水′	兄弟己卯木′应	朱雀

父母代表广告号，官鬼代表丛书出版的审批者。世爻动化父母，表示自己心里很想获得此号的批准。

广告号能否获得批准，首先要看父母爻在卦中的五行状态。初爻父母爻子水失令而衰弱，要是弱极而从则主吉。卦中三爻和五爻动皆化出父母亥水帮初爻子水，这样一来，就使得父母爻弱而不从，就给广告号的批准带来了难度。

月建入卦于五爻发动，五爻为君爻，是最大的官，因为它克官鬼，使得审批者不敢表态审批此事。五爻发动化父母，说明这个顶头上司对该号的审批之事已经亲自过问。由于五爻动化回头冲克，因而他对此广告号比较反感。这是此事最大的障碍。

应爻兄弟动化官鬼相冲克，说明审批者的同事对此事与他持有不同意见。

广告号能否获准，还得取决于审批者。代表审批者的官鬼在主卦中不现，伏藏在世爻辰土之下。世爻生官鬼，意味着自己愿意主动给他鼓劲，使他增强支持此事的信心。官鬼被月建克，月建是比审批者更大的官，既然克他，说明这位审批者会感到来自上面的压力，他担心审批之后自己会承担什么责任。日辰未土在巳月得火生为燥土，燥土不但不生金，反而有克金的作用，因而使官鬼酉金又感到了一种压力。那么，他会顶住这些压力吗？要顶住压力，自己必须有足够的力量，而且还要发动，这样才会有信心去克服压力。可是，官鬼不但没有发动，而且还伏藏不现，飞神又没有被冲开，因而伏神仍然处于伏藏不动的状态。这就表示他会采取回避措施，不愿意出面审批此事。这样，事情在今天就肯定会落空。

结果，此广告号在当天确实未能获得批准。

此卦就测当日之事，起卦日辰起着决定性作用，由于并不涉及其他时间，因此就没有其他的流日需要考虑。起卦日辰在此卦中就起了负作用，因而妨碍了事情的成功。

例 4：四川南部杨先生求测此次能否将门面转让出去：

丙戌　乙未　甲寅　己巳

兑为泽	**雷地豫**	**六神**
父母丁未土″世	父母庚戌土″	玄武
兄弟丁酉金○	兄弟庚申金″	白虎
子孙丁亥水′	官鬼庚午火′应	螣蛇
父母丁丑土″应	妻财乙卯木″	勾陈
妻财丁卯木○	官鬼乙巳火″	朱雀
官鬼丁巳火○	父母乙未土″世	青龙

门面转让是双方的事，双方必须达成一致的意见才能转让成功。

世爻为自己，应爻为对方。世应未丑相冲，说明双方有意见分歧。

应爻为丑土，紧贴动爻卯木，说明对方来承接门面是为了赚钱。应爻经卦之财爻卯木动被重重官鬼泄泻，这种状态说明对方目前经济不足，而应爻旬空，说明对方对承接门面缺乏信心，有退避之意。

二爻卯木被官爻丁巳双体之火泄气又入墓于月建，因而对方的经济困境一时难以改变，这样他就不具备来承接门面的经济条件。

财入墓于月建，世爻父母未土被五爻酉金动化庚申双体之金泄气，说明自己这个门面的生意越来越不景气，别人也许会看到这一点。这也是难以转让出去的原因之一。

综上分析，对方不会来承接门面，此次转让不能成功。

结果双方确实未谈成。

例 5：陶先生想换一下工作地方，问能否调动：

丙子　癸巳　丙寅　壬辰

天山遁	**乾为天**	**六神**
父母壬戌土′	父母壬戌土′世	青龙
兄弟壬申金′应	兄弟壬申金′	玄武
官鬼壬午火′	官鬼壬午火′	白虎
兄弟丙申金′	父母甲辰土′应	螣蛇
官鬼丙午火×世	妻财甲寅木′	勾陈
父母丙辰土×	子孙甲子水′	朱雀

父母辰土为用，月生日克有官鬼午火发动通关为旺相，吉利之象，求谋定然如意，断其巳、午月内调动必成。后果于午月调动。

例 6：业余二段围棋手文某求测第二天与他人比赛胜负如何：

癸酉　丁巳　戊子　癸亥

坎为水	**六神**
兄弟戊子水″世	朱雀
官鬼戊戌土′	青龙
父母戊申金″	玄武
妻财戊午火″应	白虎

官鬼戊辰土′　　　螣蛇

子孙戊寅木″　　　勾陈

应得月建帮扶，世临日辰但失令，比应爻弱，比赛在丑日，应爻虽休于当天日辰，却得月令扶助 可算旺相；世爻囚于月令又被丑土克合，与应爻相比，强弱显而易见，水虽克火，火多水灼，世爻必遭反侮，比赛定输。实际：第二日晨 9 时开局至午 12 时弈毕，结果以 7 目劣势负于对手。

例 7：某人求测高考：

甲戌　丁卯　戊午　乙卯

风泽中孚	**巽为风**	**六神**
官鬼辛卯木′	官鬼辛卯木′世	朱雀
父母辛巳火′	父母辛巳火′	青龙
兄弟辛未土″世	兄弟辛未土″	玄武
兄弟丁丑土×	子孙辛酉金′应	白虎
官鬼丁卯木′	妻财辛亥水′	螣蛇
父母丁巳火○应	兄弟辛丑土″	勾陈

父母巳火临日辰动而生世，表示学校愿意录取自己。考试在未月，到时兄弟丑土为旺动，考试竞争激烈。未月世爻临月建，旺于三爻丑土，考试竞争必胜，定能名登金榜。后果然考上。

例 8：某人求测近期财运：

丙子　丙申　己亥　丁卯

天地否	**火地晋**	**六神**
父母壬戌土′应	官鬼己巳火′	勾陈
兄弟壬申金○	父母己未土″	朱雀
官鬼壬午火′	兄弟己酉金′世	青龙
妻财乙卯木″世	妻财乙卯木″	玄武
官鬼乙巳火″	官鬼乙巳火″	白虎
父母乙未土″	父母乙未土″应	螣蛇

财爻持世正合求财之意。世爻月克日生，损益相当，财世皆弱，加之五

爻兄弟临月建旺动相克，破财必然。

实际该人于当月做一笔木耳生意，因偷税，后被发现遭重罚。

第五节 旬 空

旬空，就是在起卦之旬没有的地支。比如戊辰日起卦，戊辰日属于甲子旬，甲子旬中戌亥两个地支为旬空。过了甲子旬，戌亥两个地支就能出现，称为“出空”。

旬空的卦爻，在出空前不能发挥作用，这是大家都熟知的。一旬只有十天，按照出空的定义，出空的时限最多也不会超过十天。但预测实践证明，有许多卦，旬空但并不是真空的卦爻在到了下一旬甚至几十天后都仍然没有起作用，直到几个月、几年时才真正发挥了作用。这是怎么回事呢？其实，卦爻的出空有一个应期，不同类型的卦其卦爻出空的应期是不同的，应期近者不超过十日，应期较远者不超过十个月，应期最远者不超过十年。简单地说，就是“近应日辰，远应年月。”

那么，哪些卦的应期近，哪些卦的应期远呢？这与所测之事的时限有关。测近期数日之事，出空的应期不超过十日；测数月之事，出空的应期一般不超过十个月；测若干年的事，出空的应期一般则需要几年。掌握了这个出空的规律，我们就可以正确地运用旬空和出空去进行推断。在许多卦中，卦爻出空之时，往往就是事情吉凶的应期或者是事情的终结之时。因此，掌握出空的规律，对推断所测之事的应期也是十分有用的。

对于旬空的卦爻，出空后能否真正发挥作用，还要根据它的力量强弱而定。如果它的力量较强，就能发挥作用，如果它的力量太弱，即使出空也没用。对于远应年月的出空卦爻，一般都能起到作用，因为月令和流年的力量很强，有足够的力量帮扶出空的卦爻，使卦爻的力量达到一个相当强的程度。但是，近应日辰的出空卦爻，则需要根据它出空后的月令去衡量其强弱，如果被月令克制，即使出空，也难起作用。

喜用神出空后如果能发挥作用，则对所测之事有利；忌神出空后能发挥作用，则对所测之事有害。喜用神出空后若不能发挥作用，出空也于事无补；忌神出空后不能发挥作用，则出空后也安然无忧。

世爻旬空，表示自己对所测之事心里感到不踏实，或者缺乏信心；应爻旬空，表示对方对所测之事会采取回避，或者口头答应而实际上并不会有所行动。

下面我们来看以下实例：

例 1：刘先生所在私营连锁公司的系统内有一次干部晋升的机会，本系统一共上报了 6 名干部，刘先生也在其中。结果，上级决定只给该系统 4 个晋升名额，他怕被刷掉，特地求测到底能否晋升，怎样做才有利：

癸巳 庚申 丙寅 丙申

泽风大过 **六神**

妻财丁未土″ 青龙

官鬼丁酉金′ 玄武

父母丁亥水′世 白虎

官鬼辛酉金′ 螣蛇

父母辛亥水′ 勾陈

妻财辛丑土″应 朱雀

1. 世爻亥水旬空，说明自己对晋升之事心里没底，感到不踏实，所以才求测。

2. 世爻旬空，但得月建和白虎之生，力量不弱，所以不为真空，可待时（出空）而用。

3. 决定谁晋升，是上级领导说了算，所以，要晋升必须得到领导的赏识和认可。官星酉金为领导，居于三爻和五爻，其中，三爻官星为本单位的领导，五爻官星为上级领导。既然本单位已将自己列为晋升名单上报了，说明已经过了本单位领导这一关，剩下的也是最关键的就是需要过上级领导那一关，也就是需要五爻酉金官星来生世爻。

4. 官星酉金生世爻亥水，这是有利因素，但酉金未动，就不能真正起到生的作用。既然通过预测测出了这种信息，接下来就需要进行有效的策划，以达到晋升的目的。卦中官星酉金安静，但我们需要其动，所以就要设法去冲动它。卯木可冲动酉金，于是我建议刘先生找一个属兔（卯）的人，在丁卯日（明天）去找上级领导沟通。这样，两个卯木加在一起，力量就大了，可以冲动酉金，然后，酉金官星就可以生世爻而达到晋升的目的。

5. 世爻亥水旬空，官星酉金虽被人为地催动了，但对旬空之爻的生落不到实处。世爻和用神都不弱，应期必快，近应日时。乙亥日，世爻出空填实，官星酉金生世爻就能发挥最大的作用了。因此，我断定乙亥日此事就能成功。

后记：刘先生接受了我的建议，马上积极行动，果真找到一个属兔的朋友，于丁卯日去找上级领导进行了沟通。戊辰日（第三天）得到口信，此事基本办妥。乙亥日，拿到晋升的正式文件，终于梦想成真。

此卦世爻旬空，之所以能达到目的，原因有二：一是世爻自身处相地不弱，二是通过策划设法冲动了本来安静的用神官星来生世。六爻预测之精准和策划之神奇作用由此可见一斑。

例 2：重庆伍女士问到某医院做胆结石手术效果如何，有无危险：

壬辰　丁未　戊寅　戊午

泽风大过	**雷山小过**	**六神**
妻财丁未土″	妻财庚戌土″	朱雀
官鬼丁酉金○	官鬼庚申金″	青龙
父母丁亥水′世	子孙庚午火′世	玄武
官鬼辛酉金′	官鬼丙申金′	白虎
父母辛亥水○	子孙丙午火″	螣蛇
妻财辛丑土″应	妻财丙辰土″应	勾陈

1. 世爻亥水被年月重克，又被日时泄耗，力量非常衰弱，但因卦中有金水发动相生助，所以又不能构成从势。衰弱受克不从，不是吉兆。

2. 世爻衰弱有病，生助者为医药为用神。卦中有五爻酉金和二亥水发动来生助，似乎为吉兆，但实际上，二爻亥水也和世爻一样，本身衰弱，又与世爻远隔，相助之力很小；五爻酉金用神在未月不旺，且旬空又动化空，也无力生世。用神难以生世爻，说明手术效果肯定不好。

为此，我建议她不要去那个医院做手术，但她去医院咨询，医生说效果会很好，于是她相信了医生，当即（求测后的第二天）就做了手术。到2013年，旧病复发，结石又和去年未做之前一样大了。

医生说效果会很好，卦中也能看到：酉金为医生，动来生世爻，就是医生主动愿意给患者做手术，既然相生，当然会认为效果很好，但可惜酉金衰弱旬空又是真空，说效果很好只能是一句空话而已。如果到了申酉月去做手术，用神旺且出空，效果就大不一样了。可见，用神旬空真空，事必不吉。

例3：北京刘先生回家发现几岁的儿子不在家，到处寻找无果，非常着急，于是找我求测孩子的吉凶：

壬辰　乙巳　辛巳　丙申

雷风恒	**雷天大壮**	**六神**
妻财庚戌土″应	妻财庚戌土″	螣蛇
官鬼庚申金″	官鬼庚申金″	勾陈
子孙庚午火′	子孙庚午火′世	朱雀
官鬼辛酉金′世	妻财甲辰土′	青龙
父母辛亥水′	兄弟甲寅木′	玄武
妻财辛丑土×	父母甲子水′应	白虎

1. 此是以孩了姓名起卦，世爻代表孩子本人为用神。

2. 世爻为辛酉双体之金，得流年辰土、动爻丑土和暗动的上爻戌土之生，又得时辰申金之助，故世爻力量并不太弱。

3. 世爻看似被月日旺火克，但其实巳火远不如午火克金的力量大，加之巳申相合，克力再减，对世爻构不成威胁，并且卦中也无动爻克世，因而孩子必定平安无事。

4. 财动生世，世临青龙，主酒色之事，但孩子年仅几岁，不可能喝酒、谈恋爱，因而推测可能是在与小朋友一起喝饮料玩。

5. 世爻旬空安静，但有青龙（卯木）临世相冲为动，加之自身不弱，应期近在眼前；到了酉时，酉金引动世爻而填实出空，孩子就会到家。

我告诉刘先生不必担心，过半个小时（酉时）孩子自己就会回来。

果然，半个小时后，孩子回到家中，一问得知，确实和小朋友一起在肯德基喝饮料。

以上实例说明：用神旬空，若用神不弱，出空可用，且应期较快；若用神衰弱旬空，在变旺出空前，则不能发挥作用。

例 4：西宁夏小姐求测与丈夫的婚姻前景：

壬午　癸卯　己卯　辛未

雷泽归妹	泽天夬	六神
父母庚戌土″应	父母丁未土″	勾陈
兄弟庚申金×	兄弟丁酉金′世	朱雀
官鬼庚午火′	子孙丁亥水′	青龙
父母丁丑土×世	父母甲辰土′	玄武
妻财丁卯木′	妻财甲寅木′应	白虎
官鬼丁巳火′	子孙甲子水′	腦蛇

此卦在本章第一节曾经讲过。这里，我们再重点从旬空的角度去进行剖析：

世应相刑，夫妻关系不睦，同床异梦，于是有离婚的念头。世爻动，是自己想离婚。离婚如果没有障碍因素，就非常容易，但此卦卯木临月建、日辰克世应，日辰作用长久，双方都受到阻碍，难以离婚。卯木为阻碍因素，因为卦中有申金发动克卯木，所以，这种阻碍因素能够被消除。可是，申金旬空，未出空前不能发挥作用，只有等到出空之后它才能真正克制卯木，使卯木不再克世应，这时，双方才能解脱。

由于卯木临月建和日辰，日辰作用长久，而在壬午年，即使到了申月，由于流年克卦爻申金，加之申金又入墓于世爻（动爻）丑土，它的力量并不足以克制卯木，因而出空也无用，只有到了甲申年，申金值年填实又出墓，这时申金的出空才真正具备强大的力量，它才能够完全制住卯木；卯木被制住，世应才不再受到阻碍，于是离婚之事才能随心所欲。因此，他们在甲申年才终于离了婚。

从此卦我们可以看到，在月份上出空如果无用，就要等到在流年上出空。卦爻出空的有用与无用，需要根据它的实有力量而定，只有当它的力量足够时，出空后才能真正发挥作用。

第六节 本章结语

“年、月、日、时”四值能够作用于卦爻干支，而卦爻干支不能作用于四值。同一个卦在不同的四值作用下，测同样的事，则有时会有不同的结果。因此，正确应用四值是准确断卦的基础。

测一时之事，以月日为重，易于分析，吉凶立判；测长远之事，则卦爻干支之气随时空而变化，不易把握。初学者需细心领悟四值应用规则，如对本章所举案例尚不能完全理解，可先掌握有关论述，学会基本分析方法之后再回顾本章内容，必能进一步加深对四值应用的理解。

本章习题：

1. 有人说太岁为君，不管民间琐碎之事，所以断卦不用看流年干支，此说法正确否？

2. 在卦中遇动爻入月墓或日墓，如何断吉凶？其破墓的论断有哪些？

3. 求财卦，父母持世，兄弟动会克财，但世爻与兄弟是相生的关系，如果是与朋友合伙求财，是否代表能够同心协力而赚到钱呢？

4. 卦爻入日月之墓与卦爻入卦爻之墓有何异同？

5. 卦爻入墓，如果墓库本身旬空，是否还论卦爻入墓？

第九章
动静 生克 冲合 强弱

用神之强弱，虽以月令旺衰和党众个数为主要衡量标准，但干支之间的生克、冲合、动变，不仅极易改变卦爻用神之强弱，还包含特定的人事信息，甚至是卦的玄机所在。

本章分析干支冲合、强弱的思路要掌握一个大原则，那就是“双方相战，强者为王”。主导事物发展变化的因素，必然是势众力强的一方，这既是普通的生活现象，也是干支生克的规律。

第一节 动 静

“易爻不妄成，神爻岂乱发?”卦中之爻，无故不动，动必为吉凶之兆。所以，对动爻必须仔细斟酌，根据其变化，判断吉凶。

动必变，爻变则卦变，上下卦中，只要各有一个爻动，就势必导致整个卦变，所以动爻不仅本身会变，还会引发动爻所在之经卦的他爻变化；即使全卦六爻中只有一个爻动，所变出的也必然是另一个重卦，正所谓牵一发而动全身。

在相同的时令条件下，动爻变化之力比由动爻引起的静爻变化之力大得多。

动爻能生克静爻，静爻难以生克动爻。

为什么呢?

因为静爻乃消极、被动之象，处于“潜龙勿用”状态，欲有作为，需等候时机，而动爻乃积极、主动之象，处于“飞龙在天”的状态，正是有所作为之时。所以动静的区别是很大的。

当然，动爻之力量强于静爻，也是相对的，有条件的，首先得取决于本身具有的内在力量，如果静爻临月日建，而动爻临月破、日破、墓绝之地，动爻也不能冲克静爻。

例 1：江某求测母病吉凶：

癸酉　己未　己丑　丁卯

离为火	**六神**
兄弟己巳火′世	勾陈
子孙己未土″	朱雀
妻财己酉金′	青龙
官鬼己亥水′应	玄武
子孙己丑土″	白虎
父母己卯木′	螣蛇

妻财酉金得月日生旺，冲克父母卯木，父母爻休囚受克不见生扶，显然病入沉疴；卦逢六冲，久病逢冲则死。季夏火有余气，未月燥土生金不力，用神尚可残喘；唯秋后忌神当令，用神遭破，恐是劫数难逃。后果于酉月病逝。

例 2：某工商银行职员魏某求测丈夫做胃部手术平安否：

丁丑　丁未　丁巳　癸卯

地火明夷	**地山谦**	**六神**
父母癸酉金″	父母癸酉金″	青龙
兄弟癸亥水″	兄弟癸亥水″世	玄武
官鬼癸丑土″世	官鬼癸丑土″	白虎
兄弟己亥水′	父母丙申金′	螣蛇
官鬼己丑土″	妻财丙午火″应	勾陈
子孙己卯木○应	官鬼丙辰土″	朱雀

四爻丑土为用（舍其闲爻而用持世），初爻卯木动来克害，似乎病人有危，不知丑土用神月扶（未丑本气相冲为冲旺）日生，旺相有力，卯木虽动来相克，但休囚入墓又化辰土耗气，蝼蚁之力何撼泰山？故断手术顺利平安。果验。

静爻与静爻之间，也有生克作用，旺相之静爻，可以生合冲克衰弱之静爻，旺相之静爻可以生合另一有力之静爻，但衰弱之静爻却不能冲克旺相之静爻。

例 3：邓某求测外出平安否：

丁丑　乙巳　丙辰　癸巳

山雷颐	**六神**
兄弟丙寅木′	青龙
父母丙子水″	玄武
妻财丙戌土″世	白虎
妻财庚辰土″	螣蛇
兄弟庚寅木″	勾陈
父母庚子水′应	朱雀

卦中虽有兄弟两重克世，但世处旺相，兄逢休囚，其有克害之心而无克害之力，故断一路平安。后果然。

第二节　本爻与变爻生克

上一节谈了动爻与动爻之间，动爻与静爻之间，静爻与静爻之间的生克关系。主卦动必生出变卦，主卦之爻称为本爻，变卦之爻若由主卦本爻变出者，称为变爻。变爻对本爻具有回头生克冲合的作用，如子爻变出丑爻，为回头克合；午爻化出亥爻为回头克，子爻化出申爻为回头生。用神需生时宜化回头生，不宜化回头克；忌神宜化回头克，不宜化回头生。

例 1：董先生求测工作调动：

丁丑 癸卯 丙寅 甲午

天山遁	天泽履	六神
父母壬戌土′	父母壬戌土′	青龙
兄弟壬申金′应	兄弟壬申金′世	玄武
官鬼壬午火′	官鬼壬午火′	白虎
兄弟丙申金○	父母丁丑土″	螣蛇
官鬼丙午火×世	妻财丁卯木′应	勾陈
父母丙辰土×	官鬼丁巳火′	朱雀

内卦三爻俱发，实为动之心切；官父同动化回头生，一片祥瑞之景，不但工作有动且有升迁之喜；兄弟申金妄动，不过事多竞争，幸其休囚日破又动化入墓，终究无碍。断其立夏后必有升迁。实际于巳月升为副经理。

例 2：方某因秉公执法得罪他人，为防他人陷害求测吉凶：

丁丑 壬子 辛亥 丁酉

天火同人	乾为天	六神
子孙壬戌土′应	子孙壬戌土′世	螣蛇
妻财壬申金′	妻财壬申金′	勾陈
兄弟壬午火′	兄弟壬午火′	朱雀
官鬼己亥水′世	子孙甲辰土′应	青龙
子孙己丑土×	父母甲寅木′	玄武
父母己卯木′	官鬼甲子水′	白虎

丑土临玄武动来克世，果然有人暗中相害。喜世爻自旺于月、日之令，丑土又化寅木回头克破，魑魅魍魉不过徒生害人之心，世爻正气自旺何惧之有？后果平安无事。

第三节 暗动与日破

静爻旺相，日辰冲之为暗动；静爻休囚，日辰冲之为日破。

暗者，隐蔽不显之意，故暗动者，看似未动，实则已动，动则力显，可司生克之职，与明动之爻相似。暗动反映在人事之上为福来不知，祸至不觉，尤其是凶祸之事，因不易察觉，所以便难于防范。因此，用神、原神暗动无克破则吉，忌神暗动无制则凶（忌神暗动得原神明动通关无妨）。伏神暗动易出，飞神暗动若克制伏神则不吉。

日破之爻与月破之爻相似，都属于休囚又遭冲克之爻。日破之爻若有根气，则出日不破，填实之日不破，得动爻之生不为真破，可待时发用。

例 1：何先生问自己健康状况：

癸酉　戊午　戊子　戊午

水山蹇　**六神**

子孙戊子水″　朱雀

父母戊戌土′　青龙

兄弟戊申金″世　玄武

兄弟丙申金′　白虎

官鬼丙午火″　螣蛇

父母丙辰土″应　勾陈

官鬼午火暗动克世爻，断他身体已经染上慢性病，但自己并未感觉到。他问是什么病，我告诉他大概是心脏有毛病（官鬼午火）。第二天到医院检查，果然如此。

例 2：一人求测自己工作有无变动：

壬申　辛亥　壬子　戊申

天山遁　**六神**

父母壬戌土′　白虎

兄弟壬申金′应　螣蛇

官鬼壬午火′　勾陈

兄弟丙申金′　朱雀

官鬼丙午火″世　青龙

父母丙辰土″　玄武

六静卦，似乎工作不会变动，但用神世爻官鬼午火日破，又无原神生助，工作上已出现危机，本月若无变动，在下个月（壬子月）必被解职。后果然在壬子月因在工作中屡犯错误而被开除。

第四节　动静之多寡

卦中只有一个爻发动（暗动亦算），其余五个爻安静，称为独发；只有一个爻安静，其余五个爻发动，称为独静；六个爻全都发动，称为尽发；六个爻全都安静称为尽静。

独发之卦，吉凶易于判断；独静之卦，生克关系比较复杂，有的主张以独静之爻判吉凶，未免欠妥，应以用神为准断之；尽静尽发之卦，吉凶仍依用神推断，所谓“静者恒美，动者常咎”，看似说卦静则吉，多动则凶，纯以动静论好坏，实际上，卦之动静只说明事之情状，吉凶之走向须细查用神之向背，及有力无力，综合参断，方为正理。若脱离用神，乃不合实际之谈。

例 1：某人求测工作分配：

癸酉　戊午　庚申　丁亥

泽风大过	**雷风恒**	**六神**
妻财丁未土″	妻财庚戌土″应	螣蛇
官鬼丁酉金○	官鬼庚申金″	勾陈
父母丁亥水′世	子孙庚午火′	朱雀
官鬼辛酉金′	官鬼辛酉金′世	青龙
父母辛亥水′	父母辛亥水′	玄武
妻财辛丑土″应	妻财辛丑土″	白虎

五爻原神酉金动来生世，虽化申金退神，喜其临日辰旺而不退。目下金处死地，此事暂时难成，待交秋令后，原神临旺，分配定能如意。实际于申月顺利分配。

例 2：某人因练气功走火入魔，其子代测吉凶：

甲戌　丙寅　庚午　己卯

乾为天	**山地剥**	**六神**
父母壬戌土′世	妻财丙寅木′	螣蛇
兄弟壬申金○	子孙丙子水″世	勾陈
官鬼壬午火○	父母丙戌土″	朱雀
父母甲辰土○应	妻财乙卯木″	青龙
妻财甲寅木○	官鬼乙巳火″应	玄武
子孙甲子水○	父母乙未土″	白虎

乾卦纯阳被剥，五爻乱动乱攻，显然经脉气乱，阴阳失衡，幸六爻戌土用神（卦中用神两现，余五爻乱动乱攻，上爻戌土安静旬空为卦之玄机所在，故取戌爻为用）安静不动，为元神性定不乱，世得日生，有如中流砥柱，可抗邪气交攻。目下用神处春令死地又化寅木回克，暂时病重难愈；待交夏令后原神火旺通木土之关，用神得生定可转危为安。后于巳月幸得明师调理，病情逐渐好转，庚午月痊愈。

例 3：某人求测在某外资公司能否升迁：

庚午　己丑　丙申　丙申

泽风大过	**六神**
妻财丁未土″	青龙
官鬼丁酉金′	玄武
父母丁亥水′世	白虎
官鬼辛酉金′	螣蛇
父母辛亥水′	勾陈
妻财辛丑土″应	朱雀

父爻亥水持世，得五爻酉金相生，二爻亥水比和，乃为上得公司领导之信，下得同事之助。今世处太岁囚地居“在渊”之位，需待时而用，酉年岁君生世，必得提拔。实际上酉年调升为部门经理。

例 4：王女士将两千元钱和一份十分重要的计算机软件装在手袋里，早晨在火车站购票时不慎丢失，求测有希望找回否：

丙子 庚寅 己卯 戊辰

山水蒙	泽火革	六神
父母丙寅木○	子孙丁未土″	勾陈
官鬼丙子水×	妻财丁酉金′	朱雀
子孙丙戌土×世	官鬼丁亥水′世	青龙
兄弟戊午火×	官鬼己亥水′	玄武
子孙戊辰土○	子孙己丑土″	白虎
父母戊寅木×应	父母己卯木′应	螣蛇

六爻乱动，正合年底春运期间车站之繁乱情景。“蒙”者，蒙昧之意，乃是在懵懵懂懂中将钱物遗失。五爻变出一用神遭日辰冲破又旬空，钱物恐失落于道路而难找回。六爻乱动，正为人事纷杂，寻找此物无异大海捞针。实际：虽求助于火车站治安室、派出所等部门帮助查找，终是杳无音信。

第五节 破合解冲 峰回路转

合与冲是五行生克中的两种特殊形式。它们在六爻预测中各自代表特定的信息含义。

我们知道，在一定条件下，合的结构能够被破坏，使之不再成其为合，通常称之为“破合”；同样，在一定条件下，冲的结构也会被解除，使之不再成其为冲，通常称之为“解冲”。

在六爻卦中，卦爻结构无论是被破合还是被解冲，都使原来的卦爻五行结构发生了重大变化，那么，这种卦爻五行结构的变化所代表的信息含义是什么呢？它与所测之事有些什么内在的关系呢？

对这个问题，我们只有弄清其内在的道理，才能对它有实质性的理解和认识，才能在实际预测中知道应该怎样去加以运用，才能完善和提高自己的断卦技术，最终才能为求测者提供更加可靠和更具价值的预测结论。

为了透彻地理解破合的含义，我们首先得知道合的几种情形及其所代表的含义。合分为“合化”“合绊”“合住”三种情形。合化与合绊、合住的地支无论在五行特性方面还是在五行力量方面都有着很大的差异。下面分别论述：

一、合化

合化成功后，被合化的卦爻，其原本的特性和力量都会销声匿迹并转而完全依从于化神。

卦爻六合成化：比如卯戌合化火，卯和戌原本都不是火，但合化成功后，卯木和戌土的五行特性都一齐退隐，并且二者的力量也一齐被火控制住，双双都完全听命于火的摆布。

卦爻三合局成化：合局中的前后两个地支都随中神而化。比如寅午戌合化火，寅和戌都被午火合化，寅和戌原本的五行特性都一齐退隐，同时它们还将力量转移给了午火并完全听命于午火。

由上述可知，被合化的干支不但其原本的五行特性退隐，而且自身的力量也被化神控制，自身完全失去了原本的生克作用。因此，被合化后的干支，不再具有对其他干支的生克作用。

合化与克不同，克是以强制的措施去削弱对方的力量，在克的同时自身也会有所损耗，就好比是“费力吃苦的差事”；而合化则是以诱惑或者感化的手段将对方的力量化于无形或者为我所用，是一种“轻松愉快的收获”。前者的关系是对抗的，后者的关系是融洽的。以克取胜事倍功半，合化取胜则事半功倍。因此，不同的作用方式所带来的效果是大不一样的。

合化的上述特点在六爻卦中有着相对应的卦理含义：当忌神被喜用神合化时，所测之事能由凶转吉、由难变易；当喜用神被忌神合化时，所测之事则会由吉转凶，由易变难。

二、合绊

合绊就是合而不化。相合的双方既不能合化，又无法分开，相互纠缠，将对方绊住。

有人认为，合绊就是主克方对被克方克制和牵绊。比如子丑合绊，就是丑对子的克制和牵绊；丁壬合绊，就是壬对丁克制和牵绊。其实这是片面的理解，只说对了一半。

我们知道，合是由于双方有共同的意愿，进而相互吸引所构成的一种关系，并不是外来因素将它们强行捆绑在一起。合化就是实现了共同的意愿，就是归依化神。合而不化则是共同的意愿尚未实现，目前正在共同等待机会，等待化神的力量达到足够的程度而合化。这种“共同等待”就是双方的相互牵绊。比如，子丑合绊，不光是丑对子有牵绊，子对丑也同样有牵绊。就像一对男女，为了追求幸福的家庭生活，双方自愿结为夫妻，可是成了夫妻并不等于就过上了幸福的家庭生活，目前夫妻正处临困境，要达到目标，就得走过目前这段非常坎坷的路。这需要夫妻携手互助，才能克服困难。如果半路上谁有异心而想离开对方，却并不是说走就能随便走掉的，即使对方不强留你，你也会因为良心、责任、承诺等因素的束缚而觉得不应该离去，因而感到进退两难——去也不是，留也不是。

综上所述，合绊并不是某一方强行克住了另一方，而是由于双方当初为了共同的目标而自愿被对方以甜蜜的纽带将彼此缠在一起，后来想分开却并不容易。

即使属于相生结构的合，双方也同样能够形成合绊。比如寅亥合，只要是合而不化，寅对亥就有牵绊作用，同时，亥对寅也有牵绊作用。

因此，我们不能把合而不化的卦爻与没有相合关系的卦爻看作一样，它们之间是有很大区别的，不然的话，合与不合就可以划等号了，但这显然是不符合逻辑的。

事实上，很多人恰恰就犯了这个认识上的错误，把合绊的卦爻当做一般没有相合关系的卦爻去论生克。这样，就把合绊所包含的卦理含义给一笔勾销了，因此，一些与合绊相关的信息就根本推断不出来，即使别人推断出来了，他也不明白是依据什么推断的。

合绊的卦爻，彼此分又分不开，合又不能化，相互拖住对方的后腿而限制着对方的力量。用一句简单的话来形容：合绊就是一种烦人的纠缠。

卦爻合绊的卦理含义就是：受对方纠缠牵绊，做事放不开手脚。

三、合住

一方力量比另一方力量强大许多，则强者将弱者完全牵制住，这种情况称为“合住”。被合住的卦爻完全无力与其他卦爻发生作用，但它原本的五行特性仍然存在，不像合化那样会退隐。合住实际上是弱者屈从于强者。比如，子丑合，子很强而丑很弱，则子能合住丑，丑因失去自由不得不屈从于子；丑被合住后，丑土不能与其他卦爻发生作用，但丑土的五行特性却仍然存在，总是等待机会企图挣脱子水的束缚而独立。

卦爻被合住的卦理含义就是：无可奈何。

四、合化、合绊、合住的区别

被合化的卦爻，其原本的五行特性和六亲含义完全退隐，力量也被完全控制或者化解，有形无实，不能与其他卦爻发生作用。

被合绊的卦爻，双方则仍然具有一定的余力，各自的六亲含义都能显现，能同时与其他卦爻发生作用，只是力不从心而使其作用的程度非常有限。

被合住的卦爻，其力量被完全控制，不能与其他卦爻发生作用，但它的五行特性及六亲含义仍然存在，只是难以显现而已。

合化是完全自愿的；合绊是半自愿半无奈的纠缠；合住则是被强力所控制。

五、破合的形式与意义

卦爻破合的形式主要是以冲破合。比如寅亥合，逢强有力的申去冲寅或者逢强有力的巳去冲亥都可使寅亥之合被冲破。

破合之后，由于合的结构已不存在，因此，原来由合所代表的那些信息含义也就随之消失，并且事情的走向在某些方面刚好向着相反的方向进行

(我们只要根据合的含义进行反向推导即可)。一旦遇到这种情况，表示所测之事在前后会发生很大程度的变化，甚至会导致事情的走势或者吉凶性质发生根本性改变。

破合的情形如此，解冲的情形也与此类似，其实质就是在原来的状态基础上发生重大变化，其中的道理与破合一样，大家只要一想就明白，在此就不必多讲。

六、破合与解冲所表示的卦理含义

当合被破坏或者冲被解开之后，它们原来所代表的信息含义就会发生重大变化。换句话说，破合与解冲，各自代表着一种新的信息含义。在六爻卦中，由于相关卦爻的破合与解冲，所测的事情在走势上或者吉凶性质上就会发生根本性的改变。

为了进一步说明上述问题，下面我们来看一些实例。

例 1：湖南肖先生求测自己在某外企的职位走势：

乙酉　己卯　己丑　庚午

山雷颐　　　　**六神**

兄弟丙寅木′　　勾陈

父母丙子水″　　朱雀

妻财丙戌土″世　青龙

妻财庚辰土″　　玄武

兄弟庚寅木″　　白虎

父母庚子水′应　螣蛇

预测职位变化以官鬼爻为用神。

用神为官鬼辛酉金，伏藏在三爻辰土之下。由于三爻辰土与酉金伏神相合，而辰土有日辰帮扶，酉金有流年帮扶，辰酉都不弱，因此，二者相合就比较有力。用神被合住则不能发挥作用，要使用神酉金发挥作用，就需要将合住它的辰土飞神冲去。四值中无戌土冲辰，今年流年又是酉金，不但不能破解辰酉之合，反而会加固辰酉合的结构，这样，用神酉金在今年就无法解脱被合住的状态，用神就不能为世爻所用，因此，今年是没有晋升希望的。

虽然今年酉金用神对世爻不能起到作用，但也不会危害世爻，因而自己的职位也不会有任何问题，会保持原来的职务。

丙戌年，流年戌土冲开辰土飞神，用神得以出头，世爻是戌土，世爻在此年也被引动，加之世爻戌土在此年也比三爻辰土的力量强，于是晋升的机会就到来了。

实际情况：2005 年肖先生的职务没有变动；2006 年由副职升为正职。

此卦用神与世爻在乙酉年与丙戌年这两年的五行状态大不一样：

乙酉年，世爻安静，用神酉金被三爻辰土飞神合住，世爻与用神就套不上近乎，因而想升职就没有机会。丙戌年，流年冲卦爻辰土；卦中三爻辰土、四爻戌土，都被流年冲动、引动，但三爻因为原来与伏神酉金相合，这里逢戌土冲则因冲而破合，使原来那种合的状态发生根本性的改变；而世爻戌土原来安静又无合，现在被戌土引动后，它就相当于一个动爻。流年戌土冲辰土，使辰土和戌土的状态与原来完全相反——三爻因冲而破合，由原来的有合变为无合；世爻因引动而动。这正是此卦的玄机所在。

例 2：兰州朱先生求测能否升调至心仪职位：

丁亥　癸卯　庚子　丁亥

风水涣	**泽水困**	**六神**
父母辛卯木○	子孙丁未土″	螣蛇
兄弟辛巳火′世	妻财丁酉金′	勾陈
子孙辛未土×	官鬼丁亥水′应	朱雀
兄弟戊午火″	兄弟戊午火″	青龙
子孙戊辰土′应	子孙戊辰土′	玄武
父母戊寅木″	父母戊寅木″世	白虎

世爻为自己，官星为用神，三爻午火与世爻五行同类，是升迁的竞争对手。

能否升迁，关键要看能否战胜竞争对手。从卦上就是要看世爻与三爻的力量对决以及用神与世爻、三爻之向背。

用神官鬼不现，伏在三爻下与飞神午火暗合。官鬼亥水临太岁且得日辰之助，力量不弱，所以其作用就不小，能左右升迁的结果。

本来，日辰子水与三爻午火相冲，但因上卦亥卯未三合木局在卯月能成化，可通水火之关而解子午之冲。这个三合木局就起了解冲的作用。

午火不被冲，则与伏神亥水官星之暗合就不会破。三爻与官星暗合，说明官星之情向着三爻；而官星亥水与世爻没有明合、暗合的五行关系，说明官星与世爻之情相背。因此，在用神官星的向背方面，世爻巳火就输给了三爻午火。

卦爻中寅木合不住更合化不了四值中的亥水，所以流年和时辰之亥水与世爻巳火就形成了冲克关系，于世爻不利。年时亥水与三爻午火暗合，说明用神官爻与三爻有情有缘，向他而背我。这样，三爻就比世爻占有优势，机会当然就是三爻的了。

综上分析，无论是五行力量还是与官星的向背，世爻都输给了三爻，所以升迁的只能是别人。

结果：虽经活动，终未能升调。

第六节　爻之六合

卦爻六合规则：子丑合土，寅亥合木，卯戌合火，辰酉合金，巳申合水，午未合土。

合与冲相对。合有吸引、和谐、聚合、生助之意，如寅亥合、辰酉合、午未合，为生合；也有牵绊之意，如子丑合、卯戌合、巳申合，为克合。生合用神则吉，合化为忌神或克合用神则不吉。如寅为用神，得亥生合，增强用神之力为吉；子为用神，被丑土合，或合化为土，则使用神受损而不吉；巳为用神，申巳合化为水而克制用神不吉。用神被合住，一时也难起作用，须待逢冲之时才有用。

一、爻之六合的构成有以下几种情况

（一）主卦中爻与爻之间构成六合。

（二）变卦中爻与爻之间构成六合。

（三）动爻与所变出之爻构成六合。

（四）年月日时与主卦或变卦中的爻构成六合。四值克合动爻为合住，生合动爻为合旺，生合静爻为合起。

（五）卦逢六合：六合卦，内外卦各爻对应相合，如“地天泰”“天地否”“水泽节”等卦。

（六）六冲变六合：主卦为六冲卦，变卦为六合卦，如“乾为天”变“地天泰”卦。

（七）六合变六合：主变卦皆为六合卦，如“火山旅”之“水泽节”卦。

以上几种情况都是大家熟知的，不必举例。

二、卦爻六合具有以下作用

（一）改变事之吉凶程度，改变爻的性能从而使所测之事的走向或结果发生质的变化。

（二）代表特定的信息含义。

在实际预测中，如果不能弄清上述问题，就不能保证得出准确的预测结论，而且有些信息也无法推断出来。所以，大家有必要把它们彻底弄明白。

三、下面分别对六合进行讨论

（一）六合改变事之吉凶程度甚至吉凶性质

卦爻六合会改变爻的力量从而使爻的作用力大小发生变化，而事情的吉凶程度取决于卦爻力量的大小，所以，卦爻六合最终会影响到所测之事的吉凶程度。其中分为以下两种情况：

1. 用神、原神六合

用神原神遇六合，会有三种结果之一：被合而变弱、被合化为与用神相背的它物、因合而变强。前两种都不利，因被合为不吉的一类，只有最后一种对所测之事有利。下面分为两类进行论述：

(1) 被合而变弱或被合化为与用神相背的它物

当用神或原神被克合、合住、合化为与用神相背的它物都会使其力量变弱，这种情况对所测之事不宜，其结果会降低事情的吉利程度甚至会改变事情的走向而由吉变凶。

例：大连何先生求测此月销售底货效益如何：

甲申 壬申 丙子 癸巳

风雷益	**山雷颐**	**六神**
兄弟辛卯木′应	兄弟丙寅木′	青龙
子孙辛巳火○	父母丙子水″	玄武
妻财辛未土″	妻财丙戌土″世	白虎
妻财庚辰土″世	妻财庚辰土″	螣蛇
兄弟庚寅木″	兄弟庚寅木″	勾陈
父母庚子水′	父母庚子水′应	朱雀

测效益如何以持世之财爻为用神，以五爻子孙爻为原神。

卦中子孙发动，似乎有财运源源不断之象，但可惜子孙巳火被月建申金合化水（化出子水和日辰子水皆为化神长生于月建有力），这样巳火就失去了原本的性能，子孙也就不能生世爻财星了。这样一来，赚钱就十分困难了。

实际上他在此月销货所赚的钱还不够房租和日常开支。

此例就是原神被合化为它物不生用神而导致的不吉。当然，这种情况是用神本身也弱，如果用神力量强大，原神被克合、合住、合化为它物也无大碍。当然，当用神强旺时，原神就难以被合化为与用神相背的它物。

(2) 用神因合而变强

这种情况指的是生合。比如寅亥合木，寅得亥生而变强；辰酉合金，酉得辰生而变强；午未合土，午火生未而使未土变强。克合则难以起到这种作用。

用神或原神因合而变为强，所测之事会向好的方向发展。原本就吉的会锦上添花，原本不顺的会转逆为顺，化凶为吉（用神亢旺除外）。我们还是以实例来说明：

例 1：2000 年腊月和 2001 年正月，陕西安康吴先生看见别人卖鞭炮很赚钱，他也想在今后做这个生意。但他没有相关的准卖手续，而办手续又比较麻烦，他怕花了钱办不下来，又怕手续办好了找不到好的进货渠道而赚不到钱。于是他来问此事到底可行否：

辛巳　庚寅　甲寅　庚午

地水师	水泽节	六神
父母癸酉金″应	兄弟戊子水″	玄武
兄弟癸亥水×	官鬼戊戌土′	白虎
官鬼癸丑土″	父母戊申金″应	螣蛇
妻财戊午火″世	官鬼丁丑土″	勾陈
官鬼戊辰土′	子孙丁卯木′	朱雀
子孙戊寅木×	妻财丁巳火′世	青龙

卦中亥水兄弟忌神发动克用神午火，本为不利之象，但所幸有初爻寅木发动与亥相合，由于寅木当令又得日辰之助，长久有力，亥水力量又小于寅木，所以寅能合住亥水，并且吸纳亥水之力而使自己更加强盛。这样，亥水不但不能克用神午火，反而为寅木提供了能量，寅为原神，原神力量增强，生用神的力量就更大，财星本身临太岁，连续两年又是火的流年，所以财星不弱，而鞭炮的五行属性又刚好属火，所以此事的有利因素很多，如果经营鞭炮就肯定能赚取较丰厚的利润。

他听了我的分析推断，心中便定下心去办理此事，结果并没有花多少钱便办好了相关手续。不久又打听到一个较好的鞭炮供货商，与之一拍即合，进货价格较低。在辛巳年夏季，那些办丧事的人家听说他的鞭炮又好又便宜，都纷纷到他那里购买，把别人的生意也给抢了过来。因为他的进货价格比别人低，所以虽然比别人卖得稍微便宜一点，但总的来说比别人的利润高，所以，光是在当年夏季就获利不少。在辛巳年腊月和壬午年的正月、腊月更是生意火爆，获利出乎他当初的想象。

此卦原神得忌神之生合，不但化去了忌神的负作用，而且还将忌神的力量吸纳过来生助用神，起到了一箭双雕的良性作用。这就是原神得到生合而变强所起到的优良作用——不但化凶为吉，而且锦上添花。

例 2：哈尔滨市张女士问当年财运：

乙酉　戊寅　戊辰　丁巳

火水未济　　　六神

兄弟己巳火′应　朱雀

子孙己未土″　青龙

妻财己酉金′　玄武

兄弟戊午火″世　白虎

子孙戊辰土′　螣蛇

父母戊寅木″　勾陈

财星为用神，子孙为原神。四爻酉金用神临太岁，乃为吉兆；日辰双体土为原神入卦生合用神，日辰有长久之力，所以，断她此年财运亨通。由于是六静卦，意味着她会在平顺的环境中获得很好的经济效益。

实际上，她在当年做生意发财近百万。她开了个超市，货物都是别人主动送上门来，用不着自己去奔波，手下的员工也很配合她的工作。由于她善于经营，加之运气又好，所以赚钱很轻松。

这是原神生合用神使用神变强而起到的良性作用。

2. 忌神六合

忌神遇六合，会有三种结果之一：被合而变弱、被合化为生用神之物、因合而变强。前两种都对所测之事有利，可合为吉的一类；最后一种对所测之事不利。下面分别论述：

（1）被合而变弱或被合化为生用神之物。

忌神是事情进程中的障碍因素，其力量越大对事情越不利，它被合而变弱，无疑会使障碍随之减小。所以，忌神被合而变弱是好事。

忌神被合化为生用神之物，实质上就是将忌神转化为原神，起到了化凶为吉的作用，这当然是有利的。

下面对上述情况分别举例说明：

例 1：广州某外资公司金先生求测参加本月单位内干部竞选能否成功：

辛巳　甲午　庚戌　辛巳

地火明夷	地山谦	六神
父母癸酉金″	父母癸酉金″	螣蛇
兄弟癸亥水″	兄弟癸亥水″世	勾陈
官鬼癸丑土″世	官鬼癸丑土″	朱雀
兄弟己亥水′	父母丙申金′	青龙
官鬼己丑土″	妻财丙午火″应	玄武
子孙己卯木○应	官鬼丙辰土″	白虎

世爻为自己，与世爻五行同类的二爻丑土、变爻辰土、日辰戌土皆为竞争对手。

竞争对手云集，唯综合实力最强者可获胜。我们来分析各自的五行状态：

①变爻辰土，得年月时生，又被日辰冲旺，且处于艮经卦，力量非常强大。但此爻为丙辰，年月时皆为火，有过于炎燥之弊。

②卯木虽动且与二爻紧贴，但因与日辰构成卯戌合火成化，不能克土。二爻丑土，得年月时生，处于离经卦得卦宫火生，且为己丑双体，力量亦非常强大，但同样像变爻辰土那样有过于炎燥之弊。

③日辰戌土，得年月时众火生，无水调候，有天干之金泄气，无同类相助，不能构成专旺，于是就形成火多土焦，故为有病之土，力量不足以与卦中之土对决，竞争中必定出局。

④世爻居坤经卦得卦宫土之助，有年月时生，又得朱雀临世相生，力量也是非常强大。但世爻为癸丑，这个癸水和紧邻的五爻癸亥可对世爻丑土调候，这就避免了炎燥之弊，这是其他三个土爻所无法拥有的优势。

综上分析可知：日辰这个竞争对手为病土首先被排除局外；变爻辰土和二爻丑土虽然力量强大，但都有炎燥之病而最终不能与有调候的强大世爻相匹敌，所以，只有世爻能笑到最后。

结果：金先生在甲午月己巳日竞选中十分顺利，由副职升为正职。

这个竞选之日为己巳，火加深了其余几个土的炎燥之病，唯世爻有调候之利而能占优，由此可见，炎燥确实为土之病，切不可误认为任何时候土得生都是有利因素。

例2：长沙卢先生欲知与对方打官司结果如何：

癸未 乙丑 丁亥 癸卯

雷天大壮	雷风恒	六神
兄弟庚戌土″	兄弟庚戌土″应	青龙
子孙庚申金″	子孙庚申金″	玄武
父母庚午火′世	父母庚午火′	白虎
兄弟甲辰土′	子孙辛酉金′世	螣蛇
官鬼甲寅木′	妻财辛亥水′	勾陈
妻财甲子水○应	兄弟辛丑土″	朱雀

世爻为自己，应爻为对方。世爻午火在四值及主变卦中无巳午火相帮本为从象，从则吉。但不宜应爻子水动而冲克世爻午火，为忌神发动与世爻相战，本为不利之象，所幸月令合忌神子水，子水又化出丑土回头克合。由于丑旺，足以克合住子水而使忌神不能发生作用，所以对方拿你没有什么办法。不过应爻发动，对方总是主动来找麻烦，所以始终不是件好事，虽然不致有多大损失，但令人心烦。官鬼爻能通世应之关，化战局为和局，看来此事还是需要官方出面才能解决。因为官鬼爻有通关作用，所以只需要调解即可解决双方的矛盾。建议其选庚寅日处理此事，容易达到目的。他当天就去与法庭和对方沟通，结果同意在庚寅日调解。到了调解之日，双方在法庭的调解下，握手言和，他感到有些出乎意料的顺利。

此例忌神被合而变弱，事情就会朝着有利的方向运行，而庚寅日又能化战局为和局，所以对方愿意妥协而和解。

(2) 忌神因合而变强。

忌神逢六合而变强一般指的都是忌神得到生合的情况。比如寅木为忌神，得亥水生合就会变强；未土为忌神，得午火生合也会变强，酉金为忌神，得辰土生合都会变强。

忌神因合而变强，对所测之事不利。事情会朝着不利的方向下滑，严重时会导致事情的失败，测财运则会造成经济损失，测名气则名誉受损，测官运则升迁受阻甚至降职丢官。

忌神因合而变强，与原神和用神因合而变强的作用刚好相反。忌神变强是不利或危险信号，行事必须小心谨慎，不能为时则不能强为之，否则只会事倍功半甚至适得其反。忌神力量强于用神时，若一意孤行，必然招致失败，后悔莫及。凡是占得这样的卦，若能放弃的事，应该果断放弃；若实在无法放弃的事，也不要过分投入财力人力，尽到责任即可。

例：拉萨张先生求测孩子的尿毒症能否治愈：

乙酉　戊子　壬午　辛亥

风地观	**山地剥**	**六神**
妻财辛卯木′	妻财丙寅木′	白虎
官鬼辛巳火○	子孙丙子水″世	螣蛇
父母辛未土″世	父母丙戌土″	勾陈
妻财乙卯木″	妻财乙卯木″	朱雀
官鬼乙巳火″	官鬼乙巳火″应	青龙
父母乙未土″应	父母乙未土″	玄武

测子病，以子孙爻为用神，用神为子水，伏在卦中未土之下被克害，但目前用神临月建，又得流年之生，能够抵御未土之克。因尿毒症是慢性病，需要长期治疗，如果在接下去的时间里，忌神土的力量增强，用神水的力量减小，在五行上又无化解，就会出现危机。

进入己丑月，用神力量减弱，病情开始加重，但暂时还有流年资生用神，不致大凶。接下去便进入丙戌年，流年为忌神，不是好事。此年庚寅、辛卯月，木旺制土而保护用神子水，暂时也无大碍。由于起卦的日辰有个午火，这个午火能生合卦中未土忌神而克用神，而日辰的作用久远，难以去除，所以，午火是生合忌神的一大隐患。壬辰、癸巳月，土旺克用神，已经病入膏肓。到了甲午月，午未合土重克用神，在劫难逃。实际上他的孩子就正是在甲午月病故。

这就是忌神被合而力量增强后的杀伐之力。可见，忌神变强其危害性是相当大的。像上例就是这样，即使花再多的钱进行救治，终究无法留住其生命。倘若卦中忌神能被去掉，又无日辰午火生忌神，则情况又是另外一回事了。

六合在六爻预测中是很常见的一种五行组合形式，其作用之大，可以用“魔力”二字形容，大家从本节所举的例子中就不难看到这一点。六合为喜生助用神则事随心愿，六合为忌克伐用神则事与愿违。所测之事，往往就因一个卦爻的六合而使其走向和结果出人意料。所以，大家一定不要轻视卦爻六合的作用和魔力。

（二）六合代表特定的信息含义

原神生合用神，表示所测之事有贵人相助，容易成功。

用神被克合，表示所测之事在进程中有障碍，克力越大，障碍越大。克力过大，事情必败。

忌神被合化为生益用神之物，表示有人从中调停，化敌为友，事情会出现柳暗花明的转机。

忌神被克合，表示会有人出面帮忙为你排除障碍，帮助你达到目的。

忌神得生合，表示会有人联合起来对你设置障碍，使你陷入困境甚至绝境。

以上卦爻六合所代表的特定信息含义大家可以在本书以后的相关章节的卦例中看到，在此就不另外举例。

第七节　爻之六冲

卦爻相冲规则：子午相冲、丑未相冲、寅申相冲、卯酉相冲、辰戌相冲、巳亥相冲。共六组，统称为“六冲”。卦爻逢任意一组或一组以上，谓爻之六冲。上卦三个爻与下卦三个爻分别相冲之卦，为六冲卦。

一、卦爻相冲的构成形式

1. 主卦动爻冲静爻，旺爻冲衰爻。
2. 变卦旺爻冲衰爻。
3. 动爻变回头冲。
4. 年月日时冲卦爻。

注：年月日时能冲克卦爻，而卦爻不能冲克年月日时。

二、卦爻相冲之威力与吉凶

从以上相冲规则中可以看到：相冲的双方必然相克（辰戌丑未除外）。从实用八卦图上可以看到，相冲的一对地支其方向相差 180 度，刚好在一条直线上形成对冲。这种形式的冲克在程度上最为激烈，因而其作用力比一般形式的克更大（比如酉冲卯就比酉克寅的力量大），由它所导致的吉凶程度当然也就更深。子午冲、寅申冲、卯酉冲、巳亥冲，为水火不容，金木相战，既冲又克，冲的结果是双方损力，故为冲衰，力量过分弱小的一方则被冲破冲散。丑未冲、辰戌冲，乃同类相冲，激起旺气，实为相助，故为冲旺；但如果日或月冲土爻，而土爻又被有力之动爻克制，则土爻为被冲散冲破。

日月如天，力最大，可冲破、冲散、冲起卦爻，而卦爻不能冲动日月。

通常认为六冲是一对一之冲，如一子可冲一午，或一午可冲一子，而两子不冲一午，两午不冲一子，其实并非如此。二冲一或三冲一之力更大。子午冲，就是水火交战，水众冲火越彻底，火众冲水越激烈，岂有不冲之理？

相冲的双方尖锐对立，互不相让，争战的结果是强者胜，弱者败。

用神被冲损，对所测之事不利；忌神被冲去，则对所测之事有益。

相冲表示事情容易出现快速和剧烈的变化。忌神强旺冲克用神会使当事人猝不及防，造成难以扭转的困难局势甚至迅速走向失败。用神强旺冲去忌神，则能迅速排除障碍，走上坦途，事情容易成功。

例 1：某县邮局职员李女士摇卦求测与男友的恋爱关系发展如何：

丙子　乙未　己未　庚午

兑为泽	**六神**
父母丁未土″世	勾陈
兄弟丁酉金′	朱雀
子孙丁亥水′	青龙
父母丁丑土″应	玄武
妻财丁卯木′	白虎
官鬼丁巳火′	螣蛇

未有实质性婚姻关系的以应爻为对方。应落空亡，他心不实；世处六爻得月日帮扶太过，太过则悔，本人亦有退悔之意。她说："确实如此。不知能不能继续维持？"世应比和，二人关系似乎平静如水，但卦逢六冲，两人已生嫌隙。现应爻被月、日冲动，对方有离去之意，唯世爻安静，目下尚可维持；只防来年应爻临太岁冲世，恐是挥手作别之时。实际于丁丑年夏和平分手。

例 2：张某商店被盗，摇卦求测能否破案，钱物能否追回：

壬申　癸丑　乙巳　己卯

火地晋	**山风蛊**	**六神**
官鬼己巳火′	妻财丙寅木′应	玄武
父母己未土″	子孙丙子水″	白虎
兄弟己酉金○世	父母丙戌土″	螣蛇
妻财乙卯木×	兄弟辛酉金′世	勾陈
官鬼乙巳火×	子孙辛亥水′	朱雀
父母乙未土″应	父母辛丑土″	青龙

四爻兄弟酉金临旺冲克卯木财爻，卯木又动化酉金回克，二酉冲克一卯，卯处休囚必遭克破，此财破定；主卦两重官鬼临日而旺，加之初、五爻未土暗动，妻财乙卯木被克、泄、耗交加，显然盗贼猖獗；子孙亥水虽克官鬼，但处日破之地，乃破案无望之象。故断此案难破，物不能回。实际自事

发后一年多亦未破案。

例 3：贵阳冯女士问父病吉凶：

癸未　乙丑　乙酉　丙戌

坎为水	**坤为地**	**六神**
兄弟戊子水″世	父母癸酉金″世	玄武
官鬼戊戌土○	兄弟癸亥水″	白虎
父母戊申金″	官鬼癸丑土″	螣蛇
妻财戊午火″应	子孙乙卯木″应	勾陈
官鬼戊辰土○	妻财乙巳火″	朱雀
子孙戊寅木″	官鬼乙未土″	青龙

测父病以父母爻为用神。用神为申金，居于四爻。用神入墓月建，衰弱无力。年月时都是土，卦中又有辰、戌土发动，日辰酉金入墓于月建，使酉金无力帮扶用神申金。这样，用神申金就处于重重叠叠的旺土包围之中，这就构成典型的土多埋金。在这种五行状态下，用神申金实际上就处于弱极而假从土的状态。这种状态的金并不受克、泄、耗，唯独怕申金的日辰出现相帮，因为只要用神得到帮扶，它就不从，不从就被众土所埋。

接下去的第一个申日是丙申，由于日干丙火对地支申金有克制作用（因四值、天干有两乙一丙生扶日干丙火），因此，丙申日的申金对用神的扶助作用就不大，用神的力量只是稍稍增加了一点，但还是接近于从土的状态，所以，丙申日虽然有一定的危险，但还不至于凶到极点。

紧接着的第二个申日是戊申日，由于日干不克日支，这个申金就能在当天帮扶用神，这一帮就等于帮了倒忙，用神得到日辰的帮扶则不从，不从就必然招致众土埋金的极凶之灾。因此，患者是难以渡过这一生死关口的。

结果，患者于 2004 年正月初九病故。这一天正是癸未年乙丑月的戊申日。

此卦的辰、戌土双双发动相冲，激起土的旺气，在四值及整个卦中已构成辰戌丑未土方局，为构成土多埋金的卦象格局提供了充分的条件，因而这种相冲是构成本卦忌神群集的重要因素。如果卦中没有这么多的土，就不能构成土多埋金。实际上，这个土多埋金的格局就相当于给患者掘好的坟墓，只要衰弱到极的用神申金得到一点帮扶而一动，就会跌入墓中。

此卦如果不是在丑月所起，而是在申酉月所起，由于金旺土衰，土虽多也不能埋住用神申金。所以，同样的卦，由于四值不同，其推断出来的结论就大不一样。（特别说明，用神有日辰帮扶，一般是很难从的，由于此卦和四值的结构十分特殊，所以用神也成从象。）

例 4：北京马先生求测自己在二〇〇四年能否升迁至某职位：

甲申　戊辰　癸酉　辛酉

坤为地　　　　**六神**

子孙癸酉金″世　白虎

妻财癸亥水″　　螣蛇

兄弟癸丑土″　　勾陈

官鬼乙卯木″应　朱雀

父母乙巳火″　　青龙

兄弟乙未土″　　玄武

测升迁以官鬼爻为用神。根据世爻及竞争者与用神之间的喜忌关系、向背问题及其相互之间的作用程度，就可推断出所需要的信息结论。

世爻为子孙酉金，对用神有克伐的作用，这就意味着世爻是忌神。世爻代表自己，自己怎么会是自己升迁的忌神呢？这到底是什么意思呢？如果我们把它翻译成日常生活语言来表述，大家就容易明白了。它代表的意思就是：自己在工作、言行等方面表现较差，达不到升迁所需要的要求和标准，因而对自己的升迁造成障碍，最终导致自己升迁受阻。

看似起卦的四值全都生助世爻，使得世爻的力量非常强大，实际上，年支申金，日时辰酉金都是世爻的竞争对手。这样就要分析他们之间谁的实力最强和用神官爻乙卯木的向背问题。此卦很明显，年日时辰的力量比世爻强得多，加之用神乙卯木与年柱甲申金天比地合（卯申暗合），用神向年柱申金而背世爻及日时酉金。这样的结果就是：升迁的机会是（年柱）他人，而非自己（世爻）和日时柱酉金。世爻又为金，白虎也临世爻，因而自己的言行难免有些过刚过激，这样就会得罪别人，并且容易犯妄自尊大的错误，给人留下很不好的印象。这对自己的升迁无疑是很不利的。

结果当年确实未能入愿。

此卦就是用神与酉金相冲，与申金暗合而导致用神向别人背自己的典型例子。

例 5：广东某外资公司陈先生求测二○○四年和二○○五年的官运是否会有起色：

甲申　丙寅　己巳　癸酉

兑为泽	**天雷无妄**	**六神**
父母丁未土×世	父母壬戌土′	勾陈
兄弟丁酉金′	兄弟壬申金′	朱雀
子孙丁亥水′	官鬼壬午火′世	青龙
父母丁丑土″应	父母庚辰土″	玄武
妻财丁卯木○	妻财庚寅木″	白虎
官鬼丁巳火′	子孙庚子水′应	螣蛇

用神为初爻官鬼丁巳火。日辰入爻扶助用神，又有卯木发动生用神，因而用神的状态似乎并不差。但如果再仔细分析，就会发现另有缺陷：

其一，卯木发动化寅木为化退（只在寅月暂时不为化退，过了寅月则构成真正的化退）并且又化为岁破，而在乙酉年卯木本身就为岁破，也起不了多大作用，因此这两年卯木对用神的生助就大打折扣了；

其二，用神巳火在甲申年被流年申金合绊，在乙酉年也处衰弱之地，力量再度削弱。

本来用神是生世爻的，是世爻的喜神，但由于上述缺陷，用神的作用就难以发挥，因而它对世爻就起不了多大的作用。即使它有相生的作用，也会是与它相近的应爻得益更多，而世爻与它远隔，当然占不到应爻那种近水楼台先得月的优势。

世爻未土动而化戌土为化退又化空，说明自己的上进心不足，做事不够踏实。父母代表政绩或工作成绩，既然化退化空，就说明自己的政绩或工作成绩会下滑，这样，当然就不可能有晋升的机会了。

应爻代表公司系统内的其他人，世爻与应爻相冲，说明相互之间的关系不好，这也会影响自己的晋升。

所幸的是，世爻未土虽然得不到用神巳火的实质性资生，但也没有被发动的卯木所伤害，因为卯木本身并不具备多大的力量，而且有日辰巳火入初爻通关，所以，虽然发动，却也克损不了世爻。因此，自己的职务也不会受到实质性的不利影响，这样，自己就能勉强维持原状。

后来陈先生反馈说：那两年确实没有什么起色，但也没有大的问题和危机出现。

这个卦六冲变六冲，表明单位内部各种事务头绪纷繁，人际关系复杂，因而在单位工作有如履薄冰之感，由于用神不得力，莫说晋升，只要能保持原来的职务就已经算是不错的了。

例 6：重庆熊先生求测找蒋先生帮忙对自己的事业有无帮助：

乙酉　戊寅　戊寅　庚申

天雷无妄　　　　六神

妻财壬戌土′　　　朱雀

官鬼壬申金′　　　青龙

子孙壬午火′世　　玄武

妻财庚辰土″　　　白虎

兄弟庚寅木″　　　螣蛇

父母庚子水′应　　勾陈

预测这类事情，如果对方与自己没有特殊的关系，在不明确对方的真实意愿的情况下，应该以应爻代表对方。根据应爻与世爻、财爻的关系去分析推断对方的意愿和将会带来的效果。

世爻为子孙，得日月之生，虽没有月日强旺，但力量也不弱，表明自己很有信心去做一番事业。

财爻被日月克，目前在经济方面处于困难局面。兄弟克财，需要子孙通关，而世爻刚好为子孙爻，但世爻力量不如日月强，不足以通兄弟和财爻之关。因此，单凭自己的力量还不足以解决实际问题，为了增强自己的实力，于是才想到要找人帮忙。这就是他找对方帮忙的原因。

那么，对方是否能帮他呢？应爻子水冲克世爻午火。虽然世爻午火有日月生而使子水不能对午火起到实质性的克伐作用，但毕竟应爻与世爻是相冲克的关系，而不是相生助的关系，这就意味着对方不会有帮助自己的意愿。

后来双方只是电话联系过，对方并没有答应帮忙。

此卦的六冲，虽然没有造成什么实质性的伤害，但也不能带来什么好处，由于应爻没有发动，所以，对方最终也不会有什么动静。

此卦如果是在冬季水旺之时所起，应爻又发动的话，则对方反而会帮倒忙，相当于引狼入室。

例 7：湖南姚女士求测与丈夫的婚姻前景：

癸未　癸亥　庚寅　甲申

坤为地　　　　　六神

子孙癸酉金″世　　螣蛇

妻财癸亥水″　　　勾陈

兄弟癸丑土″　　　朱雀

官鬼乙卯木″应　　青龙

父母乙巳火″　　　玄武

兄弟乙未土″　　　白虎

世爻为自己，应爻官鬼卯木为丈夫。世应相冲，又无动爻化解，说明夫妻关系不和谐。

世爻克应爻，自己对丈夫感到不满意，有嫌弃之心。子孙代表享受快乐、浪漫风流、自由无拘；子孙持世，说明自己心中追求子孙爻所代表的这种生活方式和生活内容。那么，自己的丈夫是否能够满足自己的这些欲望呢？应爻为官鬼，说明丈夫是个比较注重原则、面子和传统观念的人，与子孙的含义相反，因此，夫妻的思想观念和生活情趣就不一样。这样，双方在情感生活上就不合拍，于是就会导致自己去外面寻求精神和情感上的补偿以满足自己的欲望。这样，自己就想去搞婚外情。

婚外情并不是光明正大的事，会受到别人的非议，丈夫肯定也会反对，因而会有风险。如果自己没有胆量去冒这个风险，婚外情也就不能成为事实。世爻为子孙，是专门与官鬼作对的；世爻又为金，刚强无畏；世爻又克应爻，不会把丈夫放在眼里。这些因素加在一起，自己便有足够的胆量去与别人发生婚外情；这样，红杏出墙就不可避免。因为应爻不能制约世爻，所以，丈夫虽然心里难受，却也无可奈何，这样，夫妻间就只有在吵闹中过日子了。

由于是六静卦，世应都安静不动，所以，外人从表面上看不出夫妻之间的矛盾冲突，但他们自己却明白彼此是同床异梦。因为应爻为官鬼，所以，丈夫比较注重面子、责任、名誉方面的东西，为了孩子、家庭、面子、名誉，丈夫会忍辱负重，维持名存实亡的夫妻关系，因此，自己想要离婚，也不容易。

后来的实际情况：到现在（2007 年）夫妻也没有离婚。她这几年一直与别的男人保持着婚外情关系，夫妻间经常闹矛盾。

此卦的世爻和应爻都安静不动，但毕竟世应相冲，而且这种相冲起到了忌神的作用，因此，外表看似平静，实则矛盾深藏。如果世应发动，那么，就容易导致离婚。

通过以上实例，我们看到，卦爻六冲既有主凶的，也有主吉的。吉凶必须依据卦中的喜忌力量大小决定，而绝不能单凭六冲的形式就将六冲一律当做凶看。六冲只是卦中的一种五行作用形式，在所有的卦中，它并不能固定地代表是喜，也不能固定地代表是忌，因此，它也就不能固定地代表吉凶。卦爻六冲到底是吉还是凶，只能根据具体的卦按照卦中的喜忌去推断。

第八节　六合卦和六冲卦

合与冲是两个相反的概念。初学六爻预测的人，往往会望文生义，把“合”理解为“吉”，把“冲”理解为“凶”。因此，在断卦时，就会按照这种思维去进行分析推断。见到六冲卦，马上就有一种意识：凶；见到六合卦，则马上又有一种意识：吉。测好事，见到六合卦变为六冲卦，就断先吉后凶；若是六冲卦变为六合卦，则断为先凶后吉。测凶事，见到六合卦变为六合卦，便断自始至终都无法解脱；而看到六冲变六冲则断为坏事会迅速地烟消云散。也就是说，他们完全是以合与冲形式去判定事情的吉与凶，并不注重深入分析卦中的那些复杂多变的五行生克所引起的吉凶转化。

大量的六爻预测实践证明，这种断卦方法虽然简单易学，但是并不可靠。可以说是根本不可取的断卦方法，也是教条和错误的方法。如果那样学下去，一辈子也不能领悟到断卦的真谛，当然也就无法掌握正确的断卦技术。

五行基础比较好的易友都知道，合与冲只不过是五行关系中的两种作用形式而已，它们本身并不是固定地代表“吉”或者“凶”的含义。也就是说，“合”在某些情况下是代表“吉”，而在有些情况下则是代表“凶”；同理，“冲”在某些情况下是代表“凶”，而在某些情况下则是代表“吉”。合与冲所代表的“吉”与“凶”，是辩证的，相对的，而不是固定的、僵化的。合冲的吉凶，必须根据具体的卦和具体所测的事去进行分析判断，绝不能一概而论。因此，只有真正掌握了“合、冲”与“吉、凶”之间的内在的辩证关系，才能把握合、冲的真正含义。

六爻预测对事情吉凶的定性，是以卦中喜用神和忌神的力量大小决定的，而不是以某种生克形式决定的。当喜用神的力量能够克制或者抵挡忌神时，所测之事则吉；反之则凶。这才是判断吉凶的法则。

卦中的冲、合是五行关系中的两种作用形式。这两种作用形式各自具有两方面的含义：一是可以在某种程度上改变被冲、合的卦爻力量；二是代表事物之间或者事物内部的某种特定关系。虽然这两方面的含义最终都与吉凶有关，但到底是吉是凶，则必须以合、冲在卦中的喜忌判定，而不是以合、冲的形式判定。

卦爻之间的合、冲是很常见的现象。六合卦与六冲卦不过是六十四卦中的两类五行结构较为特殊的卦而已。其中六合卦有“天地否、泽水困、火山旅、雷地豫、水泽节、山火贲、地雷复、地天泰”共八个；六冲卦有十个，就是每宫的首卦共八个再加上“天雷无妄”和“雷天大壮”两个。

六合卦和六冲卦共有十八个，在六十四卦中占了四分之一以上的比例。如果错误地以合冲的形式去判定所测之事的吉凶，那么，按照概率计算，你想想：将会有多少卦被误断？如果你是一个职业六爻预测师，这样一辈子将会误断多少个卦？将会给多少人造成误导和损失？因此，我们必须对六合卦和六冲卦有一个正确的认识。

那么，对六合卦和六冲卦的分析推断，怎样才能避免技术性的错误呢？方法很简单——你只要让正确的吉凶法则取代了原来那种错误的合、冲观点，就能避免这种错误的发生。

说得明白一些，就是：在判断所测之事的吉凶时，你必须坚持以吉凶法则为判断标准，根本不必去理会什么合、冲的形式。当然，合、冲的结果，必然会对吉凶有所影响，这种影响究竟是吉是凶，始终都要以合、冲的喜忌去区分，绝不能以合冲的形式去区分。比如以下情况：

1. 如果卦中喜用神因被克合而导致其力量过分衰弱，或者喜用神被合化为忌神，那么，这种合就必然导致凶的结果。

2. 如果卦中的忌神因被克合而导致其力量大大减弱，不再能发挥忌神的作用，或者忌神被合化为喜用神，那么，这种合的结果就必然是吉。

3. 如果卦中喜用神的力量不足，因生合或者合化而使喜用神的力量达到适宜的状态，那么，这种合的结果必然是吉。

4. 如果卦中的喜用神被严重冲损而再也不能发挥喜用神的作用，那么，这种冲的结果必然为凶。

5. 如果卦中忌神被严重冲损而不再能发挥忌神的作用，那么，这种冲的结果必然为吉。

总而言之，无论是合还是冲，只要是对卦中的喜用神有利就为吉，凡是对卦中的忌神有利则为凶。这是判断六合卦和六冲卦的吉凶法则。

你只要始终遵循这个判断法则，原来那种错误的六合、六冲观点就自然而然地被上述正确的观点所取代了。这样，你在推断六合卦和六冲卦时，就不会再出现根本性的错误了。

为了加深大家的印象和理解，下面我们用一些实例加以说明：

例 1：太原饶先生想找广州李先生融资，问能否成功：

甲申　丁丑　丁未　丁未

水天需	**地天泰**	**六神**
妻财戊子水″	子孙癸酉金″应	青龙
兄弟戊戌土○	妻财癸亥水″	玄武
子孙戊申金″世	兄弟癸丑土″	白虎
兄弟甲辰土′	兄弟甲辰土′世	螣蛇
官鬼甲寅木′	官鬼甲寅木′	勾陈
妻财甲子水′应	妻财甲子水′	朱雀

融资属于合作范畴，如果融资成功，那么对方就是合作伙伴，应以兄弟爻代表。但在融资没有成功之前，这种合作伙伴关系还没有形成，双方之间的关系在目前来讲并不明确，因此就不能以兄弟爻代表，只能以应爻代表。这里为什么要用应爻代表对方？这个问题在前面的第五章的第七节“世应的实质意义与作用”中已经讲过，不熟悉的易友可以回过头去重新复习一下。

要使融资成功，自己必须要有足够的实力去掌控金钱，同时还要对方有钱让你掌控。以六爻语言来说，就是世爻的五行力量要足够强，同时卦中的财爻力量也要足够强，并且财爻还不能被兄弟克损，也不能被世爻以外的其他爻合住。这样，世爻才能得到这个财。

我们来看卦中是否具备上面所分析的这些条件：

资金是融资的目标物，是本卦的用神，以财爻代表。兄弟克财爻为忌神。

世爻虽然临太岁，但在丑月处于入墓状态，力量不强，月日时都是土，卦中又有众土包围世爻，因而为土多埋金，这样，世爻的力量就非常衰弱了。也就是说，自己并没有足够的实力去融资。

卦中五爻兄弟忌神发动，是融资的障碍因素，五爻为君爻，代表控制资金的权力部门，它既然克制财爻，那么钱就不易到手。

应爻代表对方，应爻与财爻重合，说明对方目前手里有钱。但临应爻的财爻子水被月日旺克，这个财爻的力量也不强。也就是说，对方手里的钱并不多。财爻被日月克住，日月之力极大，既然被克住，那么，这个钱就被控制起来了，根本无法取出来。这样，融资就失去了目标物。

从以上分析可以看到，到处都是不利因素，有利因素则基本上不存在，因而此事必然化为泡影。

结果融资果然失败。

此例的变卦也是六合卦，但结果也不能令人如愿以偿；相反，结果却事与愿违。这说明，不能把六合卦的形式与吉利混为一谈。

吉凶只能由卦中的喜忌决定。此卦的忌神为兄弟，用神为财爻，由于忌神力量大大超过用神，用神被忌神完全克制住了，因此导致了事与愿违的结果。这种结果是由卦中的喜用神与忌神之间的力量对比决定的，而不是由卦的六合形式决定的。

例 2：云阳曾先生明天要去参加一个相亲会，问能否成功：

戊子　乙丑　辛未　戊戌

雷地豫	**六神**
妻财庚戌土″	螣蛇
官鬼庚申金″	勾陈
子孙庚午火′应	朱雀
兄弟乙卯木″	青龙
子孙乙巳火″	玄武
妻财乙未土″世	白虎

1. 初次见面，以应爻为对方。

2. 世爻为自己，与世爻五行同类的丑未戌土为其他相亲男士。

3. 应爻安静，世爻未土暗动去与应爻合，说明自己对女孩有意。

4. 月建丑土与应爻午火生中有害，日辰未土与应爻午火则相生相合，所以，应爻不会选择丑土，只可能选择未土。

5. 世爻暗动力量不弱，但四值中的月日时三刑，刑旺日支未土，日支未土无疑比卦爻未土的力量强。这样，日辰未土对应爻的吸引力就更大，所以，女孩会看上那位男士而与曾先生无缘。

第二天，曾先生满怀信心去相亲，但自己心仪的女孩认为另一位男士比他优秀，所以最终选择了别人。

此为六合卦，世应相合，应爻又为用神，所以就是用神与世爻相合，似乎对所测之事有利，但这只是很肤浅的认识，此例的结果就是例证。

六合卦，有相合关系的两个爻并非一定就真正会发生相合的作用。如果双方安静不动，就不能相合；如果一方或双方动而相合，但若四值参与相合，则可能会破坏卦爻之合而成就卦爻与四值之合（前提是四值力量大于卦爻）。因此，对六合卦也要全面分析，不能只局限于卦爻之合。

例 3：河南丁先生求测能否升迁：

丙戌　己亥　丁未　丙午

坤为地	**地雷复**	**六神**
子孙癸酉金″世	子孙癸酉金″	青龙
妻财癸亥水″	妻财癸亥水″	玄武
兄弟癸丑土″	兄弟癸丑土″应	白虎
官鬼乙卯木″应	兄弟庚辰土″	螣蛇
父母乙巳火″	官鬼庚寅木″	勾陈
兄弟乙未土×	妻财庚子水′世	朱雀

这是一个六冲卦变为六合卦的例子。

测升迁以官鬼爻为用神，以世爻代表自己。

世爻为子孙酉金，在亥月处休地，又与流年相害，所以自己的竞争实力不强。用神官鬼卯木不但不生助世爻，反而与世爻为相冲的关系，而世爻由于自身衰弱，又不能控制用神，这样，自己所追求的目标可望而不可及。

用神虽在月建处长生之地，但由于旬空而不受生；一旦出空，又会入墓于发动的初爻和日辰未土，因而出空之后也难以发挥作用。也就是说，这个用神官鬼爻给人一种虚无缥缈的感觉。

此卦世爻和用神的状态都很差，因此，要想升迁是不具备条件的。最终的结果只能是可望不可及。

结果确实没有能够升迁，还是待在原来位置上。

此卦六冲变六合，如果按照先冲后合表示先难后易或者先败后成的观点去推断，这件事情就应该成功，但事实上却刚好相反。再次证明，断卦不能以合冲的形式为事情吉凶成败的推断依据，只能根据卦中的喜忌去定论吉凶。

例 4：中学生小李就读于重庆城内某名牌中学，由于成绩不太好，产生自卑感和心理障碍，不爱与人交流，精神状态不好，严重妨碍了他的学习和成长。为了改变他的这种状态，家长想给他换个环境，准备转到渠县外国语学校就读，特地让孩子摇卦求测效果如何：

乙酉　戊子　乙亥　癸未

艮为山　　　　**六神**

官鬼丙寅木′世　玄武

妻财丙子水″　　白虎

兄弟丙戌火″　　螣蛇

子孙丙申金′应　勾陈

父母丙午火″　　朱雀

兄弟丙辰土″　　青龙

世爻代表本人，官鬼持世，表示自己感到有压力。但所幸世爻得日月之生，力量强大，因此，在感到压力的同时也充满了自信心，这样就等于把压力变成了动力。这对于自己的成长无疑是有利的。

应爻代表所去学校的环境氛围因素。应爻为申金，冲克世爻寅木，意味着那个学校的环境氛围会对自己的精神产生冲击。这本来不是什么好事，但由于世爻有水生，水又可以通金木之关，因此，申金的这种冲击反而被水转化为对世爻的生益。也就是说，自己能够接受挑战，同时还能够因这种挑战而使自己受益。

因为接下去马上就是丙戌年，金在该年只有点余气，与乙酉年的力量大不相同，所以，申金对世爻的冲击也并不大。但在丙戌年，水被流年戌土克，水生世爻的力量就会打折扣，因而世爻的力量不大。这样，世爻寅木与应爻申金就处于对抗状态，到了冬季，世爻会占上风，这时就会开始取得进步与收获。

接着就是丁亥年，申金对世爻的冲击就完全消失了，而世爻由于得到流年亥水之生，力量比丙戌年强，所以，自己如果去那个学校，在丁亥年的进步和收获应该是最大的。

实际情况：转学到渠县外国语学校就读，在那里，找到了自信，学习上有进步，解决了与人交往的障碍，人生观也朝着健康的方向发展。

此卦的六冲，反而促成了这位学生的进步。这说明，在此卦中，冲并不是一件坏事。冲克是一种挑战和压力，但一个人的进步往往就是在接受挑战和顶住压力的过程中实现的，从这个意义讲，冲克反而是有益的、必须的。当然，不能让冲克我的对方在力量上胜过我，否则，我就不能承受对方过强的冲击。此卦世爻寅木有水通关，化解申金的冲克，变压力为动力，这是进步与收获的关键所在。如果没有日月之水（尤其是日辰乙亥水，亥是世爻长生之地，日干乙木也是帮世爻的），情况就没有这么好了。

例 5：邯郸李先生的小孩突然离家出走，他急于知道吉凶如何，何时能够回来，于是摇卦求测：

辛巳　辛丑　乙亥　戊子（夜子时）

离为火	**巽为风**	**六神**
兄弟己巳火′世	父母辛卯木′世	玄武
子孙己未土×	兄弟辛巳火′	白虎
妻财己酉金○	子孙辛未土″	螣蛇
官鬼己亥水′应	妻财辛酉金′应	勾陈
子孙己丑土×	官鬼辛亥水′	朱雀
父母己卯木○	子孙辛丑土″	青龙

父测子，以子孙爻为用神。卦中有两个子孙爻，一个是丑土临月建，一个是未土被月建冲。究竟该取哪个子孙爻为用神呢？如果取错用神，分析对象就会搞错，这样，预测结果就必然出现失误。

对于用神两现的情况，取用神时必须要符合卦理和事实，不能凭着个人的感情因素或者意愿去进行选取。就此例而言，一个子孙爻离世爻远，一个子孙爻离世爻近，该取哪一个才正确呢？目前孩子不在家而在外，这是事实。孩子在外面，当然就应该取离世爻远的子孙丑土为用神。如果选取离世爻近的子孙爻为用神，就等于是在测身边的孩子，这显然与事实不相符合。测吉凶，有的人把官鬼当做凶的象征，把子孙动化官鬼理解为孩子大凶或者死亡。其实，这种预测思维是不妥的，因为他们只是从六亲变化的角度去分析问题，并没有从卦爻本身五行力量变化的角度去分析问题，而卦爻本身的力量变化才是事物变化的根本原因，如果舍弃了这个主要因素，就是舍本逐末。因此，在断卦时，我们必须自始至终抓住事物的本质和核心。

测吉凶，如果用神没有受到严重克损，就不会有凶险。用神弱极而从，也会安然无恙。此卦用神丑土临月建，力量强旺，虽然初爻卯木发动相克，但用神临月建，力量比卯木强，因而能够抵挡这种克力。因此，孩子在外的安全是没有问题的，不必担心。

此卦用神丑动化出官鬼代表什么意思呢？官鬼代表原则和压力，这个官鬼临日辰，说明压力不小。什么压力？因为自己离家出走而没有告诉父母，所以感到做得不对，心中不安。

初爻卯木父母发动克用神，父母代表长辈。由于父母卯木的力量不如丑土强旺，对用神的克不会造成伤害；另一方面，父母动化出子孙丑土，说明长辈会为孩子着想。这样，我们就可以把父母卯木对用神的克，理解为长辈对孩子的批评和教育。

综合以上分析，孩子安全无忧，应该是去了某个长辈的家里。用神发动，逢合之时为归期。明日为丙子日，日辰合用神，所以明日会回家。

结果：到外婆、舅舅家玩去了，第二天平安回来。

这个卦六冲变六冲，如果按六冲主凶的观点，则为大凶之卦，但实际上并不是那么一回事，相反，一点凶险也没有。再一次说明，六冲的形式并不能决定事情的吉凶，吉凶的推断必须紧紧围绕用神去分析。

例6：重庆易学界一位知名人士决定筹办一个易学大会，他急于想知道吉凶成败如何，于是起卦预测。因他自己不懂八卦预测，便特地请我帮他看看：

丁亥　癸卯　乙卯　辛巳

离为火　　　**六神**

兄弟己巳火′世　玄武

子孙己未土″　白虎

妻财己酉金′　螣蛇

官鬼己亥水′应　勾陈

子孙己丑土″　朱雀

父母己卯木′　青龙

我给他断了以下几条：

1. 无凶险。（世爻得日月之生而旺相有力，因有旺木通关，亥水不克世爻。）

2. 到会人数比预计人数要少得多。（子孙爻衰弱受日月之克，丑土子孙旬空。）

3. 所收会费比预计的要少得多。（财爻月破虽成从象，但不从世爻。）

4. 会场秩序乱，气氛不和谐，自己指挥不了。（卦逢六冲，不得安静；应爻冲克世爻，虽然应爻克不了世爻，但别人对自己有反感。）

5. 官方既不支持，也不干涉。（官鬼亥水与世爻相克，官方不会出面支持，但同时因有卯木通关而使官鬼克不了世爻，所以官方干涉不了。）

这是综合上述信息而得出的结论。

结果：会议草草收场，没有圆满成功。

例 7：周某求测工作调动：

乙亥　丁亥　戊午　乙卯

艮为山	**山火贲**	**六神**
官鬼丙寅木′世	官鬼丙寅木′	朱雀
妻财丙子水″	妻财丙子水″	青龙
兄弟丙戌土″	兄弟丙戌土″应	玄武

子孙丙申金′应　　妻财己亥水′　　白虎
父母丙午火″　　兄弟己丑土″　　螣蛇
兄弟丙辰土×　　官鬼己卯木′世　勾陈

官爻寅木持世，得五爻子水临月建暗动相生，此事定得他人暗中相助。辰土兄弟虽动喜其化卯木回头克制，于事无碍；卦得六冲变六合，先难后易，调动必成。后果于子月调动。

以上所举的大都是六合不吉、六冲不凶的例子，这也并不是说凡逢六合就不吉、凡逢六冲就不凶。在实际预测中，我们经常会遇到六合、六冲的卦。预测实践证明：六合卦中，既有主吉的，也有主凶的；六冲卦中，既有主凶的，也有主吉的。这就说明六合、六冲本身并不代表吉凶，因此，我们在断卦时，就不能以六合、六冲的形式去作为判断吉凶的依据。还是前面讲过的那段话：

“六爻预测对事情吉凶的定性，是以卦中喜用神和忌神的力量大小决定的，而不是以某种生克形式决定的。当喜用神的力量能够克制或者抵挡忌神时，所测之事则吉，反之则凶。这才是判断吉凶的法则。”

希望大家记住这段话，千万不要被六合、六冲之类的形式上的东西取代了卦中喜忌这个最本质的东西。

第九节　六静卦中的动与变

在六爻卦中，卦爻有动就有变，所测事情的信息和玄机往往都藏在动变之中，于是断卦时要紧紧抓住动爻这个目标，但如果一个卦中没有动爻，似乎就难以看到这种玄机，感到不知该从何处入手进行分析推断。因此，许多人都觉得，有动爻（特别只有一个动爻）的卦比没有动爻的卦要好推断得多，而面对没有动爻的六静卦，则往往有不知所措的感觉。

卦爻的动变往往是一卦的玄机和信息的反映，这种观点确实不错。以这种观点去断卦也是正确的。如果卦爻绝对没有动变，那么，卦象所反映的事物也就不会有运动变化——这是合乎逻辑的推论。

但是，这种推论却与客观事实和哲学原理不相符合，因为事实和哲理告诉我们，事物总是处于运动变化之中的，天下没有静止不变的事物。那么，这种推论到底错在哪里呢？

我们知道，卦象对所测事物变化情况的反映，主要是通过卦爻力量的变化去描述的。只要卦爻力量有变化，所测事物就会有相应的变化。卦爻的力量变化主要由四值决定，四值就是年月日时，它是一个始终运动变化着的变数，而绝不是一个恒定不变的常数。四值的变化必然导致卦爻力量的相应变化。起卦那一瞬间的时间当然是一个定数，但所测之事并不是在起卦的那一瞬间发生和结束的，而是在一个时间段内发生、运动、变化而最终定局的，因此，我们不能仅仅以起卦那一瞬间的四值去衡定卦爻的力量，必须以事物运行时段的四值去衡量卦爻的力量。由于四值是运动变化的，因此，卦爻的力量也必然随之变化。从这个意义上讲，六静卦里虽然没有动爻，但卦爻的力量却是在随着时间的运行而发生变化。既然有这种变化，就没有绝对静止而无力量变化的卦爻存在，因此，六静卦里的静爻，从实质上讲也是动爻，只是这种动的形式不像一般的动爻那样明显罢了。从严格意义上讲，无论什么卦，绝对静止不变的卦爻是不存在的，因为没有任何一个卦爻能够脱离四值对它的影响。

由此可见，“卦爻绝对没有动变”的情况是不可能存在的，因此，前面那种推论的假设条件就不能成立。

“如果卦爻绝对没有动变，那么，卦象所反映事物也就不会有运动变化。”这个推论既然合乎逻辑，那么，如果我们把这个推论颠倒过来，它就与客观事实刚好相符合了。那就是：“由于卦爻总是会有动变的，因此，卦象所反映的事物也就必然会有相应的变化。”也就是说，六静卦也并不是僵死不变的卦象，它也是运动变化的。

明白了这个道理，就应该明白：六静卦与有动爻的卦在推断原理和方法上其实都是一样的。我这样说，也许有的读者还不很明白。我们不妨换种说法：

对有动爻的卦，在推断时往往以动变之爻对用神、忌神力量变化的影响作为分析的重点；对六静卦，我们则可以先找出影响卦中用神、忌神力量变化的“动变” 因素，然后再以这种因素为分析重点，这样，就可以推断出所测之事的结果了。

那么，什么是影响六静卦中卦爻的动变因素呢？答案就是：运行的年月日时，也就是四值。随着时间的变化，卦中用神、忌神的力量必然会跟着变化，如果这种变化对用神更有利，那么，事情的结果就趋向于吉；如果这种变化对忌神更有利，那么，事情的结果就会趋向于凶。这就是分析推断六静卦的卦理和方法。我们还是以实例来加以说明：

例 1：西安赵先生求测投资承包隧道工程能否成功：

丙戌 庚寅 乙亥 丁亥

泽山咸 **六神**

父母丁未土″应 玄武

兄弟丁酉金′ 白虎

子孙丁亥水′ 螣蛇

兄弟丙申金′世 勾陈

官鬼丙午火″ 朱雀

父母丙辰土″ 青龙

此事属于竞标范畴，以世爻与竞争爻之力量大小论胜负。

竞争类的卦，与世爻五行同类者为竞争对象。此卦五爻与世爻五行同类，故为竞争者。

竞争的双方，以各自的综合实力相比拼，强胜弱败。

世爻为申金，既旬空又月破，还与日辰相害，力量很衰弱，这种情况下，太岁戌土就难以将世爻生扶强旺。

五爻酉金虽也旬空但不临月破，也不与日辰相害，这比世爻占了一点优势。

被太岁冲动的初爻辰土与五爻酉金既生又合，此为有情，比辰土与申金有生无合更具优势。

白虎临五爻相帮，勾陈临世爻相生，生力大于助力。这一点，世爻占优势。

午火与世爻紧贴相克，同性相克，克力最大；午火与五爻酉金远隔，加之为异性相克，因此其克力远比申金小。

综上分析，世爻和五爻力量都弱，但相比之下，世爻比五爻更弱。由于卦象的五行结构如此，即使时间往后推移，五爻酉金的优势都要强过世爻申金，因此，赵先生在竞争中肯定不能夺标。

赵先生后来反馈：工程被别人承包了。

此卦虽为六静卦，但其实并非每个爻都一动不动：世爻申金衰弱被月建冲动为月破，初爻辰土被太岁冲动为冲旺。辰土被冲旺就可与酉金生合，申金被冲破就难以受生。可见，这种六静卦也有动变，这些动变都是由起卦年月引起的。因此，对于六静卦，要特别留意使之发生动变的四值因素。

例 2：重庆朱先生求测老婆吉凶：

丙戌　壬辰　丁卯　乙巳

天泽履	**六神**
兄弟壬戌土′	青龙
子孙壬申金′世	玄武
父母壬午火′	白虎
兄弟丁丑土″	螣蛇
官鬼丁卯木′应	勾陈
父母丁巳火′	朱雀

夫妻是一种对应关系，妻财爻不上卦，就以世爻为自己，应爻就代表老婆。

测吉凶，官鬼往往代表凶险或者不吉信息。用神临官鬼，又临勾陈，官鬼与勾陈组合在一起，就是忧虑恐怖的象征。更为严重的是，上爻戌土暗动合走用神，用神卯木又被月建辰土所害，这些信息加在一起，就是很明显的凶兆。如果这种凶兆有化解，就可转凶为吉，否则，将是劫数难逃。

用神卯木不得四值和卦爻之生，反而被太岁、月建和时辰及暗动之爻耗泄，且在辰月又处衰弱之地，仅仅只得日辰卯木相帮，正由于它得日辰之帮况且处在辰月又没有衰弱到极点，因而达不到弱极而从的程度。这样，用神就处于一种衰弱又被克泄耗的状态，这种状态是非常危险的，因为它是一种濒临死亡边沿而又没有救助的状态。

用神在辰月的状态已经非常危险，我们来看接下去时间里，日辰对用神是否能起到解救的作用。如果有，应能有一点转机，如果没有，就只能走入绝境。接下去的日辰为戊辰、己巳、庚午、辛未、壬申、癸酉、甲戌、乙亥，很显然，在乙亥日之前，日辰对用神都是起的负作用。如果能渡过甲戌日，那么，进入乙亥日之后就会有一点转机。现在用神卯木已经非常衰弱，实在不能再经受折腾，己巳、庚午日泄用神之气，使用神更加衰弱，所以，她的危险在进一步加重。辛未日，辰戌丑未四库逢冲，用神入日墓。衰弱的用神遇到日墓，就相当于进入了坟墓，这是死亡的象征。因此，他的老婆很难渡过辛未日这一生死之关。这样，后面的日辰就没有再推断下去的必要了，因为她等不到乙亥日，所以，乙亥日对她也就毫无意义了。

预测完后，我心里感到十分沉重，我担心朱先生难以承受这种信息的打击，所以真不愿意把预测的结论告诉他。但事情既然到了这种地步，不告诉他也不大妥当。当时，我只好对他说：

"你现在来求测，为时太晚，事情到了这一步，已无回天之力，后果十分严重，你要做最坏的打算。应该在 4 月 12 日就能见到事情的结果。虽然你特地找我预测，但对丁这样的卦，我也不会收预测费。此事之后，希望你能振作起来，活着的人毕竟还是应该积极生活才对。"

朱先生知道事情已经无法挽回，只好面对现实，除了对人生的万端感慨，也对我的做法表示了十分的感激。

结果，他的老婆果然于公历 4 月 12 辛未日离开了人世。

此卦为六静卦，动变的决定性因素还是时间，这个时间就是上述几天的日辰。随着时间的运行与变化，卦爻中的用神也在随之跟着发生相应的变化，用神变化至某种转折或者极限，事情便有了最终的结局。

例 3：李先生求测将宣传资料放到公司的网站上效益如何，是否会有其他风险：

辛巳　丁酉　辛丑　乙未

火山旅　　　　六神

兄弟己巳火′　　螣蛇

子孙己未土″　　勾陈

妻财己酉金′应　朱雀

妻财丙申金′　　青龙

兄弟丙午火″　　玄武

子孙丙辰土″世　白虎

宣传资料是文字性的东西，一般以父母爻代表。但事物往往具有多面性，事物的不同用途会有不同的六亲含义。由于这种宣传资料是用于求得经济效益，也就是起求财作用，因此，它符合六亲中妻财的含义。这样，应爻妻财就是此卦的用神，要看财与世爻之关系。

世爻代表公司老板自己。世爻旬空，说明自己心里对此事没有底，这也是求测的原因所在。

子孙代表生财的策略、手段和渠道。如果子孙旬空又衰弱，就不能起到生财的作用。在此卦中，世爻子孙虽然旬空，但得到日辰和时辰及五爻未土暗动的扶助和流年的资生去生财，接下去的壬午、癸未年都对世爻子孙辰土和财爻有生助作用，因此，从长期来看，世爻子孙是有生财能力的，也就是说，这份宣传资料是能够起到生财作用并会带来经济效益的。子孙持世，也说明公司老板自己有生财之道。

世爻代表公司老板自己，应爻则可以看作公司的客户源。因此，外卦应爻酉金财爻就代表客户的钱财。卦中有两个财爻，应该看哪个财爻呢？因为是公司，钱只能从客户的手中获得，因此，应取与居于应爻的财爻酉金为自己的钱财来源。内卦申金财爻则是代表自己目前的钱财。

应爻与世爻生合，而且是世爻生应爻，说明公司也会给客户带去财富。这也正符合公司服务的性质和作用，说明自己的公司有实力为客户提供有益的服务。世爻对应爻的生，是公司对客户提供的服务所起的作用，并不是公司拿钱去帮助客户，服务是有偿的，所以，客户当然也会付出一定的服务费。这样，公司和客户双方都受益。

由于日辰的作用长久，它又能帮扶世爻，所以，世爻就具有长期营利的条件。因为世爻为子孙，代表技术实力，这就意味着公司的技术实力不错，并且在同行业中具有长期的影响力。

综上所述，从经济效益的角度讲，这份宣传资料完全可以放到公司的网站里。

我们再来看宣传资料是否会给公司带来其他负面作用：

这时就应该以父母爻代表宣传资料去进行分析推断。父母爻伏藏在世爻辰土之下，父母为卯木，对世爻有克害作用，我们看是否有化解：卯木衰弱之极，从于卦中火土金；加之辛巳、壬午年有流年之火通关，不能为害；癸未年卯木入岁墓，也不能妨碍世爻；甲申、乙酉年卯木被流年所制，无妨；丙戌流年合住卯木也无妨；进入丁亥年起则小有不利。因此，从丁亥年起就应采取相应措施以避免它带来不利。

从以上分析可以知道，在上述几年内使用这份宣传资料能够达到较好的效果，因此，可以把它放到公司的网站里。

后来几年的时间证明，效果还不错，其他方面都比较平稳，丙戌年年底采取了相应措施，故没有带来什么风险和不利。

六静卦的实例已经举了几个，我们从这些实例中可以看到，六静卦的分析推断并不难，其实它比有动爻的卦更容易分析推断。只要取准用神，确定忌神，然后根据时间运行对用神、忌神以及世爻等相关卦爻的不同作用程度，就可以很简便地推断出所测之事的结论。

第十节　合冲并见

一卦中，爻与爻合，爻与爻冲，日月合爻，日月冲爻，变爻回头冲、合本爻，这些情况，有时是单一的，有时是并存的，即既有合又有冲。比如辰月卯日得“乾”之“巽”卦，世爻戌土与应爻辰土相冲，与日建卯木相合，与变爻卯木相合。合冲并见分“合处逢冲，冲中逢合”两类。

合处逢冲有三种情形：

1. 六合变六冲（即六合卦变六冲卦）。
2. 日月冲卦中相合之爻。
3. 有合之爻变回头冲。

冲中逢合也有三种情形：

1. 六冲变六合。
2. 日月合卦中相冲之爻。
3. 被冲之爻变回头合。

合主聚，冲主散（土相冲除外）；冲中逢合主先散后聚，先失后得，先难后易，先疏后密；合处逢冲则相反。

例 1：刘先生求测：与他人合伙做生意如何：

丙子　甲午　庚子　甲申

雷地豫	**坤为地**	**六神**
妻财庚戌土″	官鬼癸酉金″世	螣蛇
官鬼庚申金″	父母癸亥水″	勾陈
子孙庚午火〇应	妻财癸丑土″	朱雀
兄弟乙卯木″	兄弟乙卯木″应	青龙
子孙乙巳火″	子孙乙巳火″	玄武
妻财乙未土″世	妻财乙未土″	白虎

应爻临月建动来生合世爻，目下合作必当如意；只是应遭太岁及日冲，乃为合处逢冲，先聚后散，防秋后金水临旺，日辰冲散应爻，恐再难携手。实际：午未月合作较为愉快，申月却分账散伙。

例 2：某人欲留职停薪，摇卦求测能办成否：

丁丑　己酉　丙辰　辛卯

坤为地	**泽地萃**	**六神**
子孙癸酉金″世	兄弟丁未土″	青龙

妻财癸亥水× 子孙丁酉金′应 玄武
兄弟癸丑土× 妻财丁亥水′ 白虎
官鬼乙卯木″应 官鬼乙卯木″ 螣蛇
父母乙巳火″ 父母乙巳火″世 勾陈
兄弟乙未土″ 兄弟乙未土″ 朱雀

卦逢六冲，冲则散，此事似乎难成，殊不知世爻得日辰生合，为冲中逢合，先难后易。戌月父母爻巳火入墓，戌土当值而生世爻酉金，故断戌月求谋可遂。后果于戌月办成。

第十一节 三合局

申子辰合水局，寅午戌合火局，亥卯未合木局，巳酉丑合金局。在纳甲预测法中，三合局的构成通常分四种情况：

1. 一卦之中有一爻动而合局，这一爻往往是中神之爻。
2. 一卦中有两爻动而合局。
3. 外卦四爻、上爻同动，与变爻组成三合局。
4. 内卦初爻、三爻同动，与变爻组成三合局。

其实，三合局，无非是力量的聚合形式，除上述四种合局之外，月日建与卦中动爻也可组成三合局，如寅月戌日得“乾”之“小畜”卦，四爻午火动，日月动爻组成寅午戌三合火局，如果午为用神，则加大其力量则增吉，午为忌神，则增凶。

三合局既是由三个地支构成，必使三个支互相配合而无伤方可成局得化，从而发挥作用，如果有一支力量不足，则需待时而用。

一、卦爻三合局的构成形式

卦爻三合局规则：

1. 寅午戌三合火局。

2. 巳酉丑三合金局。

3. 申子辰三合水局。

4. 亥卯未三合木局。

构成卦爻三合局的形式有以下几种：

1. 由主卦的动爻与变出之爻构成。

2. 由起卦时间的地支与卦爻构成。

3. 由未来的时间地支与卦爻构成。

4. 若推断过去某一时段之事，则由该时段内的时间地支与卦爻构成。

另外，起卦时间地支可直接构成三合局生克卦爻，但它不属于卦爻三合局的范畴。

例 1：由主卦的动爻与变出之爻构成三合局：

泽山咸　　**风山渐**

父母丁未土×应　妻财辛卯木′应

兄弟丁酉金′　官鬼辛巳火′

子孙丁亥水○　父母辛未土″

兄弟丙申金′世　兄弟丙申金′世

官鬼丙午火″　官鬼丙午火″

父母丙辰土″　父母丙辰土″

主卦四爻亥水和上爻未土发动与变卦的上爻卯木构成亥卯未三合木局。

例 2：由起卦时间的地支与卦爻构成三合局：

壬午　癸卯　甲申　甲子

坤为地　　**水雷屯**

子孙癸酉金″世　妻财戊子水″

妻财癸亥水×　兄弟戊戌土′应

兄弟癸丑土″　子孙戊申金″

官鬼乙卯木″应　兄弟庚辰土″

父母乙巳火″　官鬼庚寅木″世

兄弟乙未土×　妻财庚子水′

月建卯木与卦中亥水和未土两个动爻构成亥卯未三合木局。

例 3：由未来的时间地支与卦爻构成三合局：

己卯　丙寅　己亥　戊辰

坤为地	**水雷屯**
子孙癸酉金″世	妻财戊子水″
妻财癸亥水×	兄弟戊戌土′应
兄弟癸丑土″	子孙戊申金″
官鬼乙卯木″应	兄弟庚辰土″
父母乙巳火″	官鬼庚寅木″世
兄弟乙未土×	妻财庚子水′

卦中未、亥动，与年支构成三合木局，到了本月的癸卯、乙卯日都构成亥卯未三合木局；在丁卯月，月建也能与两个动爻构成三合木局，若遇卯月的卯日，则三合木局力量大到极点。

例 4：若推断过去某一时段之事，则由该时段内的时间地支与卦爻构成三合局：

己卯　丙寅　己亥　戊辰

坤为地	**水雷屯**
子孙癸酉金″世	妻财戊子水″
妻财癸亥水×	兄弟戊戌土′应
兄弟癸丑土″	子孙戊申金″
官鬼乙卯木″应	兄弟庚辰土″
父母乙巳火″	官鬼庚寅木″世
兄弟乙未土×	妻财庚子水′

若以此卦推断戊寅年的事情，则戊寅年的寅月卯日或者月建乙卯都能与卦中动爻未、亥构成三合木局。

另外，卦中一个爻动也可以和起卦时间或运行时间的两个地支构成三合局。比如时间地支申、子与动爻辰土可以构成申子辰三合水局。其余依此类推，不再赘述。

构成卦爻三合局的形式多种多样，不拘一格。总之，只要局内三支齐全而无冲破，中神有力，就能构成三合局。

二、卦爻三合局的作用

卦爻三合局有合化成功与合而不化之别。合化成功则必应事之吉凶，合而不化，事情尚需待以时日才能有结果。合化为忌神应其凶，合化为用神或原神则应其吉。

三合局合化成功的条件是：三支齐全，中神强盛有力。

如果中神力量不足，则合而不化。合而不化，其作用力小得多，中神过弱时则起不到化神本来应有的作用。这种情况下，所测之事的吉凶要根据具体卦象才能决断。

三合局成化比六合成化的力量更大，因而它的作用力也就更大。这对所测之事的吉凶程度会比六合的吉凶程度更高。三合局成化为忌神，其破坏作用极大，好事易败难成，甚至好事转化为坏事；三合局成化为用神，所测之事左右逢源，心想事成。

为了便于大家深入理解，我们还是结合实例来进行论述：

例 1：（古例）巳月丁酉日，占递呈图谋补缺是否可得：

乾为天	**水天需**	**六神**
父母壬戌土○世	子孙戊子水″	青龙
兄弟壬申金′	父母戊戌土′	玄武
官鬼壬午火○	兄弟戊申金″世	白虎
父母甲辰土′应	父母甲辰土′	螣蛇
妻财甲寅木′	妻财甲寅木′	勾陈
子孙甲子水′	子孙甲子水′应	朱雀

“补缺”即谋求做官之意。以官鬼为用神，以世爻为自己。官鬼和世爻同动，构成午戌半合火局，火为官星，世爻为父母，官生父母，所以这个三合局成化后是生世爻的，一旦三合成化对此事便非常有利。

眼下是巳月，火旺，等到寅日三支齐全，寅生中神午火，使寅午戌三合局成化，此事必成。

后果于寅日成事。

此例是三合成化为用神，用神生世，故心想事成。

例 2：重庆王先生准备搞房地产开发，需要投资几个亿，因心中无把握，便来求测了一卦：

辛巳　丁酉　壬辰　戊申

火天大有	**水天需**	**六神**
官鬼己巳火〇应	子孙戊子水″	白虎
父母己未土×	父母戊戌土′	螣蛇
兄弟己酉金〇	兄弟戊申金″世	勾陈
父母甲辰土′世	父母甲辰土′	朱雀
妻财甲寅木′	妻财甲寅木′	青龙
子孙甲子水′	子孙甲子水′应	玄武

搞房地产开发的目的是为了求财，故以财星为用神，兄弟克财星为忌神。

卦中四爻和上爻发动构成巳酉，因差一个丑字，故为虚一待补之局。这个丑字就本月接下来的时间里就有一个辛丑日，因为目前正值酉月，金旺，所以，到了此日这个三合金局就成化了。三合局成化后兄弟酉金忌神之力达到极点，必然导致破财，投资越多就会破财越多。

王先生对当时的房地产生意看得很热火，所以有些怀疑我的预测结论，于是又测了一卦，结果仍然一样。最终，他还是怀疑这个预测结论，于是回去马上与对方签了合同。

后来他告诉我：合同签后不几天，就得知在签合同前对方就已经将合同上的那块土地作了抵押，所以根本无权动用。这实际上是对方故意设置的一个骗局。在签合同之前对方要求他先交几千万元定金，但我的预测结论还是对他起了一个警示作用，他于是心存戒心，未如数交纳，损失不大。否则，那就真是亏大了！

此卦因为测的是未来的事，所以，未来的时间地支丑土能与卦中动爻构成三合金局并且在当月能够成化。这个丑日不过是几天之后的时间，所以应验很快，几天便得到了证实。这就是三合局成化为忌神所带来的坏作用。

例 3：求测谋职可得否：

甲戌　己巳　丁酉　丙午

乾为天	**水天需**	**六神**
父母壬戌土○世	子孙戊子水″	青龙
兄弟壬申金′	父母戊戌土′	玄武
官鬼壬午火○	兄弟戊申金″世	白虎
父母甲辰土′应	父母甲辰土′	螣蛇
妻财甲寅木′	妻财甲寅木′	勾陈
子孙甲子水′	子孙甲子水′应	朱雀

卦中午戌旺动，寅木静，三合火局中寅木之力暂时不足，待寅日当值，合局成化而生世爻，事必成，果于壬寅日如愿以偿。

例 4：某女士求测去某学校学习前景如何：

庚辰　己丑　甲戌　壬申

风地观	**风火家人**	**六神**
妻财辛卯木′	妻财辛卯木′	玄武
官鬼辛巳火′	官鬼辛巳火′应	白虎
父母辛未土″世	父母辛未土″	螣蛇
妻财乙卯木×	子孙己亥水′	勾陈
官鬼乙巳火″	父母己丑土″世	朱雀
父母乙未土×应	妻财己卯木′	青龙

世爻为自己，应爻父母为欲去的学校为用神。主卦世应比和，说明那个学校开始并不拒绝她，但应爻和三爻发动与变爻构成三合木局克世爻，应爻因三合而变为忌神，所以，后来情况会发生根本性的改变。既然应爻合成忌神局而克世爻，这种变化当然就是十分不利。世爻不弱，忌神木局在当前的丑月并不能成化，所以，学校目前还不会决定拒绝她，但应爻既然合入忌神局，就会对她心存戒心，因而会慎重地考查她。隔不久就是庚寅月，寅木司

令，木当旺，三合木局终于成化，学校就会查出她的问题，所以她最终无法被那个学校接收。

事实上，那个学校查知她是有违法行为者，就断然拒绝她入学。

此例是用神因三合而变为忌神，到了三合局司令当旺所导致的事与愿违。

例5：某某摇卦求测求财何时得：

戊寅　丙辰　丁亥　乙巳

泽地萃	**泽火革**	**六神**
父母丁未土″	父母丁未土″	青龙
兄弟丁酉金′应	兄弟丁酉金′	玄武
子孙丁亥水′	子孙丁亥水′世	白虎
妻财乙卯木×	子孙己亥水′	螣蛇
官鬼乙巳火″世	父母己丑土″	勾陈
父母乙未土×	妻财己卯木′应	朱雀

内卦初、三爻动构成三合局，但未土旬空为虚，必待出空填实之时合局得化，合局为财来生世，求财必得。出空填实是应于月还是应于日？观世爻巳火，被日辰冲破，虽得合局之生，世爻太弱却不受生，巳月世爻由弱变强，本可得财，但巳冲亥又破三合局，午月午未合土，亦破三合局，未月不但填实卦中虚空之未爻，且未月乃季夏，世爻巳火得气而不弱，身财两停，必是得财之时，后来果丁未月发财数万。

三、卦爻三合局的误区

有不少人认为：三合局为原神、用神或生助用神就一定主吉；三合局为忌神则一定主凶。

其实这是一种非常肤浅的看法，并没有抓住卦爻三合局的吉凶实质，从而陷入把三合局的形式与实质混为一谈的误区。

我们来看实例：

例1：卦爻三合局的形与质相背之例

一考生求测能否考上陕西某学院：

庚辰　壬午　庚子　甲申

风水涣	**泽水困**	**六神**
父母辛卯木○	子孙丁未土″	螣蛇
兄弟辛巳火′世	妻财丁酉金′	勾陈
子孙辛未土×	官鬼丁亥水′应	朱雀
兄弟戊午火″	兄弟戊午火″	青龙
子孙戊辰土′应	子孙戊辰土′	玄武
父母戊寅木″	父母戊寅木″世	白虎

我将此卦让几个同行研究，他们的分析推断如下：

四爻未土和上爻卯木发动与变爻构成亥卯未三合木局，木为父母，代表学校；世爻代表考生本人，因世爻为兄弟，于是就构成了父母生世爻的形式。父母生世表示学校愿意录取此考生。所以，此考生定能如愿以偿。

六爻卦理和五行基础扎实的人不难看出，上述分析推断是错误的。因为上述分析推断只是看到了卦爻三合局的形式，却没有把握住此卦三合局的实质，而且刚好把实质性的东西给颠倒了，所以这样推断的结果必然是错误的。

这位考生是在高考前一月求测的。我的预测结论：考不上。为了不影响考生的学习情绪，当时没有将此结论告诉其本人，只是向其家长进行了暗示。我们来看看考不上的卦理：

世爻代表考生本人。世爻旬空，心里对能否考上感到不踏实。虽然四爻和上爻发动与变爻构成亥卯未三合父母局生世，但实际上这个三合局是不能合化的。道理很简单：因为中神本身不旺，考试在癸未月，更是中神的墓地，力量更弱，所以，这个三合局是有形无实，根本不能合化。不但不能合化，反而还使父母爻入墓，这样，父母就不生世爻，所以，学校也就不会录取他，即使此三合局能合化也只能去生三爻临月建的暗动之爻午火了。

此卦的三合局其形式与实质完全是相反的两码事，如果在分析推断的过程中只看到形式而没有看到实质就刚好南辕北辙了。

这就是卦爻三合局形式与实质之间相反时的认识误区之实例。

例 2：有形无实的三合局之例

某女士求测婚姻前景：

辛巳 癸巳 己卯 甲戌

火风鼎	**水泽节**	**六神**
兄弟己巳火○	官鬼戊子水″	勾陈
子孙己未土×应	子孙戊戌土′	朱雀
妻财己酉金○	妻财戊申金″应	青龙
妻财辛酉金○	子孙丁丑土″	玄武
官鬼辛亥水′世	父母丁卯木′	白虎
子孙辛丑土×	兄弟丁巳火′世	螣蛇

测婚姻以世爻为本人，以应爻（配偶宫）为其丈夫，兼看官鬼爻（配偶星）。

卦中除世爻外全都发动，下卦发动构成巳酉丑三合金局，上卦有巳、酉无丑，起卦时间里也无丑，所以上卦不能构成三合金局。下卦的巳酉丑三合金局中的酉金中神衰弱受克，又旬空日破，受伤不浅，所以，酉金就无法起到中神的作用，不能将巳、丑聚集起来合为一体，因而这是个有其形无其实的三合，从实质上讲就不是三合局，只能当一般的动爻组合看。所以，像这种有形无实的三合局是没有三合局的特性和功能的，在实际预测中就不要把它当做三合局去分析和考虑。

像此例，如果只管形式，不看实质，简单地认为下卦三合局为金能够通世应之关，进而断夫妻关系和睦则大错特错。事实上，正是因为三合局不成立，也正是因为酉金旬空日破衰弱无力而不能通世应之关，才使得世应相克的关系无法化解，以致夫妻关系不睦，同床异梦。

由以上两例我们不难看到，三合的形与质是不能完全划等号的，必须根据卦中的具体组合情况加以分析判断。否则，就会被有形无实的三合局搅乱了你的视线而推断出错误的结论。这一点大家应该引起足够的重视。任何事物都要看到其实质，而不能只视其形式。断卦也是一样的道理，必须抓住本质的东西。

第十二节　三会局

地支三会局不仅在四柱命理预测学中有很大作用，而且在八卦纳甲预测法中也有其重要的实用价值。

历来纳甲预测诸书只论三合，不谈三会，这是一种缺陷。我们知道，八卦纳甲预测的理论根据就是五行力量的变化。三合是地支力量的聚合，三会也是地支力量的会聚，两种形式的结果都使合会之局的力量加强。实际上，在同一时令状态下，三会局的力量比三合局的力量更大。三会局引起的吉凶变化并不亚于三合局引起的吉凶变化。所以，大家不可忽视。

三会局与三合局相似，也强调“中神”的核心作用。如寅卯辰三会，卯为三会局之中神，对寅、辰有凝聚作用，为力量的核心和力量的聚合点，寅、辰对卯则有维护、加强的作用。同时，寅卯辰三会木局的成功，辰土本身的力量就大大减弱或根本就发挥不出来。

三会局的构成条件和形式：

1. 月建、日辰与动爻可构成三会局，但中神必须旺于月建或日辰。如寅月卯日或卯月寅日，与动爻辰土可构成三会局，寅月辰日与动爻卯木，卯月辰日与动爻寅木，寅月或寅日与动爻卯、辰，卯月或卯日与动爻寅、辰都可构成三会木局。这种三会木局一般情况下都能成化。辰月辰日与卦中动爻寅卯之三会木局一般在当时不能成化，这是因为中神不在月日，力量不足以引化三会局。卦中动爻组成三会木局，但月日不见中神时，此三会局当时也不能成化。会而不化之局，随着时令的变化，当月、日出现中神时，则可成化。这种情况是指测长远之事的卦而言；测近期之事，等不到时令的这种变化，则无所谓成化。

2. 卦中之爻旺动可组成三会局。

例 1：如摇得“山火贲”变“风泽中孚”卦：

丙子 丙申 乙酉 丁亥

山火贲	风泽中孚
官鬼丙寅木′	官鬼辛卯木′
妻财丙子水×	父母辛巳火′
兄弟丙戌土″应	兄弟辛未土″世
妻财己亥水○	兄弟丁丑土″
兄弟己丑土×	官鬼丁卯木′
官鬼己卯木′世	父母丁巳火′应

卦中亥子丑三爻同动三会水局，因水得日月之生，会局可化。

由于三会局之力特别强大，因此，当会局成化时可以破六合、三合之局。如寅卯辰会可以破卯戌合、辰酉合及申子辰之合；而对寅亥合则起加强作用；若寅午戌合火力量强大，三会木局不致木多火窒，则可助寅午戌三合火局之势，若三合火局中神受损而力量不足，三会木局导致木多火窒，则破寅午戌之合局。破局就是使原局的力量在很大程度上遭到损失，再无力维持原来的合局，所以，五行力量就发生重大变化。

以上谈的是三会木局，其余三会金局、三会水局、三会火局的道理仿此。

例 2：某人摇卦求测侄儿能否回来：

丙子 丙申 戊戌 戊午

地山谦	艮为山	六神
兄弟癸酉金×	妻财丙寅木′世	朱雀
子孙癸亥水″世	子孙丙子水″	青龙
父母癸丑土″	父母丙戌土″	玄武
兄弟丙申金′	兄弟丙申金′应	白虎
官鬼丙午火″应	官鬼丙午火″	螣蛇
父母丙辰土″	父母丙辰土″	勾陈

用神长生于月建又化进神，日辰戌土本克用，但卦中酉金旺动与月日会成金局使日辰不但不克用，反而会金生用，用神为水，旺则流动，丑土克亥合子，止水之流，水遇阻则回头，故断辛丑日回家。后果如所测。

有的书上说，遇艮坤之卦，测出行走不成，测行人不能回，其实并非绝对。通过此卦可见一斑。研习八卦宜明理、变通，不要教条、僵化。

例 3：“中心”决定部分职工明后两天去游武当山，我于当晚亥时测十五、十六日武当山天气情况：

戊寅　丙辰　丁亥　辛亥

巽为风	**风火家人**	**六神**
兄弟辛卯木′世	兄弟辛卯木′	青龙
子孙辛巳火′	子孙辛巳火′应	玄武
妻财辛未土″	妻财辛未土″	白虎
官鬼辛酉金′应	父母己亥水′	螣蛇
父母辛亥水○	妻财己丑土″世	勾陈
妻财辛丑土×	兄弟己卯木′	朱雀

十五日，日辰戊子，与卦中动爻三会亥子丑父母水局成化，父母主雨，故明日必雨。十六日，日辰己丑，土当值，水退位，土得日月帮入卦动而克父母亥水，必雨过天晴。后与预测结果完全一致。

第十三节　用神旺衰强弱与吉凶的判断

用神得月或日之生为得令，临月或临日为当令，二者都为旺；反之，用神不得令、不当令者为失令为衰。用神得月日同时生助者，为极旺；只得其中之一生助，而被另一月或日耗泄者为次旺；月生日克或月克日生者为有气；用神失令又被日月同时冲克者为极衰；被月日之一冲克者，次衰；被月日泄耗但不被冲克者虽衰但受损不重。

用神旺于月日而得卦爻（尤其是三合、三会局）生助，则更旺，力量最强，若被卦爻（尤其是三合、三会局）动克，则力量削弱，所以旺不完全等于强。用神衰于月日而得卦爻（尤其是三合、三会局）生助则力量可由弱变强，故衰不完全等于弱。用神旺衰是指其所得月日之气的多少，强弱是指日月卦爻对用神进行生克制化后，用神所拥有的实际力量。

用神的强弱及其变化趋势是判断吉凶的依据。用神强到一定程度吉事就发生，用神弱到一定程度，凶事就发生。但有一点值得注意，用神过分强旺(但不是专旺)，物极必反，则会导致亢旺之灾。

下面以用神亥、子水为例说明其强弱的判别，不熟练者请自行将卦爻象列出参照：

1. 用神在下述任一种条件下必强：

(1) 临月建和日辰。

如庚子月癸亥日占得“乾为天”卦，用神初爻子水临日、月，强旺有力，即使得“乾为天“变“兑为泽”卦，辰、戌二土爻动也克不住子水。

(2) 得月建和日辰之生。

如壬申月癸酉日占得“乾为天”卦，用神初爻得月日之生，强旺有力，若得“乾为天”变“兑为泽”卦，辰、戌动反而生金，进而生子水，也不克用神。

(3) 月生日克或月克日生，但得卦爻旺动之生助 (尤其是得三合局、三会局之生助)。

如壬申月己未日占得“乾为天”变“火天大有”卦，用神子水得月建之生被日辰所克，力量相匹，但有五爻申金临月建动来生之，实际上就起了通关的作用，所以用神子水强旺。若己未月壬申日占得“乾为天”变“火天大有”卦，道理也基本一样。

上述三种情况中的任意一种，若用神化出之爻临月或日回头生助，用神更强。

2. 用神在下述任意一种条件下必弱 (以用神子水为例)：

(1) 月建日辰都克用神 (即使有动爻生之也不受生)。

如己未月戊戌日占得“乾为天”卦，用神子水被日月重叠相克，衰弱之极，即使变得“火天大有”卦，五爻申金动来生用，因子水太弱无气，也不受生。

(2) 日生月克或日克月生，但被卦中之爻旺动相克，则弱；如果被三合、三会之忌神局克害，更弱。

如己未月癸酉日占得“雷风恒”变“火天大有”卦，卦中丑、戌旺动与月建构成丑未戌三刑，二爻用神亥水虽有日辰酉金之生，毕竟有土众埋金之嫌，金难以生水，且亥水于月日无根，虚浮而不受生，所以衰弱无疑；但若日辰为壬申，申为亥水长生之地，则较酉日之水稍强。

3. 以下情况之一，用神的强弱由卦爻组合决定：

(1) 用神临月建被日辰克或临日辰被月建克，为用神有强根（在月或日）为旺，若得卦爻生助则强；即使被卦爻克，暂时处弱势，但因有强根，难以克尽，所以待以后月日双双生扶用神，化去忌神或忌神退位时，则可由弱变强，届时则为应吉之期。这种用神为待时而用。

如辛亥月戊戌日占得“离为火”变“地火明夷”卦，外卦四爻酉金，上爻巳火动合成巳酉丑金局生三爻用神亥水，用神无疑强旺；但若占得“离为火”变“天泽履”卦，丑未二爻动与日辰构成三刑克用神亥水，且亥水化丑土回头克，用神当令而弱，但正因为当令有强根，克之不尽，待己亥日尤其是庚子日，日月双双当值扶起用神，忌神退位，亥水可由弱转强而有用。若辛亥月丙辰日或己未日占得“离为火”变“天泽履”卦，则至庚申日，金通关，而化忌生用，用神亥水也由弱转强。

(2) 忌神被合成于用神局内，则忌神不但不克用神，反而助之。

如申月辰日占得“雷天大壮”变“雷风恒”卦，初爻用神子水动，与月日合成申子辰用神局，用神子水能自成体系。

(3) 用神被合化于忌神局、仇神局、闲神局内，用神会由强变弱。

如亥月卯日占得“离为火”变“火地晋”卦，用神亥水临月本为强旺，但不宜初爻、三爻动合化成亥卯未三合木局，用神被合住，其旺气又被木闲神局盗泄而由强变弱。

又如亥月未日占得“风火家人”变“风山渐”卦，初爻与月建构成亥卯未三合木局，如果四爻未土为用神，则被合化于忌神木局之内，用神临日辰，仍居弱势。

(4) 用神旬空，即使得月建之生或临月建，又不遭冲克，但旬内毕竟退隐不在位，使不上力，旬内以弱论，出旬填实由弱变强。旬空旺相被日辰冲实之爻旬内即以强论。

以上列举的用神强弱情况是较为常见的，从中可以看到：用神旺相不一定就强，用神不旺（但须有根、有气）不一定就弱，而且强弱还会因月建日辰的运行而引起变化。用神的强弱是由月建日辰及卦爻对用神的生克之合力决定的。所以分析判断用神的强弱及其变化趋势必须做到全面、灵活。本着这个原则，读者对上述未提及的情况就不难作出正确的分析判断了。

第十四节　动变泄天机

事物运动是事物变化的内因，有动则有变。将这个规律运用到六爻预测中就能推导出所测事物的变化信息。

卦爻的动变规律是阴阳互变，就是说阴爻动变为阳爻，阳爻动变为阴爻。

动爻在卦中的作用主要表现在三个方面：一是信息之提示；二是能量之释放；三是改变卦爻结构。

变爻在卦中的作用则主要表现在两个方面：一是代表事物变化的趋向或结果，二是改变卦爻结构。

下面分别论述：

一、动爻的信息提示作用

《通玄赋》曰："易卦不妄成，神爻岂乱发。"一卦既成，卦中之动爻往往代表一种明显的信息。一卦之中，其动爻的数量可能会有一个，也可能会有两个、三个、四个、五个甚至六个。人们习惯上把只有一个动爻的称为"独发"，动爻在三个以上者称为"乱动"。其实，"乱动"的称谓是不妥的。动爻多表示事情头绪纷繁，复杂多变，并不是什么"乱动"。正如《通玄赋》所言："神爻岂乱发"，哪有乱动之理。之所以被称为"乱动"，是因为动爻太多，预测者抓不住重点，理不出头绪，感到非常“杂乱”才感叹其“乱动”的。功夫到家的预测师是不会认为它们在“乱动”的。无论有多少爻动，动必有因，所有动爻都代表着相应的信息。预测师要学会从这些动爻中捕捉信息的本领，要能够抓住最关键的动爻。不然，面对众多的动爻，就好像一团乱麻摆在面前而理不出头绪，抓不住重点，也就无法进行预测。

有些卦中包含着许多信息，但在这些信息中，必然有所主次和轻重。什么样的信息为主为重，什么样的信息为次为轻呢？这要根据求测者所问的具体事情而定。与求测者所问的事情直接关联的信息就为主为重，其余的都为次为轻。根据这个原则，我们就可以确定什么是主要信息了。这样确定后，就在卦中去寻找这种信息。这种主要信息在卦中必然有所显示，我们就要从众多的动爻中去找出能够代表这种信息的动爻。这个动爻就是一卦之纲，抓住了这个纲，就能作出准确的预测。对于那些与主要信息无关紧要的动爻，如果觉得难以分析和把握，可以不去理会；如果六爻造诣不错，能够看出那些动爻代表的信息，当然更好。但无论如何，面对众多的动爻，必须找出最关键的动爻，以此为核心去推断出卦中的主要信息，千万不能让那些无关紧要的动爻代替最关键的动爻而喧宾夺主。

“独发”的卦是比较简单、比较容易操作的卦。其信息往往都比较明显，这个动爻所代表的信息往往就是卦中的主要信息。只要紧紧围绕这个动爻展开分析，就能得出准确的预测结论。

二、动爻是能量之释放

事物处于运动状态时最能显现其能量的大小，相对静止的事物其能量只是处于一种蓄势待发而未发的状态。运动的事物其能量能够得到充分的释放，因而就能够充分发挥自身的作用。有人说，即使衰弱的动爻也比静爻的能量大，其实这种观点并不正确。爻的能量大小取决于自身的旺衰强弱，衰弱的动爻其自身能量并不大，强旺的静爻其自身能量本来就大，不然也就不叫强旺了。静爻能量虽大，但因为它只是处于蓄势待发而未发的状态，不能将能量释放出来，所以并不能发挥多大的作用。衰弱的动爻能量虽小，但因为它处于运动状态，能够将自身的能量释放出来，所以，它能发挥一定的作用。打个比方：一个炸药包的能量很大，但如果没有引爆，它就安安静静地躺在一旁，既没有一点声音，也没有任何实质作用；一个鞭炮的能量比起一个炸药包来说，其能量是非常小的，但如果把鞭炮点燃，它会发出震耳的声音，靠近了它还会炸伤人。可见，静态炸药包能量虽大，但其作用并不如能量很小的动态的鞭炮。强旺的静爻和衰弱的动爻其作用比较就正是这种情况，这就是动爻比静爻作用大的道理所在。

值得注意的是，动爻的作用大小是与其自身能量大小直接相关的。如果动爻过分衰弱，它所释放出的能量就非常小，其作用当然也就非常小了。如果动爻衰弱至极，那么，它就不能发挥实质性的作用，对其他的爻就不能起到生克冲合的作用。比如一个鞭炮，如果里面的炸药只有一粒灰尘那么少，即使点燃也不能发生爆炸。所以，不要以为只要是动爻就一定能发挥作用，能否发挥作用需要视动爻本身的能量大小而定。其自身能量的大小与作用的大小成正比。

静爻能量再大，也难以发挥作用。但静爻的静也是相对的，现在的静并不等于永远都静，一旦被今后的四值引动，它就由静变为动，就能发挥作用。

有阴阳变化的爻固然属于动爻，但没有阴阳变化的爻如果有四值（年月日时）入爻，也应该视为动爻。这种动爻能量是很大的，它的作用比上述那种衰弱的动爻大得多。比如：

癸未　己未　乙未　壬午

风泽中孚	**风天小畜**	**六神**
官鬼辛卯木′	官鬼辛卯木′	玄武
父母辛巳火′	父母辛巳火′	白虎
兄弟辛未土″世	兄弟辛未土″应	螣蛇
兄弟丁丑土×	兄弟甲辰土′	勾陈
官鬼丁卯木′	官鬼甲寅木′	朱雀
父母丁巳火′应	妻财甲子水′世	青龙

月建临世爻，使世爻当权得令，十分强旺，三爻丑土虽然发动，但其力量远不如世爻未土。这时的世爻被月建入爻引动，力量强大，能够起到生克它爻的作用，实质上也与动爻的作用无异，所以我们可以把它当动爻看。

三、改变卦爻结构

动爻能与月日或其他动爻和变爻构成三合、三会、六合、六冲等五行组合，这种组合会使原来的卦爻结构发生改变。卦爻结构的改变会影响卦爻原来的五行力量，从而使卦爻原来的作用大小甚至作用性质也随之而发生改变。比如：

乙亥 己卯 甲寅 己巳

巽为风	泽风大过	六神
兄弟辛卯木○世	妻财丁未土″	玄武
子孙辛巳火′	官鬼丁酉金′	白虎
妻财辛未土×	父母丁亥水′世	螣蛇
官鬼辛酉金′应	官鬼辛酉金′	勾陈
父母辛亥水′	父母辛亥水′	朱雀
妻财辛丑土″	妻财辛丑土″应	青龙

四爻未土和上爻卯木发动与变爻亥水构成三合木局，并且这个三合木局能够合化成功。合化成功后，主卦四爻未土和变卦四爻亥水的力量传输给了卯木，使上爻卯木的力量强旺至极，而四爻未土和亥水的力量则基本消失。这样，四爻的未爻和亥爻就不能起到原来的作用，由于合化成功，它们的性能也随之而改变，其五行作用的大小和性质当然也就随之而改变了。

由动爻引起的三会、六合、六冲也与上述三合一样，当合或冲的力量达到极限时，也会与上述三合的情形相似，其道理是差不多的，读者可自己去领悟，在此就不赘述。下面再讨论变爻的问题。

四、变爻改变卦爻结构

与动爻类似，就不重复讨论。

五、变爻代表事物变化的趋向或结果

事物的运动是事物变化的内因，动爻是事物运动的表现，所以，动爻代表事物变化之因。有动就有变，变化就是事物的趋向或结果，变爻是由动爻变化而来的，所以，变爻就代表事物变化的程度、趋向或结果。

一般人对变爻的上述作用都缺乏认识，断卦时始终只注重主卦的动爻，这是所测之事不能得出正确结论的主要原因之一。从动爻到变爻的过程，是事物发生、发展、变化的过程，要想对所测之事进行全面准确地分析和推断，就必须将动爻与变爻有机地联系起来进行分析推断。

前面对于动爻和变爻的问题我们已经谈了不少，也许大家还会感到不甚明白，为了加深读者理解和掌握运用，下面就上述问题举些实例来供大家琢磨。

例 1：某外资公司姜先生求测能否升为总经理：

丙戌　庚寅　丁卯　戊申

雷天大壮	**火雷噬嗑**	**六神**
兄弟庚戌土×	父母己巳火′	青龙
子孙庚申金″	兄弟己未土″世	玄武
父母庚午火′世	子孙己酉金′	白虎
兄弟甲辰土○	兄弟庚辰土″	螣蛇
官鬼甲寅木○	官鬼庚寅木″应	勾陈
妻财甲子水′应	妻财庚子水′	朱雀

卦中有三个动爻，其中两个兄弟爻一个官鬼爻。这就是所谓的“乱动”。三个动爻以哪个为分析的核心呢？因为所问之事是晋升，是官运的范畴，应该以官鬼为用神，而卦中正好有一个官鬼寅木发动，所以就应该以动爻寅木为用神。发动的用神当然是三个动爻中的分析核心。

目标爻找到了，我们就来分析它能否如愿以偿：用神临月建，强旺有力，并且用神不遭克损，所以，用神的状态是很好的。用神生世爻，表示事情顺利，所以，我们可以断定他晋升是没有问题的。至此，这个问题就算是得出答案了。

卦中还有两个动爻，这两个动爻都为兄弟爻，如果我们进一步去分析，就可以得到晋升以外的信息。兄弟为耗财的因素，既然发动，就必然与晋升这件事有关系。既然有关系，那么就说明他会为晋升之事耗费精力、物力。所以，可以断言，他将会为晋升之事耗费。由于兄弟爻被日月所克，力量不大，所以克财的力量就很有限，这就意味着为此事耗费并不会很多。

后来他在年底由副总经理升为总经理，确实为此事也有所耗费。

可见，卦中的动爻都代表着特定的信息，并不是什么“乱动”，而是昭示了事情进程中的一些插曲。

例 2：邵女士求测投资开办餐饮店能否成功：

甲申　甲戌　乙丑　丙戌

泽山咸	**天山遁**	**六神**
父母丁未土×应	父母壬戌土′	玄武
兄弟丁酉金′	兄弟壬申金′应	白虎
子孙丁亥水′	官鬼壬午火′	螣蛇
兄弟丙申金′世	兄弟丙申金′	勾陈
官鬼丙午火″	官鬼丙午火″世	朱雀
父母丙辰土″	父母丙辰土″	青龙

这是个“独发”的卦。父母发动生世爻，父母代表“信息”，说明求测者得到了有能开餐饮店的场所的信息。兄弟持世，得父母爻旺动而生，表明求测者求财心急。因开餐饮店的目的是为了求财，故父母未土并不是用神，用神应该是妻财。妻财不现，伏在二爻午火官鬼之下，而从于卦中最旺之土入动爻之墓，用神财爻又被太岁申金争合，这就说明用神妻财爻卯木与己无缘。兄弟为克财之物，兄弟持世，说明为此事会有破财之患。这样一来，开餐饮店就没有什么效益，若执意要做，结果只是赔本。

综上所述，此事不能成功。

她听了我的预测，心又不甘，仍然去积极筹划，但最终没能成功，反而还浪费了一些资金，后悔莫及。

此卦一爻独发，父母动为财之墓库，明示此事必成泡影，这就是动爻所代表的信息，代表此事的走向和结果。

例 3：重庆严女士求测年运：

丙戌 庚寅 乙酉 癸未

风火家人	**震为雷**	**六神**
兄弟辛卯木○	妻财庚戌土″世	玄武
子孙辛巳火○应	官鬼庚申金″	白虎
妻财辛未土×	子孙庚午火′	螣蛇
父母己亥水○	妻财庚辰土″应	勾陈
妻财己丑土″世	兄弟庚寅木″	朱雀
兄弟己卯木′	父母庚子水′	青龙

此卦四个动爻，按通常的说法，无疑是属于“乱动”之卦。我们来分析一下到底是否在“乱动”：

财爻持世遭初爻卯木遇日冲为暗动而克，似乎有破财之忧，但兄弟只是在寅卯亥子月力量才比较强，其他月份的兄弟并不可怕，并且兄弟有日辰克制，所以兄爻寅卯木在大部分月份里都难以起到克财的作用，加之卦中有巳火发动泄兄爻之气生财爻，所以，在大部分月份财运还是不错的。

卦中有巳、亥、卯、未四个爻动，亥卯未全动本可构成三合木局，但不宜中神卯木动被太岁入卦合绊，又被日辰酉金冲，巳火泄，这个三合局就被破坏了。如果三合兄弟木局合化成功，就会有破财之忧，所以，三合局被破坏反而是好事。

五爻巳火子孙动化出官鬼，子孙代表孩子，子孙化官鬼与月建构成三刑，又入墓于流年，孩子有死亡之灾。此灾应在何时？戌月墓库之力最大，故此月当为应期；如果此月能幸免，则在亥月亥水最旺之时难逃劫数。

四爻未土妻财动化午火子孙回头生，说明外财不错。

三爻父母亥水动化出辰土墓库临勾陈（勾陈五行属土）回头克，本为不利之象，但所幸亥水在卦中无有力之水相帮，成为从象，从则吉，所以不会对父母有不利之事。

信息反馈：当年 10 月流产。财运和事业尚可，除了正当的工资收入外，还有不少额外收入。

此卦虽然有许多的爻发动，但每个动爻都各自代表着具体的信息，只要理出头绪，就不会感到所谓的“乱动”了。

从以上实例我们不难看到动爻和变爻在卦中的作用性质、作用方式和作用大小。掌握这些规律，对提高六爻预测技术水平是非常重要的。

其实，卦中的动爻和变爻都有其特定的信息含义，无论动爻有多少，都没有“乱动”之说，多动是有原因的，能否提取它们的信息含义，就看六爻造诣如何了。

六、关于独发独静卦的争议

卦爻发动的数量因卦而异，从一个到六个不等。单独一个爻发动的卦，人们通常称之为“独发卦”；五个爻发动，只有一个爻安静的卦，人们称之为“独静卦”。

传统的六爻预测方法主张，对“独静卦”或“独发卦”的分析推断，就以“独静”或“独发”的那个爻作为核心，甚至有的主张只看“独静”或“独发”之爻便可定夺。这种观点经过大量实践检验证明是错误的。

我们知道，用六爻卦测事，需要从卦中选取用神去指代所测的事情。选取用神的依据是卦爻的六亲类别而不是卦爻的动静。“独发卦”，如果用神不是“独发”之爻，而我们却以“独发”之爻为核心，反倒把用神搁在一边，这岂不是喧宾夺主，本末倒置了吗？这样就等于抛开了用神，而抛开用神就等于失去了预测的目标物。目标物都没有了，又凭什么去分析推断呢？

“独静卦”的道理也是一样，就不重复。

因此，无论是“独发卦”还是“独静卦”，在实际预测中，我们必须紧紧围绕用神这个核心展开分析，否则就会出现方向性的错误。

我们还是以实例来证明。

例 1：成都覃女士想抱养一个刚出生的女婴，但又有许多顾虑，比如孩子的健康状况如何、智力如何、是否易养大等等，于是特地求测：

辛卯 壬辰 戊午 戊午

泽天夬	**风地观**	**六神**
兄弟丁未土×	官鬼辛卯木′	朱雀
子孙丁酉金′世	父母辛巳火′	青龙
妻财丁亥水○	兄弟辛未土″世	玄武
兄弟甲辰土○	官鬼乙卯木″	白虎
官鬼甲寅木○应	父母乙巳火″	螣蛇
妻财甲子水○	兄弟乙未土″应	勾陈

1. 五爻子孙酉金为用神。卦中群爻发动，唯用神独静，为“独静”卦。

2. 用神酉金在四值中无根，不受月建之生，临岁破又被日时之火克，弱极而从；卦中无同类相助，乃为真从。但若所从之行相战，亦非吉象。卦中群爻竞发，最终的结果是战局还是和局呢：

卦中亥子水同动、寅木动得太岁之帮、辰未土发动，看似木土交战，殊不知四值中日时午火得太岁之生，失令而不弱，加之日辰主事长久，通木土交战之关。最终，五个爻发动加上四值的结果是能构成水木火土依次相生的和局，用神从之，故为吉兆。

3. 用神临世爻，说明自己很想要这个孩子，同时也说明孩子与自己有缘。

4. 子孙临青龙，孩子会越长越漂亮。

5. 世用同处一爻，母女一体，如同己出，跟自己生的孩子没有什么区别。

根据上述分析，抱养这个女婴会很好。

后记：女孩在覃女士的抚养下，身体很健康，长得也很漂亮，竟然越来越和养父的相貌、神情相似，别人都以为是她夫妻亲生的，全家都特别喜欢这个可爱的孩子。

此卦如果只看独静之爻，就无法得出上述信息，所以，必须全面分析才行。

例 2：摇卦求测这套剧本发行商能否帮忙拿到批准号获得发行：

丙戌 戊戌 庚寅 甲申

水地比	**乾为天**	**六神**
妻财戊子水×应	兄弟壬戌土′世	螣蛇
兄弟戊戌土′	子孙壬申金′	勾陈
子孙戊申金×	父母壬午火′	朱雀
官鬼乙卯木×世	兄弟甲辰土′应	青龙
父母乙巳火×	官鬼甲寅木′	玄武
兄弟乙未土×	妻财甲子水′	白虎

这个卦有五个爻发动，只有一个爻安静，就是人们所称的“独静卦”。

批准号是一种凭证，没有这种凭证，就不允许剧本发行。凭证应以六亲中的父母代表，所以应取二爻巳火父母为用神。用神选定了，我们就来分析卦中其他爻对用神到底有些什么作用？如果用神受到的生助大于克损，那么，事情就容易成功，否则，事情就会泡汤。

日辰寅木入变爻生用神巳火，用神发动化寅木官鬼回头生。日辰寅木官鬼代表掌实权的人物，既然生用神，说明掌权者会同意发放批准号。但寅对巳生中有刑，意味着这个掌权者对此事表示支持的同时又会有一些挑剔，这样，事情就会遇到一些周折。

用神入墓于年、月支戌土，表示批准号目前被控制而不能发放。什么时候才能发放呢？或者是墓库被解除之时，或者是用神被冲出之时。冲巳火的是亥水，用神巳火被冲的同时也会受到克损，这样，就只有等待墓库被解除之时了。流年为用神之墓库，本年内无希望。到了明年，墓库自然被解除，但明年是丁亥年，流年亥水冲克用神，也不顺利。所幸用神处于坤宫，卦宫对流年亥水有所阻挡，再者整个卦中及四值土爻本身都不弱，从而对用神起到了一定的保护作用，加之与用神紧贴的卯木和未土都同时发动而分别对亥水有化解和抵挡的作用，因此用神不会受到大的伤害。世爻卯动化兄弟，表示自己为此事会有所破费。应爻代表帮忙的发行商，应爻动化兄弟，这个发行商也会为此事有所破费。申金动克世爻，代表障碍因素，但申金动化午火回头克，又被日辰所冲，所以这种障碍因素会被排除。

五个爻发动，意味着此事的变数很多，各种有利因素和不利因素在相互较劲，因为用神方面的有利因素占上风，所以此事最终能成。卦中第五爻独静又表示什么意思呢？这种情况往往代表事情之应期。也就是说，此事会在丁亥年的戌月办成。

后来果然于丁亥年的庚戌月获得批准发行。

此卦如果单以独静爻去分析推断，就无法得知用神的情况；但如果抛开独静之爻所代表的意思，就难以推断应期。所以，对这种卦要全面分析，综合推断。

例 3：广东何先生到重庆销售压缩机，问签订销售合同是否顺利：

丙戌 壬辰 庚辰 壬午

天风姤	**天水讼**	**六神**
父母壬戌土′	父母壬戌土′	螣蛇
兄弟壬申金′	兄弟壬申金′	勾陈
官鬼壬午火′应	官鬼壬午火′世	朱雀
兄弟辛酉金○	官鬼戊午火″	青龙
子孙辛亥水′	父母戊辰土′	玄武
父母辛丑土″世	妻财戊寅木″应	白虎

合同以父母爻代表，所以应取世爻父母为用神。应爻代表客户，用神得日月之助，应爻又生世爻，说明对方愿意签订合同。因用神强旺，所以，这份合同内容很不错。

伏在二爻亥水之下的寅木财爻因亥水入墓于月建日辰，这样，财爻寅木就与世爻暗合，为财背他向世（我），也是整个卦中财爻从于世爻，说明合同能带来销售利润。

三爻兄弟酉金发动，又得日月生合，本为竞争因素，但兄弟酉金旬空又动化回头克，所以这个兄弟虽然发动，在出空之前却没有竞争实力。因此，如果在兄弟出空之前与客户洽谈就能成功。

结果当天就与客户达成口头协议，第二天正式签订了合同，销售数量很大，获利可观。

这也是一个“独发卦”，如果抛开用神而单以“独发”的兄弟爻论，很可能会断为无利可图，但事实上并不是那么回事。这说明在断卦时不能抛开用神而单以“独发”之爻论断。

第十五节　本章结语

卦爻动变、冲合，皆有其相应的人事信息含义，而动变、冲合的同时，又影响卦爻的强弱状态。用神与世爻的向背决定事物发展的吉凶成败，而用神本身力量的强弱，又会通过生、克、冲、合、动、静得以体现，所以，分析卦爻的动静、生克、冲合，其目的就是衡量用神的强弱以及用神与世爻之间的向背关系。本章详细介绍了干支冲、合、会、动、静等情况的分析方法，望研习者从大量的实例分析中掌握“用神有力且相向则吉，用神相背无论其强弱则凶，用神相向但无力则逆”的推断方法。

学习本章的目的是为了掌握两个预测实战的核心内容：一是学会卦爻经过生克、冲合、动变等作用形式之后，用神及世爻最终的强弱，从而确定吉凶的性质和程度；二是透过卦爻之间的这些作用形式去挖掘其所代表的人事信息。当然，这并非轻易就能达到的，需要多多实践、领悟和总结，逐渐提高。

本章习题：

1. 本章介绍了动爻入墓，动爻就是动态的五行，它具有足够的活动能力，墓怎么能收敛得住它呢？

2. 变爻除对本位动爻可以回头生克冲合外，还能对其他爻发生作用吗？

3. 动爻如飞龙在天，静爻如潜龙勿用，是否在相同的条件下，动爻总是强于静爻？

4. 本章案例：拉萨张先生求测孩子的尿毒症能否治愈，起得“观”之“剥”卦。问：用神子水在子月处帝旺之地，又得流年之生，力量可谓强旺，虽然被飞神未土所克，但毕竟没有子水的力量强，所以未土并不能克住子水，为什么就不能在流年和月建都生助用神的子月治愈，却在第二年火旺生忌神的午月病故呢？

5. 如果卦中辰土发动与酉金合化成功，这个发动的辰土还能克卦中的水吗？如果是合而不化呢？

6. 六爻卦中的暗合是怎么回事？怎样查？暗合在卦中代表什么信息？

第十章　卦爻特殊信息标志

传统卦书中，有的一见游魂、归魂、伏吟、三刑就视为凶兆，概以凶断。这种断法不需分析卦象五行生克，也不看用神忌神的力量与作用，当然十分简单，所以长期以来被许多人接受并承传下来。但其预测结果是否可靠呢？请看本章的论述与实例。

第一节　游魂卦 归魂卦

每宫第七卦为游魂卦，末卦为归魂卦。

游魂卦：火地晋、雷山小过、天水讼、泽风大过、山雷颐、地火明夷、风泽中孚、水天需。归魂卦：火天大有、雷泽归妹、天火同人、泽雷随、山风蛊、地水师、风山渐、水地比。

在京房易的八宫中，从第二卦至第六卦其世爻的位置逐渐上升，第七卦、末卦之世爻位置又分别下降至四爻、三爻。游魂卦主所占之事迁变无常，归魂卦则主拘泥反复。测归期，游魂多主暂不归，归魂则已起归意；测出行，游魂行千里，归魂不出疆；测谋事，得游魂卦主事难长久，起伏变化大，得归魂卦主旧事难更新，新事难进展，反反复复；测家宅，游魂主多搬迁，归魂主有忧疑。如此等等。以上只是就游魂、归魂卦具有这些特性而言，但结果是吉是凶，是成是败，必须以用神为主进行推断。

例 1：某人欲去南方谋职，不知财运如何：

丙子 辛卯 戊午 庚申

风山渐	六神
官鬼辛卯木′应	朱雀
父母辛巳火′	青龙
兄弟辛未土″	玄武
子孙丙申金′世	白虎
父母丙午火″	螣蛇
兄弟丙辰土″	勾陈

妻财子水虽临当年太岁，然其伏于五爻巳火绝地之下，财运非佳。世爻被月建卯木合（暗合）住、申金休囚遭二爻午火暗动临日辰克制，又卦逢归魂，出行当有反复，故断此行若无他事所阻，则本人必有退却之心。他说："听说到南方谋职很难，我心里始终犹豫不定，但不去心又不甘，故来求测，现吉凶既明，我便决意不去了。"

例 2：贵阳谢女士摇卦求测问新请的保姆做得长久否：

甲午 丙子 庚辰 庚辰

风山渐	地火明夷	六神
官鬼辛卯木○应	子孙癸酉金″	螣蛇
父母辛巳火○	妻财癸亥水″	勾陈
兄弟辛未土″	兄弟癸丑土″世	朱雀
子孙丙申金′世	妻财己亥水′	青龙
父母丙午火″	兄弟己丑土″	玄武
兄弟丙辰土×	官鬼己卯木′应	白虎

保姆刚工作了几天，突然提出辞职。事出必有因，谢女士想摇卦求测看到底是为什么？能否挽留住对方？

1. 应爻辛卯木代表保姆，动化酉金回头克，又遭卦中火土金一片克泄耗，虽得月令子水之生，但生中有刑，假若从则无事，初爻动化出己卯木，应不能从，保姆深感力不从心，故有辞职之念。

2. 世爻临空亡，谢女士对该保姆的能力一直带有怀疑，并不放心。世应卯申暗合，合中有克，本对保姆有挽留之意，但又对其能力不是十分肯定。

3. 卦逢归魂变游魂，主迁变无常、事难长久。既然保姆去意已决，谢女士即使想留也留不住了。

看来，该保姆突然提出辞职，实因自感压力较大，这种情况下即使挽留也留不住，只能随其离去。果然，谢女士提出将其月薪从两千八百元提高到三千两百元，该保姆还是选择了辞职，当天就走了。

例 3：某人求测工作调动：

乙亥　戊寅　己巳　己巳

风泽中孚	**六神**
官鬼辛卯木′	勾陈
父母辛巳火′	朱雀
兄弟辛未土″世	青龙
兄弟丁丑土″	玄武
官鬼丁卯木′	白虎
父母丁巳火′应	螣蛇

卦虽六爻安静，但用神巳火得生助多，强旺有力被太岁相冲为暗动生世，加之卦逢游魂有变动之意，调动必成，且为期不远。后果于巳月调动。

第二节　反　吟

反吟者，相反也，在八卦中指对冲之意，其中又分卦之反吟与爻之反吟。所谓卦之反吟，是指经卦反吟，依八卦方位，凡对冲者即是，如坎与离、震与兑之类。反吟卦是由主卦变化而得，由于上下卦的不同变化，又分内外卦反吟、外卦反吟、内卦反吟三种形式。

内外卦反吟，指主卦的上下卦与变卦的上下卦全都反吟。如“水火既济”变“火水未济”，“乾为天”变“巽为风”之类。

外卦反吟，指变卦的外卦与主卦的外卦反吟。如“天火同人”变“风火家人”，“水山蹇”变“火山旅”之类。

内卦反吟，指变卦的内卦与主卦的内卦反吟。如“巽为风”变“风天小畜”，“雷山小过”变“雷地豫”之类。

反吟卦多主事有反复。由于纳甲预测法侧重于六爻地支生克冲合的作用，所以爻之反吟比卦之反吟用得更多。所谓爻之反吟，是指变卦之变爻与本爻全都相冲。卦反吟与爻反吟是两个不同的概念，卦反吟爻并不反吟，爻反吟卦却不反吟。纳甲占测法所指的反吟主要是爻反吟，这种情况仅限于经卦中坤变巽、巽变坤的范围。如坤纯卦变巽纯卦：

坤为地	**巽为风**
子孙癸酉金×世	官鬼辛卯木′世
妻财癸亥水×	父母辛巳火′
兄弟癸丑土″	兄弟辛未土″
官鬼乙卯木×应	子孙辛酉金′应
父母乙巳火×	妻财辛亥水′
兄弟乙未土″	兄弟辛丑土″

主卦六个爻与变卦六个爻全都化回头之冲，称为内外卦爻皆反吟。还有另外两种情况是内卦爻反吟或外卦爻反吟，如“风地观”变“巽为风”、“风天小畜”变“地天泰”、“风山渐”变“地山谦”、“地风升”变“风雷益”、“地风升”变“风火家人”等等。

反吟主事之反复，吉凶仍以用神推断，若用神不遭冲克破损，虽事有曲折，终能成就；若用神化冲克破损，凡谋不但反复，而且凶多吉少。

例 1：徐某求测流年财运：

丁丑　　壬寅　　丁亥　　戊申

天地否	**泽风大过**	**六神**
父母壬戌土○应	父母丁未土″	青龙
兄弟壬申金′	兄弟丁酉金′	玄武
官鬼壬午火′	子孙丁亥水′世	白虎

妻财乙卯木×世　兄弟辛酉金′　螣蛇
官鬼乙巳火×　子孙辛亥水′　勾陈
父母乙未土″　父母辛丑土″应　朱雀

财爻持世发动得日辰子孙亥水之生，本是财运亨通之象，嫌其化兄弟酉金回头冲克，酉金得太岁生，且上爻戌土发动与变爻未及太岁丑三刑有力合住卯木财爻，一年难免破耗；内卦反吟，亦为反复不安，奔波劳碌之象。

实际：春节后去南方打工，至申月因事返乡，酉月又南下，去后不久，得知母重病，又回家一趟，如此往返奔波，费时耗财不已。

例 2：屈某求测当兵能否如愿：

乙亥　己卯　丙辰　癸巳

泽地萃　泽风大过　六神
父母丁未土″　父母丁未土″　青龙
兄弟丁酉金′应　兄弟丁酉金′　玄武
子孙丁亥水′　子孙丁亥水′世　白虎
妻财乙卯木×　兄弟辛酉金′　螣蛇
官鬼乙巳火×世　子孙辛亥水′　勾陈
父母乙未土″　父母辛丑土″应　朱雀

财官同动相生，似为吉象，然不喜世动化亥水临太岁回头克，妻财卯木动化酉金得日辰之生有力回头克，原神与用神均受伤，又卦逢反吟，反复不安，故当兵难以如愿。后来告知：在当地各项检查均过关，顺利入伍，但到部队复检时被发现有纹身而退回。

第三节　伏　吟

卦变而卦爻地支及六亲不变谓之伏吟。伏吟也分内外伏吟、内卦伏吟、外卦伏吟三种情况。伏吟卦只限于乾震二经卦之互变。

内外卦伏吟，如：

震为雷　　　　**乾为天**

妻财庚戌土×世　妻财壬戌土′世

官鬼庚申金×　　官鬼壬申金′

子孙庚午火′　　子孙壬午火′

妻财庚辰土×应　妻财甲辰土′应

兄弟庚寅木×　　兄弟甲寅木′

父母庚子水′　　父母甲子水′

内外卦都变，而六爻地支五行、六亲不变。

“乾为天”变“震为雷”也为伏吟，另外还有“天雷无妄”与“雷天大壮”的互变，也为内外伏吟。

内卦伏吟，是指内卦乾变震，或震变乾，内卦不是乾、震二卦互变者，无伏吟现象，外卦伏吟的道理一样。比如“风天小畜”变“风雷益”、“火天大有”变“泽雷随”之类都是内卦伏吟；“雷火丰”变“天火同人”、“天地否”变“雷地豫”之类都是外卦伏吟。

伏吟主忧虑呻吟不安之象，内卦伏吟，内不安，外卦伏吟，外不宁，内外伏吟，内外皆不安宁。当然，这仅仅是伏吟卦的一般性质，要推断事的具体情状，还需结合卦中用神与他爻的组合，如有福神、青龙喜神化解，又当别论，至于事之吉凶，则必须根据用神的旺衰生克决定。所以，伏吟可描述人事难安之情状（即心理状况），但并不完全能决定吉凶。卦遇伏吟，即使忧虑不安，但若用神不遭克害，都是令人满意的，可以说忧虑是自寻烦恼；但若伏吟卦中用神被克破，不但忧虑在前，而且结果也会令人伤心。

例 1：某人求测父病：

乙亥　壬午　癸酉　癸亥

火雷噬嗑	**火天大有**	**六神**
子孙己巳火′	子孙己巳火′应	白虎
妻财己未土″世	妻财己未土″	縢蛇
官鬼己酉金′	官鬼己酉金′	勾陈
妻财庚辰土×	妻财甲辰土′世	朱雀

兄弟庚寅木×应　兄弟甲寅木′　青龙

父母庚子水′　父母甲子水′　玄武

用神子水处囚地，内卦伏吟，正是忧虑病痛之象，其临月破，幸得日辰之生，年时之助为有救，病重尚不至死。三爻辰土得月令生旺动来克害用神，午未月忌神乘旺，难免一时病重；等秋后金水临旺扶起用神，病情自会好转。实际：其父患糖尿病、慢性肾炎，午、未月病情较重，立秋后逐渐好转，至亥月出院。

例 2：伍某求测流年运气：

甲戌　丙寅　丙子　辛卯

泽雷随　水天需　六神

妻财丁未土″应　父母戊子水″　青龙

官鬼丁酉金′　妻财戊戌土′　玄武

父母丁亥水○　官鬼戊申金″世　白虎

妻财庚辰土×世　妻财甲辰土′　螣蛇

兄弟庚寅木×　兄弟甲寅木′　勾陈

父母庚子水′　父母甲子水′应　朱雀

世临财爻虽发动，惜遭父兄同动相克，恐一年破耗较多，且春冬两季尤甚。内卦伏吟，忧虑不安之象，办事不免蹇难。后其告知：当年不仅工作、婚姻不顺，且春冬财运极差，家中父母多病，兄弟又与别人纷争，而致官司缠身。一年未得安宁。

第四节　三　刑

寅巳申全，子卯相遇，丑戌未全，辰午酉亥相见，谓之刑。刑者，刑伤之意。刑是克的一种特殊表现形式。

关于三刑的用法，《卜筮正宗》曰：“夫三刑者，用神休囚，有他爻之克，内有兼犯三刑者，主见凶灾。卦中三刑俱全不动，用神不伤损有生扶，从无应验。”

三刑若有化解，则不为凶。所谓化解，是指三刑之支有冲、合而破其刑，或刑用神之爻有克制或贪生、贪合而忘刑。总之，用神有力，刑用之爻无力，则不能刑害用神；用神休囚，刑用之爻旺相，又无化解，则用神被刑而见凶。

例 1：霍某之夫因犯法被捕，求测夫之吉凶：

甲戌　癸酉　戊申　丁巳

水地比	**风地观**	**六神**
妻财戊子水×应	官鬼辛卯木′	朱雀
兄弟戊戌土′	父母辛巳火′	青龙
子孙戊申金″	兄弟辛未土″世	玄武
官鬼乙卯木″世	官鬼乙卯木″	白虎
父母乙巳火″	父母乙巳火″	螣蛇
兄弟乙未土″	兄弟乙未土″应	勾陈

用神卯木逢月破日克，实为大凶；幸六爻原神子水发动相生，又有变爻卯木相助凶中有救，罪不至死；唯用神遭克太过，恐活罪不轻，故断必被重判。后果判刑十五年。由此可见相刑仍以生克为先，此卦若不论子水生卯木，反论子卯相刑之凶，则此人犯必当死罪。何以凶中有救？实为子水生卯木而非刑也。

例 2：某医院职员沈某求测流年财运：

甲戌　丙寅　辛未　癸巳

地风升	**六神**
官鬼癸酉金″	螣蛇
父母癸亥水″	勾陈
妻财癸丑土″世	朱雀
官鬼辛酉金′	青龙
父母辛亥水′	玄武
妻财辛丑土″应	白虎

财爻丑土持世且与太岁、日建构成三刑，似乎不吉。殊不知“丑戌未”乃本气相刑，反被刑旺，是财气丰隆之兆；世应俱临财爻，内外获财之象，故断当年财运必佳。来年反馈：一年进益颇丰，且夏季获意外之财数万。

第五节　本章结语

通过本章的预测实例可以看到，传统理论认为皆为凶象的卦，其实也有吉象的，可见，断卦不能看到“归魂、游魂、伏吟、三刑”之类的标志就以凶论，仍然应该以用神忌神的力量大小及与所测事的向背去推断吉凶。五行生克、用神忌神永远是断卦的依据，不可见到某种“特殊信息标志”就一概而论。

归魂、游魂、伏吟、三刑之类的特殊卦象结构以及卦名、神煞等信息标志，都只是断卦的一种信息提示，有其特定的信息含义，可以作为断卦的参考，但不可作为断卦的结论。

本章习题：

1. 反吟、伏吟、游魂、归魂卦的特性是什么？这四种形式的卦是否具有固定的吉凶性质？能否直接以这几类卦爻的形式断吉凶？

2. 第四节中例 1，霍某之夫因犯法被捕，求测夫之吉凶一卦，世爻卯木被月冲日克，应爻子水得月生日生，这两个爻一旺一衰，为何论生不论刑？怎样理解生与刑的关系？

3. 寅巳申三刑是这三个地支都同时出现才论三刑吗？如果只有寅见巳、申见寅、申见巳，是否算三刑？三刑一旦成立，到底会有什么危害？三刑的结果，到底是哪个地支受损？

第十一章　四柱综合断卦

历代六爻纳甲筮法典籍，大都只用月建和日辰来衡量卦爻旺衰强弱占断吉凶，很少论及流年和时辰在占断中的重要作用，即使偶有涉及，也是阐述不详。那么流年和时辰在占断中到底有何重要作用呢？我在三十多年的研究和实践中发现：如果忽略了流年和时辰对卦爻的作用，就会大大降低占断的准确率。故综合运用年、月、日、时断卦是十分重要的，也是必须的。

第一节　四柱综合断卦的依据和作用

事物的存在，离不开时间和空间两个基本要素。描述事物的存在或运动状态，也离不开时间和空间这两个基本要素。六爻纳甲筮法要描述某个具体事物的存在或运动状态，就必须运用对应的时空要素来作出较为详尽的描述。

具体的时空概念，必须是具体到年、月、日、时和某个特定的环境地点(空间概念在此不作讨论)。年、月、日、时是四个记述时间的单位（或量度)，离开了其中任何一个，都不可能构成精确的时间概念。譬如，一个事物由产生、发展到衰退、灭亡，自始至终都是在一连串连续不断的时间范围内完成。我们要记述一个卦例，或记录一个人的出生时间也必须要运用到具体的时间概念。正像十二个时辰单位才能构成一天，十二个月才能构成一年一样，离开了具体的时间单位，就不可能构成完整精确的时间概念，没有完整精确的时间概念，就难以准确细致地描述事物的运动状态，所以我们在运用四柱命理预测学为他人预测命运时，必须要对方提供精确的出生时间，在运用六爻纳甲筮法预测某一事物时，必须要考虑到流年、月令、日建和时辰对事物的共同影响并运用精确的时间概念来描述事物运动的轨迹。

总之，年、月、日、时四柱综合断卦的作用归结起来有以下三个方面：

1. 年、月、日、时四柱共同影响并决定着卦爻的旺衰强弱，是卦爻五行旺衰强弱的来源和判断依据。年、时两柱在其中有着重要的参考价值，不可偏废。

2. 年、月、日、时四柱共同参与卦爻五行的生克制化、刑冲合害的规则，共同影响着人事的吉凶休咎。

3. 年、月、日、时四柱中储存了较为丰富的信息，是一种提取特定信息的来源和依据。

第二节　忽略年时两柱的疏漏和误差

抛开年柱、时柱，而仅用月建和日辰在占断中造成失误的情形大致可分为三种：一是占而不验；二是误差较大；三是不深入。下面就以上三种情形作逐一例析，读者从中可见一斑。

一、占而不验

占断一个卦就好比解一个未知方程，如果缺乏足够的已知条件和前提条件，就得不出正确的答案。流年和时辰在占筮中，就好比是逻辑学中的充分必要条件一样，必不可缺，否则就可能“占而不验”。请看下例：

一人摇卦求测自己及父亲目前运气如何：

丁丑　丁未　壬戌　辛亥

雷地豫　　　　**六神**

妻财庚戌土″　　白虎

官鬼庚申金″　　　　螣蛇
子孙庚午火′应　　　勾陈
兄弟乙卯木″　　　　朱雀
子孙乙巳火″　　　　青龙
妻财乙未土″世　　　玄武

此是当时在邵伟华易学研究服务中心学习的一位学员的朋友打电话求他占断的卦例。当时这位学员与另一位学员是这样分析的，占自己运气，当取世爻为用；用临年、月、日又卦得六合安静，六合主喜，安静恒美；综观此卦，一派祥瑞。所以认为其人事业腾达，富至豪门。

他们来到家中要求我解析此卦，我一看流年、月建、日辰、时辰组成的四柱中，一片旺土，当令势众，且丑未戌三刑刑起土旺，又得天干两丁火生土，已成亢旺之势。读者可能会问：日干壬水，时柱辛亥皆可耗泄土之旺气，而为何又成亢旺之势？这正是问题的玄机，正是因为此柱中有了金水，而土又不能形成专旺之象，故以亢旺而论其凶（关于八卦中的专旺格以及亢旺与专旺的临界线等学术问题，将在下章讨论）。我根据世爻为用为财，临年、月、日而卦中之爻对其克泄太微，导致世爻太过旺盛，达到了亢旺的程度，当即断其求财因盲目冒进（亢旺）而功亏一篑；目前必是债台高筑，且为此而招致官司（年、月、日与世爻构成三刑）；父母爻旬空伏于世下衰极而受叠叠旺土重克，断其父因儿子之事而受牵连（世为飞神克伏又子未相害）有被囚禁之征。因父空为已不在家，见不到人之象，又伏于坤卦未土忌神之下，土旺水受克之故，幸而父母子水旬空可避克，不致极凶，但死罪可免，活罪难逃。

实际此人向银行贷了一笔巨款去经营房地产，由于房地产市场行情急转直下，房屋卖不出去，资金回不了笼，仅贷款利息便让他吃不消，不但倾尽了自己的老本，而且债台高筑，惹发一大宗经济官司，正在逃避之中，其父也因儿子之事受到连累，而已被拘留。

听了我的占断，两位学员连连称是。其占断失误的原因就是因为忽视了年、时两柱对卦爻的重要影响和作用。要断准此卦，必须要理顺三条思路，首先就是要重视年、时两柱对卦爻的重要影响和作用力，其次是在年、月、日、时四柱综合断卦的前提下，分清旺相与亢旺的区别；三是要分清亢旺与专旺的区别。理顺了这三条思路，方能做到准确预测。

从上例可以清楚地看出，流年和时辰对卦爻的重要影响是不容置疑的。兹再举一例，以见其端倪。

1998 年 12 月 2 日上午，一新加坡富商偕同一女士慕名专程来我中心要我亲自为其预测，预测后其兴致极高，又要求我为其同行女士预测，由于我忙于整理书稿，本不想测，无奈其执意恳求，实在无法推脱，只得应承下来。我观此女士神情黯然，仿佛有不快之事，便想知道个究竟，于是我叫她报三个数字给她看一下。她报出了“7”、“3”、“6”三位数，起得“山火贲”变“地火明夷”卦：

戊寅　癸亥　癸未　戊午

山火贲	**地火明夷**	**六神**
官鬼丙寅木○	子孙癸酉金″	白虎
妻财丙子水″	妻财癸亥水″	螣蛇
兄弟丙戌土″应	兄弟癸丑土″世	勾陈
妻财己亥水′	妻财己亥水′	朱雀
兄弟己丑土″	兄弟己丑土″	青龙
官鬼己卯木′世	官鬼己卯木′应	玄武

一般来说，在求测者没有提供任何求测事项的前提下，占断难度是比较大的。不过在这种情况下，并不是毫无办法，还是有一些基本的占断方法可以遵循的。据我的经验，在一个成卦中有三条基本的信息参照物可以作为预测的突破点：首先要着重考察持世之爻，世为一卦之主，要看是何爻持世，分析持世之爻的信息含义；其次要将动爻作为重点考察，看它动的含义是什么；第三要将伏藏之爻作为重点考察，分析伏神与飞神之间的生克关系和信息象征。有了这三条依据，占断那种“无绪”之卦，就有眉目了。

此卦官鬼卯木持世，官鬼主忧虑、忧愁之事，断她精神状态不佳，心中凝结忧郁之事。此女点头称是：“这一点你说得很对。”

我看卦中子孙、父母都不上卦，子孙爻伏藏在妻财亥水之下，休囚逢空又泄气于飞神，今流年支寅木冲破申金，当主其子今年有大灾。

上爻官鬼寅木动化子孙酉金而逢空，金虽克木，但木坚金缺，且鬼动化子，不吉之象，也主其子今年有大灾。

听了我的预测后，该女当时默不作声，散席后，她才沉痛地低声告诉我，其子在前不久患白血病死亡，她说做梦也没有想到。其子得白血病之因，乃是子孙申金泄气于飞神亥水之故，亥水为血液，故是血上有病。

再看卦中父母不现，亦是玄机所在。父母午火伏藏在二爻兄弟丑土之下，泄气太过，且日辰、时辰午未合化为土，又泄父母午火之气，午火在亥月又处受克之地，当为不利之象，幸得太岁之生，年、月两柱寅亥合木解水火交战之危，从而化水生火为凶中有救，父母午火为阴爻居阴位，说明是母亲有灾或有不吉之事发生。

该女说，其母在11月将腿摔断，至今(1998年公历12月2号)未愈。

以此卦来看，子孙父母之吉凶与太岁之善恶关系甚大。若不详考太岁，则不知子孙之祸福，即知祸福，亦难断子孙丧于何年；且不论太岁，则难预测父母之吉凶。如不参考太岁时辰，此卦父母爻克泄俱全，生扶无力，其势更衰于子孙（子孙且有日辰之生），当以极凶之断，后竟子亡母存。可见欲知吉凶祸福，太岁不可不察。若不详考年、时，此卦又必将是“占而不验”。因此，在占筮中，年、时两柱的作用不可轻视。

二、误差较大

客观地说，在缺乏年、时两柱的情况下，还是能有很大部分卦能够占验。而且在前人的纳甲筮法典籍中，一般都是只用月建、日辰两柱断卦，这种占筮方法能够一直流传下来，沿用至今，足以说明其法在实践中还是有很大的可行性和准确率。因此，一般筮学者在运用纳甲筮法进行占筮的过程中，都不太重视年、时两柱的作用，纯粹只用月、日（甚至不用月建之干）断卦，这种方法严格地说还是有些片面的，势必将造成某些筮例“占而不验”，或误差较大。如果治学者的态度不够严谨，稍有疏失，这些误差是很容易被忽视的，而这些误差，有相当一部分原因正是因为忽视了年、时两柱的重要作用。

在六爻预测中，首先必须要解决的两个基本问题是定性与定量的问题。“定性”就是要找准用神，“定量”就是要准确地衡量卦爻的旺衰强弱，以达到减少误差，准确预测的目的。但如果在卦爻用神旺衰强弱的判断中，摒弃了年、时两柱这两个衡量旺衰的重要尺度，有时会在用神旺衰强弱的“定量”判断上发生较大的偏差，难以达到准确预测的目的。对这个问题的理解，我们可以从下面的筮例分析中加深体会：

某医院职员求测流年财运：

甲戌　丙寅　辛未　己亥

地风升　　　　**六神**

官鬼癸酉金″　　螣蛇

父母癸亥水″　　勾陈

妻财癸丑土″世　　朱雀

官鬼辛酉金′　　青龙

父母辛亥水′　　玄武

妻财辛丑土″应　　白虎

卦中财爻丑土持世，是求财易得之象。若仅用月、日两柱断卦，则丑土虽临日辰，但处月建死地，难以旺论，且卦中子孙不现，金水重重，泄耗俱全，一无生扶，更是不利之象，若因此而断财运欠佳，那就会发生较大的误差。殊不知财爻丑土得太岁、日辰帮扶，当以旺论，丑土与太岁、日辰构成丑戌未三刑，刑起土旺，是财气丰盈之兆，又世应俱临财爻，是内外获财之象，故断当年财运必佳。翌年该人反馈：

一年进益颇丰，且夏季获意外之财数万。

由此可见，年柱对卦爻旺衰生克的影响是举足轻重的。

三、挖掘不深

一个六爻卦，往往是多种信息并存兼容，在预测中要尽可能地提取卦中多种并存的潜在信息，必须要求占测者具备一定的识别和破译信息的能力，其次是完善年、月、日、时四柱综合断卦的理论，不要忽略年、时两柱中暗含的多种潜在信息。

提取卦中信息的方法虽有多种，但完善预测机制却是必须要迈出的第一步，也是最为关键和最为重要的一环。因此，建立以年、月、日、时四柱综合断卦的预测机制，是达到准确预测、充分挖掘潜在信息的前提条件。

为了加深对这个问题的理解，我们可以从下面的实例分析中获得感性与理性上的认知。

农历一九九八年九月二十三日申时，浙江的一位易学爱好者给我打来电话，说他想报名参加我处函授学习班，但又怕上当受骗，学不到实用的技术，不敢贸然作出决定，于是给我出了一道难题想考考我，要我测一测他在辛未年辛丑月甲午日辛未时有何事发生，测准了，他就给我公司多介绍业务，要是测不准，那就不多说，就此拉倒。易学爱好者们上当多了，我能理解他们，所谓“一朝被蛇咬，十年怕井绳”。像这样跃跃欲试但仍心存疑虑的易学爱好者我平时也遇到不少。为了不致使他们失望，在我公司刚刚开业的头几天，我每天都坐在电话机旁，聆听和了解他们对易学界的一些看法和感受，以及对本公司的期望和建议。

于是我要他报一组三位数，他当即报出“7”、“8”、“9”，依数起卦：

戊寅　癸亥　壬戌　戊申

山地剥	**艮为山**	**六神**
妻财丙寅木′	妻财丙寅木′世	白虎
子孙丙子水″世	子孙丙子水″	螣蛇
父母丙戌土″	父母丙戌土″	勾陈
妻财乙卯木×	兄弟丙申金′应	朱雀
官鬼乙巳火″应	官鬼丙午火″	青龙
父母乙未土″	父母丙辰土″	玄武

卦中子孙子水持世，虽处月建旺地，看似得月建亥水帮扶，但不宜四值及卦中两寅合亥、又有亥卯未合，亥背水向木，对世爻子水忘却扶助之情，

日辰戌土引动年、时两柱天干齐透的戊土，对月、日癸、壬两干之水一合一制，壬、癸之水如同虚设，难以为用，世爻子水全赖得时支申金长生之气，在立冬之后虽处旺令，又得动变之爻申金之生，但世爻终是身弱。

依时间逆推，辛未年辛丑月甲午日辛未时，四值叠叠厚土，对世爻团团围克，且螣蛇克世，当是大凶之兆或意外之祸，幸得四柱天干一片辛金透出，生益世爻子水，且与世爻纳干丙火形成丙辛化水之势，子水已无丙火盖头之患，又得动变之爻兄弟申金之生，当是凶中有救之象。故我当即在电话中断此必是凶事，当事人有死里逃生之灾，所幸的是凶中有救。

那位易学爱好者当即在电话中激动地告诉我，那时他出了一次车祸，差点丧命，的确是死里逃生。

事后我再细审卦象，发现在当时特定的时空状态里确实储存了车祸的信息之象，只是当时因在电话中来不及细想，没有深层挖掘这种潜在的信息。

实际上，在“戊寅年癸亥月壬戌日戊申时”和“辛未年辛丑月甲午日辛未时”这两组特定的时空状态中，都有一个非常突出的信息之象，即是金舆星、驿马星叠叠重逢。

金舆星：有车象，以年干戊土查有“未”，辛金查有“亥”，以日干壬水查有“丑”，甲木查有“辰”；

驿马星：主走动，以年、日支查有“申”；

在此例中，辛未年辛丑月甲午日辛未时，金舆星叠叠重逢团团围克世爻，又是丑未相冲，金舆星有车象，故应车祸之灾。申金为驿马星主走动，时支申金与卦中动变之爻申金皆扶助世爻，乃是凶中有救，死里逃生之象。

根据以上的实例分析可知，在占测时若抛开了年、时两柱，则难有车祸之断，也就无法挖掘出这种深层的潜在信息。

第三节　四柱综合断卦的操作方法

在具体运用年、月、日、时四柱进行综合断卦的过程中，要分析年、月、日、时四柱干支通过生克制化刑冲合害后的最终五行力量，并以此为标准来衡量卦中各爻的旺衰强弱，要注意不要把各柱割裂开来而孤立地看待。

运用年、月、日、时四柱进行综合断卦，必须要先弄清两个疑点问题：一是月支被合化后的时令状态如何？二是月支与时令的区别与联系。

在某个四柱中，月支与它支合，存在两种情形，一种是生合，一种是克合。在生合里面又可分为两种情形，即一种是“合来”，一种是“合去”。简单地说，“合来”就是加大了月支五行力量，如月支是寅，与亥支合，寅亥化木后加大了月支寅木的力量，其余辰酉合，午未合与之同理。“合去”就是月支五行的性质和功能发生转变，失去原五行的作用，如月支是亥，被寅合，寅亥化木后，月支亥水的五行性质和功能发生了转变。

这里需要阐述清楚的是月支被合化后的时令状态到底如何。明确地说，月支被合化后，不论生合克合，合来合去，只是月支的五行力量的变化，而时令状态却不会因此而改变和消失。比如说，月支是亥，与它支寅木合化成木后，只是其五行力量的转换，但节气并没有因此而改变，时令状态仍然存在，并且仍然影响着各干支的旺衰度。比如说，戊寅年癸亥月，年月寅亥合木后，但立冬后寒冬依然来临，草枯木凋，鸟徙蛙眠，时令状态却依然如故，仍然影响着万物的生长发育，故月支被“合去”后，四柱中各干支所处的时令状态仍然存在，假若在没有五行生克制化等外力作用的情况下，依然有各自的旺衰。

与此同理，流年、日建、时辰皆不完全等同于年支、日支、时支。流年、月令、日建、时辰是针对于五行的旺相休囚死而言，而年支、月支、日支、时支是针对于五行的生克制化而言。因此，当月支或年、日、时任何一支被合化以后，一个成卦中任何一爻所处的时令状态并没有被改变，但其五行力量却会因年、月、日、时四柱的生克制化的作用而发生极大的变化。

理顺上述占断思路后，兹举一例，与读者共析，以巩固所学，加深认识。

以“戊寅年癸亥月壬戌日戊申时”浙江一易学爱好者为例，分析占筮时在特定时空中的各个五行力量的旺衰强弱：

戊寅　癸亥　壬戌　戊申

木：生于亥月，得长生之气，处相令，柱中寅亥合木，又助木之旺势，柱中木旺且强。

水：在亥月，为当令得时之物，天干壬、癸双透，又得时支申金长生，虽有戊土制水，天干戊土两干克水，但土处衰令，为失时休囚之物，又被申金化泄，通水土之关，故土止水乏力，力不从心，更得地支申戌紧贴拱金，戊土大势已去，难以砥定中流。虽地支寅木合亥泄水有力，但水仍不失为强旺之象。

土：囚于月令，戊土又被年、月寅亥合木而重克，且又被金水泄耗，实乃衰弱之象，虽有年、时两戊透干相帮，但均是自身难保，心有余而力不足之象，故土仍是偏弱。

金：休于月令，虽朋比少但生扶多，仍得中和之象。

火：寅中丙火，戌中丁火，皆死于月令，且藏在支中又不为本气，既不能透出为用，又乏照暖之功，实乃颓废之物，衰极。

分析出年、月、日、时四柱中各个五行力量的旺衰强弱，并以此为标准来衡量卦中各爻的生存状态，则人事之吉凶休咎就可一目了然，洞微索隐了。

例：某男子求测求财风险吉凶：

丁丑　己酉　辛未　戊戌

雷水解	**雷地豫**	**六神**
妻财庚戌土″	妻财庚戌土″	螣蛇
官鬼庚申金″应	官鬼庚申金″	勾陈
子孙庚午火′	子孙庚午火′应	朱雀
子孙戊午火″	兄弟乙卯木″	青龙
妻财戊辰土○世	子孙乙巳火″	玄武
兄弟戊寅木″	妻财乙未土″世	白虎

测风险求财，当看财爻与世爻的关系及旺衰生克，今财爻持世，则只须看世爻即可。

卦中用神妻财辰土泄于月建，虽得日辰帮扶，但若按只看月、日的常规断，仍难以旺论，虽又动化子孙巳火回头生扶，但子孙休囚无气，扶助不力，求财虽吉但利薄，难获厚利。

但实际该男子因做投机生意，赚了一大笔钱，大得暴利。若不以年、月、日、时四柱综合断卦，则在占断中必然会发生极大的反差，从此例可见一斑。

此卦世爻妻财戌辰土虽泄于月建而失令，但得太岁丁丑、日支未土和时柱戊戌帮扶，厚土叠叠，力量倍增，卦中财福重重，必是暴发之兆。且用神妻财辰土纳干为戊，戊土更助其旺势，是进益愈丰之兆，故断该男子求财平安，必得厚利。事后得知果如所断。

其人做投机生意，乃是因财福俱临玄武之故。

第四节　本章结语

年月日时四值是一个整体，去掉任何一部分都不能真实反映某个特定时段五行力量的旺衰状况。强调四柱综合断卦，就是为了更全面地衡量四值的真实力量及其对卦爻的作用大小，最终更精确地判断卦爻的力量强弱程度。命理学判断命局的五行力量强弱，从不会将四柱的年月日时割掉一部分去看，六爻卦判断卦爻的强弱也是一样的道理，希望大家能够真正领悟。

本章习题：

1. 用年月日时四柱综合断卦，年日时柱力量的旺衰强弱是以月建去衡量的吗？在不同的月份里，年日时柱的力量是否一样？

2. 年月日时地支中的余气之根是否可以作为卦爻的根？这种根是强是弱？

3. 卦爻在月日时被克泄耗，但得年生，这样的卦爻有用吗？

第十二章
六爻卦的专旺　亢旺与强旺

关于纳甲筮法中的专旺、亢旺与强旺的学术问题，应该说是属于一个较为基础的问题，但由于历代纳甲筮法典籍理论对此均无明确的论述，不少人因受“用神越旺越好”的观念误导而陷入误区。我在三十多年的预测实践中发现，纳甲筮法中五行的专旺、亢旺与强旺是的确存在的，并且显示出不同的人事吉凶。

第一节　专旺　亢旺　强旺的构成与吉凶

专旺、亢旺与强旺的五行原理其实质不外乎中和原理和物极必反原理。要对专旺、亢旺与强旺的五行原理及概念区别有一个明确的认识，就必须要先对五行的中和原理和物极必反的原理有一个较为深入的认识。

中和原理。即用神“太旺者损之斯成，不及者益之则利”，用爻宜旺相有制，衰而有扶，则象至中和无谋而不遂，德主中庸无往而不善。

物极必反原理。用神过旺或太弱，都是不吉之兆，但如果用神旺到了极点或衰到了极点，则又是吉兆，五行之理，不唯中和，且尚有“旺之极者不可损，衰之极者不可益”之论，这就是“物极必反”的原理所致。

明白了这两个基本原理，对专旺、亢旺与强旺的概念就可以明确地定义。强旺与亢旺之象，就是讲的中和之理。一般而言，用神强旺，不畏刑冲克害，为吉利之兆；用神亢旺，为过旺，就好比是一匹受惊的野马，虽临深渊，仍然奋蹄冒进，就会遭灾。亢旺的某行，如制化乏力，制之反激其怒气。一行过旺，而另几行势不能存，乃五行不和，不能相安之象。亢旺之灾，其原因是因为打破了五行生克平衡的关系，违背了中和之理而引起的。

而专旺之象，实质上就是某五行旺到了极点，上下不争不战，左右拱卫有情，万众一心，众志成城，同声相应，同气相求，有同舟共济之志，无分崩离乱之患，则无坚而不催，无往而不胜，故专旺之象，实为大吉之兆。

第二节　专旺 亢旺 强旺的分界线

明白了专旺、亢旺与强旺的五行原理和吉凶意义后，紧接着还有一个需要解决的关键问题就是如何正确划分三者的界线，也就是说，三者之间均有一个量度的把握问题，有一个临界点存在。在什么情况下是“专旺”，什么情况下是“亢旺”，什么情况下是“强旺”，都是一个“量”的把握问题。量变与质变之间是有着密切联系的，量的变化最终会导致质的变化，这就势必使事物的性质特征和吉凶现象截然不同。

对三者的严格区分，由于五行生克制化规律本身的复杂性，难以确定固定的标准和划分依据。一般来说，用神旺相又得势而克、泄、耗有力是“强旺”；克泄耗无力为“亢旺”；全无克泄耗或克泄耗微弱为“专旺”或近似专旺（称为“假专旺”）。准确把握以上几种概念之间的量与质的差别，是正确断卦的关键所在！这一点，希望读者在实践中认真加以体悟和鉴别，以免走入新的学术误区。

第三节　专旺 亢旺 强旺实例解析

在预测实践中，专旺与亢旺的卦例并不多见，特别是专旺的筮例，更是少之又少，这就使许多预测者对亢旺与专旺的卦例没有认识，即使偶然遇上，也“占而不验”而又不知其所以然，加上诸书中对此均无论述，又受“用神越旺越好”的观点误导，致使这一重要的筮学原理如明珠蒙尘，竟无人问津。

一、专旺实例解析

例 1：某女士求测做茶叶生意如何：

戊寅　丁巳　戊午　壬戌

水泽节	地泽临	六神
兄弟戊子水″	父母癸酉金″	朱雀
官鬼戊戌土○	兄弟癸亥水″应	青龙
父母戊申金″应	官鬼癸丑土″	玄武
官鬼丁丑土″	官鬼丁丑土″	白虎
子孙丁卯木′	子孙丁卯木′世	螣蛇
妻财丁巳火′世	妻财丁巳火′	勾陈

1. 在年、月、日、时四柱中，火当令司权，巳午半会火局，寅午戌三合火局，火势升腾，柱中一片火海，虽有时干壬水逆火之旺势，但得月干丁火透出，合壬而化，更助火之旺势，天干两戊透出，似可化泄火之旺势，但戊为高亢之土，火多土焦，不但不能晦火，反与动爻官鬼戊戌一起与变卦纳干癸水化合，形成三戊合三癸，合而化火，加之动爻变出干支与年柱天合地合皆助火之旺势，故变卦纳干癸水也乏力难以逆火之势，火焰更炽，格成专旺。

2. 世爻妻财丁巳为用神专旺，且卦中子、丑二爻旬空，不能化泄火势，五爻戌土与年、日两支三合火局，变爻亥水处月破死绝之地，不能克世，四爻父母申金又合巳而从火。

纵观此卦，妻财丁巳成专旺之象，上下不争不战，左右不逆不悖，众心所向，当主大吉之兆。

后来此女果然赚了一大笔。

例2：和例1同日同时某男士求测财运如何：

戊寅 丁巳 戊午 壬戌

天山遁	**六神**
父母壬戌土′	朱雀
兄弟壬申金′应	青龙
官鬼壬午火′	玄武
兄弟丙申金′	白虎
官鬼丙午火″世	螣蛇
父母丙辰土″	勾陈

年、月、日、时四柱中火势专旺，四柱格成炎上。妻财甲寅临太岁伏在世爻之下，与世爻和时辰三合火局成化，加之又是财与世爻生合为财来找我之象，乃是吉兆。

再看世爻官鬼丙午，得令秉时，全局党助甚众，似乎有亢旺之嫌，殊不知其气不杂，乃是纯阳之体，其势独盛，格成专旺之象，更应以吉论。

纵观全局，必主求谋称意，财利丰盈。

果然其人财利称心，所谋皆遂。

例3：一人求测能否得到一份珍贵的学习资料：

丁丑 己酉 壬申 辛亥

地水师	**地风升**	**六神**
父母癸酉金″应	父母癸酉金″	白虎
兄弟癸亥水″	兄弟癸亥水″	螣蛇
官鬼癸丑土″	官鬼癸丑土″世	勾陈
妻财戊午火×世	父母辛酉金′	朱雀
官鬼戊辰土′	兄弟辛亥水′	青龙
子孙戊寅木″	官鬼辛丑土″应	玄武

测资料属文书之事，当取父母爻为用神。

今年、月、日、时四柱中，旺金当令秉时，酉金旺于提纲，又得月、日申酉半会金局，年、月丑酉半合金局，且时干辛金透干，金之旺气集结，气势偏盛一方，格成专旺之象。虽有年干丁火透出，似乎破格，但有月干己土泄火生金，又得丁壬遥合，丁火制化得宜，不能为患。时支亥水顺金之气势，亦不能破格，故金之专旺格成。

再看六爻之中，世爻妻财午火发动，逆金之旺势，但所幸妻财午火动而化出父母酉金，正是玄机所在，必是先难后易，可成之象。且世爻妻财午火一无生扶，已从金之旺势，作从印格论。如果此卦初爻寅木不临日破，且有生世爻午火之功，则世爻午火难作从印格论。

待子月子水当令，冲尽午火，必是应事之期，后果于丁丑年壬子月得到这份珍贵的学习资料。

二、亢旺之象实例解析

例如：某先生求测出外办事能成否：

戊寅　戊午　丙午　甲午

雷天大壮	**地天泰**	**六神**
兄弟庚戌土″	子孙癸酉金″应	青龙
子孙庚申金″	妻财癸亥水″	玄武
父母庚午火○世	兄弟癸丑土″	白虎
兄弟甲辰土′	兄弟甲辰土′世	螣蛇
官鬼甲寅木′	官鬼甲寅木′	勾陈
妻财甲子水′应	妻财甲子水′	朱雀

年、月、日、时四柱中烈焰熊熊，一片火海，世爻父母午火似成专旺之象，本当论吉，殊不知世爻午火化兄弟癸丑泄气，丑土晦火之光，且午火纳干为庚，皆逆火之势，难成专旺之格，反成亢旺之象，过刚必折，故此行定非吉兆。

后果然求谋不遂，办事未成。

三、强旺之象实例解析

例如：某先生摇卦求测书号何时办妥，得“风天小畜”之“风水涣”

卦：

戊寅　甲子　乙巳　丁亥

风天小畜	**风水涣**	**六神**
兄弟辛卯木′	兄弟辛卯木′	玄武
子孙辛巳火′	子孙辛巳火′世	白虎
妻财辛未土″应	妻财辛未土″	螣蛇
妻财甲辰土○	子孙戊午火″	勾陈
兄弟甲寅木′	妻财戊辰土′应	朱雀
父母甲子水○世	兄弟戊寅木″	青龙

测书号当取父母子水为用，今父母甲子临月建帝旺之地，又得时辰亥水帮扶，卦中寅卯两爻旬空，纳水之力减弱，泄水乏力，虽有辰爻动来收之，但又得子辰半合，用神子水实乃强旺之象，所幸年、日两地支寅、巳泄耗有力，不致过旺，当主吉象。

欲知事成之期，当以中和之理求之，即“太旺者损之斯成，不及者益之则利。”子水强旺，损之方成，当以逢冲之日断之。后果然于丙午日申时将书号办妥，且意外地顺利。

应申时者，丙午日双体之火，冲激子水过甚，且变爻戊午临日辰生起辰土，威胁子水，用神由强旺转为中和偏弱之象，须待申时水临长生之地，申子辰合成水局，用神子水始得中和之象。故为应事之期。

由此可知，强旺之象，只论中和之理，这是万古不易的道理！

第四节　本章结语

阴阳五行理论告诉我们：阴阳平衡则吉，失衡则凶。五行中和流通或一行专旺则吉，太过不及则凶。这在命理学中就是正格、外格的理论。同理，六爻预测也是如此，所以，“用神愈强旺则愈吉利”之说是不妥的，片面的。当用神处于专旺、强旺的状态时则吉，用神亢旺则必然有灾。这个规则必须掌握，否则，在遇到亢旺类型的卦时，预测结果就必然会南辕北辙。

本章习题：

1. 怎样理解纳甲筮法中专旺、亢旺、强旺的五行原理与吉凶意义？
2. 怎样区分用神的专旺、亢旺与强旺？

第十三章　六爻从格

论及六爻卦中的从格，在古今学术界还是一个很新颖的话题。虽然古今纳甲筮法的典籍及著作可谓汗牛充栋，但对纳甲筮法中的从格现象却无人问津，对这一重要筮法原理的研究在学术领域却还处于一片空白。我在长期的易学研究和实测中，发现六爻卦中也确有不少从格存在，我用大量的实测案例证明了从格理论的正确性和准验度，建立了完善的六爻卦从格理论体系。

第一节　从格的概念

六爻卦中的从格指的是卦爻用神在年、月、日、时四柱中和卦爻组合中弱极不受生的情况下，用神虚弱无依，不能自立，无法与克、泄、耗之物相抗衡，只得依附于克、泄、耗之物。用神一旦呈现出从象，其所代表的人事信息也会表现出某种吉祥之兆。

预测本人吉凶祸福，以世爻为用神，世爻从得愈真愈吉利；预测其他事物，如失物、文书、六亲等吉凶之事，不存在他人竞争参与因素者，用神从得愈真愈吉利；预测财运、官运前景时也是同理。但若有他人竞争、涉及衡量世爻与应爻、世爻同类干支之间的力量强弱对比时，以用神从世爻、或用神所从之六亲有情于世爻、世爻从用神则吉利。这是一个大原则，具体分析的时候应结合实际情况灵活运用。

从格的原理，实质上也遵循着物极必反的五行原理。即“衰之极者不可益”，用神衰极，损之则利，损下以益上，则上下情协；益之则祸，益下以抗上，以弱抗强，则必遭其祸。

故卦爻用神属从象者，其应事之期，也多在克泄制耗之时。处从象的用神若运行生旺之地，求谋蹇难；处死绝之乡，则诸事称心。

第二节　从格的真假与用神层次高低

在命理学中，有一个真从与假从的问题，在纳甲筮法中也不例外，也存在一个用神真从与假从的现象。真从之象，是指用神在年、月、日、时四柱中及卦爻组合中用神完全无依。假从之象，是指用神在年、月、日、时四柱及卦爻组合中，略带根苗，身虽从但其性不定，情不真，意不切，心猿意马。

那么真从与假从之象与用神的层次高低的关系又如何呢？一般来说，用神从得愈真，应事愈吉；应事愈吉，用神的层次就愈高；用神从得愈假，应事其吉愈微，其吉愈微，用神的层次就愈低。这就好比是在人事中，个人的利益要服从集体的利益一样，若处处以大局为重，则必能荣及己身，若事事以自我为重，营一己之私，损全局之利，则终必祸及己身。

值得一提的是，真从与假从并非一成不变的。《滴天髓》云：“真从之象有几人，假从也能发其身。”事实上也如此。在预测实践中，用神达到“真从”这种理想状态的卦例是比较少的，而假从的卦例却是普遍存在。所谓的“真从”，也只能是一种“假从”向“真从”无限接近的近似存在状态。而绝对的“真从”几乎难以成立，即使有，在行运中或五行的流转中也会有所变化。

真从与假从概念的提出，其理论意义实质是为了区分用神、格局层次之高低，人事吉凶之巨细，这一点希望能引起读者的注意。

假从与不从既有区别又有联系。二者的共同点在于都是用神衰弱；但二者同时又有着差别，主要表现在以下几个方面：

1. 用神旺衰强弱与生克关系不同

假从是用神极衰且生扶极弱，用神极衰不受生，生扶极弱不能生，这便是施生与受生之间的矛盾和特点所在。

不从是用神虽衰但仍带根苗，在年、月、日、时四柱的任何一支中通根得地，或得卦爻生扶、比助或化进神。施生者能生，受生者有气，皆是不从之象。

2. 二者的吉凶现象不同

用神假从一般仍主吉象，不论是真从、假从，还是大吉、小吉，都只是吉兆的程度和量的大小不同，而绝不会有质的变化。

用神休衰而不从，一般多主凶兆，谋事蹇难，占吉应凶，占凶更凶。

第三节　卦爻从格与四柱从格

四柱中的从格，在前人的理论中早就有所论述。我在《易学经世真诠1.人生信息学》（上册）中也作了详细论述，并提出了一系列从格的格局现象，如从杀格、从财格、从儿格、从印格等。但是六爻卦中的从格是否就和四柱中的从格一样呢？实践证明，六爻卦中的从格与四柱中的从格各有异同。

二者的共同点在于：它们遵循的五行原理都相同，都是某一五行因过分衰弱，不能自立，无法与克泄耗之物相抗衡，只得依附于强势，以善其身，也就是“衰之极者不可益”之理。

二者之间的差别：四柱中的从格是针对日主而言的。命局中的一切吉凶休咎和信息现象，都是围绕日主的生克关系而展开和表现出来的，因此，日主是命局的轴心；而六爻卦中的从格问题是针对用神主象而言的。爻象中的一切吉凶休咎和信息现象，都是围绕用神或世爻的生克关系而展开和表现出来的，也就是说，用神或世爻是六爻卦的核心，这是其一。

其二，四柱中的从格与六爻卦中的从格所代表的信息之象也是不同的。

四柱中的从格所形成的信息之象是以所从之物的特征而体现出来的。因此有从杀格、从财格、从儿格、从印格之分。一般来说，从杀格多主贵，从财格多主富，从儿格多主福，从印格多主名。日主所从之物的特征皆能成为信息之象。而六爻卦中的从格所形成的信息之象是以卦爻用神的特征而体现出来的。如果父母爻为用神已成从象，那么人事的吉凶及卦爻信息之象皆取决于父母爻，而不是取决于所从之物的五行特征。同理，其他如妻财爻、子孙爻、官鬼爻、兄弟爻皆依此类推。因而六爻卦中的从格没有从杀格、从财格、从儿格、从印格之分别，也没有实践意义。何种六亲从了，何种六亲所代表的信息之象就呈吉象，其信息特征与所从之物的五行特征不甚紧要。

其三，四柱中的从格在行运中一般容易有格局变化，而六爻卦中的从格因无大运的影响，其格局一般显得相对稳定一些，不会有太大的变化。其吉凶态势也相对显得比较稳定（但也会有例外的情况）。

因此，四柱中的从格与六爻卦中的从格的异同是有必要弄清楚的，不能混为一谈。

第四节　从格实例解析

例 1：我求测“预测反馈表”能否找到：

丁丑　癸卯　甲戌　庚午

风雷益	**水雷屯**	**六神**
兄弟辛卯木○应	父母戊子水″	玄武
子孙辛巳火′	妻财戊戌土′应	白虎
妻财辛未土″	官鬼戊申金″	螣蛇
妻财庚辰土″世	妻财庚辰土″	勾陈
兄弟庚寅木″	兄弟庚寅木″世	朱雀
父母庚子水′	父母庚子水′	青龙

测文书之事，当取初爻父母子水为用神，今子水休于月建，且年、月、

日、时四柱中克、泄、耗俱全，用神衰极，看似得月干癸水、变爻子水、纳干庚金生扶，但庚、癸虚极，变爻子水被太岁丑土克合，尚不能自保，如形同虚设，有生扶之意，无生扶之力，且卦中泄耗俱全，一无帮扶，用神子水虚极无依势成从象，当以吉断，故断此表可以找回。

果于下午上班时（辛未时）在办公桌柜底将表找到。

例 2：我自测参加中国首届周易应用学术研讨会的影响如何：

丙子　己亥　癸丑　壬戌

雷火丰	**离为火**	**六神**
官鬼庚戌土×	妻财己巳火′世	白虎
父母庚申金″世	官鬼己未土″	螣蛇
妻财庚午火′	父母己酉金′	勾陈
兄弟己亥水′	兄弟己亥水′应	朱雀
官鬼己丑土″应	官鬼己丑土″	青龙
子孙己卯木′	子孙己卯木′	玄武

未知先卜，当首以世爻为主体，动爻为契机，有病之爻为重点考察对象。

此卦父母爻持世，当主文书、学业、名誉之事。符合测意，信息准确。今父母申金休于月令，且年、月、日三柱三会水局，泄泻父母之气，父母休衰无疑。幸有时支戌土、月干己土、年干丙火砥定中流，不致泛滥之势。且卦中有官鬼庚戌动来生世，世爻又得螣蛇之生，乃是绝处逢生之象，更得世爻纳干为庚，庚申双体之金，能纳土气，加之丑、戌之土皆藏金，不致土多埋金，当主吉象，故断此行必有文上之喜。且官来生世，必遇贵人荐举。

再重点考察卦中有病之爻。妻财午火处月令绝地，年、月、日、时四柱中一片克泄，仅有岁干丙火相帮而又被截脚无气，加之亥子丑三会水局克制，时支戌土、动爻戌土收之，早已灰飞烟灭，且一卦六爻之中，克泄耗俱全，虽有子孙卯木但又旬空安静，有名无实，卦中一无生扶，更得午火纳干为庚，又勾陈泄气，几近“真从”之象，当主财上大有进益，名利双收。

更妙应爻官鬼丑土生世，又为世爻之库地，有被贵人挽留留用之象，预计此行将会被邵氏中心留用。

结果事实果如所测，在两会期间，一举成名，有几十名学员主动找我预测，10 天内共进财不少。会议期间又为各界名流预测，得到了各界人士的肯定和称赞。会后确实被邵氏中心留用。

例 3：北京何女士戒指丢失，问能否找到：

辛卯　庚子　甲寅　庚午

火泽睽	**雷泽归妹**	**六神**
父母己巳火○	兄弟庚戌土″应	玄武
兄弟己未土″	子孙庚申金″	白虎
子孙己酉金′世	父母庚午火′	螣蛇
兄弟丁丑土″	兄弟丁丑土″世	勾陈
官鬼丁卯木′	官鬼丁卯木′	朱雀
父母丁巳火′应	父母丁巳火′	青龙

1. 戒指本身比较贵，但对于不同的人来说，戒指在各自心中的定位不一样。比如婚戒，它是见证夫妻爱情的信物，其象征意义的价值远远大于戒指本身的钱财价值。一旦丢失，那是用钱无法弥补的。这种戒指在失物卦中就要以父母为用神。如果是一般戒指，或者物主认为是可以随便替换的戒指，那么，其价值主要体现为金钱意义上的价值，在失物卦中则应以财爻为用神。

2. 何女士本是一位贵夫人，不缺钱，但她说戒指价值两万多元，说明主要还是在乎戒指的经济价值，故应以财爻为用神来代表丢失的戒指。

3. 卦中财爻子水不现，伏在五爻未土之下。财爻子水用神临月建旺，说明戒指价值不低。用神伏藏，正符合戒指丢失不见的事实。

4. 失物能否被发现并找回，一要看飞神未土能否压制住用神子水，二要看财爻和世爻的向背关系。

5. 用神子水临月建，力量强旺，而飞神未土失令本就不旺，又被年日克，力量很弱，所以是压制不住伏神子水的，这样，戒指必然会现身。

6. 世爻酉金在年月日时皆不得任何生助，也无动爻生助，弱极而从。从什么？水木最强，故从水木。水为财星，世爻从财，物必不失。至此，可以确定戒指能找回。

那么，去哪里找呢？

7. 财居五爻位置较高，可能会遗忘在较高的地方；财爻伏在离经卦的中间之爻下，离为中空之象，象征抽屉；财爻与世爻处同一经卦，所以戒指应在自己的家中。于是我叫她在自家洗澡放衣服处和床头柜找找看，结果她很快就在床头柜里找到了。她说之前也在床头柜里找过几遍，可怎么也没看见。

此卦世爻弱极而从，反主吉顺，从财而不失财，也是失物能够找到的重要原因之一。

例 4：某人求测申请内部刊号能否获批准：

戊寅　壬戌　辛卯　丁酉

震为雷	**火雷噬嗑**	**六神**
妻财庚戌土×世	子孙己巳火′	螣蛇
官鬼庚申金″	妻财己未土″世	勾陈
子孙庚午火′	官鬼己酉金′	朱雀
妻财庚辰土″应	妻财庚辰土″	青龙
兄弟庚寅木″	兄弟庚寅木″应	玄武
父母庚子水′	父母庚子水′	白虎

占刊号以父母爻为用神。

父母子水月克日泄，失时衰败，且年、月、日、时四柱中一片克泄，克泄太甚，又得妻财戌土持世动来克之，无疑是雪上加霜，休衰已极。父母子水看似得时支酉金、纳干庚金生扶，但子水虚极，不纳金气，酉金又被丁火盖头克之，其力有减，难任大用。虽另有月干壬水扶身，但壬水坐下截脚，势孤力单，尚且不能自保，何具扶身之力？故父母子水无所依倚，只得顺其大势，俯首听命，随克、泄、耗之物而从。用神一从，并且用神从的是世爻(求测者)，定是吉兆，故断此事必成。

后果于壬辰日获准。

例 5：北京何女士去年丢了戒指，找我预测后找回。这次她又丢了还未启用的新手机，问是否也能找到：

壬辰　丙午　丁卯　己酉

风山渐	**风火家人**	**六神**
官鬼辛卯木′应	官鬼辛卯木′	青龙
父母辛巳火′	父母辛巳火′应	玄武
兄弟辛未土″	兄弟辛未土″	白虎
子孙丙申金′世	妻财己亥水′	螣蛇
父母丙午火″	兄弟己丑土″世	勾陈
兄弟丙辰土×	官鬼己卯木′	朱雀

1. 手机乃普通物品，以财爻为用神。

2. 财爻伏在五爻巳火之下，隐藏不现，正符合手机隐身不见之象。

3. 用神子水临月破，又被流年克和日辰泄气，时辰酉金被月建所克而不能生子水，所以用神子水弱极而从。

4. 用神从，则失物没有损伤，也能找到。

5. 用神伏在五爻巳火父母之下，父母代表车辆、衣物、衣柜之类，我叫她在这些地方找找。

结果在自家衣柜的衣服口袋里找到了手机。

例 6：一人摇卦求测能否顺利购到某易学资料：

丁丑　壬子　戊申　庚申

地雷复	**水雷屯**	**六神**
子孙癸酉金″	妻财戊子水″	朱雀
妻财癸亥水×	兄弟戊戌土′应	青龙
兄弟癸丑土″应	子孙戊申金″	玄武
兄弟庚辰土″	兄弟庚辰土″	白虎
官鬼庚寅木″	官鬼庚寅木″世	螣蛇
妻财庚子水′世	妻财庚子水′	勾陈

测文书之事，当取父母爻为用神，今父母爻不上卦，当察伏神在何爻之

下，可取父母巳火为用神。

今年、月、日、时四柱中，冬水当令，旺于提纲，柱中子丑与五爻亥水发动三会水局，当令而化，申子辰三合水局，更助其泛滥之势；天干丁壬之合，反化为水，一点戊土，被众金化于无形，纵观年、月、日、时四柱之中，金水两气成象，气象已成。

再看此卦六爻之中，父母巳火在年、月、日、时四柱中无本气相帮，休衰已极。虽伏于官鬼庚寅之下，巳火似可得长生之气，然殊不知寅卯旬空，又临日破，虽有若无，加之巳火又不受生，形同虚设，一卦六爻之中，父母巳火全无扶助，是为真从之象，必应吉兆。

后告之果于子月所谋皆遂。

例 7：求测论文能否发表，发表后影响如何：

丁丑　癸丑　庚辰　甲申

山火贲	**山雷颐**	**六神**
官鬼丙寅木′	官鬼丙寅木′	螣蛇
妻财丙子水″	妻财丙子水″	勾陈
兄弟丙戌土″应	兄弟丙戌土″世	朱雀
妻财己亥水○	兄弟庚辰土″	青龙
兄弟己丑土″	官鬼庚寅木″	玄武
官鬼己卯木′世	妻财庚子水′应	白虎

测文书之事，当取父母爻为用神，今父母爻不上卦，当取伏神父母午火为用神。

今年、月、日、时四柱之中，土金叠叠，旺气不可逆也，用神父母午火一片泄耗交加，虽貌似有天干丁火、甲木微弱生扶，但丁被癸克，甲被庚、申克，自保尚且不及，何具生扶之功？加之四爻戌土暗动将午火收之，故父母午火虚极无依，只得俯首听命，依土金泄耗之势而从。且卦中亥水发动，用神午火又伏于飞神兄弟己丑之下，卦中克泄俱见，无异于雪上加霜，父母午火从势愈真，必应吉兆，故断此文定能发表，且将会有一定影响于世。

事实证明，一切果如所断。

例 8：上海姚女士的儿子突然瘫痪，在医院查不出病因，非常着急，特来求测儿子的吉凶：

庚辰　丙戌　戊辰　戊午

水天需　　　　**六神**

妻财戊子水″　　朱雀

兄弟戊戌土′　　青龙

子孙戊申金″世　　玄武

兄弟甲辰土′　　白虎

官鬼甲寅木′　　螣蛇

妻财甲子水′应　　勾陈

1. 子孙申金为用神。

2. 四值旺土一片，五爻戌土和三爻辰土皆暗动，力量旺到极点。

3. 子孙申金在四值中无申酉之金相帮，在卦中无同类相助，且被玄武临之泄气，孤立无援，子孙申金弱极而从旺土。

4. 玄武临用神，此为怪病，与邪气有关，通过佛道之法可化解。

姚女士听从了我的建议，按我的方法做了化解，一天比一天好转，几个月后儿子完全康复。

例 9：北京蔡先生求测何时能升迁：

庚寅　己卯　辛巳　戊戌

坤为地　　**六神**

子孙癸酉金″世　　螣蛇

妻财癸亥水″　　勾陈

兄弟癸丑土″　　朱雀

官鬼乙卯木″应　　青龙

父母乙巳火″　　玄武

兄弟乙未土″　　白虎

1. 卦中无与世爻五行同类的竞争爻，只需分析世爻的五行状态即可。

2. 世爻酉金在四值中无同类相帮，临月破旬空，力量非常衰弱，以从论。

3. 辛卯年，太岁官星入卦，世爻岁破，从象更真，可望升迁。

果于 2011 年成功升迁。这说明从格之卦，从得越真越好。

例 10：因建筑规划的需要，政府通知重庆李先生进行房屋拆迁。李先生有两个要求：一是给予就近安置房，二是不能让自己贴钱就能住进去。但李先生认为政府给予的补偿太少，需要贴一笔钱才能住进新房。由于对拆迁补偿的标准未能达成一致意见，李先生一直强硬地拒绝拆迁，成为典型的钉子户。拆迁属于政府行为，李先生担心遭遇强拆，于是求测到底该不该坚持到底，如果继续坚持自己原来的拆迁补偿标准，最终能否如愿以偿：

庚寅　甲申　丙申　乙未

雷地豫	**水地比**	**六神**
妻财庚戌土″	父母戊子水″应	青龙
官鬼庚申金×	妻财戊戌土′	玄武
子孙庚午火〇应	官鬼戊申金″	白虎
兄弟乙卯木″	兄弟乙卯木″世	螣蛇
子孙乙巳火″	子孙乙巳火″	勾陈
妻财乙未土″世	妻财乙未土″	朱雀

1. 拒绝拆迁是和官方对抗，所以应看世爻与官星之间的五行生克合害关系。世爻未土为财星，与官星是相生的关系，且是世生官，世又临朱雀，说明自己最终会妥协，向官方说好话而希望此事得到尽可能圆满的解决。世爻与官星相生，也表明双方不会暴力对抗，最终的结果将是和解而皆大欢喜。

2. 用来居住的房屋，以父母爻子水代表，伏在世爻未土之下。子未相害，说明为房子的事情很揪心。

3. 父母子水虽长生于月日，但因金太多太旺，有金多水浊之嫌，加之被未土克制，子水就变得很弱，接近从而又不从，不是好状态。壬辰年，土旺而彻底克住子水而构成从格，有望获得比较满意的安置房。

4. 财爻持世，说明李先生对抗的目的就是为了钱财。朱雀生世，自己的口头要求会带来更多的拆迁补偿。

5. 财爻不旺，需等待时日，如是长期对抗的拉锯战，则以流年论。

今年庚寅、明年辛卯，流年克财星，不可能得到如愿的经济补偿。壬辰、癸巳、甲午年，财星力量大大加强，是实现愿望的良机。当然，是否要等那么久官方才会有动静，还得取决于开发进度。

结果：2012 年，双方终于愿意和解，李先生说了些自己的实际情况，官方答应了他的要求，此年分到一套在原来房子附近的安置房，李先生对该房比较满意，2013 年又拿到一笔装修补贴费。此事于此划上了句号。

此卦父母太弱，只有等到从得很真的时候才能得到房子，这说明弱与从是两个完全不同的概念，也是两种完全不同的作用和结果。

例 11：四川李先生问到太原做业务是否顺利：

庚寅　辛巳　乙丑　丙戌

天火同人	**泽天夬**	**六神**
子孙壬戌土○应	子孙丁未土″	玄武
妻财壬申金′	妻财丁酉金′世	白虎
兄弟壬午火′	官鬼丁亥水′	螣蛇
官鬼己亥水′世	子孙甲辰土′	勾陈
子孙己丑土×	父母甲寅木′应	朱雀
父母己卯木′	官鬼甲子水′	青龙

1. 世爻亥水月破旬空，主卦及变爻皆无亥、子水相帮，又不得四值和卦中动爻生助，反而被勾陈及卦中丑、戌二土动而所克，所以只有弱极而从，而且从得很好。

2. 子孙戌土动生财，凭技术挣钱；子孙强旺，说明技术高超，深得客户赞赏。

3. 世爻从，财星不受克损，所以不但来回平安，而且办事顺利，财运不错。

实际：平安顺利，可谓称心如意。

例 12：北京曾先生被人敲诈，索要钱财，如果给了钱，怕以后还会被敲诈，如果不答应，又怕出意外。到底该如何处理，拿不定主意，于是找我预测：

辛卯　癸巳　癸未　辛酉

天火同人	**天雷无妄**	**六神**
子孙壬戌土′应	子孙壬戌土′	白虎
妻财壬申金′	妻财壬申金′	螣蛇
兄弟壬午火′	兄弟壬午火′世	勾陈
官鬼己亥水○世	子孙庚辰土″	朱雀
子孙己丑土″	父母庚寅木″	青龙
父母己卯木′	官鬼庚子水′应	玄武

1. 世爻为自己，应爻为对方。应爻克世，所以自己感到有威胁而不安。

2. 世爻亥水月破日克，在四值中无根无助，十分衰弱，不受时辰酉金之生，卦中又无动爻相助，故势在必从。

3. 世爻动化回头克，似乎不利，但此为假象，因世爻从则不畏克。实际上，世爻化回头克反而使世爻从得更真，因而更加吉利，不会有任何危险。

4. 同上述之理，世从也不畏应爻之克，所以对方并不能构成实质性的威胁。

5. 世动化墓，更是一种深层保护，隐于无形，对方即使想找他麻烦也找不着对象。

根据上述分析，建议曾先生不要答应对方的无理要求。曾先生听从了我的建议，对方感到心虚，不敢采取实质性的报复行为，从此烟消云散。

例 13：武汉徐女士求测在加拿大的儿子是否平安：

辛卯　癸巳　辛巳　癸巳

火天大有	**火风鼎**	**六神**
官鬼己巳火′应	官鬼己巳火′	螣蛇
父母己未土″	父母己未土″应	勾陈
兄弟己酉金′	兄弟己酉金′	朱雀
父母甲辰土′世	兄弟辛酉金′	青龙
妻财甲寅木′	子孙辛亥水′世	玄武
子孙甲子水〇	父母辛丑土″	白虎

1. 初爻子孙子水为用神。

2. 用神子水在四值中无同类相帮，在卦中也无动爻相助，构成从格。

3. 用神从则吉，从得越真越好。用神子水动化丑土回头克合，从象更真，所以孩子在外必定平安无事。

实际：母子远离，久不见面，不了解其具体情况，仅凭电话询问，又怕孩子没说实话，所以母亲难免有些担心，故而求测。因为徐女士是老客户，对预测深信不疑，现预测显示孩子平安无事，她就放心了。后来，与孩子见面知道，在外确实一切安好。

第五节　假生为克与弱极从强

“木赖水生，水多木漂；木能生火，火多木焚”五行之间的相生两行，因为主生方与受生方之间力量过于悬殊，反而导致看似相生而实则为克的结果。

五行旺衰强弱比较明显，就容易判别，因而在预测时遇到这种情况也不会出现失误；但有些五行组合，其各自的强弱会让预测师感到难以判别，因而在分析推断时心中也就没有把握。假生，作为五行生克中的一种特殊现象，也并不是那么容易识别的。假生的实质就是主生方力量太强，受生方力量太弱。但到底二者达到什么程度才是太强或太弱呢？这也是一个量的问题。主生方强到极点而受生方弱到极点时，则属于弱极从强，不再是生多为克的假生现象。所以，要识别是否假生，还要区别极强与太强的情形。

下面我们来作些阐述：

某行极强的构成条件：

1. 处于旺地或者相地，即当令或得月建生。

2. 数量多，在年月日时和卦中的总数量不少于三个。

3. 不遭它行的强力克制。

4. 几乎不被泄耗。

某行极弱的构成条件：

1. 失令。

2. 不得日辰之生助。

3. 在卦中不得实质性的生助。

4. 被月建强力克制。

5. 虽有一点力量但被合化为它物。

6. 数量太少。

各自满足以上条件的卦爻，如果受生方弱极则从强。从则无假生之弊。这种情况不能以假生论。

某行太强的构成条件：

1. 处于旺地或者相地，即当令或得月建生。

2. 数量多，在年月日时和卦中的总数量不少于三个。

3. 不遭它行的强力克制。

4. 有一些泄耗但不大。

某行太弱的构成条件：

1. 不当令。

2. 被月建强力克制。

3. 日辰扶助不力。

4. 在卦中所得的生助很小。

5. 虽很弱但不被合化为它物。

6. 数量太少。

从以上可以看到，极强和太强，极弱与太弱，它们的构成条件很相似，只有细小的差别。

凡是太弱的受生者遇到太强的主生者，就构成了生多为克的假生。

这种假生，结果是使受生者不但没有得到力量上的加强，反而抑制了自身的力量，使自己弱而更弱。

我们来看一个“木赖水生，水多木漂”的例子：

丙子　庚子　庚子　丙子

风天小畜	**天雷无妄**	**六神**
兄弟辛卯木′	妻财壬戌土′	螣蛇
子孙辛巳火′	官鬼壬申金′	勾陈
妻财辛未土×应	子孙壬午火′世	朱雀
妻财甲辰土○	妻财庚辰土″	青龙
兄弟甲寅木○	兄弟庚寅木″	玄武
父母甲子水′世	父母庚子水′应	白虎

以上这个卦中虽然有一个寅木和一个卯木，而且变卦中也有一个寅木，但主卦卯木化戌土合，又被年、月、日、时四个子水刑害，使得三个木不能相互呼应，加之有两个土动耗木之气，使木的力量更加减弱。但卦中之寅、卯木数量有三，力量并没有达到弱极而从的程度，因此是弱而不从。

卦中之木不能相互帮助，各自为政，而四值一片旺水，分散的木遇太多太旺的水，便构成了“水多木漂”的假生现象。结果使木的力量更弱。

再来看一个木弱极从强的例子：

丙子　庚子　辛酉　丁酉

兑为泽　　　　六神

父母丁未土″世　螣蛇

兄弟丁酉金′　　勾陈

子孙丁亥水′　　朱雀

父母丁丑土″　　青龙

妻财丁卯木′应　玄武

官鬼丁巳火′　　白虎

年月一片旺水，卦中又有亥水，使卦中一个单独的二爻卯木有水多木漂之弊，力量很弱；还有卯木被日时酉金冲破，力量大大削弱，达到了弱极的程度，从而使卯木弱极而从旺水。卯木从，则其所代表的人事无忧，与“水多木漂”的结果是完全不一样的。

还有一种假生情形：主生方太弱，受生方太强，结果主生方并不能生受生方；不仅如此，主生方还因被泄泻过度而受到严重损伤。

以“木能生火，火多木焚”为例：

丁巳　丙午　丙午　甲午

风水涣　　　　六神

父母辛卯木′　　青龙

兄弟辛巳火′世　玄武

子孙辛未土″　　白虎

兄弟戊午火″　　螣蛇

子孙戊辰土′应　勾陈

父母戊寅木″　　朱雀

卦中两个木，看似力量不弱，但实际上，木在午月失令，本身衰弱，现被四值和卦中一片旺火狂泄，就变得更加衰弱，于是就构成了“火多木焚”的局势。

这种情况下木不能生火，反而被旺火过度泄泻而在力量上遭受重大损失。

第六节　似从非从的实例研究

“假从”与“似从非从”之间有着极大的相似性，但又均有着各自不同的性质特征，这一点是需要读者在实践中认真加以区分的。关于二者之间的区别与联系，已在上一节详述，故在此不再赘述。本节仅对“似从非从”的格局现象作进一步的实例分析。

例 1：某人求测近期财运如何：

丙子　丁酉　己酉　乙亥

雷泽归妹	**兑为泽**	**六神**
父母庚戌土″应	父母丁未土″世	勾陈
兄弟庚申金×	兄弟丁酉金′	朱雀
官鬼庚午火′	子孙丁亥水′	青龙
父母丁丑土″世	父母丁丑土″应	玄武
妻财丁卯木′	妻财丁卯木′	白虎
官鬼丁巳火′	官鬼丁巳火′	螣蛇

1. 测财运，以妻财卯木为用神。

2. 俗有“财爻克世求必得”之谓，但不可一概而论，必须分其旺衰生克而论之。今卦中的财爻卯木临日月之破，已是休囚衰败之象，更有五爻兄弟庚申化进神动来暗克合走财爻，无疑是雪上加霜，卯木极弱，若是从象必以吉断。

然不宜财爻卯木得太岁之生，必存抗金之意，更不宜卯木在时柱通根得地，且得亥水长生之气，长生乃木之渐长之气也，金木相战，虽貌似有亥子水通关，但卯木病弱之躯，有气无力，无力尽纳水之生气，通关乏力反成患。卯木不识时务，以弱抗强，无异于蚍蜉撼树，以卵击石，必遭毁身之祸，故断此人不但求财无成，反有破耗之患。今日若去求财，必不利，明日庚戌，动爻申金与月、日三会金局，克力更大，且财爻卯木旬空被冲，应事之日必在合期，万不可有求财之举，尤其注意明日申酉之时，五君爻动而会局克财，当防官方对你不利，世爻临玄武，当主不正当之事；财临白虎之克，必遭暴力之劫，故告之明日万不可用不正当的手段求财，静吉动否，慎重行事，否则必主破财之患。结果庚戌日去打麻将，于乙酉时被派出所当场拿获，罚款五千元。

例 2：2009 年 10 月底，我作为特邀嘉宾参加北京联合大学易学与经济发展中心召开成立大会。11 月 1 日，大会安排我作专场学术演讲。参会者董先生当场求测父亲身体吉凶。我叫他报个数字来让我起卦预测，得如下卦象：

己丑　甲戌　庚戌　丁亥

风天小畜	**山天大畜**	**六神**
兄弟辛卯木′	兄弟丙寅木′	螣蛇
子孙辛巳火○	父母丙子水″应	勾陈
妻财辛未土″应	妻财丙戌土″	朱雀
妻财甲辰土′	妻财甲辰土′	青龙
兄弟甲寅木′	兄弟甲寅木′世	玄武
父母甲子水′世	父母甲子水′	白虎

我当即断其父亲患脾胃病，十分严重。董先生说，医院确诊是胃癌，正在化疗。

推断思路如下：

1. 世爻父母子水代表父亲为用神。

2. 子水被年月日旺土重克，十分衰弱，但因有五爻巳火动化出子水和时支亥水相助，所以又不能构成从格。

3. 父爻子水弱而不从，遭到重克，乃深度损伤，必为重病。

4. 三爻辰土被日辰冲而暗动，应爻未土被太岁冲也暗动，辰未土暗动克用神子水为忌神，乃病之所在。土代表脾胃，故应为脾胃病。

此卦如果用神子水构成从格或者力量强旺，都不会有病，衰弱不从又遭重克，病就会很严重。

例 3：周女士求测办厂效益如何：

戊寅　乙卯　丁卯　甲辰

泽风大过	雷地豫	六神
妻财丁未土″	妻财庚戌土″	青龙
官鬼丁酉金○	官鬼庚申金″	玄武
父母丁亥水′世	子孙庚午火′应	白虎
官鬼辛酉金○	兄弟乙卯木″	螣蛇
父母辛亥水○	子孙乙巳火″	勾陈
妻财辛丑土″应	妻财乙未土″世	朱雀

测办厂效益，当取财爻为用，今年、月、日、时四柱中一片旺木，寅卯辰三会木局，又得甲、乙木透出，木势参天，叠叠成林，卦中财爻丑、未两土休衰已极，泄耗俱全，一无生扶，似成从象，本当以吉断。殊不知卦中丑未之土能自成体系，但仍无力与木匹敌，是似从而非从之象，必不吉也！

果然办厂至今无效益。且财爻丑土临迁移星，不久就应有搬迁之象。

由以上卦例可知，不从之象必要条件有三：

一、卦爻用神在年、月、日、时的任何一支中通根得地。

二、用神得变爻帮扶，虽衰而有势。

三、用神动化进化退。

此三者，皆是难从之象，一般不以从论。当然，在特殊组合中，也要看卦爻的具体组合而定。

第七节　本章结语

六爻卦从格理论的提出，前无古人，刷新了古代先贤六爻典籍的学术高度。此从格理论早在 1996 年时就已形成（从我书中预测案例时间可查），又经过二十来年大量的实例验证，更进一步证明此理论是完全正确可行的。学术的进步需要不断地创新，创新要具备深厚的理论功底和丰富的实践经验。创新来源于实践，从理论到反复实践，要经历一个漫长而艰辛的过程，最后才能作出定论。

用神从或世爻从，就是一种依附极其强旺之势力而受到强力庇护的状态，在这个强大的庇护屏障中不会受到任何外敌的伤害。这种状态与专旺形式相反，但效果却是殊途同归。这正是阴阳理论之阴阳转换，否极泰来的体现。从格正是这种理论的具体运用。

本章习题：

1. 如果一个卦爻在年月日被克、泄、耗，又月破或旬空，在卦中又不得生扶，但得时支生，请问这种情况下的这种卦爻能否以从论？

2. 六爻卦中的从格有真从与假从之分，那么，何为真从？何为假从？真从与假从有何实际应用意义？

3. 六爻卦中用神的假从与弱而不从有何异同？

第十四章 神煞阐微

神煞是术数预测中的一个重要概念和组成部分。在术数预测诸术中，都广泛地涉及了神煞的意义和运用。神煞的起源，一般来源于星象学，在星象学向四柱命理学的发展过程中，许多神煞也因此而“遗传”了下来，因此，四柱命理学和纳甲筮法多少也会带有星象学的一些遗传特征。

第一节 学术界对神煞的争辩

对于神煞的运用，在学术界历来是一个素有争议的问题。对于神煞的看法，也是仁者见仁，智者见智，或肯定，或否定，众说纷纭，褒贬不一。不过总的说来，学术界对神煞的态度一般容易表现为两种极端：一是不明五行生克制化之理，过分依赖神煞断事；另一种观点是对神煞持全盘否定态度；此外还有一种观点是持怀疑或模糊的态度。以上两种极端表现，都不是研究神煞的正确态度。过分地依赖神煞断事，必然会在预测实践中经常碰壁，这一点，在初学者中表现得尤为突出；全盘地否定神煞，必然会使自己的筮学研究陷入困境，这种主观武断的治学态度对学术研究是十分有害的。对神煞的取舍，必须要本着“学术兼容，实践论证，去粗取精”的原则，才能得出正确的结论。

以上两种看似相背的观点，实际上具有极大的因果联系。一般的初学者，由于不能熟练掌握五行生克制化之理，对神煞的错误理解和机械的套用，过分地依赖神煞断事，以致在预测实践中屡屡失误，于是逐渐形成了“神煞无用”的观点，甚至进一步发展到全盘否定神煞，采取了“一刀切”的错误做法，从一个极端走到了另一个极端。由此可以看出，这两种观点的形成和发展，它们之间有着密不可分的因果关系。可以说，对神煞的错误理解和机械的套用是造成神煞断事不验的根本原因。

第二节　神煞的本质意义——信息象征符号

以传统的星命学观点来看，神煞按吉凶性质分类一般可以分为两大类，一类是吉神贵人，另一类是凶神恶煞。一般认为，吉神贵人代表吉祥的象征，凶神恶煞代表不吉的信息。久而久之，逐渐形成了一种约定俗成的习惯性认识，即在四柱命理学和纳甲筮法中，一概以吉神贵人为吉，以凶神恶煞为凶，特别是一些初学者，一见四柱命局或卦象中，有吉神贵人，便沾沾自喜；一逢凶神恶煞，便惴惴不安，这实在是对神煞的误解。

从实质上讲，神煞的本身并不具有吉凶的影响力量，它的本质只不过是一种信息象征符号而已。四柱命局或卦象中的吉凶信息是通过五行的生克制化的规律表现出来的，而不是依赖于神煞。这一点，是研习本节必须要深入理解的一个重要观点。

即使在星辰学中，也不是完全依赖神煞（星宿）来判断人事的吉凶。也就是说，命值吉神并不一定就是吉，命值凶神并不一定就都是凶，而还必须要看星曜的庙、旺、陷、失（即旺度），吉星失陷，吉不成吉；凶星庙旺，凶不成凶，星曜的吉凶性质具有很大的弹性。不但如此，而且还要看星群的组合，星曜之间相互影响和作用后的最终结果，才能得出最后的结论，可见机械地套用神煞来占断人事吉凶，这种做法是比较幼稚的。尤其是星辰学向四柱命理学的过渡中，占断机制已向五行生克制化、刑冲合害规律方面转化，占断的程式也发生了极大的改变，虽然四柱命理学和纳甲筮法多少也带有一些星辰学的“遗传特征”，一部分应用较多的神煞而被保留下来，但神煞的应用已处于次要的从属地位，不再担任“主演”的角色，在占断中仅仅作为一种辅助预测的手段而存在。在这种新的预测机制中，若过分肤浅地理解神煞和机械的套用神煞，更是行不通的。对神煞的误解和套用，最终必定会导致全盘否定神煞这一错误的决定。

神煞的前身，实际是由星辰学中的一些星曜演变而来。每一个星曜都代表着某种意义，是某种信息的象征符号。（对神煞的否定，实际上也就间接地否定了星辰学。）因此，神煞作为信息的象征符号这一本质特征并没有消失。在新的占断机制中，命局或卦象所代表的人事吉凶已由五行生克制化的规律所代替，而神煞的吉凶象征功能已逐渐退化，无法再起主导作用，一般只作为一种信息的象征符号而存在，对人事的吉凶已不能起到决定作用了。

第三节　广义与狭义的神煞概念

通常我们所说的神煞，指的是由星辰学演变而来的一些星曜。但这不过是一种狭义的神煞概念，如果我们从神煞的本质意义——信息的象征符号这一角度来看，神煞应具有更为广泛的内容。严格地说，四柱中的十神、八卦中的六亲、六神，都是一种神煞，它们都具有信息的象征功能。因此，广义的神煞概念，应该是除却五行之外的一切信息象征符号。而五行干支只不过是充当了这种信息的载体。

而且四柱中的十神、八卦中的六亲、六神本身也不具有吉凶意义，命局和卦象的吉凶也是通过五行生克制化的规律体现出来的。可以这样说，任何一种预测体系，其实质都是符号与规律的有机结合。

第四节　常用神煞的一般信息含义

在古书中，神煞的种类，多达上百种，但只有一少部分应用较多的神煞而被留传下来。其余的一些神煞，虽有应验，但因不常用，故未引起人们的重视。也有一些过去应用较少的神煞，因社会的发展，在应用中而出现的频率也越来越高，如金舆星，其信息象征在古代仅指车、轿一类事物，应用较少，但随着时代的发展，现代社会的交通运输日益繁忙，车辆比比皆是，金舆星的应用频率也因此而越来越高。其他神煞如桃花、迁移等亦莫不如此。为了帮助读者对神煞有一个较为完整而正确的认识，本节仅就某些常用神煞从应用的角度作出简要释义。

天乙贵人：一般多遇有地位有身份有名望的人。但遇贵人并不一定就吉，须分其喜忌向背以论吉凶；

太极贵人：喜神秘事物，有钻劲，与五术玄学有缘；

文昌星：多主学业，文途之事；

学堂、词馆：为文星，主学业、文途、文章之类；

将星：权柄之星，多具领导能力和组织指挥才能；

华盖：文章艺术、孤独之星，多主与五术玄学、宗教有缘；

驿马、迁移：主旅行或迁动之象，多走动；

金舆：有车象；

羊刃：主人性情暴烈，易遭伤身之祸；

灾煞：主血光、官讼牢狱之象；

咸池桃花：主婚恋之象，桃色事件，异性缘分等；

孤辰寡宿：失偶丧偶，或难于婚配，六亲缘薄，性情孤独；

阴差阳错：多主婚恋不顺之事；

十恶大败：凡谋不利，多用于择吉；

六甲空亡：虚而不实，有影无形，有名无实之象；

丧门、吊客：多主亲人亡故，凶丧孝服。

神煞的种类，远不止此，以上所列，仅为常用神煞的一般信息象征意义，读者宜在预测实践中灵活运用和熟练把握，不可机械地套用。关于神煞的应用，还有一个物、象是否相关和善恶向背的问题，这是必须要在实践中解决好的。关于神煞的查法，读者还可参阅拙著《易学经世真诠 1.人生信息学》（上下册）有关章节的内容。

第五节 神煞的物象相关性与善恶向背性

许多筮学者在实践中都会遇到一个共同的难题，就是在命局或卦象的某个干、支中往往会出现多种神煞并临的情况，有吉的、有凶的、有善的、有恶的、有代表学业的、有代表婚恋的、有代表讼狱的、有代表疾病的……如此等等，不一而足。遇此情况，许多筮学者不知该如何取舍，一时束手无策，甚至有的人对神煞的可靠性还产生了怀疑的态度，更有甚者，还有人因此而全盘否定神煞。这个问题也成了学术界争论的焦点之一。

这个问题的出现，主要是人们不懂得神煞的物、象相关性这一原理而造成的。神煞的物、象相关性原理，就是指具体事物与神煞的信息象征意义之间要有彼此相关的对应关系，方可用该神煞的信息象征意义来断事；如果物、象之间不存在彼此相关的对应关系，则不能取该神煞的信息之象。否则就会张冠李戴，闹出笑话来。打个比方说，我们在占断某人的牢狱官讼时，如果灾煞与天医并临用神，根据神煞的物、象相关性原理，则只能取灾煞的信息之象来占断，而不能取为天医。这是因为天医只管人体疾病与健康，与官非牢狱之事并不具备物、象之间相关对应关系。明白了这一原理，我们才能在诸多神煞中合理取舍，有的放矢，达到准确预测的目的。其中之理，我们可以在下列实例分析中加深认识。

例 1：某男，生于农历一九六四年八月十三日酉时。

甲辰　癸酉　庚午　乙酉

大运：乙亥　流年：辛酉

该造身旺，又逢羊刃重重，命主脾气暴燥，性情凶狠，小时便是惹祸大王，常与别人打架斗殴，身上时常伤痕不断。命主于 1981 年与别人打架，不仅手臂被打成骨折，且头部、颈部等处亦遭刀刃砍伤。究其原因，流年辛酉正逢羊刃当值，辛金透出，三酉自刑，旺气相刑，引发羊刃之性，乘势攻克命中、运中之甲乙木。甲为头，乙为颈，所以头颈部被伤；金克木有折伤之灾，所以手臂被打断。

此造酉金临羊刃，夹禄、飞财、死符、地解、玉堂、桃花等神煞，可谓吉神凶神并临。在这一大堆神煞中，只有羊刃才与斗殴致伤这一信息有关，其他神煞，所象征的信息各不相同。如夹禄：主功名亨通；飞财：主飞来之财，为偏财；地解：能解凶化吉；玉堂：主福禄生旧家，近贵人；桃花：主婚恋或异性缘等，都与打架斗殴致伤一事无关，如果不懂得神煞的物、象相关性原理，则无从取舍，在一大堆神煞面前就会束手无策，好比是狗咬刺猬，无法下口。此造日主强旺金为忌神，最怕运行羊刃帮身之地。故在神煞象事的取舍上，应取恶煞以应凶事，自然不能取为吉神，以吉测凶，是大错特错的。

例 2：四川李先生求测出行如何：

戊寅　丙辰　丁酉　戊申

水山蹇	**水地比**	**六神**
子孙戊子水″	子孙戊子水″应	青龙
父母戊戌土′	父母戊戌土′	玄武
兄弟戊申金″世	兄弟戊申金″	白虎
兄弟丙申金○	妻财乙卯木″世	螣蛇
官鬼丙午火″	官鬼乙巳火″	勾陈
父母丙辰土″应	父母乙未土″	朱雀

兄弟申金持世，得月生，得日建帮、临时辰，处旺地，无凶象，可保人身安全。但不宜兄弟持世，且又逢兄弟申金旺动卦中，当主有破财损财之忧。果于当日坐出租车让人宰了五佰来元钱。此正应兄弟申金临金舆星和驿马星之故。

即以此卦来看，兄弟申金两现，二者临金舆星、驿马星、文昌、桃花、流霞杀、亡神、月官符、岁破、大耗、阑平、血刃、浮沉、天解、解神、地解、八座、月空等等，虽然吉神凶神一大堆，但与出行信息有关的却只有金舆星和驿马星，其他神煞如文昌星、流霞杀等均与出行的信息并无相关对应关系，在实践中是必须要舍弃的。否则，各种信息叠加在一起，那便是“亦真亦幻难取舍”了。

我们在掌握了神煞的物、象相关性原理的基础上，还必须要进一步了解神煞的另一个重要原理——神煞的善恶向背性。什么是神煞的善恶向背性？打个比方说，如果命局或卦象中有天乙贵人，一般寓示多遇有地位有身份有名望的人，但遇贵人并不一定就是吉，须分其喜忌向背以论吉凶。如果局中天乙贵人为喜用，那么则是贵人有恩于我，能得贵人恩宠、提携，此为向为喜；如果局中天乙贵人为仇忌，那么则是贵人无恩于我，反受贵人压制、贬斥，此为背为恶。

其余恶煞的道理也是一样，如羊刃，为善向我之时，犹如防身的武器；为恶向我之时，犹如伤身的血刃，其利弊得失，全在喜忌二字。这就好比是号称百兽之王的猛虎一样，为患时，狂暴肆虐成性；为良时，可驯服温顺，在动物园或马戏团中供人赏玩逗乐。神煞的善恶向背之理也莫不如此。

兹举例子，我们可以通过文昌星的两种不同的信息之象来理解神煞的善恶向背之理的重要性。

例 3：某女，生于农历一九七七年九月初六巳时。

坤造：丁巳　庚戌　戊申　丁巳

大运：壬子　流年：乙亥

此造日元戊土生于戌月，当令得时且通强根，又得年、时两柱印绶生扶，日主强旺，喜柱中食神泄身吐秀为用。柱中火土两强，喜行金水之乡。

该造文昌、学堂并临于日柱申金用神之位，文昌星、学堂星皆为命局所喜，有情于日主，有向我为善之心，故利文途。

九五年大运壬子，流年乙亥，岁运正值喜用神。且太岁亥支又为命造之词馆，故该年命主以优异的成绩考入某名牌大学。

神煞的物、象相关性与善恶向背性这一理论的提出，解决了我们在实践中运用神煞所遇到的难题，离开了这两个基本准则，就不可能有对神煞的准确理解和正确运用。

第六节　以世爻 用神查神煞新法

神煞的查找方法，按传统惯例，一般是以年、日两柱干支为依据来查找神煞，也有一部分神煞是以月柱干支为依据来查寻的。但我在三十多年的预测实践中发现，在纳甲筮法中，以世爻或用神为依据来查神煞同样有着极大的准确性和灵验性。其法就是把世爻或用神干支作为查寻神煞的参照依据和出发点，按查神煞的一般惯例方法在其他各爻和年、月、日、时四柱中起得神煞，再根据神煞的物、象相关性和善恶向背性原理合理取舍各种神煞所代表的信息之象，就可以达到准确预测的目的。

例 1：湖北丁女士求测运气：

戊寅　庚申　丙申　丁酉

天风姤	**六神**
父母壬戌土′	青龙
兄弟壬申金′	玄武
官鬼壬午火′应	白虎
兄弟辛酉金′	螣蛇
子孙辛亥水′	勾陈
父母辛丑土″世	朱雀

得出卦象后，我给她断了十多条，其中有两三条就是运用神煞的信息之象来占断的。

我以世爻父母辛丑为依据起神煞，查得四爻官鬼午火临桃花，官鬼即代表工作又代表其丈夫，于是断其工作属于娱乐性行业，其丈夫风流好色，对方证实，其工作是放电影，丈夫也确实风流好色，自己管不住他。

同时我又根据年干戊土查得世爻父母丑土临太极贵人，断其本人或父母喜五术玄学或有宗教信仰的倾向，询之果然。

例 2：某印刷厂张经理求测运气：

戊寅　乙丑　癸酉　壬戌

雷天大壮　　六神

兄弟庚戌土″　白虎

子孙庚申金″　螣蛇

父母庚午火′世　勾陈

兄弟甲辰土′　朱雀

官鬼甲寅木′　青龙

妻财甲子水′应　玄武

得出卦象后，我首先着重点了他的婚姻信息。我根据世爻父母午火查神煞，查得 1987 年流年丁卯临桃花，断其该年有婚恋之事；1988 年戊辰，财爻子水入墓，恋爱失败；1990 年庚午，世爻午火桃花当值（以日支查）冲动财爻子水，该年若不结婚亦同床，最迟不过 1991 年。求测者反馈，所测与实际情况相符，1990 年同床，1991 年结婚。应 1991 年结婚者，因子与丑合，合待冲开之故。

我们知道，世爻或用神是一卦的核心，卦象中的一切吉凶休咎和信息现象都是围绕世爻或用神展开的。因此以世爻、用神查神煞而提取相关信息的方法，在理论上是成立的，在实践中，也是切实可行的，这里因限于篇幅，恕不再一一举例，读者可自行在预测实践中加以检验鉴别。

第七节　本章结语

作为一种特殊信息标志的神煞，种类繁多，并非无用，但不可滥用。预测中一定要以五行生克制化为本，再辅以神煞信息以丰富预测内容。神煞的应用，在命理学中尤为广泛。我在三十多年的预测实践中，深知神煞的本质所在，并提出以世爻、用神查神煞之法。神煞的设立有其相对特定性，如寅午戌支以申为驿马，以卯为桃花，是针对寅午戌支而言的，这一查法对任何位置的干支都同等适用。因此，我们不必去拘泥于像命理学那样只从年、日查神煞。在六爻预测中，分析的重点是卦爻中的干支，核心是围绕用神与世爻展开分析，当然也就能以用神和世爻查神煞。学习中要打开思路，深悟卦理并大胆实践。

本章习题：

1. 命局中或卦中带华盖、太极者，是不是一定会对八卦、玄学感兴趣？其组合好坏是不是可以决定学习玄学的成就大小？命局中或卦中没有太极、华盖者，是不是就对八卦、玄学不感兴趣，或者即使学也学不好？

2. 命理预测中用神煞的地方较多，但六爻预测中用的不多，是否六爻预测没有用神煞的必要？如果用，该怎么用，能起到什么作用？

第十五章　卦理深入

学习六爻预测入门后，要提高预测技术，就需要更深入地研究各种更加细微的东西。初学阶段往往只能明白简单的、常识性的理论，对于一些表面与实质相反的东西，不但看不出来，也从来不会去设想，更谈不上研究与运用。这样，遇到表面与实质相反的情况时，预测结果必然会出现方向性的错误。本章将对一些表里不一的现象进行探讨，揭示出庐山真面，帮助大家提高断卦水平。

第一节　爻位的运用

一卦六个爻，每个爻各有自己所处的位置。爻在卦中所处的位置，称为“爻位”。

在测某些事情时，六亲、用神、忌神在卦中所处的爻位，代表着特定的含义。如果我们不知道这些含义，那么，在实际预测时，有些信息就无法推断出来。

爻位通常分为以下几种：

一、空间之位

代表内外、高低、远近等空间位置上的含义。

运用爻位的这种含义，可以推断事物所处的空间位置。根据卦中提供的这种位置信息，就可以从这种信息范围内去找到我们所要寻找的目标物。预测失物、行人的卦，往往就需要用到爻位的这种功能。

居于内卦的卦爻，代表的位置为近处、低处、里面；居于外卦的卦爻，代表的位置为远处、高处、外面。以整个卦来看，初爻代表最低处，上爻代表最高处，三四爻代表中间。用爻位配合卦爻的五行类别还可以推断出更为细致的信息，甚至能够将事物定位到一个十分具体和固定的位置。

例 1：重庆李先生的母亲求测两千元钱能否找回：

甲申　戊辰　己未　甲戌

兑为泽	**震为雷**	**六神**
父母丁未土″世	父母庚戌土″世	勾陈
兄弟丁酉金○	兄弟庚申金″	朱雀
子孙丁亥水′	官鬼庚午火′	青龙
父母丁丑土″应	父母庚辰土″应	玄武
妻财丁卯木○	妻财庚寅木″	白虎
官鬼丁巳火′	子孙庚子水′	螣蛇

预测钱财丢失，以妻财为用神，就是二爻的卯木妻财。用神卯木发动入墓于日辰未土，而未土又临世爻，就相当于用神入墓于世爻。用神入墓则不受克损，因而五爻兄弟虽然发动，入墓于应爻丑土（丑遇日冲暗动），却并不能对用神起到克损的作用。这就表明钱财并未损失。用神入墓于世爻，意味着钱是被自己藏在什么地方了。入墓为隐藏不现，所以看不见它在哪里。用神动化退，更说明这笔钱藏得比较隐蔽，不易发现。

既然钱并没有丢失，那么，它会在什么地方呢？

卦中二爻卯木及变爻寅木入墓于世爻，说明钱就藏在自己家中。用神居二爻，以整个卦代表房间的高度，一般房间都不会超过三米，这样，二爻的位置就应在一米以下。

变卦的下卦为震，有床的卦象，因而这笔钱很可能就在床上。

用神化出寅木化退，寅木也入日墓，今日入墓难见，逢冲之日则容易被发现，因而推断：在明日会找到这笔钱。

结果第二天（庚申日）在床上找到了这笔钱。

例 2：邯郸李先生的小孩突然出走，求测吉凶、何时能回来：

辛巳 辛丑 乙亥 戊子（夜子时）

离为火	巽为风	六神
兄弟己巳火′世	父母辛卯木′世	玄武
子孙己未土×	兄弟辛巳火′	白虎
妻财己酉金○	子孙辛未土″	螣蛇
官鬼己亥水′应	妻财辛酉金′应	勾陈
子孙己丑土×	官鬼辛亥水′	朱雀
父母己卯木○	子孙辛丑土″	青龙

这个卦在第九章《六合卦和六冲卦》的例 5 中讲过。这里，我们现再从爻位的角度谈谈爻位的重要作用。

父测子，以子孙爻为用神。卦中有两个子孙爻，一个是丑土临月建，一个是未土被月建冲。显然，这两个子孙爻的五行状态大不相同，如果取错用神，分析对象就会搞错，这样，预测结果就必然出现失误。

那么，到底取哪一个子孙爻为用神呢？

这就得依据事实，对具体问题进行具体分析。目前的事实是：孩子不在家。因此，我们就应该选取家外那个子孙爻为用神。哪一个子孙爻在家外呢？世爻在上卦，上卦就是求测者的居住之地，也就是家里；与之相对应，下卦就为家外。这样，当然就应该取下卦的子孙丑土为用神了。

预测结论是：孩子在外无事，丙子日会平安回到家里。结果很快就得到了验证。这个结论是以丑土为用神推断出来的。

由此可见，在测某些事情的卦中，爻位起着至关重要的作用，离开了它，就无法正确取用，也就无法作出准确的预测。

二、隐显之位

这是相对于伏神与飞神之间的关系而言。

伏神总是隐藏在飞神之下的。飞神在外，处于明显可见的位置；伏神在内，处于隐蔽难看见的位置。

有些飞神对伏神有一种遮掩、屏蔽、掩盖、藏匿的作用。通过这种作用，使伏神的隐秘性和安全性得以提高，从而更利于伏神的暗中活动，飞神就相当于伏神的保护伞或者藏身处。

如果伏神是忌神，当飞神强于伏神并且生助伏神时，飞神就与伏神狼狈为奸起到破坏作用。但是，破坏作用最大的恰恰是伏神，并且它的危害往往不被当事人发觉；而飞神由于在明处，因此，它所代表的人事往往被误认为是罪魁祸首。

如果伏神强于飞神并且能够操控飞神，那么，伏神就是事情的幕后指挥，飞神则不过是替罪羊或者傀儡。

有些飞神则对伏神有一种压制、左右的作用，伏神因被飞神压制而不能出头，处于被困的境地。但如果伏神力量大，它就是一个值得重视的隐蔽因素，有时候，事情就会因为伏神的突然暴发而导致意想不到的结局。

例：某先生想做一个项目，问：能否做成？是否能获得预算中的效益？

戊子　戊午　癸卯　辛酉

水火既济	**水山蹇**	**六神**
兄弟戊子水″应	兄弟戊子水″	白虎
官鬼戊戌土′	官鬼戊戌土′	螣蛇
父母戊申金″	父母戊申金″世	勾陈
兄弟己亥水′世	父母丙申金′	朱雀
官鬼己丑土″	妻财丙午火″	青龙
子孙己卯木○	官鬼丙辰土″应	玄武

此卦财星临月建旺地又得日辰之生，财星伏在世下与世爻暗合，这是一种明显的得财之象。因财是由此项目中获得，既然能获财，项目当然就能做成了。只是初爻卯木临日辰动泄世之气，是一种障碍因素。要做成这个项目，就需要把这个障碍排除。酉月冲破卯木，障碍能被排除，到时就能做成。酉月不但能排除卯木这个障碍，而且世爻得月令生，世财两停，当然就能获财了。财星旺，效益肯定是很好的。

结果：酉月做成此项目，效益跟预计的差不多。

此卦伏神为用，问事时伏神太旺而世爻较弱，一时不能驾驭伏神财星，所以需要待以时日才能达到目的。

三、尊卑之位

在一卦的六个爻中，五爻为君位。处在这个爻位的六亲，只要力量足够，它所代表的人往往是当权者，往往握有很大甚至最大的实权。即使这个人并没有什么官职，但他却很可能是一个实力人物，不可小视。

上爻为天位，位置最高，但物极必反，这并不是领导者的适宜位置。这个位置是太上皇的位置，看起来虽然比五爻更高，但实际上，太上皇是退位的皇帝，其权力远不如执政的皇帝大，因而上爻的位置也就比不上五君爻。

五爻以下的卦爻，爻位越低，所代表的人其权力和地位往往就越低。当然，这要结合卦爻的力量看，如果爻位低，但力量强，也不失为实力人物。

爻位的尊卑之位，一般用在推断与权力有关的事情上。除此之外，这种爻位的含义对测其他事情的卦则没有多大意义，因而不可滥用。

例：自测参加首届中国周易应用学术研讨会有何影响：

丙子　己亥　癸丑　壬戌

雷火丰	**离为火**	**六神**
官鬼庚戌土×	妻财己巳火′世	白虎
父母庚申金″世	官鬼己未土″	螣蛇
妻财庚午火′	父母己酉金′	勾陈
兄弟己亥水′	兄弟己亥水′应	朱雀
官鬼己丑土″应	官鬼己丑土″	青龙
子孙己卯木′	子孙己卯木′	玄武

世爻在亥月不旺，但有动爻戌土生扶，又得应爻己丑双体官鬼临日辰生世，加之世爻本身又是双体之金，所以也并不是很弱。戌土为官鬼，官鬼生世，表示会得到头面人物的器重和支持。更为可贵的是：世爻居五君位，父母临世爻，又螣蛇临世，这样的组合意味着自己会获得很高的名声或荣誉。

结果：在参会期间，因为给人预测的准确率非常高，得到了高度评价，于是有许多与会者纷纷来求测，由于他们对预测结果很满意，因此都执意要付款。这样，不但出了名，而且经济收入也很不错。

四、对应之位

一个六爻卦由两个经卦组成。一个经卦三个爻，两个经卦重叠便构成了六个爻，因而称为“六爻卦”。

在一个六爻卦中，上卦（或称外卦）三个爻与下卦（或称内卦）三个爻的爻位是一一对应的。这种对应关系是：下卦的一、二、三爻分别对应于上卦的四、五、六爻。这种对应关系的爻位，可以用于推断与某种事物有位置对应关系的另一种事物。

另外，世爻与应爻的爻位也是一种对应的关系。世应之间的这种对应，不仅代表位置上的对应，而且还代表属于位置关系以外的其他对应关系。比如世爻为主体，应爻则为客体；世爻为丈夫，应爻则为妻子；世爻为我方，应爻则为对方；世爻为出发点，应爻则为不明确的目的地；如此等等。

例 1：常先生求测在国外开矿能否搞成，前景如何：

丁亥　癸丑　庚申　庚辰

艮为山	**山火贲**	**六神**
官鬼丙寅木′世	官鬼丙寅木′	螣蛇
妻财丙子水″	妻财丙子水″	勾陈
兄弟丙戌土″	兄弟丙戌土″应	朱雀
子孙丙申金′应	妻财己亥水′	青龙
父母丙午火″	兄弟己丑土″	玄武
兄弟丙辰土×	官鬼己卯木′世	白虎

世爻为我方，长生于年支，初爻动化卯木帮世，世弱而不从。应爻代表对方，日辰双体之金入卦临应爻得动爻生而克世爻。测前景即是测财运，所以看财爻。表面上看，财生世，求财易得，但细看整个组合，财被月建克合又入墓于动爻，无财可求。应克世，且财被合而又入墓，表明此项目做不成，无财可求。

结果正如所测。

此卦世应就是一种对应关系：世爻代表我方，应爻代表对方。

例 2：吕先生求测笔记本丢在宾馆能否找到：

丁亥 乙巳 戊申 丙辰

坤为地	火泽睽	六神
子孙癸酉金×世	父母己巳火′	朱雀
妻财癸亥水″	兄弟己未土″	青龙
兄弟癸丑土×	子孙己酉金′世	玄武
官鬼乙卯木″应	兄弟丁丑土″	白虎
父母乙巳火×	官鬼丁卯木′	螣蛇
兄弟乙未土×	父母丁巳火′应	勾陈

笔记本以父母巳火代表。世爻代表自己，应爻代表丢失笔记本的地方即宾馆。世应卯酉相冲，似乎会与宾馆方面闹矛盾，但幸有兄弟爻未土动来生世，而用神巳火动又去生未土，这样就构成应爻生用神巳火，巳火生未土，未土生世爻。构成这种相生链，说明自己与宾馆方面不但不会发生矛盾，而且还能得到对方的帮助，从而顺利找回失物。

此卦应爻卯与世爻酉金是一种对应关系，卯酉本来是相冲的，但卦中构成木火土相生后则卯酉不冲，卯木反而间接地去生巳酉丑金局。卯木在下卦，酉金在上卦，二者处于对应之位，如果相冲成立，则己方的人会与宾馆方的人发生冲突，既然卯酉冲被化解，这种冲突当然也就不会发生了。

结果：吕先生打电话到宾馆，宾馆方说：服务员已将笔记本交到客服中心，等候顾客去取。吕先生于当日午时去取回。

总之，爻位的用处是非常多的，但并不等于无论什么事，什么卦都要用到爻位，也不是说每个卦的每个爻都有爻位的含义。事实上，只有需要运用爻位的卦，卦爻的爻位才有具体的、相对的含义，否则，卦爻的爻位就毫无意义。我们不能牵强附会地把某些爻位的含义强加于与爻位无关的卦中进行推演，不然，推断出来的结论就会闹出笑话。

六爻预测是非常灵活的，它强调具体问题具体分析。不同的卦、不同的事，各有其不同的分析推断方法，大家切不可机械照搬和教条式地套用。

第二节　卦爻进退之真义

进退是六爻预测中的一个基本要素。六爻卦中的进退，就是指爻之进退。

卦爻化进，称之为“进神”；卦爻化退，称之为“退神”。

传统的观点认为：

寅化卯、丑化辰、辰化未、未化戌、戌化丑、巳化午、申化酉、亥化子，此为化进。

卯化寅、辰化丑、未化辰、戌化未、丑化戌、午化巳、酉化申、子化亥，此为化退。

《卜筮正宗》论进退之法有三：“旺相者乘势而进一也；休囚者待时而进二也；动爻变爻有一逢空破冲合者，待期填补合冲而进三也。退神之法亦有三：旺相者或有日月动爻生扶，占近事暂时而不退者一也；休囚者即时而退二也；动爻变爻有一而逢空破冲合者，待期填补合冲而退三也。”

进退之吉凶以喜忌为准。用神、原神化进无冲克则吉，化退无生扶不宜；忌神、仇神化进无冲克则凶，化退无生扶则吉。用神化进无克破增吉，宜于发展，忌神化进无制增凶，不可冒进；用神化退无生扶减吉，事难发展；忌神化退无生扶减凶，灾祸渐消。

例 1：好友刑×求测在外地工作的哥哥，年前能否回家过春节：

甲戌　丁丑　戊申　庚申

风火家人	山水蒙	六神
兄弟辛卯木′	兄弟丙寅木′	朱雀
子孙辛巳火○应	父母丙子水″	青龙
妻财辛未土″	妻财丙戌土″世	玄武
父母己亥水○	子孙戊午火″	白虎
妻财己丑土×世	妻财戊辰土′	螣蛇
兄弟己卯木○	兄弟戊寅木″应	勾陈

卦中兄爻两现，但均处旬空化退神，又遭太岁合、日辰申金暗合，必不能归。后果然因公事所阻未能回家。这就是用神化退的作用。

例 2：司××求测患肺心病住院多月的父亲的吉凶：

丙子　丁酉　癸巳　癸亥

坤为地	山地剥	六神
子孙癸酉金×世	官鬼丙寅木′	白虎
妻财癸亥水″	妻财丙子水″世	螣蛇
兄弟癸丑土″	兄弟丙戌土″	勾陈
官鬼乙卯木″应	官鬼乙卯木″	朱雀
父母乙巳火″	父母乙巳火″应	青龙
兄弟乙未土″	兄弟乙未土″	玄武

酉金明动，亥水暗动，金水相生来克害巳火父爻，幸父爻得日辰相扶，病情暂不致十分危重。嫌忌神亥水化进，有雪上加霜之势。用神本遭太岁克，今又遭金水忌神攻击，星点之火，何抗旺水？病必凶危。慎防冬令亥、子月之危。后果然于当年子月病逝。此为忌神化进的危害。

传统的六爻进退理论在以上两个卦中得到了验证。

但是，上列两个卦只是验证了传统六爻进退理论的一部分（即卯化寅为退，亥化子为进）。我在预测实践中发现，涉及卦爻进退的有些卦，如果按照传统的六爻进退理论去预测，就会出现错误的结果。这就说明，传统的六爻进退理论既有正确的部分，也有错误的部分，需要我们去纠正、补充和完善。

事实上，卦爻的进退，并不是像上述传统理论那么简单。卦爻进退是一个比较复杂的问题：有些表面看起来是进，但实际上是退；有些在此时为进，而在彼时则为退。总之，进退无定法，需要根据具体的卦象、具体的时间甚至所测的具体事情去判定卦爻之进退。

下面，我谈谈对卦爻进退的个人观点：

进退有两层含义：

1. 时序之进退。进者，前进也；退者，后退也。

2. 力量之进退。进者，代表卦爻五行力量的增加，代表发展壮大、信心增强、积极上进等含义；退者，代表卦爻五行力量的减弱，代表破败衰退、信心不足、消极退却等含义。

传统的六爻进退理论，如果用于表示时序之进退，那是完全正确的，因为时序进退是固定不变的，无论年月日时，都是按“寅化卯、丑化辰、辰化未、未化戌、戌化丑、巳化午、申化酉、亥化子”为化进，“卯化寅、辰化丑、未化辰、戌化未、丑化戌、午化巳、酉化申、子化亥”为化退的时序进行的。这是客观规律。

在六爻预测中，卦爻五行力量之变化代表着相应事物信息之变化，我们就是根据卦爻的喜忌及其喜忌的力量大小去推断事物之吉凶否泰的，所以，在绝大多数情况下，卦爻之进退，都是指卦爻力量之增减，而并非指时间之先后。因此，卦爻之进退，应该从五行力量的角度去判定，不应从时序的角度去判定。

我们知道，子午卯酉为帝旺，为最旺状态；寅申巳亥为临官，为次旺状态。前者比后者旺的程度要高，所以，“寅化卯、巳化午、申化酉、亥化子”为化进，“卯化寅、午化巳、酉化申、子化亥”为化退是有道理的，在大多数的普通情况下也是正确的。

“丑化辰、辰化未、未化戌、戌化丑”为化进，“辰化丑、未化辰、戌化未、丑化戌”为化退，这种传统观点从时序的角度讲肯定正确无疑，但如果从五行力量的角度讲，则值得商榷。

为什么这样说呢？

我们知道：未本为燥土，内有藏干乙生丁、丁生己，土有生无克，所以未土最强；戌亦为燥土，有藏干丁生戊而帮土，但辛泄土之气，故其力量仅次于未；丑月为季冬，丑为寒湿之土，藏干辛、癸对土只有泄耗而无生益，故丑比戌弱；辰月为季春，木有余气克土，辰中藏干癸生乙、乙克戊，土有克无生，故辰土最衰。因此，四土的强弱排序就应为：

未>戌>丑>辰

这样，四土之间的进退就应为：

辰化丑、戌、未皆为化进;

丑化戌、未为化进,化辰为化退;

未化丑、戌、辰皆为化退;

戌化未为化进,化丑、辰为化退。

显然,这与传统的辰戌丑未之间的进退是有所不同的。

至此,卦爻十二地支之间的化进化退便有了上述的理论。这种理论无疑要比传统之六爻进退理论合理得多。

但是,这还不是最完善的进退理论,因为这种理论仅仅是从普通的、静态的角度去衡量的。事实上,在六爻预测中,由于时令的变化,十二地支的旺衰会随之变化,当权司令的地支要比同类没有当权司令的地支旺。比如,寅月寅木当权司令,寅就比卯旺,寅化卯就不为化进而为化退;同样,卯化寅不为化退而为化进。又比如,丑月丑土当权司令,它就比辰、戌、未土旺,所以,这时的丑化戌、化未不再是化进而为化退了;同理,这时的未化丑则为化进而不为化退了。其他同类地支在不同月令状态下的化进化退同理可推。可见,卦爻化进化退并不是一成不变的,而是灵活多变的,需要根据具体的时令去进行判定。《易经》变易之妙,由此可见一斑。要学好八卦预测,千万不可教条搬用古人的东西,必须以去粗取精、去伪存真的治学态度去学习、研究,最终做到合理、正确的取舍。

需要强调的是,卦爻化进,并不等于力量就一定得到很大的增强,就一定能够起到多大作用。卦爻化进,能否起到作用,取决于卦爻化进后的实际力量。力量大则能起到较大作用,力量小则作用不大甚至无法起到作用。比如在未月,测当月之事,用神亥水化子水,虽然为化进,但水在未月非常衰弱,其力量也微弱得很,因而作用不大甚至不起作用。反之,化退的道理也一样:如果化退之后力量仍然很大,则仍然可以起到较大作用。比如,卯月测事,卯化寅为化退,但寅在卯月并不算衰弱,这种化退只是力量稍微有所减弱而已,并不是完全不起作用,相反,由于寅木不弱,因而其作用也不可小视。

例 1:吴先生母亲生病卧床,求测其母亲何时能康复:

丁丑　乙巳　辛亥　乙未

水山蹇	火地晋	六神
子孙戊子水×	官鬼己巳火′	螣蛇
父母戊戌土○	父母己未土″	勾陈
兄弟戊申金×世	兄弟己酉金′世	朱雀
兄弟丙申金○	妻财乙卯木″	青龙
官鬼丙午火″	官鬼乙巳火″	玄武
父母丙辰土″应	父母乙未土″应	白虎

以五爻父母戌土为用神。戌土动化未土，按传统的观点为化退，但以我的观点为化进。用神化进，有利于身体康复。化进之日，为力量增加的日期标志，所以断其本月己未日将会康复。结果，到戊午日，其母身体便大为好转，能够下床正常活动，己未日完全康复。

如果按戌土化未土为化退，则己未日康复就没有理由了。按传统观点，戌化丑为化进，那就应该在癸丑日康复，但事实并非如此。这就说明戌化丑为化进并不可信。

例 2：张女士求测父亲近期病情是否会好转：

丙子　庚寅　庚子　甲申

火地晋	坎为水	六神
官鬼己巳火○	子孙戊子水″世	螣蛇
父母己未土×	父母戊戌土′	勾陈
兄弟己酉金○世	兄弟戊申金″	朱雀
妻财乙卯木″	官鬼戊午火″应	青龙
官鬼乙巳火×	父母戊辰土′	玄武
父母乙未土″应	妻财戊寅木″	白虎

用神两现，以五爻父母未土为用神。未土动化出戌土为化退，表示父亲身体状况有下降趋势。未化戌化退，化出之爻即为应期，但在庚寅月已无戌日，所以断其辛卯月的第一个戌日——庚戌日病情将会加重，需要注意监护。结果，辛卯月庚戌日其父昏迷了两个多小时，经抢救后苏醒。

如果按未化戌为化进，则戌日其父病情就应该得到好转，但事实却恰恰相反。这说明未化戌不为化进，而为化退。

例 3：王女士问弟弟何时回家：

戊寅　庚申　丙申　壬辰

火地晋	**水地比**	**六神**
官鬼己巳火○	子孙戊子水″应	青龙
父母己未土×	父母戊戌土′	玄武
兄弟己酉金○世	兄弟戊申金″	白虎
妻财乙卯木″	妻财乙卯木″世	螣蛇
官鬼乙巳火″	官鬼乙巳火″	勾陈
父母乙未土″应	父母乙未土″	朱雀

世爻酉金为用神。酉化申，一般情况下都为化退。进退的实质在于力量之增减，所以，我们要分析动变后的力量变化情况。申月申金当令，当令者最旺，所以，申比酉旺，在这种情况下，酉化申不为化退，反为化进。用神化进，其弟一定会回家。何时回家？今天申金值日，应期就是今日申时。结果：其弟在同学家玩了一周，说还要玩几天才回来。不料当天下午其同学因事要去外地，所以他只好当天回家。下午申时，王女士的弟弟突然回到家，令一家人都感到意外。

例 4：安徽吴先生身体染病，自感严重，怀疑是艾滋病，非常害怕，特来求测：

壬辰　乙巳　辛巳　丁酉

泽雷随	**兑为泽**	**六神**
妻财丁未土″应	妻财丁未土″世	螣蛇
官鬼丁酉金′	官鬼丁酉金′	勾陈
父母丁亥水′	子孙丁亥水′	朱雀
妻财庚辰土″世	妻财丁丑土″应	青龙
兄弟庚寅木×	兄弟丁卯木′	玄武
父母庚子水′	子孙丁巳火′	白虎

1. 测病，克世爻者为忌神，在此卦中即二爻寅木。

2. 忌神寅木发动化进神克世爻，似乎为凶兆，但世爻得年月日之生助，力量强旺，而寅木不旺，动化出的卯木被四值害、耗、泄、克、冲俱全而减力，对世爻不会造成严重克损，所以不会是大病，当然也就不可能是要命的艾滋病。

3. 财爻持世临青龙被克，应是因酒色致病。患者之所以怀疑是艾滋病，正与因色染病相符，而这种病羞于被家人知晓，所以才决定先预测一下。

我叫他不用担心，只是小病而已，容易治愈。

结果：检查确诊为普通性病，很快得到治愈。

此卦忌神化进，本为不吉，但忌神自身衰弱，化进又被四值克、泄、耗、冲、害，进而非进，难以发挥作用。可见，进神有强弱真假之分，不可不辨。

例 5：郭先生的侄子离家几天了，手机也处于关机状态，不知是何原因，特地求测吉凶：

癸巳　丁巳　辛卯　癸巳

火天大有	**火泽睽**	**六神**
官鬼己巳火′应	官鬼己巳火′	螣蛇
父母己未土″	父母己未土″	勾陈
兄弟己酉金′	兄弟己酉金′世	朱雀
父母甲辰土○世	父母丁丑土″	青龙
妻财甲寅木′	妻财丁卯木′	玄武
子孙甲子水′	官鬼丁巳火′应	白虎

1. 此卦是以郭先生侄子本人的姓名起卦，故以世爻为用神。

2. 世爻辰土有年月时巳火生，力量强旺。日辰卯木被年月时之火化解，不克世爻。卦中无动爻克世，毫无凶兆。

3. 世临青龙，与酒色有关，因其为年轻小伙，故推断他可能与女友在一起玩。

4. 世爻动化进，进则应期快，所以很快就会回来。明日壬辰，日辰引动世爻，世爻为父母，如果不回家也会有消息。

结果：第二天回到家里。他说确实是与女朋友在一起玩，因怕父母打电话催他回家，又怕被责骂，所以就干脆关闭手机，痛痛快快地玩了几天。

此卦用神辰土动化丑为化进，进则速，退则迟。如果按传统理论，辰化丑为化退，则应期必迟，甚至不想回来，更不会第二天就回家。这说明辰化丑为化进是正确的。

例 6：北京袁先生问身份证丢失能否找到：

己丑　己巳　戊午　庚申

泽火革	**雷火丰**	**六神**
官鬼丁未土″	官鬼庚戌土″	朱雀
父母丁酉金○	父母庚申金″世	青龙
兄弟丁亥水′世	妻财庚午火′	玄武
兄弟己亥水′	兄弟己亥水′	白虎
官鬼己丑土″	官鬼己丑土″应	螣蛇
子孙己卯木′应	子孙己卯木′	勾陈

1. 身份证以父母爻代表。

2. 父母酉金被日月克，但有时辰助和流年生，还有上爻未土暗动（被太岁冲动）相生，因而不会太弱，所以这个用神就会有作用。用神生世，失物容易找到，且不会花钱。

3. 用神酉金动化申金，看似为退，实则由丁酉化庚申，双体之金，力量反而比丁酉强，所以不为退而为进。用神的动变，就是本卦的信息反映，起卦时辰为庚申，助化出之变爻，这个时辰是寻找到失物的有利时机。于是，我叫他马上在家中仔细查找，结果，很快就找到了，没有超出申时。

此卦如果是过了申酉时起的，就要等到庚申日才能找到了。这就是应期的远近。最近的可应至当日当时，较近的则可应在最近几日内。

按常规论，酉化申为化退，但此卦因纳干不同，卦爻力量就不同，庚申比丁酉力量大，故退而非退。故进退须看其实际的力量变化，不要被表象所迷。

例 7：某连锁公司副总经理求测二〇〇六年的流年运气：

丙戌 辛卯 丁酉 甲辰

天泽履	**天雷无妄**	**六神**
兄弟壬戌土′	兄弟壬戌土′	青龙
子孙壬申金′世	子孙壬申金′	玄武
父母壬午火′	父母壬午火′世	白虎
兄弟丁丑土″	兄弟庚辰土″	螣蛇
官鬼丁卯木〇应	官鬼庚寅木″	勾陈
父母丁巳火′	妻财庚子水′应	朱雀

流年卦所包括的信息很多，但其中又有所侧重。卦中只有一个爻发动，这个动爻就代表最重要的信息。动爻为官鬼，官化官，因自己现有职务在身，所以这个动爻就表示自己在本年会有职务上的变化。

官星卯木在卯月最旺，现卯动化寅为化退，而且官星被日辰酉金克，被太岁戌土合，所以，其权力将会有所减小。

后来，他从表面上看是升了，但实际上权力变小了，等于是明升暗降。这种明升暗降只有从官星的化退才能看出，当然，他自己心里也明白，毕竟所升这个职务不如原来那个副总经理吃香。

我们从以上进退的卦例可以看到，卦爻之进退，需要区分形式的进退与实质上的进退，不可简单地一概而论。在某些特殊情况下，卦爻的进退与通常情况下是刚好相反的。能否正确判断卦爻之进退，关键在于能否针对具体的时间和具体的卦象组合进行具体分析。如果仅仅是机械地套用卦爻进退的理论，遇到特殊情况时，就容易出现错误了。

六爻预测看起来非常简单，不像命理预测那么复杂，但如果没有灵活通变的思维，你就会常常犯下教条照搬的错误，这样，遇到稍微复杂一些的卦，你就不能作出正确的分析和推断。即使是完全相同的卦象，只要起卦年月日时不同，那么，卦爻的五行力量就会有所不同，哪怕这些卦都是测同一类事，其结果也是有所差异的。

因此，断卦必须做到具体问题具体分析，绝不能把似是而非的卦完全等同起来，否则，就会差之毫厘，谬以千里。具体卦象具体分析，灵活通变，是准确断卦的重要前提之一。这是断卦的经验之谈，大家务必切记。

第三节　卦爻生与不生之形和质

木生火，火生土，土生金，金生水，水生木。这种五行之间的相生关系是人所共知的。但是，这只是从相生的形式而言的，实际上，有相生的形式却不一定就有相生实质。换句话说，五行之间形式上相生并不等于实质上就相生。要构成实质上的相生，必须具备以下条件：

一、有相生的关系。

二、有基本的自身力量。

三、相生的组合不被破坏。

下面分别论述：

一、有相生的关系

五行相生的形式是固定的，只有“木生火，火生土，土生金，金生水，水生木”这五种，其他任何两行都不构成相生关系。

有人说：水生木，木反过来也生了水。为什么呢？因为土是克水的，水生木，木的力量增强了就能制土，土被制就不能克水或者至少减轻了对水的克力。这样，木对水实质上就起到生的作用。这就是所谓的“反生”。但准确地说，这是木对水的一种间接保护作用，就像命理学上说的“官能护财、印能护官”的道理一样。我们这里所说的相生指的是直接相生。

五行相生的关系大家都明白，就不多论。

二、有最基本的自身力量

相生的双方都必须要具有最基本的力量才能构成实质上的相生。如果其中有一方过分衰弱都不能构成实质上的相生。

以水生木为例：水是主生方，木是受生方，首先要水有最基本的力量才能去生木，如果水的力量本身就太弱，自保都成问题，那么，它哪有能力去生木呢？当然，水生木是一种天性，它始终都有生木之心，但它过分衰弱时对木的资生就是有心无力了。就像母亲给孩子喂奶一样，母亲存心以自己的奶汁去哺养自己的婴儿，但由于母亲自己身体过分病弱，不能产生奶汁，就无法哺养自己的孩子。另一方面，作为受生方的木，也需要具备最基本的力量，只有这样，它才有能力去吸纳水给予的能量。如果过分衰弱，它就无力吸纳能量。就像婴儿吃奶一样，如果婴儿体力衰弱到连吸吮的气力都没有，母亲的奶营养无论多么丰富也无法救孩子的命。

可见，相生的双方，都必须同时具备最基本的力量才能起到相生的作用。“最基本的力量”是其中的关键。

那么，多大的力量才算够得上“最基本”的标准呢？

作为受生方，只要不是处于死地，不被某一行完全制住，就能吸纳主生方给予的能量，因此，能达到这种力量范围就算具备了最基本的力量。比如，木受水生，只要木不是处于金旺之地，或者不被金完全制住，就能受水之生。

作为主生方，只要不是处死、囚之地，不被它行制住，本身具有一定的活动力，就算具备了最基本的力量。比如，水生木，只要不是处于土旺之地，只要不被土完全制住，就能生木。

例：丙子　庚子　丁亥　辛丑

雷地豫	**雷水解**	**六神**
妻财庚戌土″	妻财庚戌土″	青龙
官鬼庚申金″	官鬼庚申金″应	玄武
子孙庚午火′应	子孙庚午火′	白虎
兄弟乙卯木″	子孙戊午火″	螣蛇
子孙乙巳火×	妻财戊辰土′世	勾陈
妻财乙未土″世	兄弟戊寅木″	朱雀

二爻巳火虽动，但被月令子水和四值三会水局完全克住，四爻午火又旬

空月破，这样巳火就无力去生初爻未土。卦中卯木弱于月令子水，不能通水火之关，火被水完全制住，无力吸纳木的能量，所以，巳火也不受卯木之生。

此卦如果测当月财运，则财运不好。原因是喜神巳火被克制，财源受阻，求财渠道不畅。如果简单地以为世爻财星得动爻巳火生而以吉断，则大错特错。可见，弄清生的形与质是至关重要的。

三、相生的组合不被破坏

相生的双方，如果一方或双方被冲去、合住或合化为它物，则实际上就破坏了这种相生组合，在这种情况下，相生关系就不再成立。比如子水生寅木，如果子水被强旺的午火冲去，或者被强旺的丑土合住或合化，则子水就失去了原本的性能而无法生寅木；作为受生方的寅木，如果被强有力的申金冲去，则它就无力吸纳子水的能量而不受子水之生。再比如申金生子水，如果子水被强旺的午火冲去，或者被强旺的丑土合住或合化，则子水也就无力吸纳申金的能量，所以就不受申金之生。

从本质上说，与上述第二个条件一样，就是相生的其中一方或双方力量过于衰弱而不能起到实质上的相生作用。

例：丙戌　甲午　庚午　丁亥

乾为天	**天风姤**	**六神**
父母壬戌土′世	父母壬戌土′	螣蛇
兄弟壬申金′	兄弟壬申金′	勾陈
官鬼壬午火′	官鬼壬午火′应	朱雀
父母甲辰土′应	兄弟辛酉金′	青龙
妻财甲寅木′	子孙辛亥水′	玄武
子孙甲子水○	父母辛丑土″世	白虎

卦中子水虽然发动，但它被日月强旺之午火冲去和所化出当旺之丑土克合，根本无力去生二爻寅木。如果要使子水生寅木，需要等到亥、子月才行。即使等到了申月，子水虽然不会再被午冲去，但申金却又冲去了寅木，

所以仍然不能构成实质上的相生。

像这样的卦，如果所测之事的时限在亥、子月之前，子水或寅木又为用神，则此事难成。如果所测之事的时限为若干年，那么，此事到了木年的亥月就会有起色，进入丁亥、戊子年则会有很好的转机。

可见，准确判断生与不生是准确断卦的前提。如果只管形式而不顾实质，见到有生之形就当做有生之质，就会在断卦中出现差错。希望大家对此引起足够的重视。

第四节　卦爻克与不克之形和质

五行相克关系：金克木，木克土，土克水，水克火，火克金。

与五行相生类似，五行相克也有形式与实质之别，有相克的形式却不一定有相克的实质。

五行之间要构成实质上的相克，必须具备以下条件：

一、有相克的关系。

二、有最基本的自身力量。

三、相克的组合不被破坏。

下面分别论述：

一、有相克的关系

双方的五行属性必须符合“金克木，木克土，土克水，水克火，火克金”中的某一组，这一点大家都明白，不用赘述。

二、有最基本的自身力量

相克的双方都必须具有最基本的力量才能构成实质上的相克。如果其中有一方过分衰弱都不能构成实质上的相克。

主克方必须具备最基本的力量才能具有克的功能，如果力量太弱，甚至弱极而从，就无力去克它行。如果被克方力量太弱，甚至弱极而从，从则不再被克，所以双方也就不存在相克的实质了。

作为主克方，只要不是处死、囚之地，不被它行制住，本身具有一定的活动力，就算具备了最基本的力量。作为被克方，只要没有达到弱极而从的程度，就算具备了最基本的力量。如果同时满足这两个条件，双方就会构成实质上的相克。

例：辛巳　丙申　甲子　戊辰

风地观	**山地剥**	**六神**
妻财辛卯木′	妻财丙寅木′	玄武
官鬼辛巳火○	子孙丙子水″世	白虎
父母辛未土″世	父母丙戌土″	螣蛇
妻财乙卯木″	妻财乙卯木″	勾陈
官鬼乙巳火″	官鬼乙巳火″应	朱雀
父母乙未土″应	父母乙未土″	青龙

五爻巳火发动被所化子水回头克，二者具有了相克关系，是否有相克的实质呢?

巳火虽不旺，但得流年和二爻巳火之助，又未处死地，不会弱极而从，因而具有最基本的力量。子水得月生又临日辰，力量较大，足以克制巳火。所以子水与巳火就构成了实质上的相克。巳火被克后就无力去生四爻未土。如果此卦是起于辛巳年甲午月丁丑日丙午时，那么，情况就大不一样了：巳火处旺地，又有流年相助，力量强大；子水临月破，又被日辰丑土合化，完全丧失了最基本的力量，弱极而从，所以它就无法去克巳火。这时的巳火发动就能生未土了。

三、相克的组合不被破坏

相克的双方，如果一方或双方被冲去、合住或合化为它物，则实际上就破坏了这种相克组合，在这种情况下，相克关系就不再成立。其道理跟上一节相生组合被破坏后而不能构成实质上的相生一样，就不赘述。举个例子大家就很明白了：

癸未　己未　丙申　乙未

水山蹇	**水风井**	**六神**
子孙戊子水″	子孙戊子水″	青龙
父母戊戌土′	父母戊戌土′世	玄武
兄弟戊申金″世	兄弟戊申金″	白虎
兄弟丙申金′	兄弟辛酉金′	螣蛇
官鬼丙午火×	子孙辛亥水′应	勾陈
父母丙辰土″应	父母辛丑土″	朱雀

二爻午火发动克申金，但由于午被强旺的未土合化，午火就失去原来的性能，它就不能再去克申金。

又如：

癸未　戊午　己未　己巳

火天大有	**地天泰**	**六神**
官鬼己巳火○应	兄弟癸酉金″应	勾陈
父母己未土″	子孙癸亥水″	朱雀
兄弟己酉金○	父母癸丑土″	青龙
父母甲辰土′世	父母甲辰土′世	玄武
妻财甲寅木′	妻财甲寅木′	白虎
子孙甲子水′	子孙甲子水′	螣蛇

酉金被月令克制，巳酉丑三合金局不能成立，酉金反而入墓于丑土。子水本身衰弱逢月破又被日辰克，而酉被制住则不能生子水，子水就弱极而从，从则不再被克，所以，四爻酉金虽然发动但实质上却不再能与子水构成相生。子水弱极而从后既然不与它爻发生生克，那么，子水在卦中代表的事物就不以凶论。这一点需要引起大家的注意，千万不能只要见到有被克的形式就统统论为不吉，要针对卦中具体的实际生克情况而定。假若此卦是戊午月乙亥日起的，那么子水就不从，不从则被丑未土所克，这样，子水代表的事物反而不利。

从以上论述可知，有克的形式未必就有克的实质。我们在分析和判别卦爻是否受克的同时，一定要看到其实质而不能只看其形式。不然的话，对所测之事的推断就会出现方向性的错误。

关于五行生克的形与质，已经讲完了。总结起来，其实很简单，相生也好，相克也罢，有其形不一定就有其质，要构成实质上的相生或相克，双方都必须同时具备最基本的力量。这是问题的关键和实质所在。

第五节　通关成败与吉凶走向

我们知道，六爻卦所测之事的吉凶，是由卦中喜用神与忌神的力量对比决定的。如果喜用神力量大于忌神，所测之事则吉，如果忌神力量大于喜用神，所测之事则凶。

克制用神的卦爻被称为忌神。忌神与用神的五行关系是：忌神主克，用神被克。

忌神是有害因素，事情进展的顺逆、吉凶的程度会随着忌神的力量变化而发生改变。在事情的进程中，化解和消除不利因素，甚至化不利为有利，都是有可能的。当然，也有些事情，无论怎样做都无法达到人们期望的那种效果。

那么，什么情况下才能化不利为有利呢？我们可以通过六爻预测去进行推断，要推断，首先需要明白化不利为有利、化敌为友、转凶为吉的卦理原因是什么。

把“化不利为有利、转凶为吉”这句生活语言翻译成六爻语言，就是：“将忌神的力量化解掉，并使它转而去生用神。”忌神被化解，并转而生用神，实质上就是将对事情的有害因素转化为有利因素。

忌神本身是克伐用神的，怎么又能够使它不但不克用神，反而去生用神呢？这是问题的关键所在。我们知道，在相克的两行之间，如果加入一种适合的另一行，就可以起到通关的作用。通关之后，这三行就能够构成一条相生链。比如，寅木克辰土，如果在寅和辰之间加入午火，那么，就构成“寅木生午火、午火生辰土”的相生链。在这种情况下，忌神寅木不但不会危害用神辰土，反而还去帮助午火生用神辰土，这样，用神的力量就得到了进一步的加强，为事情的顺利进行提供了更好的条件。

从以上分析我们可以看到：通关之物必然生用神。在六爻卦中，我们把生用神者称为“原神”。原神的作用就是沟通忌神与用神之间的关系、消除二者之间的矛盾。

如果卦中原神有力量足以通关，就能化不利为有利，反之，就不能化凶为吉。

转凶为吉的关键是“原神”，并不是说只要有了原神，就一定能够起到通关的作用。要达到真正的通关效果，原神必须满足一个条件——它的力量必须大于或约等于忌神。如上例，午火是辰土的原神，只有当午火的力量大于寅木忌神的力量或者与忌神寅木的力量相当时，才能真正起到通关的作用。

原神力量不足时，只是有通关的表面形式而无通关的实质作用。这种情况下，事物仍然处于不利的状态。

原神的力量会随着时间的运行而发生相应的变化。如果目前力量不足，而未来它的力量能够变强并达到足以通关的程度，那么，只要等待时机，事情就会向着好的方面发展，并终有成功之时。如果原神的力量随着时间的推移而减小，那么，就意味着事情进入了衰退时期，越往后就越不利，最终会导致彻底失败。通过对卦象的分析，这些情况都可推断出来。求测者根据预测师提供的相关预测信息，就可以在适当的时间采取适宜的措施，以达到趋利避害、趋吉避凶的目的。

推断这种卦，最关键的是要准确把握原神现有的力量大小及其往后的变化趋势。只要把握住了这两点，就能够推断事情在目前所处的状态以及往后的运动变化趋势和最终结果。

例如：重庆李先生想搞一个培训机构，但不知道主管部门能否批复，因而求测：

癸未 甲寅 戊申 壬戌

火水未济	**地泽临**	**六神**
兄弟己巳火○应	妻财癸酉金″	朱雀
子孙己未土″	官鬼癸亥水″应	青龙
妻财己酉金○	子孙癸丑土″	玄武
兄弟戊午火″世	子孙丁丑土″	白虎
子孙戊辰土′	父母丁卯木′世	騰蛇
父母戊寅木×	兄弟丁巳火′	勾陈

得到批复的目的是要取得执照、许可证之类的证照，应该以父母爻为用神。用神父母寅木居于初爻，临月建强旺，用神又发动生世爻，这是很有利的因素。但如果进一步分析，就会发现其中的弊病：

日辰申金冲克用神，四爻酉金发动也克伐用神，而且日辰与动爻还构成寅巳申三刑，用神旬空又动化出巳火泄气，这样，用神的力量不但被削弱了许多，而且用神还处于一种争战的状态，这就使得此事遇到障碍。

这种障碍主要是由忌神金克木引起的。要化解忌神对用神的克伐，需要用原神水去通关。原神亥水衰弱，又伏藏世爻之下，飞神午火不被冲开，伏神亥水就不能发挥作用，这样，原神就不能通关。既然不通关，就表示事情没有转机，因而此事最终也没有希望。

实际情况：由于主管部门内部对此事有意见分歧，此事未能办成。

此卦的原神不但力量太弱，而且伏藏不能出头，所以完全没有一点通关的作用。像这种情况，即使找人帮忙，也不会有什么希望出现，因为帮忙这个人就是原神，他本身就没有能力去帮这个忙。遇到这样的卦，预测师应该提醒求测者趁早放弃。

第六节　四值和卦宫对卦爻的作用力

在六爻预测中，如果属于吉凶成败范畴预测，一般都需要对卦爻的五行力量进行判断。其判断的准确与否，直接关系到预测结论的正确与否。所以，准确判断卦爻力量便成了预测的重要环节。

卦爻力量的强弱是由多种因素共同决定的，诸如四值（年月日时）、卦爻结构、动变、宫属等。大多数人对前几项都比较重视，但对卦爻的宫属因素往往掉以轻心，因而影响了对卦爻力量判断的准确程度。为了引起大家对此问题的重视，本节特别提出来加以讨论。

一、卦爻旺衰与宫属的关系

什么叫宫属？所谓宫属，就是指卦爻所居何宫。

比如“风地观”卦：

风地观

妻财辛卯木′

官鬼辛巳火′

父母辛未土″世

妻财乙卯木″

官鬼乙巳火″

父母乙未土″应

“风地观”属于乾宫卦，卦中所有的爻都居于乾宫。

卦宫是卦的处所，卦中每个爻的旺衰强弱都会受到卦宫的直接影响。打个比喻，卦宫好比住宅，卦就好比家庭，卦爻则是家庭成员，居住在宅内的一家人都会受到住宅环境的影响，而每个人由于自身命局的五行喜忌不同，因此，住宅环境对每个人影响之好坏也就各不相同。卦宫对卦爻的作用也与此类似，由于一卦之中各爻的五行属性不同，因此，卦宫五行对它们各自的生克也就各不相同。

卦宫对卦爻的旺衰影响为：与卦宫五行相同者最旺；受卦宫五行生者次旺；被卦宫五行泄者处于旺衰的中间状态，既不很旺也不很衰；被卦宫五行耗者较衰；被卦宫五行克者最衰。这种旺衰与五行的旺、相、休、囚、死相对应，虽不完全相同，却有许多相似之处。

以乾卦为例：

乾为天

父母壬戌土′世

兄弟壬申金′

官鬼壬午火′

父母甲辰土′应

妻财甲寅木′

子孙甲子水′

乾卦属于乾宫，卦宫五行为金。五爻申金与卦宫五行相同，得卦宫之旺气，力量最旺；初爻子水得卦宫金生，次旺；三爻辰土和六爻戌土被卦宫金泄泻，处于旺衰的中间状态；四爻午火被卦宫金耗气，较衰；二爻寅木被卦宫金克，最衰。

卦爻在乾宫的旺衰排列次序就是：金爻→水爻→土爻→火爻→木爻。越往前排越旺，越往后排越衰。

同理可推，其他卦宫中卦爻的旺衰次序（由旺到衰排列）如下：

兑宫与乾宫相同。见上列。

离火宫：火爻→土爻→木爻→水爻→金爻。

震巽宫：木爻→火爻→水爻→金爻→土爻。

坎水宫：水爻→木爻→金爻→土爻→火爻。

艮坤宫：土爻→金爻→火爻→木爻→水爻。

需要说明的是：以上所说的卦爻旺衰只是针对卦宫而言的，没有考虑四值因素，所以这种旺衰并不是卦爻的实际旺衰。决定卦爻实际旺衰的有两个要素：一是卦宫，另一个就是四值及卦爻结构的具体组合。那么，卦宫和四值是怎样共同决定卦爻实际旺衰的呢？要弄清这个问题，首先需要明白四值对卦宫的作用方式。

二、四值对卦宫的作用

通过上面的讨论我们已经知道，卦宫对卦爻有着直接的作用，这种作用又直接影响卦爻之旺衰。然而，卦宫并不是至高无上的，它还要受到四值的控制。卦宫的卦气旺衰就是由四值决定的。

年月日时四值为什么能决定卦宫的卦气旺衰呢？我们知道，年月日时的干支是一种时空模型，它代表的不光是时间顺序，还代表这一时间内的空间五行状态。所以，年月日时四值实际上代表着一个自然能量场，这个能量场对场内所有事物的五行旺衰起着直接的控制和主宰作用。我们在这个能量场内所起的卦，其卦气的旺衰当然也要受到这个能量场的控制。这就是四值决定卦气旺衰的原理。

在四值中，月令对卦气旺衰的影响最大，基本上起着决定性的作用，而年日时对卦宫的卦气旺衰之影响则不怎么直接和明显，所以，我们就主要以月令去衡量卦气的旺衰。

月令与卦气旺衰的关系如下：

得月令旺气者卦气最盛，称为“旺”；得月令生者卦气次旺，称为“相”；被月令所泄者卦气接近中和，不太弱也不太强，称为“休”；被月令所耗者卦气较弱，称为“囚”；被月令克者卦气最弱，称为“死”。根据这个规律，我们就可以知道卦宫卦气在各月的旺衰。

乾兑宫卦气：申酉月旺，辰戌丑未月相（其中各月又有较大差别），亥子月休，寅卯月囚，巳午月死。

离火宫卦气：巳午月旺，寅卯月相，辰戌丑未月休，申酉月囚，亥子月死。

震巽宫卦气：寅卯月旺，亥子月相，巳午月休，辰戌丑未月囚，申酉月死。

坎水宫卦气：亥子月旺，申酉月相，寅卯月休，巳午月囚，辰戌丑未月死。

艮坤宫卦气：辰戌丑未月旺，巳午月相，申酉月休，亥子月囚，寅卯月死。

以上是以“旺、相、休、囚、死”这五个等级去划分的卦气旺衰，是一种比较粗略的划分，但它也能基本反映卦气旺衰的大致情况。如果要更加精确地划分各宫卦气在各月的旺衰程度，则需要分别以每个月来看。我们以震宫为例来加以说明：

震为阳木，震宫之卦气在卯月最旺，寅月次旺，亥月第三，子月第四，辰月第五（此月为木之余气），巳月第六，午月第七，丑月第八，戌月第九，未月第十（木之墓地），申月第十一，酉月最衰。

巽宫虽也属木，但为阴木，其旺衰与震宫大同小异。

其余各宫卦气旺衰同理可推。

卦宫卦气越旺，得卦宫卦气生助的卦爻就越旺，被卦宫卦气克泄耗的卦爻就越衰。反之，卦宫卦气越衰，得卦宫卦气生助的卦爻其旺相程度就会大打折扣，而被卦宫卦气克泄耗的卦爻其衰弱的程度也就要低一些。

三、月令对卦爻的作用方式

卦爻的旺衰是由卦宫和月令共同决定的。但是，卦宫对卦爻的作用是直接的，而月令则对卦爻的作用则是间接的，它必须通过卦宫这个中间环节才能对卦爻起到作用。

打个比喻：卦宫就像人穿的衣服，卦爻就相当于人体的各个部位，月令则好比自然天气。阳光的热量或者空气中的寒气需要透过衣服才能对身体起到冷热的作用。如果穿的是干燥保暖的衣服，那么，阳光的热量透过衣服而将热量传递给身体，使体表温度升高。阳光温度越高，透过衣服传递给体表的热量越多，体表温度就越高。如果衣服是湿润而冰冷的，那么，当阳光的热量充足时，它可以先将衣服晒干，去掉衣服上的寒气，然后再透过干燥的衣服把热量传递到体表，使体表由寒冷变温暖。如果穿上湿润冰冷的衣服，又遇上寒冷的雨天，那么，雨水和寒气就会透过衣服传递到体表，使体表温度下降而感到寒冷，并且这湿润冰冷的衣服粘贴在身上而使体表感到更加寒冷。遇上寒冷的雨天，如是穿上干燥防雨的衣服，那么，衣服就可以阻挡雨水和寒气侵入体表，同时保持体表原有的温度，从而起到防寒的作用。

由此可见，衣服对体表温度起到了一种升降或调节的作用，干湿和性能（防水与不防水）不同的衣服以及冷热不同的天气对体表温度的升降是各不相同的。月令和卦宫对卦爻的旺衰影响与此是同样的道理。

1. 如果月令生助卦宫，卦宫又生助卦爻，那么，就等于是月令与卦宫全力生助卦爻，这时的卦爻当然是最旺的。

2. 如果卦宫克泄耗卦爻，但月令与卦爻是生助的关系，那么，月令就可以先透过卦宫这层障碍然后再对卦爻起到生助的作用。但得到这种生助的卦爻就不如既得卦宫生助又得月令生助的卦爻旺，因为这种情况下月令要耗费一些能量去排除卦宫对卦爻的克泄耗之作用，然后才能以剩下的能量去生助卦爻，也就是说这种情况下的月令不能全力生助卦爻。

3. 如果卦宫生助卦爻，而月令却克泄耗卦爻，那么，月令就可以先透过卦宫这层障碍然后再对卦爻起到克泄耗之作用。这种情况下的月令也不能全力克泄耗卦爻，只能以月令的余力去对卦爻进行克泄耗，所以，这种情况下的卦爻不会是最弱的。

4. 如果卦宫和月令都克泄耗卦爻，就等于是月令和卦宫全力对卦爻进行克泄耗，这种情况下的卦爻境况是雪上加霜，是最弱的卦爻。

四、四值对卦爻的不同作用

四值对卦爻都是有作用的，其作用的大小及作用时间的长短需要以所测之事的时段而定。测若干年的事，流年的作用最大，当然流年是指运行轮换的流年。比如测五年内的事，子年起卦，接下去就是丑、寅、卯、辰的流年，应该以各个流年分别去推断每年的吉凶，而不是始终以起卦的子年去推断各年的吉凶。测若干月的事，则流月的作用最大，其道理与流年相似，也是分别以各个流月去推断，而不是始终以起卦的月令去推断。测若干日之事，则需同时注重月令和时段内的各个日辰。测当日几个时辰内的事，则需同时注重当天的日辰和时辰。所以，四值对卦爻的作用大小与作用时间的长短是需要视其具体情况而定的。

五、月令与卦宫的能量比较

月令是自然的大时空能量，是一个大太极，卦宫只是一个小太极，小太极的能量当然不如大太极。并且它还受制于大太极，所以，月令的能量大于卦宫的能量，这样，月令对卦爻的作用力当然就大于卦宫对卦爻的作用力。所以，卦爻的旺衰和力量的大小最终还是取决于月令，但同时，月令对卦爻的作用又会受到卦宫的影响，从而在一定程度上使卦爻的旺衰和力量受到影响。虽然这种受影响的程度不是太大，但也不是小到可以忽略不计的程度。冬天虽冷，但多穿衣服就可以抵御严寒，如果不穿衣服，那就会被冻坏身体甚至被冻死。卦宫就像衣服，它对卦爻的庇护作用到底有多大，大家由此可以掂量。

一般人都不注重卦宫对卦爻的作用，只是单独地用月令去衡量卦爻的旺衰强弱，从以上的分析我们可以知道这是不妥当的，是太过片面和简单的做法。因此，要准确衡量卦爻的旺衰强弱，必须将月令和卦宫结合起来进行综合分析判断，当然，另外还要结合卦爻在卦中的五行组合结构（即卦爻之间的生、克、合、冲、刑之类），因为卦爻的五行组合结构会在很大程度上使卦爻的力量大小发生改变或转化。这个问题在本书中有专题论述，在此就不重复。

六、卦爻旺衰强弱判断举例

例 1：戊寅　甲寅　甲午　辛未

山水蒙

父母丙寅木′

官鬼丙子水″

子孙丙戌土″世

兄弟戊午火″

子孙戊辰土′

父母戊寅木″应

“山水蒙”属于离宫卦。离宫在寅月处相地，卦气较旺。

初爻和上爻寅木不得卦宫之生助，反而被卦宫五行所泄泻，所以它们在宫内不旺；但寅月木旺，月令寅木可以透过卦宫助寅木而使其由衰变旺。

二爻辰土和四爻戌土得卦宫之生，在宫内较旺，但可惜被力量更强大的月令所克，将来自卦宫的旺气去掉，最终弱于寅木。辰爻与戌爻相比较，戌比辰强，这是因为辰中有藏干乙木相克，而戌中有藏干丁火相生，一生一克，形成剪刀差，所以二者力量有较大差别。

三爻午火在宫内纳卦宫之旺气而最旺，同时得月令之生，又得日辰之助，有生助而无克，必然强旺。不过，与初爻和上爻寅木相比，午爻还是不如寅爻旺，因为寅月之火毕竟只是得生而并没有达到像巳午月那样的强旺程度，加之午火党众不多。所以，临月令之爻到底是最旺的。

五爻子水被卦宫所耗，又被月令所泄，处于一种非常衰弱的状态，衰到成为从象。

此卦为六静卦，没有特别的卦爻组合，也没有动爻与变爻引起的卦爻力量变化，所以，卦爻的旺衰与强弱是同步的，即越旺者越强，越衰者越弱。

例 2：甲申　癸酉　己亥　乙亥

风天小畜	**泽天夬**
兄弟辛卯木○	妻财丁未土″
子孙辛巳火′	官鬼丁酉金′世
妻财辛未土×应	父母丁亥水′
妻财甲辰土′	妻财甲辰土′
兄弟甲寅木′	兄弟甲寅木′应
父母甲子水′世	父母甲了水′

“风天小畜”为巽宫卦，单以卦宫论,木气最旺，土气最衰。月令为酉金，金旺克木，巽宫受克处死地，卦气极弱。既然卦宫之卦气本身就极弱，那么，卦宫内最旺的木也就谈不上有多旺。酉金透过卦宫克木，使卦中原本最旺的木反而变得很衰，这就是月令对卦爻的作用。

起卦的日辰和时辰为亥水，酉月的亥水力量较大，它能在月令酉金和卦爻卯木之间起到通关作用，这样就化解了月令对上爻卯木的克伐，使卯木由弱转强。日辰和时辰亥水入变卦四爻，帮助构成亥卯未三合木局，进一步加强了卯木之力。如果没有日辰和时辰亥水，那么，卯木由于受到月令的冲克而构成月破，其力量是非常衰弱的，正是因为日辰和时辰亥水的作用，使卯木的强弱来了一个大的转折。可见，日辰的作用是不可小视的。

由于日辰和时辰的作用，使得这里的三合木局勉强能够成立。木的力量由弱转强后，卦中相关的爻其力量也随之而发生变化。四爻未土本来并不很弱，但由于三合木局的构成，未土的能量就被三合局所吸收，这样，未土的力量也就大大削弱了。可见，卦爻结构对卦爻力量的变化有着重大的影响。从此例可以看到，如果单以卦宫、单以月令、单以日辰、单以时辰、单以卦爻结构去衡量卦爻的力量强弱，那就会出现很大的误差。所以，我们在判断卦爻强弱时必须将卦宫、四值、卦爻结构的具体组合等因素综合起来进行分析，这样才能准确衡量卦爻的力量大小。

第七节　五行特性在断卦中的运用

在命理预测中，五行特性是经常需要使用的命理推断要素之一。它常常被用于对性格、思想以及行为特征的推断。六爻预测中，一般很少有人重视卦爻五行特性的运用，甚至有许多人根本就不知道卦爻五行特性与六爻预测有什么关系，至于怎样运用，更是一无所知。因此，五行特性在六爻预测技术中的运用长期以来就成了一个学术空白。事实上，在有些六爻卦中，也需要推断人的性格、思想以及行为特征。只是由于操作者不懂得这种技术而无法使用而已，这不能不说是一种技术上的缺陷和遗憾。

如果是专门预测某人性格、思想及行为特征的六爻卦，那么，所起的卦中就有这方面非常丰富的相关信息。这种信息有时甚至比用命理的方法推断出来的内容还要细致和具体，会达到令人惊讶的程度。只是很少有人专门去起卦预测一个人的性格而使得这种卦例非常罕见。

运用卦爻五行特性不但可以预测人的性格特点，而且还可以推断某些事物的情态、状态、形象和某些事件的情节。这是比较新颖和比较高级的技术，因而要求预测师具有较高的六爻造诣才行。

如果对这种技术运用得好，会给六爻预测增添不少色彩，从而使预测内容更加丰富和生动，更富有情趣和人性化。

五行特性的内容在前面我们已经讲过，不熟悉的易友可以回过头去复习一下。下面我们就用一些实例来说明它的运用方法和技巧。

例 1：船工李先生与一女子同居多年，生有一子，但一直没有办理结婚登记，由于双方性格不和，想与她分手，但为了孩子，他又感到左右为难。于是他特地来求测此事的结局将会怎样：

丙戌　丙申　甲申　甲戌

火风鼎	**雷风恒**	**六神**
兄弟己巳火○	子孙庚戌土″应	玄武
子孙己未土″应	妻财庚申金″	白虎
妻财己酉金′	兄弟庚午火′	螣蛇
妻财辛酉金′	妻财辛酉金′世	勾陈
官鬼辛亥水′世	官鬼辛亥水′	朱雀
子孙辛丑土″	子孙辛丑土″	青龙

二人虽然没有办理结婚登记，却是实实在在的事实夫妻，因此，应该以应爻代表女方，以世爻代表自己。

应爻为未土，未土干燥，因而她具有十分倔强、格外任性、愚顽不化、固执己见的性格。和这种人相处，很难与她进行思想上的沟通和情感上的交流，因而就缺乏了男女之间的那种情调，使人觉得不是滋味。

世爻为亥水，亥水主聪明善变、多情善感，但缺乏定力，因而自己会在情感上缺乏控制，放任自流，最后就会泛滥成灾，自食苦果。这是自己的一大致命弱点。

朱雀临世爻，朱雀为火，主对人热情，性格外向；朱雀又主口才，但由于被世爻亥水克，因此，自己的口才就不是很好。不过，自己还是喜欢言谈，只是语言说服力和煽动力不够，因而遇到与人谈判或者交涉的场合，自己往往都处下风。

官鬼持世，主权力、压力、原则，由于官鬼亥水被流年所克，虽得日月之生但生中有害，再加上被动爻巳火冲，这样，亥水就四面楚歌，因此，权力、原则这些东西就被驱散了许多，而剩下的主要就是工作、生活和心理上的压力。这种压力主要就是来自现在的这段男女恩怨。

应爻为子孙，本可以凭自己的能力去挣钱，但由于应爻未土旬空，因而就不想自己去挣钱，而只是好逸恶劳，贪图享受，指望别人来养活自己。

应爻克世爻，虽然应爻旬空而不能对世爻造成太大的压力，但总会使男人感到心里有些不舒畅。应爻与世爻相克，双方关系自然就说不上好了；应爻旬空，还表明女方对你已经不会以诚相待了，同床而异梦。

应爻化出妻财，对方一心想的是钱，而不想你。上爻巳火兄弟发动化出子孙，子孙表示快乐和享受，与兄弟爻结合在一起，这种信息更加突出。兄弟为情场上的竞争对手，因而上爻这个兄弟发动后就有这方面的行为。因为应爻与上爻巳紧邻，恰恰应爻又是子孙，正好是巳火追求享乐的目标，巳火生应爻，那个男人喜欢上了你现在的女人，而应爻旬空，心里空虚，也正需要有人送温情，因而两人会一拍即合，背着你寻欢作乐。

从以上分析可知，双方性格并不相合。因此，一起生活久了，就免不了要发生矛盾，都会另外去寻找自己需要的东西。自己辛苦挣钱养一个女人，不但不能从她身上得到精神的安慰与情感的满足，反而还给自己带来各种烦恼，因此，心中特别不是滋味。于是，便想快刀斩乱麻，结束这段缘分。

但是，双方同居了几年，又有一个孩子，加上又有共同的房屋，如果要分开，必然会牵涉到财产分割、孩子监护与抚养的具体问题。因为女方是好逸恶劳之人，自己没有工作和收入，既然男方提出分手，女方就必然会从经济利益的角度出发处理这件事情，因此，她必然想在这方面占尽便宜。

子孙与应爻重叠，说明女方想要孩子和她一起，因为子孙化出财爻，所以，她还会以监护孩子为由向男方索要抚养费。孩子是需要住房的，因此，住房她也想占有。这样的分手，就等于男方人财两空，而且还要付出一大笔抚养孩子的费用。当然，这只是当时我对这个卦的分析和推断。但李先生认为事情未必会如此悲观，也许在经济上自己不至于付出那么多。

他对我说："如果她要房子，就得付一半的房钱。至于孩子，我还是很舍不得，因为这毕竟是我唯一的儿子，我与前妻只有一个女儿。孩子跟我一起，我不要她拿抚养费。这样她实际就得到了一半的房产，别无负担。如果她实在不同意，我就把住房全部给她就是了。因为我们没有进行结婚登记，所以，我不想和她上法庭裁决。”

我说：“事情恐怕不是你想象的那么简单，她占不到大便宜，是不会善罢甘休的。因为她的性格决定她是一个非常执拗和自私的女人，你遇上她，不作最大的退让恐怕就无法利索地分开。”

女方要求：房屋、孩子全归她，并且要李先生全部支付孩子的生活费、零用钱以及读书的所有费用，直到大学毕业为止。这可是一笔不小的费用。

本来，他作出了很大的让步，同意将房屋全部给她，提出孩子跟谁一起谁就全权负担。因以前李先生借给女方兄弟两万元钱，孩子有一万元的医疗赔偿费也在她手中，这三万多元也全部归她。至此，这件事情才算了结。

但双方分手之后，女方经常让孩子到父亲处，目的无非是要点钱，买点东西。因为儿子毕竟是自己亲生的，李先生当然也只好适当地给一些。

最终的结局，还是李先生人财两空，让对方占尽了便宜。他目前没有住房，只好去租房住。

这是他第二次婚姻失败带来的结局。

例 2：张先生在一次与公司老板的通话中，对方暗示可能将会给他一个去公司工作的机会，问他有无这种意向。由于那位老板是他的长辈，他担心去了以后如果弄得不好，大家都不愉快。他不知到底能否去成，去后前景如何，于是特地前来求测：

乙酉　乙酉　庚戌　辛巳

雷地豫	**火地晋**	**六神**
妻财庚戌土×	子孙己巳火′	螣蛇
官鬼庚申金″	妻财己未土″	勾陈
子孙庚午火′应	官鬼己酉金′世	朱雀
兄弟乙卯木″	兄弟乙卯木″	青龙
子孙乙巳火″	子孙乙巳火″	玄武

妻财乙未土″世　　妻财乙未土″应　　白虎

世爻为自己，长辈以父母爻代表，父母子水伏藏在世爻未土之下。

世爻未土是燥土，主性格倔强，个性太强，而且缺乏变通和圆润。白虎临世得年月扶助，性格特别刚强。妻财持世，自己最关心的事就是求财。

自己的上述性格，在公司中不易与人和睦相处，往往会把双方的关系搞得很僵。从公司用人的角度讲，会因为你的进入而使公司的工作氛围变得紧张，如果老板觉察到这一点，他就会重新考虑。

父母子水伏藏为从象，但不宜世爻与子水相害，这种克害会使双方在工作上难以很好配合，因而会导致他心里感到不舒服。既然如此，他可能会改变原来的想法而谢绝你去他的公司。

父母子水临白虎，说明老板也是个性刚强之人，两强相遇，互不相让，这实在是不好的组合。水主聪明和理智，因此，他会对此事采取理智的做法，不会为了彼此的某种情面而轻率地让你进入他的公司。

父母主仁慈，他对你有同情之心，也正是因为这种同情心，他才动了让你去公司工作的念头，但既然你会给他带去压力，他当然也不愿意自寻烦恼而让你进去。

世爻未土中藏有火，火为子孙，代表技术，因而自己也是个有技术的人，也许这也正是公司老板想用你的原因之二。但上爻戌土临日辰又动化子孙回头生，这个戌土比世爻未土之力强得多，子孙爻代表思维又代表技术，说明在他的心目中有一个实力比你强的人选。因此，他最终会改变原来的主意而谢绝你。

按照上述推论，我断定张先生最终没有机会进入那个公司工作。

后来，老板就再也不谈此事，张先生等得有些不耐烦，便打电话去问，结果老板回答说，目前公司效益不好，暂时不能增加员工，只有今后再说。

不久，张先生打听到，公司前不久招收了一位技术人员，实际上就等于取代了他的名额。

这件事情之所以没有成功，就是因为张先生自己的性格缺点所致。可见，像这种卦，推断一个人性格是相当重要的，因为这种事情老板特别注重个人的性格优缺点。这种性格的优缺点便是这类事情成败的关键。

例3：有人给陈女士介绍了一位姓刘的男子谈恋爱，她想知道：对方到底是怎样的人？恋爱结果会如何？

乙酉　辛巳　辛丑　壬辰

天风姤	**泽风大过**	**六神**
父母壬戌土○	父母丁未土″	螣蛇
兄弟壬申金′	兄弟丁酉金′	勾陈
官鬼壬午火′应	子孙丁亥水′世	朱雀
兄弟辛酉金′	兄弟辛酉金′	青龙
子孙辛亥水′	子孙辛亥水′	玄武
父母辛丑土″世	父母辛丑土″应	白虎

世爻为自己，应爻为陌生的对方。

世爻为丑土，土的五行特性为倔强，但丑为湿土，因而倔强的程度不高，只是有一点倔强而已；土又主诚实，但因丑土中有水，所以又会耍点小聪明，甚至还会撒谎，于是，她就成了一个有时诚实、有时又会撒谎的人。当然，什么时候诚实，什么时候撒谎，则是根据自己当时的心情和需要决定的。所以，她的话不可不信，但也不可全信。要知她话中的真假，需要听者自己去辨别。不过，由于土比水强，因此，她说谎的次数并不多，而在大多数时间都是比较诚实的。土主信用，虽然丑土中的水影响了她的信用程度，但也是因为土比水强，所以，从总体上讲她还是比较守信用的。

白虎临世爻，说明自己的性格有刚强的一面。父母持世，说明自己具有慈善之心。

以上这些性格加起来，就是她本人的主要性格特点。

应爻为午火，为阳火，其五行特性为热情、外向、奔放，想到什么就说什么，不计后果，因而有时会无意中伤害别人的自尊心；容易感情用事，缺乏沉稳和冷静，因而有时会做出令自己后悔的事情。

朱雀临应爻，朱雀也为火，与午火结合在一起，便使得他上述心性更加突出。朱雀主口才，说明他是一个很喜欢说话的人，并且口才还不错。只是日辰丑土为湿土晦火，因而使得他说的话不怎么中听，甚至有时让人感到讨厌，会责怪他多嘴多舌。

官鬼临应，官鬼主心机。由于官鬼旺，与朱雀和午火的上述含义组合在一起，便会使他产生坏点子和坏心眼，因而他的人品就不算好。他总是试图算计别人，总想占别人的便宜。所以，他这种人不会有什么知心朋友，哪怕是自己的老婆，也难以肝胆相照。

以上这些性格加起来就是他的主要性格特点。

与这样的男人结为夫妻，很难过上幸福美满的日子。

世应虽然相生，但同时又相害，这种相害就决定了双方不能灵犀相通，虽然表面上会有和睦的关系，但实际上却各自会有自己的小算盘，甚至同床异梦，至少用情不专。

应爻生世爻，说明男方会追求女方。但是卦中上爻发动，上爻为父母爻，代表男方家的父母，这个父母为戌土，由于是燥土，因而性格非常倔强，会固执己见。由于应爻入墓于这个动爻戌土，因此，男方的行为会受到父母的限制，如果谈的对象不合乎父母的心意，他们就会固执地加以阻拦。螣蛇临上爻父母，他的父母会有较重的猜疑心，甚至会捕风捉影，而且还会大惊小怪。所以，这样的父母是比较难侍候的。

从以上分析可知，男女双方在性格上的契合点太少，因而不适宜结合在一起。如果一定要结为夫妻，就不要指望什么幸福美满和夫妻恩爱。

上爻父母发动与世爻相刑，变出的未土又与世爻丑土相冲，说明男方家父母不愿意讨这个女人进门做儿媳妇，加上儿子又在一定程度上受到父母的牵制，所以，此事最终难成。不过既然应爻生世爻，男方会主动要求与自己约会。但正如上面所说，由于男方说话不中听，因此，在交谈过程中，他就会说出一些令人不高兴的话，这样，大家就会不欢而散。

后来，她应约去了那位男子家三次，那位男子和他父母的性格、人品都不幸被我所言中。由于他的性格、人品和说话都让她感到心里不舒服，因此，她很快就与他分手了。

当时推断的时候，她只觉得我不过是在随便说着玩，并不在意。他们分手后，她又特地前来问我是不是以前认识那位男人，不然怎么会知道得那么清楚？当然，我肯定不知道他是何方神圣，这只不过是根据卦象将其中的信息挖掘出来而已。不过这正说明，运用这种技术推断人的性格、行为以及人品，其准确率是很高的。

大家从以上实例不难看出卦爻五行特性在六爻预测中的运用规则和技巧。为了使大家更加明白，我们最后作个总结：

卦爻五行特性有其独立的信息含义，但在运用时却并不是孤立地用它去进行分析推断。为了达到更好的推断效果，丰富推断的内容，需要将卦爻的六神、六亲含义全部结合起来进行综合分析推断。当然，这种分析推断不是将三者简单地相加，而是要联系实际，按照哲理、情理以及生活常理进行符合逻辑的推理，从而将它们有机地复合起来，最后提取出三者的复合含义，作为推断的结论。

这种推断方法与命理预测中性格推断方法大同小异，大家可以将命理技法作为借鉴，进行练习。

需要提醒的是：并不是测任何事的任何卦都适用于这种方法，因为有些卦本身就不具备这方面的信息，所以，你不能牵强附会地胡乱套用。

那么，哪些卦才能运用这种技术呢？一般地说，凡是预测与人的性格、人品、行为有重大关系的卦才适宜使用这种技术，如果不是这样的卦，就不宜随便套用，否则就会闹出笑话。这正是六爻预测需要具体问题具体分析，需要灵活通变的基本要求。

第八节　本章结语

八卦预测古籍中，鲜有关于四值的论述，更少有涉及卦宫、爻位应用之详解。随着时代的发展，求测者对预测的要求越来越高，只有不断提高技术水平，才能满足求测者的要求。

本章所研讨的内容，许多都是很容易被表象所迷惑的情况。比如卦爻进退的真假，生克的真假，强极弱极导致吉凶性质反转，这些特殊情况，就是阴阳性质的转化，别说是初学者，就是很多长期研究六爻预测的人也不明白，所以预测结果错了却找不到原因。五行特性是对事物本质特性的描述，对于涉及与人有关之事的预测，可以准确细致地反映出人的性格、思想、人品、爱好、行为方式等内容，运用到预测中就可以生动形象地描述一个个鲜活的人物形象，所以对五行特性也是需要认真掌握的。弄懂这些深层次的理论，对提高断卦技术很有帮助，希望大家仔细研讨本章的内容。

本章习题：

1. 本章在论爻位时说："在一卦的六个爻中，五爻为君位。处在这个爻位的六亲，只要力量足够，它所代表的人往往是当权者，往往握有很大甚至最大的实权。即使这个人并没有什么官职，但他却很可能是一个实力人物，不可小视。"那么：在预测的时候，是否对每个卦的五君爻都要特别重视呢？

2. 传统谓"动爻变爻有一逢空破冲合者，待期填补合冲而进三也。"其中"填补合冲"是什么意思？

3. 本章关于辰戌丑未的进退，与传统观点有所不同，传统观点的进退是否就是完全错误的呢？

4. 五行的特性有哪些？在八卦中如何运用五行的特性来断事？

5. 六爻预测也可以将五行特性和六亲含义复合起来进行推断性格吗？六爻的六亲与命理的十神其含义是否一样呢？

第十六章　卦技探讨

六爻预测是一门技术含量很高的应用技术，六爻预测技术的高低直接决定着预测准确率的高低以及预测内容的深浅和多少。掌握精湛的六爻预测技术，是我们每个六爻预测师追求的目标。那么，怎样才能不断提高自己的六爻预测技术而最终达到炉火纯青的预测境界呢？本章我们就专门来探讨这个问题。。

第一节　预测步骤

大凡技术都有一定的操作步骤，六爻预测也不例外。要得出预测结论，得有一个起卦、排卦、解卦、归纳决断的过程。

一、起卦

起卦说起来很简单，却很重要，因为起卦是断卦的基础，要使预测结论准确可靠，首先必须保证所起的卦具有充分的可靠性。起卦虽然是一个非常简单的程序，但是一个非常重要的步骤。

那么，怎样起卦才能保证卦象本身包含的信息具有充分的可靠性呢？

这个问题在本书《第五章·第三节·起卦方法有讲究》中有专门的论述，读者可以回头温习。

有的六爻预测师，其预测技术本来很不错，但有时测的卦却就是不准确，之后也找不出原因，去请教行家也看不出分析推断有什么错，因而长期被这种情况所困惑，其实很简单，就是起卦这个最初环节出了问题——起的卦本身就不可靠。如果不知道这一点，恐怕会被困惑一辈子，还以为自己在卦理方面有问题，久而久之就会“修正”自己本来正确的卦理，而经过这种“修正”，反而会误入歧途。这是令人遗憾的事情，希望在大家身上不要发生这种事情。

起卦犹如高楼的基础，一定要保证具有充分的可靠性，希望大家对此引起足够的重视。

起卦的步骤正确完成后，接下来就是排卦的步骤。

二、排卦

排卦虽然也是一个极其简单的程序，但里面却有讲究：

首先，卦象要记录准确，不能有误；

其次，卦爻的六亲要排布正确，不能张冠李戴，尤其是变卦的六亲要随主卦卦宫而定；

第三，有旬空、月破、伏神的可标明，如果不标明，但自己心中要明白，断卦时要会运用；

第四，世应不能排错，否则预测的对象就会因此而搞错；

第五，正确排布六神，以备使用。

排卦要细心，不能有任何错误，这是排卦的基本要求。但是，六爻预测有其特殊性，一个熟练的卦师，有时竟然会将卦记错或者排错，直到预测结束也一点没有察觉到出错的地方。神奇的是，以后事实证明，虽然卦被无意中记错或者排错，但预测结论却准确无误，甚至能达到出神入化的精准程度。这是六爻预测中的一种特殊现象，称为“错卦错断”。虽然是错卦错断，却歪打正着，奇准无比，而如果将卦象重新正确排布，重新分析推断，则反而会得出错误的预测结论。因此，遇到这种情况，应该“将错就错”，不要进行纠正。需要强调的是：所谓“错卦错断”，是指无意中将卦记错或排错，绝不是有意而为；另外，如果在解卦过程中发现了这种错误，则应及时纠正，不能再“将错就错”，不然的话，这种有意识的“错卦错断”就必然会得出错误的预测结论。

三、解卦

（一）确定用神

针对所测人事确定用神是十分重要的一环。大多数用神都易取，但有的事物在六亲分类上模棱两可，按六亲取用拿不准，应引起重视。比如眼镜为我所用之物，但其也有保护身体的作用，似乎应视为父母类，而实际应该归于妻财类。（关于如何确定用神可参阅本书第七章中第三节“用神的学问与误区”）

（二）定吉凶

根据卦象推断所测人事的吉凶成败走向，在于准确判定用神的旺衰强弱状态及与世爻之间的“向背”。这是最关键的一步，也是较难的一步。不但要判准用神目前的强弱状态，还要正确把握用神在以后的强弱变化趋势，才能确定未来之吉凶；如果求测者要求推测以前已发生过的事之吉凶，还得分析过去一段时期内用神的强弱变化情况。

（三）抓住卦爻的特殊信息标志，充分描述事物变化的轨迹

挖掘信息，进行细节描述，可从以下方面着手：

1. 首先要确定被预测的对象是什么，然后正确选取相应的六亲来代表所预测的对象。

2. 正确分辨用神与忌神。

3. 准确判定卦中各爻的旺衰强弱。

4. 重点分析用神与世爻、忌神、动爻及四值之间的生克情况及其所包含的信息。

5. 破译出爻位所代表的信息含义。

6. 自测以世爻为用神时，正确选取世爻所持之六亲信息。如官鬼持世可主忧患病灾，也可主功名在身，到底主何信息，则需针对具体的卦，所测的具体之事及世爻的旺衰强弱决定。

7. 抓住动爻所显示的信息。一爻明动，信息比较明显；暗动之爻，多

主将有不易察觉之事发生；多爻动，看经过生克组合后力量最终聚集于何爻，依其与用神的喜忌生克掘取相关信息。

8. 旬空月破之爻。空破皆为病，天机泄于有病之间。如世空主我心不实，应空主他心不实，旬空之爻可避克，出空恐遭凶之类。

9. 六合、三合、三会、三刑、六冲及合处逢冲、冲中逢合、六合化六合、六冲化六冲、六冲化六合、六合化六冲等都含有明显的事物变化信息。

10. 临墓、入墓、冲墓之时事物有较大变化。

11.飞伏神之间的微妙关系。

12. 游魂卦、归魂卦的特性。

13. 反吟、伏吟的特性。

14. 日月如天，生合用神为官贵相助，克害用神为权贵相害。

15. 五爻处君位也是官贵之位，若官鬼临五君爻生用生世暗示可得贵人相助。

16. 阳动主过去，阴动主未来，据此可推断事物的变化轨迹。

17. 以卦象的内外，判事物所处的远近、上下、内外、高低位置。

18. 根据六神特性，描绘事物情状。

19. 卦名参断。

一卦之中往往蓄存许多信息，大则定事之吉凶，小则描述事之细节、情状，以上 19 条，仅是略举大概，具体断卦时贵在灵活通变。

(四) 定应期

吉凶易判，应期难定。这是因为定应期需要精确把握用神的“病”与“药”。《卜筮正宗》曰：“天机尽泄于有病之间，断法总在于医药之处。”吉的应期在“医药之处”，凶的应期则在“有病之间”。

1. 吉的应期

测事分测过去之事和未来之事两种。凡吉事之发生，不管是过去还是未来，都是用神旺相有力之时。根据这个原理，我们就可以往前或向后寻找能使用神旺相有力的具体时间。

(1) 用神力量不足，则用神得生、得助由弱变强之时应吉。

(2) 用神旺相安静，待月日甚至太岁（测长远之事）冲动之时应吉。

(3) 用神太旺太众逢墓库之时应吉。

(4) 用神月破，待填实之时应吉。

(5) 用神旺动，逢合之时应吉。

(6) 用神旺而入墓，待冲墓、破墓、冲用之时应吉。

(7) 用神被冲，逢合之时应吉。

(8) 用神遇合，逢冲之时应吉。

(9) 用神旬空安静，出空逢冲之日应吉。

(10) 用神旬空发动，出空之日应吉。

(11) 用神旬空被冲，出空逢合之日应吉。

(12) 用神旬空发动逢冲，谓之冲实，以本日为应期。

(13) 用神被日辰合旺，或日辰临用，可以本日为应期。

(14) 生克用神的三合局、三会局力量强旺成化之时为应期。

以上列举的为常见的应吉之期。

2. 凶的应期

忌神旺相，用神严重遭克之时就为凶的应期。在上述应吉的情况中，如果把用神换成忌神，则一般都为凶的应期，因此，读者可参考上述吉的应期反面去推断凶的应期。

四、下结论

将上述解卦所得到的信息进行归纳总结，从中得出一个最终的结论，这便是预测结论。

解卦是进行充分的分析，下结论则是提纲挈领的归纳。前者是摊开，后者是收拢。收拢需要一定的综合归纳能力，否则就难以得出准确的结论。

根据分析出来的众多信息下结论，需要准确的判断能力，而判断能力与知识面和知识的深度、广度有直接的关系。所以，作为一个六爻预测师，需要足够的知识，而且越广博越好。这些知识不仅包括书本知识，还包括生活常识，尤其是对所测之事，最好要有一定的了解，这样才能进一步保证预测结论的可靠性。

以上所列的断卦步骤看起来似乎很繁琐，但对于一个高水平的六爻预测师来说，完成这些步骤只需极短时间，有很多卦甚至只需十几秒至一分钟即可得出准确的预测结论，而对于初学者来说，也许花上十分钟甚至更长的时间也还难以保证预测结论的准确性，这就是预测技术水平上的差距。所以，要成为一个合格的六爻预测师，必然首先练就纯熟的基本功。只有具备了熟练的基本功，才能在解卦过程中对卦象进行快速而流畅的分析，才能保证思维的敏捷与活跃，最终才能快速而准确地得出预测结论。

第二节　预测思路

有不少实战经验不足的六爻爱好者，在研习书上的卦例时，能够完全看懂，甚至可以讲得头头是道，而一旦面对一个实际的卦需要向求测者作出预测结论时，往往感到不知从何下手。虽然平时感觉学得很好，但真正面对实测时，却手忙脚乱，不知所措。

学而不能用，这是怎么回事呢？

这就是一个预测思路的问题。之所以面对一个卦无从下手，就是因为脑子里没有一套系统的预测思路。

那么，怎样才能学会一套系统的预测思路呢？

要学会预测思路，开始需要从书本上学，通过对书本上卦例的研习，可以模仿作者的预测思路。每个六爻预测书籍的作者都有自己的一套预测思路，不同的作者有不同的预测思路，开始实习的时候，你可以选择适合自己胃口的预测思路进行模仿实习，等到熟练之后，你就会体悟到六爻预测的路子。熟能生巧，在积累了一些预测经验之后，你就会对六爻预测有一种质的认识，这时你就可以把这种认识渗入预测思路里并重新整理自己的预测思路，对自己过去一直模仿使用的预测思路进行全面审视，对自己觉得不合适的地方进行大胆的修改，然后又在实践中去检验，如此不断修正，直到形成自己一套完整的具有自我独特风格的预测思路为止。这个过程比较漫长，至少也得需要几个月或者更长的时间。在此过程中，需要自己不断思索、不断比较、不断实践、不断领悟、不断总结，最终才能使自己的预测思路得到升华，从而达到一种很高的技术水平。

很多六爻爱好者都是一味模仿别人的预测思路，一辈子也没有形成自己的风格，这是一种依赖思想，始终把老师或者别人的预测思路当拐杖，永远不能创新。对六爻预测技术的研究，开始当然离不开模仿，到后来就需要脱胎换骨，不要再模仿别人，而要找到自己的预测路子。这样才能使六爻预测技术在传承的基础上不断创新、不断提高。

要找到自己的预测思路，形成自己独特的预测风格，需要有开拓创新的思想和不懈探索的精神，需要有执着的学术信念，否则是难有大成的。

第三节 卦象解读

前面讲了解卦的步骤，我们再重温一下：

一、首先要确定被预测的对象是什么，然后正确选取相应的六亲来代表所预测的对象。

二、正确分别用神与忌神。

三、准确判定卦中各爻的旺衰强弱。

四、重点分析用神与世爻、忌神、动爻及四值之间的生克情况及其所包含的信息。

五、挖掘出六亲、六神、五行特性所代表的信息含义。

六、破译出各种五行结构（如三会、三合、六合、暗合、墓库、六冲、旬空、月破、进退）所代表的信息含义。

七、破译出爻位所代表的信息含义。

八、归纳信息，得出预测结论。

这几个步骤看起来很简单，但要真正做到位，如果没有相当高的六爻预测技术水平，却并不是一件容易的事情。

在上述步骤中，第一、二步比较容易，第三步难度也不是很大，后面几步则相对难度较大，而这也正是检验预测师技术水平高低的试金石。

对于这些步骤，技术到家的六爻预测师只需极短时间就可以完成，可以说是一闪而过。但对于初学者和技术不够熟练的预测者来说，就像放电影卡带一样，上述解卦步骤总是不连贯，总是不能把各个点的零散信息有机地联结成一个面，当然也就难以得出准确的预测结论。这类预测者从卦中并不是一点信息都看不出来，而是能看出一点点，有些朦朦胧胧的感觉，但又没有清晰明确的判断，对作出怎样的结论心中没有足够的自信和把握。

解读卦象是预测的关键所在，如果不能正确地解读卦象，就不能得出准确的预测结论。那么，怎样才能闯过解读卦象这个难关呢？

第一，要具备扎实而全面的六爻理论知识。六爻理论知识包括的内容很多，如五行旺衰强弱的判断、生克合冲刑害的含义、六亲的含义、六神的含义、爻位的含义、进退的含义、旬空月破的含义、飞神伏神的含义、墓库的含义等。全面而熟练掌握这些理论知识是学习六爻预测技术最起码的条件。如果连这些理论知识都不熟悉，看到一个卦你又依据什么去分析推断呢？

第二，要善于运用六爻理论知识。要学懂书本上的理论知识并不难，关键要能够学以致用。从学习到运用需要一个过渡阶段。开始的时候都是模仿书本上的卦例进行实习，模仿一段时间后，感觉比较熟练了，自己就可以试着丢开书本进行独立的分析推断。

实习过程难免会出现一些失误，这很正常，就像小孩学步必须要摔一些跟头一样。对于出现的失误，不要气馁，要不断分析总结，找出失误的原因，久而久之就不易出错了。

第三，密切联系实际，正确选取六亲含义。我们所学的六爻基础知识中，卦象所代表的含义很多都是笼统的，只有针对具体所测的事情，才能取出具体的明确含义。比如，父母爻可以代表住房、文书、长辈、车船、衣服、证照等等。但在实际预测中，预测具体的一件事，不可能将所有含义都用上，一般只能取其中一种或者两三种含义。比如测购买住房居住之吉凶，卦中的父母爻就代表住房，也可以代表购房的手续；如果此住房有父母一起居住，还可以代表父母亲；但衣服、证照、车船等之类的含义就用不上了。所以，对于六亲含义的取舍，一定要结合所测之事的实际，取出与所测之事吻合的六亲含义，舍弃与之不相干的六亲含义。这样挖掘出来的信息才是符合实际的。

第四，将卦理与实际相联系，将卦象含义翻译为合乎实际的生活语言。我们所学的卦象含义也是笼统的，有的是一些名词术语，没有学过八卦的人不懂得是什么意思。在实际预测中，我们必须把它具体化，将它翻译成求测者能够听得懂的生活语言。这也需要结合实际，紧紧围绕所测之事，才能做出准确而贴切的翻译。比如旬空，它有许多种系统的含义，如不受克、不得生、不在位、不实在、不踏实、不诚心、被架空、有影无形、有名无实、存心躲避等等。在实际预测中，必须结合所测之事，才能取出贴切的含义。比如测避难，世爻旬空不被克，因而自己可以有效地避开灾难，这是好事；又比如测晋升，官鬼旬空则表示自己与晋升无缘，这就不是好事了；再比如测婚姻，应爻旬空表示配偶不在家或者亡故，或者自己目前尚未婚配。可见，在实际预测时，必须把上述卦象含义翻译为具体而明确的生活语言，不能套用术语，否则求测者根本就不知道你在说些什么。

将卦象含义翻译成生活语言，需要足够的生活常识和生活阅历，所以，预测师不仅要有丰富的专业理论知识，还要有丰富的生活常识和社会知识。这就要求预测师博学广识，知识越丰富的预测师，预测语言就越丰富、越生动、越贴切、越准确。因此，预测师最好是个博学广识的人。

第五，具备深入剖析的能力。面对同一个卦，不同水平的六爻预测师所发掘出的信息多少与深浅是大不相同的。对于高水平的预测师来说，他可以把一个卦演绎成一个生动的故事讲给求测者听，并且这个故事是关于未来的真实故事。

虽然每一个卦都客观地包含着一个真实的生动故事，但要从卦象中找出故事的众多情节，那是需要很高的专业技术造诣的。要达到这种水平，就需要对卦象具有深入剖析的能力。这需要预测师多实践、多体悟，在实践中不断提高。

第六，具有丰富而合理的联想能力，卓越的编辑能力。上面说了，一个卦就是一个真实而生动的故事。我们知道，故事是有头有尾的，是由许多情节有机地组合而成的。只有把从卦象中挖掘出来的每个零散的情节恰到好处地组合在一起，才能构成一个生动而又符合事实的故事。这不但需要丰富的联想能力，而且还需要卓越的编辑能力。在编辑过程中，特别重视逻辑性和真实性，因为预测师要讲述给求测者听的故事绝不是神话，而是真实的故事。那些情节凑在一起，会构成怎样的故事，需要预测师进行合乎逻辑的推理和合乎事理的判断。所以，预测师的能力并不是仅仅懂得六爻专业知识就是足够的。

第七，具备综合归纳的能力。一个卦中包含着众多信息，而求测者所最需要的答案大多只是一个，这个答案就是从卦象反映的众多信息中总结出来的结论。将众多零散的信息集中起来进行总结，需要较强的综合归纳能力，否则就无法从中提取出结论性的预测答案。

前面的所有环节都是运用分析的方法，最后一步则是运用归纳的方法。可见，要成为一位高级预测师，必须同时具备高超的分析能力和归纳能力，二者缺一不可。

大家可以从本书的众多卦例中去琢磨和领悟解读卦象的具体操作方法，在此就不单独举例。

第四节　溯往知来

六爻预测不但可以预测未来的信息，还可以追溯过去的信息。有人会问："人们求测的目的主要是为了知道未来的信息，追溯过去的信息有什么价值呢?"

的确，求测者所想要知道的是未来的信息。但是，对以往信息的追溯，并不是没有作用，而是作用重大。

第一，通过对过往信息的追溯，可以验证分析解读卦象的思路是否正确。

第二，可以增强预测师的自信心。

第三，可以增强求测者对预测师的信任感。

当然，对过去信息的推断并不是最终目的，除了上述原因外，更重要的是为了更准确地预测未来。所以，“溯往”是为了更好地“知来”。

在实际预测中，很多预测师都没有“溯往”的程序，或者说没有这种习惯。虽然“溯往”不是必须的，但对预测本身却是有益的。由于“溯往”会当场得到验证，因而对于预测师来说具有一定的“风险”，如果一旦出现失误，岂不当场出丑？所以有的预测师会有意避开。但为了保证预测质量，为了对求测者负责，“溯往”还是不要省略为好。不过，这要求预测师有足够的技术功底。

那么，怎样才能做好“溯往”这道工序呢？

其实，操作方法跟预测未来信息一样，只需将时间要素往前推即可。在分析推断时，以前相关时段的时间要素是分析推断的重要依据，必须紧扣这种要素进行分析推断。只要预测技术过硬，对过往信息的推断，其准确率是非常高的。

“溯往”的具体操作方法非常简单，与推断未来信息基本上没有区别，因而此处就不单独举例。有兴趣的易友可参阅本书中的相关卦例。

第五节　一卦多断

六爻预测主要是一事一断。一事一断的准确率非常高，几乎可以达到百不失一的程度。一卦多断则是以卦象为依据，推断出求测之事以外的若干信息。

对于求测者来说，只要能够得到求测之事的答案就算达到目的了；而对预测师来说，只要给出了顾客求测之事的答案便算完成了任务。这种模式既简单，又实用。因此，“一事一测一个答案”的模式被广泛采用。

但从学术研究和应用开发的角度讲，一卦多断无疑会提高六爻预测的应用价值，给六爻预测增添不少的光彩。作为求测者来说，能通过一次求测得到更多的信息无疑是求之不得的；作为预测师来说，则难免会增加一些工作量并且会使预测的难度加大。对于预测师来说，一卦多断虽然是“额外负担”，但能增强求测者对预测的满意程度，增强求测者对预测师的尊重程度，提升六爻预测技术的影响力，所以，一卦多断还是值得研究应用的。

一卦多断虽然有其不可否认的价值，但应用起来却需要较高的六爻专业技术水平作支撑。所以，要应用一卦多断这项技术，首先必须纯熟地掌握这项技术。不然，运用起来就会画蛇添足，弄巧成拙，让人笑话。

一卦多断必须掌握以下技术要领：

一、所推断的信息必须与求测者有某种关联，与求测者风马牛不相及的信息不在推断内容之列。“多断”的信息可以是所测之事在发展变化过程中的某些细节或某些环节方面的信息，也可以是与所测之事无关但与求测者本人有关的信息。

二、“多断”是有限度的，不是任何信息都能从一个卦中推断出来。因此，在分析推断时不要让预测思路无限放大，必须适可而止。

三、如果推断过往信息，可以让求测者当场反馈以检测其准确率的高低，如果基本上都正确，说明断卦思路正确，信息方向没错，可以进一步挖掘、拓展，以推断出更多的信息。

四、一卦多断必须严格遵循卦理和事理，预测师不可凭自己的所谓“灵感”而信口开河。所有推断出来的信息都必须合乎卦理和事理，否则就不能作为预测结论。

五、对于“多断”出来的未来信息，可靠度有待检验，因而需要告诉求测者，只能作为一个参考，不能作为决策的依据，否则容易给求测者带来风险。

六、“多断”的信息不是顾客求测所需要的中心结论，而是旁通信息；中心结论是对求测之事以一事一断的方法所得出的结论，二者不可混淆。这一点需要预测师明确地告诉求测者，以免误解而给求测者造成行为误导。

一卦多断的具体操作方法与一事一断基本相同，只不过是将一事一断的方法在一个卦中重复使用而已。如果一定要找出不同点，就是分析对象不同。比如某人求测经营一个项目经济效益如何，按常规的一事一断的方法，就应该以财爻为用神，财爻就是分析的对象。如果从卦中推断其他方面的信息，那么，分析的对象就不再是财爻，而是其他六亲或者某种六神。

本书中有一卦多断的实例，大家可以留心去琢磨，在此就不另外举例。

第六节　命卦交融

六爻预测是一个独立的预测系统，命理预测又是另外一个独立的预测系统。但它们都属于术数预测的范畴，都是以阴阳五行理论为依据的，因此，二者之间有共通之处，可以将二者结合起来运用。这对提高预测的可靠性和准确率是有帮助的。两种方法预测的结论可以相互比对和印证，通过这种比对和印证，预测师心中对预测结论的可靠性更有底。

命理预测一般反映的是个人的大致运气趋势，它没有六爻预测的那么具体和细致。因此，六爻预测可以弥补命理预测的不足。每个人都有一定的运气趋势，命理预测所反映的就正是这种趋势，六爻预测的结论从理论上讲就应该与命理预测的结论相吻合，因而二者就有了相互比对和印证的理论依据。如果二者的结论相吻合，说明预测结论无疑是可靠的；如果二者结论相矛盾，则说明其中一种预测结论有问题。到底是哪种预测结论有问题，可以回过头去分别从命理预测和六爻预测中去进行重新分析判断以找出问题所在。

需要强调的是：在实际预测中，如果要将命理预测和六爻预测结合起来运用，预测师首先必须同时精通命理预测和六爻预测这两项技术；如果只精通其中一种，而对另一种预测技术造诣不深，那就不能综合运用，不能将两种预测结论进行比对；只宜运用比较精通的那一种技术，否则反而弄巧成拙。

第七节　本章结语

本章内容不多，主要强调了六爻预测的思路和技法。这些技法在本书的相关内容中已经大量运用，大家可以比照琢磨。断卦既要有套路，又要灵活，大家可以从第一节开始，对照要点，看对具体内容掌握得如何，可以从实例中细心领悟应期判断的方法。

本章习题：

1. 顾客求测了一件事情，过了一段时间后又要求对此事再起卦测一次，有的顾客求测的两次结果一样，而有的顾客两次求测的结果则大不一样。为什么会出现不同的预测结果？两次不同的预测结果到底以哪次为准？古人说："初筮告，再三渎，渎则不告。"是不是无论任何情况下对同一件事情都只能预测一次呢？

2. 用六爻测某年运气为吉，而按命理方法为凶，到底以哪个结论为准？为什么？

第十七章　人体密码加四值起卦法

八卦预测的第一步是起卦。起卦方法很多，但每种方法都各有其局限性，未必都能在特定情况下方便操作。如果勉强使用某种不合适的方法起卦，就可能导致所起的卦失去可靠性，所以，选择一种便捷而又可靠的起卦方法是八卦预测很关键的一环。我通过大量实践验证，找到了这种适用性强且便捷可靠的最新方法——人体密码（姓名）加四值起卦法。此法只需用姓名笔画数加四值数即可快速起卦，预测结果极其准确可靠。

第一节　常用起卦法的局限与缺点

八卦预测是否准确，首先取决于卦象是否可靠。如果卦象本身就不可靠，再高的预测技术也难以测准。因此，起卦是预测过程中非常关键的第一步。

八卦预测的起卦方法很多，比如以文字起卦、数字起卦、方位起卦、颜色起卦、人物起卦、动物起卦、物品起卦、动作起卦、形状起卦、声音起卦、硬币摇卦等等。当今最流行最常用的起卦方法为硬币摇卦法，普遍认为这种起卦方法最为准确。但此法有一些局限和缺点：一是需要不被干扰的安静环境；二是需要摇卦者有强烈的求测欲望；三是需要有他人记录卦象，如果自己摇卦又记录，有影响意念集中度、连贯性不强之嫌；四是摇卦过程中如果受到环境干扰造成意念散乱也会影响预测的准确度；五是有的人不喜欢摇卦，或觉得麻烦，或觉得别扭（尤其是头面人物，觉得摇卦的过程有些异类感而显得勉强）。因此，虽然摇卦法准确度高，但对于某些人或者某种情况来说有不便操作之嫌。摇卦法还有一个局限，就是如果想测与自己没有密切关系或利害关系的人，此法准确度比较低。八卦预测的功能本来是无所不测，受此局限，就让其功能打了折扣，这无疑是一种遗憾。

那么，有既准确可靠又方便快捷的起卦法吗？

第二节　起卦新法

我通过多年的研究实践，终于找到了这种方法——人体密码（姓名）加四值起卦法。此方法不但对主动求测者来说非常精准，而且你要想测别人也一样准确。

北宋邵康节大师精于梅花易数，常用年月日时起卦，一般不加其他元素。有一天遇到姓氏为田、王、韩的三个人同时来问建房之事，若单以时间起卦则卦象相同，但三人的吉凶信息不可能相同，邵先生起卦时就加上姓氏数而得出不同卦象。

如遇若干人同时问卦，且姓氏相同，又该怎么起卦呢？方法很简单：以每个问卦者的姓名加四值起卦，即可得出不同的卦象。

人体密码（姓名）加四值起卦法的起卦方法是：以姓名的笔画数加上年月日数取上卦，以姓名笔画数加年月日时数取下卦，以姓名笔画数加年月日时数取动爻。

起卦月份数、日期数都以农历计算。如果月份数与月建数不同，仍以月份数为准。比如二○一五年农历七月二十六日 6 点 59 分 32 秒交白露节，在这同一天，6 点 59 分 32 秒前为甲申月，之后则为乙酉月，但此日起卦月份数皆为 7，断卦的月建前者用甲申，后者则用乙酉。

姓名笔画数的计算可用繁体笔画，也可用简体笔画，随起卦时的意念而定。

起卦示例：2015 年农历七月二十八日酉时，杨合先生求测。

年数乙未为 8，月数为 7，日数为 28，时数为 10；姓名杨合 13 画。年月日姓名数相加：8+7+28+13=56，除以 8 余数为 0，取卦 0 以 8 计，上卦为坤；年月日时姓名数相加：8+7+28+10+13=66，除以 8 余数为 2，下卦为兑；66 除以 6 余数为 0，取动爻 0 以 6 计，故动爻在上爻。故得出的卦象为“地泽临”之“山泽损”。

有人可能会问：如果不知对方的真实姓名，只知道别人称呼其身份，又该怎么起卦呢？这个问题在以下的卦例中有答案。

第三节 实例验证

【注：以下实例皆为姓名加四值起卦。为给客户保密，除例 1 外，其余所有实例不提供求测者全名。】

例 1：经中国民政部注册、中国社科院主管的国际易学联合会及其他协作单位长时间的筹备，“中国·阆中 2012 年首届天宫易学风水文化国际论坛暨汉文化区域风水文化联合申遗研讨会”计划于 2012 年 11 月在四川阆中召开。9 月 27 日，国际易学联合会第一届、第二届常务副会长兼秘书长（现任荣誉会长）丘亮辉教授和现任常务副会长兼秘书长王国政教授邀我前往阆中商谈一些事情，我于当天携弟子一同前往。当晚大家正讨论“周易预测为什么能测准”的时候，丘老突然问我：“顺祥，我听说你测大会召开的情况特别准，这次大会已定于 11 月 8 日在阆中召开，你测一测看这次会议的效果会怎么样？”

我当即在脑中用四值加丘老姓名总笔画数起得“火山旅”变“火地晋”卦，告诉丘老：“这次会议行程上有很大变化，会议日期会改变。”

丘老惊诧地看了看我，郑重地说：“顺祥，时间是阆中市市委、市政府、市人大、市政协四大班子及旅游局共同开会决定的，到时官方还要派人来参加会议，邀请函也发出去了，这个时间不可能改变。”

我没有在意丘老的话，肯定地说：“大会效果也不会好。”

因预测的是未来的事，当时无法验证，大家都不置可否。当然，谁都希望会议能够如期顺利召开，圆满成功，一时气氛有些尴尬。丘老只好说：“顺祥，大会结果怎样，只有等待验证了。”

次日下午，我回到了重庆。晚上收看新闻联播，头条播出：“中共中央政治局会议建议：中国共产党第十八次全国代表大会 11 月 8 日在北京召开……”我立即发短信告知丘老：

“丘老，11 月 8 日召开十八大。”

丘老马上回复：“顺祥，你说对了，大会时间只好往后推，你看大概推迟到何时较好？”

我回复说：“要在 2013 年 1 月 5 日交丑月之后召开为好。”

姓名笔画数 26。四值：壬辰 5　己酉 8　辛卯 12　己亥 12。

火山旅	火地晋	六神
兄弟己巳火′	兄弟己巳火′	螣蛇
子孙己未土″	子孙己未土″	勾陈
妻财己酉金′应	妻财己酉金′世	朱雀
妻财丙申金○	父母乙卯木″	青龙
兄弟丙午火″	兄弟乙巳火″	玄武
子孙丙辰土″世	子孙乙未土″应	白虎

1. “火山旅”变“火地晋”卦，旅者走也，变卦为游魂卦，主事情变化。

2. 申、酉金明暗旺动，强旺有力，狂泄世爻之气。

3. 申金发动化卯木，11 月 8 日正交立冬（亥月），卯木在亥月处长生旺相之地而对世爻辰土既克又害，世爻辰土受损程度犹如雪上加霜，当然会议效果肯定不会好，会议场面也难以掌控。

结果，大会于 12 月 8 日召开，没有选择在我建议的 1 月 5 日之后。实际参会代表不到预计的半数。因大会气氛低沉，场面涣散，只好匆匆走完会议程序。

为什么要选在1月5日后召开好呢，是因为1月5日交小寒，进入丑月，世爻得帮扶，可抗木金克泄；11月7日到1月5日前是亥子水月，耗世爻之气，更有亥、子水当令生卯木加大了卯木克世之力，世爻被克泄耗交加，会议不可能会开得圆满。

当然，如果能推迟在2013年召开是最好的了。

例2：二〇一五年农历七月十七日午时，王总的一位朋友告诉我，王总在澳大利亚布里斯班下飞机回酒店后，发现钱包丢了，不知道是丢在了飞机上、机场，还是出租车上。因里面还有护照等身份证件，丢失后就无法登机飞往目的地，故非常着急。并且钱包内还有几万元澳币。他的朋友问我可否找回，因不便问他真实姓名，同行者只称他王总，所以就用“王总”为姓名起卦：

王总笔画数13。四值：乙未8　戊寅7　戊寅17　戊午7。

风雷益	**天雷无妄**	**六神**
兄弟辛卯木′应	妻财壬戌土′	朱雀
子孙辛巳火′	官鬼壬申金′	青龙
妻财辛未土×	子孙壬午火′世	玄武
妻财庚辰土″世	妻财庚辰土″	白虎
兄弟庚寅木″	兄弟庚寅木″	螣蛇
父母庚子水′	父母庚子水′应	勾陈

钱包里有那么多钱和其他价值贵重的物件，故以财爻为用神。

卦中两个财爻，世爻之财代表王总身上现有的财，动爻财爻未土代表丢失的钱，故以此为用神。

财爻未土被日月所克，本来不旺，但得流年未土相助，时辰午火相生，且动化午火回头生，故未土实际上就由弱变强。玄武临财爻，似为被盗之象，但玄武不旺，所以被盗只是假象。未土帮扶世爻，为吉象，故判断定能找回。

子孙代表机场服务人员，既然子孙午火得时辰午火相帮生财爻，因此我叫他找机场工作人员问问，结果机场工作人员告诉他，钱包就在他们那里放着正等他去取。失而复得，王总悬着的心一下子踏实了，对八卦预测感到十分神奇和惊讶。

此卦未以真实姓名起卦，只以称呼起卦，预测结果仍然准确无误。这说明起卦是非常灵活的，不必太拘泥教条。八卦预测本来就是非常灵活的，在操作过程中也要做到灵活运用，相机处置。

此卦的起卦时间为二〇一五年农历七月十七日，按北京时间为申月，但澳大利亚位于南半球，故断卦的月建应为寅月，起卦月份数仍以当地当时的月份数换算成农历月份数即可。可见，起卦要具体问题具体分析，不可乱了章法。

例 3：二〇一五年农历七月二十八酉时，一人代问杨＊先生近期运气如何：

姓名笔画数 13。四值：乙未 8　乙酉 7　己丑 28　癸酉 10。

地泽临	山泽损	六神
子孙癸酉金×	官鬼丙寅木′应	勾陈
妻财癸亥水″应	妻财丙子水″	朱雀
兄弟癸丑土″	兄弟丙戌土″	青龙
兄弟丁丑土″	兄弟丁丑土″世	玄武
官鬼丁卯木′世	官鬼丁卯木′	白虎
父母丁巳火′	父母丁巳火′	螣蛇

世爻临月破，被上爻酉金动来冲克，而酉金化出寅木帮世爻，导致世爻弱而不从，被旺金冲克，世又临白虎，此为大凶之象。官鬼持世临白虎，是官司牢狱的信息标志。

明天庚寅、后天辛卯，这两天虽然日辰帮身，但因世爻太弱，帮扶不了，所以无法解危，只有面临牢狱之灾。

当时求测者反馈说，此先生已被官方带走，可能近两天就会回来。我说不可能回来。

后来反馈：已经进入司法程序，回不来了。

例 4：一人问几位朋友中谁能升任某私营连锁公司分公司某部门负责人，我分别以各自的姓名起卦进行预测。此例是其中一位先生求测的卦例：

姓名笔画数 14。四值：乙未 8　丁未 6　丁未 15　戊申 9。

火雷噬嗑	**山雷颐**	**六神**
子孙己巳火′	兄弟丙寅木′	青龙
妻财己未土″世	父母丙子水″	玄武
官鬼己酉金○	妻财丙戌土″世	白虎
妻财庚辰土″	妻财庚辰土″	螣蛇
兄弟庚寅木″应	兄弟庚寅木″	勾陈
父母庚子水′	父母庚子水′应	朱雀

年月日、三爻、四爻化出之爻五行皆与世爻五行同类，都是竞争者【不明白的读者请参阅拙著《易学经世真诠 2.时空信息学》（下册）“竞争新论”一章对竞争类预测的相关论述】。

既然是竞争，就得比相互之间的实力。年月日之未土无疑比世爻强，世爻无力与之争雄、官爻酉金虽在世爻之经卦，但官与三爻辰土相合，官星向他而背我，不利之象。该部门负责人的位置只有一个，世爻既然不是最强的，该先生就无法升任这个职位。

结果：确实未能如愿。

例 5：曾公子的奶奶听神婆说他最近有大灾，感到很害怕，于是问到底是否有灾：

姓名笔画数 35。四值：乙未 8　癸未 6　丙午 14　乙未 8。

艮为山	**风山渐**	**六神**
官鬼丙寅木′世	官鬼辛卯木′应	青龙
妻财丙子水×	父母辛巳火′	玄武
兄弟丙戌土″	兄弟辛未土″	白虎
子孙丙申金′应	子孙丙申金′世	螣蛇
父母丙午火″	父母丙午火″	勾陈
兄弟丙辰土″	兄弟丙辰土″	朱雀

世爻寅木旬空且入墓于年月，力量弱极，子水动被年月旺克又临日破，无力生世，加之世爻又不受生，故世爻弱极而从。从则吉，无任何灾厄之忧。

我叫她不用有任何担心，让他安心学习生活。

实际至今都没有发生任何不吉之事。

例 6：某先生因一件关系到影响前途的事情，因事情重大，担心出问题，他的朋友特地帮他问吉凶：

姓名笔画数 28。四值：乙未 8　辛巳 4　乙巳 12　辛巳 6。

雷泽归妹	**地泽临**	**六神**
父母庚戌土″应	兄弟癸酉金″	玄武
兄弟庚申金″	子孙癸亥水″应	白虎
官鬼庚午火○	父母癸丑土″	螣蛇
父母丁丑土″世	父母丁丑土″	勾陈
妻财丁卯木′	妻财丁卯木′世	朱雀
官鬼丁巳火′	官鬼丁巳火′	青龙

世爻丑土得月建、日辰巳火之生，有流年未土相帮，又得午火动来相生，构成火土两气成象，气势如虹，没有水来破格，此为大吉之象。因官星动反而有助于格局气势，所以官星临螣蛇动只是虚惊之象，故告之不用担心，必定安然无事。

结果：没有发生任何负面事情。

此卦如果有金水动则破专旺之格，就会有问题了。

例 7：某外资公司某先生求测能否升迁到某部门任负责人：

姓名笔画数 18。四值：乙未 8　辛巳 4　甲辰 11　壬申 9。

天泽履	**天雷无妄**	**六神**
兄弟壬戌土′	兄弟壬戌土′	玄武
子孙壬申金′世	子孙壬申金′	白虎
父母壬午火′	父母壬午火′世	螣蛇
兄弟丁丑土″	兄弟庚辰土″	勾陈

官鬼丁卯木○应　官鬼庚寅木″　　朱雀
父母丁巳火′　　妻财庚子水′应　青龙

子孙申金持世临白虎，武职、企业之人。

官星动化退，耗世爻之气，背离之象，此为不利因素。世爻申金得时辰帮弱而不从，看似得三、六爻丑戌二土暗动相生，殊不知全局组合成土之方局，世爻入三爻丑土暗动之墓，表示世爻实力不足，也就无得力的贵人相助，所以判其无法晋升至该职位。

结果：未能如愿。

例 8：一位李姓小朋友要参加全年级英语决赛，除了她以外，其他参赛小选手的父母都是外籍人士，平时都讲英语，有的小选手的父母还是英语老师，有语言环境。而这位小朋友的父母都不会讲英语，面对这种竞争对手，小朋友显得有点信心不足。但她本人和父母都希望夺得冠军金牌，故求测能否成功：

姓名笔画数 30。四值：癸巳 6　癸亥 10　乙酉 13　庚辰 5。

火地晋　　　　**山地剥**　　　　**六神**
官鬼己巳火′　　妻财丙寅木′　　玄武
父母己未土″　　子孙丙子水″世　白虎
兄弟己酉金○世　父母丙戌土″　　螣蛇
妻财乙卯木″　　妻财乙卯木″　　勾陈
官鬼乙巳火″　　官鬼乙巳火″应　朱雀
父母乙未土″应　父母乙未土″　　青龙

同台竞技，与世爻同类的五行属金之爻为竞争对手。日辰酉金与世爻同类，是一个强有力的竞争者。日辰本来比世爻强，但世爻为己酉，纳干己土生纳支酉金，而日辰为乙酉，天干乙木耗地支酉金之气，最可喜的是世爻动化暖土回头生，动则彰显活力，力量强于日辰，所以能够在竞赛中超常发挥，故断必能夺冠。

结果：如愿夺冠，获得冠军杯。小孩拿到冠军杯后十分高兴，用力往地上一搁，当即被碰出一个缺口。她对母亲说：“妈妈，这杯怎么是玻璃做的，不是金的?”在场之人被孩子的天真劲逗得开怀大笑。

例 9：二〇一三年农历十一月初六，我乘坐从山东济南到重庆的飞机于戌时到达目的地着陆后，马上又起飞在空中飞行了约 40 分钟。乘客们不知道出了什么特殊情况，都感到害怕。我也担心自己安危，于是便以自己姓名起卦测吉凶如何：

姓名笔画数 26。四值：癸巳 6　甲子 11　戊申 6　壬戌 11。

天雷无妄	**泽雷随**	**六神**
妻财壬戌土〇	妻财丁未土″应	朱雀
官鬼壬申金′	官鬼丁酉金′	青龙
子孙壬午火′世	父母丁亥水′	玄武
妻财庚辰土″	妻财庚辰土″世	白虎
兄弟庚寅木″	兄弟庚寅木″	螣蛇
父母庚子水′应	父母庚子水′	勾陈

世爻午火临月破，入墓于动爻戌土，看似凶象，但仔细分析，世爻得太岁巳火扶助，二爻寅木遇日辰相冲暗动生世，且与上爻戌土动构成寅戌拱午，加之世爻午火得太岁巳火相帮，世爻弱而有生扶，此乃危中有救之象，故最终必然安然无事。

结果：只是虚惊一场，飞机最终安全着陆，未发生安全事故。

例 10：二〇一四年农历九月二十八日，我在外地急于回家，到机场售票处一问，得知后天三点钟以前的票已售完。于是我订了后天下午五点的机票。因回家有要事，希望能改签到今天的机票，故起卦测有无可能：

姓名笔画数 26。四值：甲午 7　甲戌 9　乙丑 28　甲申 9。

水山蹇	**水火既济**	**六神**
子孙戊子水″	子孙戊子水″应	玄武
父母戊戌土′	父母戊戌土′	白虎
兄弟戊申金″世	兄弟戊申金″	螣蛇
兄弟丙申金′	子孙己亥水′世	勾陈
官鬼丙午火″	父母己丑土″	朱雀

父母丙辰土×应　　妻财己卯木′　　青龙

五爻父母戌土为飞机，五爻为道路为航线，强旺生世，日月为父母皆生世爻，说明今天有望登机。初爻辰土代表机票，动而生世，说明今天可以换到机票。

有人可能会问，初爻辰土动化卯木回头克，怎么能生世爻呢？其实卯木弱极，根本克不住辰土，况且卯木被月建所合，贪合忘克，所以辰土动就能生世爻。

结果：当天临近登机时间，机场一位负责人告诉我，此航班有几个乘客因故赶不上登机时间，叫我马上去改签今天的机票，于是如愿以偿了。

由此可见，事情都是有变数的，而且这种变数可以预测出来，从而把握机会，达到目的。

例 11：某女士晚上来电问某先生近运：

姓名笔画数 27。四值：乙未 8　辛巳 4　甲午 1　乙亥 12。

地雷复	**震为雷**	**六神**
子孙癸酉金″	兄弟庚戌土″世	玄武
妻财癸亥水″	子孙庚申金″	白虎
兄弟癸丑土×应	父母庚午火′	螣蛇
兄弟庚辰土″	兄弟庚辰土″应	勾陈
官鬼庚寅木″	官鬼庚寅木″	朱雀
妻财庚子水′世	妻财庚子水′	青龙

世爻子水被太岁未土克害，囚于月建，又临日破，且被动爻丑土化回头生重克，力量特别衰弱，但因有时辰及五爻双体之水相助，所以弱而不从，此为凶象。

世爻被丑土克合制住，不能动弹，说明已经失去人身自由，因酉金入暗动之墓，世爻就无强有力的生助，所以无法脱困，会有牢狱之灾。财爻持世而被动爻和太岁克，因财致祸。

反馈：该女士说该先生因五万元钱的事，已经被抓了，就是想看看能否被放出来。

例 12：截止 2015 年公历 3 月 16 日，ELS 总统 PJ 已有十来天未露面，对这种异常情况，世界各国各地便有了种种猜测，甚至很多人都认为 PJ 遇到了麻烦事而失去自由。一位朋友于 16 日（农历正月二十六）问我能否测一下 PJ 的吉凶情况：

姓名笔画数 20。四值：乙未 8 己卯 1 辛卯 26 辛卯 4。

山火贲	**风火家人**	**六神**
官鬼丙寅木′	官鬼辛卯木′	螣蛇
妻财丙子水×	父母辛巳火′应	勾陈
兄弟丙戌土″应	兄弟辛未土″	朱雀
妻财己亥水′	妻财己亥水′	青龙
兄弟己丑土″	兄弟己丑土″世	玄武
官鬼己卯木′世	官鬼己卯木′	白虎

五爻为君位，身为总统，但世居初爻，说明身处最不显眼的地方，让人不易看见，这正符合实际情况。

世爻临日月，旺相非常，卦中并无克世的动爻，即使有也克不了，世爻如此强旺，无人能够撼动，所以必定安然无事。

今天卯月卯日助世爻之力，旺相无疑，应该有露面的可能。

结果：当天下午就有新闻报道 PJ 今天终于露面，于是，关于他安危的各种猜测言论不攻自破。

例 13：江西南昌陈总再三请我去给他看看公司的环境地理。2015 年 4 月 29 日晚上 8 点，我携弟子到达南昌。陈总把我们接到预先安排好的酒店，对我说："李老师，一路辛苦了，您先在房间休息一下，我们在餐厅包房等您。"

简单洗漱完毕后，我们便去酒店包房用餐。陈总约了他的几位朋友一起陪同。大家相互寒暄后，愉快交谈，感觉一见如故。席间，陈总的朋友梁律师说："李老师，这个酒店就是陈总的，陈总平时办公也在这里。"

我随即问道："陈总在这里办公多久了？"

没等陈总开口，一旁的姚总抢先答道："四年一个月零两天，也就是

2011 年 3 月 27 日上午 9 点搬过来的。”

大家并没有在意姚总的话，有说有笑的用餐。出于职业的敏感，我顿时觉得这是一个特殊的信息源，因为一般情况下没有人会把搬迁时间记得这么清楚。我当即在脑中以陈总姓名加搬迁的时间（农历二月二十三日辰时）起卦，得“火地晋”之“火水未济”卦。

我对陈总说：“您搬到这里办公后，会感到心神不宁，思路不清，对公司的发展缺乏一个能够行之有效的决策方案，对政策性的东西也难以适时地准确把握。由于在此办公感到不顺，因而就会变动办公地点。从 2011 年底，财运下滑，资金会被套牢，经济状况一年比一年差，现在应该已经走入了死胡同。您表面上看起来一身轻松，其实内心感到茫然无措，事业上压力极大，特别是 2013、2014 年，各种压力齐来，压得您喘不过气来。”

听到这里，陈总和在座的朋友都露出惊讶的表情。陈总激动地说：“李老师，您说的太对了！自从搬来之后，心中感到七上八下，难以安稳，曾换过办公室，还到外面去办公 8、9 个月。就像您说的那样，从 2011 年底开始经济就一直下滑，投入多，收获少，事业走入谷底，2013、2014 年确实压力特别大。”

陈总话锋一转，急切地问道：“李老师，您看我今年情况如何？”

我说：“如果任由这样走下去，不作调整，今年不但有资金断链的危险，公司难以为继，恐怕还会惹来官非口舌。当然，您不必担心，我既然敢来，就有办法和把握解决您的问题，让您渡过难关。”

陈总见我说的如此自信和肯定，紧张的表情顿时舒缓了很多，兴奋地举杯道：“先谢谢您对我们公司的帮助，公司的前景规划和希望就仰仗您了。如果早认识您几年，也不至于走到这种地步。”

我说：“事业顺利的时候，人们往往被胜利冲昏头脑，认为只要自己努力奋斗，就会一直辉煌下去。但事实上，许多人十分努力，却由兴旺走向了衰败。为什么会这样呢？因为他们忽视了对自身命运的了解和把握，不知道进退的时机。另外，公司的发展前景不但与环境地理有关，而且也与搬迁、开业时间有关，这两者都是不可轻视的。”

在座的梁律师也对易学感兴趣，要我讲讲我是怎么根据搬迁时间断出上述信息的。

根据卦象，我给他作了如下简单讲解：

姓名笔画数 22。四值：辛卯 4　辛卯 2　辛巳 23　壬辰 5。

火地晋	火水未济	六神
官鬼己巳火′	官鬼己巳火′应	螣蛇
父母己未土″	父母己未土″	勾陈
兄弟己酉金′世	兄弟己酉金′	朱雀
妻财乙卯木″	官鬼戊午火″世	青龙
官鬼乙巳火×	父母戊辰土′	玄武
父母乙未土″应	妻财戊寅木″	白虎

兄弟持世，耗财之象。2011 年辛卯，财星值年当旺，暂无大的问题。但过了此年，财星退气，而且卦中官鬼动泄财星之气，说明经营决策不佳，经营不善，导致入不敷出，财运就一年不如一年，现在已是经济危机状态。世爻被年月冲，卦逢游魂，动荡不定之象，故断其搬来后不久会再搬到别处办公，然后又搬回来。

由此例可以说明：搬迁的年月日时对主人的运气有着密切的关系，这种信息可以通过这个四值加主人姓名起卦而预测出来。八卦预测无所不能，就看你会不会灵活运用，从而挖掘出潜在的信息。

例 14：2016 年 3 月 13 日晚上 8 点多，我到李医生的诊所做理疗。在边理疗边聊天中，我问了一句：“今晚怎么不见你夫人小陈呢？”

李医生说：“昨天九点多钟接到她姐的电话说，她母亲患脑梗住进了医院，就急急忙忙地赶回去了。我岳母今年七十七岁了，不知此次还有没有救，你能不能帮测一下呢？”

我当时问清楚了他岳母的姓名，即刻用其妻接到电话的时间（农历二月初四辰时）加其岳母姓名起得天水讼之天地否，我根据卦象当时就断了几点：

第一，你岳母肯定能转危为安，今天应该已经清醒过来了。

第二，她的病因应该是因为和女儿怄气引起。

第三，应该是她的同辈兄弟出了很大力才把她挽救过来的。

当时李医生说，今天下午我打电话给老婆，老婆说岳母还在重症监护室抢救，具体情况还不清楚。

做完理疗后我就回家了，往后几天一直都没有李医生的反馈。

3 月 18 日晚，我又到李医生那里去做理疗，李医生的夫人小陈也回来了。李医生一见我就说："李老师，你算得太神奇了！那天晚上你走后，我马上打电话给我老婆，把你预测的三条结论告诉了她，她当时回答我说，确实是对姐姐不满意才喝了闷酒的，确实也是舅舅强烈要求送区医院的，这两条都对，但现在还未见醒过来呀？这怎么可能测得这么准呢？直到她回来后，我详细问清楚了，整个过程就像你说的那样，太神奇了。老婆你过来，李老师来了，你跟李老师说说是不是真的这样。"

小陈问我："李老师，你那天晚上真的算出了那三件事，是吗？"

我说："是用八卦断了三条呀，事实经过究竟怎样嘛？"

小陈就把事情的前因后果说了出来：3 月 12 日上午 9 点多，我爸在外面散步回来，发现我妈背靠在椅子上，端有一个饭碗，里面还有点酒，双眼紧闭，脸色发青，口吐白沫，昏迷不醒。急忙叫来我姐姐一起把她送到某医院去抢救，简单诊治后医生见病情非常严重，要求马上转到上一级医院去抢救。由于我们当子女的正在犹豫不决的时候，我舅闻迅赶来问清楚原因后，要求我们一定要把我妈妈送往上级医院去抢救，所以就把我妈转到了区人民医院去，一到医院医生初步诊断是酒精中毒又可能患脑梗，马上转入了重症监护室进行抢救并下了病危通知书。我们不能进重症监护室，也不知道我妈能否醒过来。14 日上午，我去到了抢救室，见到我妈妈，医生说确确实实是 13 号那天就醒过来的。这次如果不是我舅当机立断转去区医院抢救，稍有拖延，恐怕后果不堪设想啊！万幸的是人抢救回来了，花的钱不是很多，才花了不到一万块钱。最后确定不是脑梗，李老师你说险不险呀。

我笑着说："有惊无险，通过八卦预测，一切都在预料之中。"

李医生说："我老婆直到现在才相信你的八卦能这么准，你写的新书什么时候出版？出版时告诉我，我一定买一套好好地跟您学习，太神奇了！”

下面，我们来分析卦象：

姓名笔画数 18。四值：丙申 9 辛卯 2 癸巳 4 丙辰 5。

天水讼	天地否	六神
子孙壬戌土′	子孙壬戌土′应	白虎
妻财壬申金′	妻财壬申金′	螣蛇
兄弟壬午火′世	兄弟壬午火′	勾陈
兄弟戊午火″	父母乙卯木″世	朱雀
子孙戊辰土〇	兄弟乙巳火″	青龙
父母戊寅木″应	子孙乙未土″	玄武

1. 以其岳母的姓名起卦，世爻兄弟壬午就代表其岳母，世爻午火空亡又被勾陈泄其气，正是昏迷不醒，病危住院之象，事实与卦意相符。

2. 说她能够转危为安，并且应该是 13 号能醒过来。因为世爻午火得月令之生，日辰巳火相助，又有二爻之变爻巳火相助，初爻寅木得月令卯木之助当令，虽然被太岁相冲还不至于被冲破，因此还有生世爻午火之力，午火得众多印比生扶，四值和卦中无克午火之水（即使有水但有月令和初爻寅木通关也不克火），因此午火有力，肯定能转危为安。只是昨天还处在空亡状态，空亡不受生扶，空亡有昏迷之象，加之又被勾陈泄泻，所以昏迷不醒，今天甲午日，午火出空得到生扶，一定能清醒过来。

3. 为什么断她的病因是因为和女儿怄气引起的。本卦之病在于二爻子孙辰土临时辰发动晦午火，辰土为子孙爻，辰与午同为阳爻阳支，说明辰土就是她的女儿，辰为湿土晦午火之气，正是触了她的霉头，惹她怄气，引起纠葛才喝闷酒导致危险的。

4. 二爻之变爻巳火为兄弟爻，与世爻阴阳异性，世爻在初四比二爻的爻位高为大，因此断定是她弟弟，这个巳火临日辰有力扶助世爻，功不可没，而且变爻往往代表事物发展变化的最终结果，正是其弟弟强烈要求之下，及时转院才治好患者的病的。

通过此卦我们可以再次的证明，时间加姓名是可靠、快捷、方便的起卦方法。六爻预测的神奇之处，就在于卦象、卦爻的阴阳变化、生克制化、旺衰空墓、动变之机等等，都隐藏着非常丰富多彩的信息，这些信息足以描述所测事物的整个发展、变化过程和结果。只要我们深谙阴阳变化，五行生克之理，深挖卦象，完全可以做到如同亲临现场一样，惟妙惟肖地描述所测之事。如果没有相当高的水平是难以挖掘到深藏不露的信息的。当然，此事也可以用李医生的姓名和问事时间来起卦，但是，总不如用当事人的姓名更加精准可靠，至于怎样取用完全取决于预测者当时的第一意念，法无定法，灵活即法。

第四节　人体密码加时间起卦法原理探讨

研究易学的人都知道，之所以人的各种信息可以预测出来，是因为人体本身具有发送和接收信息的功能。人体既然能够发送信息，那么，你只要懂得接收信息和解读信息的方法，就能够获取想要知道的信息。但若深入探究、追问：人体到底是怎样发送信息和接收信息的呢？恐怕很多人都不明白。

当今网络信息时代，网络信号时时刻刻存在于我们生活的每个空间，但这种信号我们用肉眼并不能直接看到，只有用手机、电视、电脑之类的电器设备将信号转化成可以耳闻的声音或可以目睹的文字、图像之后，人们才能感知信号的存在，否则，恐怕人们不会相信自己周围存在什么网络信号。同样的道理，如果不是通过八卦准确地预测出求测者的相关信息，恐怕也不会有人相信人体具有发送和接收信息的功能。

宇宙包含万事万物，宇宙是一个大太极，每种事物是一个小太极，每个人体也是一个小太极。处于宇宙内的万事万物都有着直接或间接的关联，其信息都是相通的，只是人们现在暂时还不能完全理清某些关联的具体方式而已。宇宙中的每一个个体都包含着自身特定的信息，并且时时刻刻都向四面八方发送着信息，只是人们没有用心或者没有能力去发现和解读而已。人们常说天人合一，天是什么？就是宇宙。天人合一，就是指每个人都与宇宙万物的信息相联相通，这也叫宇宙全息。但人们并不能直接感知这种相联相通，需要有一种解读的方法和程序。

八卦预测就是解读信息的方法和程序之一。要预测某个人的信息，首先要获取信息码，然后通过一种程序进行解读，转换成人人能懂的人类生活语言信息。

人体平时发送信息的方式是自发式的，发送形式多种多样，有的可凭眼耳或仪器分析感知，比如人的体貌、表情、动作、声音、处所（环境地理）等，有的则需要人们用大脑去分析感知，比如出生时间、行为时间、姓名、称呼等。凡是与人体相关的任何一种信息码都代表此人某种特定的信息。通过人的体貌可以直接感知其肥瘦高矮美丑，通过人的表情可以感知其内心的喜怒哀乐，通过人的动作可以感知其在做何事，通过人的声音语言可以感知其表达的思想或诉求，通过人的处所（如居住场所、工作场所、活动场所等）环境地理可以分析出其运气吉凶，而姓名是一个人区别于其他人的特定指代符号，包含了大量的个人信息。姓名所包含的信息并不是单独存在的，而是与某种时间（比如出生时间、行为时间、问事时间等）相联系的，通过这种时间，不但可以区别姓名相同者的不同信息，而且能够从中将信息解读出来。姓名相同的人基本上不可能在同一时辰问卦，所以即使姓名相同的人在同一天问卦，也极少会在同一时辰问卦，时辰不同，以姓名加四值所起的卦象和信息也就不相同了。

姓名加上时间就对应着一个特定且唯一的人之信息，所以，用四值加上姓名起卦，就可以解读出这种信息来。

姓名加四值起卦，需要把姓名和时间换算成数字进行起卦，所以，姓名起卦法实质上就是数字起卦法。数字起卦法自古有之，但为什么数字可以起卦，可以反映需要的信息呢？

易学中的预测法统称为术数预测，数就是数字，术就是预测的系统规则和方法，其实也就是预测技术。八卦预测中，术指的就是起卦、断卦的规则和方法，数就是指起卦的数字。那么，数与卦有什么内在联系呢？

根据八卦万物类象原理，宇宙万物都可以用乾、兑、离、震、巽、坎、艮、坤这八个卦去归类和代表。也就是说，宇宙万物可以分为八大类。预测用的是先天八卦数，即乾 1、兑 2、离 3、震 4、巽 5、坎 6、艮 7、坤 8。比如天用乾卦代表，其数为 1，地用坤卦代表，其数为 8。可见，每种事物都对应着一个卦、一个数。万物皆数，数即是卦，卦即是数，数与卦之间是可以相互转换的。

姓名有笔画数，问卦的四值本身也是数，将这两种数按特定的规则转换成卦象，这就是起卦的过程，这样所得的卦象即可预测出需要预测的信息。这就是人体密码（姓名）加四值起卦法的原理。

人体密码加四值起卦法并不局限于用姓名，推而广之，也可以其他名称起卦，比如人的称谓、地名、物名、机构名、单位名或让求测者单独写一个字等等，其实这些就是求测的个人信息密码，读者可以举一反三，灵活运用，就可充分发挥八卦预测的神奇功能。

第五节　本章结语

起卦是断卦的第一步，是基础性的关键环节。起卦方法很多，在不同的情况下应该选择合适的起卦方法，才能使卦象信息准确可靠。起卦讲究一个原则，就是既不受环境因素干扰，又要是可靠的起卦信息元素。实践证明，人体密码加四值起卦法在许多情况下都特别适用，其准确度和便捷度都优于其他起卦方法，值得应用和推广。

本章习题：

1. 起卦的原理是什么？
2. 为什么人体密码加四值起卦法有独到的优势？
3. 姓名起卦法的汉字笔画数为什么用简体繁体皆可？

·中国易学文化研究丛书·

易学经世真诠 2

——时空信息学

下册

李顺祥 著

中央编译出版社

图书在版编目(CIP)数据

易学经世真诠 2 / 李顺祥著. -- 北京：中央编译出版社，2017.7
(中国易学文化研究丛书)
ISBN 978-7-5117-2933-0

Ⅰ. ①易…
Ⅱ. ①李…
Ⅲ. ①《周易》-研究
Ⅳ. ①B221.5

中国版本图书馆 CIP 数据核字(2016)第 000392 号

易学经世真诠 2.时空信息学(上下册)

出 版 人：葛海彦
出版统筹：贾宇琰
责任编辑：邓永标
执行编辑：舒 心
责任印制：刘 慧
出版发行：中央编译出版社
地　　址：北京西城区车公庄大街乙 5 号鸿儒大厦 B 座(100044)
电　　话：(010) 52612345 (总编室)　(010) 52612371 (编辑室)
(010) 52612316 (发行部)　(010) 52612346 (馆配部)
传　　真：(010) 66515838
经　　销：全国新华书店
印　　刷：北京紫瑞利印刷有限公司
开　　本：710×1000 毫米　1/16
字　　数：1100 千字
印　　张：55
版　　次：2017 年 7 月第 1 版
印　　次：2017 年 7 月第 1 次印刷
定　　价：137.00 元

网　　址：www.cctphome.com　**邮　　箱**：cctp@cctphome.com
新浪微博：@ 中央编译出版社　**微　　信**：中央编译出版社（ID：cctphome)
淘宝店铺：中央编译出版社直销店（http://shop108367160.taobao.com）
(010)55626985

本社常年法律顾问：北京市吴栾赵阎律师事务所律师　闫军　梁勤
凡有印装质量问题，本社负责调换，电话：(010)55626985

目　录

第十八章　八卦预测与策划

预测的目的在于预知未来的发展趋势，了解自身状况，调整策略，选择方向，以达到趋吉避凶的目的。无论是个人还是集团公司，事先都会对行动方案进行常规预测，预测的方法是运用主观意识、客观现状加上人生经验去作出分析。但这种常规预测往往并不十分可靠，因为有些因素是目前难以发现的，只有在未来的运作过程中才会显露出来，出乎意料。而八卦预测则可以预知这种出乎意料的因素，加之八卦预测具有的便捷和精准之优点，所以无疑成为预测方法的首选。

预测之后，根据预测信息为顾客进行策划，从而使之趋吉避凶，这就是预测的重要价值所在。策划包括可行性建议和五行调理，具体方法见本章详论。

第一节　预测的重大价值

人人都想获得丰厚的财富，但想归想，并非人人都能如愿。获取财富的正当途径无疑是通过劳动去换取，但付出了劳动未必就一定能够有所收获。这是为什么呢?

我们知道，谋求和创造财富是一种经济活动。要达到这种目的，需要得到一些有利因素的支持，同时还必须避免一些有害因素的干扰和破坏。在经济活动的进程中，如果有害因素多而有利因素少，必然导致事与愿违。

事物是运动变化的，目前的有利因素不等于是未来的有利因素，它可能在经济活动的进程中逐渐或突然消失，也可能出人意外地突变为有害因素，如果不能预知这种变化，而这种变化又恰恰成为事实的时候，你就会措手不及，难以招架，失败和损失就在所难免。

有许多人往往过分看重目前诱人的有利因素，侥幸地认为它将会不断膨胀，或者至少能够一直维持，因而经不住诱惑，急于行动。殊不知事物是运动变化的，其中的不确定因素难以预料，一旦事情朝着相反的方向变化，那就只有自认倒霉了。

有些特别精明的人，对大家目前都不看好的项目，却独具慧眼，逆势而为，时隔不久，那项目就如雨后春笋般地蓬勃发展起来了，获利惊人。于是，不少人闻风跟进，但这时由于从事此业的人太多，竞争激烈，生产过剩，社会供求关系发生变化，形势急转直下，后来跟进的人便迅速地被套住，进退两难。而最先经营此项目的人却早已急流勇退，在一旁“笑看秋月春风”了。

由此可见，能否对未来进行准确的预测，是决策正确与否的前提，更是成败的关键。也就是说，预测决定决策，决策决定成败，成败决定财富的盈亏。因此，预测在经济活动中具有十分重要的价值，它是一个不容轻视的首要环节。

财富范畴的经济预测固然重要，其他范畴的各种重要事情或重大事项的预测也同等重要。通过预测，能让当事人提前知道在未来的行动中很可能会出现的意外的重大机遇或严重障碍，从而提醒当事人提前制定完善的应对方案，这样就能把握先机，有备无患，使决策方案更加可靠，从而提高行动的成功率。这个道理与经济预测一样，就不赘述。

总之，在纷繁复杂和竞争激烈的社会活动中，凡是重要的事情或重大的项目，为了保证其成功率，为了取得最佳的效果，在作出决策和行动之前进行预测是十分必要的。

预测是成功的基础。

第二节　预测的最佳方法

预测的实质就是对事情结果的预判。通过预测，如果认为事情会有好的结果，就会作出决策并付诸实施；如果认为结果不好，则会作出放弃行动的决策。

预测的方法主要有常规预测法和术数预测法。所谓常规预测法，就是人们首先从客观的角度搜集一些有关的事实资料，根据过去的经验，然后对相关的未来因素进行评估，最后将二者结合起来进行综合分析而得出预判结论。这种方法被大多数人所普遍使用，所以我们把它称之为“常规预测法”。这种方法的可靠程度主要取决于预测者的评估能力、综合分析能力和预判能力之高低。用常规预测法能够准确预测的人并不多，这就导致常规预测案例中，十分成功的比例并不大。很多人、很多企业、公司的经济活动之所以失败，归根结底就是因为他们的预测失误。

准确率低是常规预测法的一大缺陷，除此之外，它还有另外一个缺点，就是耗时较长。搜集过往资料需要较多时间，评估需要深思熟虑，面面俱到，也需要较多时间，这就导致整个预测过程耗时较长。对某些重大事情或重大项目的预测，有时需要几个月甚至几年才能得出结论。

在快节奏的当今社会，时间就是效益和胜利。在生活和工作中，有许多事情，谁能走在别人的前面占得先机，谁就能获得胜利。如果你花费太长的时间去预测论证，当你认为可行时，别人早已行动了。所以，我们需要一种快速的预测方法。术数预测法就是一种非常快速而且准确的预测方法。运用它最多只需十来分钟就能得出预测结论，而且这种结论的准确度远比常规预测法高。

六爻预测法就是术数预测法中的一种。此法经过上千年的实践检验，证明其具有惊人的准确率，是常规预测法所无法企及的。我们所使用的六爻预测法的适用范围非常广大，几乎是无所不能，对于各种经济活动的预测，其功能优势更是十分卓著。一个技术精湛的六爻预测师，其预测准确率之高，几乎是百不失一。因此，可以毫不夸张地说，六爻预测法就是上乘的预测方法。

作为预测师，学会这种预测方法，将会为人们提供准确的预测结论，从而间接地给人们带来不可估量的财富或者帮助人们取得事业或事情的成功。作为求测者，若能得到六爻预测师的帮助，则会获得正确的预测结论，从而为决策提供宝贵的参考。

上千年的实践表明，六爻预测法不愧为一大预测法宝，值得深入研究和大力推广。

第三节　八卦预测的理论依据

上一节讲到，我们对事情的预测是采用八卦预测体系中的六爻预测之法。六爻预测是一门应用技术。任何技术都需要有一套完整而正确的理论为依据，否则那种技术就不具备可靠性。

那么，六爻预测的理论依据是什么呢？其理论是否正确而完整呢？

凡是有点中国古代哲学史知识的人都知道，阴阳学说是中华民族的先辈们在漫长的实践活动中通过对宇宙自然进行大量的观察、探索而发现并总结出来的一种哲学理论，是中国人哲学思想的典型标志，是中华文明的源头。几千年来它一直深刻地影响并有力地推动着中华民族文化的发展，进而影响和推动着整个世界文化的进步。

阴阳学说是一种对任何事物皆具有普遍指导意义的哲学理论，它可以涵盖宇宙内的任何领域，所以，人们把阴阳学说称之为“宇宙法则”。

六爻预测法的理论核心就是阴阳五行学说。将阴阳五行学说按照六爻预测模式的方向加以展开，便形成了一个完整的六爻预测理论系统。阴阳五行学说是举世公认的“宇宙法则”，它不但被广泛应用于哲学领域，而且还被应用于医学、数学、化学、物理学、计算机等科学领域。所以，六爻预测法的理论依据是不容置疑的。（对阴阳五行学说的具体内容不够了解的读者，可以参阅拙著《易学经世真诠 1.人生信息学》（上册）第四章“五行学说”的相关内容。）

第四节　八卦预测的范畴

八卦的预测功能极其强大。从理论上讲，八卦囊括的事物之广，其大无外，其小无内，宇宙万事万物都在八卦预测的范畴之内。六爻预测是八卦预测体系中的大宗之法，其预测功能最具代表性，所以，六爻预测的范畴是无所不包。无论任何事情，都可以通过它来进行预测。

预测是有目的性的。一般说来，人们对比较重要的事情才会借助于预测，而对那些鸡毛蒜皮的琐碎之事就没有预测的必要。当然，不同的人有不同的爱好，有的人对小事小物也喜欢预测一下，六爻预测当然也能满足这种人的要求。

财富、仕途、名誉、事业、学业、竞争、工作、子女、父母、婚恋、安全、官司、牢狱、健康、疾病、出行、谋事、寻物、开发、开采、环境地理……这些都是人们最关心的事项，也是人们求测频率最高的事项。世界丰富多彩，由于人们的需求各不相同，因此，人们需要预测的事项远不止上面所列。但无论什么事项，都在六爻预测的范畴之内。只要人们需要预测，六爻预测都能做你的最好参谋。

我们在生活中所遇到的任何重要事情，在事前先进行详细的预测，然后再决定是否去做。这是最妥当的策略。但是，并非所有的人都具备这种意识，很多人都是事情失败后才埋怨自己：为什么不在事前好好预测一番之后再作决定？

凡事预则立，不预则废，这是千古之训。谁具备这种意识，谁就更能稳操胜券。当你遇到把握不定的重要事情时，六爻预测能给你提供一个极具价值的参考答案。

第五节　策划的重大价值

前面谈到了预测的重要性。但是，单凭预测并不能解决具体问题和达到预期目的，因为解决问题和达到目的需要具体的行动方案。预测的职能并不是制订方案，而是为制订方案提供相关的重要参考信息。

行动方案的正确与否直接决定事情的走向和成败。制订方案是一种策划行为。离开了策划，行动就会茫无头绪，事情不能有序地进行，这样，成功的概率也就很小。可见，策划对事情的走向和成败起着关键性的作用。

成功的策划是事情成功的前提，凡是成功的个人、企业、公司无不十分注重策划。要想保证事情的成功，策划是必不可少的重要环节。从财富的角度讲，策划就是对未来财富方案的设计，它对决定财富的得失和多少起着决定性作用；从成败的角度讲，策划就是一个设计成功模型的过程，它是决定事情成败的关键。

第六节　策划的最佳方法

常规的策划方法是：以人所共知或实地考查得来的相关事实和资料为依据，对相关的未来因素进行主观估计，然后将二者融入准备实施的事情中进行综合分析，从而制定出具体的实施方案。这种方案的合理性、可行性、可靠性程度之高低，决定事情的成败。然而，方案的合理性、可行性、可靠性程度只有等到事情结束后才能得出结论，在事前只能对其进行一种主观的估计。如果事情失败，事后得出的结论也于事无补，最多只能当做下次行动的经验教训而已。因此，以常规的策划方法所制订实施方案，其实施的结果如何，无疑是一个很大的悬念。

无论做什么事情，人们都不愿意冒太大的风险，如果明知会失败，就肯定不会去做，只有自己对实施方案觉得有较大的把握时才会行动。但事实上，许多自以为稳稳当当的方案，其实施的结果却是一败涂地。为什么会常常出现这种情况呢?

我们知道，未来事物必然存在许多未来因素。这些未来因素在事物运动前进的过程中是一种变数。在这些变数中，有害因素与有利因素都可能存在。如果有利因素多，你倒是可以侥幸地获得意外的收获，但如果有害因素比例过大，你又没能在策划之前准确预知，那么，在策划时就无法制定应付那些有害因素的有效措施。这样，在实施方案的过程中，这些大量的有害因素就会成为极大的障碍，使你防不胜防，措手不及，结果使行动方案无法正常实施，导致事情中途流产，以前为此事而付出的人力、物力、财力都将因此而白白浪费，造成无法挽回的损失。

由此可见，实施方案的可靠程度并不是主要取决于对相关的过往事实熟知的程度，而是主要取决于对未来因素——变数估计的准确程度。然而，这些变数并不是那么容易被一般人用常规的思维方法所能预知的。

那么，是否有既简单又可靠的策划方法呢?

答案是肯定的。通过上面的论述，我们已经知道，实施方案的可靠与否主要取决于策划时对未来因素估计的准确程度。由本章第二节可知，对未来因素的预测，六爻预测法是非常可靠的。所以，我们如果以六爻预测所得出的预测结论为重要参考去进行策划，那么，所制定出的实施方案就会具有很高的可靠性。

当然，任何事情都有其本身的特殊性，六爻预测的结论并不能代替策划，它只能作为策划的重要信息参考。如果你对某个具体的事情并不熟悉，缺乏必要的专业知识，那么，单凭六爻预测结论也无法作出成功的策划。所以，二者必须有机地结合起来，才是最佳的策划方法。六爻预测师将准确的预测结论提供给当事人，当事人则以此为重要参考进行策划。这是双方分工协作的最佳策划方法。

大量实践证明，这种策划方法的成功率很高，不容置疑。本章第七节及本书后面的许多实例就是很好的证明。读者看了这些相关的内容后，你就知道这种策划方法的巨大价值了。

第七节　调理的作用与效果

事物总是在矛盾运动中发展变化着，所以，事情在进行过程中出现障碍是很正常的。关键是如何去有效地排除障碍。如果在障碍没有出现之前就将障碍因素化解掉，则是最好的办法，当然也会收到最好的效果。

某些类型的障碍，按照人们的普通方法是不能排除的。这类障碍就是属于用宏观方法无法认识、不能发现、更无法排除的障碍。这类障碍属于五行范畴的障碍，如果运用阴阳五行的方法，不但能够很方便、快捷地发现问题所在，而且也能有效地排除这些障碍。这种排除障碍的方法不同于人们通常所用的方法，而是依据阴阳五行的相关原理进行的调整和化解方法。我们称之为“五行调理”。

五行调理为什么会有作用？对于不懂阴阳五行相关知识的人来说是难以理解的。即使其中有些人对它的作用深信不疑，但也是知其然不知其所以然。限于篇幅，这里就不去讨论它的原理，我们通过一些实例来证明五行调理的神奇作用和效果。

例 1：2006 年巳月，北京某先生请我去给他家看看环境地理并作适当的调理。去后他摇了一卦，问今年能否得到晋升：

丙戌　癸巳　庚申　辛巳

泽风大过	**泽天夬**	**六神**
妻财丁未土″	妻财丁未土″	螣蛇
官鬼丁酉金′	官鬼丁酉金′世	勾陈
父母丁亥水′世	父母丁亥水′	朱雀
官鬼辛酉金′	妻财甲辰土′	青龙
父母辛亥水′	兄弟甲寅木′应	玄武
妻财辛丑土×应	父母甲子水′	白虎

世爻、二爻亥水月破，动爻丑土与上爻未土及年支戌土构成三刑，刑起旺土克亥水，日辰官鬼申金被月时两巳火合住无力生世，加之日辰申金又与世爻相害，而三、五爻酉金失令又被太岁所害，生亥水的力量大减。正是由于二爻亥水及卦中酉金的存在，世爻弱而又不从。这样，卦中亥水和用神官鬼酉金都衰弱，因此，自己目前的竞争实力不够，要想晋升是不行的。

对此预测结论，他虽然感到认同，但还是心有不甘，于是问："有无办法作些补救。"我说："可以通过综合的五行和环境地理调理试试。"为了知道效果如何，我让他再测一卦。

过了一会儿，他又再摇卦求测请我对其进行环境及五行调理后能否晋升：

丙戌　癸巳　庚申　壬午

天泽履　　　　　**六神**

兄弟壬戌土′　　　螣蛇

子孙壬申金′世　　勾陈

父母壬午火′　　　朱雀

兄弟丁丑土″　　　青龙

官鬼丁卯木′应　　玄武

父母丁巳火′　　　白虎

世居五君爻，贵象，晋升可期。用神官鬼卯木成从象而与世爻暗合，而世爻为子孙，利武职和企业界类领导。恰恰他正是此类领导，故对其有利。世爻虽然不旺，但临日辰，作用长久。目前世爻不当令，力量不足，所以晋升的时机不到。一旦等到秋季，世爻临旺，晋升必成。

此卦与前一个不作五行调理的卦相比，结果大不一样。

但他自己根据客观情况分析，认为要提升就应该在最近，不可能等到立秋以后，如果立秋前提升不成，立秋后也就没有机会了。

我告诉他事情往往有意外的情况发生，尤其是经过五行调理之后，很多事情就不能以常规的眼光去分析推断。这正是环境地理布局和五行调理的神奇所在。他对我很信任，所以他还是请我给他做了全面的环境布局和五行调理。之后，他耐心地等待着，让时间来检验我的推断是否会如期应验。

到了秋季，他果然晋升，并且很有实权，十分受人尊重。此时他的心才完全踏实了，也更加认识了我所做的环境布局及五行调理之神奇作用。

当时我看过他的四柱，从流年运势上看，该年对他的晋升是不利的，如果不做任何调理，那么，晋升肯定没有希望。正是通过恰当的环境布局及五行调理，才起到让他感到意外的神奇效果。

例 2：严总准备进行公司改制，但由于障碍多，困难大，对改制能否成功心中没有把握，于是求助于我，想预测一下进行改制能否成功：

丙戌 辛卯 癸卯 癸亥

水风井	**泽山咸**	**六神**
父母戊子水″	妻财丁未土″应	白虎
妻财戊戌土′世	官鬼丁酉金′	螣蛇
官鬼戊申金×	父母丁亥水′	勾陈
官鬼辛酉金′	官鬼丙申金′世	朱雀
父母辛亥水○应	子孙丙午火″	青龙
妻财辛丑土″	妻财丙辰土″	玄武

财爻持世，说明改制的目的是为了求得更好的经济效益。世爻戌土被日月所克，又被卦中申酉紧贴泄泻，只有流年相助，所以世爻衰弱，但弱而又不从。这就意味着在改制的过程中，自己将力不从心，难以驾驭整个局面。

父母亥水和官鬼申金皆动，说明公司改制会涉及合同的重新签订和干部队伍的调整。官鬼爻和父母爻都不旺，世爻应爻也衰弱，意味着合同的重新签订和干部队伍的调整等一系列的相关事宜难以按预定的方案实施。这样，改制就会困难重重，中途流产。

他听了我的分析，觉得很有道理，并且与自己预计中的差不多。但他不甘心就此放弃，为了改制成功，他问我有无什么良策可以助他一臂之力。我告诉他通过环境布局和五行调理或许能达目的。为了稳妥起见，我对他的命局进行了认真研究，并且又起卦预测了调理后的效果，结果显示相当不错。在严总的再三要求下，我为他进行全方位的五行调理与布局。

不久，严总的公司改制顺利完成，达到了预期的效果。严先生没料到调理后事情的进行会有如此顺利和快速。

例 3：孙先生求测二〇一一年运气：

辛卯　庚寅　甲午　甲戌

风山渐	**雷山小过**	**六神**
官鬼辛卯木〇应	兄弟庚戌土″	玄武
父母辛巳火〇	子孙庚申金″	白虎
兄弟辛未土×	父母庚午火′世	螣蛇
子孙丙申金′世	子孙丙申金′	勾陈
父母丙午火″	父母丙午火″	朱雀
兄弟丙辰土″	兄弟丙辰土″应	青龙

1. 世爻月破，又被日辰午火克，力量本身就衰弱，因有变爻庚申帮扶助，故衰弱不从。

2. 巳午月，火的力量加强，辰土临空亡又被青龙得太岁相助而克，燥土不能通关，世爻被克会有灾。

孙先生以前找我预测过多次，从未失误，所以他很相信我的预测结论。过了十来天，他心里感到不踏实，于是又求测请我调理化解后会如何：

辛卯　庚寅　乙巳　丁亥

雷水解	**火水未济**	**六神**
妻财庚戌土×	子孙己巳火′应	玄武
官鬼庚申金″应	妻财己未土″	白虎
子孙庚午火′	官鬼己酉金′	螣蛇
子孙戊午火″	子孙戊午火″世	勾陈
妻财戊辰土′世	妻财戊辰土′	朱雀
兄弟戊寅木″	兄弟戊寅木″	青龙

1. 世爻辰土虽被年月克，但有日辰巳火生，有朱雀生，自身为戊辰双体土，且得上爻戌土发动相助，所以世爻力量并不弱，根基不错。

2. 卦中没有动爻克世，故能平安吉顺，和前一卦世爻被动爻克的情况完全不一样，可见，化解后的效果就大不相同。

3. 子孙代表思维，前一卦世爻子孙被克，说明思维容易出问题，这对工作政绩和处理事情无疑是致命的影响。工作出了差错，事情处理欠妥，后果不言而喻。而本卦则是子孙临日辰来生世，说明思维活跃而正确，工作能得心应手，从而做出一定的政绩。

结果：经过调理化解，孙先生全年十分顺利，心情很好，政绩突出，受到领导赞赏。

由此可见，预测只是手段，化解和处理问题才是目的。只有准确预测，有效调理，正确策划，才能收到好的效果。

例 4：某外资连锁公司某先生现为某级别副职，希望有所进步，故求测今年工作能否有好的变动，可否升迁：

辛卯　壬辰　辛丑　癸巳

泽火革	**天火同人**	**六神**
官鬼丁未土×	官鬼壬戌土′应	螣蛇
父母丁酉金′	父母壬申金′	勾陈
兄弟丁亥水′世	妻财壬午火′	朱雀
兄弟己亥水′	兄弟己亥水′世	青龙
官鬼己丑土″	官鬼己丑土″	玄武
子孙己卯木′应	子孙己卯木′	白虎

1. 世爻失令不旺，但卦中有金水生助，所以又构不成从格，只能以衰弱论。

2. 世爻衰弱宜生不宜克，但上爻官鬼未土发动克世，世爻又被朱雀相临耗气。

我告诉他：“有人向你的上级递交了不利于你的材料，由此而影响领导对你的看法。”

3. 由于世爻衰弱无动爻和四值生，所以这种不利情况难以随时间逐渐自动改观。

他说：“确有此事，虽然未经查证，但为此领导对我产生怀疑。这对我的工作和心情影响不小。”

过了一段时间，情况并无改观，他有些不安，问有无办法改变目前的这种局面。我建议他先预测一下办公室环境对他的影响：

辛卯　癸巳　丁丑　乙巳

风火家人	**风山渐**	**六神**
兄弟辛卯木′	兄弟辛卯木′应	青龙
子孙辛巳火′应	子孙辛巳火′	玄武
妻财辛未土″	妻财辛未土″	白虎
父母己亥水′	官鬼丙申金′世	螣蛇
妻财己丑土″世	子孙丙午火″	勾陈
兄弟己卯木○	妻财丙辰土″	朱雀

世爻得月日时之生助，力量较强，说明自己能力不错。但卦中卯木临太岁发动克世爻，且无动爻通关化解，表明在一年内都无法升迁。

根据卦中信息显示，说明办公室环境确实存在问题。他问如果请我调整，效果如何，有无升迁希望？于是第二天再起卦预测：

辛卯　癸巳　戊寅　丁巳

火天大有	**乾为天**	**六神**
官鬼己巳火′应	父母壬戌土′世	朱雀
父母己未土×	兄弟壬申金′	青龙
兄弟己酉金′	官鬼壬午火′	玄武
父母甲辰土′世	父母甲辰土′应	白虎
妻财甲寅木′	妻财甲寅木′	螣蛇
子孙甲子水′	子孙甲子水′	勾陈

1. 与世爻五行同类的五爻未土为竞争者。

2. 世爻辰土得月时巳火之生，力量强旺，且无动爻克世，这是一种好的象征。

3. 五爻未土动化申金泄气又化空，且被青龙得年日支相帮克之，动而与流年卯未半合，被太岁日辰牵制，力量再次削弱，弱于世爻。

综上分析，世爻的五行状态优于竞争爻，所以经过调理，升迁的希望很大。

结果：当年晋升，于腊月调到别处任同级别正职。2012年，他再次请我去他新的办公室进行环境布局及五行调理，于2013年6月再次升迁。可见，五行环境地理综合调理的效果快速而显著。

例5：某外资连锁公司李先生求测明年能否晋升至某职位：

己丑 丙子 丙申 乙未

巽为风	**六神**
兄弟辛卯木′世	青龙
子孙辛巳火′	玄武
妻财辛未土″	白虎
官鬼辛酉金′应	螣蛇
父母辛亥水′	勾陈
妻财辛丑土″	朱雀

1. 此卦没有与世爻五行同类的寅卯木出现，似无竞争对手，但问的是明年之事，明年庚寅，寅木就是竞争对手。

2. 目前世爻卯木在流年不旺，但二爻辛亥为卯木之长生，加之青龙临世，又得卦宫帮扶，故弱而不从，所以，世爻所处的状态并非很好。

3. 明年太岁寅木当值，在世爻无卦爻发动相生的情况下，是无法强过太岁的，而这个太岁与世爻五行同类，既然无法强过它，那么，在竞争中晋升的就不会是自己。

他再问如果请我进行五行及环境地理综合调理，能否晋升至某职位：

己丑 丙子 丙申 乙未

火雷噬嗑	**风雷益**	**六神**
子孙己巳火′	兄弟辛卯木′应	青龙
妻财己未土×世	子孙辛巳火′	玄武
官鬼己酉金○	妻财辛未土″	白虎
妻财庚辰土″	妻财庚辰土″世	螣蛇

兄弟庚寅木″应　　兄弟庚寅木″　　勾陈

父母庚子水′　　父母庚子水′　　朱雀

1. 年时丑未土、变爻未土及三爻辰土为竞争对手。

2. 世爻未土动化巳火回头生，又是双体之己未土，力量不算弱。

3. 明年庚寅，起卦之年的太岁丑土退位，不再参与竞争者，所以太岁丑土不予考虑。

4. 庚寅年，时辰未土在四值中没有生助，只有克泄耗，力量很弱，无力与动化回头生的世爻双体之土相匹敌。

5. 变爻辛未土被纳干辛金、官鬼酉金及白虎泄气过重，无法与世爻己未双体之土的旺度相比。

6. 三爻辰土虽临螣蛇又与酉金官爻生合，但临空亡；世爻未土虽被官爻酉金及白虎泄气过重，但动化回头生，又是双体之土，两相比较，三爻辰土却无法与五君爻己未之土相匹敌。

7. 庚寅年，官星酉金力量减弱，正好可与世爻构成身官两停，加之世爻独具的上述优势，所以能够晋升。

李先生出于某些顾虑，预测后未进行调理，相信以自己的实力能够晋升，但结果第二年没能晋升成功。

例 6：周先生想晋升，有两个方案：一是不升为某级别副经理，等到有实权岗位的好机会再直接争取晋升；二是先升为某级别副经理，再升到同级别正职的位置。他不知到底哪种方案有效，所以特地求测：

第一个方案卦象：

己丑　丁卯　辛亥　丁酉

雷水解　　**地水师**　　**六神**

妻财庚戌土″　　官鬼癸酉金″应　　螣蛇

官鬼庚申金″应　　父母癸亥水″　　勾陈

子孙庚午火○　　妻财癸丑土″　　朱雀

子孙戊午火″　　子孙戊午火″世　　青龙

妻财戊辰土′世　　妻财戊辰土′　　玄武

兄弟戊寅木″　　兄弟戊寅木″　　白虎

1. 与世爻五行相同的上爻戌土、流年丑土以及四爻午火动化出的丑土都是竞争者。

2. 四爻午火与上爻戌土处在同一经卦，所以午火动生戌土之力大于世爻，所以世爻比上爻弱。

3. 四爻午火动化出的丑土得动爻午火生和朱雀生，也比世爻力量强。

4. 世爻弱于竞争爻，在竞争中无法获胜，所以这个方案不可行。

第二个方案的卦象：

己丑　丁卯　辛亥　丁酉

火天大有　　　　六神

官鬼己巳火′应　　螣蛇

父母己未土″　　勾陈

兄弟己酉金′　　朱雀

父母甲辰土′世　　青龙

妻财甲寅木′　　玄武

子孙甲子水′　　白虎

1. 五爻未土、太岁丑土为竞争对手。

2. 上爻巳火暗动生五爻，太岁丑土有月建克而无生助，力量比五爻未土弱。

3. 巳火暗动也生世爻，但远没有生五爻的力量大，所以世爻弱于五爻，也弱于当值的太岁。

4. 己丑年，世爻最弱，升某级别副经理肯定没有希望。庚寅年，丑土退位，少了一个竞争者。巳火长生于太岁，力量加强，它生世爻和五爻的力量也同时加强。但无论如何，世爻都没有五爻强，如果某级别副经理的名额不止一个，那么世爻还有希望，否则，就只有五爻的份。

两相比较，第一个方案完全不可行，第二个方案还有点希望，所以应选择后者。

结果，周先生选择了第二个方案。庚寅年，他和另外一个人同时升为某级别副经理，于辛卯年升至同级别正职的职位。

可见，选择正确的方案是获胜的前提，也是策划的重要内容之一。

例 7：黄先生，原本是某外资连锁公司某分公司的总经理，后让位给别人，现又想再回来任总经理，求测如果当上总经理，对自己是否有益：

辛卯　己亥　甲戌　己巳

风地观	**雷风恒**	**六神**
妻财辛卯木○	父母庚戌土″应	玄武
官鬼辛巳火○	兄弟庚申金″	白虎
父母辛未土×世	官鬼庚午火′	螣蛇
妻财乙卯木×	兄弟辛酉金′世	勾陈
官鬼乙巳火×	子孙辛亥水′	朱雀
父母乙未土″应	父母辛丑土″	青龙

1. 世爻未土失令不旺，又被流年克，似乎力量很衰弱，但其实有日助时生，也并非很弱。

2. 仔细分析卦爻组合，则是另一番气象：卦中财动生官，官动生世，世动化官星回头生合，这无疑是名利双收的一片大好景象。

既然如此之好，黄先生更加心动，于是又求测通过自己的努力，能否当上某外资连锁公司某分公司的总经理：

辛卯　己亥　甲戌　己巳

泽火革	**泽雷随**	**六神**
官鬼丁未土″	官鬼丁未土″应	玄武
父母丁酉金′	父母丁酉金′	白虎
兄弟丁亥水′世	兄弟丁亥水′	螣蛇
兄弟己亥水○	官鬼庚辰土″世	勾陈
官鬼己丑土″	子孙庚寅木″	朱雀
子孙己卯木′应	兄弟庚子水′	青龙

1. 与世爻五行同类的三爻和月建亥水为竞争对手。

2. 三爻亥水动化回头克，比世爻和月建都弱，首先出局。

3. 卦爻若无旺相的动爻之生，又无特殊的组合，就强不过四值中的同类五行，更强不过当令月建。此卦五爻酉金得日生被年冲为暗动，本可生世，但酉金旬空，所以并无生世的作用，因此，世爻亥水就远不如月建亥水的力量强，与人竞争就无法获胜。

黄先生觉得自己以前在任时威望很高，现在要重返岗位，应该不是问题，所以对我预测有些怀疑。

他经过一段时间的努力，发现事情并非自己想象的那么容易，感觉时过境迁，已物是人非，困难重重。但他又不愿甘拜下风，于是问我有无办法可以逆转。我告诉他，有些事情，通过环境布局及五行调理再加上巧妙的策划，其走向就会完全改变。但并非事事皆能如此，到底有无效果，需要事先预测。

黄先生恳求我一定要帮他一把，我答应尽力而为，但仍需先预测，如果有很好的效果，才能进行下一步的操作：

辛卯　己亥　己丑　癸酉

雷水解	**雷地豫**	**六神**
妻财庚戌土″	妻财庚戌土″	勾陈
官鬼庚申金″应	官鬼庚申金″	朱雀
子孙庚午火′	子孙庚午火′应	青龙
子孙戊午火″	兄弟乙卯木″	玄武
妻财戊辰土○世	子孙乙巳火″	白虎
兄弟戊寅木″	妻财乙未土″世	螣蛇

1. 上爻戌土和日辰丑土为竞争对手。

2. 上爻戌为燥土，世爻辰为湿土，戌本比辰力量强，但戌土安静，而世爻动回头生，所以世爻强于上爻。

3. 日辰丑土在四值中不得令，被酉泄亥耗卯克，没有火来相生，独立无援，力量反而不如动化回头生的世爻。

4. 既然世爻比两个竞争爻都占优势，因而必能当选。

结果：通过我的调理和策划，黄先生如愿重返原来的职位。上任后，公司启动了一个上亿的项目，经济效益非常好，想不名利双收都不可能。

通过以上实例对比，调理与不调理的效果大不相同。由此可见，五行调理和环境布局是人生策划的重要措施之一。

五行调理的优良效果常常是令人感到惊讶的，但没有亲身经历过的人往往会对此感到怀疑和不理解。其实这很正常，人们对不理解的东西心中多少都持有一些怀疑态度的。要知道五行调理的效果到底如何，你得亲自尝试。正如毛主席所说，要想知道梨子的滋味，就得亲口尝一尝。

五行调理有一套系统的操作方法，需要针对当事人的命局行运、阳宅(如住房、厂房、店铺、办公室等等）环境地理等方面的缺陷进行恰到好处的调理。只有这样的调理，才能真正起到趋吉避凶或者化凶为吉的良好效果；如果胡乱调整，就像给患者胡乱下药一样，不但不能收到好的效果，反而有可能越调越凶，雪上加霜。所以，五行调理是一件十分慎重的事情，必须认真对待。对调理之法不精通者，最好不要随便给人调理，否则会弄巧成拙，贻害人家。

关于调理之法，因不属于本书的内容范畴，并且需要较多的文字才能讲清，所以在此就不单独讲解。有兴趣的易友可参加我举办的这方面面授培训班的学习。

第八节　本章结语

能准确预知事情的发展趋势并提出可行性建议，根据需要进行有效的调理，使之趋吉避凶者，才是优秀的预测师。通过对本章的研习，希望大家掌握预测与策划的本领。

五行调理是一个综合性很强的技术活，需要根据事主命局的五行喜忌，通过环境布局，加强用神的力量并克制忌神的力量，同时也要符合环境地理学的一些重要规则。所以，仅仅只会八卦预测技术还不够，还需要精通命理与环境地理学。

本章习题：

1. 通过八卦预测的结论去进行策划，是否需要结合求测者的命局行运去设计策划方案呢？

2. 五行调理的作用不用怀疑，但如何才能达到最佳的调理效果呢？

第十九章　竞争新论

不少六爻预测师虽然从事预测许多年，但预测准确率长期停留在一个中等水平，有 20%-40%左右的卦都无法测准，总是无法突破瓶颈，也找不出错的原因，倍感无奈和沮丧，于是认为六爻预测也许只能达到百分之六七十的准确率。其实，从理论上讲，六爻预测的最高境界其准确率可接近百分之百。但由于每个预测师各自的技术水平不同，有的可达 95%以上，有的只在 70%以下，差距很大。

为何出现如此大的技术差距呢？主要与各自所掌握的预测理论有关。只有掌握了正确、完善的预测理论，才能提高预测准确率。

六爻预测源于古代。预测实践证明，古代传统六爻预测体系具有较高的准确率，但也有一些缺陷与错误。学术无止境，有错误和缺陷很正常。今人学习六爻预测，很大程度上继承了传统的六爻体系，但在继承的同时，由于未能完全吃透，难免出现一些学术上的误解和误区，因此，对古代传统六爻的学习，只是学会了其中一部分。假若古代六爻体系的预测准确率本来可达 80%以上，但因后学者的一些误解和误区，其准确率就可能会降到 70%甚至更低。

今人在继承和学习传统六爻的同时，通过研究进行了创新，于是出现了新派六爻，而且流派众多。每个新派六爻的新理论并不能保证全都完全正确，有的甚至比传统六爻理论更差，这就可能使六爻预测准确率再次降低。很多预测师说有 20%-40%左右的卦测不准，原因就在于此。

理论是技术的指导和灵魂，要使六爻预测达到很高的准确率，首先必须掌握一套正确、完善的六爻预测理论体系，否则是不行的。六爻古籍文字艰涩难懂，且实例不多，今人学起来比较困难，不易吃透，因此，大家都喜欢选择当代白话六爻书籍学习，也就是人们所称的新派六爻。

新派六爻流派众多，其书籍更多。这些书籍中，有许多新创理论，其中有些是正确的，有些是错误的。选择理论正确、完善的新派六爻书籍来学习，是非常重要的一步，否则，就会事倍功半。

不同类别的卦，其预测理论和方法就有所不同。竞争类的卦，也有一套完整的预测理论体系。我通过大量的预测实践和对古今大量的卦例研究发现，传统六爻和新派六爻对竞争类的预测，其理论体系都存在重大的错误，导致很多预测师对竞争类的卦都预测失误。为了解决这个学术难题，本章就竞争类（如竞选、晋升、竞标、比赛等）的六爻预测理论和技法进行详细的阐述与例证。

理论提要：

一、四值玄机

（一）四值与卦爻的力量层次及作用大小

（二）四值六亲信息与主宰作用

1. 太岁六亲信息与主宰作用

2. 月建六亲信息与主宰作用

3. 日辰六亲信息与主宰作用

二、向背决定成败得失

（一）向背影响卦爻力量

（二）向背影响用神档次及事之走向

三、预测竞争的推断依据

四、竞争对手的指代

（一）多人竞争唯一目标物

（二）多人竞争少数目标物

（三）两人或两方竞争唯一目标物

一、四值玄机

四值即起卦时当值的年、月、日、时四组干支。

古代六爻著作中，断卦大都只有月建和日辰，很少有用到太岁的，更未用到时辰，所以一般也不会标示起卦的流年干支和时辰干支。

现代六爻著作中，有的同时标出了起卦的年月日干支；更细的，会标出起卦时辰干支；由于诸书对年月日时作用的论述不够深刻和详细，因而真正能够全面掌握并正确运用年月日时者不多。

古人称年月日为三传。无论古今，在六爻卦的占断体系中，三传基本上都是被用来衡量卦爻五行力量旺衰强弱的。这个人人都会用。

传统六爻体系中，流年用的概率不高，主要用日月。对于日月的作用，常被相提并论，比如古人就有“日月同功”之说，后学者基本上没有创新和突破。

我通过研究和实践发现，年月日时对卦爻的五行力量之影响是有层次区别的，并非完全“日月同功”，而有些卦，流年比月日的作用更大。

四值除了衡量卦爻旺衰强弱之外，还有其他特别重要的作用。

（一）四值与卦爻的力量层次及作用大小

流年为什么叫太岁？因为它司一年之权，至高无上。若是测一年之事，流年干支对卦爻的作用就非常大，它大于日辰的作用，有时甚至大于月建的作用，所以，断卦并非仅仅只看月建日辰就行。

对于卦爻的五行力量，大家都知道用月建日辰去衡量，其实，有些卦还需考虑流年甚至时辰对卦爻的作用，否则就不能精确判定卦爻的力量大小，这对有些需要进行力量对比的卦来说，预测就欠准。

由于所测之事的时限不同，年月日时在卦中的作用和轻重是大有区别的。测一年或若干年之事，应以流年为重，日月作用不大；测一月或若干月之事，应以月建为重，同时兼顾流年的作用；测月内某日或若干日之事，应以日辰为重，同时兼顾月建、流年和时辰的作用。

卦爻的力量源自年月日时，离开了四值，卦爻本身就无所谓旺衰强弱。

四值是卦爻的主宰，而卦爻却无法左右和主宰四值。换句话说，从力量层次的角度讲，四值无疑是在卦爻之上的。明白了这一点，对涉及有四值信息的卦，是有决定性意义的。

比如，某人问几人竞争同一个职位，自己能否胜出，如果代表竞争对手的六亲居于流年之位，那么，对方的力量就比自己强，自己的胜算往往不大(当然，需要看世爻在整个卦中的力量大小及其用神的向背才能决断)。而绝大多数人断卦都不会那样去看，完全把流年搁在一边，忽略了这种特别重要的分析元素。

预测实践证明，卦爻再强，如非特别的组合，就强不过年月日时。因此，断卦千万不要只在几个卦爻的圈子内打转，对有些卦的分析，是需要延伸到年月日时才行的。

（二）四值六亲信息与主宰作用

1. 太岁六亲信息与主宰作用

流年司一年之权，故称之为“太岁”，代表至高无上的权威。可见太岁之名，并非随意而取，自有其特别的含义。

古人对流年的作用看得很重，故冠以太岁之名形容。但当今许多粗心的后学者并未真正领会其意，因而不够重视，实在是一件遗憾的事情。

在命理预测中，人人都知道流年极其重要，而在六爻预测中，却很少引起人们的重视。对于研究六爻预测的人来说，这确实是一个值得认真思索的问题。

那么，在六爻预测中，对于太岁，我们应该怎样认识和运用呢？

流年地支与卦爻一样，它是六亲体系的成员之一。比如：

戊子　庚申　壬寅　庚戌

艮为山	**六神**
官鬼丙寅木′世	白虎
妻财丙子水″	螣蛇
兄弟丙戌土″	勾陈
子孙丙申金′应	朱雀

父母丙午火″　　　青龙

兄弟丙辰土″　　　玄武

卦爻子水为妻财，流年地支为子水也是妻财。这样的求财卦，虽然月日都不是财星，如果测流年财运的话，一年的财运都不会差。当然，随着月建的变化，财星强弱会有变化，所以，各月的财运也会有所不同。

人们往往只看到卦爻六亲，却忽略了流年六亲，这就等于忽略了一个断卦的元素。而这个元素，在某些卦中，它不仅比某些卦爻作用更大，而且更重要。

这样说有何依据呢？因为太岁司一年之权，它对某些卦爻起着主宰作用，有些卦爻的力量是不足与之抗衡的。

人们断卦往往只在卦爻之间打转，将各个卦爻的力量比来比去，却不知道与流年比，因而最终并没有真正定准卦爻的力量大小，预测结论当然就会失误。如果用神或忌神在流年上，那么，忽略了对流年的分析，预测失误就难以避免了。

流年到底扮演了什么角色，它的作用到底有多大？你不妨回头对照你过去断错的某些卦，看看是否恰恰是因为忽略了流年的原因。如果你认识和掌握到了这一点，你的六爻技术无疑又进了一大步。

流年在断卦中的作用，读者可以参阅本章各节卦例中流年五行与世爻五行相同的卦，就可以明白流年的威力有多大。在此就不单独举例。

2. 月建六亲信息与主宰作用

都知道，月建以节令的身份起着衡量卦爻五行旺衰的重要作用。除了测多年之事的卦以外，月建是衡量卦爻旺衰最主要的标尺，年日时都在其次。但很多人并不知道（或者没有引起足够重视），月建也是卦象六亲的一员，而且由于月建力量强旺，因而它所代表的六亲其作用就比某些卦爻更大。

比如，测一个求财卦，如果卦中财爻不现，但月建为财星，也算是用神，所以古人说“卦中无财月带财”，就是这个道理。同理，测官运，卦中官鬼伏藏，月建官星仍可算用神，而且这个官星的作用很大。其余类型的卦同理可推，不一一表述。

如果一个求测晋升的卦，世爻与月建五行相同，那么，月建就是竞争对手之一，由于月建力量很大，世爻一般都难以强过它（有特殊组合的卦爻除外），因此，若晋升之事在月内决定，则没有晋升的希望。这种卦，如果不把月建视为六亲之一，不把与世爻相同的六亲当成竞争对手，反而把与世爻五行同类的月建当做帮扶世爻的朋友，预测就完全南辕北辙了。

在实际预测中，因为很多卦测的都是月内之事，所以，月建六亲往往起着重要的有时甚至是决定性的主宰作用。

3. 日辰六亲信息与主宰作用

日辰六亲的原理和作用与月建大体相似，就不重复。大家只要记住日辰是卦象六亲之一，并能使用就行。

日辰与月建的功能有些差异。对于卦爻五行力量的衡量，日辰通常不如月建作用大。但日辰是旬空的推算依据，这却是月建所不具备的功能。断卦时常会用到旬空理论，如果卦爻六亲有旬空的，等到填实之后，作用都会显现，如果旬空的是用神，那么，出空的日辰六亲就特别重要。因此，在断卦时，不要只看到卦出空的五行力量，还要看到其六亲代表的含义和作用。

4. 时辰六亲信息与作用

时辰与年月日相比，力量和作用要小，但它会参与四值的生克冲合，从而对四值的组合力量产生影响。对于某些卦中力量大小很难分辨的卦爻，由于时辰的作用而可最终区分出强弱。

在有些特殊的四值组合中，时辰的力量也会比较大，这种情况下，时辰所代表的六亲，其作用就不小了。

在很多四值组合中，时辰力量很小，所以对卦爻的作用也小，因而往往被人们所忽略，久而久之，就完全忘记了时辰的作用。

时辰代表的六亲，和年月日的六亲作用原理相似，只是在大多数卦中，由于它的力量不大，因而其作用也不突出。但对于世爻或用神与时辰五行相同的卦，如果世爻或用神的力量很小，那么，这时的时辰所代表的六亲，其作用反而比世爻或用神大。比如求测晋升的卦，如果世爻很弱，并且世爻的五行与时辰相同，那么时辰就代表竞争对手，若世爻强不过时辰，那么，晋升就无望。倘若忽略了时辰的这种作用，对这种卦就会断错。

总之，四值所代表的六亲，都是卦象六亲的组成部分，不可只看到它们的五行力量而忽视了四值六亲的作用。

二、向背决定成败得失

这里所说的向背，是指四值、动爻及用神与世爻之间的有情无情。有情为向，无情为背。

四值、动爻和用神与世爻相生、相合（包括暗合）为有情，刑冲克害为无情。

（一）向背影响卦爻力量

向背是生克刑冲合害形式中的一种，这种关系使卦爻力量不是增强，就是减弱，二者必居其一。

如果这种向背是在用神与世爻之间发生，那么，就会直接使用神和世爻力量同时发生变化，非增即减。用神或世爻这种力量变化，势必会直接影响到所测之事的吉凶顺逆程度，甚至决定其成败或走向。

用神对世爻宜向不宜背，向之则吉、则顺、则和谐，背之则凶、则逆、则生乱。在本章各节的实例中，读者就可以看到它的作用了。

（二）向背影响用神档次及事之走向

用神的档次取决于用神的力量大小以及与世爻的生克关系。如果用神力量大，且向着世爻，那么，用神档次就高，所测之事必然有很好的结果；如果用神与世爻相背，所测之事必然不顺、遇阻、受损甚至彻底失败。

用神向他而背我，则是对别人有利而对我有损。比如测晋升、夺标之类的六爻卦，假若世爻为戌土，代表竞争对手的为辰土，用神官鬼爻为卯木在月建，由于卯木与世爻戌土相合，与竞争爻辰土相克又相害，用神向我背他，因而自己能够得到领导更多的支持而晋升或夺标的概率更大。如果世爻为辰土，代表竞争对手的爻为丑土，官星为寅木，由于寅木与丑土暗合，与世爻相克，这就意味着竞争对手与领导私下关系较好，因而于竞争对手有利而于我不利。

三、预测竞争的推断依据

凡竞争卦，都是以综合实力论胜负，强者胜，弱者败。综合实力包括两个方面：一是自身的五行力量强弱；二是用神与我、与他的向背，用神向我背他则有利，背我向他则不利。

四、竞争对手的指代

竞争类的六爻卦，古今之法皆以世爻代表自己，应爻代表竞争对手。此法从古到今，一直沿用而被公认。然而，我经过多年的大量预测实践和对古今六爻书籍中的许多竞争卦进行反复研究，结果发现：世爻代表自己不错，但应爻代表竞争对手却屡屡出错。如果换一种理论以对应的卦爻去指代竞争对手，预测百不失一。现将该理论阐述如下：

（一）多人竞争唯一目标物

比如某个系统的部长职位，这个职位只能容纳一个人当部长，但该系统内想当部长的人却不止一个，因而就存在众多的人竞争这个唯一的职位。这些竞争者的实力各不相同，单凭一个应爻就无法区分这种差别，所以，就不能以应爻笼统地指代。

大家都是系统内的竞争者，都属于我的同事，有许多相似之处，物以类聚，所以就应该以与世爻五行同类的卦爻去指代竞争对手。

项目夺标，也是众人竞争唯一的一个项目，我与大家公平竞争，大家都遵守相同的规则，这是共同特征，具有相同性和相似性，所以，也应该以与世爻五行同类的卦爻去指代竞争对手。

这种竞争，最终只能选一个人，所以，必须是综合实力最强者才能获胜。以世爻与各个竞争爻相比较，谁的力量最强、有利因素最多，谁就是获胜者。

（二）多数人竞争少数目标物

比如，公务员考试，假设招收名额为 100 人，而考生有 1000 人；某系统内评定高级职称，名额为 5 人，参加考试的有 30 人；高考招生 20 万，但考生有 30 万，诸如此类，就是参与竞争的人数多，而目标物的数量少。这种竞争，会有多人获胜，但又并非人人获胜，所以必须存在优胜劣汰。竞争实力最强的无疑可以获胜，竞争实力较强的也能获胜，只有竞争实力较差的部分人才会被淘汰。

这种竞争，同前述之理，仍然以与世爻五行同类之爻指代竞争对手。如果世爻在五行力量和用神向背方面只要具有较强的优势，就可获胜；如果最强，当然更是稳操胜券；反之，则落败。

（三）两人或两方竞争唯一目标物

仅仅只有两方的竞争，比如两个人比赛、两个球队比赛、两个单位竞争、两国竞争之类，竞争对手只有一个，只需比拼双方的实力而分胜负，具有唯一性和对应性。卦中只有应爻与世爻才具有二爻位的对应性，而且世爻只有一个，应爻也只有一个，具有唯一性，恰好符合竞争的格局情况。这种情况就以应爻指代竞争对手。世爻的综合实力强，则我方胜，反之，则对方胜。

以上就是竞争类六爻卦的预测理论和技法。下面分类分节以实例论证：

第一节　仕途功名

拿破仑说："不想当元帅的士兵不是好士兵。"无论什么行业的人，只有具备"从士兵到元帅"的理想与抱负，才会具有"生命不息、上进不止"的进取精神，才能最大限度地实现自己的人生价值。仕途、官场也一样，晋升是上级领导对一个人所作出的事业成就的一种肯定与嘉奖。职位越高，往往说明此人在事业上的成就越高，对社会的贡献越大。希望晋升无疑是一种上进精神的体现，但晋升必然会面临竞争，而正当的竞争又恰恰是促进事物和社会发展的积极因素，因此，无论任何人，希望自己一生不断晋升，既符合情理，也符合社会发展的需要。

古今中外，上至总统，下至村官，无论什么职位，都存在激烈的竞选竞争。竞选竞争就是一种活动，你不积极活动，不充分表现，谁能了解并认可你呢？

每次晋升，都有人数指标的限制，而欲晋升者众，故必存在激烈之竞争。竞争是一个过程，最终能否晋升，得由上级领导说了算。领导从众人中提拔一人或少数几人，必然是全面考评，优中选优。所谓的优，并非以自己个人的标准去衡量，领导决策层会有一杆秤，因此，并非自认为最优就是最优。由于实际工作的需要和某些领导岗位的特殊性，也许业务能力超强的你却未必能在领导岗位上发挥最佳的作用，未必能达到最好的工作效果，因此，最终领导或许会选择业务能力虽非最强但领导能力却是最强的人上任。

总之，晋升是一件很复杂的事情，会涉及多种因素（比如能力、政绩、时运、缘分、需要以及在领导中的印象等等），其中有些因素是当事人所无法预料到和掌控的，这也正是晋升存在悬念的原因。

对于想知道自己能否晋升而进行预测，也是人之常情，无可厚非。通过预测，找出自己能否晋升的原因，从而不断完善自己，升华自己，无疑有着积极的意义。

传统六爻理论认为：官鬼持世代表官与我有缘，父母持世为官来生我，所以这两种情形最利于晋升；财爻持世为我生官，代表花钱才能晋升；兄弟持世为官克我，为受排斥之象而难以晋升；子孙持世为剥官之象，不但难以晋升，反而容易降职丢官。此理论从古到今一直被推崇和应用，但在预测实践中，却经常得到相反的结论。理论必须服从实践的检验，既然实践颠覆了这种理论，我们就有必要对其进行研究、修正与完善。

我研究发现，不同的六亲持世，对晋升的难易、成败甚至过程、细节都有不同的影响，但每种六亲持世本身却并非晋升成败的标签，所以，切忌以六亲持世的种类简单地判定结果，而必须运用预测“竞争新论”之法进行细致入微的、全面的分析。

预测职位升降，以世爻为求测者本人，以与世爻同类的五行为竞争对手，以官鬼爻为用神，根据用神与世爻的五行生克和六亲关系，结合相关的卦爻进行综合分析，就可以准确地推断出结果。

以下情况有利于得到职位或晋升：

1. 官鬼力量足够，官鬼生世爻，世爻在五行同类爻之中相比较，力量居主导地位。

2. 官鬼持世，世爻力量居首位，没有子孙来克损世爻或者子孙很弱无法克损世爻，如果有财爻发动生世爻则更佳。

3. 用神官鬼强旺无伤损，世爻弱极而从用神官鬼，从得越彻底越有把握。

4. 世爻强旺力量居第一，官鬼弱极而从世爻。

5. 子孙持世，但世爻与用神官鬼因力量相当而构成对峙不战，或官爻向世背他爻。

以下情况对求取职位和晋升不利：

1. 用神官鬼克世爻，世爻弱但又不从用神。

2. 用神官鬼太弱但又不从世爻。

3. 子孙持世与用神官鬼构成相战。

4. 用神官鬼被合化为忌神。

5. 世爻太弱而被克制。

下面以我亲测实例逐一分类解析：

（说明：以下皆为我亲自预测的实例，为保护客户隐私信息，对某些实例的求测者姓氏、地址作了相应处理。）

一、父母持世

例 1：某私营连锁公司商先生求测能否升为某分公司总经理：

庚寅　庚辰　乙未　丙戌

雷泽归妹	**六神**
父母庚戌土″应	玄武
兄弟庚申金″	白虎
官鬼庚午火′	螣蛇

父母丁丑土″世　　勾陈

妻财丁卯木′　　朱雀

官鬼丁巳火′　　青龙

内卦官鬼巳火为已有的职位，外卦官鬼为欲晋升的职位。巳火空，说明实权不够大，午火不空，比巳火力量强，所以想争取此职位。此正符合欲由副升正的实际。

世爻为丑土，月、日、时及上爻戌土皆为竞争者。月日时司权，力量天生比世强；上爻戌土被月令冲旺为暗动，也强于世爻，且收敛官鬼午火，相比之下，世爻最弱，竞争实力不够，且午火与戌土生中有合（半合)，与丑土为生中有害，此亦为用神向他背我，故断其晋升无望。

内部人士说已将资料上报总部，各方面条件都具备，应是十拿九稳。

结果：时隔两周，该职位被别人所得。

例 2：张先生求测能否晋升到分公司副经理：

己丑　丁丑　丙辰　丙申

天风姤	巽为风	六神
父母壬戌土′	妻财辛卯木′世	青龙
兄弟壬申金′	官鬼辛巳火′	玄武
官鬼壬午火○应	父母辛未土″	白虎
兄弟辛酉金′	兄弟辛酉金′应	螣蛇
子孙辛亥水′	子孙辛亥水′	勾陈
父母辛丑土″世	父母辛丑土″	朱雀

世爻有年月日之助，意为多得朋友相助，力量极强。官鬼从于父母辰、戌、丑、未土，乃为吉象，故可晋升。——恐怕大多数人都会这样分析。

事实上，人人都想晋升，但每个职位的人数指标有限，大多是一职一人，对号入座，这就造成众人竞争同一职位。与世爻五行同类者，实为竞争对手而绝非帮手，因此，与世爻五行同类之爻就不会帮世爻，世爻的力量不是所有同类五行力量的叠加，恰恰相反，世爻与同类五行是一种竞争与较量的关系。

既然是竞争，各自就需以实力对决，强胜弱汰。因此，测晋升的卦，就是通过世爻与同类五行的力量对比以及官鬼与世爻的向背情形而判胜负。

按以上道理，我们再来分析此卦：

年月日之土、上爻及四爻动化出之土与世爻五行同类，皆为竞争对手。世爻为丑土，年月亦为丑土，日为辰土，单独比较，年月日之土都比世爻之土力强；世爻虽临年月，但临空亡，上爻戌土被日辰相冲为暗动，故上爻戌土比世爻丑土之力强；午火化出的未土得午火生合，又被年月冲旺，因而也比世爻之力强。这样，说明世爻在众多的竞争对手中，自己的实力排在最后面。另外，用神午火动与未土相合，贪合忘生世爻，用神向他而背我。

综合以上分析，不但求测者自身实力不如别人，而且对世爻有利的因素也远不如竞争对手，故断其不能晋升。

反馈：果如所测。

例 3：某私营公司曾先生求测办公室能否把自己作为任用干部报上级领导：

辛卯　庚子　壬子　辛亥

泽风大过	**雷风恒**	**六神**
妻财丁未土″	妻财庚戌土″应	白虎
官鬼丁酉金○	官鬼庚申金″	螣蛇
父母丁亥水′世	子孙庚午火′	勾陈
官鬼辛酉金′	官鬼辛酉金′世	朱雀
父母辛亥水′	父母辛亥水′	青龙
妻财辛丑土″应	妻财辛丑土″	玄武

二爻及月日时支与世爻五行同类，竞争对手众多。单独比较，世比日月支弱；二爻与动爻酉金远隔，生之不力，又有初爻丑克，而世得五爻酉金动来紧贴相生，故世占上风。

因世比日月弱，似乎晋升仍无望，但仔细分析，可发现官居于五君爻尊位，又得螣蛇之生，螣蛇代表有灵气之物，神通广大，说明此上司非等闲人物，能左右局势。卦爻只生其他爻而不生四值，故用神酉金不生日月，也就不会帮日月这两个竞争对手。再者，太岁刑日月而不刑世爻。这样，形势便颠倒过来，自己就比居于日月位的竞争者更占上风。据此，断其必能如愿。

不久结果揭晓，上述推断得到应验。

此卦的关键在于用神官鬼酉金向世爻而背日月，从而使形势扭转过来，此用神确为决定性的大贵人。

例 4：某私营公司邓先生求测能否升为某职：

庚寅　癸未　壬午　丁未

泽风大过	**泽水困**	**六神**
妻财丁未土″	妻财丁未土″	白虎
官鬼丁酉金′	官鬼丁酉金′	螣蛇
父母丁亥水′世	父母丁亥水′应	勾陈
官鬼辛酉金○	子孙戊午火″	朱雀
父母辛亥水′	妻财戊辰土′	青龙
妻财辛丑土″应	兄弟戊寅木″世	玄武

二爻亥水与世爻五行同类，为竞争对手。上下卦地支相同，但二爻得三爻酉金动来紧贴相生，而世爻与三爻这个酉金分别处于上下卦，三爻肯定会照顾与自己处于同一经卦的亥水，向二爻而背世爻。

虽然上卦中的酉金官鬼处于九五尊位，但安静不动，不动则意味不想介入此事，所以世爻就得不到有力的帮助。

可能有人会问："酉金旬空，何以能生二爻亥水？"其实金在未月，处于相地，马上就进入当值申月的临官旺地，力量并不弱，这种情况下，反而是金空则鸣，说话掷地有声，影响力更大。

通过上述分析，世爻亥水与二爻亥水的优劣形势就分辨出来了。据此我断言他升迁无望。

结果不幸被言中。

此卦与例 3（泽风大过之雷风恒）对照，主卦相同，但动爻位置不同，所以动爻对世爻的向背就不同，从而导致不同的结果。可见，爻位、向背是断卦的重要因素，不可轻视！

例 5：某私营公司唐先生求测能否升为某部门经理：

辛卯　辛卯　戊寅　辛酉

风地观	**风泽中孚**	**六神**
妻财辛卯木′	妻财辛卯木′	朱雀
官鬼辛巳火′	官鬼辛巳火′	青龙
父母辛未土″世	父母辛未土″世	玄武
妻财乙卯木″	父母丁丑土″	白虎
官鬼乙巳火×	妻财丁卯木′	螣蛇
父母乙未土×应	官鬼丁巳火′应	勾陈

此卦很简单：世应都是未土，应爻为竞争对手，但应爻动化巳火回头生，又得二爻巳火动来紧贴相生，而世爻安静不动；况且，勾陈临应增强了应爻之力，而玄武临世却削弱了世爻之力。两相比较，世爻明显比应爻弱，而且官鬼动与应爻紧贴相生，说明领导对唐先生的竞争对手更器重。因此，我告诉他：“你今年晋升无望，只能看着别人升上去。”

但他却认为：“论资历、能力，我都比别人占优势，升不上去没道理呀。”

我说：“有些事情可以用常理作出准确判断，但有些事情却不能，因为那些事情里面会有一些按常规思维无法预料到的意外因素，对这种事情，按常理推断就不可靠。如果常规的分析方法都能对所有事情作出准确推断，预测也就没有价值和必要了。”

后来的事实证明，预测结论是对的。

例 6：某私营公司邱先生求测今年能否升为某职：

辛卯　庚寅　癸卯　庚申

风地观	**六神**
妻财辛卯木′	白虎
官鬼辛巳火′	螣蛇
父母辛未土″世	勾陈
妻财乙卯木″	朱雀

官鬼乙巳火″　　青龙

父母乙未土″应　　玄武

与上一例相似，世应皆为未土，也是以应爻未土为竞争对手，不同的是此为六静卦。上下卦地支完全相同，又没有动爻，似乎分不出世应的强弱，但仔细分析，可以看到：

1. 应爻被乙木当令盖头，玄武为水临应削减了应爻之力，而勾陈临世则增强了世爻之力。

2. 应爻在初爻，“潜龙，勿用”；世爻在四爻，“或跃在渊，进无咎也”。应爻远离五君爻，而世爻紧邻五君位，近水楼台先得月，所以世爻更容易得到赏识与重用。

两相比较，世爻就占了优势。

有人可能会问：官鬼巳火空，空则无用，不生世爻也不生应爻，是否意味着彼此都得不到领导提拔呢？

其实，此卦巳火得年月日之生，力量较强，这种情况下，火空则更易燃，所以官鬼巳火的作用不会小，因而能有效地生世爻。当然，二爻巳火也能生应爻，但二爻这个官没有五爻这个官地位尊贵，所以最终是五爻这个官说了算，因为五爻紧贴世爻，所以最终世爻得益最大。

根据上述分析，断他必能晋升。后揭晓，果如所测。

此卦若不能看到纳干、爻位、六神对世应的细微差别，就难以分辨世应局势的优劣，也就无法推断谁会晋升。

例 7：某私营公司蒲先生求测今年能否得到提升：

辛卯　辛卯　戊子　丁巳

火天大有	**地天泰**	**六神**
官鬼己巳火〇应	兄弟癸酉金″应	朱雀
父母己未土″	子孙癸亥水″	青龙
兄弟己酉金〇	父母癸丑土″	玄武
父母甲辰土′世	父母甲辰土′世	白虎
妻财甲寅木′	妻财甲寅木′	螣蛇

子孙甲子水′　　　子孙甲子水′　　　勾陈

世爻辰土、五爻未土及变爻丑土均为升迁的竞争者。在同等条件下，辰戌丑未中未土为最强，但此卦中未土空亡，有形无实，所以力量反而比卦中的丑辰二土弱。这样，未土这个竞争对手就不能构成障碍。

世爻被年月所克，力量衰弱，说明自己目前职位不高。世爻弱欲晋升，须有得力之人帮助才行。巳酉丑三合金局在卯年卯月不能合化，于是巳火就可生世爻，巳火得年月之生，力量强大，并且巳火又为官鬼，无疑是拥有实权的领导。能够得到这种领导支持，晋升的成功率当然是很高的。

卦中还有一个丑土，同等条件下，它本来就比辰土强，加之丑土又得所居经卦离火相生，无疑占了世爻的上风。因此，如果二人共同竞争一个职位，该先生就会被挤掉。但他告诉我，这次干部应该会有多人晋升，而且职位不同。于是我得出结论："你肯定能晋升，到时实权比现在大得多，但还有一个目前与你职位差不多的人也会晋升，而且晋升的职位比你高。"

结果：蒲先生由该级别副职升为正职，正副职的实权大不一样；另一同僚升为副厅。

例 8：某私营公司徐先生求测能否晋升为分公司总经理：

辛卯　庚寅　辛丑　丙申

风地观　　　　**六神**

妻财辛卯木′　　　螣蛇

官鬼辛巳火′　　　勾陈

父母辛未土″世　　朱雀

妻财乙卯木″　　　青龙

官鬼乙巳火″　　　玄武

父母乙未土″应　　白虎

应爻未土、日辰丑土与世爻五行同类，都是竞争对手。该级别正职的职位只有一个，如果世爻不能强过应爻和日辰，那么，晋升就无望。我们来分析三者之中究竟谁最强：

一般情况下，卦爻是无法强过四值，但如果组合特殊，则有例外。

上下卦地支相同，但朱雀临世生世爻，白虎临应泄应爻，所以单以此比较，世爻力量占优。

世爻居六四，应爻居初六，从爻位上对比，世爻占优。

巳火旬空，但得月建生可待时而用，因此巳火旺可生土；但五爻巳火处君位，作用强于二爻巳火，所以五爻生世的作用比二爻生应的作用强。

其他方面，世应所处的条件差不多。因此，综上所述，世爻比应爻强。

日辰一般都比卦爻强，但此卦日辰丑土冲世爻，同类相冲为冲旺，卦爻不生克四值，而四值可生克卦爻，所以，冲的结果，是日辰冲旺了世爻。丑未同类五行相冲，力量总和不变，此长则彼消，并且未为燥土，丑为湿土，燥土力量比湿土有先天的优势，所以冲的结果是丑土被削弱，未土被加强，加之巳火生世爻不生日辰，因而最终未土力量强于日辰丑土。

通过以上分析，得出的结论是世爻比日辰和应爻都强，因而晋升必然能够成功。

结果：徐先生如愿由副总升为总经理。

例 9：某私营连锁公司林先生求测本年能否升任某职位：

庚寅　癸未　壬申　辛亥

天风姤	**六神**
父母壬戌土′	白虎
兄弟壬申金′	螣蛇
官鬼壬午火′应	勾陈
兄弟辛酉金′	朱雀
子孙辛亥水′	青龙
父母辛丑土″世	玄武

上爻戌土、月建未土为竞争对手。我们来比较世爻与未、戌的力量：

戌为燥土，丑为湿土，一般情况下，燥土强于湿土，戌强于丑。但此卦戌土旬空，安静不动，难以作用；世爻被月建同类相冲，为冲旺，力量得到加强，所以，戌土这个竞争对手暂时还不能对自己造成障碍。

月建未土，当令力强，燥土不生金，力量基本没有损失，所以，未土无疑比卦爻丑戌都强。

有人可能会问：世爻不是被月建冲旺了吗？是否会强于月建呢？

世爻被冲旺不假，但它没有其他动爻和四值来生；加之未土的先天力量比丑的先天力量要强得多。所以，世爻再旺也旺不过当令的月建。

分析结果是：月建最强，世爻只比上爻强。既然在竞争同一职位中不能居首，当然不能晋升。

后来，经过几个月的努力，也没有出现可以有晋升把握局势。

例 10：某私营连锁公司林先生求测某人帮忙能否晋升成功：

辛卯 壬辰 壬辰 丙午

乾为天	**山天大畜**	**六神**
父母壬戌土′世	妻财丙寅木′	白虎
兄弟壬申金○	子孙丙子水″应	螣蛇
官鬼壬午火○	父母丙戌土″	勾陈
父母甲辰土′应	父母甲辰土′	朱雀
妻财甲寅木′	妻财甲寅木′世	青龙
子孙甲子水′	子孙甲子水′	玄武

世爻代表求测者。月日及应爻之辰土和四爻化出之戌土与世爻五行同类，皆为竞争对手。土临月当旺，既多又强，说明竞争对手个个实力强劲，竞争之激烈，也由此可见。

同类竞争，唯最强者可胜出。那么，世爻是否最强者呢？

世爻戌土遇月建日辰相冲为暗动，看似力强，殊不知所在经卦申金动化子水泄耗交加，这样，世爻力量就减弱。

四爻午火临空亡不生世爻戌土，午火动化戌临勾陈也比世爻戌土力强。应爻辰土得朱雀生又临月建日辰，无疑会比世爻强。

既然世爻在竞争者中最弱，说明他找人帮忙就排不上名，所以也就无法在竞争中取胜。

我告诉他：很遗憾，找人帮忙是徒劳的，晋升无望。

结果揭晓：再次不幸被言中。

例 11：某私营连锁公司林先生再次求测今年能否升任另一分公司副总经理：

庚寅　丙戌　壬寅　丁未

雷天大壮　　　　六神

兄弟庚戌土″　　　白虎

子孙庚申金″　　　螣蛇

父母庚午火′世　　勾陈

兄弟甲辰土′　　　朱雀

官鬼甲寅木′　　　青龙

妻财甲子水′应　　玄武

上次预测，我告诉他晋升不成，几个月后，他又再次求测，看升任到另一单位是否有希望。

世爻为午火，卦爻和四值都没有与世爻五行同类的地支，但这并非表明绝无竞争者。其实，竞争对手暗伏二爻官鬼之下，二爻官鬼双体临四值中的年日，其力量强大，生伏神巳火。而世爻午火遭五爻申金暗动耗气，又被三爻辰土暗动紧贴泄气。显然，世爻庚午比伏神乙巳弱，所以林先生晋升肯定无望。

结果：确实未能晋升。

例 12：某私营公司邓先生问能否升任某职位：

壬辰　壬寅　己亥　己巳

风地观　　　　六神

妻财辛卯木′　　勾陈

官鬼辛巳火′　　朱雀

父母辛未土″世　青龙

妻财乙卯木″　　玄武

官鬼乙巳火″　　白虎

父母乙未土″应　螣蛇

与世爻五行同类的有应爻未土和流年辰土，二者皆为竞争对手。

六静卦，上下卦地支相同，相同的两个卦爻似乎没有力量差别。但实际上，世爻在巽经卦，应爻在坤经卦，巽为木，克土爻之力；坤为土，助土爻之力，所以应爻强于世爻。

世应皆被月建所克，官爻旬空又安静不能通关，说明与此职位无缘；而月建难克太岁，故流年辰土的力量比世应都强。这样，最终能晋升的必然是流年辰土这个竞争者。

结果：他未能升任所想的职位。

例 13：杨先生求测能否升调到某私营公司某部门任某职位：

庚寅　丁亥　壬午　庚戌

风地观	**风水涣**	**六神**
妻财辛卯木′	妻财辛卯木′	白虎
官鬼辛巳火′	官鬼辛巳火′世	螣蛇
父母辛未土″世	父母辛未土″	勾陈
妻财乙卯木″	官鬼戊午火″	朱雀
官鬼乙巳火×	父母戊辰土′应	青龙
父母乙未土″应	妻财戊寅木″	玄武

无论是否同单位、同系统的升调，都存在众人竞争一职位的现象，所以仍然需要通过世爻与代表竞争者之爻的力量对比去作出判断。

应爻未土、变爻辰土与世爻五行同类，为竞争对手。世应皆为未土，上下卦地支相同，似乎力量上难分大小；但其实应爻有巳火发动紧贴相生，而世爻与动爻巳火相隔，又不在同一经卦，所以动爻生应之力大生世之力小，巳火为官爻，动去生应，意味着有领导积极帮助对方，而居于五君爻的官爻，虽然比二爻官爻职位高，但静止不动，不来生世，说明领导不会提拔自己，两相比较，应爻就占了上风。

分析到此，已知世爻并非最强，升调无望，所以，至于变爻辰土之强弱就不必分析了。

例 14：杨先生得知上一卦的结论后，感到失望，于是又问能否升调至另一分公司某职位：

庚寅　丁亥　壬午　庚戌

泽风大过	**雷风恒**	**六神**
妻财丁未土″	妻财庚戌土″应	白虎
官鬼丁酉金○	官鬼庚申金″	螣蛇
父母丁亥水′世	子孙庚午火′	勾陈
官鬼辛酉金′	官鬼辛酉金′世	朱雀
父母辛亥水′	父母辛亥水′	青龙
妻财辛丑土″应	妻财辛丑土″	玄武

世爻为亥水，二爻和月建均为亥水，是竞争对手。

五爻官鬼动，空化空，但丁酉化庚申，因而填实之后可以作用，具有生水之力。

五爻官鬼动，与二爻远隔，与世爻却紧贴，故此动爻生世爻不生二爻。虽然动爻不旺又旬空，出空后生力也不大，但多少也有些微生力，因而世爻强于二爻。

不过，由于酉金旬空，因而动爻虽居五君爻，是个有实权之人，但却无心提拔杨先生，当然更无心提拔二爻这个人。

月建本身强于卦爻，最终月建力量比世爻强。世爻虽然强于二爻却输给月建，因而无法升调。

结果：以上两卦都得到验证，上述两个单位杨先生都没能去成。

例 15：一副经理问能否升至分公司总经理：

丁亥　壬寅　丙子　乙未

火天大有	**六神**
官鬼己巳火′应	青龙
父母己未土″	玄武
兄弟己酉金′	白虎
父母甲辰土′世	螣蛇
妻财甲寅木′	勾陈
子孙甲子水′	朱雀

1. 五爻未土和时辰未土为竞争者。

2. 单独而论，未为燥土，辰为湿土，未土比辰土强。

3. 五爻为己未，得己之助；世爻为甲辰，被甲所克，于此五爻占优。

4. 世爻有螣蛇相助，五爻被玄武耗气，于此世爻占优。

5. 五爻处离经卦得离火生，世爻居乾经卦被乾金泄气，于此五爻占优。

6. 用神官星巳火被流年冲动与五爻贴身相生，与世爻远隔生力有减，于此五爻再占优。

7. 时辰未土在四值被克耗，又无火生，力量弱于卦中之土。

8. 未土居五君位，比世爻高贵，地位就会更高。

综上分析，生助五爻的因素最多，因而五爻最强，世爻次强，时辰未土最弱。

用神生五爻之力大，生世爻之力小，说明二者皆有升迁的可能，但两人不可能任职同岗位，而最终五爻的实权比世爻大，地位也要高，世爻只能屈居别人之下。

实际：本来是想升调到某个目标职位的，但结果只是级别提升，却并未升任到自己心中的目标职位，而是调任级别高一副职，实权远远不如他心中的那个目标职位，所以明升而实未升，并未达到自己的目标。

例 16：某公司顾先生求测今年 5 月下旬到 6 月上旬能否提升到某职位：

壬辰　乙巳　甲申　壬申

火天大有	**雷风恒**	**六神**
官鬼己巳火○应	父母庚戌土″应	玄武
父母己未土″	兄弟庚申金″	白虎
兄弟己酉金′	官鬼庚午火′	螣蛇
父母甲辰土′世	兄弟辛酉金′世	勾陈
妻财甲寅木′	子孙辛亥水′	朱雀
子孙甲子水○	父母辛丑土″	青龙

五爻未土、变卦丑戌土和流年辰土皆为竞争对手，可见逐鹿者之多，竞争必然激烈。

世爻得月建生，力量不弱。五爻不但有月建生，还有动爻巳火生，而这个巳火远离辰土，所以五爻比世爻强。但五爻未土旬空，无心逐鹿，最终会退出竞争，因而不需在考虑之列。

变爻丑土与用神巳火远隔，使得丑土难与官爻亲近，最终也会出局。

变爻戌土得动爻官鬼相生，优势大于所有同类五行的卦爻，于是把世爻挤到其后。这样，世爻便晋升无望了。若要继续探究下去，还有一个流年辰土与变爻戌土的较量：流年冲旺戌土，戌土得月建和动爻巳火生，非常强势，而月建对流年的生克难以奏效，故这个流年辰土最终会输给变爻戌土。

结果：未能提升。

例 17：某连锁公司杨先生求测竞争副经理能否成功：

辛卯　壬辰　壬辰　庚戌

风地观	**风水涣**	**六神**
妻财辛卯木′	妻财辛卯木′	白虎
官鬼辛巳火′	官鬼辛巳火′世	螣蛇
父母辛未土″世	父母辛未土″	勾陈
妻财乙卯木″	官鬼戊午火″	朱雀
官鬼乙巳火×	父母戊辰土′应	青龙
父母乙未土″应	妻财戊寅木″	玄武

应爻未土、日月及变爻辰土皆为竞争对手。二爻官鬼巳火动与应爻及变爻辰土紧贴相生，却与世爻远隔，故应爻及变爻辰土皆强于世爻。日月辰土无动爻泄耗，更是比世爻强。与所有竞争对手比较，世爻处于最弱的态势，因此我断定他不但当不了副经理，而且最终的工作还会比其他竞争对手都将要差一些。

结果：杨先生没有当上副经理，只升迁到了没有什么实权的位置。

小结：

1. 父母持世的晋升卦，按传统之法论，认为有官爻生世，易得领导帮助、信任和提拔，因而晋升概率高。其实未必尽然，有的卦因官爻有可能去生其他爻而与世爻无缘，这样，最终晋升的反而是竞争对手。

2. 无论有无官爻生世，世爻自身力量强大才是晋升得以成功的首要条件。若世爻不强，即使有官爻生，也会被其他竞争对手捷足先登。

3. 父母持世的晋升卦，世爻才是卦的核心，官爻只是一种参考因素，故应始终围绕世爻而不是围绕官爻去分析。

二、兄弟持世

传统六爻理论认为，测官运之卦，官鬼为用神，用神克世大都不吉，不但难以晋升，而且还有官灾。这种观点似乎顺理成章，合乎卦理，不容置疑，于是后学者对此不假思索，代代相传，人人套用，早已被当做“定律”沿用。

但在实践中，许许多多的卦例却颠覆了这种“定律”。最终，我们只能尊重实践和事实，“定律”一旦有错误或缺陷，也是需要纠正或弥补的。

下面我们通过一些实例来分析讨论这个问题：

例 1：某先生求测某人 2012 年能否升至私营连锁总公司副总经理：

庚寅　戊子　辛丑　丙申

水山蹇	**水地比**	**六神**
子孙戊子水″	子孙戊子水″应	螣蛇
父母戊戌土′	父母戊戌土′	勾陈
兄弟戊申金″世	兄弟戊申金″	朱雀
兄弟丙申金○	妻财乙卯木″世	青龙
官鬼丙午火″	官鬼乙巳火″	玄武
父母丙辰土″应	父母乙未土″	白虎

三爻及时辰申金与世爻五行同类，为竞争对手。一般来说，动爻力量强于静爻，但也要看变爻是什么。三爻动化出卯木暗合耗气，因为动而入墓于日辰，加之三爻本经卦之辰土临空亡，三爻得生之力大减；世爻安静不动，力量保持不变，两相比较，世爻强于三爻。但这只是起卦时的卦爻力量状态，因问的是 2012 年能否晋升，所以，必须将流年纳入重点分析之列：

2012 年壬辰，五爻戌土被流年冲为暗动，戌土被冲旺，力量很强。五爻旺与世爻紧贴相生，世爻力量大增。而五爻与三爻各居于两个不同的经卦，与三爻相隔，所以它生世的力量大而生三爻的力量小。当然，流年辰土也生三爻，得太岁之生，力量较强，但流年同时也生世爻，而且还冲动戌土去生世爻，世爻得双重土之生，力量当然比三爻强。

官爻用神本居竞争对手三爻之经卦与三爻有缘，但到了壬辰年，五君爻戊戌双体之土力强遇太岁相冲为暗动，用神官爻丙午火就入墓于五君爻而生世爻，这实际上就是用神背他而向我。

此卦的五爻虽然不是官鬼，但既然是力量强旺能将官爻收之的五君爻，实际上就是用神的掌控者，就必然是有实权的大人物，五爻紧贴生世，近水楼台先得月，既然能得到这样的领导相助，当然会比其他的竞争者更具优势，因而我断其 2012 年必然晋升。

时至 2012 年，他果然荣升高位。

例 2：徐先生求测能否升为某私营公司分公司副总：

己丑　丙子　甲午　庚午

水火既济	**泽雷随**	**六神**
兄弟戊子水″应	官鬼丁未土″应	玄武
官鬼戊戌土′	父母丁酉金′	白虎
父母戊申金×	兄弟丁亥水′	螣蛇
兄弟己亥水○世	官鬼庚辰土″世	勾陈
官鬼己丑土″	子孙庚寅木″	朱雀
子孙己卯木′	兄弟庚子水′	青龙

世爻为亥水，应爻和月建皆为水，是竞争对手。

世应临月建都旺，但世爻动化回头克，而应爻虽然未动，却得四爻发动相生。世应相比，应爻占了优势。

或许有人会问：申金与世爻紧贴，又同时发动，申金对世爻的生力比对应爻的生力大才对呀，应爻怎么会占优势呢？

这涉及两个方面的问题：

第一，世爻在内卦，申金在外卦，二者不在同一经卦，其相邻度也比不上处于同一经卦的应爻。应爻与申金在同一经卦，加之应爻临月建，所以申金发动必然会先去生应爻。

第二，申金与世爻亥水生中有害，而与应爻子水则是生中有合（半合水局），所以申金发动，得益最多的无疑是应爻而非世爻。

由于以上两种因素，世爻处于下风。据此，我直言告诉他，不要抱太高的期望，更不宜有无谓的花费，否则最终会费力不好看。

结果：徐先生不甘屈从于命运，仍然做了不懈的努力，但最终还是未能晋升。

例 3：刘先生求测翌年在某私营公司能否升迁：

辛卯　辛丑　庚午　癸未

离为火	**火天大有**	**六神**
兄弟己巳火′世	兄弟己巳火′应	螣蛇
子孙己未土″	子孙己未土″	勾陈
妻财己酉金′	妻财己酉金′	朱雀
官鬼己亥水′应	子孙甲辰土′世	青龙
子孙己丑土×	父母甲寅木′	玄武
父母己卯木′	官鬼甲子水′	白虎

卦中无世爻之同类，但日辰午火与世爻五行同类，故为竞争对手。

世爻安静，又无动爻来生，虽得流年卯木生，但测的是来年的事情，来年是壬辰，卯木退位而失去生世的作用。

卦中丑土发动，对世爻没有任何生益，所以派不上用场。

在上述情况下，世爻当然不是日辰午火的对手。

壬辰年，世爻不得流年之助，力量比问卦时更弱，仍然不是日辰午火的对手，所以晋升必然无望。

接下去就是癸巳年，流年驾临世爻，力量强于日辰午火，且卦中又无其他竞争对手，所以我断定此年必能如愿。

结果：2012 年原地踏步，2013 年如愿升迁。

从这个卦可以看到：流年的力量是何等之大！因此，切不可轻视流年对卦爻的作用，更不可把世爻与流年割裂开来不予考虑。测跨年之事，流年往往会对事件的走向和结局起着举足轻重的甚至是决定性的作用。

例 4：某外资公司蒋先生问公历 2012 年 6 月 30 日前能否升迁：

壬辰　乙巳　壬申　甲辰

泽山咸	**风火家人**	**六神**
父母丁未土×应	妻财辛卯木′	白虎
兄弟丁酉金′	官鬼辛巳火′应	螣蛇
子孙丁亥水○	父母辛未土″	勾陈
兄弟丙申金′世	子孙己亥水′	朱雀
官鬼丙午火″	父母己丑土″世	青龙
父母丙辰土×	妻财己卯木′	玄武

他告诉我：如果今年 6 月 30 号之前不能晋升，按公司规定就没机会了。现在时间已经非常有限，所以十分在乎能否晋升这件事。

我看了告诉他：“也许会有意外发生，即使过了 6 月 30 日未能晋升，也不会没有机会，而之后还会柳暗花明，到了 8 月 7 号之后会有意外的惊喜。当然，我先对你说了，到时你也许就没有惊喜的感觉了，不过事情能够如愿就好。”

对此卦分析的思路如下：

1. 五爻、日辰与世爻五行同类，为竞争对手。

2. 巳午月申酉金都被月建所克，这两个月谁都升不了；尤其是午月，火更旺，世爻受克更厉害，会让人感到不会再有希望和奇迹发生。公历 6 月 30 日之前，月建仍在午月，所以，在此期限内，不可能晋升。

3. 谁都想晋升，所以具有竞争性，最终谁能达到目的，就看谁的实力强。日辰申金被月建巳火克合，没有卦中有动爻相生的申酉金强旺。世爻申金与五爻酉金比较，看似酉金得未土动而生，但未土炎燥，不能生酉，所以酉金在外卦的形势不利。辰为湿土在夏季可生金，世爻在下卦恰好有辰土动来相生，而辰土为父母爻，恰恰是官鬼与世爻的通关之物，所以会有身为长辈或长者的贵人相助。辰土父母又代表单位，既然动来生世，就对世爻有利，因而就有可能让他留下，如果自己再努力争取一下，留下的把握就更大，于是，整个事情就有了意想不到的转机，只是一个时间的问题。

4. 未月未土燥热，月建仍然不生金，所以还是没有好的变化。

5. 8月7日立秋，金得月建帮扶立即变旺，但世爻为申金，与月建相同，五爻酉金，与月建有异，所以世爻从月建申金得到的扶助就要比五爻大，因此，不但世爻此时具备了竞争能力，而且还完全能够战胜五爻，所以，届时必然柳暗花明，幸运降临。

结果：8月7日单位下文宣布蒋先生晋升。

如果按常规分析，不用六爻预测，以上这种意外的好事是难以想象的。这也正是六爻预测的魅力所在。

例5：乔先生认为自己的资历和能力都已具备了晋升总经理的条件，对此满怀希望和信心，但毕竟事情未出结果之前，还是感到不踏实，于是求测能否顺利晋升：

庚寅　戊子　庚申　癸未

坎为水	**风水涣**	**六神**
兄弟戊子水×世	子孙辛卯木′	螣蛇
官鬼戊戌土′	妻财辛巳火′世	勾陈
父母戊申金″	官鬼辛未土″	朱雀
妻财戊午火″应	妻财戊午火″	青龙
官鬼戊辰土′	官鬼戊辰土′应	玄武
子孙戊寅木″	子孙戊寅木″	白虎

卦中无世爻的同类五行卦爻，只有月建子水为竞争者。

世爻旺，说明自己信心十足；但世爻旬空，也正是自己心里对事之未来结果感到不踏实的反映。

世爻虽旺，但动化卯木泄气又遭刑，无论如何也旺不过月建，所以要想在竞争中取胜，几乎不可能。

五爻官鬼为掌握决定权的上级领导，与世爻紧贴相克，卦中申金没有发动，无法通关于五六爻，因而上级并不会把这个机会给他。

此卦很简单明了，我告诉他，此次注定不能晋升。

结果不幸被言中。

例 6：某外资公司孙女士求测能否提升为某职：

壬辰　庚戌　甲寅　甲戌

火地晋	**地水师**	**六神**
官鬼己巳火○	兄弟癸酉金″应	玄武
父母己未土″	子孙癸亥水″	白虎
兄弟己酉金○世	父母癸丑土″	螣蛇
妻财乙卯木″	官鬼戊午火″世	勾陈
官鬼乙巳火×	父母戊辰土′	朱雀
父母乙未土″应	妻财戊寅木″	青龙

我告诉她：进入小寒之后的腊（丑）月，必能提升。

变卦中的酉金为竞争对手。

月建戌土与世爻生中有害，利弊均有；但太岁辰土生合世爻，是一大有利条件，有望在年内实现目标。

变卦中酉金与世爻相同，我们需要仔细对比二者的力量大小。世爻酉金临螣蛇，可生世爻，变爻酉金临玄武而被泄气，世爻于此占了一个优势。变爻与动爻巳火是相克的关系，而世爻与变爻丑是相生的关系，世爻于此又占了一个优势。二者的其他条件相同，世爻最终就占上风。因此，她必然成为竞争中的赢家。

上卦四、六爻动构成巳酉丑三合金局，能加强世爻之力。但丑土空，三合金局暂时不能成功，需待丑土填实。戌月有戌酉相害，亥、子月泄世爻之气，丑日填实都难以发挥作用，所以这个填实不是近应日时，而是远应年月。因流年辰土生合世爻，所以此事不会超过本年。推算下去，唯有进入丑月，丑土便真正填实，巳酉丑三合金局成功，到了丑月，丑土冲动五君爻生世，世爻必是近水楼台先得月，变爻酉金受益的程度是无法与世爻相比的，于是晋升就必然水到渠成。

后果于丑月顺利晋升。

此卦有利条件较多，晋升早成定局，只是个时间问题。有利之天时一到，晋升则顺理成章。

例 7：张先生求测能否升为所在的外资公司某职位：

辛卯 己亥 辛卯 壬辰

山泽损	**山火贲**	**六神**
官鬼丙寅木′应	官鬼丙寅木′	螣蛇
妻财丙子水″	妻财丙子水″	勾陈
兄弟丙戌土″	兄弟丙戌土″应	朱雀
兄弟丁丑土×世	妻财己亥水′	青龙
官鬼丁卯木○	兄弟己丑土″	玄武
父母丁巳火′	官鬼己卯木′世	白虎

变爻丑、四爻及时辰与世爻五行同类，是竞争对手。

世爻发动，变爻丑土被卯木居本爻临太岁日辰制住，四爻安静，说明张先生比竞争对手的行动要积极一些。

卦中两个官爻，分别居于二爻和上爻，其中，上爻职位比二爻高。二爻官鬼动克世爻，说明自己对现有职位不满意。上爻官鬼代表的职位高于二爻，也就是自己期望晋升的职位。

目前，世爻在亥月处于衰弱状态，又被动爻卯木克，力量很弱。当然，四爻戌土也弱，但由于卯木与戌土不在同一经卦，并且卯戌相合，所以动爻卯木对戌土的克力小于对丑的克力。这样，戌土之力就比世爻强，说明目前自己在竞争中处于劣势。

上爻与世爻克中有合（寅丑暗合），而对四爻是有克无合，说明上爻这个职位向世爻而背四爻，世爻因此而占了一种优势。二爻卯木与四爻相合，说明竞争对手只能拥有目前的职位，而与上爻这个更高的职位无缘。

竞争是要凭实力的，虽然世爻有得到上爻这个职位的优势（上爻向世爻而背四爻），但目前力量衰弱，并且又弱于四爻，因而暂时不能如愿。

在亥、子月世爻都衰弱，进入丑月后，世爻临月建，力量立即大增，就具有了竞争能力，但要竞争成功，必须强于竞争之爻（四爻）。四爻戌土虽然在丑月也比原来强旺许多，但它毕竟不像世爻那样与月建相同，所以力量不如世爻强。这样，世爻与四爻的力量大小在进入丑月后就被颠倒过来了，可见，丑月是竞争的绝好时机。

我对求测者说："如果此事能拖到明年公历的元月 5 号之后作决定，那么，你就有升迁的把握了。如果等不到那个时间，你就没有希望。"

他问："过了明年元月 5 号，能很顺利的晋升吗？"

因为毕竟官爻克世，所以晋升肯定会有障碍，而化解官鬼克世这种障碍的只有父母爻。卦中初爻父母为丁巳火，这双体之火在此代表香火、神佛之类，所以，如果采用适当的方法，则会取得很好的效果，从而化逆为顺。

他要求我用最有效的方法尽可能地帮他一把，我答应了他的要求。

后来，事情果然按照预想进行着，过了 2012 年元月 5 日后（进入丑月），有利形势立即朝向他，并且就在此月作出决定，他如愿以偿地升为某职。

此卦的关键在于丑戌土在丑月的力量旺度差别，绝不可误认为二者皆为土而在五行力量上无高下之分。

例 8：某私营公司曾先生求测当年能否升为分公司经理：

己丑　壬申　戊戌　癸亥

泽火革	**泽山咸**	**六神**
官鬼丁未土″	官鬼丁未土″应	朱雀
父母丁酉金′	父母丁酉金′	青龙
兄弟丁亥水′世	兄弟丁亥水′	玄武
兄弟己亥水′	父母丙申金′世	白虎
官鬼己丑土″	妻财丙午火″	螣蛇
子孙己卯木〇应	官鬼丙辰土″	勾陈

三爻和时支亥水为竞争者。

上爻未土被太岁冲为暗动，由于未土与世爻在同一经卦，因而对世爻克力较大而对下卦的三爻克力较小。五爻父母酉金未发动，没有生世的作用，说明居于这个尊贵之位的领导无心帮助他，这样的近水楼台也不能先得月。

初爻动泄三爻之气，但卯木不旺，泄三爻的作用就小，远不如上卦中未土克世爻的力大。

玄武临世爻助世，白虎临月建旺又临三爻生水，明显助力不如生力大，三爻在六神方面占优势。

综合以上分析，世爻比三爻弱，因而断其晋升无望。

结果：未能如愿。

例 9：某私营连锁公司某先生本已身居高位，但正所谓“不想当元帅的士兵不是好兵”，仍上进心十足，向更高的目标奋斗。他认真分析了竞争该职位的所有人选，认为凭自己的能力、资历、政绩、口碑以及在上级领导中的印象，对这次晋升都应是非我莫属。

由于以前我给他所测的每件事都一一应验，因而很肯定我的预测技术。我见他谈起此次晋升如此自信，建议他不妨预测一下。但他对我说：“这次不用测，此事已成定局，把握十足。”不过，他最后还是说也可测一下，提前知道预测结果会更加踏实。

于是在 2013 年 2 月 6 日起得如下卦象：

癸巳 甲寅 癸卯 己未

风水涣	**风泽中孚**	**六神**
父母辛卯木′	父母辛卯木′	白虎
兄弟辛巳火′世	兄弟辛巳火′	螣蛇
子孙辛未土″	子孙辛未土″世	勾陈
兄弟戊午火″	子孙丁丑土″	朱雀
子孙戊辰土′应	父母丁卯木′	青龙
父母戊寅木×	兄弟丁巳火′应	玄武

我分析卦象后告诉他：“立春（2 月 4 号 0 点 13 分 25 秒立春）之前，情况一直都不会发生变化，但进入 2 月 4 号后，会有一个大家都意想不到的人选会突然出现，情况将有令人惊讶的改变。从卦上看，这个职位与别人有缘，而你最终不能如愿。”

他听后很自信地对我说："顺祥呀，虽然你以前预测的都很准，但这次肯定会失误。不过，什么事情都难保证百分之百，预测偶尔出错也是正常的。"

他的夫人对我说："同事们都认为这个职位非他莫属，其他不会有更合适的人选。如果这次真的不能上，那就太丢人了。"

当天下午，他与领导联系交流过。晚上吃饭时，他的情绪很好。他对我说，这次百分百能升。言外之意就是说，你李顺祥总有一卦会失误。作为朋友，我心里也希望此卦不要应验，但愿他能如愿晋升。

过了几天，他见到我时又说，这次一定行。

由于结果尚未揭晓，等待难免令人心里有点七上八下，他报出三个竞争者的姓名，让我看看谁是第一人选。我起卦（非上列之卦）后告诉他："您不是第一人选，只排在第二。"

2 月 13 日，终于得到可靠消息：本来，在既定人选中，以能力、资历、实力考核，他都排名第一。但就在 2 月 4 日，公司一把手到地方视察，见到一位干部，大赞其在边远的艰苦之地，竟能做出非凡的政绩，觉得其踏实肯干，能力过人，于是做出指示："这个人一定要用起来。"

本来，那位干部很快就该退下了，现在既然公司一把手亲自发了话，其仕途当然又要谱写新篇章了。因为那位干部本身职位就高，既然得到公司一把手赏识要重用，就必须给其安排一个级别更高的要职。结果，这个要职恰恰就是某先生想晋升的那个职位。

这个结果，事出突然，实在是出乎系统内所有人的意料，因为在既定的人选中，开始并没有那位干部的名字。

有些事情就是这样，计划赶不上变化。对此，他在感慨事物的变化莫测之余，也不得不感叹八卦预测的精准与神奇。

我们来看此卦的玄机：

三爻午火、寅木化出之巳火及流年巳火皆为竞争对手。

世爻巳火临太岁，又得日月之生，力量强旺，说明他自身实力确实雄厚。

三爻午火虽然在流年不如世爻旺，但同样得日月之生，更有同一经卦的寅木发动相生，而初爻因与世爻不在同一经卦而远隔，所以生世之力远远小于生三爻。这样，世爻就比三爻弱。

官鬼亥水伏在三爻午火之下与之暗合，与世爻冲克，为官星向他而背我，说明此职位与别人有缘，与我无缘。

初爻寅木动，化出巳火，这个巳火临太岁，也有日月和动爻之生，力量比世爻和三爻都强。因为这个巳火是初爻动变出来的，属于突然出现，事前不为人们所知。

相互比较，三爻午火和初爻寅木化出之巳火及流年巳火的力量都比世爻巳火强，所以，晋升的最终一定是别人。这样，他与此职位就肯定无缘了。

虽然这件事的结果格外出乎人们的意料，但如果从八卦预测的角度看，却非但不意外，而且是必然。可见，对于某些事情，分别从易学和常规的角度去分析，其解读的深度、准度都是有所差别的。

例 10：某外资连锁公司李先生求测明年能否晋升至某职位：

己丑　丙子　丙申　乙未

巽为风	**六神**
兄弟辛卯木′世	青龙
子孙辛巳火′	玄武
妻财辛未土″	白虎
官鬼辛酉金′应	螣蛇
父母辛亥水′	勾陈
妻财辛丑土″	朱雀

明年为庚寅，岁支为断卦要素之一。

此卦没有与世爻五行同类的寅卯木出现，似无竞争对手，但问的是明年之事，明年庚寅，寅木就是竞争对手。

目前世爻卯木在流年不旺，但二爻辛亥为卯木的长生，加之青龙临世，故弱而不从，所以，世爻所处的状态并非很好。

明年太岁寅木当值，在世爻无卦发动相生的情况下，是无法强过太岁的，而这个太岁与世爻五行同类，既然无法强过它，那么，在竞争中晋升的就不会是自己。

结果：第二年确未晋升。

此卦再次证明了流年的分量，特别是测长远之事，它有时候能起到决定性的作用。

例 11：某外资公司李先生求测任期满后能否连任：

己丑　丁卯　庚午　辛巳

风水涣	**地泽临**	**六神**
父母辛卯木○	妻财癸酉金″	螣蛇
兄弟辛巳火○世	官鬼癸亥水″应	勾陈
子孙辛未土″	子孙癸丑土″	朱雀
兄弟戊午火″	子孙丁丑土″	青龙
子孙戊辰土′应	父母丁卯木′世	玄武
父母戊寅木×	兄弟丁巳火′	白虎

我说：“你可能已得到会连任的信息，但那只是假象，不可靠。”

“为什么？”李先生问。

“卦上就是这样显示的。卦理解释你未必懂，到时你看结果吧。”结果任期满后，确实卸任。

对此卦分析的思路如下：

日辰午火、时辰巳火，三爻午火及变爻巳火皆为竞争者。

一般情况下，动爻比静爻强，今世爻发动，又得卯木动来相生，似乎力量会强于安静的三爻。但其实不然：卯木动化回头克，削弱生世之力；世爻动化回头克又化空，力量遇到削弱，反而不妙。三爻虽静，但有寅木动来相生，虽然寅动化巳也泄气，但比卯动化回头克的力量损失小，所以寅动生午之力强于卯动生世。两相比较，最终还是三爻强于世爻。

此外，寅木化出的丁巳火这个竞争者，这个丁巳火也比世爻强。

既然世爻在三者中最弱，连任肯定就不可能。

卯木动生世，卯木又居上爻且临月建，说明有德高望重之人主动帮你，能得到这种帮助，对连任无疑是个好信号。但卯木动化回头克，自身受到约束，心里会有某些忌讳，因而就不可能真正地对世爻有多大帮助，所以，这种帮助只是一种假象，不会有多少实质性东西。

世爻动化回头克化空，就是有事业路障而愿望落空的信号。

有了上述卦象信息，怎么能实现连任的愿望呢？

例 12：张先生求测找某人帮助能否当上公司副经理：

己丑　丙子　己酉　甲戌

巽为风	**天火同人**	**六神**
兄弟辛卯木′世	妻财壬戌土′应	勾陈
子孙辛巳火′	官鬼壬申金′	朱雀
妻财辛未土×	子孙壬午火′	青龙
官鬼辛酉金′应	父母己亥水′世	玄武
父母辛亥水○	妻财己丑土″	白虎
妻财辛丑土×	兄弟己卯木′	螣蛇

找人帮忙，得看官爻对世爻的作用。卦中官鬼酉金安静不动，说明不会有积极的帮助行为，作用不大，难以指望。剩下的只有日辰酉金官鬼，但它是冲克世爻的，需要有动爻或月建通关才行。卦中亥水动，月建又为子水，似乎可能通关，但仔细分析却并非如此，亥水动化回头克，又被丑未动来相克，加之又与世爻远隔，难以通关；月建子水与世爻生中有刑，本就不会尽全力，加之与动爻丑土相合，贪合忘生，所以也无通关作用。

初爻动化出卯木，为竞争对手。这个卯木与世爻所处的月日状态相同，但在卦中的组合不同；丑土动化出的卯木（竞争对手）与丑土相战，丑土只耗卯木之力不使卯木入墓，而世爻卯木与动爻未土相战，未土既耗世爻卯木之力又入墓于动爻未土（卯木之墓）。再者，世爻卯木经卦无水生之，竞争对手卯木经卦有亥水生之而为卯木之长生。权衡之下，世爻卯木弱于丑土动化出之卯木。

综合以上分析，不但领导帮助的作用不大，而且自身实力也比不过对手，因而就无法坐上副经理的位置。

反馈：与实际情况完全相符。

例 13：王先生求测今年在公司能否升迁：

辛卯　壬辰　甲午　庚午

地天泰	**六神**
子孙癸酉金″应	玄武
妻财癸亥水″	白虎
兄弟癸丑土″	螣蛇
兄弟甲辰土′世	勾陈
官鬼甲寅木′	朱雀
妻财甲子水′	青龙

四爻丑土、月建辰土为竞争对手。

世爻虽临月建，得日时辰午火之生，但世爻旬空，自然就减力。这样，月建辰土及四爻丑土就比临空亡的世爻旺，主卦官鬼寅木又与四爻丑土暗合，用神向竞争对手而背世爻，所以就无法战胜竞争对手，必是晋升无望。

这种六静卦，几无变化，一目了然。

结果：晋升无望。

例 14：某外资公司王先生求测能否升任某职：

辛卯　甲午　甲午　庚午

风水涣	**地水师**	**六神**
父母辛卯木○	妻财癸酉金″应	玄武
兄弟辛巳火○世	官鬼癸亥水″	白虎
子孙辛未土″	子孙癸丑土″	螣蛇
兄弟戊午火″	兄弟戊午火″世	勾陈
子孙戊辰土′应	子孙戊辰土′	朱雀
父母戊寅木″	父母戊寅木″	青龙

三爻午火及月日时午火皆为竞争对手。

世爻有太岁入卦相生，又值夏季，力量不弱，说明他自身实力比较强。但世爻旬空，且动化亥水回头克，说明竞争中会遇到一些障碍，自己有些茫然。

三爻午火力量与世爻接近，但日月午火则比世爻强得多，加之官鬼爻亥水与午火暗合反而冲克世爻，用神背世而向竞争者，所以晋升是不可能的。

结果：未成。

例 15：某私营公司刘先生求测找人帮忙能否升迁：

己丑　丙寅　癸巳　庚申

泽山咸	雷风恒	六神
父母丁未土″应	父母庚戌土″应	白虎
兄弟丁酉金○	兄弟庚申金″	螣蛇
子孙丁亥水′	官鬼庚午火′	勾陈
兄弟丙申金′世	兄弟辛酉金′世	朱雀
官鬼丙午火×	子孙辛亥水′	青龙
父母丙辰土″	父母辛丑土″	玄武

世爻临月破，又有日辰巳火及动爻午火克，可谓非常衰弱，但因有太岁生，时辰助，所以并未弱极而从。世爻处于这种状态，被官鬼所克就表示自己无法被上级领导青睐，自己也无力排除晋升路的障碍，故注定晋升无望。

本来，此卦也有竞争对手，就是五爻酉金。由于世爻太弱，无力竞争，因此，这种卦就不必分析竞争对手的强弱也知道不能晋升，因为世爻本身缺乏竞争的基本实力。

结果：未能晋升。

例 16：某私企冯先生求测今年能否提升：

己丑　丁卯　己巳　癸酉

坎为水	泽水困	六神
兄弟戊子水″世	官鬼丁未土″	勾陈
官鬼戊戌土′	父母丁酉金′	朱雀
父母戊申金×	兄弟丁亥水′应	青龙
妻财戊午火″应	妻财戊午火″	玄武
官鬼戊辰土′	官鬼戊辰土′	白虎

子孙戊寅木″　　　子孙戊寅木″世　　螣蛇

世爻子水被太岁克，又不得月日生助，还遭众土围克，力量非常衰弱，申金虽发动相生，但申金本身衰弱，生之不力，这样，世爻就处于既衰弱却又不能从的状态。

变爻亥水也有申金紧贴相生，世爻子水得生之力小却又被众土紧贴所克，世爻之力必然比亥水弱（当然，亥水本身也弱）。

父母申金动来生世不力，根本不能化解众官鬼对世爻的克伐，所以只不过是一种有晋升信号的假象而已。世爻本身太弱，缺乏晋升的基本条件。

直到年底，其职位仍然毫无变化。

例 17：某私营公司王先生求测能否升任某职位：

壬辰　甲辰　壬寅　戊申

巽为风	**水风井**	**六神**
兄弟辛卯木○世	父母戊子水″	白虎
子孙辛巳火′	妻财戊戌土′世	螣蛇
妻财辛未土″	官鬼戊申金″	勾陈
官鬼辛酉金′应	官鬼辛酉金′	朱雀
父母辛亥水′	父母辛亥水′应	青龙
妻财辛丑土″	妻财辛丑土″	玄武

日辰寅木为竞争对手。

世爻动化子水回头生，但子水入墓于太岁和月建，所以实际上并不能生世。世动不仅不能得生，还因去生五爻巳火而泄气，因此，它远远不如日辰寅木强。

世爻本身不旺，力量又弱于日辰，当然无力与人竞争。卦中官爻力量不弱，父母爻又不动，世爻卯木被官爻冲克，说明难以得到贵人相助，也就是世爻无法闯过官爻这个难关，一看就不能晋升。

结果：未能晋升。

小结：

1. 以上 17 例兄弟持世的晋升卦，成功晋升的比例不足三分之一，这说明兄弟爻持世的卦，晋升率确实不高。

2. 但毕竟也有少数晋升者，这也说明兄弟持世的卦并非都不能晋升，也并非因官鬼克世而就一定会有官灾，因为这些求测者基本上至今都无有官灾。

3. 到底能否晋升，不在于什么持世，而在于卦象的整体组合。

三、子孙持世

传统六爻理论认为，子孙克官爻，所以占官运遇子孙持世则不吉，有剥官夺职之忧，至少仕途不顺。但我多年来根据自己的大量实测案例研究总结，发现事实未必尽然。请看以下我的亲测实例：

例 1：某先生求测能否升任某私营公司分公司总经理：

壬辰　庚戌　庚申　丙戌

火山旅	**天风姤**	**六神**
兄弟己巳火′	子孙壬戌土′	螣蛇
子孙己未土×	妻财壬申金′	勾陈
妻财己酉金′应	兄弟壬午火′应	朱雀
妻财丙申金′	妻财辛酉金′	青龙
兄弟丙午火×	官鬼辛亥水′	玄武
子孙丙辰土″世	子孙辛丑土″世	白虎

年月时及五爻与世爻五行同类，皆为竞争对手。

世爻被月建冲旺为暗动，午火与未土远离，与世爻紧贴，所以生世之力大于五爻，五爻动虽临勾陈但动化申金泄气。这些都是对世爻有利的因素，但同时，世爻目前也面临一些不利因素：

1. 眼下午火不旺，且动化亥水回头克，难以起到生世的作用。

2. 目前月建和太岁都强于世爻。

如果要化解这些不利因素，必须待以时日：

第一，需等到午火旺相有力之时，即至少在明年的寅月。

第二，等到流年轮换，即癸巳年，使太岁辰土退位，巳火当值冲去克合午火的亥水而生世爻。

必须同时满足上述条件，才能成功晋升，也就是说，今年肯定无望，必须等到明年。

我们从癸巳年的第一个月即寅月开始分析：

癸巳年，太岁生世，不但自身实力大增，而且去年的太岁辰土退位，去掉了一个竞争对手。

甲寅月，动爻午火得月建生，同时月建又合化亥水使之不克午火，使午火力量增强而能生世。

去年的月建戌土，到今年寅月也早已退位，不再具有竞争实力，于是又去掉一个竞争对手。

此卦在寅月还有一个有利因素是：官鬼亥水临岁破又被月建合化，由原来的假从变得纯粹，官爻从世，对晋升无疑是十分有益的。

这样，原本比自己强的竞争对手都被挤到了身后，世爻就具备了取胜的条件，因而必将实现目标。

既然能在此月会晋升，此事也就画上句号，不需再分析以下的月份。

结果：他于翌年甲寅月心想事成。

例 2：某私企杜先生求测能否提升至某职位：

己丑　庚午　戊申　辛酉

水雷屯	**天火同人**	**六神**
兄弟戊子水×	官鬼壬戌土′应	朱雀
官鬼戊戌土′应	父母壬申金′	青龙
父母戊申金×	妻财壬午火′	玄武
官鬼庚辰土×	兄弟己亥水′世	白虎
子孙庚寅木″世	官鬼己丑土″	螣蛇
兄弟庚子水′	子孙己卯木′	勾陈

此卦在年月日没有与世爻五行同类的寅卯木，在卦中也没有动化出之木(变卦的初爻卯木非动化出，不算)，所以没有竞争的对比物，只能围绕世爻本身分析。

世爻寅木与太岁官鬼丑土暗合，说明自己与有实权的领导私下关系不错。世爻失令衰弱临日破又临空亡，力量更弱，本已构成从官之势，但可惜卦中辰土动化出亥水为木之长生，使木不从，再者，卦中申子辰全发动构成三合水局来生世，虽然此三合水局的中神临月破不成化，但毕竟有日辰相生而又不能构成真破，所以有这些因素就破坏了世爻之从势而构成不从。不从于官星，说明与领导之间不能肝胆相照，相互之间会有所顾忌，难以得到领导的真正信任和提拔。

世爻弱而又不能从，说明自己的综合竞争实力（包括能力、人缘、措施等等）稍欠，加之时机未到，尚需等待。

结果：未能如愿。

例3：某连锁私企吴先生问能否升为某职：

辛卯　乙未　戊辰　庚申

风山渐	**水风井**	**六神**
官鬼辛卯木○应	妻财戊子水″	朱雀
父母辛巳火′	兄弟戊戌土′世	青龙
兄弟辛未土″	子孙戊申金″	玄武
子孙丙申金′世	子孙辛酉金′	白虎
父母丙午火×	妻财辛亥水′应	螣蛇
兄弟丙辰土″	兄弟辛丑土″	勾陈

时辰申金与世爻五行同类，为竞争对手。

世爻申金在未月为进气（接下来就是申月），加之有日辰湿土调候，因而土可生世爻申金，当然也可生时辰的申金。

世爻申金被午火发动紧邻相克，力量削弱；但卦爻不克四值，所以午火动克不了时辰申金；再者世爻纳干丙火克申金，世爻减力，时干戊土生申金，时辰申金就增力，因此，时辰申金比世爻申金力量强。

上爻官鬼卯木动与申金暗合，但由于卯木与午火同时发动，就构成卯木生午火，午火克世爻申金。于是，官星卯木与世爻的暗合就不存在了。但因卦爻午火克不了时辰，所以上爻官星与时辰申金的暗合却会存在。官星与他人暗合，与我无缘，说明官星向他背我，因而领导只会提拔别人而不会提拔自己。这样，世爻就没有升迁的希望，因此，铁定无法晋升。

结果：未能晋升。

例 4：冉女士求测丈夫在一家私企能否提升为某职：

壬辰　戊申　庚戌　壬午

水雷屯	泽地萃	六神
兄弟戊子水″	官鬼丁未土″	螣蛇
官鬼戊戌土′应	父母丁酉金′应	勾陈
父母戊申金×	兄弟丁亥水′	朱雀
官鬼庚辰土″	子孙乙卯木″	青龙
子孙庚寅木″世	妻财乙巳火″世	玄武
兄弟庚子水○	官鬼乙未土″	白虎

应爻官鬼戌土为其丈夫。既然是测丈夫之事，就须以代表丈夫的应爻官鬼为分析对象。

年、日、三爻、应爻及变爻五行同类，皆为竞争对手。

五爻戌土临日辰又被太岁冲旺，实力并不弱。流年、日辰自身力量都强，但年日都生月建和动爻申金而泄气，力量有所削弱。三爻辰临太岁又被日辰冲旺，力量比世爻稍强。就目前来看，年日及三爻都比应爻用神稍强，因此各自的竞争实力比较接近。不过，世爻目前在申月力量不够，所以得看接下去有无逆转的时机。

酉月情形相似，世爻仍不占上风。到了戌月，应爻得月建帮扶，比流年和日辰都强旺，更比三爻及变爻强旺，所以如果晋升之事能够等到戌月决定，晋升就会有把握，如果在申酉月决定，则无希望。当然，在申酉月可以积极活动，为戌月的决胜打好基础。

结果：在戌月顺利提升。

此卦虽然是子孙持世，但其实与世爻的五行状态对晋升无关紧要，因为求测者所求测的并非自己的事。之所以把此例选入子孙持世的类型，是想让读者了解遇到这种类型的卦该怎么断。其实，也和其他子孙持世的卦断法类似，只需把代表被测者的那个爻（比如此卦的应爻）像世爻一样处理即可。

此卦世爻旬空，说明求测者对丈夫能否提升之事心里不踏实，这也正是求测的原因。这个信息并不会左右丈夫的提升，所以不在必要的分析之列。

例 5：某私营企业陆女士求测能否提升为某职：

辛卯　戊戌　己酉　辛未

山水蒙	**火地晋**	**六神**
父母丙寅木′	兄弟己巳火′	勾陈
官鬼丙子水″	子孙己未土″	朱雀
子孙丙戌土×世	妻财己酉金′世	青龙
兄弟戊午火″	父母乙卯木″	玄武
子孙戊辰土○	兄弟乙巳火″	白虎
父母戊寅木″应	子孙乙未土″应	螣蛇

二爻辰土、月建戌土和时辰未土为竞争者。

虽月建戌土被太岁克，但克中逢合，加之戊戌为双体之土，故力量不弱。

世动化酉临日辰被相害又泄气，二爻辰土动化巳火回头生，所以辰土强于世爻，自己无法胜过竞争者，提升无望。

结果：未能提升。

例 6：某私企郭先生求测能否提升为部门经理：

庚寅　己丑　甲申　庚午

地山谦	**水地比**	**六神**
兄弟癸酉金″	子孙戊子水″应	玄武
子孙癸亥水×世	父母戊戌土′	白虎
父母癸丑土″	兄弟戊申金″	螣蛇
兄弟丙申金○	妻财乙卯木″世	勾陈
官鬼丙午火″应	官鬼乙巳火″	朱雀
父母丙辰土″	父母乙未土″	青龙

卦上无竞争对手出现，只需要看世爻的五行状态即可。

世爻被月建克，又动化戌土回头克，失令衰弱，幸有日辰和动爻申金相生，说明有人帮助，希望尚存，就看这个申金何时能起到作用。

白虎临五爻生世，说明还能得有实权人物的帮助，这是一大有利因素。

目前动爻申金岁破且入墓于月建，虽有日辰帮扶，也难以充分发挥作用，需等待时日。今年已经是岁末，故年内无望。

明年辛卯，动爻申金不再是岁破，但在寅月为月破，不成。卯月，月建合住世爻化出之戌土忌神，申金不再月破，因而曙光出现，晋升可望。

但由于官鬼空亡，恐怕此事虽可成却不圆满：或有名无实，或被人架空。但他对此现象觉得不大可能，只要能升上去，一切都应在自己的掌握之中了。

结果：辛卯年辛卯月丁亥日申时通过，但虽有其名，却未能即时上任，因为原任经理年龄到了本该退休，而且 2011 年公历 3 月（卯月）已下通知，但他却赖着不走，直到 2012 年 11 月才离任，整整让郭先生等了一年多。官爻空亡的玄机就此得到充分体现，若非八卦预测，他怎么也想不到自己竟会遇到这种怪事。

例 7：某连锁私企林先生求测能否升任某职：

庚寅　丙戌　癸卯　辛酉

天泽履	**火泽睽**	**六神**
兄弟壬戌土′	父母己巳火′	白虎
子孙壬申金〇世	兄弟己未土″	螣蛇
父母壬午火′	子孙己酉金′世	勾陈
兄弟丁丑土″	兄弟丁丑土″	朱雀
官鬼丁卯木′应	官鬼丁卯木′	青龙
父母丁巳火′	父母丁巳火′应	玄武

时辰辛酉与世爻壬申五行同类，为竞争者。

世在五爻，本已身居高位。世与官爻卯木暗合，表示领导对他印象不错，但这种暗合被时辰酉金冲就有动摇，所以最终暗合就不牢固了。暗合不牢固，与领导的私交对晋升就不会有实质性的帮助。

世爻申金在戌月季秋为退气，又临岁破，自身不旺，卦中土太多，有埋金之嫌，使得世爻难以脱颖而出，而晋升是需要出众的实力，世爻不具备这种力量，所以会在竞争中失败。

由于卦爻对四值无生克作用，因此，时辰辛酉金就不存在土多埋金的问题，于是就比世爻申金容易发挥作用。时辰为辛酉双体之金，得天干之助，而世爻为壬申，被天干泄气，所以时辰辛酉金比世爻壬申金力量强。

综上分析，时辰酉金比世爻申金实力强。

结果：未能升任。

例 8：某连锁私企林先生求测找某人帮忙能否升调至某地工作：

庚寅　己丑　癸亥　己未

水雷屯	**泽地萃**	**六神**
兄弟戊子水″	官鬼丁未土″	白虎
官鬼戊戌土′应	父母丁酉金′应	螣蛇
父母戊申金×	兄弟丁亥水′	勾陈
官鬼庚辰土″	子孙乙卯木″	朱雀
子孙庚寅木″世	妻财乙巳火″世	青龙
兄弟庚子水○	官鬼乙未土″	玄武

流年寅木为竞争者。

世爻在流年临旺，在月建不旺，但得日辰生合，故力量不弱，有信心争取达到目标。

日辰生世爻寅木，由于有月建丑土相隔，所以难生太岁寅木，于此世爻比太岁占优。

初爻子水动与世紧贴相生，但化回头克害且又被月建克合，无力生世；四爻申金动冲克世爻，虽申金岁破且入墓于月建又动化亥水泄气，克世不力，但因子水不能通关，故申终为障碍。于此世爻比太岁则输了一筹。

太岁一般都强于卦中相同之爻，在上述情况下，世爻必然处下风。

世爻与月建官星暗合，表明与掌实权的上级领导印象不错，但太岁也与月建暗合且紧邻，关系更好，太岁这个竞争对手有近水楼台先得月的优势。

综上分析，世爻最终无法胜过太岁这个竞争者，故断其不能升调。

结果：确实未成。

例 9：某私营公司蔡先生求测能否升任某职：

辛卯　庚寅　庚子　丙戌

火山旅	**雷风恒**	**六神**
兄弟己巳火○	子孙庚戌土″应	螣蛇
子孙己未土″	妻财庚申金″	勾陈
妻财己酉金′应	兄弟庚午火′	朱雀
妻财丙申金′	妻财辛酉金′世	青龙
兄弟丙午火×	官鬼辛亥水′	玄武
子孙丙辰土″世	子孙辛丑土″	白虎

五爻未土和变卦戌土及时辰戌土皆为竞争者。

世爻辰土、五爻未土、变爻戌土及时辰戌土被年月所克，都不旺，但所幸都有动爻巳火和午火来生，因而都有由弱变强的转机。

世爻有午火发动紧贴相生，五爻、变爻有巳火发动紧贴相生，但巳火和辰土旬空，所以巳火动暂不能生未戌土，需要等到辰巳出空后才能起到作用，届时辰戌未土的力量都会得到加强而发挥作用。

那么，辰戌未到底谁的力量最强呢？

我们姑且假设辰巳都不空，巳午火就能生土，那么，情况就是这样：世爻得丙午双体之火发动紧贴相生；未土有巳火动来紧贴相生，但巳火本身不如午火生土之力强，加之动而入墓于戌，因而巳火生未土的力量就不如午火生世爻辰土的力量，因此，世爻略强于五爻。

世爻辰土和变爻戌土各自有火动来相生，但变爻戌土为庚戌，戌土被纳干泄气；世爻为丙辰，辰土得纳干之生，故世爻丙辰土略强于变爻庚戌土。

卦爻巳午火不会生时辰的戌土，而时辰之戌土被年月日克耗，孤立无援，力量比卦中的每个土都弱。

以上只是在寅月的静态分析。本来，世爻辰土与五爻未土、变爻戌土的力量就很接近，无明显的强弱差别。随着月建的交替，辰、未、戌三土的力量大小也会发生变化。辰月世爻最强旺，未月五爻未土最强旺。戌月，变爻戌土的力量却不会增强多少，因为虽然月建助变爻戌土，但巳火入墓于戌月而不生变爻戌土。

既然三者实力本来很接近，又存在这些变数，那么，上级何时决定晋升之事则是一个最关键因素。辰月世爻的机会最好，未月五爻的机会最好。如果在未月决定晋升之事，则无世爻的份。戌月，月建冲旺世爻，月建同时也帮变爻戌土，但世爻丙辰还是要比变爻庚戌力量强，所以，戌月对世爻更有利。

巳月，月建助上卦动爻巳火生未土，利五爻；午月，月建助下卦动爻午火生辰土，利世爻；申月合住巳火不生五爻，酉月月建与世爻相合，故申酉月也利世爻。

这种卦的变数较大，最终只能由事情发生的时间决定竞争各方的胜负。此卦只要是在上述对世爻有利的月份决定晋升之事，就有晋升的把握。

结果：上级在未月和戌月分别决定晋升之事，蔡先生在未月未能如愿，在戌月才如愿晋升。

例 10：某私营公司张先生求测今年能否竞选某职：

庚寅 庚辰 辛卯 丁酉

风山渐	**水山蹇**	**六神**
官鬼辛卯木〇应	妻财戊子水″	螣蛇
父母辛巳火′	兄弟戊戌土′	勾陈
兄弟辛未土″	子孙戊申金″世	朱雀
子孙丙申金′世	子孙丙申金′	青龙
父母丙午火″	父母丙午火″	玄武
兄弟丙辰土″	兄弟丙辰土″应	白虎

世爻申金得月建生，时辰酉金相帮，与官星卯木暗合，说明与领导交往不错。但世临岁破，而太岁是此卦中最大的领导，既然被太岁冲，又无水通关，这种矛盾就无法调和。卯木这个领导得听命于太岁，故虽有帮世爻之心，却无助世爻之力，所以他最终无法如愿。

结果：未能圆梦。

例 11：胡女士求测今年能否升任某外国公司中国分公司副总：

壬辰　壬寅　庚戌　乙酉

山水蒙	**火水未济**	**六神**
父母丙寅木′	兄弟己巳火′应	螣蛇
官鬼丙子水″	子孙己未土″	勾陈
子孙丙戌土×世	妻财己酉金′	朱雀
兄弟戊午火″	兄弟戊午火″世	青龙
子孙戊辰土′	子孙戊辰土′	玄武
父母戊寅木″应	父母戊寅木″	白虎

年日及二爻为竞争者。

世爻戌土虽被太岁冲旺，但被月建克，又动化酉金泄气，故毕竟旺不过太岁，无力与日辰戌土匹敌；既然不能排名居首，就无需比较与二爻的力量，总之是无法升任该职位的。

结果：真的未成。

例 12：某私营公司林先生求测二〇一一年春能否升调到某地工作：

庚寅　己丑　丁丑　戊申

坤为地	**地天泰**	**六神**
子孙癸酉金″世	子孙癸酉金″应	青龙
妻财癸亥水″	妻财癸亥水″	玄武
兄弟癸丑土″	兄弟癸丑土″	白虎
官鬼乙卯木×应	兄弟甲辰土′世	螣蛇
父母乙巳火×	官鬼甲寅木′	勾陈
兄弟乙未土×	妻财甲子水′	朱雀

卦中无竞争者显示，但时辰申金为竞争者。

世爻旬空又入墓于月日，木火之气已全输送给了土，这样就导致土多埋金，力量衰弱，无足够的实力去实现愿望。

结果：既未升也未调。

小结：

1. 以上子孙持世的 12 个卦例，晋升率接近三分之一，而且没有官灾或降级削职的事情发生。

2. 事实证明，摇到子孙持世的官运卦并非传统六爻说的那么不吉，所以，对于子孙持世的官运卦，切不可望文生义地认为“子孙克官鬼”就一定是“克去了官职”甚至有官灾。

3. 和前面父母爻或兄弟爻持世测晋升的卦道理一样，推断能否晋升，最重要的分析对象是世爻而非官爻。

四、妻财持世

传统六爻理论认为，财爻持世的官运卦，如果是在职就容易得财，如果是想晋升则要花钱“打通关节”才能成功。根据我多年的预测总结，这种古论还是比较正确的，基本符合事实。正确的理论值得我们后学者传承。

当然，财爻持世的晋升卦，也并非只要花钱就一定能晋升，也有不少人花了银子打了水漂。到底哪种卦花钱能晋升，哪种卦又是白花钱了，大家可以从下面的实例去悟道。做官者很少有不想晋升的，为晋升而花钱也是历代官场的潜规则。有的是花大钱使伎俩买官，我们对此表示鄙视；有的是花小钱请领导吃个便饭，趁此在席间交谈以增进领导对他的了解，此乃人之常情，无可厚非。预测师要懂得人情世故，了解社会现实，不可执迷教条成为书呆子。总之，完全不花钱、不活动、不表现而得到上级提拔的并不多，除非他是千里马幸遇伯乐，或者是时代急需的稀缺雄才。

例 1：某私企曾先生求测能否升任某职：

己丑　壬申　戊戌　癸亥

火雷噬嗑	**六神**
子孙己巳火′	朱雀
妻财己未土″世	青龙
官鬼己酉金′	玄武
妻财庚辰土″	白虎

兄弟庚寅木″应　　螣蛇

父母庚子水′　　勾陈

年日和三爻与世爻五行同类，均为竞争对手。

此卦无明动之爻，直接比较辰戌丑未的力量即可。

1. 四库之土，单独而论，未土最燥最强。世爻为未土，于此先就占了优势。

2. 年日皆被月建泄气不旺，而世爻被流年冲旺，所以世爻力量并不输给年日之土。

3. 三爻被日辰冲旺，但世爻也被太岁冲旺，因未土占有上述第1条的优势，所以世爻比三爻力量大。

4. 世居五君爻，是谋求晋升最为有利的尊位。

5. 三爻辰土与官爻酉金合，说明其在领导的心中印象不错，但竞争比的是综合实力，因为三爻比世爻弱且旬空，所以无力与世爻相比。

6. 世爻、财官两强，身官两停，有利晋升之象。但世爻安静，静逢冲为应期，故断其将于本年丑月晋升。

结果：如期升任。

例2：某外资公司王先生求测能否升任某职：

壬辰　己酉　丁亥　己酉

火雷噬嗑	**雷泽归妹**	**六神**
子孙己巳火○	妻财庚戌土″应	青龙
妻财己未土″世	官鬼庚申金″	玄武
官鬼己酉金′	子孙庚午火′	白虎
妻财庚辰土″	妻财丁丑土″世	螣蛇
兄弟庚寅木×应	兄弟丁卯木′	勾陈
父母庚子水′	子孙丁巳火′	朱雀

流年辰土、变爻戌土、三爻辰土为竞争对手。

上爻巳动生世爻未土，但因巳火衰弱且日破，不仅生世乏力，而且还化出戌土成为竞争对手。

变爻戌土被流年冲旺，而世爻无冲旺之结构，加之旬空，所以世爻力量不及变爻戌土强。三爻辰土被动爻寅木紧贴相克，动爻巳火日破且远离三爻，也不能生，所以三爻力量比变爻戌土弱。既然世爻不是最强，竞争就不能取胜。

结果：未能如愿。

例 3：香港某公司蒲先生求测能否提升为某职：

壬辰　丁未　癸未　庚申

火雷噬嗑	**火泽睽**	**六神**
子孙己巳火′	子孙己巳火′	白虎
妻财己未土″世	妻财己未土″	螣蛇
官鬼己酉金′	官鬼己酉金′世	勾陈
妻财庚辰土″	妻财丁丑土″	朱雀
兄弟庚寅木×应	兄弟丁卯木′	青龙
父母庚子水′	子孙丁巳火′应	玄武

年月日和三爻都与世爻五行同类，竞争者一大群，彼此都处于旺地，竞争之激烈就不言而喻了。

此卦用神官鬼酉金旬空，看一眼即可断其不能升迁，因为世爻安静无动爻相生，怎么也强不过年月日，如果偏要去折腾，也只能是白搭。

当然，世居五爻，力量又不弱，所以自己现在的职位就很高，既难晋升，就不必勉强为之。

财爻持世生官鬼，力量强大，说明蒲先生自信自负，依然会花费物力去争取。

结果：虽经努力，但无功而返。

例 4：台湾某公司彦先生求测能否升任某职：

辛卯　壬辰　甲午　庚午

火雷噬嗑	**火泽睽**	**六神**
子孙己巳火′	子孙己巳火′	玄武
妻财己未土″世	妻财己未土″	白虎

官鬼己酉金′　　官鬼己酉金′世　　螣蛇
妻财庚辰土″　　妻财丁丑土″　　勾陈
兄弟庚寅木×应　　兄弟丁卯木′　　朱雀
父母庚子水′　　子孙丁巳火′应　　青龙

此卦和上一例卦象完全相同，只是年月日时不同。同样的道理，世爻强不过月建，只能让别人坐那个位置。

以上四例，主卦都是火雷噬嗑，只有第一个成功晋升。大家不妨仔细比较一下，认真琢磨其中的细微差别。

例 5：台湾某公司彦先生求测能否升任某部门副经理：

辛卯　壬辰　甲午　壬申

山泽损　　**地泽临**　　**六神**
官鬼丙寅木○应　　子孙癸酉金″　　玄武
妻财丙子水″　　妻财癸亥水″应　　白虎
兄弟丙戌土″　　兄弟癸丑土″　　螣蛇
兄弟丁丑土″世　　兄弟丁丑土″　　勾陈
官鬼丁卯木′　　官鬼丁卯木′世　　朱雀
父母丁巳火′　　父母丁巳火′　　青龙

月建和四爻为竞争对手。

上爻官星动与世爻暗合，说明有领导相帮，但可惜寅木官星动化酉金回头克，有心无力。

四爻戌土与太岁官星相合，并且这个官星比上爻寅木官星力量强，故有领导相帮，四爻戌土被月建冲为暗动而力量强旺，还得日辰生扶，所以，四爻戌土的背景更占优势。

通过以上信息显示：世爻弱于竞争对手戌土，晋升无望。

结果：未能升成。

例 6：也许因为对这次晋升把握较大，虽相信我的预测技术却又不甘心，次日，彦先生再次求测能否升任某部门副经理：

辛卯　壬辰　乙未　癸未

地火明夷	**六神**
父母癸酉金″	玄武
兄弟癸亥水″	白虎
官鬼癸丑土″世	螣蛇
兄弟己亥水′	勾陈
官鬼己丑土″	朱雀
子孙己卯木′应	青龙

此卦是官星持世，放在这里是因与上面两卦是同一人求测。

月日时及二爻与世爻五行同类，竞争者多，都盯上这个职位。

六静卦，无动爻生世，世爻肯定强不过月日。二爻丑土在离经卦，又是己丑双体之土；世爻在坤经卦，为癸丑。再者二爻丑土得朱雀之生，世爻丑土只得螣蛇之帮。卦宫六神皆是生力大于助力，所以世爻比二爻弱。但二者又都比日月弱，所以，最终是别人赢得这个职位。

后果如所测。

以上三例都是同一人求测的，皆未能如愿，这也说明信息同步，此年官运欠佳，想升却升不了。

例 7：某外资公司徐先生求测能否升迁至某职：

己丑　庚午　戊申　己未

雷地豫	**坤为地**	**六神**
妻财庚戌土″	官鬼癸酉金″世	朱雀
官鬼庚申金″	父母癸亥水″	青龙
子孙庚午火○应	妻财癸丑土″	玄武
兄弟乙卯木″	兄弟乙卯木″应	白虎
子孙乙巳火″	子孙乙巳火″	螣蛇
妻财乙未土″世	妻财乙未土″	勾陈

流年丑土、时辰未土、上爻戌土及四爻化出之丑土为竞争对手。

虽然午火与戌土同在上经卦，但午火与下卦世爻是生合的关系，比只生无合的情形占优，加之上卦为震宫克土，下卦为坤宫助土，世爻于此又占了优势。这样，世爻得月建和动爻午火生合，力量无疑会强于上爻戌土和变卦之丑土。这样世爻一下就淘汰掉两个对手。

此卦世爻未土看似没有太岁丑土和时辰未土强旺，殊不知世爻未土被太岁冲之为暗动，这样一来世爻就成了全卦中最旺之爻，于是我就告诉徐先生：7月7号之后必能赴任。

结果：在未月顺利升迁至某职。

例8：某外资公司蒋先生求测6月30日前能否晋升：

壬辰　壬寅　己未　己巳

雷水解	**泽山咸**	**六神**
妻财庚戌土″	妻财丁未土″应	勾陈
官鬼庚申金×应	官鬼丁酉金′	朱雀
子孙庚午火′	父母丁亥水′	青龙
子孙戊午火×	官鬼丙申金′世	玄武
妻财戊辰土〇世	子孙丙午火″	白虎
兄弟戊寅木″	妻财丙辰土″	螣蛇

年日及上爻为竞争对手。

年日有月建寅木克，而世爻有午火动来相生而通关，使月建不克世爻，所以世爻强于年日。

上爻被申金动泄气，而世爻却有两动爻午火及动化午火紧贴相生，力量无疑比上爻强。

既然世爻是最强的，晋升就肯定能成功。但由于官星有土多埋金之弊，所以需要等到官星旺时才能成功，这个时候就是立秋之后。所以，6月30日前是无法实现愿望的。

结果：立秋后的申月晋升。

例9：某外资公司蒋先生问去找人帮忙对晋升是否有帮助：

壬辰　甲辰　丙辰　丙申

雷地豫	**火泽睽**	**六神**
妻财庚戌土×	子孙己巳火′	青龙

官鬼庚申金″	妻财己未土″	玄武
子孙庚午火′应	官鬼己酉金′世	白虎
兄弟乙卯木″	妻财丁丑土″	螣蛇
子孙乙巳火×	兄弟丁卯木′	勾陈
妻财乙未土×世	子孙丁巳火′应	朱雀

此卦与上一卦为同一人所求测。由于上次我断定他6月30日前无法晋升（当时到期也确实未能如愿），于是，再次求测：想找人活动一下，看能否有所帮助。

年月日及上爻皆为竞争对手，说明很多人都想获此职位。

世爻未土有动爻巳火生，又动化巳火回头生，而上爻只是动化巳火回头生，没有巳火动来生（二爻巳火与上爻远隔而与世爻紧贴，故生世爻不生上爻），所以力量弱于世爻。

世爻为未土，藏干有火，而辰土非但支中藏干无火，反而有乙木克土，所以，在同等条件下，未土比辰土强。年月日若未遭到克伐，通常会比卦爻强，但现在年月日无生而世爻有动爻和变爻生，所以力量就比年月日强，必然能达到目标。

五爻官星申金有土多埋金之困，需要到金旺即立秋之后才能发挥作用，那时你所找的人才能起到关键作用，从而帮助实现晋升。

结果：公历8月7日后晋升。

以上两卦及前面“兄弟持世类型”例4皆为同一人求测，信息完全同步，这证明八卦预测确实神奇与准确。

例10：某私营连锁公司曾先生求测2010年元月能否升为某职：

己丑　丙子　庚戌　丁亥

雷地豫	**火地晋**	**六神**
妻财庚戌土×	子孙己巳火′	螣蛇
官鬼庚申金″	妻财己未土″	勾陈
子孙庚午火′应	官鬼己酉金′世	朱雀
兄弟乙卯木″	兄弟乙卯木″	青龙

子孙乙巳火″　　子孙乙巳火″　　玄武

妻财乙未土″世　妻财乙未土″应　白虎

年日及上爻为竞争对手。

上爻虽动化巳火回头生，但巳火被月建克，又入墓于日辰，故变爻生之不力，而世爻被流年冲为暗动，同等条件下，未土本就比其他土强，所以此卦世爻比上爻强。

年日被月时之水耗气，寒土无力，而世爻有巳火暖之，故世爻也强于年日。不过，子月的未土也不旺，还需等待时机。元月为丑月，月建冲旺世爻，良机到来，晋升必顺理成章。

结果：于元月成功晋升。

例 11：某外资公司中国分公司邓先生问明年能否升至总公司副总经理：

辛卯　庚子　甲寅　乙亥

风火家人　　　　**六神**

兄弟辛卯木′　　玄武

子孙辛巳火′应　白虎

妻财辛未土″　　螣蛇

父母己亥水′　　勾陈

妻财己丑土″世　朱雀

兄弟己卯木′　　青龙

卦中未土为竞争对手。

世爻虽居离卦又是双体之土但临空亡，力量明显不如未土，因而缺乏竞争实力。

结果未能晋升。

例 12：某私企徐先生求测最近能否升为某职：

癸巳　甲寅　甲寅　己巳

风火家人　　　　**风山渐**　　　　**六神**

兄弟辛卯木′　　兄弟辛卯木′应　玄武

子孙辛巳火′应　子孙辛巳火′　　白虎

妻财辛未土″　　妻财辛未土″　　螣蛇
父母己亥水′　　官鬼丙申金′世　　勾陈
妻财己丑土″世　　子孙丙午火″　　朱雀
兄弟己卯木〇　　妻财丙辰土″　　青龙

四爻未土和变爻辰土为竞争者。

虽世爻得太岁之生，但旬空又被强旺的月日寅木和动爻卯木重克，力不从心，而四爻未土虽然也不旺，但与动爻卯木远隔，受克程度比世爻小，加之在上下卦地支结构上，未土占有优势，所以最终比世爻力量强。这样，世爻就失去竞争实力而无缘晋升。

结果没等多长时间揭晓，未能晋升。

例 13：某私营连锁店赵先生求测能否升至某职位：

壬辰　己酉　丁酉　己酉

山雷颐　　**震为雷**　　**六神**
兄弟丙寅木〇　　妻财庚戌土″世　　青龙
父母丙子水″　　官鬼庚申金″　　玄武
妻财丙戌土×世　　子孙庚午火′　　白虎
妻财庚辰土″　　妻财庚辰土″应　　螣蛇
兄弟庚寅木″　　兄弟庚寅木″　　勾陈
父母庚子水′应　　父母庚子水′　　朱雀

流年辰土、三爻辰土、变爻戌土代表竞争者。

三爻辰土虽临流年，但因旬空又被月日时泄合，力量大大减小，而世爻动化午火回头生，所以三爻辰土和寅木所化庚戌土弱于世爻丙戌土。

流年辰土本比卦爻戌土力量大，但因为辰酉合金和动爻改变卦爻力量的缘故，使得其力量严重削弱，反而不敌戌土。

由于世爻比其他几个竞争之爻力量都强，因此就有了机会。但日前官星太多太旺，世弱难以胜任，需要等到身官两停时方为良机。接下去的戌月能增强世爻力量，但官星得月建生，加之数量太多，世爻力量仍显不足。到了丑月，丑土刑旺世爻，同时又收敛官星之力，使之身官两停，届时必能晋升。

结果：于 2013 年元月（即壬辰年丑月）成功晋升。

例 14：某先生求测本月（壬辰月）能否升为某私企办公室主任：

辛卯　壬辰　庚子　庚辰

山雷颐	**震为雷**	**六神**
兄弟丙寅木○	妻财庚戌土″世	螣蛇
父母丙子水″	官鬼庚申金″	勾陈
妻财丙戌土×世	子孙庚午火′	朱雀
妻财庚辰土″	妻财庚辰土″应	青龙
兄弟庚寅木″	兄弟庚寅木″	玄武
父母庚子水′应	父母庚子水′	白虎

此例与上一例卦象完全一样，但我断其晋升无望，结果不幸被我言中。卦象相同而结果相反，其中的玄机在哪里呢?

三爻辰土、月建及时辰辰土、变爻戌土代表竞争者。

求测者问的是本月之事。本月为壬辰月，时间范围被框定得很小，我们只能从壬辰对其分析。

虽三爻辰土临月建旺而有力，但旬空，肯定不如月建强旺，这样伏在三爻之下的用神官鬼爻辛酉金就与月建相合，此机会就自然而然地转给了月建。

世爻被月建冲旺，力量不弱，看似世爻戌土发动与变爻、上爻成三合火局生世，但三合局被日辰子水冲破，午火生世爻之力有限，其力量根本就无法与月建相比。

既然世爻之力无法与月建相比，伏在三爻之下的辛酉金遇飞神辰土空而与强旺的月建相合，实际就是世爻竞争实力有限，加之用神向他而背我，晋升肯定无望。

从这两个卦我们可以看到：虽然卦相同，但由于四值不同，卦爻的五行力量就不同，结果也就完全不同。

如果此卦不框定在辰月的时限，等到午月或戌月，则又会是另外一种结果了。

例 15：某外企赖先生求测能否升为某分公司副总：

壬辰 甲辰 庚戌 辛巳

山雷颐	**六神**
兄弟丙寅木′	螣蛇
父母丙子水″	勾陈
妻财丙戌土″世	朱雀
妻财庚辰土″	青龙
兄弟庚寅木″	玄武
父母庚子水′应	白虎

年月日及三爻代表竞争对手。

这个卦就十分简单，可一目了然地断不能晋升，因为世爻没有动爻来生，怎么也强不过临年月而暗动的三爻及四值。

结果：未能成功。

例 16：某私企杨先生求测能否升为某职：

壬辰 甲辰 乙丑 庚辰

山雷颐	**山泽损**	**六神**
兄弟丙寅木′	兄弟丙寅木′应	玄武
父母丙子水″	父母丙子水″	白虎
妻财丙戌土″世	妻财内戌土″	螣蛇
妻财庚辰土″	妻财丁丑土″世	勾陈
兄弟庚寅木×	兄弟丁卯木′	朱雀
父母庚子水′应	子孙丁巳火′	青龙

年月日时及三爻代表竞争对手。

世爻旬空，虽被月建冲旺不为真空，但由于无动爻来生，因而力量远不及年月日时。与三爻辰相比，虽然三爻被寅木动来相克，但木不旺，反致土众木折，对三爻不会带来多大的削弱，因而三爻比旬空的世爻力量强。

在这种状态下，当然是无法在竞争中取胜的。

以上四例的主卦都是山雷颐，但结果却不一样。大家可以仔细去对比琢磨。

例 17：某私营公司苏女士求测今年能否被评上特级技师：

辛卯 癸巳 戊辰 壬戌

水风井	**泽风大过**	**六神**
父母戊子水″	妻财丁未土″	朱雀
妻财戊戌土′世	官鬼丁酉金′	青龙
官鬼戊申金×	父母丁亥水′世	玄武
官鬼辛酉金′	官鬼辛酉金′	白虎
父母辛亥水′应	父母辛亥水′	螣蛇
妻财辛丑土″	妻财辛丑土″应	勾陈

本人求测时告诉我，由于本人年龄关系，这是最后一次机会，加之她所在单位有多名老同事竞争一个名额。所以此卦仍然按晋升卦来分析判断。

初爻丑土、日辰辰土及时辰戌土为竞争者。

世爻得月建生，又被日辰冲旺，力量不弱，但世临空亡又被动变之爻泄耗，而初爻丑土则未被官星泄气，所以力量不会弱于世爻。当然，日辰比世爻力量更强。

官星入丑库而向丑，与日辰合而向日辰，官星向他而背我，五行力量又比不过对手，再者，父母爻亥子水代表职称入日墓，也是用神向他而背我，故最终必然无法获得这个职称。

结果：未能如愿。

例 18：某私营连锁公司高先生求测今年能否提升为某职：

壬辰 丙午 己亥 壬申

水风井	**六神**
父母戊子水″	勾陈
妻财戊戌土′世	朱雀
官鬼戊申金″	青龙
官鬼辛酉金′	玄武

父母辛亥水′应　　白虎

妻财辛丑土″　　　螣蛇

流年辰土、初爻丑土为竞争者。

世爻本无流年旺，但因有月建生，遇太岁辰土冲之为暗动，于是扭转了局势，占据上风。

可能有人会问：月建不也生流年辰土吗？

当然，月建午火也生流年辰土，但午火对辰土仅仅是生，而午火对暗动的戌土是生中有合（半合），所以二者从午火中得到的力量大小是不一样的——戌土多于辰土。另外，朱雀临世相生，也给世爻力量加分。

至于初爻丑土，当然就不能与世爻相比了，因为它是辛丑土，本身力量就不及戊戌双体之土。

世爻占据上述优势，晋升就是必然的事。

如果要进一步推算晋升的时间，可作进一步的分析：目前世爻的力量是足够的，既然是晋升，官星当然是一个参考因素，需要世官力量皆强，身官两停时方为应期。眼下官星被月建克，力量不足，到了酉月，官星临帝旺，便是应期。

结果：于公历 9 月中旬宣布提升。

以上例 17 和例 18 两卦，又是主卦相同，结果不同，可见卦象之变化无穷。大家不妨仔细对比进一步研究研究。

例 19：湖南株洲胡某求测何年取得公司高级技师资格：

壬午　壬子　丙辰　戊戌

雷水解　　　　　六神

妻财庚戌土″　　　青龙

官鬼庚申金″应　　玄武

子孙庚午火′　　　白虎

子孙戊午火″　　　螣蛇

妻财戊辰土′世　　勾陈

兄弟戊寅木″　　　朱雀

1. 职称以父母代表。

2. 职称评定与职位晋升不同，前者名额不止一个，后者则是多人竞争唯一的职位。因此，前者不必在竞争对手中居第一，而后者必须居第一才能晋升。因此，职称评定主要是看世爻与用神的五行状态，至于与世爻同类的卦爻，则不是最主要分析比较对象（但也要参考)。

3. 世爻得日时助和流年入卦相生，力量并不弱，说明自己有一定的竞争实力。

4. 用神子水临月建有力，但因旬空，又伏在初爻寅木之下，需要出空并冲开飞神。

5. 上爻和日时之土与世爻五行同类，皆为竞争者，只要世爻不是最弱，就有希望。

6. 世爻为戊辰双体，得天干之助，又有勾陈相助，被时辰冲为暗动；上爻为庚戌，被天干泄气，还被青龙所克，又被所处经卦震木相克，虽被日冲为暗动，但力量不如世爻强。日时辰戌土得太岁生，目前力量比世爻强。所以，世虽非最弱，但在今年无法与日时匹敌，别人更容易获得此职称。

7. 癸未年，流年强于世爻，日时仍不输给世爻，仍非好时机。

8. 甲申年，申金（太岁）冲开寅木，伏神子水出现，用神得用，必能如愿。

结果在 2004 年顺利取得高级技师资格职称。

例 20：云南凌女士问在某私营公司求职能否成功：

丙戌　癸巳　辛亥　己亥

泽水困	**雷地豫**	**六神**
父母丁未土″	父母庚戌土″	螣蛇
兄弟丁酉金○	兄弟庚申金″	勾陈
子孙丁亥水′应	官鬼庚午火′应	朱雀
官鬼戊午火″	妻财乙卯木″	青龙
父母戊辰土○	官鬼乙巳火″	玄武
妻财戊寅木″世	父母乙未土″世	白虎

1. 主卦无与世爻五行同类者，也无动爻化出与世爻同类者，只需要看世爻自身的状态。官鬼午火为用神。

2. 世爻失令不旺，又被酉金发动相克和白虎驾临相克，力量衰弱；但因长生于日时，导致弱而不从。这说明自身能力不足，加之世爻旬空，比较心虚，所以应聘时发挥较差。

3. 用神官鬼午火旺，但世爻太弱，世爻生官星，说明自己想得到那个工作，但世弱官旺，没能力争取到那份工作。

结果：未应聘上。

此卦竞争爻不现，不等于无竞争者，事实上，竞聘的人很多，世爻太弱就缺乏竞争实力。

例 21：山东某私企李先生求测能否升迁：

丙戌　丁酉　庚申　丁丑

水泽节	**六神**
兄弟戊子水″	螣蛇
官鬼戊戌土′	勾陈
父母戊申金″应	朱雀
官鬼丁丑土″	青龙
子孙丁卯木′	玄武
妻财丁巳火′世	白虎

官鬼丑土为用神，世爻为自己。

1. 官星为用神，世爻为自己，竞争者在卦中不显现，直接看世爻的五行状态。

2. 丑土代表现有职位，五爻戌土官星比三爻官星职位高，表示想晋升的职位。

3. 世生用神官星，表示自己渴望晋升，并且会积极活动。

4. 世爻在四值无生助，力量很弱；但世为丁巳双体之火，虽弱却又不从。这说明自己的实力不足，无法与人竞争，所以我断其晋升无望。

李先生自己认为这次晋升很有把握，不相信我的预测结果。不过，他后来确实未能晋升。

例 22：山西某合伙公司总裁，按合伙人合同约定，年近六旬，任期已满，但想连任，问能否如愿：

丙戌　辛丑　戊午　癸亥

震为雷	**火雷噬嗑**	**六神**
妻财庚戌土×世	子孙己巳火′	朱雀
官鬼庚申金″	妻财己未土″世	青龙
子孙庚午火′	官鬼己酉金′	玄武
妻财庚辰土″应	妻财庚辰土″	白虎
兄弟庚寅木″	兄弟庚寅木″应	螣蛇
父母庚子水′	父母庚子水′	勾陈

1. 头把交椅谁都想坐，竞争必然激烈，应爻和年月之土皆为竞争对手。

2. 世应和年月之土力量都强，卦爻一般难以强过四值，但唯独世爻动化回头生，又有朱雀相生，世爻之力就得到加强，而应爻和年月没有这种优势，力量就变得比世爻弱，因此，世爻就成了竞争中的优胜者。

3. 财爻旺而持世，说明自己理财能力很强。世爻化出的子孙代表思维、方案，子孙生世爻财星，说明自己的理财方案对提高公司经济效益很有帮助，能够获得多数小股东的拥护。这对连任公司总裁是一个非常好的条件，因而定能如愿。

结果：一切正如所测。

例 23：北京某私企徐先生求测找人帮忙能否升为某职：

丙戌　己亥　甲辰　甲戌

震为雷	**泽雷随**	**六神**
妻财庚戌土″世	妻财丁未土″应	玄武
官鬼庚申金×	官鬼丁酉金′	白虎
子孙庚午火′	父母丁亥水′	螣蛇
妻财庚辰土″应	妻财庚辰土″世	勾陈
兄弟庚寅木″	兄弟庚寅木″	朱雀

父母庚子水′　　父母庚子水′　　青龙

1. 应爻及年日时之辰戌土皆为竞争者，可见竞争之烈。

2. 卦爻若无有力之动爻生，则无法强过四值中的五行。此卦无动爻生世，所以，世爻比年日时之土都弱，这样，今年内就无法在竞争中获胜。

3. 如果等到明年，情况则会有所变化：

（1）丁亥年，太岁戌土退位，世爻少了一个有力的竞争对手。

（2）同类相冲不为破，世爻被日辰冲暗动，应爻被时辰冲也暗动，二者因暗动力量皆有加强。但流年亥水合动二爻寅木与应爻紧邻相克，而寅木与世爻远隔，且有申金动来阻挡，所以对世爻克力不大，因而世爻占上风。

（3）丁亥年，日时被年月亥水耗气，力量远不如丙戌年强，丁亥年，日时的天干甲木得生克坐下之土，力量减弱，反不如世爻强，于是，世爻就有了机会。

（4）寅卯月，月建克制世爻，暂难作用；到了辰月，月建冲旺世爻，同时官星得生，世官两停，当是晋升之应期。

结果：丁亥年交清明节后不久，由部门副经理升为经理。

小结：

1. 财爻持世的晋升、工作分配和能否取得高级职称的卦共 23 个，其中有 9 例成功（实际有 8 人晋升，因其中有两卦乃同一人求测的同一事），晋升率大致为三分之一，与前述六亲持世的晋升比例相近。

2. 并非财爻持世的晋升卦才会花钱，其他六亲持世类型的卦亦然，此乃生活常理。

3. 财爻持世的晋升卦，在活动时若需花钱，大都不会吝啬。为保护他人隐私，实例中不便进行细节描述，但读者要明白卦理和实际皆然。

4. 财爻持世的晋升卦，世爻与官爻同看，只有二者皆强且身官两停时才是晋升之期。

五、官鬼持世

前面四种六亲持世类型的晋升卦，都要考虑世爻和官爻，而官爻持世的晋升卦，由于官世一体，就只以世爻论即可。这就比前面四种类型的晋升卦分析起来更简单一些。

在传统六爻理论中，测晋升最看好官鬼持世的卦，认为此乃官星临身的象征，因而容易晋升成功。听起来似乎很有道理，但实际上是否确实如此呢？我们还是先看一些实例：

例 1：某私企徐先生求测能否晋升到某部门经理职位：

庚寅　戊寅　辛丑　庚子（夜子时）

山天大畜	**山泽损**	**六神**
官鬼丙寅木′	官鬼丙寅木′应	螣蛇
妻财丙子水″应	妻财丙子水″	勾陈
兄弟丙戌土″	兄弟丙戌土″	朱雀
兄弟甲辰土○	兄弟丁丑土″世	青龙
官鬼甲寅木′世	官鬼丁卯木′	玄武
妻财甲子水′	父母丁巳火′	白虎

与前面的四种类型一样，也是将代表求测者的世爻与代表竞争者的它爻进行力量对比而论胜负。

此卦上爻、年月皆为寅木，与世爻五行同类，皆为竞争者。

但世爻无动爻生，肯定强不过年月寅木，所以无法实现目标。

结果：未能成功。

例 2：某私营公司许先生求测能否升任某部门经理：

庚寅　己卯　甲子　甲戌

山火贲	**地火明夷**	**六神**
官鬼丙寅木○	子孙癸酉金″	玄武
妻财丙子水″	妻财癸亥水″	白虎
兄弟丙戌土″应	兄弟癸丑土″世	螣蛇
妻财己亥水′	妻财己亥水′	勾陈
兄弟己丑土″	兄弟己丑土″	朱雀
官鬼己卯木′世	官鬼己卯木′应	青龙

上爻和年月为竞争者。

上爻动化回头克，比世爻弱，但世爻无动爻生，无法强过居于年月位的竞争者，故该职位必被别人所得。

结果：无功而返。

例 3：某私营连锁店彭先生求测能否升部门经理：

壬辰 壬寅 丁巳 乙巳

泽地萃	**天水讼**	**六神**
父母丁未土×	父母壬戌土′	青龙
兄弟丁酉金′应	兄弟壬申金′	玄武
子孙丁亥水′	官鬼壬午火′世	白虎
妻财乙卯木″	官鬼戊午火″	螣蛇
官鬼乙巳火×世	父母戊辰土′	勾陈
父母乙未土″	妻财戊寅木″应	朱雀

日时辰巳火与世爻五行同类，为竞争者。

世爻巳火得月建之生，力量不弱，但动化辰土泄气，就肯定没有日辰这个巳火力量强，所以也就竞争不过这个对手而无法升迁。

此卦如果三爻卯木动，世爻不动，则情况就会不同了。

例 4：董先生求测集团公司领导班子调整，此次自己能否升至某职位：

己丑 甲戌 癸巳 庚申

山风蛊	**雷山小过**	**六神**
兄弟丙寅木○应	妻财庚戌土″	白虎
父母丙子水″	官鬼庚申金″	螣蛇
妻财丙戌土×	子孙庚午火′世	勾陈
官鬼辛酉金′世	官鬼丙申金′	朱雀
父母辛亥水○	子孙丙午火″	青龙
妻财辛丑土″	妻财丙辰土″应	玄武

时柱申金与世爻五行同类，为竞争者。

世爻辛酉双体之金看似被三合火局克伤，实则午火中神空亡，反而四值与主变卦形成火土金依次相生之势。时辰庚申也是双体之金，似乎与世爻辛酉双体之金的力量差不多，实际上午火空亡对辛酉、庚申均无克力。但日辰巳火对庚申克中相刑、对辛酉是克中有合（巳酉丑三合），权衡之下，世爻辛酉还是比时辰庚申的力量要强一些。所以，董先生就有了升迁的机会，并且此卦财旺生世，升职后财运也会有不小的提升。

结果：董先生在此次调整中由中层干部升为集团公司副董事长。近五年来，财运也一年比一年好。

例 5：某公司中层干部副经理出去学习，回来后失去原岗位，一时未安排职务，心中着急，于是特地求测今后能否顺利解决职务问题：

丁亥　壬寅　甲戌　乙亥

火风鼎	天水讼	六神
兄弟己巳火′	子孙壬戌土′	玄武
子孙己未土×应	妻财壬申金′	白虎
妻财己酉金′	兄弟壬午火′世	螣蛇
妻财辛酉金○	兄弟戊午火″	勾陈
官鬼辛亥水′世	子孙戊辰土′	朱雀
子孙辛丑土″	父母戊寅木″应	青龙

1. 每个领导岗位只能容纳一个人，具有很强的竞争性，因此，这种卦仍然需将世爻与竞争爻进行力量对比。

2. 年时亥水与世爻五行同类，为竞争对手。

3. 用神官星持世，既然说明有职务在身，也说明很在乎有实际内容的工作岗位。

4. 太岁与月建寅亥合木，亥水力量被削弱。时辰亥水被日辰克，其力量也有减。

5. 酉金旬空又动化回头克，失令不旺，但为辛酉双体，有勾陈泄午火而相生，又得四爻己酉金相帮，加之日辰和动爻未土之生而变强，因而动可生世；当然，需要等到出空之时才能真生。

6. 世爻得动爻酉金相生，又得五爻未土动化申金生之，力量加强，但卦爻申、酉金不生年时之水，因而世爻反比年时力量强。

7. 官星持世，动爻向世爻，说明必会取得实权的岗位。这又是其他竞争爻不具备的一个优势。

综上分析，必能如愿解决工作岗位问题，且有晋升机会。

结果：在该年的 4 月由以前的副经理升为有实权的正经理。

例 6：某私营连锁店彭先生求测能否升至另一部门经理：

辛卯　乙未　丁卯　辛亥

雷风恒	**地山谦**	**六神**
妻财庚戌土″应	官鬼癸酉金″	青龙
官鬼庚申金″	父母癸亥水″世	玄武
子孙庚午火○	妻财癸丑土″	白虎
官鬼辛酉金′世	官鬼丙申金′	螣蛇
父母辛亥水○	子孙丙午火″应	勾陈
妻财辛丑土″	妻财丙辰土″	朱雀

五爻为竞争者。

午火动被月建合化而克五爻申金之力大减，二爻亥水动也被月建克住而难泄世爻之气。单就卦中的申酉金比，力量差不多，但世爻临岁破和日破，而五爻申金则与年日暗合，故最终还是五爻强过世爻，这样就无法晋升了。

结果：与推断一致。

例 7：某私营公司赵先生求测能否升为某分公司一把手：

庚寅　壬午　庚寅　壬午

火风鼎	**火水未济**	**六神**
兄弟己巳火′	兄弟己巳火′应	螣蛇
子孙己未土″应	子孙己未土″	勾陈
妻财己酉金′	妻财己酉金′	朱雀
妻财辛酉金○	兄弟戊午火″世	青龙
官鬼辛亥水′世	子孙戊辰土′	玄武
子孙辛丑土″	父母戊寅木″	白虎

三爻酉金动被月建午火克住，又化出午火回头克，根本无力生世。

世爻不得年月日时之生助，亥水无四值变及主变卦亥子水之帮，世爻也根本就不受生，这样就只能弱极而从。从则利，晋升有望。但此年世爻官星被流年合住，过了寅年后寅木退位，寅亥合解除且仍然维持从势，且酉金在辛卯年为岁破，更无生世之力，世爻就从得更纯，此时便是应期。

实际：于2011年升任为某分公司一把手。

例8：某私企王先生问能否升任某职：

壬辰　庚戌　乙卯　庚辰

地泽临	地风升	六神
子孙癸酉金″	子孙癸酉金″	玄武
妻财癸亥水″应	妻财癸亥水″	白虎
兄弟癸丑土″	兄弟癸丑土″世	螣蛇
兄弟丁丑土×	子孙辛酉金′	勾陈
官鬼丁卯木′世	妻财辛亥水′	朱雀
父母丁巳火○	兄弟辛丑土″应	青龙

日辰乙卯木与世爻五行同类，为竞争者。

世爻被丑土和巳火动来泄耗，卦中癸亥水又入年时支之墓，所以力量远远不及竞争对手日辰乙卯双体之木，结果肯定是无法晋升。

结果：晋升未成。

例9：某私企王先生想明年继续留在单位，问能否如愿：

辛卯　己亥　辛卯　戊戌

火风鼎	六神
兄弟己巳火′	螣蛇
子孙己未土″应	勾陈
妻财己酉金′	朱雀
妻财辛酉金′	青龙
官鬼辛亥水′世	玄武
子孙辛丑土″	白虎

留在原单位，仍属于竞争性的晋升，月建亥水为竞争者。

月建己亥水被盖头又被双卯夹泄及时柱双体之土克，形同虚设，而辛亥水干支组合得益（辛金生亥水），到了壬辰年，上下卦的酉金得生处相地与日辰卯木相冲暗动生世，这样世爻辛亥水就比月建己亥水的力量强得多，说明我强他弱，注定能心想事成。

结果：成功留在原单位。

例 10：某外资公司杨先生求测明年能否升任至某分公司副总：

己丑　丁丑　丁卯　甲辰

水地比　　　　**六神**

妻财戊子水″应　　青龙

兄弟戊戌土′　　玄武

子孙戊申金″　　白虎

官鬼乙卯木″世　　螣蛇

父母乙巳火″　　勾陈

兄弟乙未土″　　朱雀

日辰卯木为竞争对手。

这种六静卦一目了然，无动爻生世而且还入初爻暗动之墓，世爻卯木必然弱于日辰卯木，竞争无取胜可能。

结果：升迁未成。

例 11：某私营连锁公司曾先生再次求测今年能否升任某分公司总经理：

壬辰　乙巳　甲戌　己巳

雷山小过　　　**六神**

父母庚戌土″　　玄武

兄弟庚申金″　　白虎

官鬼庚午火′世　　螣蛇

兄弟丙申金′　　勾陈

官鬼丙午火″　　朱雀

父母丙辰土″应　　青龙

之前曾经求测过，告知无望，但心有不甘，现再次求测，看信息是否一致。

二爻及月建、时辰为竞争者。

二爻丙午双体之火有朱雀相助，又得伏神丁卯木相生；世爻庚午火干支组合旺不过二爻的丙午双体之火，加之有伏神亥水克合，六神螣蛇又泄其气，两相比较，明显二爻旺于世爻。最终取胜的则是竞争对手。

结果：未能晋升。

例 12：某私营连锁企业林先生求测能否升迁至某职位：

辛卯　癸巳　壬戌　乙巳

地火明夷	**山火贲**	**六神**
父母癸酉金×	子孙丙寅木′	白虎
兄弟癸亥水″	兄弟丙子水″	螣蛇
官鬼癸丑土″世	官鬼丙戌土″应	勾陈
兄弟己亥水′	兄弟己亥水′	朱雀
官鬼己丑土″	官鬼己丑土″	青龙
子孙己卯木′应	子孙己卯木′世	玄武

二爻己丑土及日辰戌土为竞争对手。

此卦很简单，世爻之经卦有动爻泄气，应爻之经卦安静，加之世爻干支组合为癸丑土，二爻干支组合为己丑双体之土，故世爻弱于二爻。总之，世爻癸丑土和二爻己丑土都无动爻生，皆比日建戌土弱，只能看着别人晋升。

结果：与实际相符。

例 13：某私企朱先生问今年能否升任某职：

壬辰　乙巳　壬午　乙巳

山风蛊	**山天大畜**	**六神**
兄弟丙寅木′应	兄弟丙寅木′	白虎
父母丙子水″	父母丙子水″应	螣蛇
妻财丙戌土″	妻财丙戌土″	勾陈
官鬼辛酉金′世	妻财甲辰土′	朱雀
父母辛亥水′	兄弟甲寅木′世	青龙

妻财辛丑土×　　父母甲子水′　　玄武

卦中无竞争者显示，并非代表无人竞争此职位，事实上，这种高职位是许多人都梦寐以求的。

无竞争对象比照，只需看世爻自身状态即可。

卦中丑土动、戌土暗动得太岁帮，又得月日时辰之生，土的力量强旺，辛酉双体之金持世弱而不从，就构成土厚埋金。这种状态，进之不成，退之不甘，但为了对得起自己的追求，总会去努力一番，而结果当然是令人失望的。

反馈：与事实完全吻合。

例 14：北京某私营公司马先生求测今年能否提升至某职位：

甲申　壬申　戊子　辛酉

水地比	**风雷益**	**六神**
妻财戊子水×应	官鬼辛卯木′应	朱雀
兄弟戊戌土′	父母辛巳火′	青龙
子孙戊申金″	兄弟辛未土″	玄武
官鬼乙卯木″世	兄弟庚辰土″世	白虎
父母乙巳火″	官鬼庚寅木″	螣蛇
兄弟乙未土×	妻财庚子水′	勾陈

1. 上爻化出的卯木为竞争者。

2. 世爻被年月时所克，本身很弱，但由于世为乙卯双体之木，得日辰入卦发动相生，故弱而不从。

3. 上爻子水动对变爻卯木是紧贴相生，上爻与世爻远隔，生力较小，所以世爻弱于变爻卯木。

4. 世爻被同一经卦的未土动来收敛，力量再被削弱，而变爻与动爻未土远隔，作用不大，所以世爻再次失去优势。

综上分析，世爻弱于变爻卯木，竞争必然失败。

结果：未得到提升。

例 15：山东某私企李先生再次求测能否升至某职位：

丙戌　戊戌　壬午　乙巳

雷山小过	地雷复	六神
父母庚戌土″	兄弟癸酉金″	白虎
兄弟庚申金″	子孙癸亥水″	螣蛇
官鬼庚午火○世	父母癸丑土″应	勾陈
兄弟丙申金○	父母庚辰土″	朱雀
官鬼丙午火″	妻财庚寅木″	青龙
父母丙辰土×应	子孙庚子水′世	玄武

求测者还是前面“财爻持世”例 21 中的李先生。他在上月得知预测结果后，总不甘心，事隔不到一月，又要求交费再测一卦。

1. 二爻和日时之火皆为竞争对手。

2. 世爻动化丑土泄害，又被勾陈泄气，说明自己的积极活动对晋升并无助益。

3. 世爻失令不旺，被年月之墓收敛，力量很弱，根本不足以与日时之火匹敌。二爻午火得青龙之生，世爻被勾陈和丑土泄气，所以世爻比二爻还弱。

4. 既然世爻最弱，当然无力与对手竞争，晋升是一点可能都没有。

他对此预测结论仍感怀疑，于是要求再测能否升为另一职位：

丙戌　戊戌　壬午　丙午

天水讼	泽水困	六神
子孙壬戌土○	子孙丁未土″	白虎
妻财壬申金′	妻财丁酉金′	螣蛇
兄弟壬午火′世	官鬼丁亥水′应	勾陈
兄弟戊午火″	兄弟戊午火″	朱雀
子孙戊辰土′	子孙戊辰土′	青龙
父母戊寅木″应	父母戊寅木″世	玄武

1. 三爻和日时午火为竞争者。

2. 三爻得朱雀助，世爻被勾陈泄，于此世爻不占优。

3. 上爻戌土动化进，戌土临月建，为世爻之墓，与世爻在同一经卦，所以对世爻的收敛之力比对三爻的收敛之力更大，于此世爻再输一筹。

4. 卦爻戌土对日时午火不具备收敛作用，所以日时比世爻和三爻力量都强。

5. 综上分析，以世爻的竞争力根本无法取胜，断其不能晋升。

李先生前后共测了三卦，皆问晋升之事，其实第一个卦已经有了结论。但许多人常常会把自己的事情往好处想，认为成功的可能性很大，故当他听到我的预测结论与其愿望相反时，便会产生怀疑，此乃人之常情。不过，愿望未必等于事实，并非人人皆可心想事成，而到底愿望能否实现，通过六爻预测则可得到准确结论。李先生测了三个卦，结论都是一样，并且后来的事实证明，他确实没能得到晋升。这说明六爻预测的准确性是不容置疑的。

小结：

1. 此类型共 15 例，只有 4 例成，成功率比其他六亲持世的还要低，说明官爻持世的晋升卦，晋升率也未必高于其他类型的卦。

2. 由于官星与世爻合为一体，比其他类型的晋升卦少了一个分析对象，推断就更加简单，尤其六静卦，大都可一目了然。

总结：

通过对以上不同六亲持世卦的分类解析，可以总结出以下重要的六爻预测新论：

1. 测晋升，六亲持世的种类并非关键因素，世爻、用神、竞争者的力量以及相互之间的生克、向背才是决定因素。

2. 四值的作用特别大，切不可轻视。

3. 测晋升，与世爻五行同类者为竞争对手，切不可误当帮我之朋友及用神（尤其是官鬼持世的卦）。

4. 以上实例，较大程度上否定了传统六爻测官运必须以官鬼为核心和用神的古论，同时建立了应以世爻五行同类之爻为竞争者的新理论，用神官鬼也只能是为世爻服务的辅助因素。

5. 晋升卦的本质就是竞争，是综合实力的较量，所以其卦理当然也是五行力量的对决。这与其他类型的卦理有些差别，不能照搬到其他类型的六爻预测卦中。

6. 从统计的角度看结果，求测晋升的卦，总成功率低于 35%，这说明欲晋升者众多，而设定的席位却很少。

明代刘基先生的《黄金策》对功名求取有详细论断，特辑录如下，供读者参详比较。

《黄金策·求名》

读书五年，固欲置身于廊庙，胸藏万卷，肯甘遁迹于丘园？要相国家，当详易卦。父爻旺相，其文掷地金声，鬼位兴隆，家报泥金捷喜——凡占功名，以父爻为文章，鬼为官职，二者一卦之主，伤一则不成。若父爻旺相，文章必佳，官鬼得地，功名有望。泥金报喜，总言金榜题名，功成名就之意，非以鬼为音信也。学者志之。

财若交重，休望青钱之中选；福如发动，难期金榜之题名——唯卜功名，以财福反为恶煞，盖财能克父，子能克鬼故也。如官爻持世，若得财动来生，而财无忌也；子孙固为忌客。

兄弟同经，乃夺标之恶客——同类者为兄弟，求名见之，乃是与我同经之人，如遇发动，或月建日辰俱带兄弟，则同经者多，必能夺我之标，纵大象可成，名亦落后。

日辰辅德，实劝驾之良朋——如父母官鬼无气，若得日辰扶起，克制恶煞，仍旧有望，故曰辅德。或世爻衰静空亡，得日辰生扶冲实，主有亲友资助盘费，辅其前往求名也。

两用相冲，题目生疏而不熟——以官爻为用爻，喜会而不喜冲，若见官爻相冲，主出题生涩不熟也。

六爻竞发，功名恍惚以难成——六爻皆喜安静，只要父母官鬼有气不空，月建日辰不来伤克，则吉；凡动则有变，变出之爻又有死墓绝空刑克等论，皆为破败，故凡乱动卦，其大概不吉可知矣。

月克文书，程式背而不中——父旺而得动爻日辰生合，其文字字锦绣；妻财伤克，必多破绽；月建冲克，其文必不中试官之程式也。

世伤官鬼，仕途窒而不通——世乃求名之人，若持官鬼或得官鬼生合，功名有望；若临子孙，则克制官鬼，是仕途未通，徒去求谋无济。

妻财助鬼父爻空，可图侥幸——父母空亡，若得财爻发动生扶官鬼，侥幸可成；若财官两动而父爻旬空，反不宜用，父爻不空可望。

福德变官身位合，亦忝科名——正卦无官，若得子孙变出官鬼，与世身生合，得文书有气，功名有望，但不能高中也。

出现无情，难遂青云之志——卦中官父若不持临身世，反而临应爻，或发动而反生他爻，不来生合世身，或破坏墓绝，皆谓出现无情，虽在卦中，与我无益，所以难遂青云之志也。

伏藏有用，终辞白屋之人——官爻不现，但观其所伏何处，如得有用之官爻，俟值年当辞白屋矣。

月建克身当被责，财如生世必帮粮——月建若在身爻，发动刑克世爻，而官爻失时者，必遭杖责；卦中官爻持世，而财爻发动生合世爻者，必有帮粮之喜。

父官三合相逢，连科及第——卦有三合会成官局者，必主连科及第，会成父局亦吉。

龙虎二爻俱动，一举成名——青龙白虎俱在卦中，动来生合世爻，必中魁选；若持官父或持身世尤妙。

杀化生身之鬼，恐发青衣——以子孙为煞，乘旺发动必遭斥退，若得化鬼爻生世，终不脱白，无过降青衣而已。卦有财动合住子孙，可用资财谋能干旧职。

岁加有气之官，终登黄甲——太岁之爻最喜有情，若临鬼爻，是人臣面君之象，更得生旺有气，必然名姓高标。

病阻试期无故，空临于世位——动爻日辰来伤世爻，而世爻落空，大凶之象。试前占去不成，强去终不利，轻则病，重则死。

喜添场屋有情，龙合于身爻——若大象既吉，更得龙动生合世身，不但名成，必然别有喜事；空动，出空之月日见喜。

财伏逢空，行粮必乏——六爻无财，伏财又居空地，必乏行粮，盘缠欠缺。

身兴主鬼，来试方成——卦遇不成之兆，而得身世爻变官鬼有气，而父母不坏者，下帷可中也。

卦值六冲，此去难题雁塔；爻逢六合，这回必占鳌头——占功名，得六冲卦必难成，得六合卦必易得也。

父旺官衰，可惜刘蕡之下第；父衰官旺，堪嗟张爽之登科——父母官鬼皆宜有力无损，功名可成。若父母爻旺相，官鬼空亡，或不上卦，文字虽好不能中试，如刘蕡之锦绣文章，竟不登第；若父爻衰弱，得官爻旺动扶起文书，文字虽平常，可许成名，如张爽之文章，虽欠精美，反登高第也。

应合日生必资鹗荐，动伤日克还守鸡窗——父官化绝，名必不成，若应爻、动爻或月建日辰扶起官鬼，必须浼人推荐，或用财资求可成。

世动化空用旺，则豹变翻成蝶梦——若得必中之卦，如遇世爻发动变入墓绝，恐成名之后不能享福。游魂死于途中，归魂卦到家而死，墓绝爻本太岁，逾年而死也。

身官化鬼月扶，则鹏程连步蟾宫——卦身为事体，功名尤宜见之，怕临财福。如得官爻临之，必有成望，更若发动化官爻，而得月建生合者，必主连科及第。

更详本主之爻神，方论其人之命运——本主者，本人之主爻也，自占以世爻论，占子侄看子孙类，此爻最怕伤克变坏。如此搜索吉凶自应。

虽赋数言，总论穷通之得失，再将八卦，重推致用之吉凶。

《黄金策·仕宦》

为国求贤，治民为本，致身辅相，禄养为先。旺相妻财，必得千钟之

粟；兴隆官鬼，定居一品之尊——未仕求名，不要财爻，已仕贵人，要见财爻，盖有爵必有禄，未有无俸而居官者。故凡占官星，得此爻旺相，俸禄必多；若财爻休囚，或空或伏，未得俸禄；财动逢冲，因事减俸；或日辰月建冲财，而刑害世爻及官爻者，恐有停俸罢职之患。官鬼旺相，官高爵大，休囚死绝，官小职卑，若发动生合世爻，得月建日辰生扶，必有荐擢。

子若交重，当虑剥官削职——子孙若在卦中发动，所谋必不遂意，已任者，恐有削职之祸。

兄如发动，须防减俸除粮——兄弟发动，不免费财多招诽诤；如与子孙同发或化子孙，必有除粮减俸之事。持身临世皆不吉利。

父母空亡，休望差除宣敕——父母爻为印绶、文书、诰牒、宣敕、奏书、表章，卦中不可无，宜旺不宜衰，扶世最吉。若持太岁有气，生合世爻，主有朝廷宣召，如加月建，乃上司奖励之类；若空亡则休望也。

官爻隐伏，莫思爵位升迁——官爻临持身世，或动来生合世爻，不受月建日辰冲克者，凡有谋望，必能称意。

月建生身，当际风云之会；岁君合世，必承雨露之恩——太岁乃君象，月建是执政之官，若得生合世身，必有好处；唯怕冲克世身，必遭贬谪。如月建扶出官爻世爻者，必是风宪之职；太岁加父母扶出官爻及世爻者，必有天恩，更得生旺尤美。

世动逢空，居官不久——若是出巡之职，世动逢空反利已任；遇日辰动爻相冲，必不久政事。

身空无救，命尽当危——世临无救之空，不拘已任未任，必有大难甚至死亡；若欲求谋于事，则主不成。

鬼化福冲当代职——出巡官宜鬼爻发动，牧守官宜官爻安静，若鬼动化子，必有别官代替。

财临福动必忧丁——凡占官不可无财，亦不可发动，若鬼爻无气而得财动扶起，必须用财谋干，方得升迁；若父母衰弱，而遇此爻加临白虎旺动者，必有忧丁之事。

日辰冲克，定然诽谤之多招——日辰刑冲克世，必遭诽谤。依五类推之，如带兄弟，因贪贿赂或征科太急；带财爻，因财赋不起；带子孙，贪酒好游怠于政事；带父母，因政事繁剧不能料理；带官鬼，非酷刑则同僚不协，若世临月建，虽有诽谤不能为害。

鬼煞伤身，因见灾殃之不免——官鬼动来生合世者为用神，如动来克伤世爻者为鬼煞。生扶合世，必有进取之兆，刑冲克世，必有凶祸。

兄爻化鬼无情，同僚不协——兄弟为僚属，卦中鬼动化出兄弟冲克世爻，主同僚不和，或兄弟刑害伤世皆然；世克兄爻是我欺他也。

太岁加刑不顺，贬谪难逃——太岁动伤世爻，必遭贬谪，更加刑害虎蛇，必有锁拘擒拿之辱也。

卦静世空，退休之兆，身空煞动，避祸之征——已任世爻空亡，若六爻安静，日月岁君未伤，乃是休官之象；若动鬼同日月岁君伤克世爻者，如世爻旬空，急宜避之，可免祸也。

身边伏鬼若非空，头上乌纱终不脱——或得鬼爻临身持世，或本宫鬼伏世下，虽见责罚，官职犹在；若不临持身世，或不伏于世下，或虽伏仍遇空亡者，必遭黜革。

财空鬼动，声名震而囊箧空虚——凡得官动生合世爻，日月动爻又无冲克者，为官必有声名闻望；更得财爻生扶合助，财内实贪赂，外不表名，若世爻空伏，财爻死绝，声名虽有，贿赂却无也。

官旺父衰，职任高而衙门冷落——父母旺相衙门必大，休囚则衙门必小。若官旺父衰，又非小职，乃闲静冷落衙门；官父俱衰，职卑衙小。

职居风宪，皆因月值官爻——官鬼不临月建，定非风宪之职；若临月建，又得扶出世爻，决是风宪之任，必非州县之官。如带白虎刑爻，主镇守边陲，职掌兵权。

官在二司，只为鬼临傍位——官临子午卯酉是正任官也，官临寅申巳亥乃佐二职官，临辰戌丑未乃杂职官，如临月建日辰，乃掌印之官也。

抚绥百姓，兄动则难化愚顽——凡任牧民之官，要财爻旺而不动，父母扶而不空，方是善地。若财爻空绝，父爻受刑，则地脊民贫；父母动临世上，政必繁剧；兄弟持世，财赋不起，或贫民难治。

巡察四方，路空则多扰惊怪——钦差出巡，怕世爻逢空。若世在五爻空，须防日月刑克，恐途中有患难莫测之祸害。

出征剿捕，福德兴则寇贼歼亡——凡任将帅之职，或征讨之官，平居卜问，不宜子孙发动，主有降调；如临事问，则喜子孙发动，必成剿捕大功；更得岁君月建生合世爻，主有升赏。官鬼不作爵位，当做寇贼论。世克应亦吉。

镇守边陲，卦爻静而华夷安泰——镇守地方，不拘文武官职，皆宜六爻安静，日辰月建不相冲克，则安然无惊；若遇官鬼发动，世应冲克，必多骚扰。用宜通变推之。

奏陈谏诤，哪堪太岁冲刑——凡遇奏对，陈疏、上章、谏诤及赴召面君类，皆忌动爻冲克，并忌太岁刑克世爻。若太岁月建生合世爻，必见谕允；如来冲克，须防不测之祸。

僧道医官，岂可文书发动——僧道医官皆以子孙为用，如父动则伤僧道医官，则用药不灵，反为不美。克冲须防是非。

但随职分以推详，可识仕途之否泰。

第二节　项目夺标

项目竞标是有若干人参与的竞争，虽然与官员晋升的目的不同，但卦理相同，都是欲通过而获胜，因此，在断卦原理和技法上也是一样的，皆以与世爻五行同类者为竞标者。

项目夺标的预测有两个重点内容：一是效益如何，二是能否夺标。若无效益，夺标就无意义。

人们都是认定项目能赚钱才参与竞标的。但有少数项目，因为某些意外原因，确实赚不了钱。这是可以预测的。有的求测者只问夺标之事，不相信无效益的预测结论，但预测师有责任给予提醒，信不信是求测者的事。

项目效益的预测，按财运卦的预测方法操作即可。在此着重谈谈能否中标的预测方法：

项目竞标，属于竞争的范畴，比的是各自的综合实力，包括经济实力、标书内容方案、人脉关系、活动手段等。最后谁能中标，决定权在招标方。

在六爻卦中，以世爻代表自己的综合实力，以官鬼爻代表招标方，与世爻五行同类的各爻则代表竞争者。

官星与世爻相生相合称之为“向我背他”，与竞争爻相生相合称之为“向他背我”。向背除了相合的首要因素外，还包括距离远近的因素，向我且离世爻越近则越有利。同时还要考虑刑、冲、害的关系。

以下情形求测者能中标：

一、世爻强于竞争爻，同时官星向世爻而背竞争爻。

二、世爻远远强于竞争爻，官星力量不大，对世爻和竞争爻都无明显的向背。

三、世爻与竞争爻力量接近或者力量稍小，但官星有力且向我而背他。这种情况的中标，主要靠的是与招标方的特殊关系或者招标方对我方的特殊好感。

四、官星与世爻和竞争爻的向背相同，但世爻强于竞争爻。

以下情形求测者不能中标：

一、世爻弱于竞争爻，官星不向我。

二、世爻与竞争爻力量接近，但官星向他背我。

三、虽官星向我，但世爻过分弱于竞争爻，自身实力太差。

四、官星与世爻和竞争爻的向背相同，但世爻弱于竞争爻。

能否中标的卦理条件，以上未尽列，读者可举一反三，灵活运用。只要抓住世爻与竞争爻的力量强弱和官星向背这两大核心，就能正确掌握这类卦的预测方法。

特别强调：四值中与世爻五行同类的地支也为竞争对手。四值与卦爻的力量强弱和作用大小存在着明显的层次差别，切不可等同视之。这是判别卦爻与四值力量大小的重要理论根据，务必彻底明白。

例 1：北京金先生求测能否中标及经济效益：

辛巳 甲午 丙午 己亥

山火贲	**山天大畜**	**六神**
官鬼丙寅木′	官鬼丙寅木′	青龙
妻财丙子水″	妻财丙子水″应	玄武
兄弟丙戌土″应	兄弟丙戌土″	白虎
妻财己亥水′	兄弟甲辰土′	螣蛇
兄弟己丑土×	官鬼甲寅木′世	勾陈
官鬼己卯木′世	妻财甲子水′	朱雀

1. 变爻寅木及上爻寅木为竞争者。

2. 世爻及竞争者皆临空亡，力量都有减。

3. 上爻寅木看似与世爻力量接近，实则临青龙相帮，力量比世爻强；变爻甲寅双体之木，力量比上爻更强。

4. 既然所有的竞争者都比世爻实力强，当然就不能中标。

5. 卦中财爻皆临岁破、月破又无源，无财可求之象。

综合以上信息断他投标不中，无财可求，若盲目参与竞标必然破财。

实际情况：金先生不听劝阻参加投标不中，因竞标还破财几万元。

例 2：重庆李先生预测某煤矿建筑项目能否中标：

辛卯 甲午 丙申 壬辰

地风升	**水风井**	**六神**
官鬼癸酉金″	父母戊子水″	青龙
父母癸亥水×	妻财戊戌土′世	玄武
妻财癸丑土″世	官鬼戊申金″	白虎
官鬼辛酉金′	官鬼辛酉金′	螣蛇
父母辛亥水′	父母辛亥水′应	勾陈
妻财辛丑土″应	妻财辛丑土″	朱雀

应爻丑土和变爻戌土以及时柱辰土为竞争者。

虽然世应皆为丑土，但在一个卦中，由于卦象结构本身的关系，不会有五行状态完全一样的两个卦爻，正因如此，我们才能通过强弱比较而判断各自的胜负。

1. 世爻丑土在坤经卦，得卦宫坤土之助；应爻丑土处巽经卦，被卦宫巽木所克。于此世爻占优。

2. 应爻有朱雀驾临相生，世爻被白虎临之泄气，于此应爻占优。

3. 五爻亥水动与世爻紧邻，耗世爻之气，而五爻离应爻很远，应爻耗气很少。于此应爻占优。

相比之下，世应力量非常接近，应爻只微微占优势。

4. 戌土为燥土，在午月有水发动得润，燥而不炎，而燥土在一般情况下都比湿土力量大，加之戌戌为双体之土，所以戌土强于丑土。

5. 太岁卯木克丑土，而对戌土则是克中有合，所以，丑土力量损失比戌土大，戌土于此又胜一筹。

从总体上看，戌土强于丑土，当然就强于世爻，所以竞标不能成功。

分析至此，时辰之辰土就没有必要分析了，因为世爻力量已经不占第一位，无论时辰强弱如何，都轮不到世爻中标。

结果：未能中标。

例 3：山东熊女士求测项目能否中标：

己丑　丙寅　壬午　戊申

雷火丰	**雷地豫**	**六神**
官鬼庚戌土″	官鬼庚戌土″	白虎
父母庚申金″世	父母庚申金″	螣蛇
妻财庚午火′	妻财庚午火′应	勾陈
兄弟己亥水〇	子孙乙卯木″	朱雀
官鬼己丑土″应	妻财乙巳火″	青龙
子孙己卯木〇	官鬼乙未土″世	玄武

1. 时辰申金与世爻五行同类，为竞争对手。

2. 世爻申金临月破，又被日辰午火克，力量很弱，这种情况下，见流年丑土为入墓，力量被进一步削弱。

3. 由于世爻有螣蛇驾临相生和上爻戌土之生，加之又为庚申，因此，世爻申金虽很弱但又从不了，这是一种很不好的状态。世爻太弱而不从，说明自身竞争实力太差。竞标是一个靠实力说话的事，没有实力就不可能夺标。

4. 时辰申金与世爻的五行状态相似，被日辰克、月建冲，力量也太弱，同样不具备竞争的实力。

这样，世爻和时辰所代表的两方都因实力太弱而不能中标。

项目总得让人去做。既然卦上显示的竞争者不能中标，那么，中标者就必然是意想不到的人。我把这个预测结果告诉熊女士，她感到有些不可思议，认为不会发生那样的事情。

后来，项目的中标者，真的出乎所有人的意外——是一个中途突然出现的人把项目承包了。

例 4：云南吴女士欲承包一个 460 万的项目，问能否中标：

庚寅　癸未　己丑　辛未

乾为天	**天风姤**	**六神**
父母壬戌土′世	父母壬戌土′	勾陈
兄弟壬申金′	兄弟壬申金′	朱雀
官鬼壬午火′	官鬼壬午火′应	青龙
父母甲辰土′应	兄弟辛酉金′	玄武
妻财甲寅木′	子孙辛亥水′	白虎
子孙甲子水○	父母辛丑土″世	螣蛇

1. 应爻辰土、初爻化出之丑土、月日时之未丑土皆为竞争对手。

2. 月日皆为土，四值土的力量无疑是很强的，当然，卦中所有土的力量也很强。这说明参与竞标的人，个个都有很强的竞争实力，强强对话，加之竞争者很多，所以竞争肯定会很激烈。

3. 卦爻与四值相比，若无有力的动爻相生，一般都不会强过四值中的同类五行。此卦午火安静空亡不动，不可能生世，所以，世爻比月日时都弱。既然世爻不能排名第一，自己就无法中标。至此，已得出结论，就勿需对每个土爻进行一一分析对比了。

结果：吴女士虽然很努力参与竞争，最终未能中标。

例 5：青海王先生又问能否中标：

壬辰　壬寅　丁巳　戊申

雷风恒	雷天大壮	六神
妻财庚戌土″应	妻财庚戌土″	青龙
官鬼庚申金″	官鬼庚申金″	玄武
子孙庚午火′	子孙庚午火′世	白虎
官鬼辛酉金′世	妻财甲辰土′	螣蛇
父母辛亥水′	兄弟甲寅木′	勾陈
妻财辛丑土×	父母甲子水′应	朱雀

1. 五爻申金和时辰申金为竞争对手。

2. 太岁辰土对世爻既生又合，对五爻申金只生不合，并且初爻丑土与世爻在同一经卦，与五爻远隔，生世之力更大，故世爻强于五爻。

3. 时辰申金在四值构成寅巳申三刑，且卦爻丑土不生四值，所以比世爻弱。

综上分析，世爻力量最强，必能中标。

结果：顺利中标。

丑墓若力量强而金弱，则金见丑为入墓。此卦世爻酉金力量虽不是很强，但因有太岁生合，在四值中有本气之根，力量也不算很弱，而丑土有月建克制，力量不是很大，所以丑动可生世爻而不是收敛世爻入墓。

例 6：北京赵女士求测项目能否中标：

庚寅　癸未　己巳　己巳

雷水解	火风鼎	六神
妻财庚戌土×	子孙己巳火′	勾陈
官鬼庚申金″应	妻财己未土″应	朱雀
子孙庚午火′	官鬼己酉金′	青龙
子孙戊午火×	官鬼辛酉金′	玄武
妻财戊辰土′世	父母辛亥水′世	白虎
兄弟戊寅木″	妻财辛丑土″	螣蛇

1. 月建未土、上爻戌土为竞争者。

2. 月建未土、世爻辰土和上爻戌土都得日时巳火之生，这一点各方都是平等的。

3. 三爻午火动本可生世爻，但可惜被月建合住，其情向他背我。于此世爻输于月建。

4. 上爻戌土旬空，但因其旺而非真空，且动化回头生，又有勾陈相助，出空即可发挥作用；世爻安静无卦爻生，又被白虎临之泄气。于此世爻输于上爻。

5. 比较之下，世爻弱于上爻和月建，竞争实力不足，断其不会中标。

结果：没能拿到项目。

在实际预测中，求测项目夺标的人较多，但成功率不高。这说明项目夺标的竞争，不但参与者众多，而且竞争特别激烈，这也是为了经济利益而进行的求财大比拼。

例 7：太原张先生打算去杭州机场投标租场地开咖啡厅，但由于竞争较大，不知能否中标，故来求测：

壬辰　壬寅　乙巳　辛巳

泽风大过	**水泽节**	**六神**
妻财丁未土″	父母戊子水″	玄武
官鬼丁酉金′	妻财戊戌土′	白虎
父母丁亥水○世	官鬼戊申金″应	螣蛇
官鬼辛酉金○	妻财丁丑土″	勾陈
父母辛亥水′	兄弟丁卯木′	朱雀
妻财辛丑土×应	子孙丁巳火′世	青龙

1. 二爻亥水为竞争者，官星酉金为机场官方。

2. 世爻动化申金回头生，又得酉金官星动来相生，似乎能得官方支持，但实际上，三爻酉金与世爻亥水处于不同的经卦，三爻酉金与二爻亥水同处于下经卦，所以，三爻酉金动是生二爻亥水而不是生世爻，这个三爻酉金官星之情就向他背我，故于我不利。

3. 世爻亥水动化申金回头生，此为生中有害，且世爻被螣蛇克，而三爻酉金对二爻亥水是有生无害，所以，世爻比二爻弱，这说明竞争实力不如对手。

4. 五爻酉金官星权力最大，与世爻处于同一经卦，本有近水楼台之优势，但可惜五爻安静，就不生世爻，所以这个官星就不会帮世爻。

综上分析，世爻的力量和优势不如竞争爻，故断其不能中标。

结果：确实未成。

例 8：青海王先生求测能否中标：

辛卯　庚子　乙卯　甲申

水地比	**六神**
妻财戊子水″应	玄武
兄弟戊戌土′	白虎
子孙戊申金″	螣蛇
官鬼乙卯木″世	勾陈
父母乙巳火″	朱雀
兄弟乙未土″	青龙

1. 与世爻五行同类的年日卯木为竞争者。

2. 卦爻若无动爻之生，难以强过四值中的五行同类之爻。此为六静卦，上爻子水也未暗动，是个真正的静卦，世爻卯木按理是强不过年日卯木的。但是，如果仔细分析，则会发现别有玄机：

(1) 节令为子月，水冷木寒，寒木无生发之机，非火暖不可。四值中无丁点星火，卦爻之火对四值无生克之能，故年日卯木缺火温暖，无生发之机。

(2) 木有土培，方利生长，子月木冻，其根尤需藏于土，方能积蓄生气，度过寒冬而迎来木的向阳之春。四值中无土，卦爻之土不生克四值，故年日卯木漂浮无根基，生命力并不强，而世爻有二爻巳火之暖，有临世的勾陈之土和初爻未土培根。

世爻独具上述两大优势，因而实际上比年日卯木力量强，这样，王先生在竞争中必获胜无疑。

结果：之后，王先生得知能中标的结果，他信心突增，积极行动，最终顺利中标。

此卦难度较大，需要像分析四柱命局一样作精细的解剖，若无较深的五行功底，就难以测准此卦，甚至对上述分析也难以理解。

例 9：时隔数月，青海王先生再次想参与项目投标，问按此方案呈交标书后能否中标：

壬辰　丙午　乙卯　丁亥

雷地豫	**地水师**	**六神**
妻财庚戌土″	官鬼癸酉金″应	玄武
官鬼庚申金″	父母癸亥水″	白虎
子孙庚午火○应	妻财癸丑土″	螣蛇
兄弟乙卯木″	子孙戊午火″世	勾陈
子孙乙巳火×	妻财戊辰土′	朱雀
妻财乙未土″世	兄弟戊寅木″	青龙

1. 与世爻五行同类的年支辰土、上爻戌土、二爻动化出的辰土、四爻动化出的丑土为竞争对手，可见竞争者之多。

2. 流年辰土和卦中土爻皆得月建生，于此互无优势差别。但世爻得巳火发动相生，又有动爻午火生合，而卦爻不生四值，于此世爻比流年辰土占优而强于流年之土。

3. 辰戌丑未四土，单独而论，以未土为最强，所以世爻与卦中辰戌相比，先就占据了一个优势。

4. 巳火化出之辰土和四爻化出之丑土都得巳午火生，实际是辰土比丑土力强，但世爻不但得巳午火之生，还得午火之合，加之世爻可将日辰卯木之力收敛，但日辰卯木对辰土既克又害，所以世爻于此占优而强于辰丑土。

5. 上爻戌土被日辰卯木克合，与世爻能将日辰卯木之力收敛的力量变化成反比，所以世爻强于上爻。

6. 午火为子孙，代表思维，子孙午火只生合世爻，说明世爻的思维最佳，因而想出的方案最佳，呈交的标书也就最佳，这就最有可能被采纳。

综上分析，虽然竞争爻力量都很强，但世爻更具优势，故必能在强强竞争中获胜。

实际情况：由于竞争者众多，为了能够中标，王先生准备了多套方案，并将每套方案逐一预测，预测显示，其他几个方案都不行，只有这个方案可靠，于是决定以此方案投标。结果因其标书内容甚合招标方的心意，故顺利中标。

例 10：重庆邹女士求测能否中标：

癸未　癸亥　辛丑　癸巳

泽雷随	**震为雷**	**六神**
妻财丁未土″应	妻财庚戌土″世	螣蛇
官鬼丁酉金○	官鬼庚申金″	勾陈
父母丁亥水′	子孙庚午火′	朱雀
妻财庚辰土″世	妻财庚辰土″应	青龙
兄弟庚寅木″	兄弟庚寅木″	玄武
父母庚子水′	父母庚子水′	白虎

1. 应爻未土、年日丑未土与世爻五行同类，为竞争者。

2. 五君位的官星酉金为竞标的最后决定者。

3. 应爻被日辰冲旺，力量强于世爻；世无动爻生，力量弱于年日之土。从五行力量上看，世爻竞争实力最弱，本来是无法夺标的，但卦中官星发动与世爻相合，向我背他，官方会格外倾向于世爻，而官方是最终的决定者，所以世爻因为这层特殊而能意外夺标。

4. 虽财爻持世，但财星空亡也不旺，没有多少钱可赚，加之世爻与官星相合泄气，竞标中投资必定很大，所以虽能夺标，但利润不高。

结果：虽然中标，但因自己出价太高，项目做下来利润很少。

此卦的关键在于用神官星的向背，世爻虽弱于竞争者，却仍能夺标。不过，这也只是一种表象，其他的竞争者生官星而不与官星相合，说明虽然愿意出价，但出价没有世爻那么高，不会因为官方无论叫价多高都会答应，所以最终世爻只是因出价高而夺标，并非在竞标中占到了什么便宜。

例 11：加拿大饶先生求测承包一个项目能否成功：

丙戌　辛卯　戊戌　丁巳

水火既济	风天小畜	六神
兄弟戊子水×应	子孙辛卯木′	朱雀
官鬼戊戌土′	妻财辛巳火′	青龙
父母戊申金″	官鬼辛未土″应	玄武
兄弟己亥水′世	官鬼甲辰土′	白虎
官鬼己丑土×	子孙甲寅木′	螣蛇
子孙己卯木′	兄弟甲子水′世	勾陈

饶先生说自己对此项目承包很有把握，但我告诉他会落空，后来的事实证明了我的预测。

应爻子水与世爻五行同类，为竞争对手。

世爻亥水虽得白虎生，但遭动爻己丑双体之土和变爻甲寅双体之木克泄交加；应爻子水虽动化泄气，朱雀耗气，还遭被太岁和日辰引动的五爻戊戌双体之土而克，但幸好应爻居坎宫得卦宫帮，又得应爻本经卦申金之生。这样，应爻就强于世爻。既然世爻竞争实力弱于应爻，那当然就只有出局了。

例 12：浙江王先生求测承包一个房地产开发项目能否成功：

丙戌 戊戌　丁酉　乙巳

火山旅	雷火丰	六神
兄弟己巳火○	子孙庚戌土″	青龙
子孙己未土″	妻财庚申金″世	玄武
妻财己酉金′应	兄弟庚午火′	白虎
妻财丙申金′	官鬼己亥水′	螣蛇
兄弟丙午火″	子孙己丑土″应	勾陈
子孙丙辰土×世	父母己卯木′	朱雀

1. 与世爻五行同类的五爻未土、变爻戌土和年月戌土皆为竞争者，可见竞争者多且激烈。

2. 世爻被年月冲旺，动化出的卯木临日破克不了世爻，所以世爻力量本不弱，但因旬空，难以作用。

3. 五爻未土被年月刑旺，力量很强。

4. 上爻巳火衰弱临空亡，动而入墓于太岁月建及变爻，故无生土之力，这个动爻就失去作用，但动化出的戌土力量却很强。

5. 卦爻在无有力之动爻相生的情况下，不会强过四值中的同类五行，世爻辰土就强不过五行同类的其他爻，所以王先生也就不能中标。

结果：未能中标。

例 13：某县要搞一个车展开发项目招标，重庆彭先生求测能否中标：

癸未　甲寅　丙辰　癸巳

地天泰	地泽临	六神
子孙癸酉金″应	子孙癸酉金″	青龙
妻财癸亥水″	妻财癸亥水″应	玄武
兄弟癸丑土″	兄弟癸丑土″	白虎
兄弟甲辰土○世	兄弟丁丑土″	螣蛇
官鬼甲寅木′	官鬼丁卯木′世	勾陈
妻财甲子水′	父母丁巳火′	朱雀

1. 四爻丑土、变爻丑土、流年未土、日建辰土皆为竞争对手，可见参与者众多。

2. 世爻辰土虽化空、被月建克，但临螣蛇之助，力量并不很弱。

3. 四爻丑土被太岁冲而暗动，但旬空又被白虎泄气，两相比较，其力量就不如世爻强。

4. 变爻丑土被太岁冲也为暗动，虽旬空但临螣蛇之助，力量比四爻丑土强，仍然弱于世爻。

5. 卦爻若无动爻相生，若无特殊的组合，就无法强过四值中的同类五行，所以，世爻虽然比四爻及变爻丑土强，但却强不过年日之土，因而在竞争对手中实力不算强，最终会被淘汰出局。

6. 财爻太弱，说明这个项目并无多少利润可赚，而官方要的是经济效益，如果竞标中没人出高价，达不到预期的收入，最终可能会叫停此项目。

结果：官方意见不一致，投标人不愿意冒风险出高价，未能办成。

例 14：山西张先生求测咖啡店到期后能否继续承租经营：

乙酉 己卯 癸丑 癸亥

风地观	火水未济	六神
妻财辛卯木′	官鬼己巳火′应	白虎
官鬼辛巳火○	父母己未土″	螣蛇
父母辛未土×世	兄弟己酉金′	勾陈
妻财乙卯木″	官鬼戊午火″世	朱雀
官鬼乙巳火×	父母戊辰土′	青龙
父母乙未土″应	妻财戊寅木″	玄武

1. 与世爻五行同类的日支丑土、应爻未土、五爻动化出的未土、二爻动化出的辰土为竞争对手，可见竞争者之多。

2. 月支卯木和时支亥水对日支丑土克耗交加，因此丑土无力参与竞争。

3. 二爻巳火动化出戊辰土，得巳火之生有力，被月建卯木既克又害，意味着辰土代表的竞争方不仅实力不足，而且与最上层的领导关系也不融洽，参与竞争肯定难有结果。

4. 世爻未土得五爻巳火之生，应爻未土得二爻巳火之生，看似势均力敌，但仔细分析：世爻未土发动，变兄弟己酉虽然泄气，毕竟动爻有力；而应爻未土安静不动，力量较弱一些。且从位置上来讲，五爻为君爻，五爻官爻的权力势力比二爻官爻大，因此世爻未土占优势。

5. 五爻巳火动化未土，得天独厚，力量最强大，相对四爻未土化酉金泄气，力量更大，似乎该他人取得此次竞争的胜利。

卦象分析至此，既然世爻力量并非最强，张先生继续承租经营咖啡店的事，应该是没有希望的了。但我当时告诉张先生：积极争取，继续经营大有希望，且财运较好，会稳步发展。

为什么要这样断卦呢？卦象显示的是当时的人事情状，作为预测师，解卦时一定要结合社会现实，根据不同事物各自不同的特点展开分析。按照当时承租合同上的条款，在本合同期满后，如出租方要对该经营场所继续对外承租，且以前的承租方履行合同情况良好的情况下，承租方在同等条件下有优先再承租的权利。从卦中世爻未土得五爻官鬼巳火之生就知道，张先生经营咖啡店一直很不错，能得到五爻公司的认可，虽然五爻动化未土力量强过世爻，但有合同上的明文规定如此，公司也就没有必要去一意孤行另寻承租方。这种情况下，只要张先生的实力不是太差，一般都不会落选，何况世爻未土紧邻五爻官鬼之生，公司对张先生本来就很满意。

卦中财爻两现临月建有力，财生官鬼，官鬼生世爻，说明官方能为我所用、财源广进，能利益出租方，出租方也能够利益自己，财运必然顺意，合作也很愉快。

果然，张先生告诉我：确实有另一家实力更强的公司与自己竞争，但最终还是自己拿到了继续经营权，这些年稳步发展，财运很不错。从这个卦我们应该知道：预测师只有通达世事、结合实际，才能正确解读卦象的含义，分析出事情发展的走向。

第三节　竞选胜负

说明：本文旨在学术研究，以下国名人名皆以字母代替。

总统、首相竞选，也是属于竞争类的范畴。这类预测与其他各级官员晋升的预测其卦理和方法都是一样的，只不过是官阶的高低不同而已。

例 1：RB 首相竞选：

也许是自幼受到家庭环境的熏陶，我的孩子也爱好易学，空闲时间会去研习切磋。2012 年深秋的一天，孩子问我：“爸爸，媒体近来经常播报 RB 首相竞选的事，下届到底会是哪个党执政，谁会当选首相？听说今年 12 月 16 日将举行众议院选举，现在我们能提前预测出来吗？”

我说：“当然能，我们现在就来起卦分析吧。”

以 2012 年 12 月 16 日的时间数据加上各个党派名称和参选人的姓名分

别起得以下卦象：

A、MZ 党（20 画）

壬辰 5　壬子 11　辛亥 4　戊子 1

地天泰	水天需	六神
子孙癸酉金″应	妻财戊子水″	螣蛇
妻财癸亥水×	兄弟戊戌土′	勾陈
兄弟癸丑土″	子孙戊申金″世	朱雀
兄弟甲辰土′世	兄弟甲辰土′	青龙
官鬼甲寅木′	官鬼甲寅木′	玄武
妻财甲子水′	妻财甲子水′应	白虎

世爻代表 MZ 党，流年辰土、四爻丑土及五爻化出的戌土与世爻五行同类，皆为竞争对手。

1. 四爻丑土与月建相合，但由于水旺，所以子丑合土不能成化，丑土只能被子水合住而减力；亥水紧邻丑土发动耗四爻之气，使丑土力量再减；不过，四爻居坤经卦得卦宫土助，又得朱雀驾临相生，不算很弱。

2. 变爻戌土被流年冲旺且临勾陈，戌为燥土，在寒冷的子月自身有调候作用，所以比丑土力量强。

3. 二爻寅木被五爻和日辰亥水合动，又与世爻紧邻，由于世爻无火生，故被寅木所克；世爻处乾经卦被卦宫金泄气，还被青龙所克。如此几面受敌，世爻辰土力量无疑比四爻丑土弱，比变爻戌土更弱。

至此，已知世爻弱于竞争爻，说明民主党无法在竞选中胜出。至于太岁辰土的强弱，就无必要分析了，因为无论它强弱如何，都不能使世爻排到最强的位置。

B、WX 会（30 画）

壬辰 5　壬子 11　辛亥 4　戊子 1

泽火革	泽雷随	六神
官鬼丁未土″	官鬼丁未土″应	螣蛇
父母丁酉金′	父母丁酉金′	勾陈

兄弟丁亥水′世　　兄弟丁亥水′　　朱雀

兄弟己亥水○　　官鬼庚辰土″世　　青龙

官鬼己丑土″　　子孙庚寅木″　　玄武

子孙己卯木′应　　兄弟庚子水′　　白虎

三爻亥水、日辰亥水、月建子水都为竞争对手。

水当令，亥子水力量都旺，这意味着是一场强强对话的竞选，只有最强的一个才是最终的胜者。看看何爻最强：

1. 三爻亥水动化回头克，有丑土紧邻相克，又被青龙泄气，力量有多处损失。

2. 世爻亥水被朱雀暖之，又有酉金紧邻相生，所受的损失比三爻小，力量当然就比三爻强。

3. 卦爻若无有力的动爻相生，再旺也旺不过月建；如果日辰未遭有力克制，这种卦也旺不过日辰。此卦中的亥水符合情形，所以世爻之力虽比三爻强，却比日月弱。

4. 既然世爻力量非竞争群内之最强者，那么，WX 会如果参选，就没有胜出的可能。

C、ZM 党（21 画）

壬辰 5　壬子 11　辛亥 4　戊子 1

天泽履　　**兑为泽**　　**六神**

兄弟壬戌土○　　兄弟丁未土″世　　螣蛇

子孙壬申金′世　　子孙丁酉金′　　勾陈

父母壬午火′　　妻财丁亥水′　　朱雀

兄弟丁丑土″　　兄弟丁丑土″应　　青龙

官鬼丁卯木′应　　官鬼丁卯木′　　玄武

父母丁巳火′　　父母丁巳火′　　白虎

多党竞选，是以各自的综合实力决胜负。综合实力包括很多方面，虽然未必都能在卦中一一分别显示出来，但可以通过相关卦爻的力量、向背得到综合体现。由此可见，这类卦与晋升卦的卦理和断法都是一个类型。前面的晋升卦例已诠释了此法，现在我们如法炮制即可。

1. 世爻申金代表 ZM 党，与世爻五行同类的卦爻代表竞选对手，但主卦中没有显现，动爻也没化出同类五行，故只需分析世爻的五行状态即可。

2. 世爻申金得太岁辰土之生，说明占了天时之利。上爻戌土动化未土为化进（切莫误以化退论），力量加强；被太岁冲旺，力量再度提升。上爻动而有力，与世爻紧贴相生，此为占得人和。世爻居五君位，临勾陈得生，此为占得地利。二爻官星与世爻暗合，说明能得到地方政治势力的配合，此亦为人和之利。

3. 四爻午火虽与世爻紧贴，因被月日所克且临月破，故无力克世；初爻巳火衰弱临日破，也无力克世。这说明竞选中的障碍因素不大，不足为虑。

4. 天时地利人和皆得，胜算就非常大了。如果其他相关竞争卦中没有比此卦更好的卦象，那就胜券在握了。

从以上三个卦象分析可知，只有 ZM 党在竞选中能获胜。

D、YTJY（35 画）

壬辰 5　壬子 11　辛亥 4　戊子 1

风水涣	**坎为水**	**六神**
父母辛卯木○	官鬼戊子水″世	螣蛇
兄弟辛巳火′世	子孙戊戌土′	勾陈
子孙辛未土″	妻财戊申金″	朱雀
兄弟戊午火″	兄弟戊午火″应	青龙
子孙戊辰土′应	子孙戊辰土′	玄武
父母戊寅木″	父母戊寅木″	白虎

这个卦只有一个竞争爻午火，所以就着重分析世爻巳火与三爻午火的强弱状态即可。

1. 火在子月处死地，三爻午火月破，世爻巳火日破，巳午火力量都很弱；但由于卦中卯木动来相生，故巳午火弱而不从。

2. 勾陈临巳火泄世爻之气，弱而遭勾陈泄，有晦气之象；青龙临午火与三爻相生，弱而得青龙之生，有喜庆之象。故于此午火占优。

3. 世爻与流年构成龙蛇混杂，三爻与流年没有这种关系，于此三爻午火占优。

4. 上爻卯木动来生同一经卦的世爻，但由于卯动化出了很强旺的子水，它可以越过卯木来克世爻巳火，所以这种动爻的生，结果反而带来了变爻的克，得不偿失；日辰合动初爻寅木可生同一经卦的午火，由于寅木合亥水而使亥水克午火之力减小，因此寅木生午火可让午火受益，不像卯木生巳火因变爻子水反而使巳火受损。于此，三爻再占优。

5. 世爻巳火被月日时亥子水既冲又克；三爻午火在月日时的关系是冲克中带合（午亥暗合），是用神官爻亥水向三爻午火而背五爻巳火，三爻的状态好于世爻，故三爻更占优势。

6. 通过比较可知，最终三爻比世爻的力量要强一些，也多一些吉利因素，因此，最终的胜者是三爻而非世爻。这样，YTJY 就不能在竞选中获得最终的胜利。

E、SYSTL（40 画）

壬辰 5　壬子 11　辛亥 5　戊子 1

雷风恒	**雷天大壮**	**六神**
妻财庚戌土″应	妻财庚戌土″	螣蛇
官鬼庚申金″	官鬼庚申金″	勾陈
子孙庚午火′	子孙庚午火′世	朱雀
官鬼辛酉金′世	妻财甲辰土′	青龙
父母辛亥水′	兄弟甲寅木′	玄武
妻财辛丑土×	父母甲子水′应	白虎

五爻与世爻五行同类，为竞争对手。

1. 五爻得太岁之生，但太岁对世爻既生又合，于此世爻占优。

2. 上爻被太岁冲动而生五爻，上爻与世爻则是生中有害，且因远离，生力不大。于此五爻占优。

3. 初爻丑土动被强旺的子水合住，不能生世爻，也不能生五爻。于此两者无明显优势。

4. 青龙木对世爻为耗气，勾陈土则是生五爻，于此五爻占优。

5. 申金居五君位又为官爻，说明位高权重，比世居三爻的位置要高贵，于此五爻占优。

综上分析，五爻比世爻的优势更多，所以最终获胜的是别人而非自己。

F、ABJS（29 画）

壬辰 5　壬子 11　辛亥 4　戊子 1

天泽履	**天雷无妄**	**六神**
兄弟壬戌土′	兄弟壬戌土′	螣蛇
子孙壬申金′世	子孙壬申金′	勾陈
父母壬午火′	父母壬午火′世	朱雀
兄弟丁丑土″	兄弟庚辰土″	青龙
官鬼丁卯木○应	官鬼庚寅木″	玄武
父母丁巳火′	妻财庚子水′应	白虎

1. 卦中无与世爻五行同类的卦爻，只以世爻自身状态论胜负。

2. 世爻居五君位，占据地利。

3. 世爻得太岁之生，又得被太岁冲动的戌土紧贴相生，还得勾陈驾临相生，且居于乾经卦得卦宫乾金之助，所以力量并不弱。

4. 动爻官鬼卯木与世爻暗合，官鬼居于二爻，说明能得到地方政府势力的支持。

5. 动爻官鬼卯木旬空，被世爻克合，说明世爻能够统领官星，官星也愿意臣服。能使官星臣服者必然是最高权力者。但目前旬空，暂时不能行统领之权，出空后即可兑现。出空只需等待两天，说明上任后经过一些发号施令的程序，很快就能行使政权。

6. 卦象表明，ABJS 必将当选首相。前面的预测是 ZM 党获胜，而 ABJS 正好是 ZM 党党首，信息同步，这可更加肯定预测结论的可靠性。

结果：XHWDJ12 月 17 日电　(记者 吴谷丰)：RB 第 SL 届国会众议院选举的最终开票结果 17 日凌晨揭晓，最大在野党 ZM 党在众议院选举中取得胜利，单独赢得众议院过半数议席，时隔 3 年多后重新夺回政权。

XHSDJ12 月 26 日电 (记者 吴谷丰)：RB 国会众议院 26 日举行首相指名选举，执政党 ZM 党总裁 ABJS 当选 RB 第 JL 任首相。这是他时隔 W 年 S 个月第二次就任首相。

补充说明：有朋友问：“2012 年 12 月 16 日是 RB 各个党派争夺执政权的最终竞争日，并非首相的竞选日。以上 6 卦，有 3 卦是测党派竞争的，此事在 12 月 16 日定夺；有 3 卦是测个人竞争的，此事在 12 月 26 日定夺。为什么都以 2012 年 12 月 16 日的日期为起卦和断卦数据呢?”

其实皆以同一数据（2013 年 12 月 16 日）起卦和断卦并不矛盾，因首先要某个政党取得了执政权，然后才在取得执政权的这个政党里面产生首相的竞选人，如某人所处的政党未能取得执政权，也就失去竞选首相的资格。

2012 年 12 月 16 日虽然只是决定哪个政党执政，但因为每个参与竞争的政党，都必然有一个领头人，而这个人无疑是首相的候选人。ABJS 恰恰就是 ZM 党的党首，竞选首相也是他的目标，16 日的党派竞争获胜，他的功劳无疑是最大的。虽然这并不能决定他就一定是首相的不二人选，但这就为他竞选首相奠定了良好的基础。这个日子对他来说虽非决定性的作用但却是关键性的作用，这样的时间是他仕途的一个新起点，所以，根据这个时间数据起卦就能预测出他能否实现出任首相的终极目标。而对于其他在 12 月 16 日出局的党首来说，这天就是他们竞选首相止步的终点。

例 2：H 国总统竞选：

截至 2012 年 12 月 13 日发表的民调结果显示，H 国 XGJ 党总统候选人 PJH 与最大在野党 MZTH 党候选人 WZY 所获得的支持率极其接近。13 日后，民调结果被禁止公开，THJB 党候选人 LZJ 宣布退出竞选，最后只剩下“P—W 对决”，谁是最终的王者，充满悬念。

2012 年 12 月 17 日，距离 H 国大选的揭晓还有两天。当晚，几个朋友在我办公室品茶时聊到此事。有个朋友问我：“李老师，‘P—W’竞争如此激烈，双方势力旗鼓相当，你能否预测出谁最终能赢?”

我说：“其实预测这种大事也不难，我来试试吧。”

根据 PJH、WZY 各自的姓名加上大选的时间（2012 年 12 月 19 日）分别起卦分析：

1. PJH（33 画）

壬辰 5 壬子 1 甲寅 7 甲子 1

地天泰	**地泽临**	**六神**
子孙癸酉金″应	子孙癸酉金″	玄武
妻财癸亥水″	妻财癸亥水″应	白虎
兄弟癸丑土″	兄弟癸丑土″	螣蛇
兄弟甲辰土○世	兄弟丁丑土″	勾陈
官鬼甲寅木′	官鬼丁卯木′世	朱雀
妻财甲子水′	父母丁巳火′	青龙

世爻辰土代表 PJH。与世爻五行同类的为竞争者，四爻丑土与世爻五行同类，代表 WZY。流年辰土也与世爻同类，但因已知只有一个竞争对手，这个对手已在卦中出现，所以，流年辰土则非竞争者。

1. 世爻辰土和四爻丑土在月建失令不旺，又被日辰克，皆不以旺论。但二者皆有太岁相助，所以力量也不弱。

2. 世爻为辰土临太岁，四爻为丑土不临太岁，所以，世爻辰土得太岁之助的力度大于四爻丑土。世爻于此占优。

3. 勾陈土临世爻助辰土，螣蛇土临四爻助丑土。二者在五行上看似没有差别，但其实勾陈为戊，螣蛇为己，戊燥己湿，戊强于己，且燥土在冬季有调候作用，湿土则无，因此，勾陈对世爻的助力大于螣蛇对四爻的助力。于此世爻又占优。

4. 四爻丑土旬空，世爻不空，于此世爻再占优。

5. 用神官星寅木与四爻暗合，但因旬空使暗合不成立，且与四爻远隔，作用更小。世爻与官寅木处于同一经卦且紧邻，近水楼台先得月，于此世爻的优势继续累加。

综上分析，从总体上看，世爻与四爻相比，力量比较接近，但由于世爻占上述优势，因而其实力最终还是比四爻强，这样，PJH 理所当然就是竞选的赢家。

2. WZY（21 画）

壬辰 5　壬子 11　甲寅 7　甲子 1

雷风恒	**雷水解**	**六神**
妻财庚戌土″应	妻财庚戌土″	玄武
官鬼庚申金″	官鬼庚申金″应	白虎
子孙庚午火′	子孙庚午火′	螣蛇
官鬼辛酉金○世	子孙戊午火″	勾陈
父母辛亥水′	妻财戊辰土′世	朱雀
妻财辛丑土″	兄弟戊寅木″	青龙

世爻酉金为自己，五爻申金代表 PJH。

1. 虽然午火临月破，但有日辰寅木生之不全破，故午火可克酉金，因此，世爻酉金动化午火回头克成立而使世爻减力。于此世爻输于五爻申金。

2. 申金居五君爻，位置比世爻有利，说明人气和威望会高于世爻。于此五爻占优。

3. 白虎临申金相助，勾陈临世相生，世爻于此略微占优。

4. 五爻有太岁生被日辰寅木冲为暗动，力量加强，比世爻发动化回头克占据了不易被看到的优势。

5. 太岁冲动戌土与五爻申金紧邻相生，与世爻酉金生中有害，加之不在同一经卦，故五爻于此占优。

两相比较，五爻申金比世爻酉金的优势更多，因此，WZY 必是竞选的输家。

12 月 20 日早上竞选结果终于正式揭晓：H 国第 SB 届总统选举的计票工作于当地时间 20 日凌晨 4 时 46 分（北京时间 3 时 46 分）全部结束。XGJ 党候选人 PJH 最终以 51.56%的支持率当选 H 国历史上首位 N 总统，MZTH 党候选人 WZY 只获得 48.02%的支持率，无缘青瓦台。

为了让有兴趣的易学预测朋友们验证，此预测案例由易源于 2012 年 12 月 18 日以“易道必真”的网名发表在“天涯社区”、“百度李顺祥吧”等国内多家知名易学论坛。我当时还特意保留了发帖的截图，方便时一定公之于众。

第四节　比赛输赢

比赛包括各种体育比赛（如球类、田径、棋类、游泳等等）。通过对比赛的预测，不但可以预知比赛的胜负结果，而且可以测出比赛过程中存在的某些利弊因素，通过对这些利弊因素的分析，可以有针对性地进行一些事先的准备、改进或防范，使我方扬长避短，尽可能提高比赛成绩。

因此，对比赛进行事先预测与策划，对于把握比赛是很有好处的。

用六爻卦预测比赛，需要掌握以下技术要点：

一、多方参与竞争一个目标类的比赛，以世爻代表自己或我方，以与世爻五行同类之爻代表竞争对手。如果世爻在五行力量和用神向背方面具有最强的优势，则世爻就能获得第一，否则就按其强弱及用神向背状态来排定名次。

二、一比一的对决，以世爻代表自己或我方，以应爻代表比赛的另一方。以世应双方的力量对比为主要依据判断比赛之胜负，谁的力量大，谁就是胜者。世应力量相当，双方比分很接近甚至战成平局；世应力量悬殊，双方比分差距较大，胜负无悬念。

三、父母代表教练，兄弟代表队友，官鬼代表裁判，子孙代表技术，妻财代表奖金或经济实力。

四、子孙持世且力量强大，我方技术实力较强；子孙临应爻力量强大，则表示对方技术实力较强。

五、父母生世爻，教练喜欢自己的队员，执教风格比较温和，若父母爻力量较大，则说明教练的执教能力、方法和效果都不错；如果父母克世，则教练执教风格比较严厉，会使队员感到有压力，而效果却并不算佳。

六、官鬼爻生世，裁判倾向我方，生应则倾向对方；官鬼克世，裁判对我方判罚严厉甚至不公，克应则对他方比较苛刻。

七、兄弟爻生助世爻，队友同心协力，颇具团队精神。

八、财爻生助世爻，有获奖的机会。

九、世应相生，比赛双方注重风格，不会发生冲突；世应相冲，双方竞争激烈或者可能会发生争执。

十、世爻所在之经卦代表我方内部之情况，应爻所在之经卦代表对方内部之情况，根据两个经卦各自的五行组合，可以推断出双方内部的一些具体情况。

下面举些实例讲解比赛胜负的推断方法。

例1：2006年篮球世界杯中国对塞内加尔的比赛于8月23日午时开始，并在CCTV-5体育频道直播。在第一节的比赛中，我看到中国队一直落后，于是实时起卦预测最终结果如何：

丙戌　丙申　甲申　庚午

天风姤	**泽风大过**	**六神**
父母壬戌土○	父母丁未土″	玄武
兄弟壬申金′	兄弟丁酉金′	白虎
官鬼壬午火′应	子孙丁亥水′世	螣蛇
兄弟辛酉金′	兄弟辛酉金′	勾陈
子孙辛亥水′	子孙辛亥水′	朱雀
父母辛丑土″世	父母辛丑土″应	青龙

世爻代表中国队，应爻代表塞内加尔队。

世爻丑土在申月失令，所幸有动爻戌土相帮，同时又得流年助时辰生，其力量不是很弱；应爻午火在申月也失令，并且旬空还入了年支及动爻戌土之墓，除了时辰午火相助外，别无生助。世应相比，世爻的力量要比应爻强。不过在午时，应爻得时辰助，力量却不比世爻弱，过了午时进入未时，世爻就比应爻强多了。因为午时比赛不会结束，需要在未时才能结束，所以，断中国队有翻盘的机会。

父母持世，中国队会打得很辛苦。父母持世也代表教练会随时调整战术去反击对方，在未时父母爻力量强旺，教练的战术奏效，必然反败为胜。

世应相生又相害，说明双方虽不会发生争执，比较讲风格，但彼此会设法钳制对方，不会让对方轻易得分。

综合以上分析，中国队最终必然能够战胜对方。

后来的实际情况是：第一、二节一直落后，第三节中国队发力反超了对方，并一直将优势保持到比赛结束，最终以 100：83 的比分击败对手。

例 2：2006 年 8 月 24 日篮球世界杯比赛，中国国家队将与斯洛文尼亚国家队对阵，我于 8 月 23 日戌时提前预测双方胜负：

丙戌 丙申 甲申 甲戌

天风姤	**天水讼**	**六神**
父母壬戌土′	父母壬戌土′	玄武
兄弟壬申金′	兄弟壬申金′	白虎
官鬼壬午火′应	官鬼壬午火′世	螣蛇
兄弟辛酉金○	官鬼戊午火″	勾陈
子孙辛亥水′	父母戊辰土′	朱雀
父母辛丑土″世	妻财戊寅木″应	青龙

世爻代表中国国家队，应爻代表斯洛文尼亚国家队。

此卦与上一例的主卦完全一样，但由于动爻不同，因此变卦也不同。例 1 是上爻戌土动，此例是三爻酉金动。动爻不同，它们各自对世应的影响也不同。例 1 戌土动既可助世爻，又能收敛应爻，而此例是酉金动，对世应都没有生助作用，对世应都不利，说明竞争特别激烈。应爻除了入墓于年支外，应爻之变爻无变化，而酉金动爻在世爻之经卦泄世爻之气，削弱了世爻的力量，所幸酉金动而化出午火与世爻生中有害，对世爻的影响虽不大，但毕竟会遇到阻力。

比较起来，世爻的力量还是比应爻强一点，因而中国队最终能够获胜。实际情况：在第二天的比赛中，双方比分一直胶着，离全场比赛结束仅剩下 8 秒时，双方比分为 75：77，中国队还落后 2 分，球权是中国队的，如果要在这几秒钟内战胜对方，必须投中三分才行。结果，中国队球员王仕鹏接球后快速进攻，在三分线外投出一个远距离的压哨三分球——命中了！最终把比分锁定为 78：77。中国队凭此 1 分的优势险胜对方进入 16 强。

例 1 与例 2 相比，例 1 的世爻比应爻更强一些，而例 2 的世爻只是比应爻略强一点，所以两场球中国队虽然都赢了，但赢分却有不小的差距。可见，世应的力量大小对比赛胜负是起着决定性作用的。

例 3：2006 年 12 月 6 日 21 点，多哈亚运会乒乓半区女单半决赛，中国队员郭跃对阵新加坡队员李佳薇。此前中国队员王楠在另一半区对阵中国香港队员帖雅娜，王楠以 3：4 告负，因而此场比赛的胜负对中国队能否进入决赛事关重大。郭跃能否摆脱队友王楠失利的阴影，能否顶住压力为中国队拿到决赛的入场券，无数中国球迷拭目以待。故此，我特起卦一测：

丙戌　己亥　己巳　乙亥

雷风恒	**雷山小过**	**六神**
妻财庚戌土″应	妻财庚戌土″	勾陈
官鬼庚申金″	官鬼庚申金″	朱雀
子孙庚午火′	子孙庚午火′世	青龙
官鬼辛酉金′世	官鬼丙申金′	玄武
父母辛亥水○	子孙丙午火″	白虎
妻财辛丑土″	妻财丙辰土″应	螣蛇

世爻代表中国队员郭跃，应爻代表新加坡队员李佳薇。

世爻酉金、应爻戌土，都失令，巳午火入墓于年支又被当令之水制住，巳午火对世应只有温暖之功，而无生克之强力。因此世应以衰弱论。世应力量都不强，二者力量差距都不大，说明双方实力接近，会有一场恶战。

那么，到底谁胜谁负呢？我们再来深入分析世应的优劣：虽然世应都衰弱，但应爻旬空，心中感到不踏实，信心不足，这是心态不好的象征，而技术实力相距不大的两个人比赛，心态是非常重要的，所以，对方首先在这方面就输了一筹；应生世，世爻泄应爻之气，从五行的角度看对方又输了一筹；世应酉戌相害，由于世泄应之气，因而应爻被世爻所害的程度更深，这意味着郭跃的球路将会克住对方，使对方难以化解，所以，对方再输一筹。

这样，对方的劣势就比郭跃更大了，而优势则偏向了郭跃这一方。

有人会问："世爻不也被二爻亥水动临月建泄气吗？"的确，世爻被泄气是不假，这表明郭跃也有信心不足的一面，但比起对方的旬空来说，要轻微得多。两相比较，郭跃的优势就非常明显了。

综合以上分析比较，郭跃最终会取胜。

结果，郭跃先以 11：7 胜了第一局，李佳薇以 11：6 胜出了第二局，双方在前两局战平。随后，郭跃分别以 12：10、11：5、11：7 的比分连胜三局，最终以大分 4：1 战胜了李佳薇。

由此可见，通过预测，不但可以预知比赛双方的胜负，而且还能够看到胜负的主要原因。如果在比赛前通过预测而预知了这些情况，对调整战术、把握战局无疑是很有益处的，这正是预测的价值之一。

例 4：第 49 届世乒赛于 2007 年 5 月举行，27 日，中国选手王励勤与韩国选手柳承敏对阵争夺男单决赛的入场券。双方都是世界乒坛顶尖高手，都拿过世界冠军。王励勤实力深厚、稳健扎实，曾长期在世界乒坛排名第一；柳承敏 2004 年就曾击败过中国选手王皓夺得奥运会冠军而震惊乒坛，是一个不可轻视的名将。如今两强相遇，究竟鹿死谁手是难以预料的。比赛开始不久，王励勤便以 6：11 输了第一局。我情急之下便起卦预测：

丁亥　乙巳　辛酉　丁酉

水风井	**泽风大过**	**六神**
父母戊子水″	妻财丁未土″	螣蛇
妻财戊戌土′世	官鬼丁酉金′	勾陈
官鬼戊申金×	父母丁亥水′世	朱雀
官鬼辛酉金′	官鬼辛酉金′	青龙
父母辛亥水′应	父母辛亥水′	玄武
妻财辛丑土″	妻财辛丑土″应	白虎

世爻代表中国选手王励勤，应爻代表韩国选手柳承敏。

世爻戌土得月建之生处相地，力量较强，但不宜被日辰酉金相害，说明王自己会有战术上的失误。应爻亥水临月破，但得日辰之生，虽衰弱但也有气；卦中申金动看似能生应爻，但被月建巳火合住而并不能生应爻亥水。这样，得月建之生的世爻戌土当然就比临月破的应爻亥水力量强，并且世爻克应爻，以强克弱，所以，王必胜无疑。但是，应爻得日时之生，柳也不会束手就擒，必然会全力抵抗，因而双方免不了一场恶战，日时对柳有利而对王不利，因此，王要取胜也并不是那么轻松。

结果，双方打满了 7 局，最后王励勤在决胜局中拿下了比赛，以大比分 4：3 艰难地险胜柳承敏。7 局的比分是：6：11、11：3、11：7、14：16、11：6、10：12、11：7。双方争夺之激烈，由此可见。

从此卦我们可以看到，比赛当时的日建和时辰所起的作用有多大。

例 5：2006 年多哈亚运会，中国男足与阿曼男足于 12 月 7 日凌晨进行了一场对决，比赛进行到 20 分钟左右，阿曼队首先攻破了中国队的球门，以 1：0 领先。当时，中国队的世界排名第 84，阿曼队排名第 69，在中国队之上。这种形势真让中国球迷感到十分担心。我也急于知道最终结果，于是起卦预测：

丙戌　己亥　庚午　丙子

水雷屯　　　　**六神**

兄弟戊子水″　　螣蛇

官鬼戊戌土′应　勾陈

父母戊申金″　　朱雀

官鬼庚辰土″　　青龙

子孙庚寅木″世　玄武

兄弟庚子水′　　白虎

世爻代表中国队，应爻代表阿曼队。

世爻寅木得月建之生处相地，力量较强；应爻戌土失令又旬空，虽有日辰午火之生，但午火在亥月被克，生土之力微弱。两相比较，世爻明显比应爻强。

内卦子水暗动临旺生世爻，子水为兄弟又与世爻同居一个经卦，说明中国队员团结一致，暗下决心，誓擒阿曼队。这种信心和决心对拿下比赛是至关重要的。外卦子水兄弟暗动与应爻相克，对方队员不够协调，将会影响比赛效果。应爻空，信心不足，情绪浮躁，这是比赛之大忌。

世应相克，双方队员将会发生冲突。世爻为木，有仁慈之性，加之玄武临世，中国队员比较理智，这就使得中国队员不会恶意冲撞对方；而应爻为燥土，加之勾陈临应，秉性固执急躁，反而会有不理智的举动。但毕竟是世克应，一旦双方发生冲突，吃亏的还是阿曼队。

综合以上分析，阿曼队目前虽然领先，但最终将会败。

后来的实际情况是：上半场第 41 分钟，中国队攻破对方球门，将比分扳平。上半场补时阶段，阿曼队 10 号球员故意推中国队守门员王大雷，被裁判红牌罚下。上半场结束时，阿曼队 21 号球员又与中国队员发生争执，恶意推倒我方球员，以致下半场开始时对方 21 号球员也被红牌罚下。这样，中国队就以 11 人与对方 9 人交战，这在人数占了很大优势。下半场第 55 分钟，中国队再进一球，以 2：1 领先对方 1 分。之后双方再未进球，最终中国队以 2：1 战胜了阿曼队。

这场比赛确实充满悬念和戏剧性，不到比赛结束，胜负真是让人难以预料。这也说明比赛的胜负不能完全按常规的思维去推断，而用八卦预测则能提前得出非常准确的答案。有时尽管预测结果会让人不敢置信，但比赛结果的事实却又令人不能不信。这正是八卦的神奇功能。

以上所举卦例都是体育比赛的实例，预测其他非体育类的比赛或竞赛之胜负，其分析推断方法与此大同小异，原理都是一样的，所不同的就是需要结合所测的具体比赛或竞赛项目自身的某些特点进行综合分析，即不但要合乎卦理，同时还要合乎事理，因为八卦所测的是具体的事情，是客观存在的东西，我们不能脱离生活与实际。这是预测师在实际预测中需注意的问题。

第五节　本章结语

本章在传统六爻预测竞争类事情的理论上进行了创新、纠正与完善。本章创立了一套全新的理论：

一、四值玄机：重新诠释和论证了年月日时在断卦中的作用。传统六爻一般都只用日月，很少用到年和时，实际上，流年在六爻卦中的作用很大，某些时候具有主宰作用，比日月作用更大，如果忽视了流年的作用，断卦就会失去准头。传统六爻对时辰的作用基本是忽略不计，实际上，在一些卦中，当竞争双方力量非常接近而难以分出强弱时，时辰与竞争双方五行的向背损益则起着决定性的作用。四值玄机特别推出了一个新概念--四值也是六亲的一员，它们不只是具有五行生克的作用，同时也具有六亲中的人事含义之作用，它们所代表的六亲与世爻、用神的六亲关系及其生克损益作用，很大程度上决定竞争双方的胜负。因此，我们不仅应该把四值当做五行力量的衡量标尺，而且还要把四值当卦爻一样去看待，与竞争双方有着密不可分的六亲关系，能够反映出更多的人事含义。

二、用神与世爻的向背：用神与世爻之间的向背不但直接影响世爻的五行力量，而且也关系到与世爻之间的人事关系，向我者则会有助于我，背我者则会有损于我。助我则事利于我，背我则事利于竞争的对方，所以这是一种为敌为友的两种截然不同的关系，对事情的走向与结局起着非常重要的甚至是决定性的作用。

三、竞争对手的指代：传统六爻以应爻或兄弟爻指代竞争对手，如果应爻或兄弟爻恰恰与世爻五行同类，那么预测不会出错，而当其与世爻五行不同时，预测结论往往就会出错。这说明传统六爻的指代规则是错误的，必须纠正，否则断卦就会把竞争对象定错，这样一来，目标物都错了，怎么能够得出准确的预测结论呢？所以，竞争对手概念的更新与纠正是断准竞争卦关键的第一步。

四、竞争卦的推断依据：凡竞争卦，都是以综合实力论胜负，强者胜，弱者败。综合实力包括两个方面：一是自身的五行力量强弱；二是用神与我、与他的向背，用神向我背他则有利，背我向他则不利。掌握了这个基本依据，断卦才能有准确的标尺去衡量竞争双方的胜负。

总之，竞争类的六爻预测，只要掌握好了上述四大规则，就易如反掌，准确无误。

本章习题：

1. 测升职卦，如果官鬼持世旺动并且旬空化进又化空，代表什么意思？

2. 测官运，官爻有一定力量但不足，是否等到得生助旺相之时便会升官？

3. 项目竞标，能否夺标是一回事，夺标的项目能否获利又是另外一回事，但竞标的最终目的是为了求财。那么，能否从一个卦中同时预测能否夺标以及夺标后能否获利呢？

4. 体育比赛大多是双方智力和体力的较量，竞技性较强，技术成分是比赛胜负的重要因素，对有些比赛来说，技术甚至是胜负的决定因素。如果世爻为父母，应爻为子孙，代表对方技术比我好，但世爻父母又是克应爻的，这到底是技术好的对方赢，还是主克的我方赢呢？

第二十章 分项预测

前面讲了系统的纳甲占测的基本原理、规则、方法、步骤，这些都是为实测打基础的。怎样把这些理论知识转变成预测技能，还得有一个过渡的阶段。在过渡阶段中，因为是属于从理论到实践的初步尝试，所以不免要遇到一些困惑甚至失败，这都是正常的。但如果能选择一种比较适合自己的练习方法，肯定会少走弯路，迅速提高预测水平。初学预测者，开始由于缺乏实践经验，对预测理论的理解只是处于初级阶段，不能灵活地应用理论指导实践，面对一个卦，感到不知从何下手，于是便翻开占筮工具书上的断语进行对号入坐，如果断准了，心里自然很兴奋，一时间信心十足；要是对号入坐的结果出错了，便垂头丧气，或者怀疑八卦预测本身的准确性，或者自叹资质不如别人，由此便失去继续深造的信心。这是许多初学者的相同经历和感受。

其实，这既非八卦预测本身的问题，也并非自己资质差，而是学习的方法问题。学易不要想一步登天，不要怕预测失误，要有耐心和方法找出失误的原因。如果你开始测两百个卦，错了一百个，后来又找出了错的原因，你就吸取了一百次失败的教训，也就相当于积累了一百次成功的经验，这时你再继续深入研究下去，失误的比例就越来越小，最终必然成为技术过硬的预测高手。这里面一个最关键的问题是你能否找出预测失误的原因，能找出来就是进步，能不断地找出就能不断地进步。

那么，怎样才能找出失误的原因呢？

这是一个研习的方法问题，也是一个预测思维的问题，这二者都对了，你就能步入成功之道，否则，学一辈子，也只是会看热闹、不懂门道的外行，或者最多是个“半桶水” 。正确的研习方法和预测思维就是--始终紧紧抓住四值（年、月、日、时）、卦爻与用神的生克制化关系这个纲，根据用神所受的生克程度，准确判别用神的自身力量强弱及其变化趋势。抓住了这个纲，判断吉凶便非难事。研习过程中，以此为“纲”，书上千百条断语都是“目”，当你在运用书中断语占断失误时，你再回过头来用这个纲作为标准来衡量断语的适用范围及其准确程度，便不难发现占断失误的原因。

八卦预测，上及天文，下及地理，中及人事。不同的方面各有其不同规律，断卦的时候，要紧密结合所测之事的实际，运用事物的内在规律去加以分析，同时，也离不开阴阳五行法则之运用，以用神强弱向背定吉凶成败。对复杂多变的人事进行预测时，我们既要充分运用之前所学系统知识，又要考虑各种人事本身内在的普遍规律和特殊规律，这样才能把卦断活断准。预测师不仅要有过硬的预测理论，还要有丰富的人生阅历，否则，有些占而不验的卦，也许就百思不得其解了。

大凡初学预测者，开始学断卦时都喜欢求助于书上的断语，这些断语就像拐杖，腿不方便的时候，走路可以借助于拐杖，但要行动自如，腿好之后必须丢开拐杖。断语作为初学断卦者的拐杖还是有些用处的，当你经过一个阶段的实践而积累了一些经验后，你就知道纯粹套用断语并不是百发百中的，甚至有时几条断语自相矛盾，感到无所适从，这就是拄着拐杖（断语）不能行动自如的原因。从初学到熟练的过渡，就是一个借助断语到推导断语的过渡。书上的断语多如牛毛，背也背不完，而且断语各有使用条件，这些条件往往没有注明。断语大多是对一般规律的经验性总结，而不同的卦，不同的时间因素，就会有不同的具体情况，有时会因卦的特殊组合而包含有特殊规律，这是断语所不能包括的。书上的断语，尽管千千万万，不同的书又各有差异，但说到底大多是围绕用神这个核心，根据五行生克制化原理推导出来的，所以，我们熟练之后，自己也可以推导。推导过程是一个顺理成章的预测思维过程，只要基础扎实，自然可以熟能生巧，轻而易举地推导出正确的结论来，这个结论就是断语。

不可否定，八卦预测断语可以启发预测师的思维，如果我们仔细玩味、领悟，可以加深对八卦预测理论和规则的理解，使认识上升到一个新的层次。

总之，预测就是下断语，要具备准确快速地下断语的能力，一般都要经过借用书中断语、领悟书中断语到自己推导断语的几个循序渐进的阶段。纵观古今占卜书籍，断语数不胜数，各有见地，有的书中断语却又不免瑕瑜互见，相比之下明代刘基先生的《黄金策》较为可取。为此，本章特辑录部分加以诠释，以便初学者借鉴。

本章主要介绍分类占断的实用操作方法，目的在于让初学者或久困者学会对一个卦怎样入手、怎样分析、怎样推断的方法。我将自己三十多年来的断卦经验和体会告诸读者，但愿能起到抛砖引玉的作用。

第一节　求财进退

物质财富是人们赖以生存的物质条件。求财是人们共同的欲望，但求财是否能如愿以偿则是因人而异。

当今社会，各行各业竞争激烈，情况变化多端，天天都有人发财致富，天天也有人倾家荡产。求财第一要规避风险，第二要抓住机遇，这样才能保证获得经济效益。然而，风险在何时何处，机遇又在何地何时，很多人并不知道。

那么，怎样才能事先知道风险与机遇呢？六爻预测在这方面就能提供非常可靠的信息。下面我们就来谈谈财运预测的方法和要点。

测财运以妻财爻为用神，子孙爻为原神，兄弟爻为忌神。一般都认为，只要妻财爻强旺有力，财运就佳，其实未必然，财爻太旺持世、生世、克世而破财的例子屡见不鲜。子孙爻为财源，有的书上说子孙持世财源不断，实际上也未必尽然，子孙持世破财的卦也时常可见。所以，如果按卦书的断语教条照搬，难免会有失误。那么，怎样才能正确地运用八卦准确地预测财运呢？

首先，应明白财爻与求测者的关系。

以现实生活中的例子和道理来论，一靠运气，二靠本事。运气好，获财的机缘好，容易找对门路；本事高，求财有道，取财有方，即使运气差一些，最终也能通过人为的努力而获取。

以八卦推断能否获财也是同一道理。也要讲“运气好，本事高”。所谓“运气好”，是指财爻用神旺相，不遭克破，即财多之意，若又得子孙原神有力之生则更是财源不断，根深蒂固。“本事高”，是指代表求财者之爻力量充足，可以挑财和保财，谓之身财两停。如果财太旺，身太弱，财多则难挑起，即使一时获得，因身弱保不住财，也随时会被别人夺去，甚至还会为争夺财利招致灾祸。反过来说，财太少，身太强，不够消耗，也就无所谓剩余之财，若再遇争财之人（兄弟爻）竞争劫夺，更是求财难得，甚至反因竞争而耗老本。这与四柱命理中身与财的关系是一样的，财多身弱或身强财弱都不利求财，反会因财致祸，必须身财两停方能求得财并保住财。这是八卦预测能否得财的理论根据。

现再谈谈获财的难易程度。有的人轻而易举就赚得一大笔钱财，有的则经过艰苦的努力才能到手，也有的看起来此财易得，结果辛苦一场却为人做嫁，眼睁睁地看着别人得财，自己没份。这是什么原因呢？我们可从八卦中寻找答案：

预测财运以世爻代表当事人自己，以财爻为用神，兄弟爻克财为忌神。

财爻代表钱财、经济效益，财爻力量的大小代表财富的数量多少。如果财爻力量太弱，那么当事人就难以获得较多的财富；但是不是财爻力量越大，当事人获得的财富就一定越多呢？也不尽然。也可能不但一分钱挣不到，反而还会亏损。这是怎么回事呢？因为财爻力量大，虽然代表的财富数量多，但这个财富并不一定就是自己的，也可能这些财富都是别人的，你只是看得见却得不到。因此，卦中有财并不等于当事人就能得到这些财。

那么，求财卦在什么情况下才能获财呢？必须具备如下条件：

一、卦中财爻的力量足够强，如果目前其力量不强，在求财时段内会有被加强的时候。

二、世爻有足够的力量去获取这份财，或世爻弱极从财。

三、财爻不被世爻以外的其他卦爻所完全克制或合住，或财爻向世背他爻。

四、在求财时段内财爻不旬空，如果财爻旬空，出空后还在求财时段之内。

五、财爻持世弱极而从，并且所从之爻力量强旺而不杂。

满足以上条件的求财卦，求财都会有所收获。反之，属于其他情况下的求财卦，求财都难以达到目的。

持世的六亲不同，求财的方式、手段、难易程度、辛苦程度也各不相同：

父母持世。财爻是克父母爻的，既然克世，说明世爻必须先能抗克，然后才能把财弄到手，抗克就得付出力量，即须通过艰辛的努力，所以说父母持世求财辛苦、头绪繁多、过程复杂就是这个道理。有的书上说财爻克世为财来找我，这种说法未免妥当，如果真是财来找我，怎么需要辛苦奔波呢？应该说是父母持世则是求财中有阻碍和困难，世爻有力就可克服困难最终把握住财。

官鬼爻持世。财爻生官鬼，故为财生世，这种情况才是财来找我，求财顺利，少费周折，有时甚至送上门来。但世爻官鬼在四值及主变卦的官鬼爻中相比较须与财最有缘，财爻与世爻最有情，才能吸纳得了所有财的生气，财来了才能容得下，否则，就另当别论。如果世爻官鬼太弱，财太旺就像一个衰弱的病人面对一桌美味佳肴一样，吃不了，强行吃，不但于身体无益，反而会旧病再添新病来。

兄弟爻持世。诸多卦书中皆“兄弟持世莫求财”，把兄弟看成是劫财之神，十分忌讳。但预测实践证明，这种推论并不完全可靠，兄弟持世确有得财甚至获大财的情况，我们只能尊重实践，尊重事实，不能拘泥于古人之说，要找出兄弟持世也有可能得财的道理所在。我们知道，兄弟是财的头号克星。可以看成同胞、同事、同伙、竞争对手，无财可争时，兄弟就是相依为命的穷朋友，而财是人人所欲得的，所以，一旦见财，谁都会动心，如果财足够兄弟分享，则人皆有份，各得其所。如果财太少，而人人又急需，假若平分，每一份就更少，无论是谁拿这份都产生了独占欲望，然而独占又是不会得到别人同意的，因此就发生了见利忘义的争夺。在这种情况下兄弟就是劫财之忌神。但如果财很多，一个人的力量不足，搬不了，反而需要兄弟帮忙，才能把所有的财一起搬回来。这时兄弟就是朋友，不但不劫财，反而同心取财。这里对财的理解应该是把它看成一件事，把这件事干完干好之后才能获取钱财，而不可能干一点就得一点财，一件事情半途而废肯定是不得财反而破财的，这时自己力量不足当然喜朋友相帮。所以兄弟劫财是相对的，有条件的，而非绝对的。兄弟爻的作用是如此，兄弟持世求财的情形就不难理解了。兄弟是克财的，克财表示用力量去夺取资财的意思，另一方面，克财也是耗用资财之意，所以兄弟持世求财全凭自身实力，只是在求财过程中不免有所耗费，世爻（兄弟）与财爻相停、有情、有缘，必能获财；世爻（兄弟）太旺或太弱与财爻力量悬殊太大、财爻之情向他而背我则为破财之象。

子孙爻持世。子孙为财之原神，故称为生财之源。财得子孙为源，根基深厚，财源不断，当然是好事。但必须明白子孙只是财源，并非财，通过转换才可能生出财，就像造钞票的机器和工人可以造出钞票，但机器和工人本身却不是钞票的道理一样。子孙持世，表明自己拥有生财之源或有生财之路，但并不表明自己就拥有财，也如造钱的工人造出的钱并不是自己的而是国家的一样。求财总要通过一定的渠道，与别人打交道，如果应爻为财爻，世爻生应爻表明是别人得到你的好处而获财，你自己却是为人作嫁，白忙一场。所以这种情况下子孙持世并不意味自己财运好。应爻为父母强旺，子孙持世衰弱则反会因求财而被对方所坑害、算计，只有当应爻为兄弟时，才可因与对方相合作而得利，应爻为官鬼，力量若强不过世爻子孙，则自己可得利，即使对方玩弄花招也不能得逞。总之，子孙持世，求财、经营要讲究方法，若子孙爻强旺，则其方法恰当。

财爻持世，同时持世的财爻又为用神（卦爻中有两个财爻时，持世的财爻不一定为用神），表明求财心切，整个心思都用在求财之事上。财爻持世，财爻旺而持世，不遭克破，为求财易得之象。但若衰弱又被兄弟爻旺动相克或世爻动化回头克，则为破财之象，甚至连自己原有的财也会或多或少地赔进去。世爻财星太旺，达到了亢旺的程度，也是破财的象征，往往还会伴随着其他凶灾发生。这一点被初学者忽视，特别是受八卦“用神越旺越好”的错误论点影响者，更易走入误区而难以自悟。

以上只是从六亲持世的角度谈求财的难易程度，但具体推断求财卦时，并不是这么简单。一般来说，除紧扣世爻与财爻的关系外，还要综合考虑原神子孙爻，以及代表求财中需接触交往的对方（或应爻、或其他六亲之爻，以六亲关系取用法定）之爻与世爻（求财者）的关系，而这所有的卦爻又都是受到月建日辰的左右，为了更详细地推断某些细节，还应考虑六神的信息提示。

动爻对世爻的不同作用所代表的信息含义：

财爻旺动（不化旬空、月破）生世爻，且能受生，求财必得。

世爻旺被动爻克，财爻与世爻有情，求财过程中会遇到障碍，但能够被克服和消除。

世爻弱但又不从而被较强的动爻克，财爻与世爻又无情，求财过程中会遭遇严重障碍，难以克服。

世爻得旺相的动爻生，求财过程中会得到别人的大力帮助。

合伙求财，应爻生世爻对我有利，应爻克世爻，则会被对方所拖累或算计。

财爻用神被生克冲合所代表的信息含义：

用神得子孙有力之生，财富有较大的增值空间。

用神被旺相的兄弟爻冲克，经济前景不好，投资风险高，破耗大。

用神被它爻合住，钱财被别人控制，如果被它爻合化，则自己空忙一场。

对求财卦的分析推断，首先要准确衡量用神、忌神、世爻三者的力量强弱，然后根据用神、忌神与世爻的五行关系，就不难推断出结果。

下面还是通过实例分析来看财运卦的具体推断方法。

一、父母爻持世求财卦例

例 1：北京丁先生求测借款两亿元能否到手：

癸未　癸亥　乙巳　丙子

雷天大壮	**地天泰**	**六神**
兄弟庚戌土″	子孙癸酉金″应	玄武
子孙庚申金″	妻财癸亥水″	白虎
父母庚午火○世	兄弟癸丑土″	螣蛇
兄弟甲辰土′	兄弟甲辰土′世	勾陈
官鬼甲寅木′	官鬼甲寅木′	朱雀
妻财甲子水′应	妻财甲子水′	青龙

亥月水旺，卦中子水财爻当令得申子辰三合，而世爻午火失令只得日辰巳火帮扶，寅木不发动难以生火，午火动化丑土泄气，财爻强旺，世爻衰弱，强旺的财爻冲克衰弱的世爻，说明这笔款数额太大而自己的实力太小，因而难以获得这笔款项，可谓财爻与我无情。世爻父母动，表示自己为了借到这笔款会去辛辛苦苦地活动，但由于世爻太弱，自己的活动起不了多大作用；世爻动化出兄弟，自己的这些活动会花费一些钱，既然活动起不了实质性的作用，这些花费也就只有白费。

总之，自己的一切活动和花费都是白搭，并不能达到目的。

结果：确实没能借到这笔款。

例 2：范某求测做鱼生意可否获利：

丙子　　丙申　　丁酉　　戊申

泽风大过	**泽天夬**	**六神**
妻财丁未土″	妻财丁未土″	青龙
官鬼丁酉金′	官鬼丁酉金′世	玄武
父母丁亥水′世	父母丁亥水′	白虎
官鬼辛酉金′	妻财甲辰土′	螣蛇
父母辛亥水′	兄弟甲寅木′应	勾陈

妻财辛丑土×应　　父母甲子水′　　朱雀

父母亥水持世，长生于月建，又得日辰入卦相生，世爻强旺；应爻为顾客，动来克世，交易之象，财爻临应爻动而克世，世旺可抗克，通过努力本可获财，但不宜财爻动化子水，子丑相合，乃财被别人所得之兆，加之财爻失令衰弱，有财不多，今被旺相之水一合，连根拔去，世爻鞭长莫及，眼睁睁看着钱进入别人腰包，财向他背我，与己无缘。所以，应爻与世爻之间只剩下交易而无利润可言。父母持世又主辛苦之象，结果生意做完一算账，反亏了老本。此卦财爻衰弱又无原神相生，为用神无力，卦中已明示无财可求，所以无论怎样苦心经营，也是水中捞月。此卦世爻旺相表明范某求财心切，难以劝阻之意，可见钱财人皆所欲，无缘不可得也。

以上两例，例 1 是世弱财强，世爻无力承受财爻之冲克，例 2 是世强财弱，财爻太弱无财可求，加之世爻与财爻之间无情，所以求财只能以失败告终。

例 3：陈先生求测当年财运：

丁丑　戊申　丁酉　乙巳

泽风大过　　**火天大有**　　**六神**

妻财丁未土×　　子孙己巳火′应　　青龙

官鬼丁酉金○　　妻财己未土″　　玄武

父母丁亥水′世　　官鬼己酉金′　　白虎

官鬼辛酉金′　　妻财甲辰土′世　　螣蛇

父母辛亥水′　　兄弟甲寅木′　　勾陈

妻财辛丑土×应　　父母甲子水′　　朱雀

陈先生对八卦预测学很感兴趣，也有些基础。他要求我把对此卦的分析讲一讲。

我解释道：“世爻得月日之生，主卦五爻又动来生世，可谓十分强旺，说明你求财欲望高，信心大。初爻、上爻妻财两动，丑未相冲，激旺土气，财动克世，表明有财可求，但父母持世，辛劳之象。求财需要身财两停，即世爻与财爻相对平衡，卦中财爻失令，较之世爻，力量弱小得多，但测一年财运，财爻的强弱可随月令的变化而变化，上爻未土动化子孙巳火回头生，财爻又得太岁之帮，乃此卦玄机所在。财爻为土，春季财运不好，夏季财利较丰，入秋后至今，身强财弱，有奔波之苦，无收获之喜。”

陈先生说：“确实如你所测，看来这些都是定数。”

例 4：曹先生求测承包前景：

辛巳　壬辰　乙丑　癸未

火天大有	**火风鼎**	**六神**
官鬼己巳火′应	官鬼己巳火′	玄武
父母己未土″	父母己未土″应	白虎
兄弟己酉金′	兄弟己酉金′	螣蛇
父母甲辰土′世	兄弟辛酉金′	勾陈
妻财甲寅木′	子孙辛亥水′世	朱雀
子孙甲子水○	父母辛丑土″	青龙

1. 测承包前景主要看世爻财爻及应爻。

2. 父母辰土持世得太岁生，得月日时助，世爻旺说明自己能力强，有承包实力。

3. 世应相生说明合作也较愉快。

4. 虽世爻临月建力量很强，但五爻未土居离经卦又暗动，力量更强，加之五爻未土又是财爻甲寅木之墓，将财气收敛，财与未土缘分深，与世爻缘分薄，有财爻用神向他而背我之兆。

5. 财爻寅木为双体之木，子孙子水动而生之，寅木不从，只有1995、1996、1998、1999 年子孙财爻临旺地时发了些财，从 2000 年起到现在一直走下坡路。因财运不好，建议他不再承包。

以上两例，世爻本身有力能够担财，只看财爻力量如何。由于不是测一时之财，因此要结合所测之事的五行变化来衡量财爻的力量变化。测流年财运则看一年之中各月五行的旺衰，测多年则要看各个流年干支五行的旺衰。财爻得扶起而有力之时就有利求财。

例 5：李先生求测请外甥管理生意之财运：

庚辰　丁亥　己丑　己巳

雷天大壮　　　六神

兄弟庚戌土″　　勾陈

子孙庚申金″　　朱雀

父母庚午火′世　　青龙

兄弟甲辰土′　　玄武

官鬼甲寅木′　　白虎

妻财甲子水′应　　螣蛇

1. 测请外甥管理生意财运怎样，主要应考虑世爻与财爻关系如何，而不是考虑外甥与财爻关系，因最终目的是为了自己求财。这是分析思路方向的问题，如果思路方向错了，之后的一切分析都跟着错。读者一定要学会抓住所测之事的关键点。

2. 卦中父母午火持世被太岁辰土、日辰丑土旺泄及月建亥水旺克，世又入戌墓，仅得时支巳火相助，弱而不从。

3. 财爻子水临应爻，月建助之而冲世，此财冲克世爻不能说是财来寻我求财易得，而应是身弱不胜财。

4. 卦中兄弟戌土被太岁冲为暗动旺动必会克财，尤其不妙的是日辰丑土旺而合住财爻子水，财被他人合走，财向他而背我，我哪还有财利可图。再者，世爻旬空本来就是有财难得之象。

综上所述，请外甥管理生意这事断不可行，若一意孤行必然破财。

李先生不听劝，结果破财。

例 6：关女士求测做生意有财否：

辛巳　辛卯　癸巳　丁巳

雷天大壮　　　六神

兄弟庚戌土″　　白虎

子孙庚申金″　　螣蛇

父母庚午火′世　　勾陈

兄弟甲辰土′　　朱雀

官鬼甲寅木′　　　青龙
妻财甲子水′应　　玄武

1. 此卦六爻安静，父母爻午火持世得太岁、日辰巳火及时柱丁巳双体之火相助，又得月建卯木相生，强旺有力，虽年月干透辛金，日干透癸水，但这都是无根失时之物，力量微弱，无力与木火相争，故卦中世爻午火成强旺之象。

2. 测做生意当取财爻子水为用，今财爻子水仅得日干癸水相助，别无朋比相帮，日干癸水自身乏力，不能助财爻子水；子水居乾宫又得年月干辛金生扶，似为得生，但子水太弱无力接纳金气，况且金受旺火之克亦从火势无力生水，故财爻子水从世爻午火，当以吉断，此生意可赚到钱。

3. 另外二爻官鬼寅木临金舆又得月建之助，化水生火，寅午戌三合火局，午火力量更加强旺。

4. 此卦不吉之处是辰戌土得太岁、日辰及时辰三火之生，力量衰而不弱，用神财爻就不仅仅只从世爻，而且还从兄弟爻，子水有进辰墓之象，这就表明此生意虽能做成并有钱可赚，但必是该得的钱而得不全。

实际情况：学校叫她购买钢琴，本来按她预想可得佣金一万多元，后来事情发生了变化，结果生意是做成，但没有达到预期。

以上两例，例 5 财爻强旺但与他爻相合，世爻又衰弱故只能破财告终。例 6 世爻强旺有力，财星从于强旺的世爻，终于能达到求财愿望，但也因为存在不吉之处而使财气有减。通过这些卦例来总结求财卦的分析思路，就再清晰不过了。

例 7：一人摇卦求测近期财运如何：

丙子　丁酉　己酉　壬申

雷泽归妹	**兑为泽**	**六神**
父母庚戌土″应	父母丁未土″世	勾陈
兄弟庚申金×	兄弟丁酉金′	朱雀
官鬼庚午火′	子孙丁亥水′	青龙
父母丁丑土″世	父母丁丑土″应	玄武

妻财丁卯木′　　　　妻财丁卯木′　　　白虎
官鬼丁巳火′　　　　官鬼丁巳火′　　　螣蛇

1. 以九二财爻卯木为用神。

2. “财爻克世求必得”，这是常规，但必须要世财两停。如果世旺财弱，为世旺劫财，如果世弱财旺，为身弱财旺不胜财。

3. 此卦用神临月日之破，六五申金临月日动化进神克用，主卦又无亥子水原神来通金木之关，变卦一点亥水，但位置不当，实为一滴远水不能解近渴，且卯木弱极，即使有水来生，亦无力吸纳水之生气，此月日之破乃为真破，逢生不起，逢伤更弱，此卦财爻卯木实为从象，因财不从自己，故纵有财爻克世，却非为财来找我，反如邪魔附身，必生祸患，今日若去求财，必破财，明日庚戌，动爻申金与月日三会金局，合走财爻（卯被戌合、卯又被申暗合，实为财向他背我），万不可有求财之举，尤其注意明日申酉之时，五君爻动而会局合走财星，当防官方对你不利，世爻被玄武耗气，当主不正当之事，财临白虎之克，白虎五行恰为兄弟，故告之明日万不可用不正当的手段求财，否则将会破财。结果庚戌日去打麻将于乙酉时被派出所当场拿获，罚款五千元。

二、兄弟爻持世求财卦例

例1：美国吴先生求测与人合作前景：

辛巳　庚子　壬戌　辛亥

风水涣　　　**风地观**　　　**六神**
父母辛卯木′　　父母辛卯木′　　白虎
兄弟辛巳火′世　兄弟辛巳火′　　螣蛇
子孙辛未土″　　子孙辛未土″世　勾陈
兄弟戊午火″　　父母乙卯木″　　朱雀
子孙戊辰土○应　兄弟乙巳火″　　青龙
父母戊寅木″　　子孙乙未土″应　玄武

世爻为自己，应爻为合作伙伴，财爻为用神。用神酉金在卦中无申酉金帮扶，又伏藏不现，弱极而从。世应双方力量对比之下，应爻强，世爻弱，财从应爻不从自己，而且应爻与财爻酉金相合，用神向他而背我，财与我无缘，再者应爻又动而泄世爻之气，表明对方受益于我，合作必有破耗。

结果合作破财。

例 2：广东中山某公司部门经理求测去太原做业务财运如何：

乙酉 戊子 己卯 甲戌

泽火革	**水火既济**	**六神**
官鬼丁未土″	兄弟戊子水″应	勾陈
父母丁酉金′	官鬼戊戌土′	朱雀
兄弟丁亥水○世	父母戊申金″	青龙
兄弟己亥水′	兄弟己亥水′世	玄武
官鬼己丑土″	官鬼己丑土″	白虎
子孙己卯木′应	子孙己卯木′	螣蛇

世爻兄弟亥水很强旺。用神午火月破，又伏在三爻亥水之下被克，实际上用神就处于一种弱极而从的状态。从什么？从水，但三、四爻都为亥水，从谁呢？三爻安静，四爻动而化回头生，又得五爻酉金临太岁遇日辰相冲暗动生四爻亥水，四爻亥水就比三爻亥水强旺得多，四爻持世，世爻强旺，因而用神从世爻。用神从世爻就意味着财完全在世爻的掌控之中，因而求财非常顺利。

结果此去做业务确实相当顺利，如愿以偿。

例 3：江苏某先生自测打麻将之输赢：

庚辰 己丑 辛卯 乙未

水山蹇	**六神**
子孙戊子水″	螣蛇
父母戊戌土′	勾陈
兄弟戊申金″世	朱雀
兄弟丙申金′	青龙
官鬼丙午火″	玄武

父母丙辰土″应　白虎

江苏某易学爱好者将此卦考一个学员，学员亦将此卦断错。该学员又将此卦拿来考我，当时我看了此卦，说："他肯定是赢了钱。"此言令这学员大吃一惊，因为他问了很多人，都说兄弟爻旺而持世，必当破财。他本人也对这卦疑惑不解，因此一再要求我给他详细讲解赢钱的原因。对此卦的推断，我们应把握以下几点：

1. 看世爻旺衰：兄弟申金持世，得太岁辰土、月建丑土、时支未土及五君爻之生，似有重土埋金之嫌，好在年日柱干透庚辛金，三爻兄弟申金助之，日支卯木，时干乙木制土，使土金气势基本平衡流通，因而世爻旺相可以胜财。

2. 看世应关系：应爻辰土临太岁，又得月建、时辰及五爻相帮而来生世爻，应爻于我有利。

3. 因为打麻将一般为四人，因此除看世应关系外，还要考虑世爻与上下（左右）爻的关系，因世爻的上下爻也代表参加打麻将的人，世爻的上爻父母戊戌土是生助世爻申金的，故而于我有益，世爻的下爻兄弟丙申金是助我的也于我有益，从爻位上看，三爻兄弟丙申金为阳爻，阴阳相帮减少同性相斥之力，由此看其余三人都是对世爻有助益的。

4. 打麻将输赢毕竟与钱有关，还应看财爻与世爻的关系：原卦中财爻不上卦伏在二爻官鬼丙午火之下，因午火旬空（飞神旬空，伏神易出），故财爻易出，再加上日建临财，时干乙木财星透出，财爻也较旺，更妙的是卯木财星的本气是乙木与世爻申金的本气庚金暗合，为财来合我，财来找我，是得财之象。

5. 测卦的时间在丑月，天寒地冻，应考虑一下调候问题：财爻卯木纳干为丁火，还可暖世和财星卯木，使财星更有活力，合世之力更大，又世爻临朱雀，朱雀属火，对世爻有温暖作用，增强世爻之活力，使之比三爻兄弟申金更能胜财。

综上所述：世爻占尽天时地利人和焉有不赢之理。

也许有人会问：三爻兄弟申金既然也是参与打麻将的人之一，财爻合世也当合三爻申金，为什么三爻兄弟申金不赢呢？原因有三：

1. 世爻兄弟申金离日、月更近。

2. 世爻申金离五君爻戌土更近，受生之力更大。

3. 世爻申金得朱雀火暖更有力，而三爻兄弟申金受青龙属木耗其气。

也许有人还会问：日建财爻卯木与五爻父母戌土作合，五爻戌土为参与打麻将的人，财被他合了为什么世爻还赢了呢，因为四值中土旺，卯戌合火不化，反而有化土之势，化土之后仍然是生世爻申金的，最终得益的还是世爻申金。

附带说明一下：

1. 打麻将赌钱，卦中财爻的旺衰只是代表钱的多少，因此可不考虑财的旺衰，主要应考虑世爻旺衰及世爻与周围爻的关系，由此确定谁输谁赢就可以了。另外此卦中假若三爻兄弟申金发动，那么赢钱的就应是别人而非世爻之人了，其中的道理留给读者自悟。

2. 学习周易预测应多行善积德，不能助鸡鸣狗盗之辈。引用本例只是为了从学术的角度去研究结构类型较为特殊的财运卦之断法。我从不给人预测赌博之事，也不赞成学易者给人预测赌博之事。

将以上三个卦例相比较，都是兄弟爻持世，都是财爻弱极而从，但结果却不同，原因就在于世爻和财爻的力量状态不同，世爻财爻与应爻的情缘不同。例 1 世爻不旺，财爻从应爻，所以破财；而例 2：例 3 财爻从强旺的世爻，财星完全在世爻的掌控之中，因此与例 1 的结果就完全不同。

例 4：绵阳成先生求测做品牌服装之财运：

壬午　辛亥　丁酉　庚戌

坎为水	**坤为地**	**六神**
兄弟戊子水″世	父母癸酉金″世	青龙
官鬼戊戌土〇	兄弟癸亥水″	玄武
父母戊申金″	官鬼癸丑土″	白虎
妻财戊午火″应	子孙乙卯木″应	螣蛇

官鬼戊辰土○　　妻财乙巳火″　　勾陈

子孙戊寅木″　　官鬼乙未土″　　朱雀

用神财爻午火被月令克，力量衰弱，但由于得到流年午火及变爻巳火之助，因而不会弱极而从。

月建兄弟亥水将财爻控制住，求财难度大。卦中官鬼发动还泄财之气，加之世爻与用神既不能相从，又不能构成对峙不战，因而世爻总会去克用神，这就意味着财与己无缘，经营的结果无疑是亏损。因此，我建议他将这个服装店转让出去，以避免损失。于是，又求测转让出去如何：

壬午　辛亥　丁酉　庚戌

地风升　　**雷山小过**　　**六神**

官鬼癸酉金″　　妻财庚戌土″　　青龙

父母癸亥水″　　官鬼庚申金″　　玄武

妻财癸丑土×世　　子孙庚午火′世　　白虎

官鬼辛酉金′　　官鬼丙申金′　　螣蛇

父母辛亥水○　　子孙丙午火″　　勾陈

妻财辛丑土″应　　妻财丙辰土″应　　朱雀

财爻在卦中较弱，说明生意不好，因而才会有转让的想法。

财爻持世，动化午火回头生，这个午火在亥月不旺，说明转让出去从中赚不了多少钱；但由于流年为午火，对世爻和财爻有一点生益的作用，因此还是能够从中赚一点小钱。

应爻为受让方。应爻财爻与亥水动爻构成土水混杂，说明对方如果承接过去经营，必然财运不好。

综合以上分析，谁来经营都会亏，因而我建议他：最好的办法就是转让出去，否则自己不但浪费时间和精力，还会不赚反亏。

由于他做这个生意目前没有赚到什么钱，心又不甘，舍不得就此放弃，虽然来找我预测，但最终没听我的建议，还是抱着侥幸的心理继续经营，结果确实亏了本。后来他对我说起这件事，感到后悔没听我的建议，导致费力不好看。

由此可见，预测的价值是不容轻视的。

例 5：黄先生求测投资房地产的前景：

庚辰　甲申　乙丑　乙酉

巽为风	**火风鼎**	**六神**
兄弟辛卯木′世	子孙己巳火′	玄武
子孙辛巳火○	妻财己未土″应	白虎
妻财辛未土×	官鬼己酉金′	螣蛇
官鬼辛酉金′应	官鬼辛酉金′	勾陈
父母辛亥水′	父母辛亥水′世	朱雀
妻财辛丑土″	妻财辛丑土″	青龙

1. 测投资前景，主要看世爻、应爻、财爻及子孙爻之间的关系。

2. 世爻兄弟卯木居巽宫，长生于二爻亥水，又得月日时干之甲乙木相助，难成从象，身弱不胜财。

3. 世应相克双方合作也不愉快，应爻得年日生、月时助，强旺有力，卦中子孙动生财，财动生应爻之官，财虽旺但与己无缘，投资必破财。

4. 卦逢六冲也有投资难成之意。

综上所述，不利因素太多，建议他放弃投资以免破财。

反馈：他执意投资但没有成功反而破了一些财。

以上两个兄弟持世的求财卦例，世爻都比较弱，本身缺乏求财的能力，且例 5 财爻有力但生应爻而与世爻无情，例 4 则财爻被克泄乏力，根本无财可得。

例 6：邝某求测近期财运：

甲戌　乙亥　乙卯　甲申

火水未济	**山火贲**	**六神**
兄弟己巳火′应	父母丙寅木′	玄武
子孙己未土″	官鬼丙子水″	白虎
妻财己酉金○	子孙丙戌土″应	螣蛇
兄弟戊午火×世	官鬼己亥水′	勾陈

子孙戊辰土○　　子孙己丑土″　　朱雀

父母戊寅木×　　父母己卯木′世　青龙

兄爻午火持世化官鬼回头克，财爻酉金休囚日破，世财皆弱，不但不利求财，反有灾祸隐伏；子孙辰土遭初爻寅木乘旺化进相克，且会入寅卯辰木局，亦非吉兆，子女亦需防凶。此人本为问财，听到我嘱其防凶，当下大为不悦，认为我胡言告事，悻悻而去。实际上该人为俚赖之辈，因言行不检，得罪他人。月内偶带儿子骑车出外游玩，晚归时被他人在路上截住毒打，遍体鳞伤，其子亦遭其累，全身多处被打伤，十分凄惨，后父子共同住院治疗数月方愈。

三、子孙爻持世求财卦例

例 1：上海朱先生求测能否挣到钱：

乙酉　癸未　丁未　庚戌

泽天夬　　**雷泽归妹**　　**六神**

兄弟丁未土″　　兄弟庚戌土″应　青龙

子孙丁酉金○世　子孙庚申金″　　玄武

妻财丁亥水′　　父母庚午火′　　白虎

兄弟甲辰土○　　兄弟丁丑土″世　螣蛇

官鬼甲寅木′应　官鬼丁卯木′　　勾陈

妻财甲子水′　　父母丁巳火′　　朱雀

子孙爻持世，在未月不旺，说明自己求财的手段和方法难以起到作用。财星虽得流年之生，但月日时都是土，卦中辰土兄弟旺动而且又是财之墓，世爻酉金远不如兄弟忌神的力量强，以致兄弟制住妻财，这样，世爻就与财无缘，也就无财可求了。

结果确实未能挣到钱。

此卦为子孙爻持世，但因为子孙爻力量太弱而无法达到求财的目的。有的人认为子孙代表财源，子孙持世就意味着财源茂盛，这种不看子孙爻的力量强弱，也不论财爻的强弱而通通一概而论的观点显然是片面和错误的。

例 2：一人摇卦求测财运如何：

丁丑　戊申　辛卯　癸巳

地山谦	**坤为地**	**六神**
兄弟癸酉金″	兄弟癸酉金″世	螣蛇
子孙癸亥水″世	子孙癸亥水″	勾陈
父母癸丑土″	兄弟癸丑土″	朱雀
兄弟丙申金○	妻财乙卯木″应	青龙
官鬼丙午火″应	官鬼乙巳火″	玄武
父母丙辰土″	父母乙未土″	白虎

求财财不上卦，本已不吉，虽日辰财星可为用，惜财去生应而与世无缘。且伏神又恰好伏于应爻之下生飞神，实为用神向他而背我；加之世爻子孙虽为财源，可惜生财泄世爻之气，财倒泄世爻之气而向应爻，世爻实在是为人作嫁，白忙一趟；更有兄弟申金为间爻临月建旺动暗合（卯申暗合）财爻，为隔为忌神，忌神肆逞，上述因素皆不利世爻，故不但求财辛苦，反而破财。

实际上该求财者于壬申、癸酉年（太岁为兄弟忌神）破财数万。

这种子孙持世的财源，不但引不来财，反而使自己的财流向别人，故不可盲目把子孙持世都看成是财源滚滚而来。

例 3：烟台李先生求测到西南投资做生意：

庚辰　丁亥　甲申　乙亥

水雷屯	**坎为水**	**六神**
兄弟戊子水″	兄弟戊子水″世	玄武
官鬼戊戌土′应	官鬼戊戌土′	白虎
父母戊申金″	父母戊申金″	螣蛇
官鬼庚辰土″	妻财戊午火″应	勾陈
子孙庚寅木×世	官鬼戊辰土′	朱雀
兄弟庚子水○	子孙戊寅木″	青龙

1. 测投资做生意求的是经济效益，应考虑财爻旺衰以及财爻与世爻关

系，做生意必然与他人发生业务往来，也应看世应关系如何，分析财爻对世应的向背确定对谁有利。

2. 卦中子孙寅木持世虽被太岁耗但得月时生合，虽日冲却不破，世爻化官耗之，但初爻兄弟子水动又生世，且兄弟又化子孙寅木帮世爻，世爻作旺论，说明世爻（求测者）有经济头脑，动临驿马，表明他对此投资已动心，并着手准备了。

3. 官鬼戌土临应代表对方，也代表官方，被太岁冲动，戌又冲动三爻官鬼辰土助之，说明对方也想与世爻做此生意，并已暗中操作。

4. 财爻戊午伏而不现，更为不妙的是财爻伏在官鬼辰土之下而生官爻，财爻泄我之气而生官爻，官爻辰戌二土旺动（暗动）卦中，狂吸财爻之气，说明财爻背世向应，此项投资最终受益的是对方，因而不宜投资，投必破财。

5. 世爻虽克应爻，但应临太岁而旺，世爻在太岁处退气状态，说明我方对他方无可奈何。

综上所述，此项生意不宜做，做必破财。

实际：李先生求财心切，不听劝阻，破财 50 多万。

此卦子孙持世，兄动生世，似乎符合《黄金策·求财》篇中及其他易学书上所说的“有福无财，兄弟交重偏有望”的论断，可是这位先生却偏偏无望。对类似的卦例，我已多次提醒读者，不要对断语生搬硬套，六爻预测的断语和四柱预测的断语一样，是有使用条件的。以后我们再碰到类似的卦一定要多一个心眼，做到具体卦象具体分析，不要一见子孙持世就喜上心头，一见兄弟持世就愁眉不展。

例 4：某人求测公司前景：

庚辰　甲申　甲寅　庚午

天雷无妄	**火地晋**	**六神**
妻财壬戌土′	子孙己巳火′	玄武
官鬼壬申金○	妻财己未土″	白虎
子孙壬午火′世	官鬼己酉金′世	螣蛇

妻财庚辰土″　　兄弟乙卯木″　　勾陈
兄弟庚寅木″　　子孙乙巳火″　　朱雀
父母庚子水○应　妻财乙未土″应　　青龙

1. 此卦子孙午火持世，得日生时助，世爻不弱又临将星，此人应为公司领导，为人能干，生财有道。

2. 卦中财爻多现，主卦辰土财临太岁，辰辰自刑，刑起财旺，世财基本平衡，又是子孙持世，若按古论当可发财。

3. 然独不宜官爻临月建动耗世爻之气而生应爻子水，子水应爻可接纳官爻申金之生气，这样整个卦象就形成了世生财，财旺生官，官旺生应的流通之势，最终受益的是应爻。

4. 因此告之求测者这段时间不宜投资，否则破财难免，为使对方信服，我又断了他 1998、1999 年发了财，他说正是如此，并告之，他正是公司的领导。

后记：测后由于他发财心切，还是投资了，结果七、八两月共亏了五六十万元，后悔不已。

此卦再次证明子孙持世，财源不断的说法未必都对，我们应针对具体卦象认真分析，千万不可执著于古书上的断语教条照搬，否则必将误人误已。

例 5：求测今年农历四月有外财否：

辛巳　壬辰　戊辰　己未

火山旅　　**山地剥**　　**六神**
兄弟己巳火′　　父母丙寅木′　　朱雀
子孙己未土″　　官鬼丙子水″世　　青龙
妻财己酉金○应　子孙丙戌土″　　玄武
妻财丙申金○　　父母乙卯木″　　白虎
兄弟丙午火″　　兄弟乙巳火″应　　螣蛇
子孙丙辰土″世　子孙乙未上″　　勾陈

1. 测有无外财主要看世爻与财爻的关系如何，以世爻的旺衰强弱确定世爻能否胜财，以财爻与世爻的生克冲合关系确定财爻的归属。

2. 卦中子孙辰土持世得太岁生助，月日时相帮，世爻强旺足以胜财。卦中内外卦财均旺动，且申酉戌三会财局，说明财爻强旺。现卦中世旺财旺，关键就看财爻的归属问题了。

我平时发现在学员中有许多人生搬硬套断语，像此卦他们就认为："财旺福兴，无论公私皆称意，身遇旺财，似取囊中之物，财局会福神，万倍利源可许。"如此美妙诱人的断语，再加上此卦财动来合世爻，更认为是财来寻我，因此断卦者理直气壮断曰："财源滚滚来。"求测者欣喜若狂回家做美梦。断者认为子孙持世而旺，生出财来就是自己的了，再加上古书中众多的断语做他们理论的"坚强后盾"，更让他们深信不疑，此卦就是一个极好的反面教材。

下面我们继续深入分析财爻的归属：此卦酉金财爻临应作为申酉戌三会财局的核心力量动来合世，但三会金局力量强大，世爻合不住财，反而被应爻财局旺泄自己之气，最终受益的是对方而不是世爻；更为不妙的是：月日皆为辰土来合卦中之财，月令强于世爻辰土之力，财被月日合走，世爻哪里还能得到财呢？此卦内卦之财为家里之财，动而化卯木回头暗合，又被太岁巳火克合，且又参与会局被月日合走，说明不仅无外财可求，连家里的财都要亏出去。

综上所述，他四月份不但无外财，如盲目投资，连家里的钱也要亏出去，建议他不要盲目投资，否则必破财。

后记：他认为在某项投资中自己十分有把握赢钱，不听劝阻，破财九千五百元。

此卦确是一个美丽的陷阱。为了加深对类似卦例的理解，我再重申一遍：在日常生活中类似的例子：印钞工人即相当于卦中的子孙爻，他能生产出大量的钞票，但不能说他们生产的钞票就是他们的。这和卦中子孙爻生财爻的道理是一样的。

因此，我们今后再遇到子孙持世旺而生财的卦例就一定要具体卦例具体分析，再也不要一见子孙持世临旺生财就断发财。当然，也不能从一个极端走向另一个极端，认为凡子孙持世生财都破财，那也是不对的，关键要看卦爻的整体组合。

以上例 3、例 4、例 5 三个子孙爻持世求财卦例，世爻财爻都有力，但都未能得财，关键就在于财爻的向背。财爻向他爻而与世爻无情，财爻和世爻即使都有力也得不到财。这一类的卦很容易断错，很考验预测师的水平。如果死背断语而不知原理，断错却不知道问题出在哪里。

四、妻财爻持世求财卦例

例 1：重庆王先生想创办公司，但不知开公司的经济前景如何，因而求测：

丙戌　甲午　丙子　丙申

雷水解	**雷风恒**	**六神**
妻财庚戌土″	妻财庚戌土″应	青龙
官鬼庚申金″应	官鬼庚申金″	玄武
子孙庚午火′	子孙庚午火′	白虎
子孙戊午火×	官鬼辛酉金′世	螣蛇
妻财戊辰土′世	父母辛亥水′	勾陈
兄弟戊寅木″	妻财辛丑土″	朱雀

开公司的目的是为了求得经济效益，应该以妻财为用神去看公司的经济前景。财爻旺相持世，卦中子孙午火旺动生世爻，求财非常容易。丙戌年，财星值年，此年公司经济效益无疑会非常的好。

结果公司注册以后就接了一些上亿的大项目，经济效益可想而知。

例 2：重庆吴女士求测经营服装前景如何：

癸未　庚申　辛未　丙申

泽水困	**坎为水**	**六神**
父母丁未土″	子孙戊子水″世	螣蛇
兄弟丁酉金′	父母戊戌土′	勾陈
子孙丁亥水○应	兄弟戊申金″	朱雀
官鬼戊午火″	官鬼戊午火″应	青龙

父母戊辰土′　　父母戊辰土′　　玄武

妻财戊寅木″世　　妻财戊寅木″　　白虎

用神财爻持世，应爻动来生世爻，似乎与上例的情形一样，但实际却相差甚远：上例持世的财爻力量强大，子孙也旺；而此卦持世的财爻却临月破，又入墓于日辰，力量太弱，子孙虽然发动生世，但却旬空又被日辰克而难以真正起到生世的作用。因此，这两个卦的形式虽然非常相似，但实质上却有天壤之别，当然，结果肯定就大不一样。

此卦当年秋季兄弟强旺克财，破财难免；冬季子孙出空能生世爻用神，情况好转，会有收益，一破一赚，两相抵消后难见利润。次年虽是子孙得生，但财爻寅木用神又临岁破；起卦日辰未土还总会对卦中的子孙亥水不利，所以她不会得到预期的收获。

结果与预测结论一致。

从例 1 与例 2 的比较可以看到，虽然都是财爻持世，虽然都是子孙爻动来生世爻，但由于两个卦的财爻、子孙爻在力量上的强弱差异很大，其结果就大不相同。因此，我们在断卦时，千万不要被表面的卦象形式所迷惑，要看到相关卦爻的力量强弱以及相互之间生克的最终结果。

例 3：唐先生求测三月有外财否：

辛巳　壬辰　己亥　甲戌

泽水困　　**水泽节**　　**六神**

父母丁未土″　　子孙戊子水″　　勾陈

兄弟丁酉金′　　父母戊戌土′　　朱雀

子孙丁亥水○应　　兄弟戊申金″应　　青龙

官鬼戊午火″　　父母丁丑土″　　玄武

父母戊辰土′　　妻财丁卯木′　　白虎

妻财戊寅木×世　　官鬼丁巳火′世　　螣蛇

1. 此卦测三月有无外财，是测短期内的财运，应着重考虑月建日辰的力量和作用，太岁和时辰对卦爻的作用力稍小些。

2. 测财运取财爻寅木为用，今财爻持世发动，在辰月有余气，又得应爻子孙临日辰动化申金回头生而生合世爻，说明三月应有外财。

3. 此卦有两点必须加以说明：

(1) 子孙亥水被太岁冲为岁破，但测短期之事，太岁居次要地位。

(2) 戌时冲二爻父母辰土似为暗动克子孙断绝财源，但同样因测月内之事以月建日辰为重，时支戌冲辰之力较小，冲动的时间相当短，且辰土旬空，克力有减。

4. 有人也许会问：财爻寅木虽持世，但寅木被太岁泄泻和月时旺耗，力量太弱怎能受生？

答：寅木受生的原因有以下四点：

(1) 寅木长生于日辰亥水。

(2) 寅木得应爻亥水之生，且亥水化申金回头生，而且是连续相生。

(3) 寅木在辰月有余气，且在辰中有微根，寅木自身发动而比静爻有力，有积极进取之举。

(4) 寅木又居坎经卦，受卦气之生。

综上所述，寅木财爻力量由弱转强可以受生。

有人也许还会问：亥水弱能生寅木吗？回答是肯定的。理由如下：

(1) 测短期之事亥水临日辰有力。

(2) 亥水发动化申金回头生，且申金支中藏干（戊庚壬）戊土生庚金、庚金生壬水，最终受益仍是壬水，故亥水得助能生寅木。

(3) 亥水居于兑经卦，兑卦本气属金，能受旺金所生。

(4) 亥水得五爻酉金紧贴相生。

综上所述，亥水可生世爻寅木。

此卦关键在于父母爻不动，否则就无外财。在辰土当令的三月，子孙亥水虽能生财爻寅木，但在父母爻的虎视下，虽有外财也不多，得财的时间应着重考虑财爻临旺之日，即农历三月十六、十七（壬寅、癸卯日）和三月二十八、二十九（甲寅、乙卯日）。财居初爻应为一千元左右。

反馈：他在三月二十九（甲寅）日，得外财一千多元。

例 4：广安张先生求测搞房地产生意：

己卯　己巳　壬午　丙午

雷水解	**泽地萃**	**六神**
妻财庚戌土″	妻财丁未土″	白虎
官鬼庚申金×应	官鬼丁酉金′应	螣蛇
子孙庚午火′	父母丁亥水′	勾陈
子孙戊午火″	兄弟乙卯木″	朱雀
妻财戊辰土○世	子孙乙巳火″世	青龙
兄弟戊寅木″	妻财乙未土″	玄武

1. 测生意取财爻为用，看世爻与财爻的关系，现财爻持世发动化子孙巳火回头生，虽被太岁所克，但卦中子孙午火得月、日、时之助旺相，化木生土通关有力，表明财源旺相。

2. 但子孙巳午之火当令而旺，又得太岁生，卦中子孙重叠又午午自刑助其旺势，似乎有火多土焦之危，幸午火安静，辰为湿土，辰戌本气是戊土又为大山之土，故其势厚重可纳旺火之气。

3. 卦中应爻官鬼发动化进神泄世爻之财，官居五爻君位，说明办此事必须给对方一些钱财；妙在卦中子孙午火制之，应爻又旬空临螣蛇，对方也疑虑不安，有一定压力，因而只需花少量钱财就可以了。

4. 此时子孙正当令，毕竟小有火多土焦之嫌，秋季戌月火入墓，故此事宜立秋后再办。

据反馈：他按我的指点去办，立秋后只花了一点钱就办好了此事，且财运不错。

例 5：求测投资十万元到北京做实验结果如何：

庚辰　甲申　戊申　癸亥

雷水解	**雷风恒**	**六神**
妻财庚戌土″	妻财庚戌土″应	朱雀
官鬼庚申金″应	官鬼庚申金″	青龙
子孙庚午火′	子孙庚午火′	玄武
子孙戊午火×	官鬼辛酉金′世	白虎

妻财戊辰土′世　父母辛亥水′　　螣蛇

兄弟戊寅木″　　妻财辛丑土″　　勾陈

1. 测投资做实验考虑的是经济效益，主要看财爻和世爻的关系以及财源（子孙爻）的旺衰，以推断是否有利可图。

2. 卦中财爻持世临太岁，子孙爻动而生之，说明有人在资金上支持他，他有投资能力，并着手准备了。

3. 卦中世应相生本为吉相，可惜是世生应，舍己而为人，于己无益，尤为不妙的是应爻官鬼临月日，又得太岁及卦中上爻戌土财爻暗动相生，并与三爻午火化出之酉金构成申酉戌金局，泄世力强，贪得无厌，卦中子孙午火看似生世，但其被太岁泄，旺金耗，又入墓于戌土，自身难保，有生之名无生之实，反具暖金作用，更增强金泄世之力。

4. 因此，若投资，受益的将是对方，自己无利可图。当时我把这情况告诉了他，可他认为自己有神灵保佑，与众不同，并提醒我断他的卦不能按常规断，对自己的投资自信得很，根本不听劝阻。

结果他去投资，事未办成，并且亏了十来万元，无功而返。在资金上有台湾老板支持他。

我断此卦确实未按“常规”断。此卦财爻持世，子孙动而生世，古书论“财旺福兴，无论公私皆称意”，可我却偏说他不称意。请读者朋友在断类似的卦时不要拘泥于“常规”，否则会得出错误的推论，其中道理已说得很清楚了。

以上两个泽水困、雷水解相同的求测财运，动爻不同、四值不同，卦爻五行力量不同，结果也不同。财爻持世，求财期间有力而不被克泄耗时容易得财，若财爻被克乏力则难得。生助财爻之原神有力与否是求财成败的关键。可见断卦必须针对具体的组合具体分析。

例 6：李先生求测一九九七年财运：

丁丑　戊申　丁酉　丁未

风雷益　　　　**坤为地**　　　　**六神**

兄弟辛卯木○应　官鬼癸酉金″世　青龙

子孙辛巳火○　　父母癸亥水″　　玄武
妻财辛未土″　　妻财癸丑土″　　白虎
妻财庚辰土″世　兄弟乙卯木″应　螣蛇
兄弟庚寅木″　　子孙乙巳火″　　勾陈
父母庚子水○　　妻财乙未土″　　朱雀

我先给他断了三条以前的事：

1. 你是搞土建工程或房地产之类生意的。

2. 你手中有经营权。

3. 今年农历三至六月进财。

李先生说，他是搞房屋建筑的，是工程队的二把手，今年三月承包一项桥梁工程，确实赚了一笔钱。

对此卦分析的思路如下：

1. 财爻辰土临螣蛇持世，五行同为属土，且该人求测时正是坐东北朝西南位，东北为艮属土，故断其从事五行属土之行业。

2. 日辰酉金与世爻相合，为官来合世；又五君爻巳火动来生世，为得领导信任。

3. 卦中父兄子三爻同动，为水木火三神连续相生，进而生助世爻，且世爻又得太岁丑土扶助，一片吉象。虽世爻化兄爻回克，好在兄爻被日辰冲破，无咎。农历三、六月为世爻妻财临旺之时，四五月又为子孙巳火乘旺发动生世之时，虽巳火化亥水回克，然四、五月火旺水囚，亥难克巳，故三至六月进财。

例 7：广西杨女士求测办厂前景：

辛巳　丙申　丙午　丙申

震为雷　　　**地水师**　　　**六神**
妻财庚戌土″世　官鬼癸酉金″应　青龙
官鬼庚申金″　　父母癸亥水″　　玄武
子孙庚午火○　　妻财癸丑土″　　白虎
妻财庚辰土″应　子孙戊午火″世　螣蛇

兄弟庚寅木×　　妻财戊辰土′　　勾陈
父母庚子水○　　兄弟戊寅木″　　朱雀

1. 测办厂前景主要看世爻财爻子孙爻，与人合伙兼看应爻。

2. 戊土财爻持世而旺居于震宫，说明杨女士有经济头脑，办事雷厉风行，讲信用。

3. 妻财戊土持世得太岁日辰生扶，卦中子孙午火动生世，世应虽相冲但也相帮，子孙爻财爻皆旺，2001、2002、2003 年都是子孙或财爻临太岁之年，说明此厂前景不错。

4. 卦中父兄同动，父母动克子孙财源，兄动克财，父母阳动主过去，父母爻为厂房，营业执照等，说明办厂在这些方面已花费了不少钱。

5. 子孙午火为财源，为办厂技术，子孙午火得太岁巳火扶助动而生世本为吉象，但不宜太岁巳与月支申相合，巳火助卦中午火之力有减，生世爻之财的力量有减；卦中子孙午火发动生世也生应，同时应爻辰土湿土晦火，子孙午火发动化财爻丑土也是湿土晦火，子孙生财不力，说明办厂技术不过关，产品质量有问题，会影响办厂的经济效益。

6. 官鬼申金居五爻临月建，泄世有力，说明在办证、税收等方面为官方花去了不少钱，幸好官鬼虽旺而不动，且有子孙动而制之，官方不至于贪得无厌。

7. 卦中父兄子同动基本形成连续相生的局面，最终是子孙动生了财爻，子孙临太岁生世，只是暂时被月令合，生世不力而已。现在官星当令泄世有力也只是暂时不景气，只要解决了技术问题（技术问题一定可以得到解决，因子孙值太岁又卦中子孙爻动生世)，此厂是有前途的。

听我断完后，杨女士叹了口气说：“早点来求测就好了!”接着她把办厂经过告诉了我：今年春季与人合伙办厂用了许多钱，正如您所测，由于技术不过关，产品质量不好，难销，但她的厂原料进价比其他厂的低许多。只要技术过关，是大有前途的，在办厂时处理与官方的关系的确是花了许多钱。

例 8：王先生求测投资搞房地产：

庚辰　戊子　甲辰　乙亥

天地否　　　　六神

父母壬戌土′应　玄武

兄弟壬申金′　　白虎

官鬼壬午火′　　螣蛇

妻财乙卯木″世　勾蛇

官鬼乙巳火″　　朱雀

父母乙未土″　　青龙

妻财乙卯木持世得月时生，虽被太岁及日支辰土耗气，仍可自成体系。可惜子孙子水伏在初爻未土之下，受飞神所克，又入双墓，虽得月、时之助，但此仅为一时之旺，月过则无，搞房地产为周期较长的投资，子孙及财爻旺衰主要看太岁，今子孙爻被太岁克，财爻在太岁为耗气处衰地，表明财源不旺。

卦中两官爻夹泄世爻生应爻，这又是一个不利因素。

应爻戌土被太岁冲动与世爻合，卯戌合木减力（世爻），于己无益。

接下去几年都是火土当值而子孙及财爻退气之年，加之应爻临旺，耗世爻之力更大。现世爻卯木得月时生助只表明现在他有实力投资，并不表示今后可赚钱。

综上所述，此生意不能成功，即使成亦破财。

实际：他未办成此事，此为不幸中之大幸，否则会破大财。

以上三个卦例，由于所测之事时间跨度较长，就需要结合流月和流年干支五行旺衰来断。财爻持世的卦在财爻有力时最利得财。同时，顾客不仅仅求测财运如何，还涉及事业发展前景，就需要结合应爻、官鬼爻综合参断。如果所测之事无法实施，也就不存在财运好坏了，而事业面临阻碍，也必然会影响财运。

五、官鬼爻持世求财卦例

例 1：重庆杨先生求测在壁山的生意能否成功：

丙戌　丁酉　癸卯　壬戌

山风蛊　　**地风升**　　**六神**

兄弟丙寅木○应　官鬼癸酉金″　白虎

父母丙子水″　父母癸亥水″　螣蛇

妻财丙戌土″　妻财癸丑土″世　勾陈

官鬼辛酉金′世　官鬼辛酉金′　朱雀

父母辛亥水′　父母辛亥水′　青龙

妻财辛丑土″　妻财辛丑土″应　玄武

卦中两个财爻，去外地求财，应以外卦的财爻戌土为用神。用神戌土在酉月处休地本身就不旺，虽然动爻寅木不能克住用神，但日辰卯木对用神有克伐的作用，因此，用神衰弱被控制住，无法生世爻，因而无财可求。世爻酉金克应爻，应爻又动化酉金回头克，酉金很旺，应爻受克较重，对方感到压力很大，因此会推掉这桩生意。

结果生意确实未能做成。

此卦世爻临月建强旺又暗动，说明自己对这桩生意信心很足，但可惜卦中财爻衰弱，应爻也衰弱还受世爻克伐，对方没有心思与世爻走在一起，因此单凭世爻力量强旺也无济于事。可见，求财必须满足应有的几个基本条件，并不是什么单凭官鬼持世或者财爻持世就能有财利。

例 2：杨某欲开食堂，求测财运：

内子　甲午　癸未　乙卯

水地比　　**地水师**　　**六神**

妻财戊子水″应　子孙癸酉金″应　白虎

兄弟戊戌土○　妻财癸亥水″　螣蛇

子孙戊申金″　兄弟癸丑土″　勾陈

官鬼乙卯木″世　父母戊午火″世　朱雀

父母乙巳火×　兄弟戊辰土′　青龙

兄弟乙未土″　官鬼戊寅木″　玄武

我对她讲：“此卦难以求财，还应防破财。”她听后不欢而去。后来得知她想依靠情夫开食堂，被情夫之妻发现，双方闹翻，食堂终未开成，白白损失筹办费用数千元。

对此卦分析的思路如下：

1. 世爻失令、衰弱，自身力量不足。

2. 财爻子水月破日克衰败至极，虽化子孙酉金，然酉金失令又旬空，无力生财，用神逢危无救，不吉。

3. 父兄各临月日旺动，父动生兄，卦中子孙失令旬空又安静，不能通兄财之关，兄爻就直克财爻，财爻本弱，不堪一击，破财必然。此为仇忌同动，用神遭克见凶。

例 3：某女士求测何日开业财运好：

庚辰　辛巳　戊辰　己未

山天大畜	**地天泰**	**六神**
官鬼丙寅木○	子孙癸酉金″应	朱雀
妻财丙子水″应	妻财癸亥水″	青龙
兄弟丙戌土″	兄弟癸丑土″	玄武
兄弟甲辰土′	兄弟甲辰土′世	白虎
官鬼甲寅木′世	官鬼甲寅木′	螣蛇
妻财甲子水′	妻财甲子水′	勾陈

重庆某女士与人合伙租了一个店，准备做生意，店已装修完，牌子也挂好了，就等着择一个有利求财的吉日开业了。她请我到她家看居家环境及店铺环境如何，什么时候开业吉。我见她家环境地理的砂水相反正走败运，对财运不利，因而叫她摇卦测开业财运，摇得此卦。显然她财运也正走下坡路，针对卦象显示，我断了几条：

1. 卦中官鬼持世而弱，又临驿马，说明你对开店的事也忧虑重重把握不定。（反馈：对。）

2. 对方对开店的事也犹豫不决，现在也有点不想干了。（她略带怀疑地说：“不会吧。”）

3. 你们开店的资金不足。（反馈：我们用尽了自己的钱又借了些才凑够资金。）

我见卦中官鬼爻寅木明动，四爻兄弟戌土被太岁、日辰冲为暗动又冲动三爻辰土，土成方局，财爻遭克泄交加。若财从了，可赚钱，但主卦财爻两现，财弱而不从必主破财。世爻寅木得动爻寅木及天干三甲木相帮也是弱而不从，世爻身弱不胜财。应爻又化空，说明对方不想干了。因而对她说，此店难以开成，即使勉强合作经营也无利可图，开业吉日先不看了，过几天看看对方有无变化再说。

过了几天她打电话给我说："李老师，真让你测准了，对方不想干了，现在我也不打算开店了。"

例4：北京张女士求测本年未来几个月的财运：

丙戌　壬辰　丁卯　戊申

地泽临	**地水师**	**六神**
子孙癸酉金″	子孙癸酉金″应	青龙
妻财癸亥水″应	妻财癸亥水″	玄武
兄弟癸丑土″	兄弟癸丑土″	白虎
兄弟丁丑土″	父母戊午火″世	螣蛇
官鬼丁卯木′世	兄弟戊辰土′	勾陈
父母丁巳火○	官鬼戊寅木″	朱雀

测年内各月财运，主要根据财爻在各月的旺衰状态以及财爻与世爻的关系去分析推断。

财爻生世爻，在财爻强旺的月份财运相对较好，财爻衰弱的月份则财运相对较差。当然，也要看世爻的强弱，如果世爻太弱又不从，则不受财爻之生，即使财爻力量大，也无济于事。

此卦财爻为亥水，受克又旬空，要在亥子月才当值，而在亥子月世爻也不弱，能够受财爻之生，因此在亥子月是本年财运最好的月份。申酉月虽然财爻也不弱，但世爻却因被月令克而太弱，不受财爻之生，所以财运不好。夏季世爻被父母巳火旺动泄泻，财爻也被耗气太弱，不但财运不好，心情也不好。

后来张女士反馈的情况与以上推断完全相符。

这种卦很简单，只要掌握以上方法就不难推断。

例 5：重庆某先生求测经营茶楼前景：

辛巳　乙未　丁亥　辛亥

雷风恒	乾为天	六神
妻财庚戌土×应	妻财壬戌土′世	青龙
官鬼庚申金×	官鬼壬申金′	玄武
子孙庚午火′	子孙壬午火′	白虎
官鬼辛酉金′世	妻财甲辰土′应	螣蛇
父母辛亥水′	兄弟甲寅木′	勾陈
妻财辛丑土×	父母甲子水′	朱雀

测经营茶楼前景，首先考虑的是经济效益，经济效益好可继续经营，不好就不能再经营了。其次要考虑主管部门及经营者内部的因素，若主管部门不准经营那就得停业，若经营者内讧，矛盾重重，这样也是开不下去的。下面我们就针对上述情况对此卦进行剖析。

经济效益：卦中官鬼酉金持世得月建相生，内卦财爻动来生之，世旺又临将星，说明他工作能力强，有经济头脑，应有官职在身或在政府部门工作(实际在市里某局工作)。应临财爻得太岁生又得月建助，说明与他合作的人有经济头脑，善于经营，财爻为钱财为女人又临阴爻，与他合作的应是一个女的。他说："是的，你说的都对，她确实干得不错。"女方应是辰戌丑未年生的人，应动生世，她能给他带来一定的财。（反馈：对方生于 1964 年，确实使他在经济上增加了收入。）以上推断皆对，我就更放心大胆地往下断，应爻为配偶宫又财居应位，丑未戌三刑土旺生世，申酉戌又三会官局，说明此女与你关系非同一般。他听了有点不知所措，但很快镇定下来，说："她是有那个意思，到现在我们都没什么。我说："对方关系复杂，她与一个有妇之夫也很好，此男为人能干，只是狡诈，不过他帮你出了不少力。"

他证明了上述推断的正确。推断依据是：应动除生世爻外还生五爻之官星，断其是有妇之夫是因为官爻申金与太岁相合，能干狡诈是因官爻申金在五爻君位临玄武，帮他是因申酉戌会金局，酉为中神又临将星居核心地位，且卦中财旺若申金不动则有重土埋金之嫌。既然卦中财旺生世，子孙又临太岁生财，必然财源旺，经济效益好，从赚钱角度看当然可经营下去。

现在我们从经营者双方情况来看看：卦中应爻之财动虽生世但也生五爻官鬼申金，因五爻申金发动而世爻不动，所以经营所得之财五爻占了很大一部分之后才轮到世爻，世爻难免不满，自己毕竟是法人代表，是老板，这样自己难免心理不够平衡。这是其一。外卦伏吟，说明对方对合伙经营也有动摇和不满。这是其二。此外，卦中父母爻代表文书证照之类东西，亥水临日时紧贴泄世，说明在冬季水旺之时，因证照一类的东西会对其经营不利。

针对上述情况，我对他说：此茶楼经济效益不错，但今年立冬后会有麻烦，恐怕在证照方面会出问题。

后记：茶楼经营的效益确实不错，开业后的第一个月就赚了一万四千多元，一直延续到立冬，但刚交立冬不久，主管部门责令停业，吊销执照。

例 6：广东阮先生求测投资前景：

辛巳　甲午　癸亥　丁巳

山火贲	**山天大畜**	**六神**
官鬼丙寅木′	官鬼丙寅木′	白虎
妻财丙子水″	妻财丙子水″应	螣蛇
兄弟丙戌土″应	兄弟丙戌土″	勾陈
妻财己亥水′	兄弟甲辰土′	朱雀
兄弟己丑土×	官鬼甲寅木′世	青龙
官鬼己卯木′世	妻财甲子水′	玄武

1. 测投资前景看世爻财爻子孙爻的旺衰及相互间的关系。

2. 官鬼卯木持世在年月时为泄气，仅得日生，世爻明显偏弱，但二爻兄弟丑土动化寅木助世，世虽弱有生有助而不从，世弱投资实力不足，身弱也难胜财，这是对投资不利的一个因素。

3. 投资考虑的是经济效益，卦中财爻亥子两现得日助似乎力强，但午月旺火当令，财爻被年月时旺火耗，外卦财临月破又旬空，内卦财爻亥水临岁破又被月建午火合走（暗合)。卦中兄弟丑土旺动刑动兄弟戌土克财，兄弟爻得太岁月建生而力强，重克财爻，对本已处衰地的财爻来说更是雪上加霜，丑土动化寅木暗合看似能制兄弟，但年月火旺通关有力，官鬼被化制不了兄弟爻，故投资必无收益。

4. 财源子孙申金不上卦，伏而受太岁月建克，自身难保不可能生财，故财源不旺。

综上所述不宜投资，投必破财。

反馈：阮先生不听劝阻，自以为是，所有投入完全亏进去了。

例 7：温先生求测谈生意：

辛巳　癸巳　丁丑　辛亥

天火同人	泽火革	六神
子孙壬戌土〇应	子孙丁未土″	青龙
妻财壬申金′	妻财丁酉金′	玄武
兄弟壬午火′	官鬼丁亥水′世	白虎
官鬼己亥水′世	官鬼己亥水′	螣蛇
子孙己丑土″	子孙己丑土″	勾陈
父母己卯木′	父母己卯木′应	朱雀

1. 测谈生意看世应，经济效益看财爻。

2. 世爻被太岁月建冲破又被日辰克，卦中戌土也动来克之，仅得时支助，外卦纳干三壬水相帮，世爻虽弱有助而不从，说明自己条件不具备。

3. 应爻戌土得太岁月建生、日辰助、卦中午火生，应动得年、月、日生助比世爻亥水之力强旺得多，世应力量不匹配，且世应相克，此生意难以合作成功。

4. 财居五爻旬空，虽子孙动而生之，但财星被太岁月建连克带合而合走，且财爻入日墓，有财难得之象。

综上所述：断他此次生意谈不成，如果能谈成也是无财可求，必以破财告终。

反馈：没谈成。

例 8：方先生求测做生意运气如何：

辛巳 壬辰 辛亥 甲午

山风蛊	风水涣	六神
兄弟丙寅木′应	兄弟辛卯木′	螣蛇
父母丙子水×	子孙辛巳火′世	勾陈
妻财丙戌土″	妻财辛未土″	朱雀
官鬼辛酉金○世	子孙戊午火″	青龙
父母辛亥水′	妻财戊辰土′应	玄武
妻财辛丑土″	兄弟戊寅木″	白虎

测做生意主要看世爻、财爻及子孙爻之旺衰以及他们间的关系怎样，由此确定能否赚钱。

此卦官鬼酉金持世，得月建辰土生合，财爻戌土被月建辰土冲为暗动生世，初爻丑土被暗动的戌土刑动生世爻，众财生世似为吉象，殊不知卦中重土埋金，世动化子孙午火回头克，世爻为身弱财强而不胜财，破财难免，今年春季不吉，夏季有官司（春季木旺耗世爻之气，夏季子孙旺克世爻之故）。

反馈：他自开业以来都是破财，投入很多，收入很少，现忙于到处追欠债。农历五月的一天他在街上见到我说："李老师，我现在正为经济的事打官司，生意又不好，真是倒霉透了。"

例 9：求测合伙做生意：

辛巳 癸巳 戊辰 壬戌

地火明夷	风火家人	六神
父母癸酉金×	子孙辛卯木′	朱雀
兄弟癸亥水×	妻财辛巳火′应	青龙
官鬼癸丑土″世	官鬼辛未土″	玄武
兄弟己亥水′	兄弟己亥水′	白虎
官鬼己丑土″	官鬼己丑土″世	螣蛇
子孙己卯木′应	子孙己卯木′	勾陈

1. 测合伙做生意看世应财爻及子孙爻。

2. 世应相克合作不愉快。

3. 子孙卯木年月泄日时耗，但得上爻父母酉金动化卯木相帮，子孙虽弱而不从，说明财源不旺。

4. 财爻不上卦伏在三爻兄弟亥水之下与兄弟爻暗合，财合他爻（人）与己无缘，五爻兄动化财去生变卦官爻未土也是与己无缘之象。

5. 官鬼旺而持世得年月之财生，又得日时官助，世爻旺相，说明有投资做生意的实力，但官爻与世爻同类为合作人，这时的官相当于兄弟爻，众官分财之象，子孙弱生财不力，财虽临年月但不上卦终是不吉，故而不宜合伙做生意。

反馈：合作不愉快，2000 年亏了四万多元，今年生意又不好，停业了，现自己到海南去发展了。

从以上实例我们可以看到：求财卦，无论是什么持世，既有可能如愿以偿，也有可能是水中捞月，并不一定像某些六爻书籍上说的“子孙持世财源滚滚”“财爻持世主财荣”“财爻生世求财易得”“兄弟持世必破财”等等，只要具备了前面所讲的求财可得的几个条件，无论什么持世都能得财，反之，即使是财爻、官鬼、子孙持世也只能是白忙一场甚至反而赔本。

《黄金策·求财》

居货曰贾，行货曰商，总为资生之计，蓍所以筮，龟所以卜，莫非就利之谋。要问吉凶，但看财福——财为本，福为利，二者不可损坏。卦中子孙之爻，称曰福神。

财旺福兴，无论公私皆称意；财空福绝，不拘营运总违心——财爻旺相，子孙发动，不拘公私之谋，皆能称意；或伤克，或临墓绝无救，不拘买卖，皆违心所愿。

有福无财，兄弟交重偏有望——有者言其发动之意，无者言其伏藏之意。凡卜求财，卦中子孙爻动而无伤，则财源丰厚固吉。如再见兄弟爻发动，生扶子孙，则财愈加根深蒂固，故曰“兄弟爻交重偏有望”，皆为子孙亦动也。

有财无福，官爻发动亦堪求——子孙伏藏，财无生气，一遇兄弟便被劫夺，须得卦中官爻发动，或日辰是鬼克制兄弟，亦可求谋，如有子孙，而官鬼动则有阻滞，又不易矣。

财福俱无，何异守株而待兔——有财无福，财必艰难，岂可财福俱无？守株待兔，喻妄想也。

父兄皆动，无殊缘木以求鱼——父母能克子孙，能生兄弟，父兄皆动，犹如缘木求鱼，言必不可得也。

月带财神，卦中无而月中必有——月建为提纲，若带财爻，虽正卦无财，而伏财亦明，月建拱扶所伏之神，值日必有得也。

日伤妻位，财虽旺而当日应无——财爻旺相生合持世，乃是必得之象，若被日神克制，须过此日然后可得。

多财反复，必须墓库以收藏——卦中财现三五重为太过，其财反复难求，须有财之库爻持世身，谓之财有收藏，必得厚利也。

无鬼分争，又怕交重而阻滞——无鬼，兄必专权，财虽有气亦多虚耗，兄更发动，必有争夺分散财物之患；官鬼又不宜动，动则必有阻隔。

兄如太过，反不克财——兄弟乃占财之忌杀，日月动变俱带兄弟，重叠太过，一见子孙发动，反不克财，其利无穷；子孙安静多不吉。

身或兄临，必难求望——卦身一爻，占财体统，若持兄，不拘作何买卖，问何财物，皆无利益，兄弟持世亦然。

财来就我终须易，我去寻财必是难——财爻生合世爻，持世克世，皆谓财来就我，必然易得；若财爻而与世爻不相干者，谓我去寻财，必难望也。

身遇旺财，似取囊中之物；世持动弟，如捞水底之针——世为求财之人，若临财爻，虽或无气，必主易得，旺相更美；若临兄弟，虽或安静，亦主难得，发动尤甚。

福变财生，滚滚利源不竭——占财得子孙发动，利必久远，更兼财爻生合世身，乃绵绵不绝之象。遇有财化子亦然。

兄连鬼克，纷纷口舌难逃——旧注言兄弟变官鬼来克世，是有口舌纷纷，予以为谬。大凡卦中兄弟动克世爻，化官鬼回头克制，则不能口舌耗损矣。予之屡验者，卦中官鬼兄弟皆发动，固有口舌是非。兄连鬼克者，此谓兄弟与官鬼也。非谓兄弟化官鬼也。

父化子财，必辛勤而有得——父化财不能自然而得，必勤劳可有。兄化财先散后聚，或利于后不利于前。官化财爻生合世身，最利公门谒贵及九流艺术之人，求财十分有望；如官来克世，谓之助鬼伤身，公私皆不吉也。

财化鬼兄，防耗折而惊忧——财化官或化兄最凶，主损折驳耗，更见世爻有伤，恐因财致祸。

财局会福神，万倍利源可许——卦有三合会成财局，而在卦中动来生世，主财利绵绵不竭，更得财旺，可许万倍财利。会成福局动来生合世爻者亦然。

岁君逢劫煞，一年生意无聊——凡占久远买卖，最怕太岁临持兄弟，主一年无利。持官鬼一年惊忧，持父一年艰辛，财福一年顺利也。

世应二爻空合，虚约难凭——世空有财难得，应空难靠他人，世应俱空谋无准实，空动带合谓之虚约，化空亦然。

主人一位刑伤，往为不遇——主人，如求贵人则鬼为主，求妇人财为主类。若主爻遇日辰动爻刑伤，或自空，或化空，皆主不遇，遇亦不利。

世持空鬼，多因自己迟疑——鬼爻持世，财必相生，凡求必易；若遇空亡，乃自不上前，迟疑退怯，故无成也。世持空财亦然。

日合动财，却被他人把住——财爻动来生合世，因是易得之象，若被动爻日辰合住，其财必有人把住，不能与我。要知何人把持，以合爻定之，如父母合住为尊长把持类。要知何日到手，必待逢冲之日方有也。

要知何日得财，不离生衰旺合——财动入墓或被合，皆待冲日得；或动财遇绝，必待生日得；逢冲合日得；动逢月破，填实逢合日得；或安静，逢冲日得；旬空出旬得；伏藏出现日得。

欲决何时有利，但详春夏秋冬——凡占货物何时得价，不可概以财临五行断之，如木财断春冬得价。又宜以冲待合、合待冲、绝逢生、墓待开等法，又宜以子孙爻断。又如财坐长生之地，一日得一日价，若从帝旺，目下正及时，迟则贱而无利。

合伙不嫌兄弟——凡占合伙买卖，若世应俱财必然称意。兄临卦身必主分财故也。静者无嫌，动则不宜。

公门何虑官爻——占财皆忌官动，主有阻隔，唯求公门之财，必然依托官府，必得旺相生合世身则吉，刑克世爻祸害立至。

九流术士，偏宜鬼动生身——九流求财，以鬼爻为主顾，出现发动，生合世爻，必然称意，忌刑克世爻。

六畜血财，尤喜福兴持世——凡卜贩卖牲口、畜养六畜，皆要子孙旺相，持世临身则吉；父母发动则有损伤；化出土鬼须防瘟死；福旺财空，六畜虽好而无利。

世应同人，放债必然连本失——凡放私债，最忌世应值兄弟，必无讨处；财爻更绝，连本俱无，世应值空亦然。

日月相合，开行定主有人投——开行人占财，世应要不空，财福要全备，官鬼要有气，父兄要衰静，斯为上吉。更得月建、日辰、动爻生合世爻，财近悦远来，财利必顺。动出官兄常有是非口舌，应空主开不成。

应落空亡，索借者失望——求索假借不宜应空，空则不实，必得物爻不空，缓图庶可有望。如衣服经史看父母，六畜酒器看福爻，其余财物食物皆看财爻。

世遭刑克，赌博者必输——凡占赌博，要世旺应衰，世克应我胜，应克世他胜。兄鬼动来刑克世爻，或临兄弟，或世爻空，皆主不胜。世应静空赌博不成；世坐官爻防他合谋骗我，间爻动出官鬼兄弟，多致争斗。

鬼克身爻，商贩者必遭盗贼——买卖经商，若遇官临玄武动来克世，必遭盗贼之祸。

间兴伤世，置货者当虑牙人——买货要应爻生合世位，必然易成，刑克世必难置。物爻太过货多，物爻不及货少，空伏货无。物爻者，六畜看子，五谷看财爻类。最怕兄鬼交重，须防光棍谎骗。间爻伤克世爻，当虑牙人谋劫财物。出路买货应空，多不顺利。

停脱者喜财安而鬼静——积货不宜财动，动恐有变；亦不宜有空；空恐有更。官鬼若动，兴灾作祸莫测；如父母化官鬼刑克世爻，货被雨水污腐。故脱货者宜六爻安静，唯子孙喜动。

脱货者宜动而身兴——财动则主易脱，世动主易卖也。如财在外生世，宜往他处卖；如在内动生世，就本地脱之可也。倘财爻持世，有子孙爻在外动，亦宜往他处脱，学者宜通变。

路上有官休出外——五爻为道路，临官发动，途中必多惊险，不宜出外，要知有何灾咎，以所临六神断，如白虎为风波，玄武为盗贼之类。

宅中有鬼勿居家——二爻为住宅，在家求财，鬼动此爻必然不利，以所临五行断，火鬼忌火烛类。得子孙持世发动，庶几无害，如无子孙发动，宜迁店铺可解。

内外无财伏又空，必然乏本——动变必无财，又伏空地，其人虽欲经营，必然乏本。

父兄有气财还绝，莫若安贫——父兄二爻有气恐防折本，故不若安贫守份为高也。

生计多端，占法不一，但能诚敬以祈求，自可预知其得失。

本节习题：

1. “用神得子孙有力之生，财富有较大的增值空间。”如果子孙爻很强旺但财爻却十分衰弱，也会有较大的升值空间吗？

2. 求财卦，财爻从世爻与世爻从财爻有什么区别吗？哪种情况好一些？

3. 如果不是自测财运，而是代他人测，又该怎样看呢？

4. 第 555 页例 6，“火水未济”之“山火贲”卦，卦中寅木、午火、辰土、酉金皆动，那么，这些动爻能构成连续相生吗？为什么？

5. 第 563—564 页例 4，广安张先生求测搞房地产生意，解析 3 说：“卦中应爻官鬼发动化进神泄世爻之财，官居五爻君位，说明办此事必须给对方一些钱；妙在卦中子孙午火制之，又应爻临螣蛇，对方也疑虑不安，有一定压力，因而只需花少量钱财就可以了。”应爻官鬼申金又动而化进，申金有世爻辰土动来生，辰土不弱，可以通关，为什么应爻申金还怕子孙午火克呢？

6. 第 563—564 页例 4，求测搞房地产生意，秋季申金当令，更不怕火克，因而对方就会无所顾忌地伸手要钱，这样，就需要花很多钱才能办成，为什么说此事宜立秋后再办？在夏季办不是更有利吗？

7. 从卦上怎么判断外财与正财？

8. 如果卦中显示财运不好或者会破财，那么，要是选择一个开业的好日子能否扭转这种不利的结局而赚到钱呢？

第二节　婚姻大事

婚姻是人的终身大事，直接决定家庭的幸福与否，不可轻率。有的人恋爱多年不能成婚，有的夫妻儿女已大还要离异，也有的夫妻素来恩爱，但却壮年丧偶，不胜悲戚，也有的夫妻无情可言，却终身脱不了束缚，只好作一世的怨偶。这些婚姻悲剧在现实生活中屡见不鲜，尽管不少家庭问题专家从心理、社会、道德、法律、民俗文化等多方面进行长期的不懈探索，上述悲剧仍频频发生，甚至呈上升的趋势。这说明按照人们的常规思维方法是难以从根本上解决这个老大难问题的。

谁都希望自己能有幸福美满的婚姻生活。但是，愿望并不等于事实，婚姻给有些人带来的并不是幸福，而是烦恼和痛苦。没有结婚时渴望结婚，而一旦婚姻带来烦恼和痛苦时，又想以离婚得到摆脱。但是，离婚往往又会留下一些遗憾和后遗症，对自己、配偶和孩子的心灵都是一种创伤。因此，在结婚之前慎重考虑，选择最合适的配偶，是很有必要的。

那么，是否有什么办法避免婚后不睦或者离婚悲剧的发生呢？

答案是肯定的。一种简便而又可靠的方法，就是借助六爻预测。

六爻预测恋爱结局如何、婚姻是否幸福等问题都可以进行准确的预判。

六爻预测婚恋，遵循以下规则：

1. 恋爱

以世爻代表自己，以应爻代表对方为用神。

应爻生世，对方追求我；世爻生应，我追求对方。

世爻克应爻，我对对方有意见或嫌弃之意；应爻克世爻，对方对我有意见或嫌弃之意。

世应相生不被冲克，双方容易结为夫妻。

世应生合，双方感情深厚，易成夫妻。

世应相冲，彼此意见分歧大或矛盾深。

世爻旬空或化空，我心里不踏实或有退避之意；应爻旬空或化空，对方心里不踏实或有退避之意。

世爻从应爻，我被对方所左右；应爻从世爻，对方被我所左右。

世爻动与它爻相合，我移情别恋；应爻动与它爻相合，对方移情别恋。

2. 婚姻

以应爻代表对方为用神，兼看配偶星（男看妻财爻，女看官鬼爻）。

世应相生，夫妻感情融洽，能同甘共苦。

世应生合，夫妻感情如胶似漆，能白头偕老。

世应相克，夫妻关系不睦，易闹矛盾，甚至同床异梦而导致分手。

世应相冲，夫妻矛盾尖锐，容易分道扬镳。

世爻动生合它爻，自己容易产生婚外情；应爻动生合它爻，配偶容易产生婚外情。

世应被克制，但安静不动，虽夫妻观点不一致，但难以离婚。

例 1：广东珠海杨女士求测与前夫能否复婚：

丙戌　壬辰　戊辰　己未

地山谦	**地风升**	**六神**
兄弟癸酉金″	兄弟癸酉金″	朱雀
子孙癸亥水″世	子孙癸亥水″	青龙
父母癸丑土″	父母癸丑土″世	玄武

兄弟丙申金′	兄弟辛酉金′	白虎
官鬼丙午火×应	子孙辛亥水′	螣蛇
父母丙辰土″	父母辛丑土″应	勾陈

世爻为自己，应爻代表前夫。世爻与应爻暗合，于是想复婚。世爻旬空，表示自己对复婚之事心里没有底，这正是求测的原因。

应爻午火发动化出亥水，午火与亥水也暗合，表示前夫爱上了另外一个女人，因而不会与自己复婚。

后来反馈：复婚未成，现在重新找了个男友。

例 2：拉萨姜女士求测婚姻前景：

壬午　癸丑　己亥　甲戌

地山谦	**雷山小过**	**六神**
兄弟癸酉金″	父母庚戌土″	勾陈
子孙癸亥水″世	兄弟庚申金″	朱雀
父母癸丑土×	官鬼庚午火′世	青龙
兄弟丙申金′	兄弟丙申金′	玄武
官鬼丙午火″应	官鬼丙午火″	白虎
父母丙辰土″	父母丙辰土″应	螣蛇

子孙持世，子孙又为亥水，说明自己会因追求浪漫而放纵情感，以致做出背叛丈夫之事。世爻克应爻，自己对丈夫有些嫌弃，但世应又暗合，说明对丈夫也有 点留恋之意。应爻被世爻克，丈夫感到妻子对他有压力；应爻弱于世爻，又是被克方，对妻子无可奈何，因而你会使他感到心中非常压抑。

丑土动克世爻，自己的不轨行为会受到父母的指责，但丑土又与应爻午火相害，因而自己的父母对女婿也不满意。在这种情况下，丈夫心中很不是滋味，于是会产生摆脱痛苦的念头。怎样才能摆脱痛苦，当然只有选择离婚。目前应爻安静，明年癸未年，流年未土合去应爻，未土又克世爻亥水，丈夫就可以摆脱妻子而脱离烦恼。

后来反馈：自己先有外遇，导致丈夫节外生枝，从而引发婚姻危机，双方于 2003 年离婚。

例 3：成都张女士求测婚姻前景：

丙戌　庚寅　乙酉　丙戌

雷天大壮	**地泽临**	**六神**
兄弟庚戌土″	子孙癸酉金″	玄武
子孙庚申金″	妻财癸亥水″应	白虎
父母庚午火○世	兄弟癸丑土″	螣蛇
兄弟甲辰土○	兄弟丁丑土″	勾陈
官鬼甲寅木′	官鬼丁卯木′世	朱雀
妻财甲子水′应	父母丁巳火′	青龙

世爻为自己，应爻为丈夫。世爻旬空，自己对婚姻感到不踏实。表面看应爻有辰土动而相克，应爻不能冲克世爻，但不宜辰土动与日辰相合，贪合忘克，既然辰土不克应爻，世应仍然相冲，世应相冲夫妻矛盾尖锐。世爻被应爻冲克，丈夫不喜欢自己，自己因而感到心里不痛快，并且有心理压力。应爻冲克世爻，如果寅木能够通关，则可化解。目前寅木当令，矛盾暂时能够缓解，但卦中寅木不动，又被日辰克制，过了寅卯月，寅爻就起不了通关的作用，而日辰作用久远，寅木长期处于被克制的状态，因而夫妻间尖锐的矛盾今后也就无法化解，于是双方只有分道扬镳才能解决问题。

结果夫妻于当年离婚。

例 4：沈阳胡女士求测与丈夫的婚姻前景：

甲申　辛未　癸卯　戊午

风天小畜	**六神**
兄弟辛卯木′	白虎
子孙辛巳火′	螣蛇
妻财辛未土″应	勾陈
妻财甲辰土′	朱雀
兄弟甲寅木′	青龙
父母甲子水′世	玄武

世应相克害，夫妻关系不睦。世爻被应爻克，自己常被丈夫所控制，在丈夫面前感到很受气，为了摆脱这种不愉快的处境，于是自己产生了离婚的念头。

能否离掉呢？世爻被应爻克，应爻又被日辰克，双方都受到克制，世应又安静不动，因而双方的行动都受到了限制，难以发生实质性的变化。这样，离婚的愿望就难以实现，夫妻只有继续吵吵闹闹过日子。

实际情况：夫妻间一直吵吵闹闹，但直到 2008（戊子）年也未能离婚。

例 5：江苏施女士求测和前男友能否走到一起：

甲申　丁卯　庚戌　丙戌

天水讼	**风地观**	**六神**
子孙壬戌土′	父母辛卯木′	螣蛇
妻财壬申金′	兄弟辛巳火′	勾陈
兄弟壬午火○世	子孙辛未土″世	朱雀
兄弟戊午火″	父母乙卯木″	青龙
子孙戊辰土○	兄弟乙巳火″	玄武
父母戊寅木″应	子孙乙未土″应	白虎

应爻为前男友。世爻动化子孙，与前男友交往是想重温浪漫之旧梦。世爻化出子孙回头合，应爻生世，说明二人情缘未了，彼此念念不忘，都想重新走到一起。应爻旬空、又临岁破，男友运气很差，与之交往，必然会给自己带来不利。应爻临白虎（遭白虎所克），男友可能会遭遇意外灾祸。二爻辰土发动晦火耗应爻，有对双方不利之兆。世爻入三墓，自己的偷情行为将会受到限制。

我建议她要理智行事，不要与前男友交往，否则会惹火烧身。

结果预测后不久她和前男友到宾馆幽会，当场被老公抓获，惹起很大的风波。因此风波前男友与她终于分手了，自己最终还是跟原来的丈夫一起勉强过日子。

情感出轨而招来是非，对自己和家庭都没有好处，所以，人要保持理智，权衡利弊，不要让感情像脱缰的野马一样无羁地奔跑。

例 6：重庆彭先生求测婚姻前景：

癸未　丁巳　庚戌　庚辰

离为火	天地否	六神
兄弟己巳火′世	子孙壬戌土′应	螣蛇
子孙己未土×	妻财壬申金′	勾陈
妻财己酉金′	兄弟壬午火′	朱雀
官鬼己亥水〇应	父母乙卯木″世	青龙
子孙己丑土″	兄弟乙巳火″	玄武
父母己卯木〇	子孙乙未土″	白虎

世爻入日墓，应爻与卦中动爻三合，中神空亡虽合而不化，但应爻去生合它爻，这样就会导致各有所欢，离婚难免。

明年甲申，合世害应，便是离婚之期。

后来果然于 2004 年离婚。

例 7：一研究生求测和女朋友能否成婚：

丙戌　癸巳　丙辰　丁酉

泽山咸	风火家人	六神
父母丁未土×应	妻财辛卯木′	青龙
兄弟丁酉金′	官鬼辛巳火′应	玄武
子孙丁亥水〇	父母辛未土″	白虎
兄弟丙申金′世	子孙己亥水′	螣蛇
官鬼丙午火″	父母己丑土″世	勾陈
父母丙辰土×	妻财己卯木′	朱雀

世爻为本人，应爻为女友。应爻动又与二爻午火相合，说明女友将会移情别恋。应爻动化出财爻，说明女友会为了追求钱财而改变自己的主意。世爻为兄弟，自己目前处于消费阶段，手中没有多少钱，不能满足女友对钱财的要求，因此，自己与女友分手是迟早之事，不可能结为夫妻。

结果二人于丁亥年 6 月分手，原因是对方有了新的男友。

例 8：太原王先生求测与女友能否成婚：

丙戌　丙申　甲午　己巳

巽为风	**天风姤**	**六神**
兄弟辛卯木′世	妻财壬戌土′	玄武
子孙辛巳火′	官鬼壬申金′	白虎
妻财辛未土×	子孙壬午火′应	螣蛇
官鬼辛酉金′应	官鬼辛酉金′	勾陈
父母辛亥水′	父母辛亥水′	朱雀
妻财辛丑土″	妻财辛丑土″世	青龙

世应相冲，双方存在矛盾。应爻克世爻，女友对我有压力，自己心中会感到不愉快。世爻化出财爻，又入动爻未土之墓，未土为财爻，说明自己会与另外一个女人相好，并且那个女人不会使自己感到压抑，因而自己最终会离开现在这个女友而投入那个女人的怀抱。四爻未土动与太岁戌土及初爻丑土构成三刑，初爻丑土被刑动而生应爻，应爻与初爻为异性，说明女友也很快就会被新的男友喜欢上。

后来的结果表明，以上预测完全应验。

例 9：太原刘先生求测与女友能否结为夫妻：

丙戌　己亥　丁未　戊申

地风升	**地天泰**	**六神**
官鬼癸酉金″	官鬼癸酉金″应	青龙
父母癸亥水″	父母癸亥水″	玄武
妻财癸丑土″世	妻财癸丑土″	白虎
官鬼辛酉金′	妻财甲辰土′世	螣蛇
父母辛亥水′	兄弟甲寅木′	勾陈
妻财辛丑土×应	父母甲子水′	朱雀

世应比和，目前二人关系如同一般朋友，并未发展到如胶似漆的程度。应爻动化出子水相合，对方会去找上别的男人，从而会与自己分手。由于双方目前关系并不深，并且对方又看上了别的男人，所以自己是不可能与对方成为夫妻的。

后来反馈：预测之后双方一直就未联系了。

例 10：广东东莞某女士求测婚姻前景：

癸未　甲寅　戊申　壬戌

火山旅	艮为山	六神
兄弟己巳火′	父母丙寅木′世	朱雀
子孙己未土″	官鬼丙子水″	青龙
妻财己酉金○应	子孙丙戌土″	玄武
妻财丙申金′	妻财丙申金′应	白虎
兄弟丙午火″	兄弟丙午火″	螣蛇
子孙丙辰土″世	子孙丙辰土″	勾陈

世应相生合，夫妻关系不错。世生应，自己爱丈夫。本来是一对和睦的夫妻，但卦中应爻临桃花发动化出子孙，子孙代表追求浪漫与自由，加之应爻动化出子孙戌土与世爻五行同类且又是阴爻，说明丈夫在情感方面不是本分之人，因而容易出现感情走私。这样势必影响夫妻关系。由于世爻为辰土，性格倔强，就容不下丈夫的情感走私，一气之下，就会与丈夫闹离婚，而对于丈夫来说，当然是求之不得。

世爻合应爻，应爻为财爻，合不住丈夫也要合来一些钱财。由于是丈夫感情出轨，因此离婚时向丈夫索要一些钱财还是没有问题的。

结果于当年夏天离婚，丈夫给了她 100 多万。

例 11：石家庄平女士求测与刘先生（情人）的相好结局如何：

壬午　丁未　己卯　癸酉

巽为风	天水讼	六神
兄弟辛卯木′世	妻财壬戌土′	勾陈
子孙辛巳火′	官鬼壬申金′	朱雀
妻财辛未土×	子孙壬午火′世	青龙
官鬼辛酉金○应	子孙戊午火″	玄武
父母辛亥水′	妻财戊辰土′	白虎
妻财辛丑土″	兄弟戊寅木″应	螣蛇

世爻虽临日辰，但入墓于动爻未土，说明自己目前情绪低落，心情不好。应爻冲克世爻，说明男方并不喜欢女方，而且应爻旬空，男方对女方不过是逢场作戏，并无真心。应爻化出子孙，子孙主浪漫、享乐，男方为了寻欢作乐，已经另有新欢。

我建议她不要被虚情所迷，应该及时回头，不然会陷入情感纠缠的烦恼。

后来反馈：如梦一场，没有结果。

例 12：江苏沈女士求测婚姻前景：

丁丑　癸丑　癸丑　壬戌

风天小畜　　六神

兄弟辛卯木′　白虎

子孙辛巳火′　螣蛇

妻财辛未土″应　勾陈

妻财甲辰土′　朱雀

兄弟甲寅木′　青龙

父母甲子水′世　玄武

此卦中明示她婚姻不顺，她叫我毫不忌讳地告诉她。我说：“你丈夫外遇多，至少有八个。”她说：“正是这样。就凭我已经知道的就有八至十个。”

对此卦分析的思路如下：

女测婚以官鬼为丈夫，官伏在三爻妻财之下，与飞神作合，世爻以外的妻财指别的女人，飞伏作合乃男女暗昧之象。应爻也为妻财，年月日时全为财，且年月日皆为官鬼酉金之墓，此乃丈夫陷入情网难以自拔之象。年月日时四财，卦中未辰两财，巳寅中又暗藏两财，妻财共八数，因妻财当令强旺，此数只有加不应减，故断其夫至少八个外遇。

官鬼生世，丈夫心中还有些舍不得妻子，作为妻子应对丈夫晓之以理，动之以情，尽量感化他，使他不再心猿意马，尽早回到家庭的怀抱。

例 13：胡女士求测婚姻：

丁丑　癸丑　甲寅　乙亥

山雷颐	地雷复	六神
兄弟丙寅木○	官鬼癸酉金″	玄武
父母丙子水″	父母癸亥水″	白虎
妻财丙戌土″世	妻财癸丑土″应	螣蛇
妻财庚辰土″	妻财庚辰土″	勾陈
兄弟庚寅木″	兄弟庚寅木″	朱雀
父母庚子水′应	父母庚子水′世	青龙

此例与前一例有些相似，也是丈夫情人多，只是此例世爻当令而旺，力量比前例强，但兄弟临日辰动而克世，自己也有损失。世生官，表明心中爱自己的丈夫，丑戌相刑，免不了醋海生波。变卦为“复”，六合卦，情丝绵绵，剪不断，理还乱！

例 14：上海朱先生求测与某女士能否成婚：

丙戌　己亥　甲辰　庚午

泽雷随	火雷噬嗑	六神
妻财丁未土×应	子孙己巳火′	玄武
官鬼丁酉金○	妻财己未土″世	白虎
父母丁亥水′	官鬼己酉金′	螣蛇
妻财庚辰土″世	妻财庚辰土″	勾陈
兄弟庚寅木″	兄弟庚寅木″应	朱雀
父母庚子水′	父母庚子水′	青龙

世应比和，彼此关系并不亲密。世应都为土，双方性格都比较倔强，因而一旦发生意见分歧，就会互不相让，于是就产生隔阂，使二人越走越远。

未土本为燥土不生金，但卦中有水润土，这个未土就能生金。未土和酉金同时发动，未土生酉金，对方会改弦易辙而去追求别的男人。

有人也许会问：酉金发动不是与世爻相合吗？怎么会与应爻未土走到一起呢？如果单看酉金与世爻的关系，酉金倒是会来合世爻，但酉金发动化出未土回头生，而这个未土正好与应爻相同，应爻又发动，所以应爻会主动去找上酉金，也就是说自己目前的女友今后会主动去和别的男人相好。世爻安静不动，于是便眼睁睁地让女友跟别人去了。

结果到 2007 年腊月后，朱先生就和该女友联系不上了，恋爱告终。

例 15：某男士求测婚姻：

辛巳　辛卯　丙子　戊戌

雷地豫	**山地剥**	**六神**
妻财庚戌土×	兄弟丙寅木′	青龙
官鬼庚申金″	父母丙子水″世	玄武
子孙庚午火○应	妻财丙戌土″	白虎
兄弟乙卯木″	兄弟乙卯木″	螣蛇
子孙乙巳火″	子孙乙巳火″应	勾陈
妻财乙未土″世	妻财乙未土″	朱雀

这位男士是处在先考研还是先结婚的犹豫不决之时找到我为他预测摇出此卦的。

此卦财多、合多，主世爻异性缘好。应爻为配偶宫动而生合世爻，说明现在正有一个属马的女孩追求他，我要他珍惜这个缘分，先结婚再考研使爱情事业双丰收。

原因如下：

1. 世应午未阴阳相合又是应生合世爻，此女一心一意地爱着他。

2. 世爻纳干为乙，应爻纳干为庚，就成了天地鸳鸯合，此合较牢固。

3. 应爻为配偶宫，又带桃花合世，顺天应时正是成婚之良机。

4. 子孙带桃花又得太岁扶助，与此女结婚，将来孩子聪明漂亮有出息(桃花临子孙爻)。

5. 若不珍惜，女友也有被他人夺走的可能：因为上爻戌土发动化寅木与应爻成三合火局，上爻与世爻同为财爻又与世爻阴阳相同，说明正有一个男子在追他的女友。若放过此次机会以后也许很难遇到这么好的姻缘，况且先结婚对考研影响也不大。他之所以犹豫不决，是认为自己异性缘好，先使事业成功再说。世临金舆星也说明了这一点。

例 16：南昌何女士在一个偶然的机会打听到自己的丈夫与另一个女人关系暧昧，她不知是否会因此而失去丈夫，故而求测：

丁亥　壬寅　乙亥　壬午

雷风恒	六神
妻财庚戌土″应	玄武
官鬼庚申金″	白虎
子孙庚午火′	螣蛇
官鬼辛酉金′世	勾陈
父母辛亥水′	朱雀
妻财辛丑土″	青龙

世爻旬空，心中不踏实，这个信息正好符合自己的心态。

世应相生，说明夫妻相爱；但同时世应又相害，说明彼此间心中也有些隔阂，夫妻关系达不到如胶似漆的程度——正是因为这个缘故，丈夫才与别的女人有染。

世应皆安静不动，没有什么变化，说明夫妻双方都不想有什么实质性的变故，彼此都愿意维持家庭的完整。即使丈夫有外遇，也不会导致夫妻离婚。

结果：丈夫与那位女人断交，心又回到了自己身上。

例 17：陈女士求测婚姻：

丙子　丁酉　癸酉　丙辰

泽天夬	乾为天	六神
兄弟丁未土×	兄弟壬戌土′世	白虎
子孙丁酉金′世	子孙壬申金′	螣蛇
妻财丁亥水′	父母壬午火′	勾陈
兄弟甲辰土′	兄弟甲辰土′应	朱雀
官鬼甲寅木′应	官鬼甲寅木′	青龙
妻财甲子水′	妻财甲子水′	玄武

世爻临日月又得未土动来相生而无制，可谓强旺过头，应爻官鬼为丈

夫，失令而被世爻重克又入墓于动爻，且世爻居五君阳位，官居二爻阴位，为男女阴阳刚柔失位，夫妻必不和睦，卦变六冲，婚姻当散。卦中两财，对官鬼一生一合，当主丈夫另有情人。陈女士说：“他就是有外遇才和我离婚。”卦中世爻化退，说明求测者心里不愿离婚，但官鬼爻被克过分，有夫难留，由不得自己。兄弟动本生世爻，但世爻本身旺得过分，反而忌土相生，所以兄动乃为劫财之征，所幸化戌土旬空，劫财之势不太强，按理推断应是本人离婚所得的财产较少而感到不满意。她说事实确实如此，木已成舟，自己也没办法。世爻居五君爻又临日、月，断她在单位上是个当官的，但世爻太旺，反主官职不大。她说自己确有一官半职。

例 18：武汉某小姐求测婚姻：

戊寅 丙辰 庚戌 丁亥

火天大有	**雷火丰**	**六神**
官鬼己巳火〇应	父母庚戌土″	螣蛇
父母己未土″	兄弟庚申金″世	勾陈
兄弟己酉金′	官鬼庚午火′	朱雀
父母甲辰土′世	子孙己亥水′	青龙
妻财甲寅木〇	父母己丑土″应	玄武
子孙甲子水′	妻财己卯木′	白虎

断：“目前有一个男人主动追求你，你已动心，但又拿不定主意。对方是有妇之夫，他的老婆看得紧，对你不利，此婚不宜，须及早刹车。”这位小姐说：“事实正如所测。我就是拿不定主意才求测的。”

对此卦分析的思路如下：

1. 应爻官动来生世，对方主动追求。

2. 世爻暗动，自己暗暗动心。

3. 寅木财爻动而生应爻官鬼，说明对方已有老婆，且老婆很喜欢他，财动克世，求测者感到有外界压力，所以拿不定主意。财爻寅木旬空，目前不致于与该女人因三角恋爱而正面冲突。但今年太岁临财，不宜与之争风。应爻官鬼动化墓，最终对方留恋家室而降低对你的热情。这些都是不利因素，所以应该紧急刹车，不能充当第三者而破坏别人的家庭，否则各有所伤，结局凄凉。

例 19：重庆余先生求测婚姻：

庚辰　甲申　己未　壬申

坎为水	**地风升**	**六神**
兄弟戊子水″世	父母癸酉金″	勾陈
官鬼戊戌土○	兄弟癸亥水″	朱雀
父母戊申金″	官鬼癸丑土″世	青龙
妻财戊午火×应	父母辛酉金′	玄武
官鬼戊辰土′	兄弟辛亥水′	白虎
子孙戊寅木″	官鬼辛丑土″应	螣蛇

这天下午我在办公室正整理一些资料，这时从外面走进一位英俊年轻的男士，他戴着一副眼镜，看起来挺斯文的。他自我介绍说："我姓余，在重庆工作，想请您测一下我的婚姻。"

男测婚主要看世爻、财爻、应爻三者关系，看世爻财爻是否有与他爻作合的现象，看各爻之旺衰强弱及生克冲合的关系，由此确定他的婚姻是否顺利，有无多婚现象。

此卦兄弟子水持世，得月、时支申金之生似得令旺相，但卦中五爻官鬼戌土发动得太岁日辰扶助，力量强大，紧贴而克世；应爻午火（妻财）发动入墓于戌土官鬼助纣为虐，官鬼收敛财爻（妻）克弱世。

从卦名看坎有陷的意思，有陷于某事之中难以自拔之意。针对上述不吉的信息，我说："你目前陷于婚姻之中，受婚姻所累，为婚姻所害，故而心情烦恼啊。"他苦笑着点了点头，焦急地问："此婚事还有希望吗？"我说："你别急，我一切都会告诉你的。"变卦为升，升有上升的意思，那什么上升呢？在不吉的前提下，上升当然不可能是婚姻由不好上升到好，上升的应该是自己在此婚事中受害程度步步上升，愈陷愈深之象。既然如此，还不如早点结束这无益之婚姻，尽早解脱自己。他听了此话，心里更不高兴，但没办法，事实就是如此，不面对现实又怎么行呢？我也不能违心地说好话呀。我接着说：从卦象看，此卦为六冲卦，六冲主冲战不和之象，冲主散象，也就是说在此婚姻中不论你爱得多深，追得多紧，都以失败告终，你不要太在意，否则只能是自寻烦恼。

他无奈地伸了伸腰，长长地出了一口气，问："天意如此而无可挽回吗?"

我见他心有不甘，肯定地回答说："是的，你不要对她心存希望，她心中根本没有你。退一步说，即使她跟你，带给你的也不是幸福，而只是无尽的烦恼。如果你家里不打算开办武馆的话，请不要娶她（配偶宫、配偶星皆入墓于五爻官鬼而克世，必然夫妻不和)。接着我又半开玩笑半认真地说："现在全世界都流行绿色食品，喜欢青山绿水，每一个人的环保意识都在提高，这是好事，作为一个男人，你喜欢受污染的爱情，喜欢戴绿帽子吗?"他微微一怔，马上反应过来说："当然不喜欢。"

我说是的，你不要把她想象得太纯洁太美好，俗话说情人眼里出西施嘛，当局者迷啊！从卦象看，应爻代表配偶宫，也代表对方，今财爻居之，财爻为妻财正代表对方。现应爻发动冲世爻，说明她和你目前的关系不好，财生卦中两官爻，世爻为你自己，卦中官爻代表别的男人，说明她既和你谈也和别人正相恋呢。更为可恨的是财爻发动与日支未土相合，为财官相合，说明她正与另一个男人深爱着，并且关系非同一般，那个男的条件比你强。他说："我正是为此事烦恼。那个男的是她的同学，比我差。"也许男人都爱面子逞强的缘故吧，谁也不愿承认自己比情敌差，其实对方应比他强（未土为日支，日月如天如君故而比他强)。"我知道他们正好着。"他说。

我接着说，卦中财生多官（内外卦及日辰)，也说明对方有多婚之象，即使你们勉强结了婚，一旦她有外遇你受得了吗?那时她已是你正式的合法妻子了。世应相冲，你们之间经常闹。俗话说，长痛不如短痛，当断不断反受其乱，现在她和别人好上了，对你又不真心，你何必还苦苦追她呢?天涯何处无芳草，你何必在一棵树上吊死呢?这不是故意跟自己过不去吗?现在你对此婚姻心里也没底（世爻旬空)，而且受到了沉重的打击，心理压力很大（财动生官，官临太岁日辰旺动克世，官爻克世又主烦恼)。他说，确实是这样，对她的背叛，我很伤心，但一时又放不下，我还想她回心转意。我说现在一切你都清楚了，你就面对现实，当断则断。相信你会从这婚恋的阴影中走出来的（世爻虽弱但得卦中月时生助）。你也不必过于伤感，她在这次婚恋中也名誉受损（二爻辰土晦火之故），没捞到多少好处。

此外，卦中世爻代表自己，子水弱而受众官所克，水在人体中代表肾和泌尿系统，肾受克太过，说明你肾功能不好，这也是你的恋人离你而去投向别人怀抱的原因之一。经我这样一说，他脸一红，既不承认，也不否认，一切尽在不言中。

鉴于以上情况，我建议你另找所爱，不要再在这感情的漩涡中作无用的努力，要相信山重水复之后必会柳暗花明。

后记：他虽不甘失败而想尽力挽回她的心，可惜回天无力，最终以失败告终。后来他的心情也已平静下来了。

例 20：广东某男士求测婚姻：

己卯　　壬申　　癸巳　　癸亥

天泽履	**火泽睽**	**六神**
兄弟壬戌土′	父母己巳火′	白虎
子孙壬申金○世	兄弟己未土″	縢蛇
父母壬午火′	子孙己酉金′世	勾陈
兄弟丁丑土″	兄弟丁丑土″	朱雀
官鬼丁卯木′应	官鬼丁卯木′	青龙
父母丁巳火′	父母丁巳火′应	玄武

1. 男测婚主要看世爻、财爻、应爻（配偶宫）及卦中相合之爻。

2. 卦中子孙申金持世临月建旺地，动化回头生，又居五爻，说明为人能干，有领导才能。

3. 财伏世下，旺而又临将星临桃花，妻子漂亮风流，是一个女强人。

4. 世爻与日支巳火合，又与初爻天合地合，与应爻天合地合（地合为暗合），与太岁暗合，合多有多婚之象，说明他有外遇，婚姻不顺。在他的恋爱婚姻中还常有一个男人与他竞争，对方能力比他强（因月令壬申与世爻壬申相同，为另一个比他强的男人。)。

他说，以上所断皆对。在他恋爱时常有人与他竞争，他的一个女友就是被他的上司夺走的。

例 21：某法院一女士求测婚姻：

辛巳　乙未　甲申　庚午

火天大有	**山天大畜**	**六神**
官鬼己巳火′应	妻财丙寅木′	玄武
父母己未土″	子孙丙子水″应	白虎
兄弟己酉金○	父母丙戌土″	螣蛇
父母甲辰土′世	父母甲辰土′	勾陈
妻财甲寅木′	妻财甲寅木′世	朱雀
子孙甲子水′	父母甲子水′	青龙

1. 你已结婚并为婚姻之事而感到忧虑。

2. 你有婚外情，有一个男子主动追你，你也有意于他，对方是一个属鸡的，比你大，他为人风流，是有妇之夫，是一个做官的，但为副职。

3. 你丈夫也是做官的，现正鸿运当头，他也有外遇，与他相好的是一个有夫之妇。

4. 虽有外遇，但你们夫妻间感情还不错，只是双方都有些疑神疑鬼的。

听我这样断后她很惊奇，之后她把真相道出：她已结婚但夫妻分居，她单位的副院长追她，她俩就好上了，她丈大是外省一企业的总经埋，据说确实有婚外情，她与丈夫感情是不错，至少现在无其他异常迹象，她还没有孩子。

对此卦分析的思路如下：

1. 已结婚是因巳午未三会官局生世。世临勾陈又与太岁构成龙蛇混杂，故为婚姻之事而感到忧虑。

2. 兄弟酉金紧贴动来合世，故有人追她，而且离她很近，四爻酉金动化戌土回头生，又所化之戌土与世爻同性，此兄弟爻酉金为有妇之夫，兄临桃花，又得五君爻生，表明受领导重用，故而是个做官的人且风流，因兄弟爻居四爻不得位，因此断为副职。

3. 应爻临官临太岁又三会官局，故断其夫也是做官的，应爻巳火与日辰相合，说明其夫有外遇，日辰申金又与太岁相合，说明丈夫的外遇是有夫之妇。

4. 世应相生，因此他们夫妻感情不错，只是世临勾陈，应临玄武，又是龙蛇混杂不吉，故而双方疑神疑鬼的。

例 22：吉林韩女士求测与情人关系：

辛巳　　辛卯　　己丑　　癸酉

泽火革	**泽天夬**	**六神**
官鬼丁未土″	官鬼丁未土″	勾陈
父母丁酉金′	父母丁酉金′世	朱雀
兄弟丁亥水′世	兄弟丁亥水′	青龙
兄弟己亥水′	官鬼甲辰土′	玄武
官鬼己丑土×	子孙甲寅木′应	白虎
子孙己卯木′应	兄弟甲子水′	螣蛇

1. 卦中官爻两现一爻在内卦明动，一爻在外卦暗动，正好说明她有多婚之象，与测意相符，信息明显。

2. 应爻经卦之官为己夫，动化子孙寅木，寅与丑暗合，天干甲己合，说明她的丈夫也已有外遇。

3. 世爻经卦官鬼未土为情夫，旬空说明情夫对她不忠诚，官爻未土与世爻又是相克关系，说明他们目前关系也不好，两官均克她，她在此事中很被动，世爻亥亥自刑又临驿马，说明她为此事烦恼，且已六神无主了。

4. 兄弟又主竞争，口舌，三爻兄弟临玄武与月建及外卦未土三合，可能在她的朋友或姐妹中正有人与他争情人。总之，情人最终会离她而去，结局悲凉，建议她趁早结束这种不正当关系。

实际情况：正如所测，现在她的妹妹又和她的情夫好上了，她的丈夫、情夫对她都不好，她正处在矛盾和伤心之中。

例 23：某先生求测婚姻：

辛巳　癸巳　壬午　辛亥

兑为泽	**雷天大壮**	**六神**
父母丁未土″世	父母庚戌土″	白虎
兄弟丁酉金○	兄弟庚申金″	螣蛇
子孙丁亥水′	官鬼庚午火′世	勾陈
父母丁丑土×应	父母甲辰土′	朱雀
妻财丁卯木′	妻财甲寅木′	青龙
官鬼丁巳火′	子孙甲子水′应	玄武

1. 卦由六冲变六冲，明显婚姻不顺。

2. 未土持世，个子不高（实际 1.65 米）。年、月、日生世，世爻旺，说明他想结婚了。日辰午火合世，他已谈过恋爱，且已同居。

3. 1995、1996、1998、1999 年谈过恋爱但不成，因财爻弱而不从，且卦中兄动克财。

4. 凡与他谈的女孩都不是处女，因卦中官太旺且紧贴泄财爻之气，财先去生了官，官才来生世。

5. 世应比和均化进且旺，双方有意，成婚较快。

他说：以上所断都对，他谈过几个女友均非处女，今年四月谈了一个也不是处女，五月结婚。

例 24：某女士求测婚姻：

辛巳　壬辰　己酉　己巳

火天大有	**火泽睽**	**六神**
官鬼己巳火′应	官鬼己巳火′	勾陈
父母己未土″	父母己未土″	朱雀
兄弟己酉金′	兄弟己酉金′世	青龙
父母甲辰土○世	父母丁丑土″	玄武
妻财甲寅木′	妻财丁卯木′	白虎
子孙甲子水′	官鬼丁巳火′应	螣蛇

夫妻双方表面看关系好，夫妻恩爱，但性格不合，双方都有点疑神疑鬼

的。表面关系好看上去恩爱是因世应相生，因官爻属火临太岁旺，夫性急。世动临玄武主暗昧，应临勾陈主疑虑，世应成龙蛇混杂之象，卦遇归魂，因而婚姻欠佳。

世爻临月建旺动，自己对此婚已动摇，有离婚之念，世合日辰酉金，本人有异性追求。

例 25：某女士求测婚事：

庚辰　辛巳　甲子　壬申

山风蛊	地雷复	六神
兄弟丙寅木○应	官鬼癸酉金″	玄武
父母丙子水″	父母癸亥水″	白虎
妻财丙戌土″	妻财癸丑土″应	螣蛇
官鬼辛酉金○世	妻财庚辰土″	勾陈
父母辛亥水○	兄弟庚寅木″	朱雀
妻财辛丑土×	父母庚子水′世	青龙

1. 此卦多爻乱动，官多、财多、合多，明显婚姻不顺多婚之象。

2. 从世爻为自己的角度看，官鬼酉金持世说明自己已有结过婚的信息，世爻为官爻，应爻动又化出一个官爻，时支又是官爻也说明了自己已结过婚，多夫之象。

3. 从官爻为丈夫的角度看，众财明暗动生官爻，说明了其丈夫多妻，也是她的丈夫曾结过婚的信息。

4. 应爻为配偶宫，动与二爻父母亥水相合，且化出官爻，这也说明其丈夫有外遇，又配偶宫临驿马，说明她的婚姻极不稳定，无论从哪一个角度看她都是多婚，婚姻不顺之象。

5. 财动生官，未月财星当值，官临时支，申月官（夫）星当值，在未月或申月她又可找到丈夫。

反馈：她在未月又再次结婚，此前她已结过三次婚了，现与她结婚的丈夫也是一个娶过两个女人为妻的男人。

例 26：贵州某女士求测与吴先生能否成婚：

辛巳 癸巳 丙申 己亥

乾为天	**六神**
父母壬戌土′世	青龙
兄弟壬申金′	玄武
官鬼壬午火′	白虎
父母甲辰土′应	螣蛇
妻财甲寅木′	勾陈
子孙甲子水′	朱雀

1. 卦逢六冲，应爻旬空，对方对自己不真心，婚难成。

2. 卦中财爻为别的女人，妻财寅木日冲暗动生官爻，说明男友吴先生是有妇之夫。

3. 卦中官（夫）多，表明该女士已婚或异性缘佳。

综合以上信息断她与吴先生之婚难成，劝其迷途知返。

反馈：自己确实是已婚之人，与吴先生之恋是婚外恋，吴先生有妻在家，对自己确实不够真心。

例 27：潘女士求测婚姻：

辛巳 癸巳 庚辰 丁亥

水山蹇	**风水涣**	**六神**
子孙戊子水×	妻财辛卯木′	螣蛇
父母戊戌土′	官鬼辛巳火′世	勾陈
兄弟戊申金″世	父母辛未土″	朱雀
兄弟丙申金○	官鬼戊午火″	青龙
官鬼丙午火×	父母戊辰土′应	玄武
父母丙辰土″应	妻财戊寅木″	白虎

1. 卦中多爻乱动婚姻不顺，年月两官及主变卦中官爻多现，多夫之象，财伏官下生官，男的有女友在身边或正有人追求。

2. 兄弟申金持世，与年月官星巳火合之，自己正处于三角恋爱之中，卦中兄弟申金发动化官，恋爱中常有人与她争男友，世爻旬空说明在这种感情纠葛中自己无所适从，不知如何是好，旺官克合世爻，也说明为恋爱婚姻之事心情烦恼。

3. 内外卦父母爻均旺相，得太岁月建生，说明父母能干且地位高，父母戌土阳爻居阳位为君位，说明父亲地位比母亲更高。

反馈：她常处于三角恋爱之中，每次谈男友都有人与她争，为恋情之事常有烦恼。父母能干，父亲为厅级干部，母亲为处级干部。

例 28：绵阳某女士求测婚姻：

庚辰　丁亥　辛未　丙申

山雷颐　　　　六神

兄弟丙寅木′　　螣蛇

父母丙子水″　　勾陈

妻财丙戌土″世　朱雀

妻财庚辰土″　　青龙

兄弟庚寅木″　　玄武

父母庚子水′应　白虎

1. 女测婚主要看世爻与官爻的关系，参看财爻（因财爻是自己的竞争对手）和应爻。

2. 卦中财爻戌土持世，太岁冲之而暗动，世爻戌土又冲动三爻妻财辰土，世爻戌土与三爻辰土为同类同性相冲，卦中官鬼酉金伏在辰土财爻之下，并与三爻妻财相合，说明她的丈夫有外遇，她正与情敌争夫。情敌临太岁力强，自己争不过对方。

3. 有夫若无，为婚事常有口舌之争，夫星酉金得太岁生又临桃花，丈夫风流能干。因为官爻酉金不上卦而伏辰土财爻下，辰酉相生相合称心如意不思家，世爻空亡临朱雀，又世应相克，世与月建构成猪犬交加之象，又酉戌相害，故而口舌之争不断。

她说：丈夫与一个比自己年轻而又漂亮的女人好上了，她们常为此事争吵，丈夫确实能干，自己又争不过情敌，不知如何是好。

例 29：重庆某女士求测婚姻：

辛巳 癸巳 癸巳 庚申

泽山咸	**天地否**	**六神**
父母丁未土×应	父母壬戌土′应	白虎
兄弟丁酉金′	兄弟壬申金′	螣蛇
子孙丁亥水′	官鬼壬午火′	勾陈
兄弟丙申金○世	妻财乙卯木″世	朱雀
官鬼丙午火″	官鬼乙巳火″	青龙
父母丙辰土″	父母乙未土″	玄武

1. 兄弟申金持世动化卯木暗合，年月日支既与世爻合也与时支相合，明显自己有外遇，对方为有妇之夫。

2. 财爻卯木为别的女人，卦中官鬼午火为己夫，财爻不上卦，伏在官鬼午火之下生官，说明丈夫有外遇。

3. 官鬼午火空又被未土所合，丈夫心理不踏实，且有对婚姻失去信心之象，父母辰土紧贴晦午火，对夫不利。

4. 世应相生，应动生世爻，通官克世爻之关，化干戈为玉帛，一举两得，虽有外遇，婚姻仍可维持下去。

反馈：双方虽有外遇，但到现在仍无离婚之意。

例 30：湖北卢女士求测婚姻：

庚辰 戊寅 丙申 癸巳

雷水解	**泽水困**	**六神**
妻财庚戌土″	妻财丁未土″	青龙
官鬼庚申金×应	官鬼丁酉金′	玄武
子孙庚午火′	父母丁亥水′应	白虎
子孙戊午火″	子孙戊午火″	螣蛇
妻财戊辰土′世	妻财戊辰土′	勾陈
兄弟戊寅木″	兄弟戊寅木″世	朱雀

1. 卦中财官多现，婚姻不顺，多婚之象。

2. 世应相生说明自己爱丈夫，但爱得不实在（世空）。

3. 上爻妻财戌土为别的女人，暗动生官，应爻申金动与时支相合，且应爻会入申酉戌三会局内，夫有外遇。

4. 卦中官爻多现，多夫之象，且往往嫁有妇之夫或离异之人（财多生官之故）。子孙午火叠叠克官，也是婚姻不顺的原因之一。

5. 辛巳年太岁当值合走五爻申金夫星，应有离婚之事，立秋后申金官星当值又可成婚。

后反馈：丈夫是离了婚娶自己的，卢女士也是离婚再嫁，自己虽爱丈夫，但夫有外遇，辛巳年寅月离婚，申月又找到了丈夫。

例 31：某女士求测：

辛巳　己亥　庚子　丁亥

雷水解　　　　**六神**

妻财庚戌土″　　螣蛇

官鬼庚申金″应　勾陈

子孙庚午火′　　朱雀

子孙戊午火″　　青龙

妻财戊辰土′世　玄武

兄弟戊寅木″　　白虎

1. 对方只说测卦并未说明测哪方面的事，我见世爻旬空，世生应官，断其所测之事与婚姻有关，世虽旺但旬空并与太岁构成龙蛇混杂，为婚事有忧虑。

2. 应爻为配偶宫官爻居之，现应爻官星被太岁巳火合住，三、四爻子孙午火日冲暗动克制应爻，上爻妻财戌土紧贴生官爻，说明丈夫与她缘分薄，若不离婚再嫁定主夫有外遇。

3. 官居五爻为君位，得上爻妻财戌土生，说明丈夫是有职有权之人，但被子孙爻克，有官不大。

4. 世生应说明她爱丈夫，但旬空故心里不踏实。

测完后她告诉我：她此次求测的目的是想和丈夫复婚，看是否有希望。前夫是法院科级干部，两人已离婚十来年了。可现在他已经与别人结婚成家，明显复婚无望。她通过女儿询问前夫也证实了这一点。

例 32：某女士求测婚成否：

辛巳　辛卯　乙未　丙戌

泽地萃	**泽风大过**	**六神**
父母丁未土″	父母丁未土″	玄武
兄弟丁酉金′应	兄弟丁酉金′	白虎
子孙丁亥水′	子孙丁亥水′世	螣蛇
妻财乙卯木×	兄弟辛酉金′	勾陈
官鬼乙巳火×世	子孙辛亥水′	朱雀
父母乙未土″	父母辛丑土″应	青龙

1. 女测婚，官爻持世，信息明显，世临驿马动又爻变反吟，婚姻不顺。

2. 此卦除世爻以外的官鬼居太岁得月支卯木妻财及动爻妻财卯木生之，说明还有女的也在追她的男朋友，也说明此男有多婚之象。

3. 应爻为配偶宫也代表该男士，应爻临月破又遭卦中卯木冲，世爻巳火动而克之，本应从，但不宜卯动化出酉金帮，金弱而不从。应爻不从世爻，且世应相克，故此婚不成。

反馈：未成功。

例 33：张女士求测婚姻：

辛巳　壬辰　辛亥　戊戌

地泽临	**山水蒙**	**六神**
子孙癸酉金×	官鬼丙寅木′	螣蛇
妻财癸亥水″应	妻财丙子水″	勾陈
兄弟癸丑土″	兄弟丙戌土″世	朱雀
兄弟丁丑土″	父母戊午火″	青龙
官鬼丁卯木′世	兄弟戊辰土′	玄武
父母丁巳火○	官鬼戊寅木″应	白虎

1. 官鬼持世又与时支相合，婚姻不顺多婚之象。

2. 应爻亥水为配偶宫为丈夫生世，看似夫妻关系较好，没有大的矛盾，但应爻临驿马又遭太岁冲，配偶宫临驿马，说明婚姻不稳定，关系并不好。

3. 父母巳火临太岁发动泄世爻之气。内卦父母为家婆，自己与家婆不合，初爻巳火与月建辰土构成龙蛇混杂之象，父母巳火临太岁又冲配偶宫，应爻与日支成亥亥自刑，又与时支构成猪犬交加，整个家庭矛盾重重，争吵难免。

4. 父动泄世之气，子孙动而克世，且子孙遭克变鬼临螣蛇，有流产之象。

综上所述，今年婚姻上应有较大的麻烦。

反馈：自己和丈夫都是曾结过婚的人。自己和婆婆矛盾很重，婆婆挑拨夫妻关系，两人打了一架导致流产，在酉月已离婚。

例 34：某女士求测感情：

辛巳　甲午　壬寅　庚戌

天山遁	**雷山小过**	**六神**
父母壬戌土○	父母庚戌土″	白虎
兄弟壬申金○应	兄弟庚申金″	螣蛇
官鬼壬午火′	官鬼庚午火′世	勾陈
兄弟丙申金′	兄弟丙申金′	朱雀
官鬼丙午火″世	官鬼丙午火″	青龙
父母丙辰土″	父母丙辰土″应	玄武

1. 官鬼持世得太岁月建助，自己是已婚之人，世爻临桃花、青龙、将星又得寅午戌三合火局助，说明她有组织领导才能，多才多艺，风流能干，有官职在身。

2. 世临桃花得日辰之生，本人感情丰富，与属虎、兔之男士有较深的来往。外卦戌土动，冲动初爻辰土晦火，本人名誉受损，有感情烦恼，加之世应相克，说明与此人关系不能长久。

3. 外卦伏吟，应爻又受克太过，说明对方为两人感情之事反复不安。

4. 应爻为对方遭太岁旺克，克中带合，对方是有妇之夫，受妻子管束得紧，应爻遭太岁月建所克，外卦又伏吟，说明情夫对此事已是有心无力，这种关系再难维持。

反馈：她为某局科级干部，今年与另一局的一位干部来往，对方是有妇之夫，现在对方不愿再与她保持这种关系了。这可真是落花有意，流水无情。

例 35：某女士求测感情：

辛巳　乙未　壬寅　乙巳

天火同人	**山风蛊**	**六神**
子孙壬戌土′应	父母丙寅木′应	白虎
妻财壬申金○	官鬼丙子水″	螣蛇
兄弟壬午火○	子孙丙戌土″	勾陈
官鬼己亥水′世	妻财辛酉金′世	朱雀
子孙己丑土×	官鬼辛亥水′	青龙
父母己卯木○	子孙辛丑土″	玄武

1. 此卦多爻乱动，给人无从下手的感觉，其实测感情和测婚姻感情一样，我们只要紧紧抓住世应财官及卦中相合之爻来断就可以了。

2. 多爻乱动，官鬼持世合世者较多，正是求测者心情烦乱纠缠不清之象。世爻亥水与日支寅木合，与初爻亥卯半合，与四爻兄弟午火暗合，明显多婚之象，即使不结婚也有多个男人围着她转。世爻在年月日时全为克泄耗，有卦中财爻申金动而生之，且变爻亥子水帮世爻，世弱而不从，又临驿马，说明她对婚姻已失去信心，也说明她的婚姻不稳定。

3. 兄弟午火动得太岁时辰助又得日辰生，巳午未会桃花局，且暗合世爻，对方来势凶猛世爻避之不及，说明此男人正积极追她，但兄动化墓，必然是先热后冷，结局悲凉。兄弟午火除与世暗合外还与月建未土相合，对方的情人也不只她一个。这个男的是一个有老婆孩子之人，并且他的妻子也有外遇。（卦中兄动化子孙故有孩子，财爻申金为情人之妻动而化官又与年时支合，故情人之妻也有外遇。）

反馈：该女士年近 40 岁，已离了三次婚，她对婚姻已麻木，现单身一人，有三个男子与她关系密切，其中一个男子是某公司经理，有妻有儿，其妻子确实有外遇。

例 36：王女士求测婚姻：

辛巳　壬辰　戊辰　庚申

水雷屯	**水火既济**	**六神**
兄弟戊子水″	兄弟戊子水″应	朱雀
官鬼戊戌土′应	官鬼戊戌土′	青龙
父母戊申金″	父母戊申金″	玄武
官鬼庚辰土×	兄弟己亥水′世	白虎
子孙庚寅木″世	官鬼己丑土″	螣蛇
兄弟庚子水′	子孙己卯木′	勾陈

1. 测婚主要看财官世应及他们间的生克冲合。

2. 世爻寅木在年月日时均为克泄耗，世弱而临驿马，说明自己心神不定，对婚姻已失去信心。

3. 世应相克，夫妻不和，官鬼应爻为配偶宫为夫旬空，说明丈夫对她已无真情，婚姻名存实亡。卦中官爻多现多夫之象，妻财午火伏在三爻官鬼之下生官，说明丈夫有外遇。官明暗动耗世爻之气，婚变的原因在于丈夫。

反馈：丈夫有外遇，虽未离婚，但已无感情可言，分床而居已久。

例 37：某女士求测婚姻：

辛巳　癸巳　己卯　甲戌

火风鼎	**水泽节**	**六神**
兄弟己巳火○	官鬼戊子水″	勾陈
子孙己未土×应	子孙戊戌土′	朱雀
妻财己酉金○	妻财戊申金″应	青龙
妻财辛酉金○	子孙丁丑土″	玄武
官鬼辛亥水′世	父母丁卯木′	白虎
子孙辛丑土×	兄弟丁巳火′世	螣蛇

1. 卦中多爻乱动，世应相克，夫妻不和，家庭动荡之象。

2. 世爻本弱又被太岁月建支冲破，在日时为泄克，上爻巳火动化子水帮世，世爻弱而不从，官鬼弱而持世为婚姻之事忧虑不安，对婚姻已失去信心。

3. 世爻临驿马金舆，婚不稳定，世应与日支亥卯未三合亦说明自己有外遇，进一步加剧了婚姻不稳定的信息。

4. 应爻为配偶宫动而克世，夫妻关系不好，口舌不断，两财爻动生官爻，说明夫有外遇，婚姻前途渺茫。

反馈：夫妻常吵闹，双方均有外遇，庚辰、辛巳年都闹离婚，现在丈夫与自己母亲也闹僵了，离婚只是迟早的事。

求测者可以根据预测师的正确预测结论，作好思想准备，同时采取相应的措施，妥善处理这类事情是明智的选择。

婚恋是一种缘分，缘分可遇而不可求。遭遇婚恋挫折的人，需要对婚恋有一个正确的认识——缘至则合，缘尽则分，这是命运规律。人生很多事情都不可强求，婚恋更是如此。

《黄金策·婚姻》

男女合婚契于前定，朱陈缔结分在夙成。然非月老，焉知夫妇于当时？不有密羲，岂识吉凶于今日？欲谐伉俪，须定阴阳——阳奇阴偶，配合成婚。如男家卜，宜世属阳应属阴，用神阴阳得位；女家卜，宜世阴应阳。

阴阳相得，乃成夫妇之道；阴阳交错，难期琴瑟之和鸣——如男卜女，遇世阴应阳，世阴财阳者，是阴阳交错，后主夫妻欺凌，终朝反目。

内外互摇，定见家庭之挠括——占婚姻卦宜安静，安静则家庭雍睦无争。若财动则不和公姑，鬼动则不和妯娌，父动则不和子侄，兄动则不和妻妾。加月建日辰，不唯不和，更有刑克。

六合则易而且吉，六冲则难而又凶——六合之卦，一阴一阳配合成象，世应相生，六爻相合，占主得之，必主成而又吉。六冲卦非纯阳则纯阴也，其象尤二女同居，两男并处，想必不合，占者得之，必主难成，纵成亦不利。

阴而阳阳而阴，偏利牵丝之举——世与用宜阳反阴，应与财宜阴反阳，占娶妻多为不利，唯入赘最吉。

世合应应合世，终成种玉之缘——男家卜，世为男家，应为女家，若得相合是两愿之象，必主易成，后亦吉利。

欲求庚帖，不宜应动应空；若论聘仪，安可世蛇世弟——欲求庚帖，须得应爻安静生合世爻者，必然允许；若应爻发动，或空或冲，皆主不允。世临蛇弟，主男家悭吝，礼必不多。应爻临之，主女家妆奁淡薄。如旺动主克妻也。

应生世悦服成亲，世克应用强劫娶——应爻生合世爻，主女家贪求其男，则易成；若世爻生合应爻，主男家贪求其女。如旺世克衰应，乃恃富欺贫，用强劫娶也。

如日合而世应比合，因人成事——世应比合，得日辰合世应者，或间爻动来合世应者，是赖媒人之力也。

若父动而子孙墓绝，为嗣求婚——若因无子而娶，遇父旺动或子孙墓绝，主无子息，父持身世者亦然。

财官动合，先私而后公——夫占以财为妇，世与动合，是必先通而后娶，财与世爻动合亦然。财爻动与旁爻合，与他人有情，财遇合多亦然。

世应化空，始成而终悔——世动生合应爻，男家愿成，应动生合世爻，女家愿嫁，皆易成之象，但怕变入空亡，必有退悔之意也。

六合而动象刑伤，必多破阻；世冲而日辰扶助，当有吹嘘——世应逢生主吉，若遇动爻日辰冲克，两边必有阻隔难成。世应冲克本凶，若遇动爻日辰生合两边，必有吹嘘可成。要知吹嘘破阻之人，依五类推之，如父母为伯叔尊长类；外宫他卦以外人而言。

鬼克世爻，果信绿窗之难嫁；用合身位，方知绮席之易婚——如鬼煞克世，不独不愿为婚，更防祸殃。如用神生合世位，不但易成，后必恩爱。

财鬼如无刑害，夫妻定主和谐——财鬼刑冲克害，夫妻必然不睦，如无此象，到老和谐。

文书若动当权，子嗣必然萧索——父母旺动，子孙旬空反可得子，至子孙出空之年亦难免克；若不空现受其伤，主无子息。

若在一宫，当有通家之好；若加三合，曾叨会面之亲——世应生合比和，财鬼又同一宫，是亲上亲也。不带三合，虽亲未认，若带三合，必曾会过矣。

如逢财鬼空亡，乃婚姻之大忌；苟遇阴阳得位，实天命之所关——夫卜女以财爻，女卜夫以鬼爻，为卜婚姻之用神也，若值空亡，必不吉利，然不可执法推，财空克妻，鬼空夫亡，盖男占女以财为主，鬼空不妨，女占男以鬼为主，财空不妨，如父母伯叔卜子侄女婚姻，必要看子孙爻何如；若兄占弟婚，必看兄弟，爻遇吉则吉，逢凶则凶，当从用神断，不可一概而言之也。

应财世鬼，终须夫唱妇随；应鬼世财，不免夫权妻夺——世持鬼应持财，如男自占是阴阳得位之象，必然夫秉男权，妻操妇道，能夫唱于前，妇随于后。若应持鬼世持财，是阴阳失位也，必然夫权妻夺，唯赘婿反吉。

妯娌不和，只为官爻发动，翁姑不睦，定因妻位交重——夫占婚以兄为妯娌，父为翁姑，卦有官动则克兄弟，主妯娌不和，有财动则克父母，主公姑不睦。若旺而无制，父爻衰弱不能敌，与翁亲有刑克也。

父合财爻，异日有新台之行；世临妻位，他日无就养之心——占婚遇财父二爻带玄武动合者，有翁淫子媳之事；若财临世身，玄武不动合者，其妇必不善事公姑。

空鬼伏财，必是望门之寡妇；动财值虎，定然带服之婆娘——卦中财爻伏于空鬼之下，其女先曾受聘，未婚夫死，俗谓之望门寡。若加白虎发动，则是已嫁而夫死戴孝。若鬼伏财下不空者，必是有夫妇女。如被日辰动爻提起刑克世爻者，后防争讼。

世应俱空，难遂百年之连理——世空自不欲成，应空彼不欲成，勉强欲成，终不遂意。

财官叠见，重为一度之新人——男占女卦有两财，女占男卦有两鬼，必是再娶再嫁，重为一度新人。两鬼发动，必有两家争娶；财伏鬼下，男必有妻有家；鬼伏财下，女必有夫在身。鬼不空而动爻日辰冲克妻财，必是生离改嫁矣。

夫若才能，官位占长生之地；妻如丑拙，财爻落墓库之乡——要知男女情性容貌，财鬼二爻取之，旺者身肥，衰者瘦弱。如螣蛇勾陈朱雀属土火，貌丑；如青龙属木多貌美。衰而有扶，丑有才能；旺而入墓，美偏愚拙。

命旺则荣华可拟，时衰则发达难期——命者即求卜人之本命爻是也。旺衰二字，古注以四季论之，谬也。倘木命人择于春秋占，必发达乎？岂富贵贫贱由人自取耶？予之屡验者，为本命爻临财福、青龙、贵人等吉宿，或遇日辰动爻生扶拱合者，固荣华有日；如命临兄鬼、白虎等凶神，或遇日辰动爻刑冲克害者，固发达无期。如命临父母主好技艺，若加青龙主好诗礼，临兄弟则爱赌好费，临财福必善作家，临官鬼带凶神，主疾病官刑，不加凶神乃公门人役，带贵人则贵。学者宜以类推。

财合财一举两得，鬼化鬼四复三番——占婚遇财化进神，有婢仆同来，谓之赠嫁，遇冲终必走失。财化子有儿女带来，谓之带幼聘，逢空虽来不寿。如化退神逢冲，日后背夫改嫁，或退母家。大抵鬼化鬼不论进退神，凡事反复不定。

兄弟动而爻临玄武，须防劫骗之谋——兄弟临玄武、螣蛇来刑冲世身者，须防其中奸诈，设计骗财。若世应生合，阴阳得位，亦必大费而可成。

应空而卦伏文书，未有执盟之主——父母为主婚人，若不上卦或落空亡，必无主婚。如卦身临财，乃其妇自作主张。

两父齐兴，必有争盟之象；双官俱动，斯为竞娶之端——卦中动变见有两重父母，主有两人主婚，不然主两家庚帖。若两鬼俱动，则有两家争婚多变。若卦中见有父化官，官化父，父官皆动，恐有争讼之患；兄临朱雀必有口舌。

日逢父合，已期合卺于三星——日辰与父爻作合，或日辰自带文书，主成婚日期已选定。

世获财生，终得妆奁于百两——凡占妆奁，当看财爻，若财爻生合世爻，又得日辰动爻扶助，必有妆奁；如临勾陈，必有奁田。

欲通媒妁，须论间爻——占庚帖以间爻为媒人；如独指媒人占，又非间爻论，必以应爻为媒妁是也。

应或相生，乃女家之瓜葛；世如相合，必男室之葭莩——间爻与世生合，言我家亲，与应生合言彼家亲，与世应俱生合，两家皆有亲也。旺相新亲，休囚旧眷，本宫至亲，他宫外亲。

先观卦象阴阳，则男女可决——阳男媒，阴女媒，以衰动旺静取之是也。

次看卦爻之动静，则老幼堪推——交重二爻或衰弱者是老年人，单拆二爻或旺相者是少年人。

论贫富当究身命，决美丑可验性情——男问妇看财爻，女问夫看鬼爻，女问男家、男问女家皆看应爻。若应旺财衰，女家虽富，女貌不扬。余类推。

雀值兄临，惯在其中得利——间爻如值螣蛇、朱雀及兄弟者，其人惯赖媒妁获利。

世应冲合，浼他出以为媒——间爻安静被世应冲合起，及日辰冲并起者，其人无心作乐，必央他说合也。间爻自动者勿如此断。

两间同发，定多月老以争盟；二间俱空，必无通好以为礼——两间俱动，必有两媒，须看衰旺及有制无制，可知哪个执权。若间爻安静俱在空亡，必无媒人通好，若空动而化出兄鬼或临兄鬼空动者，乃是媒妁欲谋礼而不来，非无媒也。

世应不合，仗冰言而通好——世应相冲相克，若得间爻生合动世动应，须赖媒人两边说合方成。

间爻受克，纵绮语亦无从——欲求亲必得应爻生合间爻，必然听信媒言；如间爻反被应爻冲克，虽甜言亦不从。

财官冲克，反招就是愆尤——间爻若被日辰动爻或财官冲克，其媒必然取怨于两家，世爻克冲男家有怨，应爻克冲女家有怨。

世应生扶，必得其中厚惠——间爻遇世应日辰带财福生合，其媒必有两家酬。旺相多，休囚少，世旺男家多，应旺女家多。

一卦凶吉，须察精微委曲，百年夫妇，方知到底团圆。

此章唯论男卜女婚、女卜男姻之意，今术家不辨其详，凡择婿择媳嫁妹取嫂，间不以用神断，概以官为夫财为妇，大误于人。况章内有云“妯娌不合只为官爻发动，翁姑不睦定因妻位交重”，此二句可证矣。学者当凭用神吉凶推断，不可概论财官是也。

本节习题：

1. 测婚姻如何取用神？

2. 夫妻离异与丧偶，在卦中怎样区别？

3. 夫妻关系有很多类型，比如双方恩爱、如同朋友、夫妻不和、同床异梦而有外遇、既爱配偶又有外遇等等，在卦中怎样去分析判断？

第三节　流年运势

流年运气分为两种：一是本年各月的运气；二是以后各年的运气。

这里所说的流年运是指某人在一年中各时段的运气，包括财运、官运、文运以及官非口舌、病伤横祸等等吉凶之事。提前预测出一年的吉凶，可以有意识地采取有效措施，避免凶灾的发生，至少可以减轻凶灾的危害程度；而对于吉利的事，则可根据八卦提供的信息，不失时机地抓住有利因素，到最适宜的地方办最适宜的事，以求得最大限度的效益。一年之计在于春，提前知晓一年运气趋势，对制定本年的行动计划是具有十分重要的指导意义。比如今年三、四、五、六月财运极好，七、八、十、十一月是破财之运，就应该抓住三、四、五、六月的有利时机好好经营，在七、八、十、十一月则慎重行事，不要盲目投资，只图稳，不冒险，势头不妙就立即刹车。这样就可以保住前几个月发的财。但如果不知运气，恰恰错过三、四、五、六月的良机，而在七、八、十、十一月投进大量人力财力，结果却是费力不好看，甚至亏掉老本。再比如你这年适宜搞五行属土的生意，不适宜搞五行属木的生意，你却因没预测而不知道，恰恰去做木材生意，结果倾尽老本，还欠上一屁股账。若明明不宜去南方，你却偏偏去了南方，说不定你会因此而遇上车祸或匪盗，破财又伤身。所以，提前预测一年的运气趋势是非常重要的，尤其是对于那些在来年有较大举措的人，更是十分必要的，否则，一棋失着，满盘皆输而后悔莫及。

测一年的运气可在该年年初测，也可在上一年年底测；如果今年已过去了几个月，剩下几个月的运气也可以测知，而求测者只要意念中带有全年的运气信息，这个卦不但可以测知今后几个月的吉凶趋势，还可以准确地追溯前几个月的运气情况，正是因为这样，求测者才被八卦知前预后的功能深深折服。

预测本年各月的运气与预测以后各年的运气，其预测原理是一样的，但在预测方法上，二者稍微有些区别：

预测本年各月运气，应以各个流月为主线进行分析推断，卦爻的旺衰强弱以流月去衡量；预测各年运气则应以各个流年为主线去分析推断，卦爻的强弱以流年去衡量。

对流年运气的预测，关键是要抓住最主要的重大事情。

不同的人有不同的运气和不同的事情，因此，不同的人所测的流年卦，反映的大事各不相同。比如，有的主要是财运信息，有的主要是官运信息，有的主要是婚恋信息，有的主要是健康信息，有的主要是伤病信息，有的主要是官司信息。根据卦中六亲的动变情况，对这些不同类别的流年信息，我们都可以作出准确的判断。

测流年运气，以世爻代表自己，根据卦爻六亲确定事情的类别，以相关卦爻的力量强弱及其与世爻的生克关系推断事情的吉凶。流年卦的分析推断与一般预测吉凶卦的方法基本相同，在此就不单独论述。下面我们通过一些实例来讲解流年卦的分析推断方法。

例 1：我自测一年的运气：

丁丑　壬寅　辛巳　己亥

山泽损　　　　**六神**

官鬼丙寅木′应　　螣蛇

妻财丙子水″　　　勾陈
兄弟丙戌土″　　　朱雀
兄弟丁丑土″世　　青龙
官鬼丁卯木′　　　玄武
父母丁巳火′　　　白虎

1. 占断原理

(1) 中和原理。即用神“太旺者损之斯成，不及者益之则利”，用爻宜旺相有制，衰而有扶，则象至中和无谋而不遂，德主中庸无往而不善。关于中和原理虽是筮学中的入门问题，却是筮学中的难点之一，不少人因受“用神越旺越好”的观念误导，而误入迷途不知返。其次还有一个关键的问题就是关于“中和”的量度把握问题，如在什么情况下是强旺，什么情况下是亢旺，以及专旺；什么情况下是弱，什么情况下是衰弱，什么情况下是衰极，都是一个“量”的把握问题。读者可以详细阅读本教材有关章节，并留意在实践中认真加以鉴别。

(2) 物极必反的原理。一般来说，用神过旺或太弱，都是不吉之兆，但如果用神旺到了极点或衰到了极点，则又是大吉之兆。五行之理，不唯中和，且尚有“旺之极者不可损，衰之极者不可益”之论，这就是“物极必反”的原理所致。不过要提醒读者注意的是，“亢旺”与“专旺（即旺之极者)”、“衰弱”与“衰极”之间均有一个临界点，是要好好把握的。一般来说，用神旺而克泄耗有力，是为“强”；克泄耗无力是为“亢旺”，全无克制泄耗是为“专旺”；用神衰而扶助有力是为“弱”，扶助无力是为“衰弱”，全无扶助是为“衰极”。准确把握以上几种概念之间的量与质的差别，是正确断卦的关键所在！

(3) 天干辅助地支断卦原理。纳甲筮法，顾名思义，就是在八卦中纳用六十甲子占筮的方法。由于历代占筮典籍理论，只重地支而不用天干，关于八卦的纳干，是只纳而不用。这就给后学者留下了一个难解之谜，一是八卦的纳干到底有没有用？如果没用，纳干有何意义？二是八卦的纳干到底该如何运用的问题。

我们知道六十甲子是用来记述时空的符号，而六十甲子又是由天干和地支相配而成，干支一体，天覆地载，阴阳始成，动静即分。地支若脱离了天干，则无法构成完整的时间概念，所以在八卦中纳入天干有着非常重要的意义。天干和地支一样，一起参与并完全遵守五行的生克制化、刑冲合害的规律。这一点，希望能引起读者的重视。

(4) 年、月、日、时四柱综合断卦原理。前人在运用纳甲筮法进行占筮的过程中，都不太重视年、时的作用，一般的做法是抛开年、时，纯粹只用月、日（甚至不用月日之干）断卦，这种做法严格地说还是比较片面的，势必将造成某些筮例“占而不验”。而对这些“占而不验”的筮例，又一概归结为“念之不诚”等原因。实际上，有某些卦例（如八卦中的从格与专旺格，以及亢旺等卦例）是必须要考虑年柱和时柱包括各柱天干之作用的，否则将是“差之毫厘，谬以千里”，虽然这些特殊的卦例并不普遍，但一旦遇上而占者又预测失误，势必将给求测者带来诸多不利，甚至还有可能造成严重的后果，因此，本着严谨的治学态度，在预测时占筮者一并参考年、时两柱及各柱天干的作用，对某些特殊卦例的占断是非常有必要的。任何一个事物的存在，都离不开时间与空间两个基本要素，离开了这两个基本要素所形成的概念，我们就无法描述一个事物的存在或运动状态。而事物的存在或运动，又是在一连串持续不断的具体时刻内完成，故描述一个事物的存在和运动状态，又离不开具体的时间概念，即年、月、日、时。任何事物，都超越不了时空的界限而独立存在。而纳甲筮法，就是运用时空规律，将时空的因子转换为抽象的符号，而进行定性与定量运算的一种预测方法。故在纳甲筮法中，一定要引入具体而完整的时空信息，才能达到准确预测的目的。

在具体运用年、月、日、时四柱进行综合断卦的过程中，要分析年、月、日、时四柱干支通过生克制化后而最终形成的各个五行力量，并以此为标准来衡量卦中各爻的旺衰强弱，要注意不要错误地把各柱割裂开来而孤立地看待。

2. 剖析卦例

明确上述占断思路和原理后，我们再来剖析此卦，则可洞幽察微，一目了然了。

(1) 先着手分析占筮时在特定时空中的各个五行力量的旺衰强弱：

丁丑　壬寅　辛巳　己亥

木：春木雄壮，但初春之木，犹有余寒，得巳火照暖，始得生发之机，得亥水润身，乃有舒畅之美，又天干丁壬合木，更助木之旺势；

水：休于月令，壬水合木，亥水又被己土盖头，其力有损，又被巳火紧冲，几无存身之地，巳火冲起亥水去合寅木（虽木偏寒，得巳火暖之），寅亥遥合成化，天干丁壬引助，亥水被化于无形，虽有如无；

火：旺于寅月，亥水紧冲，虽火胜水败，但毕竟巳火耗力；又被辛金耗气，晦火之光，力量有损，旺而不强；

土：处死地，丑土虽干覆丁火，但丁壬合木，丁火叛主投敌，不但不生身反而助纣为虐，与寅木围剿丑土，故土势寡力单，虽得巳火遥生，但远亲不如近邻，终是偏弱；

金：处囚地，势孤力微，极弱。

(2) 世爻旺衰强弱的判断：

兄弟丑土持世，世爻为"我"。有四爻戌土紧贴且丑土临太岁，相帮又得日辰巳火之生，身本不弱，但不宜死于月令，被旺木克制，故世爻丑土旺而不强，乃为中和之象。

(3) 总断：

①世爻得中和之象，喜得太岁丁丑入爻扶助主象，当主一年吉庆。古人云：德主中庸无往而不善，象至中和无谋而不遂，是有至理在也!

②看一年财运如何，当取妻财丙子为用神，今财爻子水休于时令，年、月、日、时四柱中一无扶助，休衰已极，卦中克泄耗俱全，原神子孙申金旬空伏藏又逢月破，且入岁墓，乃为真空之象，财爻子水全无生扶，若按"常理"断，当主一年破耗多端，求财无异于水中捞月，镜中之花。但实际上该年本人财运丰隆，利似春潮。此中之理，就是前面讲过的物极必反的原理——"衰之极者不可益"也，反主吉兆。且世爻丑土临华盖，与财爻子水相合，当主得五术玄学、技艺之财。

③看一年工作，当取官鬼爻为用神，但官鬼寅、卯木得令秉时，又多得生扶，其旺可知。世爻丑土由于过于中和，在群木攻身之下，仅有招架之功，毫无还手之力，克伐太重。虽得官鬼丙寅、丁卯两爻有天干丙丁之火可通关生身，但不料丙被辛合，丁被壬合，丙辛拱水、丁壬化木，皆背火向木，助纣为虐，克伐世爻之力有增无减，幸得六爻安静，寅、卯两爻虽对世爻虎视眈眈，但终没有轻举“妄动”，又有初爻父母巳火临日辰通关有力，终不致酿成凶咎。

不过世爻若临火土旺相之月、日，形成官世两停，或官生父，父生身，又当主工作顺利，有文运，主名气，大有进益之喜。又官鬼多现，当主身兼数职之象。

④看文运，当取父母丁巳为用神，父临日辰，又得月令长生之地，乃为木火通明之象，当主一年文运昌隆，小有名气。

⑤看人际关系，要根据实际情况而论。当时因忙于工作，没有什么社交活动，故论人际关系当以同事为主，应取兄弟戌土为用神。

世爻中和临青龙，当是德主中庸，人际和美之象，但不宜世、用二爻皆为阴爻，又紧贴，乃是同性相斥，当主对抗之象，故在火土旺相之月易与同事有龃龉。

（4）流月运程批断分析：

①正月建壬寅，月支寅木暗冲迁移星（以年、月、日、时四柱查神煞之方法），当主本月有迁移和旅行之事。故于正月过完春节后从四川老家返回咸宁。

②二月建癸卯，卦中官鬼丙寅、丁卯两爻临帝旺之地克伐世爻，二爻官鬼丁卯又临玄武，玄武属水，对官鬼卯木有生助之力，且玄武又主暗昧之事，故在工作上屡被同事掌权者暗中压制、掣肘、中伤，原定的本人的教学职务莫名其妙地被取消，写的文章也不给发表，给本人带来一些不必要的思想压抑。

③正月、二月的经济状况一般，卦中财爻丙子休衰已极，当主吉兆，本该大有进益之喜。但不料财爻子水纳干为丙，与日干辛金合而拱水，虽未成

化，但已是不利之象，逢流月壬寅、癸卯，被天干壬、癸之水化神引助，丙辛合已有几分化水之力，财爻从象不真，格成假从，俗云：衰之极者不可益，故财运平平，收入较低。幸得月支寅、卯木临旺地，泄水有力，又得天干丁壬合木，故不致破耗。

这里有一个难点，就是丁壬合木以后，壬水是否还可以充当化神的角色？这是一个较为复杂的问题，绝不可以简单地回答“是”或“不是”。我们可以从以下几个方面来分析：丁壬合化成木以后，壬水的性质转化为木，水的特性得到抑制，不能显现，故这种情况下，壬水不能充当化神的角色，应是不容置疑的，这是其一；

其二，应当明确的是，丁壬合化成木以后，只是其性质和功能的转换，但其物质基础并没有被改变，一旦逢流日、流时水旺之时，壬水还可以在一定程度上逐渐还原，这和化学上的“氧化——还原”反应的情形十分类似，在命理学上称之为“反化”。

同理，寅亥合木，逢水旺之时，亥水也有在一定程度上还原的可能，这就导致了财爻子水从象不真，心不专一，好比是“人在曹营心在汉”，降低了财运的层次。

④三月建甲辰，世爻本中和，现得流月之助处旺地，官鬼寅卯之木旺气渐退，克身之力大减，势成身官两停，当主吉象，故本月运气好转。

甲辰月，财爻子水一无生扶，其势衰极，乃真从之象，故本月财运大有起色，收入较丰。不过月支辰土仍为湿土，湿气未除，仍嫌不足。

甲辰月，世爻得助处旺地，乃是吉象，但不宜再逢土旺之时，否则世爻过旺，并非美事，果于己丑日生病一场。应己丑日者，乃是月、日甲己合化土，甲木非但不克抑旺身，反而背主化土，更助土之旺势之故。

⑤四月建乙巳，父母巳火值月建临旺地，生扶世身，当主有文运，主名气。故在四月发表论文，且在邵伟华易学研究服务中心举办的具体断四柱、周易提高班上讲课一举成名，引起轰动。

四月财运较前月更佳，已翻了一番。乃是乙巳月木助火威，一扫柱中湿气，财爻从象愈真之故。不过日干辛金通根于巳、丑之支，难于制化，丙辛拱水之势仍在，尚未除恶务尽。

⑥五月建丙午，印旺生世，故在提高班上授课效果极佳，加上预测效果影响日益扩大，声名远播。

五月财运较四月又翻了一番。四丙（四、五、六爻纳干为丙）争合一辛，反化为火，辛金制化得宜，丙辛拱水之势已荡然无存。月建丙午双体之火，冲尽子水，熬干滴水，财爻子水从象更真，愈加丰足。

⑦六月建丁未，丁火透干，通根燥土，火之余焰犹存，父母巳火其气未退，仍主名气，技艺精进。

六月丁未，与年柱丁丑天比地冲，丑中癸水辛金俱损，湿气尽除，且未土紧逼死绝之水，财爻仍从木火土之势，故未月财运不比午月逊色。

⑧七月建戊申，申为迁移星，又临金舆星，当主有迁移或旅行之事，但不料申金入墓于岁库，是欲动而未动之象。实际该月本人几次很想回家一趟看望孩子（申金为子孙），但因故终未走成。

此月申金泄耗丑土之气，世爻偏弱，故心中偶有不快之事，闷闷不乐。

此月财爻子水临月建处长生之地，已是不从之象。且日支与流月之支巳申相合，解巳亥相冲之危，亥水得存，复而引化巳申合水，天干丙辛合水，财气倍增，故此月财运仍是有增无减。

⑨八月建己酉，当令之金，巳酉丑三合子孙金局成化，生助财爻子水，故财运仍可与上月持平。

⑩九月建戌，世爻得戌帮扶，处旺地，仍是吉象，此月心情较为舒畅。

财爻仍受土克，又从木火土之势，故此月财利称心，较上月并不逊色。但流月庚金当值，日干辛金又无制化，是为美中不足，故此月财上有消耗，向家里寄了一些钱。此月兄弟戌土当值，但不宜世、兄二爻皆是阴爻又紧贴，乃是同性相斥，当主对抗之象，又丑戌相刑，故此月因同事舞弊而与对方发生龃龉。

⑪十月建辛亥，亥水马星临财，当主动中求财之象。故于当月在邵伟华先生多次动员下去广东邵伟华信息咨询服务有限公司坐镇把关，打开局面。

此月财爻子水临旺地，丙辛又化水，当主财利丰盈，实际在广州工作期间，几天内迅速打开局面，坐镇六七天，为公司创造经济效益几万元，本人获利几千元。

但亥水生合寅木，泄耗极甚，故此月耗费颇多。

⑫十一月建壬子，壬子双体之水，与太岁丑土时柱亥水三会水局，财官两旺，幸世爻丁丑得四爻丙戌之土帮之，又得日辰巳火之生，勉强可敌财杀，格成身财两停，故此月被评为工作先进一等奖，得到嘉奖，同时升任邵伟华信息预测总公司预测部经理，独自一人被定为预测收费最高等级。

⑬十二月建癸丑，财爻子水又处休衰之地，若以从论，本主吉象，但不宜月干癸水透出，帮扶子水，衰之极者不可益，故从象不真，局中又多呈寒湿之气，乃为假从之象，是为不利之兆。故此月为筹办公司耗资颇多。

3. 总结

我们在运用传统的六爻纳甲筮法进行占测时，经常会遇到“占而不验”的情况，这些“占而不验”的筮例，有较大一部分是用“常理”无法解释清楚的，此例就是一个典型而生动的例证。此例在占测财运时，若按“常理”推断，势必将发生极大的偏差甚至失误。而对这些“占而不验”的筮例，许多卜易者总是习惯地认为是个人技术水平不到火候的缘故，或单纯地归结为“意念不诚，信息不准”等原因，而又一时找不到失误的原因，只好将筮例弃之不顾。甚至还有一些初学者对这门古老的预测学科的科学性产生了怀疑。我在实践中发现，造成“占而不验”的原因是多方面的，其中最重要的原因之一，就是前人的纳甲筮法的占筮理论还很不完善，甚至还存在一些误区，而初学者又过于迷信书本，缺乏实践，对书中的一些理论又缺乏鉴别能力，死背断语，生搬硬套，教条僵化，以致屡屡预测失误。因此，仔细体悟和准确把握本书中的占断思路和占断原理，是您迈向成功的第一步。

例 2：南宁李公子（一十二岁）求测一年运气：

癸未　甲寅　戊申　壬戌

水风井　　**六神**

父母戊子水″　　朱雀

妻财戊戌土′世　　青龙

官鬼戊申金″　　玄武
官鬼辛酉金′　　白虎
父母辛亥水′应　　螣蛇
妻财辛丑土″　　勾陈

财爻持世，代表钱财又代表身体，因是小孩只代表身体，三爻官鬼酉金临白虎与四爻申金遇月冲暗动和世爻三会金局，泄世爻之气，又与世爻相害，也是伤灾的信息。酉月官鬼最旺，因而在此月最严重。由于酉对戌只是泄泻和相害而不克，因此伤灾不会危及生命，只是小伤而已。

后来反馈：结果此公子在当年的公历9月27日（辛酉月癸卯日）被狗咬伤。

例3：郑州杨先生求测自己在二〇〇六年的运气：

乙酉　己丑　癸亥　庚申

山泽损	**山水蒙**	**六神**
官鬼丙寅木′应	官鬼丙寅木′	白虎
妻财丙子水″	妻财丙子水″	螣蛇
兄弟丙戌土″	兄弟丙戌土″世	勾陈
兄弟丁丑土″世	父母戊午火″	朱雀
官鬼丁卯木′	兄弟戊辰土′	青龙
父母丁巳火○	官鬼戊寅木″应	玄武

世爻为本人。卦中只有初爻父母巳火发动，这个动爻所代表的信息就是本年将会发生的最重要的事情。

由于是测本人的运气，因此，丙戌年多是关于自己名誉、职称、房屋之类的事情。到底是这些事情中的什么事情呢？我们可从父母变出的六亲进行综合推断。父母动化出官鬼回头生，官鬼代表自己的上司，官鬼生父母，表示自己的名誉、职称方面的事情将会得到上司的支持和帮助而如愿以偿，这就排除了房屋之类的事情。

世爻旬空，表示自己对名誉、职称之事心中没有底，感到不踏实。

应爻寅木与世爻暗合，表示自己有恋爱之喜。但世应安静不动，此事目前暂时还不能成为事实，明年为丙戌年，流年刑动世爻，自己会主动去找女友，因是暗合关系，双方比较默契，加上父母动通世应之关，在父母的撮合下，此事容易搞定。

财爻与世爻相合，明年自己会有经济收入，但财爻子水旬空在明年不旺，因而收入不会有多大。

世爻为兄弟，自己明年将会有一些花费，这些花费主要与上述事情有关。

官鬼卯木克世，在明年的寅卯亥子月官鬼力量大，工作上有压力，领导会对自己加以考验，幸得父母巳火发动通关，最终会得领导信任。

后来反馈：与女朋友的恋爱关系确定，收入尚可。春冬感到工作压力大，但后来得领导信任和赏识，最终考取了自己所想得到的中级职称。

例 4：重庆熊先生求测二〇〇五年运气：

乙酉　戊寅　戊寅　庚申

地火明夷　　**六神**

父母癸酉金″　　朱雀

兄弟癸亥水″　　青龙

官鬼癸丑土″世　　玄武

兄弟己亥水′　　白虎

官鬼己丑土″　　螣蛇

子孙己卯木′应　　勾陈

1. 官鬼持世，自己最关心的是求取功名之事。

2. 世爻官鬼衰弱而不从，原神财爻伏在三爻亥水之下而受克，不能去生世爻官鬼，官鬼还被卯木（子孙为文昌）所克，这样，自己就缺乏求取功名的实力，最终就难以如愿。

3. 官鬼持世临玄武，加之两个兄弟亥水在世爻上下耗气，表示会遭遇盗贼而破财，冬天水旺之时是应期。

官鬼持世遭克泄耗，虽有心求取功名，却不利功名，反而招盗贼的一年。

后来反馈：此年春节后离开公司，在家复习，准备考研，但由于主要专业成绩未达到标准，未能考取。此年冬天，住宅门遭盗贼撬开而被盗。

例 5：某先生摇卦求测二〇〇〇年至二〇一〇年这十年的运气：

丁亥　癸丑　癸丑　丙辰

雷泽归妹　　　六神

父母庚戌土″应　　白虎

兄弟庚申金″　　螣蛇

官鬼庚午火′　　勾陈

父母丁丑土″世　　朱雀

妻财丁卯木′　　青龙

官鬼丁巳火′　　玄武

1. 2000 年庚辰，戌土被冲而亢旺，戌土在应爻为父母，此年父母有大灾。（反馈：此年父亲去世。）

2. 2001 年辛巳，马星值年，经常外出走动。（反馈：外出时间多。）

3. 2002 年壬午，流年临外卦四爻官鬼午火，官鬼午火与世爻生中有害，会受官方管制。（反馈：此年偷渡去英国，因无合法身份，处境艰难，成天躲避官方，害怕被查出是偷渡。）

4. 2003 年癸未，财星之墓，土重木折，木为财星，此年有破财之患。(反馈：公历 3 月破财十来万。)

5. 2004 年甲申，太旺的世爻得到流年泄泻，此为好的流年，申金为兄弟为喜神，能得朋友之助益。（反馈：有朋友相助，事业有起色。）

6. 2005 年乙酉，与甲申年类似，运气不错。（反馈：在上一年的基础上有所发展。）

7. 2006 年丙戌，丑戌相刑，世爻亢旺，多事之年，诸多不顺。（反馈：2 月底被拘禁了一天，6 月无照驾驶被罚款。）

8. 2007 年丁亥，流年子孙生起财星，财运大为好转。（反馈：此年财运在这几年中是最好的）

例 6：湖北蔡先生摇卦求测年运：

丙戌　庚寅　甲子　庚午

风雷益	**水地比**	**六神**
兄弟辛卯木○应	父母戊子水″应	玄武
子孙辛巳火′	妻财戊戌土′	白虎
妻财辛未土″	官鬼戊申金″	朧蛇
妻财庚辰土″世	兄弟乙卯木″世	勾陈
兄弟庚寅木″	子孙乙巳火″	朱雀
父母庚子水○	妻财乙未土″	青龙

财爻持世化兄弟，应爻兄弟发动又克世爻之财，而且财爻辰土又被流年冲动，年内必然会有较大的花费。为什么事情而花费呢？初爻父母子水发动生兄弟卯木又化出财爻，外卦卯木化父母回头生，因而会因购房而花钱，而购房需要较大的花费也符合实际情况。

父母为子水，被流年戌土克，在冬季强旺而可以抗克，子水又发动，说明购房之事大概要在子月才能定下来。

兄弟发动得日辰子水和动爻子水生，兄弟卯木在冬季得水生力量较强，克财的作用较大，因而在冬季购房会多花一些钱。

后来反馈：此年为房子之事操心，到冬季才定下来。开始订房时每平方六千多元，到冬季成交时每平方米九千多元，多付出一大笔钱。

例 7：重庆杨先生求测二〇〇五年运气：

甲申　丁丑　庚戌　壬午

雷风恒	**山水蒙**	**六神**
妻财庚戌土×应	兄弟丙寅木′	朧蛇
官鬼庚申金″	父母丙子水″	勾陈
子孙庚午火○	妻财丙戌土″世	朱雀
官鬼辛酉金○世	子孙戊午火″	青龙
父母辛亥水′	妻财戊辰土′	玄武
妻财辛丑土″	兄弟戊寅木″应	白虎

官鬼持世有帮扶，意在功名与晋升。四爻子孙动克世爻，世爻动又化出

子孙回头克，升迁有阻或者有其他烦恼之事。

流年乙酉入卦助世爻，可抵御子孙对世爻之克。在入夏之前三合子孙有形无实，不能对世爻产生实质性的克制，因而在清明之后、立夏之前，立秋之后、立冬之前有利晋升。日辰戊土对子孙有收敛之能，子孙又化墓，故除了在夏季子孙能对世爻有克制作用外，其余月份卦中动爻三会金局成化则无碍。夏季子孙有力克制世爻，自己会遭遇烦恼之事，但夏季过后则会消除。

后来反馈：2005 年公历 4 月底（辰月）升迁，在夏季有烦恼、忧虑之事，7 月份开始消除，之后运气很好。

例 8：北京某女士求测年运：

辛巳　庚寅　乙丑　丙戌

地泽临	山水蒙	六神
子孙癸酉金×	官鬼丙寅木′	玄武
妻财癸亥水″应	妻财丙子水″	白虎
兄弟癸丑土″	兄弟丙戌土″世	螣蛇
兄弟丁丑土″	父母戊午火″	勾陈
官鬼丁卯木′世	兄弟戊辰土′	朱雀
父母丁巳火○	官鬼戊寅木″应	青龙

对于此卦我着重推断了以下几个方面：

1. 工作情况：卦中官鬼卯木持世代表自己也代表工作官职及丈夫，得月建寅木扶助和日干乙木相帮似为旺相。其实世爻卯木在太岁为泄气又被日、时支耗气，且初爻临太岁动又紧贴泄世爻之气，世爻偏弱。官爻持世当主为工作婚姻而有忧虑，但目前正在寅月木当令主事，身不为弱。父母巳火为工作临太岁，动化官爻寅木临月建回头生，且官爻寅木又可帮助世爻，当主工作有变并且职位有提升，但这种提升对世爻来说并没有多大好处，因世爻被泄气太过，会增加其工作压力。

2. 婚姻情况：看婚姻主要看世爻和官爻，也要参看应爻（因应爻为配偶宫），现官世一体，主要分析世爻和应爻就可以了，世应相生相合本主吉象，独不宜世爻卯木与时支戌土相合，戌土又与日支丑土相刑，本气相刑愈刑愈旺，为力量强大，说明她与一个比她丈夫强的男人好上了。

3. 应爻为配偶宫，也代表丈夫，月令寅木合亥化木，亥水又临驿马，说明她的丈夫也有外遇，被别的爻（她人）合走了。应爻旬空且临岁破又与时支戌土构成猪犬交加之象，应爻癸亥双体之水，弱而不从，故命主丈夫有牢狱或伤病之灾，应爻旬空，说明人也不在家。其实她的婚姻已名存实亡了。

4. 上爻子孙酉金临玄武动而克世，玄武主风流，为阴私暗昧，癸酉为剑锋金有手术开刀之象，动而克世，根据她有外遇的推断，显然她已怀上孩子了，要动手术进行人工流产之象，根据这一推断，我询问对方是否这样，她经我一说反而慌了起来，说已有 40 多天未来月事。后到医院一查，果然怀孕了，由于怀孕名不正言不顺，只好进行了人流。

据她反馈，过完春节，上班不久，就升为部门经理，感觉压力很大，她是和一个比她丈夫强的男人好上了，她与丈夫早已分居，婚姻名存实亡，并且她的丈夫已因事入狱。

例 9：天津冯先生求测本年运气：

甲申　丙寅　丙辰　癸巳

水火既济	**雷泽归妹**	**六神**
兄弟戊子水″应	官鬼庚戌土″应	青龙
官鬼戊戌土○	父母庚申金″	玄武
父母戊申金×	妻财庚午火′	白虎
兄弟己亥水○世	官鬼丁丑土″世	螣蛇
官鬼己丑土×	子孙丁卯木′	勾陈
子孙己卯木′	妻财丁巳火′	朱雀

五爻官鬼动化出父母，工作单位有变化。

四爻父母月破又动化回头克，与月建时辰构成三刑又入动墓，长辈亲人有生死之灾。

卦中土金水连续动而生子孙，子孙又得月建帮，加之世爻亥水动又与月建合，寅木为子孙，与世爻阴阳异性，故将会有女儿降生。

后来反馈：工作有变化。午月父亲癌症去世，不久岳母去世。秋季生女。

例 10：某人摇卦求测外出一年的运气如何：

丙子　辛卯　庚申　辛巳

坎为水	**水风井**	**六神**
兄弟戊子水″世	兄弟戊子水″	螣蛇
官鬼戊戌土′	官鬼戊戌土′世	勾陈
父母戊申金″	父母戊申金″	朱雀
妻财戊午火×应	父母辛酉金′	青龙
官鬼戊辰土′	兄弟辛亥水′应	玄武
子孙戊寅木″	官鬼辛丑土″	白虎

求测一年运气，因未指明测哪一方面的信息，当然得全面进行分析，主要是以推算求测者本人的信息为主，附带的一些关系到父母、子女、兄弟的信息也要参断一下，这就要求预测者有较高的技术和全面分析的能力。现对此卦作如下分析推断：

1. 首先我们应当分析世爻的旺衰强弱，以确定其吉凶及能否胜任财官。

2. 此卦兄弟持世又旬空，众多易学书籍都说到兄弟持世主克妻破财、是非口舌，外出者世空去不成，强去劳碌风波难得意，其实这是教条的说法。我们应根据具体卦象卦爻的关系，灵活而合理地分析，现在卦中世爻兄弟子水虽遭月泄、时耗，但临太岁，又得日辰生，说明世爻旺能胜财官，世虽空但临太岁本身就是假空，若是搞九流艺术的反喜世爻旬空。

3. 其次看财爻的旺衰。财爻午火虽临岁破，且被日辰申金所耗，又动化酉金耗气。但得月生时助，再加上初爻子孙寅木得月建之助遇日冲为暗动来生，在整个卦中三合火局成功（岁干丙火为化神），说明财源旺，财爻午火旺相，世爻与财爻皆旺，且整个卦中身财皆旺必主财源广进。

4. 再次看父母爻。父爻申金看似被太岁子水泄气，又受财爻之克不吉，但有五君爻戌土和二爻辰土生之，加之午火化酉金帮助父爻申金，又有日柱庚申双体助之，父爻旺相生世，说明此人该年文上有喜或易得文书之利。

5. 最后看官爻与世爻的关系，官爻代表官职名气亦主伤病忧虑，现世爻旺相关键就看官爻对世爻的关系来确定官爻主名气还是主忧虑了，卦逢两官得三合火局之生，卦中父爻旺相足可化官生世，故官主名，官生父，父生己身，最终是世爻受益，因而断此人该年功名有成，名气大振。

另外还要看一看卦中六亲方面的信息：

1. 初爻子孙寅木在内卦，表面看子孙能留在家，殊不知子孙临驿马又暗动，表明子孙也有动向。

2. 卦逢六冲，世爻子水临太岁，得日辰之生为水旺，水主流，六冲卦也主动荡之象，故而本人动向多。

对以上占断，后据求测者反馈全部应验。可见，对兄弟持世主破财等断语我们在断卦中不宜照搬教条，应灵活运用。

求测者反馈实况摘录如下：

1. 此人春夏季财源广进，冬季财运也好，但花钱多。

2. 夏季此人由于对孩子留在家不放心，把孩子接到身边。

3. 秋季接到某易学中心的通知参加一研讨会，冬季在该易学中心搞预测和讲学一举成名，并被委以重任，名利双收。

例 11：李先生求测运气：

辛巳　乙未　壬寅　丁未

艮为山	**地山谦**	**六神**
官鬼丙寅木○世	子孙癸酉金″	白虎
妻财丙子水″	妻财癸亥水″世	螣蛇
兄弟丙戌土″	兄弟癸丑土″	勾陈
子孙丙申金′应	子孙丙申金′	朱雀
父母丙午火″	父母丙午火″应	青龙
兄弟丙辰土″	兄弟丙辰土″	玄武

1. 官鬼寅木持世，得日辰帮扶，但被太岁泄气，入墓于月时并被耗气，世爻偏弱且官鬼临世，今年应有忧虑不安之事。更不吉的是世爻发动化癸酉剑锋金回头克，应爻子孙申金与日辰相冲为暗动克世，世应与太岁构成寅巳

申三刑又临白虎，今年应有血光之灾引起伤残破相。阳动主过去，正二月木当令帮世，故无大碍，三到六月世爻遭泄耗更弱，应是不吉之事发生之期。

2. 虽说阳动主过去，但世应相冲克，世明动，应暗动，时近立秋，应爻申金临月当令之时，对世爻仍有冲克，事情未结束，应小心防灾。

实际上，他在六月被情人之夫打落门牙两颗。他见测得这么准，要求我给他解灾，我建议他求测一下化解后的前景怎样：

辛巳　乙未　壬寅　戊申

天泽履　　　　**六神**

兄弟壬戌土′　　白虎

子孙壬申金′世　螣蛇

父母壬午火′　　勾陈

兄弟丁丑土″　　朱雀

官鬼丁卯木′应　青龙

父母丁巳火′　　玄武

1. 测化解后的吉凶应当与化解前卦象吉凶相比较才能确定化解的效果如何。

2. 从此卦看，解灾后，世爻占尽天时地利人和，同解灾前的卦象世爻相比已是天壤之别，解灾前的卦世爻处处被动挨打，解灾后世爻已化被动为主动，说明解灾必有成效。

3. 下面对解灾前后的卦象进行对比分析：

解灾前的卦象：官鬼寅木弱而持世，动化回头克，被应爻暗动冲克，说明世爻处于被动挨打的局面，因而忧虑不安，灾祸难免。解灾后的卦象是：子孙申金持世月生时助，日冲暗动，居五君爻之位，俯视应爻威不可挡。求测当日戌时立秋，世爻眼看就当权秉令了。再看应爻：官鬼卯木临应被太岁泄，入墓于月建，又被时支申金克仅得日支寅木助，应爻弱而临鬼，忧虑不安的反而变成了对方。眼看立秋已到，应爻更无力与世爻争锋。

4. 从卦爻生克看：卦中丑未戌三刑土旺生金，父母巳午火被旺土化，且午火被未月合有化土之势，克不了世爻。土旺似有埋金之嫌，幸壬申纳音为剑锋金，相当于双体之金，又有时支申金助，土虽旺而埋不了金，况且两个时辰之后即立秋，申月金当令助世更不可能埋金。应爻被旺土耗，又被巳火紧贴而泄，远比世爻弱，根本无力与世争锋，立秋后应爻更是被动挨打，对世爻已无威胁。

5. 当然解灾后也并不是大吉大利，因太岁巳火对日支寅木与世爻申金构成三刑，虽世爻当令旺相仍有小的不顺。

从上面的分析看，解灾有显著的成效。到立冬这天，求测者又打来长途电话，确实平安无事。

例 12：黄女士求测年运：

辛巳　辛卯　庚辰　丙戌

水地比	风雷益	六神
妻财戊子水×应	官鬼辛卯木′应	螣蛇
兄弟戊戌土′	父母辛巳火′	勾陈
子孙戊申金″	兄弟辛未土″	朱雀
官鬼乙卯木″世	兄弟庚辰土″世	青龙
父母乙巳火″	官鬼庚寅木″	玄武
兄弟乙未土×	妻财庚子水′	白虎

1. 测年运首看世爻旺衰，次察六亲强弱，以明吉凶，现卯木官鬼临月建持世，又得应爻妻财子水动而生之，化出官爻卯木相帮似为吉象，殊不知世被太岁所泄日时所耗，卦中父母爻被太岁引动也泄世爻之气；兄动又克财使之不能生世，世爻虽临月建，仍以弱论。今官爻持世当为工作、破财等有忧虑不安之事，这是从大的方面进行总体把握，下面我们对世爻及六亲进行具体分析。

2. 官爻持世临月建又得纳干三乙木相帮，虽被太岁泄、日时及明暗动之爻所耗，也只是偏弱。世弱主今年有忧虑之事，兄动耗身克财，今年家中有口舌或破财之事。世官一体自己和丈夫还不致于有大的凶灾。需注意的是内外卦兄动耗世克财，娘家婆家兄弟之事少管，否则对己不利，破财难免。

3. 子孙申金旬空，被太岁克，月建耗，但得年、月、日干助，日时支生，子孙虽弱而不从，说明子孙有灾但问题不大，太岁巳火为金舆星克子孙，在正二月木火两旺之时行车、走路要小心，防摔伤或车祸，也不要与火电亲密接触，尽量避免灾祸发生。

4. 父母巳火临太岁得月生，本主吉象，可是卦中兄弟明暗动，得日时辰、戌土刑冲卦中未戌之土，兄弟爻既旺且众，晦火有力，日支辰土，与父母巳火又构成龙蛇混杂之象，主父母有口舌之争或伤病之灾，也应小心防范。

5. 卦中兄弟爻旺动，财爻子水虽弱但得初爻兄弟未土动化出子水相帮，年月日庚辛金生，虽弱而不从，因此破财难免。

求测者反馈：

1. 黄女士的兄弟因车未入户，被交警查扣向她要了一笔钱。

2. 黄女士之子在二月下楼时摔断脚住院治疗又用了一笔钱。

3. 黄女士的家婆在农村家里与儿媳争吵离开老家来到她家住，因阑尾炎住院又花了一笔钱。

在短短时间内，就遭意外花了不少钱。

例 13：某先生求测二〇〇一年运气：

庚辰　己丑　丙戌　庚子

雷风恒	**地风升**	**六神**
妻财庚戌土″应	官鬼癸酉金″	青龙
官鬼庚申金″	父母癸亥水″	玄武
子孙庚午火〇	妻财癸丑土″世	白虎
官鬼辛酉金′世	官鬼辛酉金′	螣蛇
父母辛亥水′	父母辛亥水′	勾陈
妻财辛丑土″	妻财辛丑土″应	朱雀

1. 测一年运气主要看太岁日辰与世爻关系，由此确定世爻的旺衰吉凶。

2. 官鬼酉金持世，子孙午火紧贴克世不吉，幸年月日众土生世有救，但卦中丑戌之土，被年月支刑冲暗动生身太过，有重土埋金之嫌，好在世爻为双体之金有力，又得五爻官鬼庚申双体帮扶，内外卦天干众金相助，不致被埋，可保世爻暂时平安。

3. 卦中子孙午火动，克世爻已埋下祸根，十多天后即立春，太岁巳火当值扶起卦中动爻午火，克世爻酉金，由于岁月的流转，卦中丑戌财爻暗动之力减弱，通火克金之关的力量也就减弱。春夏木火两旺之时，世爻力量强弱就会受到影响，官鬼持世弱而受克，必有忧虑之事。特别是寅卯月兄旺劫财定主破财。

4. 卦中财爻两现安静得 2001 年太岁生，妻子应该平安，婚姻上也无问题，子孙午火动化泄气，又被湿土晦，但得太岁扶助可保平安。只有父母亥水得时支助，弱而不从，当心父母有灾。父母爻又代表文书、车辆、工作单位等，在这些方面应小心防范。2001 年 6–9 月运气较好。

反馈：此人辛巳年上半年忧虑不安，二月摩托车被偷。

例 14：青岛李某求测运气：

辛巳　壬辰　乙丑　辛巳

水风井	**雷水解**	**六神**
父母戊子水″	妻财庚戌土″	玄武
妻财戊戌土○世	官鬼庚申金″应	白虎
官鬼戊申金×	子孙庚午火′	螣蛇
官鬼辛酉金○	子孙戊午火″	勾陈
父母辛亥水′应	妻财戊辰土′世	朱雀
妻财辛丑土″	兄弟戊寅木″	青龙

1. 卦中财爻戌土持世，子孙临太岁时辰生世，月日临财助世，世爻旺相说明李先生有经济头脑，生财门路多。

2. 不吉的是世动化官鬼申金泄气，卦中官鬼申酉两金同动与世爻戌土三会金局狂泄世爻，世临白虎被官鬼泄之太过，今年李先生有官司血光之灾，忧虑不安，烦恼事多，挣的钱虽多但花费也大，财来财去之象。世空自己心里不踏实，幸好官鬼申酉金动都化子孙午火回头克制，官鬼爻不至太过猖狂，世爻危而有救，不至大凶。

3. 正二月兄旺克财，世爻克泄交加不吉，有破财之事，3–6 月世爻临旺，运气不错，七、八月官鬼临旺泄世有力，防止破财官非之灾。

4. 卦中财爻多现，异性缘分好。

反馈：2000、2001 年赚钱多，花费也大，财来财去，2001 年正二月查税补缴了许多钱。做的多种生意中有亏有赚，被同行所嫉，常有人无故找麻烦，异性缘好，现有两个妻子。

例 15：香港张先生求测运气：

辛巳 辛卯 甲戌 戊辰

水雷屯	泽雷随	六神
兄弟戊子水″	官鬼丁未土″应	玄武
官鬼戊戌土′应	父母丁酉金′	白虎
父母戊申金×	兄弟丁亥水′	螣蛇
官鬼庚辰土″	官鬼庚辰土″世	勾陈
子孙庚寅木″世	子孙庚寅木″	朱雀
兄弟庚子水′	兄弟庚子水′	青龙

1. 子孙寅木持世被太岁泄，日时耗，官爻辰土暗动耗世，又父母申金动冲克世爻，世爻寅木仅得月建卯木之助，处于偏弱状态，世爻被财泄官耗而力量减弱，必为钱财婚姻工作之事有忧虑。

2. 父母申金临驿马动克世爻，父母为工作单位，今年应有工作变动之象，父母动化兄弟亥水生世，说明变动后的工作比原来要好一些。

3. 卦中妻财爻不现伏在官爻辰土之下被湿土晦，说明他财运不佳或婚姻不顺，妻财爻午火伏在官鬼爻辰土之下说明目前所谈的女友是有夫之妇或其另有男友，女友之夫官星辰土得太岁巳火财（星）之生，说明女友之夫或男友也是有妻室之人。

综上所述，卦中世弱受克，工作、婚姻、财运均不顺，年内不宜搞大的投资，否则破财难免。

反馈：婚姻不顺，到目前还未结婚，现谈了一个女友，女友是他人的情妇，工作压力大，调动工作后顺心一些，财运不好。

例 16：深圳戴女士求测辛巳年运气：

庚辰　己丑　丙戌　庚子

泽火革	泽风大过	六神
官鬼丁未土″	官鬼丁未土″	青龙
父母丁酉金′	父母丁酉金′	玄武
兄弟丁亥水′世	兄弟丁亥水′世	白虎
兄弟己亥水′	父母辛酉金′	螣蛇
官鬼己丑土×	兄弟辛亥水′	勾陈
子孙己卯木○应	官鬼辛丑土″应	朱雀

1. 兄弟亥水持世得时支助，三爻兄弟亥水紧贴相帮，二爻丑土动化亥水相帮，五爻父母酉金生世，生扶世爻者众多似为旺相。但因年月日均为旺土，卦中丑未土明暗动，构成土方局克水埋金，世爻明显偏弱遭官鬼之克，故有官非口舌。

2. 春夏木火旺，世爻更弱不吉，秋冬金水旺，扶起世爻应有好事。

反馈：春季带狗外出，咬了别人的小孩，赔偿是小事，但引起口舌纠纷，导致烦恼，在兄弟帮助下平息了此事，秋冬季准备建房。

例 17：广东杨先生求测二〇〇一年运气：

庚辰　己丑　己丑　甲戌

山风蛊	风天小畜	六神
兄弟丙寅木′应	兄弟辛卯木′	勾陈
父母丙子水×	子孙辛巳火′	朱雀
妻财丙戌土″	妻财辛未土″应	青龙
官鬼辛酉金′世	妻财甲辰土′	玄武
父母辛亥水′	兄弟甲寅木′	白虎
妻财辛丑土×	父母甲子水′世	螣蛇

1. 卦中官鬼酉金持世得年月日时旺土相生，又得卦中丑戌土明暗动生之，土成方局生世，有重土埋金之危，世爻为双体之金又得年干庚金内卦纳干辛金相助，弱而不从，土为财，因钱财或女人之事而烦恼且有灾。

2. 立秋后金当令助世抗土之埋，秋冬各方面都会好转，有进益之喜。

3. 卦中父母子水动泄世爻，又化出巳火克世，父母为房屋，说明住房环境不吉，流年辛巳巽卦主事，应调整好巽乾方，丑土动来克世（埋金），艮方环境也出了问题。

反馈：因欠债太多，随时有当被告上法院甚至坐牢的危险。测后他请我对他的住房和公司办公场所的环境进行了调整，确实是巽乾艮方有问题，调整后各方面均有了明显好转，立秋后公司已扭亏为盈了。

例 18：江先生求测运气：

庚辰 癸未 辛未 己亥

坎为水	地水师	六神
兄弟戊子水″世	父母癸酉金″应	螣蛇
官鬼戊戌土○	兄弟癸亥水″	勾陈
父母戊申金″	官鬼癸丑土″	朱雀
妻财戊午火″应	妻财戊午火″世	青龙
官鬼戊辰土′	官鬼戊辰土′	玄武
子孙戊寅木″	子孙戊寅木″	白虎

1. 兄弟子水持世，入太岁之墓而受克，在月、日中均遭官鬼之克，年、月、日支旺土与卦中之土刑冲并见，叠叠厚土势成山岳，重克世爻，如世爻弱而能从当主吉象，但子水在时支得助，卦中五爻官动又化出亥水相帮，子水弱而不从，必定有灾。

2. 太岁掌一年生杀之权，五爻官鬼戌土，居正位为单位主要领导，克世爻，说明此人与单位领导及上级领导关系不好，今年特别受压抑，丑月土成方局，有丢官失职或伤病之灾。

3. 应爻为配偶宫，财爻午火居之，与月日合而化土，主婚姻不顺，有妻子离他而去之象。

4. 1992、1993、1995、1996 年金水旺，生世扶世，春风得意，并发了一点财。

反馈：2000 年与领导关系不好，丑月被免去科长职务，自己与前妻离婚后，又娶了一个。

例 19：黑龙江曲先生求测二〇〇一年运气：

辛巳 辛卯 己巳 癸酉

风雷益	**天泽履**	**六神**
兄弟辛卯木′应	妻财壬戌土′	勾陈
子孙辛巳火′	官鬼壬申金′世	朱雀
妻财辛未土×	子孙壬午火′	青龙
妻财庚辰土″世	妻财丁丑土″	玄武
兄弟庚寅木×	兄弟丁卯木′应	白虎
父母庚子水′	子孙丁巳火′	螣蛇

财爻持世得年日之生，财爻未土动化子孙回头生，本年总体财运不错，但卦中兄弟发动化进又克财，会有破财之忧。因为兄弟旺于寅卯月，而目前寅月即将过去，所以破财之期当在卯月。为何事而破财？兄弟发动临白虎与世爻木土相战，主争斗，所以会因与人发生争斗而破财。

世应相克害，夫妻会发生矛盾。不过在春夏季火旺可通世应之关，秋季应爻受制，都无大碍，到了冬季，巳火不能完全通关，金也不能制应爻卯木，这时应爻就会克害世爻，从而导致夫妻矛盾。

后来反馈：3 月 22 日（辛卯月甲申日）与人打架，破财一千多元。冬季与老婆经常吵架。

例 20：吴女士求测运气：

辛巳 庚寅 戊戌 辛酉

艮为山	**山风蛊**	**六神**
官鬼丙寅木′世	官鬼丙寅木′应	朱雀
妻财丙子水″	妻财丙子水″	青龙
兄弟丙戌土″	兄弟丙戌土″	玄武
子孙丙申金′应	子孙辛酉金′世	白虎
父母丙午火×	妻财辛亥水′	螣蛇
兄弟丙辰土″	兄弟辛丑土″	勾陈

1. 官鬼寅木持世被太岁泄，日耗时克，卦中午火与月日三合火局泄世，

世爻仅得月令扶助，明显偏弱，世应与太岁又构成寅巳申三刑，官鬼弱而持世，主有忧虑之事，有官非口舌或伤病之灾，火多木焚，注意肝胆之病。

2. 子孙申金临白虎与太岁月建构成三刑，父母午火旺动卦中得太岁助，午火又与月日构成三合火局重克子孙爻，且子孙爻临白虎，白虎主血光凶丧，春夏季木火旺时防子孙有大灾。

反馈：夏季自己和儿子都体弱多病，自己有胆囊炎，花钱较多，不幸的是儿子下河洗澡被淹死。

例 21：某女士求测运气：

庚辰　己丑　戊子　庚申

雷泽归妹	**地雷复**	**六神**
父母庚戌土″应	兄弟癸酉金″	朱雀
兄弟庚申金″	子孙癸亥水″	青龙
官鬼庚午火○	父母癸丑土″应	玄武
父母丁丑土″世	父母庚辰土″	白虎
妻财丁卯木○	妻财庚寅木″	螣蛇
官鬼丁巳火′	子孙庚子水′世	勾陈

对测运气的卦，对方未提供其他任何信息，这就要求预测者具有较高的水平，对求测者的身体、财运、事业、婚姻等各个方面都能作出准确的预测与合理的指导，这样才能使求测者满意。

下面我们就对此卦进行详细的剖析。

1. 身体方面：父母丑土持世得太岁、月建之助，又得卦中官鬼午火动而生之，世爻偏旺，身体没有大的问题。但卦中子水失令，又与丑合，土旺而克水，癸为肾，为泌尿系统，世爻太岁月建之土都为湿土，丑辰湿土多者易得妇科病，但不是很严重。（反馈：正确。）

2. 财运方面：卦中二爻妻财卯木动化寅木而化退，有财气渐退之象，财爻被太岁月建所耗气又遭时柱克，仅得日支子水生，财偏弱又化退，说明其目前财运不佳，1998、1999 年财运好，从 2000 年起财运变差。（反馈：正确。）

3. 婚姻方面：卦中官爻两现，配偶宫暗动与二爻妻财卯木相合，妻财卯木又动而生官爻，说明其夫有外遇，配偶宫又临金舆星，这是婚姻不稳定的表现，总的来说她婚姻不顺。详细情况如下：

（1）官鬼巳火在内卦与太岁辰土构成龙蛇混杂之象，官鬼巳火既生世爻又与时支相合，说明她原来谈过恋爱但未谈成。因龙蛇混杂表明双方有争吵有矛盾，官爻又被合走，故谈不成。（反馈：正确。）

（2）以前有一个男的主动追你，但他现在对你已冷淡下来，对方是个有妇之夫，他身边有小孩。（反馈：她嫁给一个有妇之夫，对方已有小孩，过去是他主动追她，但近来他又有新欢，对自己冷淡了，她就是为此事而求测的。）理由：官鬼午火动而生世，所以对方主动追她，但官鬼旬空又遭日辰冲克，对方对她不实在，更不妙的是官动化父母丑土与世爻为同类，说明他又与别人好上了，并且二爻妻财卯木动，一方面生官鬼午火说明有女的追她的丈夫，另一方面财爻卯木又与配偶宫相合也说明她的丈夫有外遇之象，所以丈夫不爱她了。子孙亥水伏在官鬼午火之下，故对方有小孩在身边。

4. 子女方面：我断她还没有孩子，并且庚辰年流产了。她听了此话十分吃惊，然后对我说："我还没有小孩，去年怀上一个，但没要，做人流了。此事我连父母也不敢告诉，没想到让你给测出来了。"卦中子孙爻亥水伏藏不现，因此还没有小孩，庚辰年，太岁冲动父母戌土暗动克子孙，戌土与子孙爻亥水构成猪犬交加，且子孙亥水又入墓于太岁，所以有流产之事。

例 22：陈女士求测二〇〇一年运气：

辛巳　癸巳　丁丑　庚戌

风雷益	**水雷屯**	**六神**
兄弟辛卯木〇应	父母戊子水″	青龙
子孙辛巳火′	妻财戊戌土′应	玄武
妻财辛未土″	官鬼戊申金″	白虎
妻财庚辰土″世	妻财庚辰土″	螣蛇
兄弟庚寅木″	兄弟庚寅木″世	勾陈
父母庚子水′	父母庚子水′	朱雀

1. 妻财辰土持世得太岁月建生、日时助，世爻有专旺之气势本吉，可惜应爻兄弟卯木发动化子水回头生，有二爻寅木相帮，虽弱而不从，兄动克逆世爻专旺之气势，故寅卯月木旺克财破格更重，有破财之事。

2. 初爻父母子水有六爻动化子水帮弱而不从，遭克泄耗过重，父母有病灾。

3. 官鬼酉金不上卦伏在世爻辰土之下，世生官说明她爱丈夫，可惜官鬼旬空又入墓，加之应爻发动与时支相合，丈夫对她心不实，年月巳火旺而克合官爻，夫有外遇，婚姻不顺。

反馈：2001（辛巳）年正二月母病花了几千元，夫有外遇，辛巳年“五一”节前与夫离婚。

例23：一老妇人求测运气：

辛巳　辛卯　庚辰　丁亥

山天大畜	**山泽损**	**六神**
官鬼丙寅木′	官鬼丙寅木′应	螣蛇
妻财丙子水″应	妻财丙子水″	勾陈
兄弟丙戌土″	兄弟丙戌土″	朱雀
兄弟甲辰土○	兄弟丁丑土″世	青龙
官鬼甲寅木′世	官鬼丁卯木′	玄武
妻财甲子水′	父母丁巳火′	白虎

1. 此卦官鬼寅木持世，在卯月当令，寅卯辰三会，又有亥水相生似乎世爻很旺，但世爻寅木遭太岁泄，卦中兄弟辰戌土明暗动化出兄弟丑土，又紧贴世爻，刑冲并见汇成一股强大的力量耗世爻之气，土重木折，木局不成，世爻偏弱，当主该年有忧虑之事。

2. 世爻寅木临驿马，说明今年有离家外出的信息，兄弟爻辰土旺动并与太岁巳火、日支辰土、时支亥水、暗动之爻戌土构成龙蛇混杂，猪犬侵凌，罗网并见之势，兄弟又临朱雀，必主有官非口舌或伤病之灾，并有破财之事。

3. 兄弟辰土阳动主过去，在辰年有借钱给别人或破财之信息，若借出则难以收回，也不宜风险投资。

4. 卦中木土相战，主脾胃或肝胆有病。

5. 应爻临财被年月日耗泄交加，被月令旺泄，遭日克且入墓，财爻很弱，但得时支比助，初爻子水相帮，弱而不从。应爻为配偶宫入动爻和日辰之墓。加之从卦象看，外卦艮为山，似乎丈夫在高山之上，表明丈夫已死，若丈夫健在今年必有大灾。

反馈：

1. 今年初与农村家的儿媳争吵，一气之下来到城里儿子家。

2. 因胃病动了手术，还未痊愈。

3. 去年借钱给亲戚做生意，他亏了本，无能力还钱。

4. 丈夫已死。

例 24：求测今明两年财运：

辛巳　乙未　甲午　己巳

天火同人　　**六神**

子孙壬戌土′应　玄武

妻财壬申金′　白虎

兄弟壬午火′　螣蛇

官鬼己亥水′世　勾陈

子孙己丑土″　朱雀

父母己卯木′　青龙

测财运取财爻为用，看世爻与财爻关系如何。卦中官鬼亥水持世，在年月日时均无生扶（年干辛金自身难保生不了世爻），衰弱已极，亥水成从象。丑未戌三刑，刑起土旺，未月土当令虽有巳午未火局亦无火多土焦之弊，火土两行气势强旺，故世爻从于火土。

卦中财爻壬申为剑锋金，相当于双体之金，又有白虎相帮，弱而不从，则卦中形成木生火，火生土，土生金，金生水的连生局面，金虽弱但毕竟远旺于水，故世爻亥水从于火土金，世爻能从财当然不致于破财，但年、日、时支及卦中兄弟爻四重对财爻又克又合，说明是与人合作做生意有分财之象，自己一份应约占利润的 25%（实际刚好是 25%）。世爻从强也有自己的一份，但毕竟有众兄争财之象，财被合走对己不利，故宜稳步发展，不宜搞大的投资。

此卦财居五爻为道路又临驿马当为动中求财。（实际在国外做生意，确是经常走动。）

卦中世爻亥水虽弱极而从，但立冬之后亥水当令扶助世爻破格，格局变为身弱的正格，遭克泄太过，有身弱不胜财之象。世应又构成猪犬交加，世临勾陈又主疑虑牢狱，应爻又临玄武，故冬季会有官司口舌，对投资不利，应谨慎小心。

综上所述，近两年应稳步发展，不宜搞大的投资，以避免不必要的损失。冬季不宜与西北角属狗之人深交，更不宜与他人合伙做生意。

例 25：上海某先生求测运气：

辛巳　庚寅　丙寅　癸巳

火天大有　　　六神

官鬼己巳火′应　青龙

父母己未土″　玄武

兄弟己酉金′　白虎

父母甲辰土′世　螣蛇

妻财甲寅木′　勾陈

子孙甲子水′　朱雀

这位先生只是说测运，摇卦之后就一声不吭，坐在旁边要我断卦。我仔细审视卦象之后，一口气给他断了以下几条：

1. 你不是在行政部门做官，而是在企业任董事长或总裁一类的职务，财气较大。

2. 你 1995、1996、1998、1999 年发了大财。

3. 你去年破了财并有官司。

我断完了以上三条之后他再也坐不住了，似有求测太迟了的感觉，认真地把发生的事告诉了我并要求对今后的发展进行指导。实际上他正是在某企业任董事长，名气较大，1995、1996、1998、1999 年发财两千多万元，去年因与人合伙搞投资，破财四百多万元，又有一人在他家喝醉酒跳楼自杀，惹上官司赔了十八万元。

以上推断思路是：

1. 父母辰土持世得太岁巳火官爻相生，应有官职在身，因世居三爻而未居五爻君位，故而不在行政部门任职。

2. 1995、1996、1998、1999 年正是子孙爻财爻当权得令之时，身旺财旺因而发了大财。

3. 此卦看似身旺财旺，其实我们应具体问题具体分析，他作为公司主要负责人，投资长期性的多，投资大，周期长，这就要考虑财爻较长期的旺衰强弱。长期强弱旺衰的衡量主要看太岁，卦中辰土持世得太岁时支生，虽受月、日克，但日干丙火旺透又得地于应爻巳火化财生世，世旺无疑，而财爻寅木虽得月日之助，但月过则退位，尤其是财爻被太岁泄，财爻退气，子孙子水又绝于太岁休于月日，财之原神不旺，去年庚辰，与世爻辰辰自刑，又与应爻构成龙蛇混杂，世又临螣蛇当主虚惊怪异，世旺财弱因而有破财官非。

4. 另外要提醒读者，就此卦而言，若搞的是短期投资且在清明前即可结束的话，他还是能赚钱的，因为卦中财临月、日当令而旺，但就长期投资来说，最近 6 年财爻处退气状态，不宜搞大规模的投资，应设法保住已有的名气和钱财方为上策。

以上例子只摘录了流年预测的部分内容，意在让读者明白推断流年大事的方法。在实际预测中，根据顾客的要求，往往需要对各月的运势进行详细的预测，方法与上述一样，在此就不多讲。

本节习题：

1. 流年卦，起卦的流年与日辰相比，谁的作用大一些？为什么？

2. 可以用一个卦测几十年的流年运势吗？

3. 如果测一年的健康、安全，是否官鬼爻是忌神，而子孙克官鬼是喜神呢？假如官鬼持世，是否代表有病在身或凶多吉少？

4. 流年卦是当年测准确些，还是年前测准确些？

5. 测流年卦，持世的六亲有什么特别的意义吗？

第四节　官司策略

生活在纷繁的社会中，有时难免会与人发生纠纷，轻则口舌之争，重则法庭相见。中国人虽主张以和为贵，但有时身不由己，正与邪、善与恶的斗争，势在必行，即使内部矛盾，如果过分尖锐，相持不下，也会诉诸法庭。八卦预测可以给当事人提供有利的诉讼时间信息，告知怎样选聘好的律师，怎样识破对方的花招等等，当事人根据八卦提示就可以好好把握各种有利因素，争取花最少的人力财力求得事情的合理判决。有的纠纷利害关系本来不大，但双方争强斗胜，官司一打再打，各自都花费一大笔钱财，结果胜者只是争得一口气，在经济上却得不偿失，败者就更惨。这在八卦上也可反映出来，当事人根据卦的提示，应尽量大事化小，小事化了，尽量协商和解，这对双方都是有利的。

八卦预测官非讼事，不是叫人钻法律的空子，而是提醒当事人遵纪守法，弃恶向善，要抓住有利时机和有利因素与邪恶势力作斗争。自古邪不胜正，天网恢恢，疏而不漏，有的人触犯了法律，千方百计逃避制裁，但逃得一时，难逃一世，不诚心改过自新，将会积小恶而成大恶，最终遭到更严厉的法律制裁。所以，用八卦测出你有罪有牢狱之灾，应主动自首坦白，争取政府宽大处理，这才是上策。

官司是谁也不愿摊上的事。但人生历程中的有些事往往不以本人的意志为转移，不想发生的事，有时偏偏就发生在自己身上。有些官司是无论如何也躲不过而且也和解不了的，只有等待法官的判决，但有些官司却是既可以打也可以和解的。对于后一种官司，如果通过调解的方式能够解决问题，无疑要比对簿公堂好得多。

然而，对于有的官司，虽然会费许多周折，但最终会赢，而且打赢这场官司后会得到很大的补偿或赔偿；但如果你感到心里没有赢的把握而放弃这场官司，那么，你就失去了一大笔本来应该得到的补偿或赔偿，这也是非常遗憾的事。

因此，事前如果能够预知官司的输赢，就能够制定最恰当的方案和措施去应对自己所面临的官司，从而避免不必要的损失和遗憾。

那么，怎样才能预知官司的输赢呢？显然，常规的分析方法其可靠程度是很有限的——很多人自认为能打赢官司而最终却输掉官司的事实就是明证。但如果运用六爻预测的方法，则能非常方便、快捷、准确地预知结果。因此，运用六爻预测官司的输赢，对如何应对官司是很有指导意义的。

六爻预测官司输赢，需要掌握以下规则：

以父母爻为诉状，官鬼爻代表法官，世爻代表自己或我方，以应爻代表对方。

根据世应的五行关系可以判别官司能否和解：世应相生，官司容易和解；世生应，我方愿意主动和解；应生世，对方愿意主动和解；世应生合无冲破，双方最终会化干戈为玉帛。

父母旺而生世或持世，理在我方；父母旺临应爻或生应爻，理在对方。

父母衰弱生世或持世，我方理由不充分；父母衰弱临应爻或生应爻，对方理由不充分。

兄弟旺动克世或持世，我方为打官司会破费较大；兄弟旺动临应爻或克应爻，对方为打官司破费较多。

子孙动克住官鬼，官方会迫于某种压力而不能伸张正义。

财爻与官鬼同时发动相生合，法官会枉法而收受贿赂，执法不公证。

父母衰弱空破临世爻之经卦，我方证词或诉状有漏洞甚至有虚假之言；父母衰弱空破临应爻之经卦，对方证词或诉状有漏洞甚至有虚假之言。

官鬼旬空，官方暂时不会受理或审理案件；出空之后方能受理或审理。

官鬼持世，官方与我方关系密切；官鬼临应爻，官方与对方关系密切。

官鬼生世，法官的判决有利于我方；官鬼生应，法官的判决有利于对方。

根据世应的力量对比可以判断双方的输赢：世强于应，我方胜；应强于世，对方胜。世空我方心里不踏实；应空对方心里不踏实。

例 1：兰州童女士求测官司吉凶：

辛巳　辛丑　庚寅　癸未

雷水解	**地水师**	**六神**
妻财庚戌土″	官鬼癸酉金″应	螣蛇
官鬼庚申金″应	父母癸亥水″	勾陈
子孙庚午火○	妻财癸丑土″	朱雀
子孙戊午火″	子孙戊午火″世	青龙
妻财戊辰土′世	妻财戊辰土′	玄武
兄弟戊寅木″	兄弟戊寅木″	白虎

世爻与应爻相生，此官司和解的可能性较大。世爻生应爻，说明自己有意主动和解。

应爻为这场官司的对方。应爻临官鬼，说明对方与官方关系密切；但应爻官鬼入墓于月建，又与流年支及日辰构成三刑，说明对方的实力并不强，与对方关系密切的官方也缺乏实力，这样，官方就难以帮助对方。卦中子孙午火动克应爻，这是于对方不利的因素，因此，如果对方要打这场官司，并没有多大胜算；而世爻得月建之助，力量强于应爻，因而一旦官司打起来，自己也不会输给对方。不过，日辰寅木兄弟入卦紧贴克世爻，要打这场官司，自己也不是那么一帆风顺。由于寅木兄弟紧贴克持世的财爻，因此，如果执意要打这场官司，自己无疑会在钱财上有所损失。

子孙午火动克应爻，虽然午火旬空，但出空后会对应爻有所不利，也许对方会觉察到这一点，于是就有退却之意。对方无胜算的把握，我方打官司又会在钱财上有所损失，所以，对这场官司，双方都会有所顾虑。这时，一旦其中一方提出和解，另一方当然会权衡利弊后点头同意。世应相生，双方的矛盾并不是不可调和，所以，这场官司没有一定要打的必要。

根据以上分析，我断定这场官司能以和解而收场。

结果双方和解，避免了一些无谓之争。

例 2：成都杨先生求测地方税务机关进行常规性的查税对自己利弊如何：

壬午　乙巳　壬午　丙午

水风井	巽为风	六神
父母戊子水×	兄弟辛卯木′世	白虎
妻财戊戌土′世	子孙辛巳火′	螣蛇
官鬼戊申金″	妻财辛未土″	勾陈
官鬼辛酉金′	官鬼辛酉金′应	朱雀
父母辛亥水′应	父母辛亥水′	青龙
妻财辛丑土″	妻财辛丑土″	玄武

世爻戌土得四值之生，说明自己会得到官方当权者的正确管理。财爻持世旺相无忌神兄弟克伐，自己的钱财不会有丝毫损失。卦中官鬼申酉金本可泄世爻之气，但被四值旺火克住，说明申酉官鬼这样的小官被权力更大的官所管住，不能对世爻起到泄泻的作用，加之申酉金旬空，这些小官就根本无心过问此事。这样，自己就相当于进了保险箱，没有谁恶意来动自己，当然不会有什么问题发生。

事后得知：果如所测。

例 3：武汉梁先生的朋友与别人打了一场经济纠纷官司，一审判决其友胜诉。但对方不服而上诉，他求测二审结果会如何：

丁亥　辛亥　戊申　戊午

巽为风	天山遁	六神
兄弟辛卯木′世	妻财壬戌土′	朱雀
子孙辛巳火′	官鬼壬申金′应	青龙
妻财辛未土×	子孙壬午火′	玄武
官鬼辛酉金′应	官鬼丙申金′	白虎
父母辛亥水○	子孙丙午火″世	螣蛇
妻财辛丑土″	妻财丙辰土″	勾陈

测朋友之事以兄弟为用神。兄弟持世，故以世爻代表朋友。世爻与兄弟同处一爻，说明自己与这位朋友的关系非常密切。

世爻旬空，说明自己和朋友对二审判决结果心中都没有底，感到不踏实，这正是求测的原因。

应爻为官司的对方。用神兄弟与应爻相冲，说明彼此矛盾尖锐，不可调解，只有靠法官判决。

四爻未土动生应爻酉金而克用神兄弟卯木，对方似乎于我方不利，但亥月之酉金不如卯木旺相，加之卦中亥水发动背酉金而向卯木，世爻力量比应爻更强，因而应爻就克不了兄弟用神。亥水父母动而生世，说明理在我方；对方最终会知难而退。

综合以上分析，断对方必然败诉，所以，最终还是会维持原判。

结果：维持原判。

例 4：某人与下属的一位有夫之妇关系暧昧，继续下去怕影响到自己的仕途，为了摆脱这种关系，他申请调离了原单位，但那女人还是去缠他。因而心中不安，于是特地求测事态会如何发展，结果如何：

丁亥　壬寅　甲戌　乙亥

雷泽归妹	**地水师**	**六神**
父母庚戌土″应	兄弟癸酉金″应	玄武
兄弟庚申金″	子孙癸亥水″	白虎
官鬼庚午火○	父母癸丑土″	螣蛇
父母丁丑土″世	官鬼戊午火″世	勾陈
妻财丁卯木′	父母戊辰土′	朱雀
官鬼丁巳火○	妻财戊寅木″	青龙

世爻为本人，应爻代表那位女人。卯木财爻代表自己的老婆。应爻临日辰与世爻相刑，说明自己为此女人而感到担忧。妻财卯木旺于月建，力量强大，克世之力也很大，说明自己的老婆也会给他施加压力。此人当场证实了推断的正确性。幸好应爻与世爻刑中有助，这就意味着不会被对方所害。虽妻财卯木得月建帮，又得太岁及时辰之生而克世爻，所幸卦中有巳午火同时

发动而在卯与世爻之间起通关作用，卯木就不再克世爻。这就意味着不会为此事带来不利。根据整个卦的信息显示，自己的担忧是多余的，大可放心。

后来反馈：相安无事。

例5：山西罗先生几千万元钱被某单位非法没收，找许多人预测都说无法追回，但他不甘心就此不明不白的损失一大笔钱财，于是特地来找我预测此款究竟能否追回：

丁亥　庚戌　乙酉　辛巳

水山蹇	**水火既济**	**六神**
子孙戊子水″	子孙戊子水″应	玄武
父母戊戌土′	父母戊戌土′	白虎
兄弟戊申金″世	兄弟戊申金″	螣蛇
兄弟丙申金′	子孙己亥水′世	勾陈
官鬼丙午火″	父母己丑土″	朱雀
父母丙辰土×应	妻财己卯木′	青龙

兄弟旺相持世，说明目前自己为了追回这笔巨款已经花费了不少财物。

财爻为用神。用神妻财卯木伏在二爻官鬼午火之下，这正符合钱被某单位没收扣押的事实。

二爻官鬼午火代表某单位。午火克世爻申金，某单位是存心要没收罗先生的钱，因而不可能轻易地自动归还。要追回这笔钱，就需要与某单位较量。这种较量并非武力较量，而是以法律为依据去与对方论理。既然官鬼克世爻，如果直接与某单位论理，显然是“秀才遇到兵，有理说不清。”所以，必须找能够管得了某单位的上级领导说理，让上级领导依法办事，取消某单位的非法没收钱财的行为。

那么，自己会得到上级领导的支持吗？处于五君爻位置的父母戌土代表权力最高的上级领导。初爻父母辰土代表诉状或者投诉材料，初爻父母辰土临应爻之经卦，没有世爻之经卦五爻父母戌土强旺，说明理在我方，这个材料对自己很有利。辰土动冲动五爻戌土，戌土这位领导就会出面干预此事。世爻与五爻戌土紧邻，说明自己会去和上级领导靠近距离而接触。戌土生世爻申金，说明自己会得到这位领导的支持。而二爻官鬼午火衰弱、旬空又入墓于五爻，说明某单位将会陷于非常被动的局面，根本无法辩驳，最后只有听从上级领导的指示乖乖地将款退还。

结果：罗先生去找了上级的相关领导，上级领导经过调查核实，查明某单位没收罗先生的巨款确实是非法的，于是责令某单位退还此款。被没收的资金于公历 12 月如数退还。

此卦二爻官鬼午火衰弱乏力，而世爻旺相、五君爻强旺是顺利解决此事的根本原因。正是因为二爻官鬼午火力量太弱，不足以与世爻对抗，而且被五爻收敛于墓库，所以某单位最终失败而自己取得胜利。

例 6：重庆丰都白先生租房开洗脚城，租房合同规定迟交房租要付违约金 7.8 万元。结果自己果然因故迟交房租。因自己不愿付那么大一笔违约金，被对方告上法庭。对方要求法庭按合同判决，因想知道最终判决结果如何，故而求测：

丙戌　辛丑　甲辰　癸酉

坤为地	**雷水解**	**六神**
子孙癸酉金″世	兄弟庚戌土″	玄武
妻财癸亥水″	子孙庚申金″应	白虎
兄弟癸丑土×	父母庚午火′	螣蛇
官鬼乙卯木″应	父母戊午火″	勾陈
父母乙巳火×	兄弟戊辰土′世	朱雀
兄弟乙未土″	官鬼戊寅木″	青龙

世应相冲，双方矛盾不可调和，所以在法庭上相见。

世爻入墓于月建及动爻丑土，力量不强；幸得日建时辰之生扶，此为救命稻草。应爻失令，力量也不强，而且应爻被世爻所克，应爻又旬空，其力量比世爻更弱。这样，对方因力量太弱，最终会作出退步。

但是，卦中亥水财爻生应爻，说明对方会得到违约金，只是财爻衰弱被克，所以对方所得的违约金不会有他要求的那么多。这就说明法官不会判自己赔付 7.8 万元，一定会比合同上约定的数额要少。

既然对方会做出退步，那么此事就有和解的可能。应爻为卯木，对方有仁慈之心，所以，如果一旦说明了自己的难处，对方就会谅解。总之，此事宜和解，不宜针锋相对，这样对自己更有好处。

结果：法庭一审判决赔付对方五万元，自己不服，二审经过调解，双方达成一致协议，赔付对方三万元和解。

例 7：杨××因民房纠纷引起争讼，求测诉讼胜败：

丙子　甲午　乙酉　甲申

坤为地	**雷山小过**	**六神**
子孙癸酉金″世	兄弟庚戌土″	玄武
妻财癸亥水″	子孙庚申金″	白虎
兄弟癸丑土×	父母庚午火′世	螣蛇
官鬼乙卯木×应	子孙丙申金′	勾陈
父母乙巳火″	父母丙午火″	朱雀
兄弟乙未土″	兄弟丙辰土″应	青龙

子孙酉金临日令持世，得丑土动来相生，又得时辰申金之助，为己方力强；应爻卯木日破又化回头克，故对方力衰；子孙持世，千灾万祸化为尘。世应相冲，应虽动却临日破，冲世无异于以卵击石，对方岂有不败之理？

例 8：太原范先生是一国有企业的一把手，因被举报，引起上级领导的高度重视而立案调查。他求测结果会怎样：

丁亥　壬寅　癸酉　壬戌

天山遁	**泽火革**	**六神**
父母壬戌土○	父母丁未土″	白虎
兄弟壬申金′应	兄弟丁酉金′	螣蛇
官鬼壬午火′	子孙丁亥水′世	勾陈
兄弟丙申金′	子孙己亥水′	朱雀
官鬼丙午火″世	父母己丑土″	青龙
父母丙辰土×	妻财己卯木′应	玄武

世爻临官鬼得当令之木生，自己是有权之人。世爻官鬼被动爻父母辰土

泄气，名誉有损。说明此次举报对自己的影响是负面的。世爻官鬼得月令之生，说明上级领导还是会正常支持自己的工作；同时，克世爻的子孙子水伏在初爻被克而不能对世爻起到直接的克伐作用，所以，就不会受到法律的惩罚。

但是，卦中两个父母爻发动，泄泻世爻之气，信息显示此事要在土当令之前处理好，否则就会有大的麻烦。

结果：在清明前此事已平息，未被追究刑事责任，只受到内部处分。

例 9：彭先生为了挣钱，但路子不对，摊上了麻烦事，面临吃官司的危险。他心里清楚，因错在自己，如真卷入官司中，结果将不堪设想。为此，他十分担心害怕，于是求测有无可能化险为夷：

壬辰　庚戌　辛未　乙未

水风井	**泽水困**	**六神**
父母戊子水″	妻财丁未土″	螣蛇
妻财戊戌土′世	官鬼丁酉金′	勾陈
官鬼戊申金×	父母丁亥水′应	朱雀
官鬼辛酉金○	子孙戊午火″	青龙
父母辛亥水′应	妻财戊辰土′	玄武
妻财辛丑土″	兄弟戊寅木″世	白虎

1. 世爻戌土得年月日时之助，力量非常强旺，卦中无动爻相克，故不会有大的危险。

2. 两个官鬼发动泄世爻之气，并且四爻官鬼临朱雀，有官司之象，故使自己感到担心害怕；但世爻力量强旺，能够承受得了官鬼泄气，所以并无大碍。

3. 世爻为财星，官鬼动泄世爻之气，说明为此事免不了会付出一些钱财。

4. 官鬼与世爻为相生关系，世生官鬼，表示可以找贵人相帮，主动向官方认错、交纳罚款而可避免吃官司。

彭先生听后松了口气，但毕竟事情在没有结果前，他心里还是不踏实，感到半信半疑，但又觉得这也许是有效的解决方式，于是积极行动。后来的结果证明，一切都如所测，最终破了点小财免灾了事。真是钱来祸亦至，财去灾则消。

例 10：某男与他人打斗后恐再遭对方相害，于是求测此事吉凶：

丙子　癸巳　戊申　丁巳

雷天大壮	**六神**
兄弟庚戌土″	朱雀
子孙庚申金″	青龙
父母庚午火′世	玄武
兄弟甲辰土′	白虎
官鬼甲寅木′	螣蛇
妻财甲子水′应	勾陈

“你放心，此事已烟消云散，对方不会再侵扰你。”至今平安无事。

对此卦分析的思路如下：

1. 世应相冲，正合双方冲突之意。

2. 世临月旺，又得时辰双体之火相助；应虽临太岁又得日生，但在夏令处囚地。自己主动，对方被动。

3. 官鬼甲寅木泄应生世，是官方向我背他之象。

例 11：某人求测因民房纠纷引起的讼事胜败：

丙子　乙未　己巳　己巳

山火贲	**山雷颐**	**六神**
官鬼丙寅木′	官鬼丙寅木′	勾陈
妻财丙子水″	妻财丙子水″	朱雀
兄弟丙戌土″应	兄弟丙戌土″世	青龙
妻财己亥水○	兄弟庚辰土″	玄武
兄弟己丑土″	官鬼庚寅木″	白虎
官鬼己卯木′世	妻财庚子水′应	螣蛇

我断其必败诉，后果如所测。

对此卦分析的思路如下：

世临官爻卯木月墓日休衰败无力，虽原神亥水动来相生，但亥水空破又化墓，不能生世；子水太衰弱也无力生世，应爻戌土临月建，又得日、时之生，强旺有力；世衰应旺，世爻难以克制应爻，故此官司自己必败。

例 12：一河南籍女士求测官讼：

丁丑　戊申　丁酉　乙巳

兑为泽	**泽水困**	**六神**
父母丁未土″世	父母丁未土″	青龙
兄弟丁酉金′	兄弟丁酉金′	玄武
子孙丁亥水′	子孙丁亥水′应	白虎
父母丁丑土″应	官鬼戊午火″	螣蛇
妻财丁卯木′	父母戊辰土′	勾陈
官鬼丁巳火○	妻财戊寅木″世	朱雀

我对她说：“官司是因房屋经济纠纷引起的。”“对，是为买房交定金之事引起。”“这个官司你会输。”后果然败诉。

对此卦分析的思路如下：

世为自己，应为对方，同属土，似乎力量相当，实际上应爻离动爻巳火较近，可谓近水楼台先得月，加之应爻临太岁又临螣蛇得助，应爻占尽优势；世爻离巳火较远，又被青龙所克，世爻居于下风，所以断她官司必输。

例 13：某女士求测大吉凶：

庚辰　甲申　癸亥　癸亥

水地比	**六神**
妻财戊子水″应	白虎
兄弟戊戌土′	螣蛇
子孙戊申金″	勾陈
官鬼乙卯木″世	朱雀
父母乙巳火″	青龙
兄弟乙未土″	玄武

1. 测夫吉凶取官爻为用，官鬼卯木持世，卦中子孙申金和父母巳火对用神一克一泄，官爻在年月又被耗克，用神偏弱，喜生扶。日时癸亥双体生用神卯木，上爻子水与年月支申子辰三合水局生世，水势强大对官爻卯木生之太过，又有水多木漂之危，好在卯木在日时亥中有根，又有内卦三乙木帮身不致完全漂浮。朱雀临用，应爻子水又刑动世爻卯木，刑动朱雀必主有口舌官非，财爻刑世应该是由经济引起的。

2. 太岁辰土冲动五爻兄弟，五爻戌土临螣蛇暗动又刑动初爻未土，未为木墓临玄武，五爻为君位临螣蛇主牢狱，有官方打开牢门让其丈夫入狱之象，应该是她的丈夫被抓。

3. 我说她丈夫被抓了，该女士很着急，问吉凶怎样，何日能回，我说在寅卯日丈夫可回，但官司难了结，始终难免牢狱之灾。理由：寅卯日官星得助而旺，墓被克破，卦中木弱有旺水生，今木值日扶旺官星受生力强，因而可回来。官司难了结因世爻弱，虽有旺水可生，但卯木在年月日时无寅卯木帮扶，水旺时漂木，水弱时官爻又受子孙旺克，且流年连续几年对官爻均是泄耗，官爻（夫星）又处于退气，因而难免牢狱之灾。

反馈：她的丈夫因经济之事被告上法庭，求测者当天见丈夫久去不回而求测。当天其夫被拘留，寅日办理了取保候审手续而放回。辛巳年四月严打期间又被抓，后判刑。

例 14：云南某先生求测官司：

辛巳　甲午　丁卯　乙巳

火泽睽	**山泽损**	**六神**
父母己巳火′	官鬼丙寅木′应	青龙
兄弟己未土″	妻财丙子水″	玄武
子孙己酉金〇世	兄弟丙戌土″	白虎
兄弟丁丑土″	兄弟丁丑土″世	螣蛇
官鬼丁卯木′	官鬼丁卯木′	勾陈
父母丁巳火′应	父母丁巳火′	朱雀

子孙酉金持世动冲官爻，子孙是生财的，为经济而打官司，1999 年卯

木官杀值太岁冲世生应爻开始打官司。

打官司除了看官爻与世应的关系外，还要看世应力量对比。此卦官生应冲世，实为官方向他背我，与应爻有情而于我无情，故应爻必胜官司。

综上所述，打官司世爻必败，此官司若能协商和解最好。

反馈：1999 年因经济问题开始打官司，直到今年仍无结果，对方实力太强，想赢官司希望渺茫。

此卦世爻酉金虽为从象，官司也不能赢的玄机有两点：一是官鬼临日辰生应与世相冲克，官方与应爻有情而与我无情；二是应爻得日辰、太岁及时辰生助，力量很强，说明对方十分强势。这样就导致应胜世败。

例 15：推断遭遇何事：

庚辰　丁亥　庚寅　辛巳

水泽节	**地天泰**	**六神**
兄弟戊子水″	父母癸酉金″应	螣蛇
官鬼戊戌土○	兄弟癸亥水″	勾陈
父母戊申金″应	官鬼癸丑土″	朱雀
官鬼丁丑土×	官鬼甲辰土′世	青龙
子孙丁卯木′	子孙甲寅水′	玄武
妻财丁巳火′世	兄弟甲子水′	白虎

此卦是测来意的卦。许多人对测来意都感到有点手足无措，不知从何断起。据我的经验，有三条基本的信息参照物可作为测来意的突破点：

（1）首先要着重考察持世之爻，世为一卦之主，要看何爻持世，分析持世之爻的信息含义。

（2）其次要将动爻作为重点考察的对象，看他动的含义是什么。

（3）第三要将伏藏之爻作为重点考察的对象，分析伏神与飞神之间的生克关系和信息象征。

下面我们就按上述思路对此卦进行剖析：

1. 此卦财爻巳火持世得日生时助，虽被太岁泄月建冲，但仍应作有气论。财爻持世，事情应与钱财有关。

2. 其次看卦中动爻，三爻官鬼丑土发动化官鬼辰土，变爻官鬼辰土临太岁与世爻构成龙蛇混杂之象，五爻官鬼发动化兄弟亥水又构成猪犬交加之象，官爻戌土又临勾陈，主牢狱。卦中官鬼旺动泄世爻，又罗网并见，显然事情与官非牢狱有关，应是因财而引起口舌官司。

3. 卦中无伏藏之爻，不必考虑。

4. 此卦世爻财本不旺，又遭官爻狂泄，官爻生应爻，最终得益的是对方，应爻得太岁生，逢日辰冲暗动似与世爻相合，但应强世弱，巳火之财被应爻合去，明显不利于我，若打官司必然破财。

5. 因此该官司不宜打，若能和解最好。

实际：因经济之事打官司破财五万多元。

今后若遇到类似的卦，我们即可按照上述思路进行分析，问题往往可迎刃而解。

本节习题：

1. 例 10，测吉凶，应爻子水得五爻和日辰之生而去冲克世爻，官鬼空破又不生世爻，这些都是对世爻不利的因素，为什么世爻却安然无事呢？

2. 例 11，此卦官爻持世，又得上爻官鬼寅木得亥子水之生来助世克应，说明法官有情于我无情于他，为什么还会败诉？

第五节　疾病转归

天下没有不生病的人。不过一般的小病对健康不会有大的影响，但有些重病或大病则可能会严重影响健康，甚至危及生命，因而人们对这类病非常关心，很想知道其结果会是如何。当然，要知道疾病带来的最终结果，就需要预测。六爻预测法预测疾病是一种非常方便快捷而又极其准确的方法，因而被人们所常用。

对人体疾病的预测是纳甲筮法中的一个重要课题，历来就深受筮学界的重视，自古以来，在浩繁的纳甲筮法典籍中，对人体疾病的预测研究可谓著述甚丰，详尽入微。可见，人体疾病的超前预测和研究对人体的卫生保健有着十分重要的意义，它不仅是医学者而且也是筮学者所面临的重要任务和共同使命。

一、古典筮学理论对人体疾病预测的立论

纵观纳甲筮法的诸多经典著作，对人体疾病的预测理论虽然著述详备，各有千秋，但从总体上看，其理论经络和占断思维方法却大多雷同，即它们都把官鬼爻作为病的症状，同时又以六亲所临之爻为用神来考究人事的吉凶。现将诸书中的立论择要摘录几例如下，供读者参考研究：

如《黄金策·疾病》一章里有：

“欲决病痊，当究福神之动静；要知命尽，须祥鬼煞之旺衰。”

“既明症候，当决安危，再把爻神搜索；个中之玄妙，重加参考，方穷就里之粗微，先看子孙，最喜生扶拱合，次观主象，怕逢克害刑冲。世持鬼爻，病纵轻而难疗，身临福德，势虽险而堪医……”。

清人王洪绪在《卜筮正宗》一书中对《黄金策》作了较为精彩详尽的评注。如在评注《疾病》一章时云：

“火属心经，发热咽干口燥；水归肾部，恶寒盗汗遗精；金肺木肝，土乃病侵脾胃。衰轻旺重，动则煎迫身体。”

对此诀王氏评注为：“鬼爻属火，心经受病，其症必发热，咽干，口燥类；属水肾经受病，其症必恶寒，盗汗，若遗精白浊类；属金肺经受病，其症必咳嗽，虚怯或气喘痰多类；属木肝经受病，其症必感冒风寒，或四肢不和类；属土脾经受病，其症必虚黄，浮肿或时气瘟疫类。或鬼爻衰弱则安卧，发动而烦躁之类也。”

另有“次观主象，怕逢克害刑冲”之评注：“主象即用神也，如占夫以官为用神，占妻以财为用神类。如遇刑冲克害，即病人受病魔折，故怕见之。克害处若得生扶，必不至死。”

在清人曹九锡所著《易隐》一书中，对疾病也有“以官鬼为凭”等论

述，如“鬼属阴在内卦，则金为肺，木为肝胆，水为肾，子为膀胱，火为心、小肠……鬼属阳，在外卦，则金为四肢、骨节、牙齿、右耳、小便也……”。同时又以六亲所属之爻为用而占断人事吉凶，如曹氏云：“自占以世爻、身爻、命爻为用。代占以应爻为用。占家亲祖妣用官鬼。父、兄、妻、子以各属为用……”

今人的观点，也基本上是承袭了古人的学术观点。即也以官鬼爻代表疾病、病症。官鬼爻在卦中的旺与衰，是病重还是病轻的体现。同时又把代表病人的爻即用神的旺衰，以及忌神克用神的程度，作为病情轻重的体现。如此等等。

这样一来，在理论上出现一个矛盾，即在一卦之中，往往会发生官鬼与忌神不同步的情况；这倒还在其次，更为棘手的问题就是当官鬼爻即是六亲时，如何解决预测病症与预测六亲吉凶二者之间的矛盾。譬如妻占夫病，若既以官鬼爻代表丈夫，同时又以官鬼爻代表病症，那么要得丈夫身康体健，就必须要官鬼爻旺相方可；若要治好其病，去其病症，又必须要得子孙爻克尽官鬼爻。在这种情况下，官鬼爻到底是喜生扶还是克伐，就发生了不可调和的矛盾。如果要丈夫的身体安康，就必须要官鬼爻旺相，如果官鬼越是旺相，则疾病就会愈加严重，更加难于治疗；如果要得病轻，就必须要官鬼爻衰弱，可是官鬼越是衰弱，则丈夫的性命就会越发危急！

同理子女占父母之病，或自测病遇官鬼爻持世时，也会发生与此类似的情况。对于官鬼与忌神之间的矛盾，纵观古今纳甲筮法诸多典籍，对此均无明确的论述，或是避而不谈，并没有得到合理的解决。官鬼与忌神之间的矛盾现象，也成了千百年来一大悬而未决的谜案。不少敏感的筮学者对于这种令人棘手的矛盾问题感到十分困惑，提出了质疑，也有的筮学者试图对此问题作出了种种臆测和解说，但不免都流于附会和曲解，并未挖掘到问题的实质和精髓。譬如有一种观点认为：官鬼爻在卦中代表病的症状，病的部位，病的轻重；而忌神，代表病情对病人的压力；用神的旺与衰，代表病人在卦中承受病的能力之大小……等等，这种立论，我认为无论是在理论逻辑上还是在实践中都是值得推敲的。从逻辑上分析，仍然会陷入自我矛盾的境地之中，在官鬼既为病症又为六亲用神的前提下，并没有解决病症与用神二者之间的矛盾；同时在官鬼既为原神又为病症的前提下，也没有解决官鬼与忌神之间的矛盾。以此推论，若既以官鬼为病症，又作为代表六亲的用神，那么治好了病的同时也就治死了人，越是难于治疗的危重病症，病人的身体就越安康，这就陷入了逻辑上典型的二难推理的矛盾中。同理，官鬼与忌神之间的逻辑关系也是如此。如子测父病，官鬼爻为父爻之原神，财爻为父母爻之忌神，若既以官鬼爻代表病症又以官鬼爻为原神，那么官鬼爻越旺，病症就会越严重，病症越严重就会对病人越有利，可见，这种立论在逻辑上也存在着不可调和的矛盾。同时，官鬼爻越旺，忌神财爻就会越衰（官泄财气），若以官鬼代表病症，忌神财爻代表病情对病人的压力，那么病症越严重，病情对病人的压力就越轻，病症越轻，病情对病人的压力就越重。种种立论，在逻辑上均存在着严重的自我矛盾，官鬼与病症、用神、原神及忌神之间的关系在理论上仍然没有理顺。

从理论上的分析可以看出，以官鬼爻代表病症这一立论在逻辑上是站不住脚的，不仅如此，而且在预测实践中也存在着极大的出入，常常会有“占而不验”的情况发生。可见，以官鬼爻代表病症，这一立论是非常片面的，甚至可说是错误的，应该予以否定。

二、疾病的正确占断原理与思维方式

既然一卦之中，官鬼爻不是占断病症的用神或参照依据，那么在预测疾病时，该以什么作为占断依据呢？要解决这一问题，必须从疾病产生的病理原因讲起。

疾病产生的病理原因，从易学的角度讲，无非是阴阳失衡，五行不和之故，因此，病理现象的产生也无非是五行生克制化、刑冲合害规律作用和影响的结果。研究人体的疾病，就离不开对五行生克制化规律的运用和把握。这就是纳甲筮法中占断疾病的一般原理所在。

然而在预测实践中，仅仅懂得占断疾病的一般原理而不掌握正确的思维方式，在实际操作中是远远不够的。我在长期的预测实践中，经过大量的案例分析和经验总结，终于形成了一套独特有效的占断思维模式和理论，在实践中屡试屡验，从理论上与实践上较好地解决了这一纠缠不清的学术难题。

在实践中，我发现四柱与八卦无论是在占断原理上还是在占断程式上都有着极大的相似性，经过反复的推敲和检验后，终于在纳甲筮法中形成了一种类四柱分析推理占断法（简称“四柱综合占断法”）。

四柱综合占断法就是把整个卦视为一个完整的四柱组合体，就会发现八卦与四柱之间存在着十分微妙的对应关系。

我们知道，用神是一卦的核心，八卦中的一切吉凶休咎和信息现象，都是围绕用神而展开的。因此，用神的地位和作用就如同四柱中的日元一样重要。用神与用神之外的其他卦爻就相当于四柱中日元与日元之外的其他干支一样。各个五行干支均是人体部位和脏腑器官的代表，整个卦就好比是代表一个人体。无论是何爻受克、泄、耗、生、扶太过，何爻所代表的人体部位和脏腑器官就有可能产生疾病。这种占断疾病的程式和方法，与四柱的占断程式是非常相似的，这一点尤其值得读者注意。

纳甲筮法中的年、月、日、时四柱以及流年、流月、流日、流时与四柱中的大、小运、流年的作用也是十分相似。在整个四柱命局组合中，原命局为静，大运、流年为动，动静结合而生吉凶；而在八卦中，整个卦象为静(指相对静止)，年、月、日、时为动，动静相关而生祸福。

通过以上比较我们可以看出，八卦与四柱无论是在占断原理上还是在占断程式上，它们之间均有着极大的相似性和啮合性。这是因为两个系统所遵循的五行原理完全相同所致，因此它们的结构和功能，以及操作程式上也会表现出极大的相似性，这就是“原理决定结构，结构决定功能”的一般规律。这种规律在纳甲筮法中同样适用。因此，在纳甲筮法中引入“四柱综合占断法”在理论上是成立的，在实践中也是可行的。

用“四柱综合占断法”诊断疾病，其要点就是看一卦之中何种五行受克、泄、耗、生、扶太过，而致阴阳失衡、五行不和或为局中之忌时，何种五行就为局中之病，那么这种五行所代表的人体部位和脏腑器官就必然会发生病变。这种占断观点与古法（即以官鬼爻为病症）不同，读者在接受“四柱综合占断法”的观点时必须要对此加以区别。我发现“四柱综合占断法”不仅适用于占断疾病这一课题，而且还适用于纳甲筮法中的其他项目。可以说，“四柱综合占断法”也是纳甲筮法中的一条普遍规律。

三、六爻预测疾病需要掌握的要点

（一）选准用神

自测病以世爻代表自己，世爻为用神。

代人测病以与被测者的六亲关系确定用神。比如，测父母之病，以父母爻为用神；测子女之病，以子孙爻为用神；测兄弟朋友之病以兄弟爻为用神；测配偶之病以妻财爻、官鬼爻（兼看应爻）为用神。生用神者为原神。

（二）关于忌神

克用神者为忌神。官鬼未必为忌神，如果官鬼生用神，则官鬼反为原神，不为忌神；如果官鬼克用神，当然为忌神无疑。

子孙也未必为喜神。如果子孙克用神，则子孙为忌神，表示医生的处方不合适，或者药物无效甚至有负作用；如果子孙力量强而生用神，则为喜神无疑，表示能遇上良医，或者药物效果显著。

（三）根据四值和卦爻对用神的生克推断吉凶

用神受克，患者病情不容乐观。

用神受克过度而无化解，患者病情无转机，大凶之兆。

用神受克有化解，患者待时可康复，至少不会有生命危险。

用神受克但旬空，出空后患者病情会加重，重病者会有生命之危。

忌神强而旬空，出空后患者病情加重，重病者有生命之危。

用神受生，若用神或原神旬空，出空后患者病情好转或康复。

年老体弱和重病体衰的患者，用神不宜过于强旺，否则就是违背了自然规律，为“回光返照”的象征，大凶之兆。

小病患者，若用神强旺，则能在短期内康复；若用神衰弱，则需要一段时间的医治与调理才能康复。

用神弱但有原神生，病能治；用神与原神皆受克，病难愈。

总之，推断患者的疾病能否治愈，需要紧紧围绕用神、原神、忌神进行分析判断，只要对用神的有利因素多，疾病则易治，反之，则难治。

四、疾病预测实例解析

在纳甲筮法中引入了“四柱综合占断法”，可以说是一个全新的思想方法和占断模式，对于这一技巧的把握和运用，是准确诊断疾病的关键所在。读者可以从以下一系列的占断实例中加深对上述法则的理解和认识。

例 1：某女士求测疾病吉凶：

戊寅　庚申　癸卯　丁巳

水泽节	**泽水困**	**六神**
兄弟戊子水″	官鬼丁未土″	白虎
官鬼戊戌土′	父母丁酉金′	螣蛇
父母戊申金×应	兄弟丁亥水′应	勾陈
官鬼丁丑土″	妻财戊午火″	朱雀
子孙丁卯木′	官鬼戊辰土′	青龙
妻财丁巳火○世	子孙戊寅木″世	玄武

占自己之病，当取世爻妻财巳火为用。

今世爻巳火虽处月令囚地，但得年、日、时三柱生扶，又化子孙寅木回头生，衰而有扶，失时不弱，乃为中和偏强之象，似为吉兆。但细看之下，卦中父母申金发动，当令得时，晦火之光，巳申动合，巳火其威大减。更不宜申金动化亥水，冲克世爻巳火，且又引化巳申合，巳火尽失其炎。巳火虽得化子孙寅木回头生，但不宜又与申金构成寅巳申三刑，受克见刑，更为不妙。且世爻巳火临玄武克之，必主暗疾在身。巳火在人体上代表面、咽齿、心脏等部位和器官，因巳火临玄武，当主暗疾，故面、齿患疾的可能性较小，可排除。又巳火在兑宫，兑主口、咽喉，故心脏病的可能性可进一步排除，故断定为应是咽喉部位患疾。此女果然证实患有咽喉癌。

此例若按传统观点以官鬼爻论疾病，官鬼爻临丑戌两土，当主脾胃之疾，则又与事实不符也。疾病的诊断，只能以五行生克之理和干支之象而推定，方是正理。

例 2：重庆曹女士求测母亲身体健康状况如何：

癸巳　丁巳　癸巳　戊午

水风井	水天需	六神
父母戊子水″	父母戊子水″	白虎
妻财戊戌土′世	妻财戊戌土′	螣蛇
官鬼戊申金″	官鬼戊申金″世	勾陈
官鬼辛酉金′	妻财甲辰土′	朱雀
父母辛亥水′应	兄弟甲寅木′	青龙
妻财辛丑土×	父母甲子水′应	玄武

问母亲之事，以父母爻为用神。卦中两个父母爻，以与世爻同一经卦的父母子水为用神。四值一片火，用神子水衰弱，又被丑土发动相克，用神受伤严重，说明病情危急。衰弱受克而无动爻生助，无药可救。卦变游魂，应期必快，近在眼前。用神安静，受冲则动，因受冲更加衰弱，故为大凶之日。明日甲午，冲动用神，恐劫数难逃。果于第二天甲午日病逝。

此卦若有官鬼申酉金发动生父母子水，则有转机，但官鬼被旺火克住，根本无法生父母，由此掐断了生机。可见，官鬼并非都为忌神或疾病，不同六亲持世的卦，官鬼所扮演的角色就不相同。

例 3：成都杨先生母亲患皮肤癌，他求测为母亲做植皮手术效果如何：

庚寅　癸未　庚午　壬午

水风井	六神
父母戊子水″	螣蛇
妻财戊戌土′世	勾陈
官鬼戊申金″	朱雀
官鬼辛酉金′	青龙
父母辛亥水′应	玄武
妻财辛丑土″	白虎

1. 卦中两个父母爻，同上例之理，取与世爻同一经卦的上爻父母子水

为代表母亲。

2. 子水在四值中无生助，又被月建克，力量很衰弱，说明病重。

3. 衰弱之爻需要生助，反而初爻丑土与月建相冲为暗动克合用神子水，所幸妙在四爻申金被流年冲动来生父母子水，此为有救，因而手术会成功。

结果：手术很成功。

此卦官鬼恰恰就起到了医药的作用，绝非代表疾病。

此例与上一例“水风井”变“水天需”相比，主卦相同，但上一例患者快速死亡，此例患者却手术成功，结果有天壤之别。原因何在？前者申金安静不动，被四值克合住，衰弱的用神父母就得不到生益，故无药可救；后者申金暗动生用神父母，故可救药。可见，即使卦象相同或相似，但由于四值不同，卦爻的五行状态和动静就不同，因而卦爻所起的作用也就不同。此乃六爻卦的微妙之处，务须细心分析。

例 4：广东汕头黄先生求测父病吉凶：

癸未　辛酉　丁酉　戊申

泽风大过	**地风升**	**六神**
妻财丁未土″	官鬼癸酉金″	青龙
官鬼丁酉金○	父母癸亥水″	玄武
父母丁亥水○世	妻财癸丑土″世	白虎
官鬼辛酉金′	官鬼辛酉金′	螣蛇
父母辛亥水′	父母辛亥水′	勾陈
妻财辛丑土″应	妻财辛丑土″应	朱雀

卦中两个父母爻，以发动的父母亥水为用神。用神得日月酉金及时辰申金和卦中两个酉金之生，实为金多水浊，用神又临白虎发动，加大金多水浊之因数，大凶之兆。导致水浊的原因是金太多，因而金为忌神。酉金代表肺，因此病在肺上。用神动化丑土回头克，雪上加霜。

由于酉金太多为忌，因而在酉月患者病情严重。就算闯过了酉月，戌月戌土当令，金有余气，旺土生金，三会金局加强金多浊水之蔽，情况更加不妙，在劫难逃。

果于当年 10 月（戌月）死于肺癌。

此卦金本为原神，但可惜金太多，反而变为忌神，实际上就等于没有可用的原神去救助，至戌月又多出一个三会金局加强忌神之力，祸不单行，因而劫数难逃。

例 5：某男士求测疾病吉凶：

丁丑　壬子　丁亥　戊申

水泽节	**地水师**	**六神**
兄弟戊子水″	父母癸酉金″应	青龙
官鬼戊戌土○	兄弟癸亥水″	玄武
父母戊申金″应	官鬼癸丑土″	白虎
官鬼丁丑土″	妻财戊午火″世	螣蛇
子孙丁卯木′	官鬼戊辰土′	勾陈
妻财丁巳火○世	子孙戊寅木″	朱雀

占自己之病，当取世爻妻财巳火为用神。

今巳火处月令死绝之地，又逢日破，年、月、日、时四柱中全无生扶，休衰已极。且年、月、日三柱亥子丑三会水局，其势滔滔，天干两丁一壬，丁壬合反化为水，丁火不能逆水之势。且时柱申金乃水之长生之地，申金又与月支子水遥合，半合水局成功，更助泛滥之势，虽有时干戊土逆水之势，但坐下申金化泄，不能砥定中流，纵观年、月、日、时四柱，水成专旺之象，格成润下之局，气象已成，其势可顺而不可逆。

今世爻妻财巳火似难成从象，但巳火发动与时支申金动合，巳申合而化水，其势冲天奔地，当与水同论润下之局，似是吉象。然不宜五爻官鬼戊戌发动，逆水之旺势，终因戊戌双体之土破格，酿成灾咎。

水受土克，必是泌尿系统之疾，且官鬼戊戌临玄武，月支子水临桃花，多是因酒色不洁之事而染疾。询之，对方证实，果如所断。幸得戊戌动而化出癸亥之水，助起水势，逢凶化吉，是可愈之象。此例若以官鬼丑、戌两土论疾病，当是脾胃之疾，与事实必是相去甚远，而屡占不验，可见以官鬼爻论病症这一观点，是经不起实践检验的。

例 6：贵阳任女士求测儿子之病：

癸未　丙辰　己巳　乙亥

泽天夬	**离为火**	**六神**
兄弟丁未土×	父母己巳火′世	勾陈
子孙丁酉金○世	兄弟己未土″	朱雀
妻财丁亥水′	子孙己酉金′	青龙
兄弟甲辰土′	妻财己亥水′应	玄武
官鬼甲寅木○应	兄弟己丑土″	白虎
妻财甲子水′	官鬼己卯木′	螣蛇

世爻子孙酉金为用神。四值及主卦中无申酉帮扶，无根气，看似用神动化未土回头生，上爻未土又动生用神，并且还有月建生合用神，殊不知用神弱极而不受生，所以，用神处于弱极而从的状态，从则吉，因而不会有大的问题，很快就会痊愈。

此卦说明，只要用神从得真，则无碍。有人会问：寅木和未土动是什么意思呢？其实道理很简单，寅木动与用神相战，说明儿子有病，幸好寅木动化丑土暗合，因而病不重；未土动与亥子（财爻）水相战，兄爻强旺财爻衰弱，说明为儿子生病要花掉一些钱。故土之燥湿是辩证的，不能片面地看。

结果：小病，花了一点小钱，很快痊愈，平安无事。只不过母亲爱子心切而感到不放心而已。

例 7：某男子前来求测疾病吉凶：

戊寅　癸亥　癸亥　丁巳

地雷复	**天火同人**	**六神**
子孙癸酉金×	兄弟壬戌土′应	白虎
妻财癸亥水×	子孙壬申金′	螣蛇
兄弟癸丑土×应	父母壬午火′	勾陈
兄弟庚辰土×	妻财己亥水′世	朱雀
官鬼庚寅木″	兄弟己丑土″	青龙
妻财庚子水′世	官鬼己卯木′	玄武

占自己之病，当取世爻妻财子水为用。

今子水旺于提纲，又得日建帮扶，当令得时，通根得禄，其旺可知。更得五爻妻财癸亥动化子孙壬申回头生而帮扶，亥水尽纳长生之气，且又有上爻子孙癸酉动来相生，全局金多水狂，已成泛滥之势，实为过旺之象。虽有癸丑、庚辰两爻发动，似可止水，但癸丑、庚辰两爻皆为湿土正值三冬时节，止水乏力，子水实有过旺之嫌，必为局中之病，且亥为肾、子为膀胱，水属肾经，多是患泌尿系统之疾。

此卦世爻子水临玄武桃花，且卦逢六合，多爻乱动，必因酒色暗昧不洁之事而生疾。经证实，果如所测。至丑月土临旺地，土众止水，方愈。

此卦若以官鬼寅、卯木论病症，而断为肝胆之疾，则又不验也。且世爻化鬼，按古法论，当为大凶之兆，殊不知子水化卯木，泄身吐秀，乃是凶中有救，正应吉兆。可见断卦论事，时时未离五行生克制化之法则。

例 8：唐某求测父病吉凶：

戊寅　戊午　甲寅　壬申

火地晋	山雷颐	六神
官鬼己巳火′	妻财丙寅木′	玄武
父母己未土″	子孙丙子水″	白虎
兄弟己酉金○世	父母丙戌土″世	螣蛇
妻财乙卯木″	父母庚辰土″	勾陈
官鬼乙巳火″	妻财庚寅木″	朱雀
父母乙未土×应	子孙庚子水′应	青龙

测父病，当取父母未土为用神，今父母未土得月建午火生扶，当令得时，有生有克，象至中和，本是吉象。

然不宜父母未土动而化出子孙子水，动变之机，必是事之征兆所在。今子水处旬空月破之地，年、月、日三柱一片泄耗，休衰已极，独不宜得时柱壬申生扶，子水处长生之地，且又纳干为庚，势不能从，以弱抗强，土水混杂，必招其祸。定是病灶之所在，且子水在人体上代表膀胱，故断其父必是患膀胱病等泌尿系统之疾。对方证实，其父患有较严重的膀胱病。

且夏季火炎土燥，子水处死绝之地，其病尤剧，立秋后子水临长生，病情才稍有转机，立冬后子水临旺地，对方反馈，已接近痊愈。

即从此例来看，若以官鬼论疾病，势必将会发生判断错误的情况。此卦官鬼巳火两现逢旺地，若按古法断："鬼爻属火，心经受病，其症必发热、咽干、口燥类。"与事实情况必是风马牛不相及，可谓差以毫厘而谬之千里。

例 9：北京杨女士求测父亲身体吉凶：

丙戌　癸巳　甲子　甲戌

风雷益	**水泽节**	**六神**
兄弟辛卯木〇应	父母戊子水″	玄武
子孙辛巳火′	妻财戊戌土′	白虎
妻财辛未土″	官鬼戊申金″应	螣蛇
妻财庚辰土″世	妻财丁丑土″	勾陈
兄弟庚寅木×	兄弟丁卯木′	朱雀
父母庚子水′	子孙丁巳火′世	青龙

初爻父母子水为用神。用神在巳月处绝地，又自化巳火耗气，寅卯木动又泄用神之气，衰弱的用神怎么经得起如此的泄耗？如果没有日辰的子水和上爻卯木动化出子水之助，用神则处于从的状态，从则吉；但正是因为日辰和上爻卯动化子水来助用神，使得用神衰弱又不从，卦中又无原神来生，因而不从反为不利。实际上，日辰及上爻卯木动化子水对用神起的是负作用，帮的是倒忙。

到了午月，用神为月破，更加衰弱，本来是可以从的，但由于日辰作用久远，它去扶助用神，用神总是从不了，所以他只能一步步地走向生命的尽头。

兄弟双双发动，一个化进，一个化回头生，因而为父亲治病必然会花很多钱，但花再多的钱，最终也挽不回父亲的生命。

后来反馈：父亲农历六月去世，死于食道癌。在去世前因做手术而花了一大笔钱。

例 10：山西史先生求测母病吉凶：

甲申　戊辰　乙丑　癸未

风水涣	**坎为水**	**六神**
父母辛卯木○	官鬼戊子水″世	玄武
兄弟辛巳火′世	子孙戊戌土′	白虎
子孙辛未土″	妻财戊申金″	螣蛇
兄弟戊午火″	兄弟戊午火″应	勾陈
子孙戊辰土′应	子孙戊辰土′	朱雀
父母戊寅木″	父母戊寅木″	青龙

父母卯木为用神。用神衰弱入未墓，动化子水回头生中有刑。由于子水入墓于月建，又被日辰克合，因此子水无法生用神。衰弱的用神入墓需要原神生，既然原神子水无法生用神，就意味着患者无救。

结果于当月脑溢血死亡。

例 11：重庆杜先生求测父亲患病吉凶：

壬辰　乙巳　乙酉　丁亥

地风升	**山天大畜**	**六神**
官鬼癸酉金×	兄弟丙寅木′	玄武
父母癸亥水″	父母丙子水″应	白虎
妻财癸丑土″世	妻财丙戌土″	螣蛇
官鬼辛酉金′	妻财甲辰土′	勾陈
父母辛亥水′	兄弟甲寅木′世	朱雀
妻财辛丑土×应	父母甲子水′	青龙

1. 五爻父母亥水为用神代表父亲。

2. 五爻亥水月破衰弱，被初爻丑土动来相克，衰弱受克，说明其确实有病在身。

3. 日辰及动爻酉金和白虎皆生五爻用神亥水，时辰亥水也帮五爻用神，更妙的是，上爻官鬼酉金动既化解了初爻丑土对五爻之克，又化解了太岁对五爻之克，这样，上爻官鬼酉金动就化解了诸多危机。因为上爻官鬼酉金有日辰之助和太岁之生合，所以力量不小，它生五爻的力量也就不小，最终能够消除疾病的折磨。

结果：不久后即康复，子女终于放心了。

此卦全靠上爻官鬼酉金动临日辰生用神，才有这样的好结果，假若官爻酉金不动或力量太弱，就会得出相反的结论。可见，此卦的官鬼爻不仅不为忌神，反而还是用神的救命药。

例 12：浙江王先生求测母亲身体：

丙戌　戊戌　丁酉　乙巳

火天大有	**山风蛊**	**六神**
官鬼己巳火′应	妻财丙寅木′应	青龙
父母己未土″	子孙丙子水″	玄武
兄弟己酉金○	父母丙戌土″	白虎
父母甲辰土′世	兄弟辛酉金′世	螣蛇
妻财甲寅木′	子孙辛亥水′	勾陈
子孙甲子水○	父母辛丑土″	朱雀

世爻为求测者本人，父母未土代表母亲为用神。用神被月建刑，必然有病在身。所幸卦中寅木安静又被酉金动临日辰克制，无法克用神，用神虽被月建刑，但毕竟强旺，所以应无大碍。兄弟酉金动主破财，但有子水动来化解，因而破财不多，也就是说，给母亲治病不会花很多的钱。

结果查出是良性肿瘤，无大的问题。

例 13：内蒙古包头文先生求测老母疾病吉凶：

辛巳　乙未　丁酉　丁未

艮为山	**六神**
官鬼丙寅木′世	青龙
妻财丙子水″	玄武
兄弟丙戌土″	白虎
子孙丙申金′应	螣蛇
父母丙午火″	勾陈
兄弟丙辰土″	朱雀

父母爻午火代表老母。午火为用神。克用神的五爻子水为忌神，世爻寅木为原神。

勾陈临用神，说明其母患慢性病。用神午火目前在未月尚有余气，但往后的流月，午火越来越衰弱，病情将会恶化。日辰酉金克寅木原神，原神无法生用神，用神衰弱无救，情况非常不妙。申酉月用神更加衰弱，原神受克较重，病情逐渐恶化；戌月用神衰弱又入墓，劫数难逃。

后来反馈：巳月查出心脏有瘤子，戊戌月癸丑日己未时死于心脏病。

此卦官鬼爻虽临青龙相帮，但仍然为弱而入月墓，非常衰弱，子孙申金得日辰帮又处相地，子孙申金就比官鬼木强旺得多，若以传统的方法官鬼爻为病症，宜衰弱不宜强旺，子孙爻为医药宜强旺不宜衰弱去论断，自然就会得出错误的结论。实际上，此卦用神衰弱，而且随着流月的运行，用神越来越衰弱，因而当然没有获救的希望。

例 14：某县高女士患胆囊炎住院已久，摇卦求测何时病愈：

丙子　乙未　癸丑　癸亥

天地否　　六神

父母壬戌土′应　白虎

兄弟壬申金′　螣蛇

官鬼壬午火′　勾陈

妻财乙卯木″世　朱雀

官鬼乙巳火″　青龙

父母乙未土″　玄武

断：病势绵延，立冬后方愈。

对此卦分析的思路如下：

1. 求测自己之病以世爻妻财卯木为用神，克泄世爻的兄弟和官鬼为病为忌神。

2. 世爻墓于月建，囚于日辰，乃病体衰弱之象。用神衰弱宜生助，但卦中原神不现，伏于初爻父母未土之下，未土临月暗动克之而难以出头生用。未月火有余焰，官鬼有力，夹泄弱世，使用神更衰。如此观之，此病难治。

3. 用神衰弱无救必死，此卦用神是否到达了这种程度呢？衰者最忌冲克，其次忌泄耗，此卦申金为用神之克星，但安静不动，又被午火阻隔，加之申巳相合，虽不能化水，毕竟为牵绊，所以不能施克于用神，卦得六合、午未合、巳申合、巳午皆受牵绊，泄用之势得以削减，更喜用神旬空，可以避克避泄，所以病虽重，却不致于进一步恶化；再者太岁、时辰生用，月建乙木支藏干透而助用，日辰丑中之水，日干癸水有润木之功，所以用神虽奄奄一息，却可残喘而待时变旺。至十月，亥水当令，克去官鬼忌神，生起用神，此亥水原神一石双鸟，堪称妙药，患者岂有不愈之理？

此卦世爻用神为木，主肝胆，衰弱必主肝胆病，官鬼为火，夹泄弱世，朱雀为火也临用神之位，必主炎症，所以此病自然就是肝胆之炎症。用神衰而入墓，也是住院之象。当然这些都是已知信息，但遇到其他的卦，可按此推断。

有的书上说：“久病逢合则愈。”此卦正好合拍。其实这也不能刻板，如果在辛酉月辛酉日占得此卦，再加上五爻动，忌神猖狂，用神被冲克殆尽，必死无疑。同理，久病逢冲也不一定就非死不可。冲也好，合也罢，无非就是五行力量的变化，忌神被冲破则宜，用神被冲破则凶。合还有合住、合旺、合化之分，合的结果对用神有益则吉，生合忌神则凶。断卦时要透过合冲的形式看到实质。

例 15：江苏何女士求测食物中毒吉凶：

壬辰　壬子　甲辰　己巳

火天大有	**乾为天**	**六神**
官鬼己巳火′应	父母壬戌土′世	玄武
父母己未土×	兄弟壬申金′	白虎
兄弟己酉金′	官鬼壬午火′	螣蛇
父母甲辰土′世	父母甲辰土′应	勾陈
妻财甲寅木′	妻财甲寅木′	朱雀
子孙甲子水′	子孙甲子水′	青龙

一天晚上，何女士在家与朋友闲谈，听朋友说喝了用柚子皮榨的汁可治便秘。便立即叫家人取柚子皮榨汁，她与朋友各喝了一杯，不一会儿，二人都头痛、头昏，上吐下泄。家人见此吓人的场景，便立即把她们送到医院治疗，住院输液后稍有好转。可何女士仍然非常担心会因此给身体带来后患，忐忑不安地度过了不眠之夜。第二天早早地便打电话请我预测一下这次误食对身体的吉凶影响如何。当时我按何女士姓名总笔画数加接到电话时的时辰起得以上卦象。我根据卦象分析后回答说："放心吧！肯定没有问题，从现在起一定会一个时辰比一个时辰好转，而且绝无后患。"

对此卦分析的思路如下：

1. 按姓名笔画数起卦以世爻辰土为何女士。

2. 世爻辰土在子月虽处囚地，但临太岁和日辰，又得时辰之生，加之卦中未土动而帮扶，更得应爻巳火临时辰暖局而生世，世爻强旺，故断身体无恙。

3. 世爻临旺于日辰，本日即会好转。当天辰、巳、午、未时用神得生扶，故断其从现在起一个时辰比一个时辰开始好转。

4. 接下来的流日巳、午、未，流年巳、午、未，皆有利于世爻，故断绝无后患。

结果在医院输液后，回家休息了几天，身体就完全康复了。

例 16：冯女士求测弟病吉凶：

辛巳　辛卯　己丑　辛未

雷地豫	**水地比**	**六神**
妻财庚戌土″	父母戊子水″应	勾陈
官鬼庚申金×	妻财戊戌土′	朱雀
子孙庚午火○应	官鬼戊申金″	青龙
兄弟乙卯木″	兄弟乙卯木″世	玄武
子孙乙巳火″	子孙乙巳火″	白虎
妻财乙未土″世	妻财乙未土″	螣蛇

测弟病取三爻兄弟卯木为用神，用神临月建似乎旺相，但太岁巳火与动

爻午火初爻未土三会火局旺泄用神，日辰丑土又耗用神之气，卦中五爻官鬼申金动化戌土回头生克制用神，用神克泄耗俱全，又入动墓（初爻未土暗动），衰而入墓非为吉象。卦逢六合当主病势缠绵难愈，现入墓主病重住院或卧床不起，病情在 1995、1996、1998、1999 年平稳，从去年起病情加重，此病难愈。木主神经，应是神经系统之病而且会发生病变。

实际是神经引起的肌肉萎缩症，已病了多年，从去年起病情加重，现已卧床不起，1995、1996、1998、1999 年病情平稳。

此卦若以古论，久病逢合则好，又以官鬼为病症，官鬼属金，当为大肠之病，则与事实相去远矣。由此例再次证明，以官鬼爻为病症的论断是站不住脚的。

例 17：湖北张先生摇卦求测妻病吉凶：

壬辰　甲辰　癸卯　丙辰

山泽损	**火水未济**	**六神**
官鬼丙寅木′应	父母己巳火′应	白虎
妻财丙子水″	兄弟己未土″	螣蛇
兄弟丙戌土×	子孙己酉金′	勾陈
兄弟丁丑土″世	父母戊午火″世	朱雀
官鬼丁卯木′	兄弟戊辰土′	青龙
父母丁巳火○	官鬼戊寅木″	玄武

张先生是一位易学爱好者。其妻子的单位组织体检，检查后医生说还要作进一步检查，意思是怀疑有病变。医生的话令张先生很紧张，回家后便摇卦测妻病吉凶。装好卦后张先生见用神有克无生无助乃大凶之兆，吓得魂飞魄散，于是打电话请我斟酌此卦。

当时我正在机场候机室，张先生紧张地报完四值和主变卦，我思索片刻后用肯定的语气说：“你不用那么紧张，只是小毛病，绝对不可能有大问题，更不会发生病变。”张先生似乎看到了希望，但还是小心地说出了自己的疑问：“李老师，恕我冒昧，我自己怎么看都觉得用神休囚遭克耗泄交加又没有一点生助，应该会有大问题呀！那再麻烦您帮忙给我讲一讲原因，可以吗?”

根据张先生的要求，我便作了如下解析：

1. 五爻妻财子水入三墓（年、月、时），卦中戌土动并引动三爻丑土紧贴克伤妻财子水，加之初爻巳火动化寅木回头生且又得日辰之生，耗用神之力很强，用神被克泄耗交加似为大凶。

2. 实际上，妻财子水在四值（年、月、日、时）和主变卦中都无亥子水相帮，即使主变卦中有申酉金、哪怕申酉金的力量再强妻财子水也不会受生，辰、丑中癸水遭本气之克，年日干之水遭旺土之克也无力帮扶妻财子水。这样一来，妻财子水无助又不受生就只能弱极而从其旺势，从则吉嘛，怎么可能有灾呢?

结果：后经医院进一步检查的确没病变，只是一些小毛病。

由此可见在六爻预测中若无从格理论，结果就完全相反了。

按历来传统测病的方法以官鬼爻为病症，子孙爻为医药，并且“病症”越弱越好，“医药”越旺越能治“病症”。按此理论我们来分析病情会如何：古代只用月日不用年时，本卦甲辰月、癸卯日，官鬼在辰月有余气，且又当临日辰，主变卦中官鬼寅卯木重重，整体来看官鬼不但不弱，而且又强旺。子孙爻伏而不现，又入墓于飞神丑土，无力克制官鬼，如果按照“病强药弱”的思路推断，就会得出其妻身体发生病变的结果。由此可见官鬼爻不一定在任何情况下都代表病症，或者越弱越好；子孙爻也不一定在任何情况下都代表医药，亦非越旺越佳。

例 18：某女求测母病吉凶：

庚辰　戊子　甲辰　丙寅

火风鼎	**火山旅**	**六神**
兄弟己巳火′	兄弟己巳火′	玄武
子孙己未土″应	子孙己未土″	白虎
妻财己酉金′	妻财己酉金′应	螣蛇
妻财辛酉金′	妻财丙申金′	勾陈
官鬼辛亥水○世	兄弟丙午火″	朱雀

子孙辛丑土″　　　子孙丙辰土″世　　青龙

1. 测父母病以父母爻为用神，今父母旬空又伏在初爻丑土之下，已为不吉之象，“火风鼎”变“火山旅”卦，这里的“鼎”本有手捧骨灰盒之象，变“旅”为旅行之象，老人旅行走了，有魂归天国之意。

2. 用神卯木伏在初爻丑土之下，卯木又有纳干己土盖头，整个卦中土旺，土重木折，有众土埋木之象。

3. 伏神卯木被众土所埋，此有人死被土埋之象，世爻亥水似乎动而生用神，但三冬寒水不生木，给人以寒冷凄凉而阴森森的感觉，时柱丙寅为炉中火，与用神卯木远隔千里，难有暖身之功，反而像人死后做法事点的油灯。

4. 卦中土多土重折木埋木，寒水不生木，强金制木，母亲有大凶之灾，必死无疑，丁未日与初爻辛丑天克地冲，未又为木墓，有动土埋死人之象，丁未日其母必死。

实际其母正是丁未日死于胰腺癌。

例 19：某女士求测疾病吉凶：

庚辰　丁亥　乙亥　丙戌

水山蹇	**风天小畜**	**六神**
子孙戊子水×	妻财辛卯木′	玄武
父母戊戌土′	官鬼辛巳火′	白虎
兄弟戊申金″世	父母辛未土″应	螣蛇
兄弟丙申金′	父母甲辰土′	勾陈
官鬼丙午火×	妻财甲寅木′	朱雀
父母丙辰土×应	子孙甲子水′世	青龙

1. 先看吉凶：自测病取世爻申金为用，今世爻遭月、日亥水旺泄，上爻子孙子水发动泄世，二爻官鬼午火动克世爻，世爻失令而又遭克泄交加不吉，幸得五爻遇太岁冲为暗动贴身相生，又有初爻临太岁动而生之，还得时支戌土相生，三爻申金紧贴相帮，世爻危而有救，可渡过难关。

2. 看病症：古今绝大多数的易学书籍在论病时都以官鬼爻为病症，这一理论虽历经千百年而流传至今，但其理论在逻辑推理上自相矛盾，在实践检验中也不准确。古今易学者对此问题或许有的也发现其不准确，但又无法提出自己正确的理论，因而含糊其辞，或照搬古书，或避而不谈，致使这一错误理论至今还在误导读者，对这个问题，我在本节已有详论，读者可参阅，在此就不赘述。按我提出的“四柱综合占断法”断其病症，卦中金火两弱而不从，病在金和火上，火最弱，主要病在火的五行，卦中官鬼午火遭旺水克、土泄，火主心脏和眼睛，必然是心脏或眼睛有病（此卦午火刚好是官鬼爻与官鬼为病症的立论巧合）。卦中申金弱，金主肺，肺也有病，只是比心脏或眼睛的病轻。

实际情况是：她有心脏病，也有肺气肿，只是心脏病较重，这次预测主要是想问心脏病。

例 20：黄先生求测兄病吉凶：

庚辰　乙酉　甲戌　甲戌

雷地豫	**坤为地**	**六神**
妻财庚戌土″	官鬼癸酉金″世	玄武
官鬼庚申金″	父母癸亥水″	白虎
子孙庚午火○应	妻财癸丑土″	螣蛇
兄弟乙卯木″	兄弟乙卯木″应	勾陈
子孙乙巳火″	子孙乙巳火″	朱雀
妻财乙未土″世	妻财乙未土″	青龙

1. 测兄病取兄弟卯木为用，卦中土金两强木火偏弱，病在木火。卦中土成方局，唯有用神卯木得卦中三乙相帮，日时干甲木之助，木自成体系而不从，木不从则有灾。按四柱综合占断法木为肝胆，应是肝胆有病，卯的本气为乙木，是肝病的可能性大。

2. 卦中子孙午火发动泄用神之气，又化丑土耗用神之气，有病情加重之象。

3. 太岁冲动上爻戌土合用神卯木，日、时戌土也来争合，土重木折，有土盖用神之象。

4. 戌刑动未，丑未又冲，土成方局墓门大开，未墓在初爻收用神卯木入墓有入土为安之象。墓又为医院、病床，说明其兄现在病很重，应在医院或家中卧床不起了。

5. 五爻官鬼临驿马可作动看，官鬼带白虎克用神主凶丧。

综上所述，其兄病情严重，必死无疑。

反馈：他的哥哥患的是肝癌，病情重而住院治疗，后死于丑月。

此卦若按古论，官鬼为病症，那么他的病应为肺病或大肠、筋骨之疾，再用子孙为医药，子孙动对治病有利，这样就与事实不符。因此，规定官鬼为病症的论点是错误的。

例 21：颜先生求测女儿之病：

辛巳　辛卯　丙子　戊戌

天地否	**火地晋**	**六神**
父母壬戌土′应	官鬼己巳火′	青龙
兄弟壬申金○	父母己未土″	玄武
官鬼壬午火′	兄弟己酉金′世	白虎
妻财乙卯木″世	妻财乙卯木″	螣蛇
官鬼乙巳火″	官鬼乙巳火″	勾陈
父母乙未土″	父母乙未土″应	朱雀

1. 测女儿病当取子孙为用神，卦中子孙不上卦，伏于初爻父母未土之下而受克，被太岁耗气，月支旺泄，时支旺克，若用神弱而从当主吉，可惜卦中子孙弱而不从。原因如下：

(1) 子孙临日支有根。

(2) 外卦纳干三壬水助之。

(3) 五爻兄弟申金动而相生，子孙弱而不从，必与忌神争战，其吉凶就看忌神力量的大小了。卦中仇神午火被日冲而暗动，时支戌土与初爻未土相刑，刑起土旺克用神子水更有力，再加上岁支巳火助官鬼午火，并与初爻未土三会火局生忌克用，原神申金虽动而生用，但用神子水伏于父母未土之下生之不及，且申金又逢空，在强大的火局面前自身难保，有生之心而无生之力，日支子水也是火多水干爱莫能助。忌神猖狂，用神子孙必遭灭顶之灾。

(4) 再加上此卦为天地否卦，天在上，地在下，子孙子水伏在初爻未土之下，有被土埋之象，未中己土为田园之土，好像子孙被埋于下，上边周围长着树木庄稼之象，二爻乙巳又为覆灯火，在未土上好像死了人在上边焚香烧纸的香火。另外五爻兄弟申金旬空发动生用神，兄弟又临玄武，玄武属水为九流艺术宗教，正好像死了人拜祭时举行的宗教仪式，虽有果品食物那也只能是空生用神了。

2. 综上所述，此小孩必死无疑。那么这小孩是什么病死于何时呢？卦中用神子孙子水以弱抗强当是病因所在，为血液或肾有病。第二天丁丑日丑未冲又与时支戌土构成三刑，刑起土旺，丑冲未爻是冲开飞神，伏神出而受克，动土埋人之兆，加之卦变游魂，且子与丑合，合土必化，也有用神被合为土，魂归天国之象。故此人当死于第二天丁丑日。实际此小孩得的是白血病，果然死于第二天丁丑日。

例 22：张女士求测子病：

庚辰　戊子　辛亥　丙申

火泽睽	**六神**
父母己巳火′	螣蛇
兄弟己未土″	勾陈
子孙己酉金′世	朱雀
兄弟丁丑土″	青龙
官鬼丁卯木′	玄武
父母丁巳火′应	白虎

母测子病取子孙酉金为用神，今子孙酉金持世遭旺水之泄临朱雀，子丑合引动丑土，世爻入丑墓，虽正值学龄时期，但因有病，应在家中养病（入墓），睽有刮目相看之意，也有众人围观他之象。

实际张女士之子因在校时，神经出了问题，常胡言乱语引来同学们围观，因而就接他回家养病了。

此卦关键在于用神酉金偏弱，看似得太岁生，但柱中水旺，申子辰合水、亥子会水、天干丙辛合水，虽化不彻底，但已使太岁背金向水，生用之力大减，庚辛之金帮身乏力，但又有申帮扶而使用神酉金不从，因而才有泄身太过之灾。

例 23：重庆王先生求测目前身体健康状况如何：

己丑　癸酉　己卯　辛未

巽为风　　　　**六神**

兄弟辛卯木′世　勾陈

子孙辛巳火′　　朱雀

妻财辛未土″　　青龙

官鬼辛酉金′应　玄武

父母辛亥水′　　白虎

妻财辛丑土″　　螣蛇

1. 世爻卯木月破，虽有日辰之助，但力量薄弱，如杯水车薪，无济于事。

2. 三爻酉金旬空，但临月建有力，被日辰冲，冲空则起为暗动，这样就对世爻造成冲克，进一步加大了对世爻的损伤。

3. 生世爻者医药，即二爻亥水。亥水与世爻远隔且安静不动又被四爻未土暗动克伤，难以生世爻，说明无可救药。

4. 世爻为患者，被严重克损的世爻就代表病之所在。卯木为肝，故应为肝病。因卯木受克程度极其严重，故断其为肝癌。

5. 世爻衰弱受克临勾陈，加之四爻未土遇太岁日冲为暗动为世爻之墓，这种情况下的勾陈和墓就代表坟墓，大凶之象。

根据上述卦象分析，已无药可救。

当时患者由夫人陪同前来求测，我只将预测结果告知其妻。为了不使患者有心理恐惧，我对患者说无大碍，安心养病就是。后去医院检查，确诊为肝癌晚期，虽经治疗，仍于数月后不幸去世。

此卦世爻为病，官鬼也是加重病情的忌神。

例 24：一女士求测夫病：

辛巳 壬辰 乙丑 甲申

水风井	**泽天夬**	**六神**
父母戊子水″	妻财丁未土″	玄武
妻财戊戌土′世	官鬼丁酉金′世	白虎
官鬼戊申金×	父母丁亥水′	螣蛇
官鬼辛酉金′	妻财甲辰土′	勾陈
父母辛亥水′应	兄弟甲寅木′应	朱雀
妻财辛丑土×	父母甲子水′	青龙

1. 测夫病取官鬼为用神，卦中用神两现，取离世爻近且发动的申金为用。

2. 官鬼申金动化亥水泄气，卦中丑土明动，五爻戌土暗动，土重埋金。官爻申金入日墓为大凶之象，用神入墓说明病重已不能工作了，应在医院或在家卧床不起了。

3. 官鬼申金为用神受损，金主肺、大肠，应是大肠或肺有重病，9 月或 12 月土旺埋金，必有大凶之灾。

反馈：因直肠癌病重在家卧床不起。

例 25：上海程先生求测奶奶生病能否康复：

壬辰 壬子 辛亥 丁酉

风火家人	**六神**
兄弟辛卯木′	螣蛇
子孙辛巳火′应	勾陈
妻财辛未土″	朱雀
父母己亥水′	青龙
妻财己丑土″世	玄武
兄弟己卯木′	白虎

1. 问长辈健康状况，以父母爻为用神。

2. 三爻父母亥水用神得日月之助，力量强旺，虽有太岁辰土之克，不但不足畏惧，反而使得用神父母不至于亢旺而趋于中和，必能康复，无需担心。

3. 卦中无动爻，变化较慢，因而需要待以时日，逐渐康复。这也正符合老年人病体恢复较慢的规律。

后来果然在医生的治疗下，疾病逐渐痊愈。

例 26：上海程先生之母患病，求测是否严重，能否康复：

癸巳　己未　己丑　乙亥

火山旅	艮为山	六神
兄弟己巳火′	父母丙寅木′世	勾陈
子孙己未土″	官鬼丙子水″	朱雀
妻财己酉金○应	子孙丙戌土″	青龙
妻财丙申金′	妻财丙申金′应	玄武
兄弟丙午火″	兄弟丙午火″	白虎
子孙丙辰土″世	子孙丙辰土″	螣蛇

此为患者求测，以世爻代表自己。

世爻得年月日和螣蛇之生助，力量非常强旺，卦中有酉金动而泄世爻之气，还有时辰亥水耗气，故世爻强旺遇泄耗绝无大碍。这样，就使世爻趋于中和，必能康复。

后果如所测。

例 27：求测侄儿病：

辛巳　甲午　乙丑　癸未

泽山咸	水山蹇	六神
父母丁未土″应	子孙戊子水″	玄武
兄弟丁酉金′	父母戊戌土′	白虎
子孙丁亥水○	兄弟戊申金″世	螣蛇
兄弟丙申金′世	兄弟丙申金′	勾陈
官鬼丙午火″	官鬼丙午火″	朱雀
父母丙辰土″	父母丙辰土″应	青龙

1. 测侄儿病取子孙为用神。

2. 子孙亥水旬空临岁破月耗，且被日时丑未土旺克，加之上爻父母未土与日辰相冲暗动克之，忌神力量强大势不可挡，子孙亥水在强敌面前若识时务顺势而从也可保平安，可惜子孙亥水发动化申金回头生，申中壬水为亥水之根，又有时干癸水微力帮扶，亥水有生有助弱而不从，整个卦中火多水干，重土克水，金多水浊，但用神亥水不识时务，以弱抗强必遭灭顶之灾。卦中未土暗动克子孙，当死于未月。

3. 亥水弱而不从必是病症所在，亥水为头为神经为血液，应有脑膜炎或血液之病。

反馈：因脑膜炎死于辛巳年未月。

例 28：成都何女士患病，医生检查确诊是癌症，她感到很害怕，特地求测能否有转机而保住性命：

庚寅　丙戌　甲寅　己巳

乾为天	火天大有	六神
父母壬戌土′世	官鬼己巳火′应	玄武
兄弟壬申金○	父母己未土″	白虎
官鬼壬午火′	兄弟己酉金′	螣蛇
父母甲辰土′应	父母甲辰土′世	勾陈
妻财甲寅木′	妻财甲寅木′	朱雀
子孙甲子水′	子孙甲子水′	青龙

1. 世爻戌土被年日寅木所克，但临月建，又有时辰巳火之生，力量并不是很弱，说明自身并无大病，癌症之说可以排除，恐怕是医生误诊。

2. 申金动泄世爻之气又临白虎，所以表面上很可怕；但实际上，申金被年日冲，力量并不强，对世爻的泄泻不大，因而并不能构成多大的威胁。

3. 年日寅木克世，说明确实有病，但世爻临月建可以抗克，加之有本经卦官鬼午火之生，所以不可能有致命的疾病。

她听了我的预测后，心里轻松多了。再去医院复查，确实没有癌症，以前只是吓人的误诊而已。

患者都相信医生，但像这样的误诊，小病也会吓成大病，所以如果感到怀疑，预测一下或者换个医院复查还是有必要的。

例 29：一人求测岳母身体如何：

丙子　甲午　庚子　丁亥

泽风大过	泽山咸	六神
妻财丁未土″	妻财丁未土″应	螣蛇
官鬼丁酉金′	官鬼丁酉金′	勾陈
父母丁亥水′世	父母丁亥水′	朱雀
官鬼辛酉金′	官鬼丙申金′世	青龙
父母辛亥水○	子孙丙午火″	玄武
妻财辛丑土″应	妻财丙辰土″	白虎

1. 用神两现，取动爻父母亥水为用。

2. 五月火旺水囚，但又临日辰而动，为凶中有救。月耗日助，似两相匹敌，难言吉凶。其实细看之下，强弱有别：其一，亥水动化午火为耗气；其二，“大过”卦属震宫，用卦为巽木，用神正好居于巽卦，此为卦泄爻气；其三，原神酉金安静且受制于月建无力生用神。不言而喻，用神虽有日辰之助，还是偏弱。弱则有病，稍微偏弱病则轻。

3. 用神居内卦，岳母在家里生病。

4. 此卦关键在于原神使不上力，原神为酉金，主肺，故断其肺部有病。

5. 阳动主过去，岳母之病在测前已发生，春天木旺生火而克金，其病当起于春季。

6. 午月仇神当令，未月忌神当值，未为躁土，酉金原神又安静不动，不能通关而使未土克用，故午未之月难愈；申月用神得生，病情好转，酉月月建入卦，相当于原神发动，弱水得有力之生，病当愈。

后果于酉月痊愈。

此卦粗看之下，月日对用神的作用难辨强弱，吉凶难判。这种情况下，应全面分析，找出强弱的失衡点，吉凶就明显了；再找出恢复用神强弱平衡的时间，则应期也就找到了。

例 30：重庆梅先生久病不愈，医生没有办法，就去本地算卦，卦师告诉他无法治愈，性命不保。他感到害怕，于是特地找我求测：

壬辰　戊申　乙丑　癸未

坤为地	**山地剥**	**六神**
子孙癸酉金×世	官鬼丙寅木′	玄武
妻财癸亥水″	妻财丙子水″世	白虎
兄弟癸丑土″	兄弟丙戌土″	螣蛇
官鬼乙卯木″应	官鬼乙卯木″	勾陈
父母乙巳火″	父母乙巳火″应	朱雀
兄弟乙未土″	兄弟乙未土″	青龙

1. 世爻旺于月建，力量较强，得年日时众土之生就不会导致土多埋金，只会加强世爻的力量。

2. 世爻强旺，未遭重克，绝不会有性命之忧。

3. 世爻动化官鬼临玄武，此乃身染邪气之象。医生并非万能，对这种情况就无法诊断出来，所以久治无效，并无良策。

4. 治病必须对症下药，只有去除邪气，才能彻底康复。

他听从了我的建议，通过采用相关的有效方法，再配合医生的治疗，终于彻底康复，至今健在。

例 31：重庆伍女士求测到某医院做胆结石手术效果如何，有无危险：

壬辰　丁未　戊寅　戊午

泽风大过	**雷山小过**	**六神**
妻财丁未土″	妻财庚戌土″	朱雀
官鬼丁酉金○	官鬼庚申金″	青龙
父母丁亥水′世	子孙庚午火′世	玄武
官鬼辛酉金′	官鬼丙申金′	白虎
父母辛亥水○	子孙丙午火″	螣蛇
妻财辛丑土″应	妻财丙辰土″应	勾陈

1. 世爻亥水被年月所克，力量非常弱，但因卦中有金水发动相生助，所以又不能构成从势，处于一种衰弱状态。

2. 世爻衰弱有病，生助者为医药，现卦中恰好有五爻酉金和二亥水发动来生助，似乎为吉兆。但实际上，二爻亥水也和世爻一样，本身力量不强，又与世爻远隔，相助之力很小；五爻酉金旬空，动又化空，所以也无力生世爻。金水为医生和药物，金水虽动却难以生助世爻，说明手术效果肯定不好。

为此，我建议她不要去那个医院做手术，但她去医院咨询，医生说效果会很好，于是她相信了医生。

求测后的第二天就去做了手术。到2013 年，旧病复发，结石又和去年未做之前一样大了。

医生说效果会很好，卦中也能看到：酉金为医生，动来生世爻，就是医生主动愿意给患者做手术，既然相生，当然会认为效果很好，但可惜酉金衰弱旬空，又动化空，所以说效果很好只能是一句空话而已。

例 32：哈尔滨蒋先生的母亲求测身体状况如何：

壬辰　庚戌　乙巳　辛巳

泽山咸	**泽地萃**	**六神**
父母丁未土″应	父母丁未土″	玄武
兄弟丁酉金′	兄弟丁酉金′应	白虎
子孙丁亥水′	子孙丁亥水′	螣蛇
兄弟丙申金〇世	妻财乙卯木″	勾陈
官鬼丙午火″	官鬼乙巳火″世	朱雀
父母丙辰土″	父母乙未土″	青龙

1. 自己求测，世爻代表自己。

2. 世爻申金被日时巳火克，但有年月之生，土当令旺于火，足以通关，故火克不了世爻。

3. 世爻动化空，说明自己想法多，心里不踏实才问身体状况。

4. 世爻得年月生和初爻辰土暗动相生，还有勾陈临世相生，旺相有力，此为吉兆。

5. 卦中午火虽与世爻紧邻，但其安静且被月建收敛，故对世爻无克损。

整个卦象中并无能够克损世爻的因素，所以身体不会有问题。

后去医院体检，确认健康状况良好。

例 33：一人求测父亲久病吉凶如何：

丙子　壬辰　丁丑　乙巳

泽天夬	**泽风大过**	**六神**
兄弟丁未土″	兄弟丁未土″	青龙
子孙丁酉金′世	子孙丁酉金′	玄武
妻财丁亥水′	妻财丁亥水′世	白虎
兄弟甲辰土′	子孙辛酉金′	螣蛇
官鬼甲寅木′应	妻财辛亥水′	勾陈
妻财甲子水○	兄弟辛丑土″应	朱雀

1. 测父病，应取父母爻为用神，今卦中及月日皆不见父母爻，应取主卦二爻之下伏神为用神。卦属坤宫，伏神纳干为乙，故为“父母乙巳”。

2. 用八卦断吉凶的理论依据只有一个，就是五行生克制化。以用神为主体，以四值为衡量卦气和五行强弱的准绳，吉凶的实质就是用神与其他五行之间力量强弱的对比，也就是生克（生克制化，刑冲合害统称为生克，因为它们的实质就是生克，只是表现形式不同罢了）。生就是亲合，克就是争战，与命理上的“向背”之理相似。用神强旺（但又不能太过），不会被卦中其他五行（忌神、仇神）所损伤或制掉，则为吉；用神衰弱，被卦中其他五行（忌神、仇神）所击败，则为凶。

3. 根据上述原则，现对此卦进行综合分析：先看用神。巳火在辰月为土旺火休（请不要看成巳火在辰月处冠带之地为得令）而失令；日辰丑土当值，泄巳火之力为忌神；年月日对用神皆不利，用神巳火只有时辰相帮，巳火衰弱无疑，危机已伏。

次观原神。用神衰弱，只有寄希望于原神。幸原神寅木正好为用之飞神，紧贴生之，正所谓“飞来生扶得长生”，此为救应。救应又分为得力之助和爱莫能助两种。今寅木生于辰月，已是强弩之末，虽化亥水回头生，又得子水动来生之，毕竟月建为水之墓，日辰也克水，且子水动化丑土回头克合而受制，所以原神寅木之原神亥子水自身难保，生寅木就力不从心。

再审仇神。酉金仇神得日月之生合，土旺金相，雄居五君爻位，耗用克寅，为祸之根源。

综上所述，用神本身衰弱，加之身轻克重，岌岌可危，现仅赖原神的一点微力，得以残喘。

4. 用神根基不牢，危机四伏，虽一时不至于死，终究难逃忌神、仇神旺相得势的联合进攻而招致灭顶之祸。卦中信息显示凶已成定局，就看凶的应期了。

凶的根源在于忌神和仇神，而本卦仇神比忌神的祸害作用更大，加之仇神又生忌神，狼狈为奸，所以仇神旺盛之时便是凶的应期。此卦酉金为仇神，但旬空，酉月填实而帝旺，所以断酉月为凶灾之应期。但这个应期毕竟是大范围的，到底应在酉月何日，可以进一步详推。酉月水得金生，水为忌神，故应断亥子日应灾。到底该断在亥日还是子日，可结合用神来推：用神为巳火，亥对巳既克又冲，子对巳克而不冲，故亥水克巳火之力大于子水克巳火之力，因此当断亥日有灾；而每个月不只一个亥日，又断在哪一个亥日应灾呢？卦中用神巳火纳干为乙木，组成乙巳用神，乙可生巳，酉月辛亥日，与乙巳天克地冲，且辛生亥，加大忌神之力，所以酉月辛亥日可算是仇神、忌神力量组合最大之日，用神于此日被彻底克掉，于是断其父必死于该日。后果然应验。

这就是此卦推断的全套思路。这里有几个使人模糊的问题提出来说明一下：

1. 亥日忌神亥水可生原神寅木，为何有凶？酉月金旺木死，太弱之木，不受水生，此为原神不能通关，加之用神巳火亦不受生。而使忌神直克用神为祸。

2. 辛亥日辛金可克乙木，那么丁酉月丁火不克酉金吗？酉月金帝旺，金旺火囚，一点丁火，不但不能克金，反起了火炼秋金的作用，进而使金更加锋利。

3. 天干也能用于断卦中吗？八卦纳干一般只知纳法，却很少有人研究纳干有何作用。如果没有作用的话，古人专门给八卦配上天干，岂非画蛇添足？天干与地支配合成卦，占断时以地支为主，天干起辅助作用。八卦同样可用纳音五行天克地冲等方面的因素进行参断。

通过对此卦分析有以下心得：

1. 推断吉凶须紧紧抓住用神这根主线，根据用神与年月日时，原神、忌神、仇神的生克关系和力量大小准确判别用神的强弱，则吉凶便不难推断。

2. 应期推断比较复杂，须首先找出吉凶的根源（原、忌、仇神），其次确定应期大致范围，再进一步结合用神缩小范围，找出用神受益最大或遭克最甚时间，则可比较精确的断出应期。

3. 八卦与四柱皆遵循阴阳五行生克制化之理，可将四柱预测学的有关知识与八卦融会贯通。断卦贵在灵活，切莫照搬书本，教条僵死。

4. 断卦须全面分析，不可顾此失彼，但又不可不分主次，反而理不出头绪。

此卦还有其他有关因素，如勾陈临用主疾病缠绵久长；用卦变反吟（非爻之反吟）主凶；体用比和变体克用不吉；大象化回头克主凶等等。

例 34：湖北赵先生去美国由于时差问题休息不好，回国后导致肝上起了脓块，于戌月入院做了小手术，因担心手术效果，特地求测何时能康复：

辛卯　己亥　丁卯　丁未

震为雷	**火雷噬嗑**	**六神**
妻财庚戌土×世	子孙己巳火′	青龙
官鬼庚申金″	妻财己未土″世	玄武
子孙庚午火′	官鬼己酉金′	白虎
妻财庚辰土″应	妻财己辰土″	螣蛇
兄弟庚寅木″	兄弟己寅木″应	勾陈

父母庚子水′　　父母己子水′　　朱雀

1. 世爻不旺，被年日克，又被青龙临世相克，正是身有疾病的象征。

2. 衰弱受克，需要有生助方为吉。世爻动化巳火，但巳火月破，能否生世呢？因有年日卯木通关生巳火，所以亥水并不能克制巳火，这样就不为月破，于是世爻就构成动化回头生。同时，巳火还化解了青龙对世爻之克。

3. 亥月寒冷，巳火温度不足，生世爻之力就不大，需要等待月建轮换去扶助世爻。接下去是子月，再下去是丑月，丑土就可帮扶世爻，到时即可康复。

4. 赵先生说自己目前在深圳，此地冬季也比较温暖，这就加强了巳火生世爻的力量，更有助于康复。

结果：在当年的丑月完全康复。

例 35：一九九八年农历二月二十一日亥时，房东余先生要求我测一下他病重的外公吉凶如何。余先生本是天主教徒，从来不信八卦，但他常听别人说我给人断卦“还有两下子”，于是便想亲自求证一下。为求简便，我按他随意报的“3、1、7”数字起得“大有”之“鼎”卦，告诉他病人恐怕过不了明日（丙寅日）早上 7 点 23 分。他顿时瞪大眼睛望着我说：“真的吗?”第二天早晨北京时间 7 点 05 分，楼下鞭炮声大作，病人走完了人生旅程，撒手归西了。笃信天主教的余先生不得不对八卦预测刮目相看。

此卦信息较为明显，推断思路如下：

戊寅　乙卯　乙丑　丁亥

火天大有	**火风鼎**	**六神**
官鬼己巳火′应	官鬼己巳火′	玄武
父母己未土″	父母己未土″应	白虎
兄弟己酉金′	兄弟己酉金′	螣蛇
父母甲辰土′世	兄弟丁酉金′	勾陈
妻财甲寅木′	子孙丁亥水′世	朱雀
子孙甲子水○	父母丁丑土″	青龙

用神父母辰土失令又遭当令旺木之克，一凶；年月与用神三会寅卯辰木局成化，用为忌神，二凶；用神辰土被纳于甲木盖头，月日又双透乙木助甲木为忌，三凶；用居三爻，与其紧贴的二爻和四爻对用神一克一泄，四凶。此四凶，使用神衰弱，而忌神正当月令，病人绝无希望逃过此劫。日辰丑土虽可扶助用神，但失令丑土之力大减，且丑被日干乙木盖住，力量又减几分，所以日辰丑土终究帮不了忙，只是丑日之内丑土毕竟有微力，所以丑日病人虽病重尚不至于死。丙寅日，丑土之力全失，而卯时为该日忌神最旺的时刻，于是死神如期降临了。

为何将死亡时间定在 7 点 23 分前?

因病人所在地为咸宁，居于东经约 114°25′，其地方时比北京时晚 23 分。病人死于北京时间 7 点 05 分，为咸宁地方时间卯时（关于北京时与地方时的问题请参看拙著《易学经世真诠 1.人生信息学》（下册）第二十一章的第九节真太阳时的计算与应用的相关内容）。

例 36：哈尔滨赵女士患病，医院检查说病情比较严重，她担心是癌症，故求测有无生命危险：

壬辰　戊申　壬子　乙巳

山风蛊	**巽为风**	**六神**
兄弟丙寅木′应	兄弟辛卯木′世	白虎
父母丙子水×	子孙辛巳火′	螣蛇
妻财丙戌土″	妻财辛未土″	勾陈
官鬼辛酉金′世	官鬼辛酉金′应	朱雀
父母辛亥水′	父母辛亥水′	青龙
妻财辛丑土″	妻财辛丑土″	玄武

1. 世爻酉金旺于月建，得流年辰土生合，力量强旺。

2. 世爻强旺则不惧克伐，即使遭克也不会有多大损伤，有病也不重。此卦世爻被朱雀克，但克力很小；子水动泄世爻之气，但世爻强于子水，所以不畏其泄。

3. 时辰巳火被日辰子水克制，不能克世，卦中也无巳午火入卦发动克损世爻。

综上分析，世爻强旺，未受到严重克伐，所以身体状态较好，不存在癌症之类的大病。

后再去确诊，并无癌症，而且很快康复。

五、“四柱综合占断法”的启示

初学纳甲筮法的人，一般都会有一个共同的感受，觉得纳甲筮法易学难精，且在预测实践中经常为“占而不验”的情形而苦恼，造成占而不验的原因是多方面的，其中最重要的原因之一，就是没有找到正确的占断原理和思维方式。同时又受某些书中错误观点误导，读者过于迷信书本，误入迷途而不知返。

从上节各例对于疾病的占断中，我们可以看到，古人的筮学理论的确还存在着诸多空白和失误，因此我们对古人的筮学观点一定要加以鉴别地吸收，同时要在实践中不断地加以发展和完善，才能不断地提高自己的筮学水平和实践经验。

对纳甲筮法的运用和研究，要重在对五行原理和思维方式的掌握，这是一个必须遵循的原则。只有在以这个原则为基础的前提下，我们在理论与实践的过程中，才不会发生方向性的错误。

“四柱综合占断法”这一纳甲占断思维模式，就是在以遵循五行原理为准则，适应五行生克制化的法则的前提下而提出的一种全新的占断思维方式。这一重要占断程式的提出，较好地解决了纳甲筮法中存在的种种局限性，拓宽了人们的视野，充分地利用了五行原理和五行生克制化的法则进行预测实践，将纳甲筮法的筮学原理和占断程式向前发展了一大步。

《黄金策·病症》

人孰无常？疾病无常；事孰为大？死生为大——凡占疾症，以官鬼爻为轻重；得病根由，独发之爻亦可推之。

火属心经，发热咽干口燥；水归肾部，恶寒盗汗遗精；金肺木肝，土乃病侵脾胃。衰轻旺重，动则煎迫身体——鬼爻属火，心经受病，其症必发热、咽干、口燥类；属水肾经受病，其症必恶寒、盗汗、或遗精白浊类；属金肺经受病，其症必咳嗽、虚怯或气喘痰多类；属木肝经受病，其症必感冒风寒，或四肢不和类；属土脾经受病，其症必虚黄、浮肿或时气瘟疫类。或鬼爻衰弱则安卧，发动则烦躁之类也。

坤腹，乾头，兑必喉风咳嗽，艮手，震足，巽须瘫痪肠风——鬼在坤宫，腹中有病，火鬼必患腹疾；水鬼腹中疼痛；动化财或化水鬼必泻痢；土鬼则是食积痞块或痧胀蛊症；木鬼绞肠痧痛，或大肠有病；金鬼胁肋疼痛，在上胸痛，在下腰痛。此鬼在坤宫断，余卦类推之。

螣蛇心惊，青龙则酒色过度，勾陈肿胀，朱雀则言语颠倒；白虎损伤，女子则血崩血晕；玄武忧郁，男人则阴症阴虚——螣蛇鬼则坐卧不安，心神不定；青龙鬼则酒色过度，虚弱无力；勾陈鬼胸满肿胀，脾胃不和；朱雀鬼狂言乱语，身热面赤；白虎鬼跌打气闷，伤筋损骨，女人血崩血晕，产后诸症，盖白虎血神故也；玄武鬼色欲太过，郁闷在心，在本宫主阴虚，化子孙男子阴症阴虚，盖玄武暗昧之神故也，断宜通变。

鬼伏卦中病来莫觉，官藏世下症起如前——遇官鬼不出现必隐藏，得症不知何由；官鬼伏在世下，必是旧症复发。

若伏妻财，必是伤饥失饱；如藏福德，定然酒醉耽淫。父乃劳伤所致，兄为食气相侵——鬼伏财下，必是伤食，或因财物起因，或因妇女得病。鬼伏子孙下，必是酒醉过度，或恣行房事，夏或过于风凉，冬或多着裘帛，或过服补药所致。鬼伏父下，必是劳心劳力，忧虑伤神，或因动土所致，或因尊长得病。鬼伏兄下，必因口舌争竞，停食感气，或因咒诅得病。

官化官新旧两病，鬼化鬼迁变百端——卦中现有官爻而又变出官爻，主新旧两病也。又如官爻化进神则病增，化退神则病减。

化出文书在五爻，则途中遇雨；变成兄弟居三位,则房内伤风——化出父母，必在修造之处得病，若在五爻属水，则在途中冒雨而得也。如化兄弟，必因口舌怄气或是伤食；或在三爻，必房中脱衣露体感冒风寒。若化子孙，则是在僧道寺院或渔猎游戏。化财伤食，或因妻奴或因买卖。以上六亲化出官鬼爻，亦依此断。

本宫为在家得病，下必内伤；他卦为别处染灾，上须外感——鬼在本宫，家中得病，在下三爻，必是内伤症候。官在外宫外方得病，更在上三爻，必是外感风邪。上下有鬼，内伤兼外感，症得不一。

上实下空，夜轻日重——鬼在内宫，病必夜重；鬼在外卦，病必日重。若卦有二鬼，一旺一空或一动一静，必日轻夜重也。

动克变克，暮热朝凉——凡动爻为始，变爻为终，若动爻生扶用爻，而变爻刑克用爻者，必朝凉暮热，日轻夜重。动生变克反此断。

水化火，火化水，往来寒热——水化火，火化水，不拘鬼爻，但有干犯主象者，皆是寒热往来之症，卦有水火二爻俱动亦然。水旺火衰，寒多热少，倘水受伤，火得助，则常热乍寒也。坎宫火动，内寒外热，离宫水动，皮寒骨热；若带日辰，必是虐疾。

上冲下、下冲上，内外感伤——上下有鬼，病必内外两感；俱动俱静者，一同受病；二鬼自冲者，适感而适愈也。

火鬼冲财上临，呕逆多吐——火性炎上，财为饮食，故占病遇火鬼动克外财，必是呕吐，重则反胃不食。

水官化土下直，则小便不通——水官化出回头土克，在本宫初爻是小便不通，属阴是大便不通；阳宫阴象，阴宫阳象，二便俱不通。若加白虎，阳爻是尿血，阴爻是泻血，白虎血神故也。带刑害是痔漏症。

若患牙疔，兑鬼金连火煞——鬼在兑宫，口中有病，若金鬼化忌神，或忌神化金鬼，必患牙疔，不化忌神财是齿痛。静鬼逢冲齿必动摇。

如生脚气，震宫土化木星——鬼在震宫，病在足，加勾陈足必肿，加白虎必折伤破损。土鬼化木则患脚气，木鬼酸痛麻木，水鬼是湿气，火鬼必疮毒，金鬼是脚骱膝疼、骨痛或刀刃所伤类。

鬼在离宫化水，痰火何疑；官来乾象变木，头风有准；震遇螣蛇仍发动，惊悸颠狂；艮逢巳午又交重，痈疽疮毒——离宫鬼化水爻，痰火症候，水动化鬼亦然。乾宫鬼化木爻，头风眩晕，木动变鬼亦然。震在外卦勿以脚断，可言其病坐卧不宁，心神恍惚，盖震主动故也。更加螣蛇发动。必是癫狂惊恐病，小儿乃惊风也，逢冲则有逾墙上屋之患。艮逢火鬼必生痈疽，若遇变出土鬼，可言浮肿鼓胀等症。余可类推。

卦内无财，饮食不纳——财主饮食，若遇空亡，饮食不纳，若不上卦，不思饮食。

间中有鬼胸膈不宽——世应中间即病入胸膈处也，官鬼临之，必然痞塞不通。金鬼胸膈骨痛，土官饱闷不宽，木鬼心痒嘈杂，水鬼痰饮填塞，火鬼多是心痛。若化财爻或财爻化鬼，必是宿食未消，以致胸膈不利。

鬼绝逢生，病体安而复作——官鬼逢绝，其病必轻，如遇生扶，谓之绝处逢生，其病必将复作。

世衰入墓，神思困而不清——世爻入墓，病必昏沉，旺相有气，则懒于行动，衰则不言不语，是怕明喜暗，不思饮食，爱眠怕起，懒开目，更坐阴宫必是阴症。用爻入墓、鬼墓临用、原神入墓，皆依此法断。

应鬼合身，缠染他人之症——应临官鬼刑克合用爻，必因探访亲友病而缠染也。鬼爻属土，是时行疫症；用爻临应，必然病卧他家。

世官伤用，重发旧日之灾——大抵官爻持世，必然原有病根，伤用必是旧病复发，否则必难脱体。卦身持鬼，亦是旧病。

用受金伤，肢体必然酸痛；主遭木克，皮骨定遭伤残；火为仇则喘咳之灾；水来害则恍惚之症——如金动来克，则木爻受伤，支节酸痛；木动生克，则土爻受制，皮骨伤损。余可类推。

空及第三，此病须知腰软——第三爻如值旬空，为腰软；或旺相而生，为腰痛。不空而遇动爻日辰官鬼冲克者，乃闪腰痛也，动爻亦然。鬼在此爻者，亦主腰痛。

官伤上六，斯人当主头疼——不唯官鬼克伤上六而头疼，即如官鬼所临之处，亦有病也。如官鬼克间爻，或临间爻，皆主胸膈不利，忌神亦然。余可类推。

财动卦中非吐则泻——财爻动临上卦主吐，动临下卦主泻，若逢合住，则欲吐不吐、欲泻不泻。

木兴世上，非痒即疼——寅卯二爻属木，寅木主痛，卯主痒。

《黄金策·病体》

既明症候，当决安危，再把爻神搜索；个中之玄妙，重加参考，方穷就里之精微。先看子孙，最喜生扶拱合——子孙能克制鬼煞，古人谓解神，又名福德。占病又为医药，卦中无此则鬼无制，服药无效验，祷神不灵，所以先宜看此。推占父母丈夫病不宜子孙发动，动则伤克夫星，又克伤父母之原神也。

次观主象，怕逢克害刑冲——主象即用神也，如占夫以官为用神，占妻以财为用神类。如遇刑冲克害，即病人受病魔折，故怕见之。克害处若得生扶，必不至死。

世持鬼爻，病纵轻而难疗——占自病怕鬼持世，必难脱体。

身临福德，势虽险而堪医——月卦身乃一卦之体，子孙临之，决然无虞，纵然病势凶险，用药可以痊愈。

用壮有扶，切恐太刚则折——凡用神临月建，又得日辰生扶拱合，再遇动爻生扶者，乃太刚则折之兆，最怕原神又值月建，必凶；若有日辰动爻刑克，则不嫌其旺矣。所谓“太过者损之斯成”也。

主空无救，须防中道而殂——非独指空而言也。凡主象墓绝空破，有救者无妨，无救者必死。救者，生扶拱合也。

禄系妻财，空则不思饮食；寿属父母，动则反促天年——占病以妻财为食禄，卦若无财或落空亡，乃是不思饮食。父母爻动，占病所忌，以其克制福神，官煞能肆其虐故也，主服药无效，故云反促天年，占兄弟病反宜动也。

主象伏藏，定主迁延乎岁月——用爻不上卦，纵有提拔引者，必待其值日出露，或久病必待其值年值月病方愈，故曰定主迁延日月也。

子孙空绝，必乏调理之肥甘——子孙固为药，又为酒肉，若临死绝，或在空亡，或不上卦，病中必无肥甘调理。或日辰或应爻带子孙生合用爻者，必有人馈送食物资养。

世上鬼临，不可随官入墓——凡占自己病，若世上临鬼入墓于日辰，或化入墓库于爻，固非吉兆，世爻持鬼墓发动亦凶。

身临福德，岂宜父动来伤——占病以子孙为解神，身临之大吉之兆。如父母动来克伤，仍为不美，如父母有制无妨。

鬼化长生，日下正当沉重——鬼爻发动，病势必重，若鬼化入长生，乃一日重一日之象。

用连鬼煞，目前必见倾危——“连”字当做变字解，今术家以用神变出官鬼者，断其病必死，是以词害义矣。孰知鬼煞者是忌神也，用连鬼煞，即指用化回头克耳。用神变回头克，而无日月动爻解救者，目前立见其危也。

福化忌爻，病势增加于小愈——子孙发动制伏官鬼，其病必减，若化回头克坏子孙，必因病势小愈不能谨慎，以致复加沉重。子孙化官爻亦然。

世持兄弟，饮食减省于平时——兄弟持世，饮食必减，其病亦因多食而得。

用绝逢生，危而有救——凡用爻逢绝，如得卦中动爻相生，谓之绝处逢生，凶中回吉之象，虽危有救。用神不宜太弱，弱则病人体虚，力怯难痊。若得日辰动爻生合扶助最吉，纵有十分重病，亦不致死也。

鬼伏空亡，早备衣冠防不测——此两句唯言父母、官鬼、丈夫病，如遇官爻伏而空者，须防不测。

日辰带鬼，亟为祈祷保无虞——如日辰带鬼生合世爻或用爻者，当为祈祷，看其生合者是何等神。如生合青龙父母，是花幡香愿，勾陈则土地城隍，朱雀则香灯口愿，螣蛇则百怪惊神，白虎则伤司五道，玄武则玄帝北阴。阳象阳爻是神，阴象阴爻是鬼。今陈大略，后有《鬼神章》尽细，阅之照断方是，切不可妄断！

动化父来冲克，劳役堪忧——卦中父母爻动来冲克用爻，或用爻动变父母不冲克者，宜自减少劳碌，不然病即反复，又加沉重矣。

日加福去生扶，药医则愈——日辰临子孙生扶拱合用爻，必得药力而愈。

身上飞伏双官，膏肓之疾——身者卦身及用神也。如身爻上已临官鬼，又他爻动而飞身上来者，或身之前后夹有官鬼，或用爻前后夹有官鬼，或世上有鬼而身上又有鬼，皆谓之双官夹用夹身，大难不死，亦是沉困考终之疾也。即如子病吉凶，得恒卦，三五爻皆是官爻，午火子孙居其四爻，鬼之中是也。余仿此。

命入幽冥两墓，泉世之人——以卦看有鬼墓，以世看有世墓，以用神看有主墓，凡遇此三墓出现卦中者，人皆见之，其墓为明；变入墓中者，人所不见，其墓为幽。不拘明幽，病主危困，或世爻用爻被官鬼两头夹之，或见有两重鬼墓夹身者，必死。得日辰动爻冲破墓爻，庶几无事。

应合而变财伤，勿食馈来之物——应爻动来生合用爻，当有问安之人，带财福必有馈送，兄弟则清访而已。若应虽生合，而用爻或变妻财，或被财爻刑冲克害用神者，倘馈送切宜忌食，否则反生伤害。若占长辈，尤宜忌之。

鬼动而逢日破，何妨见险之虞——官爻发动，或忌神发动，其祸成矣。若得日辰动爻冲之，谓已冲散，主其病虽凶而不死。

欲决病痊，当究福神之动静；要知命尽，须详鬼煞之旺衰——读是篇者不可以词害义。福神者，其义轻于子孙而重于原神也；鬼煞者，其理在于忌神而不在于官鬼也。凡占病，如遇原神旺动，即使用神空破伏藏者，其病可愈；如遇忌神旺动，即使用神出现不空破者，禄命当尽矣！

《黄金策·医药》

病不求医全生者寡，药不对症枉死者多，欲择善者而从之，须就蓍人而问也。应作医人，空则间亡而不遇；子为药饵，伏则杆格以无功——凡卜医药，以子孙爻为药饵，以应爻为医生。如子孙受伤或墓绝，或官爻生旺，是药不对症，必不能去病，如应爻旬空，医生非它出不来，定用药无效。

鬼动卦中，眼下速难取效——占药要鬼爻安静无气，若发动，虽有妙药时，难以取效，待鬼爻墓绝日用药，方始有效。

空临世上，心中强欲求医——世爻空亡，必得专心求医，或自不相信他，虽请彼看，亦不用其药石。

官临福衰，药饵轻而病重——官爻无气，子孙旺相，药能胜病，服之有效。若子孙休囚，官爻旺相者，乃是药轻病重，服之无功。

应衰世旺，病家富而医贫——世为病家，应为医家，相合相生，非亲即友。若应旺世衰，病家贫乏，医必富，应衰世旺反此断。

父母不宜持世，鬼煞岂可临身——卦身与世爻皆不宜临官临父，遇之则药不效。

官化官病变不一，子化子药杂不精——此言官爻化进神症候不一，或病势不定，化退神反此断。子孙乃占药用神，如子孙化进神而药有效，如化退神及伏吟卦，不可服此剂。

福化忌爻，误服杀身之恶剂——盖有动则有变，变出父母回头来克，难伤官鬼，必致用药伤命。

应临官鬼，防投增病之药汤——应临官鬼，必非良医，更来刑克身世用神，须防误药损人。或临忌爻，或化官鬼，皆不宜用此人之药。

鬼带日辰定非久病——鬼带日辰动出卦中者，必是日下暴病；若日辰虽是官爻，不现卦中则不然，可言其病眼下正炽，必须过此方可用药。

应临月建必是官医——应持太岁必是世医，持月建日辰必是官医，更待月日临子孙，用药神效。应临子孙乃专门医士，可托之。

世下伏官子动，则药虽妙而病根常在——大抵自占病遇鬼伏世下，或占他人病遇鬼伏用爻下，其病不能断根，日后恐再发也。

衰中坐鬼身临，则病虽轻而药力难扶——卦身虽临衰弱之鬼，缠绵难愈之象，或主象身临官墓者亦然。

父若伏藏，名虽医而未谙脉理——卦中父动，子孙不能专权固非吉，然又不可无，宜静不宜动。何也？盖人气脉皆属父母，故占医或无此爻，必是草泽医人，虽然用药，而脉理未明也。

鬼不出现，药纵用而不识病源——官鬼为病，出现则易受克制，用药有效。或不上卦，其病隐伏，根因不知，症候莫决，率意用药，亦难取效。

主绝受伤卢医难救——主象若遇休囚墓绝，或变入墓绝，再有克伤者，虽良医不能救也。

父兴得地扁鹊无功——父母发动子孙受伤，药必不效，若得子孙有气，日辰动爻克父母，必须多服有功。

察官爻而用药，火土寒凉——火土官爻，其病必热，宜用凉药攻之；金水官爻，其病多寒，必温热之剂治之，如火必寒、土必凉、水必热、金必温等剂是也。又如火鬼在生旺之地，又遇生扶，必用大寒之药攻之；水鬼在生旺之地，又遇合住者，须用大热之药；如火鬼在阴宫阴爻，乃是阴虚火动之症，可用滋阴降火之药；水鬼在阳宫内卦，乃是血气虚损之症，可用补中益气之药。宜通变，余仿此。

验福德以迎医，丑寅东北——凡占服药，须看子孙何爻，便知何处医人可治。如在子爻宜北方医人，丑爻东北方医人类。又如寅爻子孙五行属木，其医是木旁草头姓名，或是虎命者，虽非东方，皆能医治。余仿此。

水带财兴，大忌鱼鲜生冷——财为饮食，资以养生，然动则生助鬼爻，反为所害。若更属水，必忌鱼鲜生冷等物，药治见功。如值木爻，忌食动风之物，值火忌炙炊热物，值金忌坚硬咸物，值土忌油腻滑物。财如不动，不可妄言。又忌鬼爻生肖物，如丑忌牛、酉忌鸡类。余仿此。

木加龙助，偏宜舒畅情怀——青龙为喜悦之神，更临木爻生合世爻主象，病人必抛却家事，放宽怀抱，然后服药有功。

财合用神居外动，吐之则愈——财在外宫主吐，若得生合用爻，以药吐之则愈。

子逢火德寓离宫，炙之则愈——子孙属火，又在离宫，宜用热药疗之，或用艾炙则愈。

坎卦子孙必须发汗，木爻官鬼先要疏风——子孙属水或在坎宫发动，皆宜表汗。官鬼属木，先散风邪用药有效。

用旺有扶休再补，鬼衰属水莫行针——用爻休囚墓绝，必补药方有效；若用爻得时旺相，又有生扶合助，须用克伐之药治之，若再补则反害矣。子孙属金，利用刀针；鬼爻属水而用刀针，则金能生水，反助病势。土鬼忌用热药，木鬼忌用寒药，火鬼忌用风药，金鬼忌用丸药。

福鬼俱空，当不治而自愈；子官皆动，宜内补而外修——占病子官二爻俱空，乃吉兆也，或俱衰静无冲无并者，其病自愈，不用服药。若二爻俱动，此非药不对病，乃是神祟作祸，故曰无功，必须祈祷服药方得病痊，俗所谓外修内补也。

卦动两孙，用药须当间服——卦有二爻子孙发动，用药不必连服，以其分权故也。或用两般汤药，间服之则效矣。

鬼伤二间，立方须用宽胸——官鬼动来冲间爻，或鬼在间爻动，必然胸膈不利，须用宽胸之药。逢兄弟发动，则是气逆，治宜调气。

父合变孙，莫欲闭门修养——卦中福官衰静，若有父母动来生合世身主象者，不须服药，宜居僻静，闭门修养。

五兴化福，可用路遇医人——如卦中第五爻变出子孙，不须选医服药，不如路遇草医能治。若子孙不现，而日辰临子孙生合者，意外自有医生可治也。

世应比和无福德，须用更医——世应比和，卦无福德，此药无损无益，须更医方可得痊。

财官发动子孙空，徒劳服药——财官俱动，其势已凶，子孙又空，服之无益。

凡占医药者，须诚心默祷，用何人药有效无效，不必说明姓氏。卜家据此章而断，自无荐医之弊，则诚无不格，卦无不验矣，岂非彼此安心乎？

本节习题：

1. 原神在疾病预测的卦中作用有多大？是原神重要，还是用神重要？
2. 预测疾病，是患者本人摇卦预测准确还是亲人代为摇卦准确？
3. 第 675 页例 16，求测弟病之吉凶。书中据此卦断出了患者前几年的病况，是否所有测病的卦都可以断其前几年的病况呢？

4. 测子女之病，当子孙与官鬼力量相当时怎样断吉凶？

5. 自测病，鬼爻持世是旺好还是衰好？子孙爻在卦中动是吉是凶？

第六节　失物寻踪

丢失财物总让人焦急，但有的失物可以找回，有的失物无法找回，如果能提前预测出失物能否找回，就可以根据预测结论决定是否去找，这样就会避免一些人力、时间和金钱的浪费。

运用六爻预测失物，不但快速方便，而且准确率高，同时还能测出失物的方向甚至藏匿的地方，因而可以给失主寻找失物提供一些很有价值的线索，帮助失主少走弯路，节省人力、时间和花费。因此，运用六爻预测失物是很有价值的。

六爻预测失物，取用神是关键之一。如果用神取错，分析的对象就错了，推断出来的结果当然也就不可靠。

本来，任何失物都具有一定的经济价值，但是，有些失物，对于失主来说，它的价值不在物质方面，而在其他方面。失主一旦丢失这种物品，他们所感到的不是物质上的损失，而是精神、情感、兴趣、爱好等方面的失落。因此，对于不同本质属性的失物，要以不同的六亲去代表，不能通通都用财爻代表。

比如：

1. 一个重情的亿万富翁丢失了一枚与妻子定情的钻戒。一枚钻戒对于他来说，在物质上的损失几乎可以忽略不计，但定情之物是夫妻相爱的见证和纪念，因为他很重情，所以，那枚定情的钻戒在他心目中是非常重要和珍贵的，丢失了那枚钻戒，他就觉得失落了一份珍贵的爱。爱是情感范畴，在六亲中归属于子孙爻的含义，因此，那枚钻戒就应该以子孙爻来代表。如果以六爻卦去预测那枚钻戒，就应该以子孙爻为用神而不能以财爻为用神。

2. 一位经销钻戒的女士，在店里丢失了一枚正待销售的钻戒，因为她的钻戒是用来销售营利的，在她的眼中，店里的钻戒全都是金钱，丢失了钻戒就等于丢失了钞票。这时，钻戒的属性就是财，毫无半点情感方面的属性，因此，预测她丢失的钻戒就应该以财爻为用神。

以上举的两个例子，意在说明预测失物取用的灵活性。预测师要根据具体情况作具体的分析，然后才能正确取用。在实际预测中，大多数的失物都是属于经济价值较大或属于凭证之类的东西，因而预测时大多以财爻或父母爻为用神。

预测失物能否找回，主要看世爻（失主）与用神的关系以及用神在卦中受生克的情况和强弱状态。

用神旺而生世，失物容易找回。

用神旺而持世不遭冲克，物未失，只是自己忘记了放置的地方。

世爻克用神，失物能找回，但需费周折。

用神旬空但旺相生世，出空可以找回。

用神伏藏，失物被藏在隐蔽之处。

用神伏藏在官鬼之下，失物藏在盗贼家中。

用神被严重克损，失物已被损坏、分割、拆散、拆卸；如是金钱，则已经被花掉许多。

用神在世爻之经卦，失物目前尚在本地不远的地方；用神在应爻之经卦，失物已被转移到外地较远的地方。

官鬼爻强旺无克制，案子难破，失物难以追回。

官鬼伏藏，盗贼隐蔽，难于捕捉。

子孙旺动克住官鬼，公安人员会在近期破案。

子孙伏藏，公安人员不愿介入破案。

子孙太弱，目前难以破案。

下面我们通过一些实例来看看预测失物的推断方法。

例 1：长春王先生求测验资报告丢失能否找到：

癸未 癸亥 辛卯 癸巳

天风姤	六神
父母壬戌土′	螣蛇
兄弟壬申金′	勾陈
官鬼壬午火′应	朱雀
兄弟辛酉金′	青龙
子孙辛亥水′	玄武
父母辛丑土″世	白虎

验资报告为凭证之物，也应以父母爻代表。用神当取外卦的戌土。表面看用神衰弱又被日辰卯木克合，幸好有太岁未土帮扶用神戌土，四爻午火虽旬空但得日时生扶能使整个卦中五行基本流通，可化解木土、水火交战。根据卦中信息显示，说明验资报告并未丢失，只是自己忘记了放置的地方。因为忌神卯木与戌土相合，克用神之力减弱，今日午时火当旺，有望能找到。

结果在当日进入午时在自己的办公室找到了验资报告。

例 2：重庆曹女士钱包丢失，求测能否找到：

丁亥　辛亥　丁卯　己酉

巽为风	风山渐	六神
兄弟辛卯木′世	兄弟辛卯木′应	青龙
子孙辛巳火′	子孙辛巳火′	玄武
妻财辛未土″	妻财辛未土″	白虎
官鬼辛酉金′应	官鬼丙申金′世	螣蛇
父母辛亥水○	子孙丙午火″	勾陈
妻财辛丑土″	妻财丙辰土″	朱雀

以财爻为用神。卦中有丑、未两个财爻，其中未土无变化，丑土有变化，取丑土财爻为用神。

财爻丑土衰弱又被日辰和卦宫所克，二爻亥水动又耗用神之力，幸好三爻辛酉双体之金临时支遇日辰相冲为暗动，这样就构成了土（用神）生金、金生水，水生世爻的连环相生，为一派祥和之象，这就说明物品并未丢失，只是放置的地方被自己忘记而已。

丑土财爻居初爻，此物在很低的地方放着。巽卦的下卦为抽屉之象，所以推断此物应该放在家里离地面较低的抽屉里。于是她在家里有抽屉的地方寻找，结果在床柜的抽屉中的羽绒服里找到钱包。

例 3：上海李先生求测护照丢失能否找到：

乙酉　丙戌　戊子　己未

雷泽归妹	**火地晋**	**六神**
父母庚戌土×应	官鬼己巳火′	朱雀
兄弟庚申金″	父母己未土″	青龙
官鬼庚午火′	兄弟己酉金′世	玄武
父母丁丑土″世	妻财乙卯木″	白虎
妻财丁卯木○	官鬼乙巳火″	螣蛇
官鬼丁巳火○	父母乙未土″应	勾陈

卦中两个父母爻，一动一静，当以动爻父母戌土为用神。用神戌土当令，又得巳火动来相生，并且又动化巳火回头生，失物定能找到。

后果然找到。

例 4：水泥厂冉先生对我说："我找车去拉煤，带了一千多元钱，在驾驶室坐有三个人，因路远，夜间行驶了几个小时，到厂后准备掏钱付给司机，却发现钱丢失了。你看在什么地方丢失的，能否找回"：

丙子　癸巳　癸酉　庚申

水山蹇	**地山谦**	**六神**
子孙戊子水″	兄弟癸酉金″	白虎
父母戊戌土○	子孙癸亥水″世	螣蛇
兄弟戊申金″世	父母癸丑土″	勾陈
兄弟丙申金′	兄弟丙申金′	朱雀
官鬼丙午火″	官鬼丙午火″应	青龙
父母丙辰土″应	父母丙辰土″	玄武

卦中兄弟旺相重叠，世爻临兄弟又得五爻动来相生，劫财之象。财爻日破，伏于二爻官鬼之下，伏生飞，又破又泄，财必破尽。财伏鬼下又生鬼，

为钱进入盗贼口袋之意。二爻为股部，财伏此爻表示钱放在裤包里。盗贼身穿红衣服（午火）；为年轻女子（阴爻阴位当令而有泄耗）。五爻父母空化空破，有票据丢失。世爻旺而化库，不为生病住院而为睡眠状态，应该在丑时睡着的时候被邻座扒窃。

冉先生说："驾驶室里坐了三个人，那个年轻女人坐在中间，确实穿着红色连衣裙，是司机的恋人。晚上一点多，我便昏睡过去，直到三点钟车到厂里，我才醒过来，发现裤包里的钱失了，在驾驶室没找到，只发现座位上有几张以前出差未报的车票。我和司机是熟人，真不好说。你看他会不会叫他的女友还给我？至少把发票还我。"我见卦中财爻太衰弱，告诉他不要存侥幸心理，对方不会认账，并且对方有后台（应得月建官鬼之生），你虽然有人给你撑腰（世临日辰），但毕竟无可靠证据（父母空化空破），只有自认倒霉了。

冉先生不服气，向厂领导反映了这个情况。厂长既是冉先生的远房亲戚，又是那位司机的朋友，无凭无据，厂长也不能确定此事是否属实，结果倒以长辈的身份把冉先生狠狠批评了一顿，说他工作责任心不强，缺乏警惕性，活该倒霉。后来和那个司机也闹翻了脸，一分钱也未追回。

此卦应生世，按理对世爻有利，但实际上世爻太旺不需生助，一遇生助反致物极必反。所以断卦时不要见生就断吉，见克就断凶，应具体分析。

例 5：我发现"预测反馈表"不见了，看能否找到：

丁丑　癸卯　甲戌　庚午

风雷益	**水雷屯**	**六神**
兄弟辛卯木○应	父母戊子水″	玄武
子孙辛巳火′	妻财戊戌土′应	白虎
妻财辛未土″	官鬼戊申金″	螣蛇
妻财庚辰土″世	妻财庚辰土″	勾陈
兄弟庚寅木″	兄弟庚寅木″世	朱雀
父母庚子水′	父母庚子水′	青龙

自己批的命稿、反馈表等平时全都放在办公桌内，便匆匆找了一遍，结

果未找到。当时忙于预测，便未再找。下班后，揣摸卦象，父母为文书居初爻，将“益”卦看作办公桌，则初爻为阳表示办公桌下柜的底板，“反馈表”就应该压在柜底。下午上班时果然在柜底将表找到。

例 6：陈先生的孩子将雨伞遗失在教室里，腊月初三才上课，求测雨伞是否会被别人拿走：

甲戌　丙子　辛卯　丁酉

火泽睽	**山泽损**	**六神**
父母己巳火′	官鬼丙寅木′应	螣蛇
兄弟己未土″	父母丙子水″	勾陈
子孙己酉金○世	兄弟丙戌土″	朱雀
兄弟丁丑土″	兄弟丁丑土″世	青龙
官鬼丁卯木′	官鬼丁卯木′	玄武
父母丁巳火′应	父母丁巳火′	白虎

用神父母两现，皆安静，按常规该取应爻为用，但上爻父母虽静却随上卦变而发生爻之五行变化，变为天机之所在，故取上爻为用。用神逢月克，但得日辰之生，并不衰弱；世爻酉金虽失令，但临时辰又化戌土临太岁回头生而有气。世爻与用神基本相停，物不失。

腊月初三中午放学后，其儿子果然将伞带了回来。

例 7：存折找不到了，钱还有否：

辛巳　辛卯　壬申　丁未

泽风大过	**泽地萃**	**六神**
妻财丁未土″	妻财丁未土″	白虎
官鬼丁酉金′	官鬼丁酉金′应	螣蛇
父母丁亥水′世	父母丁亥水′	勾陈
官鬼辛酉金○	兄弟乙卯木″	朱雀
父母辛亥水○	子孙乙巳火″世	青龙
妻财辛丑土″应	妻财乙未土″	玄武

1. 测钱还有否取财爻为用，父母爻为存折，看世爻、财爻、父母爻

的关系。

2. 父母亥水持世旬空临勾陈，说明丢了存折心里闷闷不乐，担心钱被人取走了。

3. 卦中财爻不动得太岁生，说明钱还在银行没有动，亥卯未三合木局财被绊住了，一时取不了，因卯木虽当令但在年月日时的四柱组合中木的力量并不强，克不了土（财）。两官鬼酉金明暗动夹世生之，世爻亥水在申日得生、并申中有壬水相帮，还有干透壬水相帮，卦中二爻亥水动而相助，世爻可得官生，官鬼酉金动冲破木局解开被绊合的财爻未土，此时卦中形成财生官、官生世连续相生的局面，世爻最终受益，因而钱还可取到。

反馈：办挂失手续后于丙戌日取到钱。

例 8：本院学员之友问 U 盾丢失能否找回：

庚寅　癸未　乙亥　甲申

地雷复	山雷颐	六神
子孙癸酉金×	官鬼丙寅木′	玄武
妻财癸亥水″	妻财丙子水″	白虎
兄弟癸丑土″应	兄弟丙戌土″世	螣蛇
兄弟庚辰土″	兄弟庚辰土″	勾陈
官鬼庚寅木″	官鬼庚寅木″	朱雀
妻财庚子水′世	妻财庚子水′应	青龙

1. U 盾是一种存储网银数据信息的工具，它本身并无多大的经济价值，应以父母爻代表。

2. 用神父母巳火伏在二爻寅木之下，说明 U 盾确实不见了。

3. 伏藏的用神，只要力量不是太弱，就可以发挥作用。用神巳火在未月有余气，有流年寅木生，还有朱雀临之相助，力量并不是太弱，所以失物不会真正丢失，能够找到。

4. 用神伏藏，物品不现，原因在于飞神遮住了伏神。一旦冲去飞神，伏神就会现身。冲飞神寅木者，非申金莫属，而眼下申金旬空，待到甲申日，填实出空，冲开飞神，失物当会出现。

结果：之前到处翻找，都不见踪影，8 月 2 号甲申日在一个皮包中找到 U 盾。

此卦如果伏神太弱，失物就会永远丢失，冲去飞神之日也无用。

有人可能会问："此卦飞神是生伏神的，冲去飞神，伏神失去飞神之生，岂不是变弱了吗?"

失物类的卦，用神的强弱往往代表失物的价值大小。此卦用神巳火力量不算强但也不算太弱，说明失物能找到，但本身价值不大。申金冲去飞神，还有流年寅木能生巳火，而日辰甲申是无法冲掉太岁寅木的，所以用神巳火虽弱但也不至于变得太弱。

此卦用神伏藏是一种象，恰好与失物隐藏不见相符，而飞神则是起了遮盖作用，冲开这个遮盖，失物才能被发现。所以，断这种卦不要仅仅从五行力量的角度去分析，还要运用卦本身显示的象。

例 9：购房发票能否找到：

辛巳　甲午　庚午　丁亥

火天大有　　　　六神

官鬼己巳火′应　　螣蛇

父母己未土″　　勾陈

兄弟己酉金′　　朱雀

父母甲辰土′世　　青龙

妻财甲寅木′　　玄武

子孙甲子水′　　白虎

1. 测发票取父母为用，卦中用神两现，说明有两张发票。

2. 午月火当令巳午未三会火局，有火多土焦之危，幸卦中六爻安静，内卦三甲合外卦三己化为土，既解了甲木盖辰土而克的不吉，又加大了土的力量不致于火多土焦，发票可以找到。

3. 从卦中看，父母未土居五爻为高处，五爻未土为阴爻在离卦，有发票夹在书中之象。

4. 在未、申、酉、戌日火退气之时可找到。

反馈：壬申日在较高的一个抽屉里的一本书中找到。

例 10：澳大利亚籍华人袁先生问身份证丢失能否找到：

己丑　己巳　戊午　庚申

泽火革	**雷火丰**	**六神**
官鬼丁未土″	官鬼庚戌土″	朱雀
父母丁酉金○	父母庚申金″世	青龙
兄弟丁亥水′世	妻财庚午火′	玄武
兄弟己亥水′	兄弟己亥水′	白虎
官鬼己丑土″	官鬼己丑土″应	螣蛇
子孙己卯木′应	子孙己卯木′	勾陈

1. 身份证以父母爻代表。

2. 父母酉金被日月克，但有时辰助和流年生，还有上爻未土暗动（被太岁冲动）相生，因而不会太弱，所以这个用神就会有作用。用神生世，失物容易找到，且不会花钱。

3. 用神酉金动化申金，看似为退，实则由丁酉化庚申，双体之金，力量反而比丁酉强。用神的动变，就是本卦的信息反映，起卦时辰为庚申，助化出之变爻，这个时辰是寻找到失物的有利时机。于是，我叫他马上在家中仔细查找，结果，很快就找到了，没有超出申时。

此卦如果是过了申酉时起的，就要等到庚申日才能找到了。这就是应期的远近。最近的可应至当日当时，较近的则可应在最近几日内。

例 11：重庆一学生求测手机丢失能否找到：

庚寅　壬午　乙未　丁亥

泽水困	**泽地萃**	**六神**
父母丁未土″	父母丁未土″	玄武
兄弟丁酉金′	兄弟丁酉金′应	白虎
子孙丁亥水′应	子孙丁亥水′	螣蛇
官鬼戊午火″	妻财乙卯木″	勾陈

父母戊辰土〇　　官鬼乙巳火″世　　朱雀
妻财戊寅木″世　　父母乙未土″　　青龙

1. 该学生使用的手机，主要功能就是通话，手机内并无重要资料，对于学生来说，手机算是值钱的物品，以财爻代表。

2. 财爻寅木持世，在午月不旺，又被辰土动耗气，又入墓于日辰，力量很小，但因有流年之助和时辰之生，所以也不算弱极，构不成从势。

3. 财爻虽弱但持世，失物本来是可以找到的，但坏就坏在财爻入墓于日辰。这个墓库得月建生合，力量很大，完全把财爻寅木给藏住而使之无法现身。这样，手机就无法找到了。

结果：没能找到。

此卦如果用神力量足够强，就不会被日墓藏住；如果从了，反而也就不存在入墓的事。日月墓库与卦爻墓库不同，卦爻墓库能被日月冲破，而卦爻却无法冲破日月之墓。

例 12：河南景先生求测相机丢失能否找回：

庚寅　癸未　乙亥　丙戌

火雷噬嗑　　**雷地豫**　　**六神**
子孙己巳火〇　　妻财庚戌土″　　玄武
妻财己未土″世　　官鬼庚申金″　　白虎
官鬼己酉金′　　子孙庚午火′应　　螣蛇
妻财庚辰土″　　兄弟乙卯木″　　勾陈
兄弟庚寅木″应　　子孙乙巳火″　　朱雀
父母庚子水〇　　妻财乙未土″世　　青龙

景先生在电话中对我说：相机丢了本来没多大的事，但相机里面有许多重要图片，比相机珍贵多了，所以很着急。

1. 这种情况，图片价值大于相机本身，以父母爻代表相机；但相机本身也是财物，所以可以兼看财爻。

2. 财爻未土临月建，力量强旺，这样强旺的财爻持世，还有动爻巳火相生，说明物品不会丢失。

3. 初爻父母子水为用神，动而化出财爻与世爻相同，说明不会破财，相机不会丢。青龙临父母，可知相机里面的图片确实比较珍贵。

4. 日辰为乙亥，助用神子水有利。我告诉景先生：今天的亥时、明天的子时和亥时，是水相对最强的时候，所以是寻找失物的好时机。

景先生听说能够找到，心里很高兴，于是马上翻找。因是戌时测卦，在戌时仍然没有找到；到了亥时，在沙发上找到了相机。

景先生说："之前到处翻找都没找到，到了亥时，又重新翻找一遍，掀开沙发上的一件衣服时，就看到相机了。之前怎么就没注意沙发上的这件衣服呢？真奇怪！"

例 13：山东郑先生的钱包丢失，求测能找回否：

癸巳　丙辰　己巳　辛未

乾为天	**火天大有**	**六神**
父母壬戌土′世	官鬼己巳火′应	勾陈
兄弟壬申金○	父母己未土″	朱雀
官鬼壬午火′	兄弟己酉金′	青龙
父母甲辰土′应	父母甲辰土′世	玄武
妻财甲寅木′	妻财甲寅木′	白虎
子孙甲子水′	子孙甲子水′	螣蛇

1. 郑先生不是穷人。他说，钱包里只有几百元钱，丢了倒无所谓，但有些证件很重要。这无疑该以父母爻为用神代表失物。

2. 主卦两个父母爻，以持世的戌土为用神。

3. 年月日时生助用神戌土，勾陈也驾临世爻相助，卦中无克土的动爻，用神力量非常强旺。用神力量强又持世，东西肯定能找回。

4. 主卦为乾为天，用神戌土居上爻最高位，人在天的高位就是在飞机上，所以有在飞机上丢失的象征。

5. 五爻为道路或旅途，五爻动恰恰化出父母，是在旅途中丢失的象征。

6. 申金为金舆星，代表交通工具。金舆星在五爻发动，是出差之象。

7. 朱雀临五爻，朱雀动生父母用神，说明如果通过电话询问机场工作人员，很可能会有好消息。

郑先生说，他确实是在下飞机后发现钱包不见了的。根据我的预测信息，他马上与机场联系，结果于当晚戌时找回了失物。

例 14：河南郭女士司机钥匙不见了，求测能否找到：

辛卯　戊戌　戊申　戊午

天泽履	乾为天	六神
兄弟壬戌土′	兄弟壬戌土′世	朱雀
子孙壬申金′世	子孙壬申金′	青龙
父母壬午火′	父母壬午火′	玄武
兄弟丁丑土×	兄弟甲辰土′应	白虎
官鬼丁卯木′应	官鬼甲寅木′	螣蛇
父母丁巳火′	妻财甲子水′	勾陈

1. 钥匙本身是不值钱的，它只是一种开锁工具。锁是守护秘密的卫士，钥匙的功能就是解密，它本身就是一种有形密码，丢失钥匙就有泄密的危险，因此，应以父母爻代表钥匙。

2. 卦中两个父母爻，钥匙是随身携带的东西，所以取离世爻最近的午火为用神。

3. 午火似乎入墓于月建而难以寻找，但其实月建戌土与流年卯木相合，就失去了对午火的墓库功能。卦中无水克午火，力量不是太弱，并且起卦时辰又为戊午，使用神力量得到加强。综合分析，钥匙没丢，只是自己忘记放哪里了。现在这个时辰就是寻找钥匙的最好时机。

结果：20 分钟后在车里找到了钥匙。

例 15：山西刘先生手表丢失，求测能否找回：

壬辰　丙午　壬寅　丙午

水雷屯	风雷益	六神
兄弟戊子水×	子孙辛卯木′应	白虎
官鬼戊戌土′应	妻财辛巳火′	螣蛇
父母戊申金″	官鬼辛未土″	勾陈

官鬼庚辰土″　　官鬼庚辰土″世　　朱雀

子孙庚寅木″世　　子孙庚寅木″　　青龙

兄弟庚子水′　　兄弟庚子水′　　玄武

1. 手表以财爻代表。卦中财爻不现，伏在三爻辰土之下，伏神为午火。

2. 财爻用神午火临月建，又得日辰之生，用神强旺，物不失，必能找回。

3. 财爻用神旺，说明此表比较名贵。世生用神，说明失主很喜欢这块表，所以才来预测，很想找到。

4. 飞神官鬼辰土旬空，使得伏神午火容易出现，也是能够找到的象征。

5. 用神午火居于震经卦，震有车象，可在车内寻找。

6. 用神居三爻，失物藏在与人腰部高低相当的位置。

结果：当时在车内能找的地方都找了，但未能找到。刘先生说，这次预测看来是不准的了。过了一段时间，他突然在车的座垫下发现了丢失已久的手表。

寻找失物，有时那东西明明就在眼前，失主一时之间却视而不见，像傻了一样。过了一段时间，突然之间一眼就看见失物，自己都感到莫名其妙。看来，人的眼睛和大脑有时也会和自己开玩笑的。

例 16：重庆曹女士求测装有资料的文件袋丢失可否找回：

庚寅　甲申　癸巳　己未

坎为水　　**泽水困**　　**六神**

兄弟戊子水″世　　官鬼丁未土″　　白虎

官鬼戊戌土′　　父母丁酉金′　　螣蛇

父母戊申金×　　兄弟丁亥水′应　　勾陈

妻财戊午火″应　　妻财戊午火″　　朱雀

官鬼戊辰土′　　官鬼戊辰土′　　青龙

子孙戊寅木″　　子孙戊寅木″世　　玄武

1. 装有资料的文件袋，在卦中以父母爻代表。

2. 用神父母动化出亥水，申亥相生之中又有相害，而申金与世爻有生无害，所以用神之情向世爻子水而非向变爻亥水。这于世爻有利。

3. 巳火克合申金，应该是在当天巳时丢失了文件袋。失主说，是在上午 10 点 50 分发现不见了。

4. 用神父母申金临月建旺又动来生世，失物定不会真正丢失。

用神申金动被日辰合住，但用神自身旺，等到能帮助用神的时辰，力量会更大，此时就能挣脱日辰之合而出现。这个时辰当然就是用神当值的申时。

5. 用神居四爻，文件袋放置地方应与人的腰腹部高度相当，比如办公桌面。

6. 官星居五爻生用神，失物很可能被领导保存着。

下午四点多，曹女士返回上午办事的所长办公室，果然看见文件袋安稳地躺在所长的办公桌上。

例 17：1997 年 11 月 13 日下午，受聘到咸宁“中心”担任首届手相面授班讲师的皮纹专家熊波先生让我给测四柱。因他觉得测得准确，高兴之余，做东请客。

他去宿舍拿钱时发现钱不见了，只好先借钱支用。饭后又回来找了一遍，也未找到。晚上课间休息时，熊老师对我说：“李老师，我的五百元钱是装在信封里放在宿舍不见的，找了多次始终没找到，你能否用八卦帮我测一测?”随即来到我的办公室摇得“大有”之“蒙”卦。我根据卦爻象显示的信息，问熊老师是否带有皮箱。他说自己带来一个，又在这里买了两个。于是我对熊老师说：“钱在寝室内，今晚 9 点至 11 点定能找到，很可能就在皮箱的中间夹层里。”断卦后熊老师马上又回到房间翻遍了床铺和皮箱，却找不见钱的踪影，他感到有些动摇。

上课时间到了，他只好又去讲课。8 点 50 分（戌时），又值课间休息。“中心”又有几个人去宿舍帮着找了几遍，仍不见钱的影子。大家感到有些失望了。9 点 50 分，当晚讲课结束。熊老师与我和我的两个学生及“中心”的几个工作人员又去他的宿舍找。10 点零 2 分（亥时），终于在一个空皮箱的夹层一角摸到一个信封，拿出一看，里面果然放有五张佰元钞票。

熊老师激动地说："哎呀！这个皮箱我和学员少说也找过二十次，好像是神给我藏起来了一样。时间不到，就是找不着，现在时间到了，真还找着了。今天让我现场感受到了八卦的神奇。"

他要求我向大家把此卦讲解一下。

当时的断卦思路是这样的：

丁丑　辛亥　己未　甲戌

火天大有	**山水蒙**	**六神**
官鬼己巳火′应	妻财丙寅木′	勾陈
父母己未土″	子孙丙子水″	朱雀
兄弟己酉金○	父母丙戌土″世	青龙
父母甲辰土○世	官鬼戊午火″	玄武
妻财甲寅木′	父母戊辰土′	白虎
子孙甲子水○	妻财戊寅木″应	螣蛇

1. 取二爻妻财寅木为用神。

2. 用神得月令之生合而旺，兄弟酉金虽动，喜有子孙子水旺动通关，化敌为友，用神更是根深蒂固。

3. 官鬼爻安静值应爻生世，无偷盗之象；子孙发动又化出财爻，财不会失；世爻辰土临年日时之土，又动化回头生，故旺；今世财两旺，财爻克世，为身财两停，此财必不会破。

4. "大有"卦九二寅木纳干为甲，甲寅双体，年月动爻构成亥子丑三会水局生木，甲寅纳音又为大溪水，亦生益寅木，更兼变卦化出寅木扶助主卦用神，用神似乎有过旺之嫌。妙在日建未土为木库，对用神正好起到了收敛作用，使用神不至于过旺，财爻入库之日正是钱到手之日。但入库又表示藏而不露，加之"大有"为归魂卦，主有反复不顺，故虽多次寻找而难见。

5. 用神在世爻之经卦安静不动，表示钱在室内未出门。财化父母，父母为行李，表示钱放在行李中。什么行李呢？我想熊老师远道来此讲课，一般应带有皮箱之类的行李，但皮箱一般都装有东西，又怎会空呢？而依卦象看用神财爻居主卦下卦之中位，将下卦看成放钱的东西，下卦为乾为硬物，初九、九三阳动化阴，阴为虚空之象，九二阳爻不动为实物，这组卦象的信息密码破译后不正好是中间有夹层的空皮箱吗？熊老师说买了两个新皮箱，表明尚未装入其他东西，正合卦象之意。乾为贵，说明买的新皮箱较好（实际上每个三百多元），信息十分吻合，于是大胆断言钱就在空皮箱的夹层里。

6. 钱当天能找到，已可肯定。但当天只剩下两个时辰了，到底何时能找到呢？甲戌时，甲为财透出，本为有利，但年日时丑未戌三刑土旺，日干己土透出将甲木合化，加重土的力量，使木库未土藏纳用神寅木过深而不得出，所以戌时找不到。乙亥时，亥水合起寅木为动（动爻逢合为绊住，静爻逢合为动），乙木透时干也为动，动而出库，出则可见，故亥时必能找到。

本节习题：

1. 第 708 页例 5，丁丑年癸卯月甲戌日庚午时，按时间起得“风雷益”变“水雷屯”卦，能用六爻预测法解释吗？

2. 测失物，用神旬空，如果用神有力，出空后可以找回。但如果失物为一两天内就会腐烂变质的物品（比如需要特种特殊设备保存的贵重药物），找回来会有什么用呢？像这种出空是否就没有任何意义了？

3. 主人求测仆人应取财爻为用，那么仆人求测主人为何以父母爻为用神而不以官爻为用神呢？

第七节　用人之道

人才是创造财富的根本。企业、公司、社团等机构欲求发展壮大，都离不开人才。

金无足赤，人无完人，用人之道就是要做到“扬其所长，抑其所短”。

那么，选用人才怎样做到“扬其所长，抑其所短”呢？如果采用常规的分析方法，是很难做到的，因为你所选用的人才其长处容易看到，而有哪些短处却并不是在短时间内就能看得清的。但如果用六爻预测的方法，则可以快速、准确地得出此人是否适宜任用的结论。

用六爻预测人才的聘用或任用之事，以世爻代表求测者（用人单位负责人）自己。如果欲聘用或任用的人属于自己不太了解并且又无特殊关系的对象，就以应爻为用神；如果欲聘用或任用的人与自己有特殊的关系，则以相应的关系取用。比如，对方是自己的父母或老师就以父母爻为用神，是自己的子女或有亲属关系的晚辈就以子孙爻为用神，是兄弟或好朋友就以兄弟爻为用神。

预测聘用或任用的人是否对我有用和有利，是否会给我带来负作用，可以通过用神与世爻的五行关系以及用神的五行状态去进行分析判断：

用神强且生世爻，此人对我有利；用神强克世爻，此人对我有害，会与我发生矛盾，日久甚至会喧宾夺主。

用神生合世爻，欲用之人在工作上能与我密切配合。

世爻克用神，所聘之人不被我所喜欢，但能服从我的管理。

用神衰弱，对方缺乏实际工作能力。

子孙旺相临用神，欲用之人技术实力强；子孙弱则其技术水平低。

兄弟旺相临用神，卦中无子孙化解，欲用之人会带来损失。

用神化进，对方期盼被聘，化退则迟疑不决。

用神旬空，对方暂时不会应聘。

用神空化空，欲聘之人无意应聘。

用神与世爻相冲，应聘之事难成。

玄武官鬼临用神，欲用之人工于心计，需要提防。

朱雀子孙临用神，欲用之人口才好，喜欢表现。

玄武官鬼临用神，用神又为水，并克、泄、耗世爻，欲用之人聪明善变，或者阴险狡诈。

父母勾陈临用神，用神又为土，欲用之人诚实可信，值得信任。

用神伏藏又被飞神克，对方目前受人压制而不得志。

例 1：某单位负责人求测招聘职员是否有用：

壬午　壬子　乙卯　甲申

火泽睽	风泽中孚	六神
父母己巳火′	官鬼辛卯木′	玄武
兄弟己未土×	父母辛巳火′	白虎
子孙己酉金○世	兄弟辛未土″世	螣蛇
兄弟丁丑土″	兄弟丁丑土″	勾陈
官鬼丁卯木′	官鬼丁卯木′	朱雀
父母丁巳火′应	父母丁巳火′应	青龙

所招聘的人与单位和负责人并无任何关系，以应爻巳火为用神。用神与世爻为相克关系，对自己不利。所幸用神安静而世爻发动，而且世爻又有未土动来通关（子月之未土可以生金），因此用神（所聘用的人）克不住世爻(单位)，但既然用神对世爻存在克的关系，所以所聘之人不会给单位带来什么益处。

结果：该人来单位任职后确实没有起到什么作用。

例 2：重庆杨女士求测继续聘用保姆王姐对自己一家人的影响：

甲午　甲戌　庚午　癸未

兑为泽	震为雷	六神
父母丁未土″世	父母庚戌土″世	螣蛇
兄弟丁酉金○	兄弟庚申金″	勾陈
子孙丁亥水′	官鬼庚午火′	朱雀
父母丁丑土″应	父母庚辰土″应	青龙
妻财丁卯木○	妻财庚寅木″	玄武
官鬼丁巳火′	子孙庚子水′	白虎

保姆王姐有事回家半个多月，杨女士想知道继续聘用她对全家人的影响如何。

1. 请保姆的目的，是为了对家人提供服务，如果卦中出现不吉利的方面，则说明继续聘用该保姆会带来不良后果。

2. 世爻代表杨女士自己。被主变卦寅卯木及申酉金克泄交加，因克泄之行力量不强，加之火土结党成朋生扶世爻力强，故对杨女士本人并无大碍。

3. 杨女士的父母不与她同住，故没有分析父母的必要。

4. 官爻代表杨女士的丈夫。虽被申酉金耗气，因官鬼爻得主变卦寅卯木及太岁日辰之午火生助，所以对丈夫无负面影响。

5. 卦中子孙亥水代表子女，四值及主变卦中无亥子水帮扶，不受生即为从象，从则吉，说明继续聘用此保姆对子女小孩无碍。

6. 财爻卯木动化寅木临玄武弱而不从，被五爻酉金发动化庚申双体之金强克，说明钱财上会加大损耗。

7. 世应相冲又与月建构成三刑，且还被动爻、变爻克泄交加，说明双方嫌隙渐生，继续聘用此保姆不可能为主人好好服务。

8. 此卦特别不利的信息是六冲变六冲，冲主动，变卦上下卦又为震亦主动。六冲又动为很快分离。卦中信息显示此保姆虽然对家人并没有不利影响，但卦逢三刑又逢六冲，难以长期做下去，很快就会离去，因此劝杨女士应做好心理准备。

果然王保姆回来工作了一周后，又突然提出要回家去带孙子。

例 3：四川王女士求测聘用新请来的保姆朱姐如何：

甲午　丙子　辛未　丁酉

兑为泽	**天泽履**	**六神**
父母丁未土×世	父母壬戌土′	螣蛇
兄弟丁酉金′	兄弟壬申金′世	勾陈
子孙丁亥水′	官鬼壬午火′	朱雀
父母丁丑土″应	父母丁丑土″	青龙
妻财丁卯木′	妻财丁卯木′应	玄武
官鬼丁巳火′	官鬼丁巳火′	白虎

王女士新请来一位朱姓保姆，因为彼此不了解，于是想知道请这位保姆到底好不好，前来测得此卦。

1. 世爻明动，应爻暗动，酉金入暗动之爻丑墓，导致土水交战，战则凶，战的结果是子孙受克，故聘用此保姆定不利家中小孩。

2. 保姆是为主人服务的，本来是主雇关系，今世应比和，主雇变成了朋比的关系，且世应相冲又与变爻构成三刑，说明此保姆摆不正自己的位置，也就不会为主人好好服务。

3. 世应都动，相冲又相刑，彼此关系不融洽，王女士也察觉到了这一点。世化空是不愿意再劳神费事。世爻是雇主，有聘用的决定权，如果保姆不能令自己满意，结果就只有一拍两散。

4. 卦逢六冲又变《履》卦，显示事不稳定，难长久。

综上所述，断其主雇关系难以维系，很快就会散离。

结果：预测后的第二天是周六，该保姆就提出了周日不来上班，必须休假。王女士认为：才干两天就提出休假，而且毫无商量的余地，太无服务意识，就立即决定将其辞退不用了。事情的发展完全与卦象吻合，六爻预测之神奇可见一斑。

例 4：王总求测聘用某人来自己公司工作的影响：

庚寅　庚辰　辛卯　丁酉

泽雷随	**泽天夬**	**六神**
妻财丁未土″应	妻财丁未土″	螣蛇
官鬼丁酉金′	官鬼丁酉金′世	勾陈
父母丁亥水′	父母丁亥水′	朱雀
妻财庚辰土×世	妻财甲辰土′	青龙
兄弟庚寅木×	兄弟甲寅木′应	玄武
父母庚子水′	父母甲子水′	白虎

一位朋友执意介绍某人到王总的公司工作。王总对对方不了解，本不愿意接受，又碍于情面，只好前来求测接收此人来公司工作对自己影响如何。

1. 年月日三会木局，二爻寅木强旺又发动克世爻，庚寅动化甲寅双体之木，又临玄武生助，木之力量更是有增无减，凶局已定。

2. 世爻被克，庚辰土发动化甲辰土，力量有减，加之应爻未土落空，对方来公司本缺诚意，亥卯未有三合木局待化之势，一旦水木力量加强之时后果不堪设想。

3. 夏天巳午未月火旺，木火土能够连环相生，相处愉悦。秋天申酉戌冲克发动之寅木，虽有小的矛盾但不会对王总造成不利。进入冬天亥月，寅木得生而应爻三合木局来克世爻，定见灾祸。

我将测卦结果如实告知了王总。王总本可直接拒绝此人进入公司，因他是个菩萨心肠的人，经不起朋友的再三推介，最终还是决定接受了该人进入公司工作。夏天一切颇好，秋天因指责该人的诸多过分行为而彼此心存芥蒂。一交亥月某日，王总正热情周到接待客户，该人竟公然嘲笑王总毫无尊严，并在办公室争吵。想到此人多次因无礼而影响公司效益和形象，毫无悔意，王总此时真是悔恨交加。想起此前测卦所言，果断决定立即辞退此人，才避免了更大的损失。

例 5：海口某公司老板求测招人来工作是否能发挥预期的作用：

乙酉　乙酉　丁未　辛亥

风雷益	**水火既济**	**六神**
兄弟辛卯木○应	父母戊子水″应	青龙
子孙辛巳火′	妻财戊戌土′	玄武
妻财辛未土″	官鬼戊申金″	白虎
妻财庚辰土×世	父母己亥水′世	螣蛇
兄弟庚寅木″	妻财己丑土″	勾陈
父母庚子水′	兄弟己卯木′	朱雀

财爻持世化出父母，表明自己花钱雇人来工作是为了给公司创造财富。应爻为所雇之人，应爻为兄弟，发动克世爻财星，说明所雇之人不过是个吃白饭的角色，并不能创造财富。不过，应爻月破、旬空又入日墓，对财爻不能构成实质性的伤害，这说明公司所给的工资并不高。虽然所给的工资不高，但养一个没有能力的人毕竟是不划算的，因而这种人不会被长期聘用。

后来的事实证明，此人的工作能力差，没有多大用处。

此卦应爻克财为忌神，好在应爻月破、旬空又入墓，因而不至于使财星受到大的伤害，不然，招他进来工作就会造成较大的经济损失。因此，忌神月破而无用恰恰是件好事，如果忌神月破但受到生助而能发挥作用的话，就会带来较大的损失。

例 6：上海某公司老总求测招毛先生来公司工作是否有益：

壬午　癸卯　甲戌　己巳

地水师	山水蒙	六神
父母癸酉金×应	子孙丙寅木′	玄武
兄弟癸亥水″	兄弟丙子水″	白虎
官鬼癸丑土″	官鬼丙戌土″世	螣蛇
妻财戊午火″世	妻财戊午火″	勾陈
官鬼戊辰土′	官鬼戊辰土′	朱雀
子孙戊寅木″	子孙戊寅木″应	青龙

老总只是认识毛先生但并不熟，以应爻酉金为用神。应爻发动，此人有意来公司工作。用神旬空又月破，说明此人工作能力较差。世爻克用神，表示公司老总因对方能力差而不愿任用此人，因而终会将其辞退。

结果：招来试用后，公司老总觉得他并不能胜任本职工作，没干多久就将他解聘了。

例 7：重庆某教学机构求测招收学员进行培训并收取学费之事如何：

壬午　癸卯　丁丑　庚戌

火水未济	水天需	六神
兄弟己巳火○应	官鬼戊子水″	青龙
了孙己木上×	子孙戊戌土′	玄武
妻财己酉金○	妻财戊申金″世	白虎
兄弟戊午火×世	子孙甲辰土′	螣蛇
子孙戊辰土′	父母甲寅木′	勾陈
父母戊寅木×	官鬼甲子水′应	朱雀

学员本应以子孙爻代表，但由于此次招收学员培训是一种知识的交易，师生性质较少而收费教学的商业成分较多，因而这种学员应以普通客户看待，故以应爻为用神。

卦中五个爻发动，情况复杂多变。看主要信息：应爻用神临兄弟发动，世爻也为兄弟发动，兄动克财，财爻酉金旬空又发动化退化空，破财的信息十分明显。

结果是：学员中有人从该机构骗走了钱，使机构负责人感到很不愉快。

本节习题：

1. 用神克世爻和冲世爻，哪一种情况更不利？

2. 如果测问请某医生为自己治病结果如何，是看应爻还是看子孙爻？或以医生与自己的关系来取用神？

3. 如果求测聘请一个人为自己建房子，该取什么为用神？如何展开分析？

4. 聘用一个人，怎么能看出其是否服从领导，又是否能创造财富？

第八节　出行求谋

出门办事也好，旅游也好，人们总想“高高兴兴出门去，平平安安回家来”。但天有不测风云，人有旦夕祸福，有的人途中遭遇意外之祸，如逢扒窃、抢劫、交通事故、自然灾害、争吵斗殴之类，轻则破财，重则伤身，更甚者一去不复返，魂归西天。那么，怎样才能避免灾祸而一路顺风呢？一方面提高警戒，加强安全防范措施；另一方面，更重要、更可靠的方法是提前预测，从而有意识地避开灾祸。灾祸是在一个特定的时间和空间范围内发生的，如果避开了这个时间和空间，就避免了灾祸。但发生灾祸的时空并不是凭想当然就可知道的，而用八卦则能准确地预测出来。比如测出明天在南方会发生车祸，你明天就不去南方，测出此次出行会遇盗匪，你可取消这次出行，或者身上尽量少带现金和贵重物品，就可以减轻钱财的损失。总之，不要凭侥幸心理碰运气，须知遭遇意外灾祸的人中，不乏精明干练者，祸事发生以后，有的还没意识过来甚至有的永远失去了意识的可能。

出行分很多种类，比如观光旅游、出差办事、出国留学、出外打工、去远方上学、到异地赴任、去外地探亲访友、从外地返回家乡、到远方与人会见等等。无论哪种目的的出行，都存在顺逆的问题，顺则利，逆则不吉。

用六爻卦预测出行，需要掌握以下技术要点：

一、自测出行以世爻代表求测者本人，世爻为用神。

二、在一般情况下，应爻代表出行的目的地，五爻代表道路。

三、测出行的人身安危，以克用神者为忌神，该忌神代表可能会给出行者造成身体伤害的有害因素；生用神者为第一喜神，代表具有化解伤灾之功能的最为有利的因素；克忌神者为第二喜神，代表具有制约伤灾发生的第二有利因素（因克忌神者同时又会泄用神，所以不如生用神的第一喜神效果好，故称为“第二喜神”）。有无伤灾发生，取决于忌神是否发动以及忌神的力量是否强大；当忌神发动并且其力量又足够强大而无喜神制约或化解时，伤灾就无法避免（此时不宜出行），反之则无妨或有惊无险。伤灾是否能够化解，取决于喜神的力量大小；当喜神力量足够大时，伤灾就能化解，反之则不能化解，这种情况下就不宜出行。

四、测出外求财，以世爻为自己，财爻为用神，看财爻、世爻的力量强弱以及二者之间的五行关系，同时，还要兼看子孙爻、兄弟爻对财爻的生克情况，子孙爻有力生财爻有利，兄弟爻有力克财爻则不利。

五、测出外办事，首先要看自身的安危（方法见上述第三款），然后要看事能否办成，有无障碍，这要根据欲办的具体事情选取用神，再根据用神与世爻之间的五行关系进行分析推断。

六、代别人测出行，以相应的六亲代表出行者并以之为用神，断卦方法可参照上述。

下面通过一些实例来讲解出行卦的分析推断方法和技巧：

例 1：湖北邵先生与对方在之前谈好一笔业务，他准备去对方那里要求履行，问此行顺利否：

甲申　丁卯　戊戌　辛酉

火泽睽	**泽火革**	**六神**
父母己巳火○	兄弟丁未土″	朱雀

兄弟己未土×　　子孙丁酉金′　　青龙
子孙己酉金′世　　妻财丁亥水′世　　玄武
兄弟丁丑土×　　妻财己亥水′　　白虎
官鬼丁卯木○　　兄弟己丑土″　　螣蛇
父母丁巳火′应　　官鬼己卯木′应　　勾陈

看似世爻酉金临月破，又遭处旺相的动爻巳火克伐，应爻也是克世的，此行难以顺利。实则世爻酉金得时辰双体辛酉金入卦与年支申金和日辰戊戌三会金局帮扶世爻，五爻未土表面看不生世爻酉金，所幸动而化出酉金帮扶世爻，世爻旺相有力，这样一来，世爻酉金遇月建卯木冲之就为暗动。世爻力量强就与主卦构成巳酉丑三合金局。三合金局成功后，整个卦与四值就完全能构成木火土金依次相生。外卦巳火完全能够引动应爻巳火动而被卦中的土转换生世爻酉金，世爻旺相，应爻巳火向土金背木火，此次出行在安全上肯定不会有什么问题。

根据以上分析，叫他放心前去，结果确实非常顺利地达到了此行的目的。

例 2：青海唐先生求测外出谈一个项目是否能成：

壬午　辛亥　乙巳　丁亥

泽火革　　　　**六神**
官鬼丁未土″　　玄武
父母丁酉金′　　白虎
兄弟丁亥水′世　　螣蛇
兄弟己亥水′　　勾陈
官鬼己丑土″　　朱雀
子孙己卯木′应　　青龙

世爻亥水临月建，力量强旺，被日辰巳火冲为暗动，力量更强，卦中忌神官鬼丑未土安静，克不了当令的世爻，因此，此次出行在安全上是没有任何问题的。

我们再看事情能否办成：世爻为自己，应爻为对方，世应相生，说明双方意见一致，能达成协议；日辰巳火为财星冲世爻，世爻与太岁财爻午火暗合，说明与财有缘，因此，这次谈成的项目必然有利可图。

此卦是一个容易被误断的卦。如不仔细分析，就会误认为兄弟持世为破财之征，应爻旬空也会被误认为是对方心不诚而谈判失败。

其实，兄弟持世，未必都是破财的象征，预测实践证明，兄弟持世而发财的卦并不少见。此卦世爻兄弟强旺，说明自己有足够的实力去获取和控制财富，意味着钱财在自己的掌握之中，这岂有不获财的道理呢？

另外，应爻虽然旬空，但因为得世爻之生，对方会觉得能从世爻这里得到益处，彼此合作就是互利互惠，对方看在利益的份上，当然愿意与世爻合作；因为世爻强旺，所以，对方会对世爻的实力感到非常满意，并且，世爻是生对方的，世爻的实力越强，对方得到的利益就随之越大。在这种情况下，对方哪有不与世爻合作的道理呢？如果是应爻克世爻，那么，我方就会对应爻有反感，项目就难以谈成，即使能谈成，我方也必须服从对方的意愿和条件，与世应相生的情况相比，合作就没有那么愉快。

事后反馈：一切顺利，心想事成。

例 3：新疆王先生欲出去给顾客做一项业务，看能否做成：

甲申　庚午　辛未　丙申

泽火革　　　　**六神**

官鬼丁未土″　　螣蛇

父母丁酉金′　　勾陈

兄弟丁亥水′世　朱雀

兄弟己亥水′　　青龙

官鬼己丑土″　　玄武

子孙己卯木′应　白虎

世生应，自己想给顾客做此业务；但世爻亥水失令遭二爻丑土暗动之克又旬空，表明自己对此事感到不踏实，信心不足，所抱希望不大；应爻卯木失令又入墓于日辰，说明对方（顾客）对此事也信心不足，迟疑不决。由于世爻安静又衰弱，生应爻的力量不足，因此会使顾客有一种业务效果不好的感觉，于是，顾客就会选择放弃。既然顾客最终对此事没有信心，那么，这个业务当然也就无法做成了。

卦中财爻临月建，强旺有力，如果做成此事，收入会不少，但可惜世爻太弱而不胜财，所以这笔钱就无法挣到手。

世应皆衰弱又安静，双方都没有动静，因而不会出行。

实际情况：开始有一位女士打算请王先生去给她做一件事，做完后会付给一笔报酬，但后来那位女士决定不做了，因此就没有出去做。

此卦与例 2 的卦象完全一样，但结果却完全不同，原因何在？例 2 世爻旺又暗动，世爻有足够的实力去获取钱财，同时应爻力量也不弱，对方也有信心，双方对事情都有信心，世应又相生，意见一致，所以事情能顺利做成；例 3 世爻太弱，无力生应爻，应爻对世爻就缺乏信心，同时，世爻身弱不胜财，有财却无法挣到手。两相比较，区别十分明显：世爻力量的强弱不同，结果就大不一样。

由此可见，断卦不能仅看世爻与用神以及其他相关之爻的五行关系，还要看它们的力量大小，若力量不足，那么看似能成的事情最终却无法做成。

例 4：福建龚先生求测出公差办事顺利否：

癸未　丁巳　丁酉　辛亥

雷地豫	**震为雷**	**六神**
妻财庚戌土″	妻财庚戌土″世	青龙
官鬼庚申金″	官鬼庚申金″	玄武
子孙庚午火′应	子孙庚午火′	白虎
兄弟乙卯木″	妻财庚辰土″应	螣蛇
子孙乙巳火″	兄弟庚寅木″	勾陈
妻财乙未土×世	父母庚子水′	朱雀

世爻未土临太岁又得月建巳火之生，力量强大，若遇困难或障碍则有实力应付；应爻为出差办事之目的地，应爻午火旺而生合世爻，说明双方十分协调，办事顺利，能圆满完成任务。

兄弟爻克世爻为忌神，由于兄弟卯木临日破又入墓于太岁和动爻，无力克伐世爻，所以出行安全无忧；兄弟克不了财爻，所以也不会破财。

整个卦只有世爻发动，此动爻必有其信息显示：世爻未土动化出子水相害，世爻又临朱雀发动，意味着会与人发生口角。由于是变卦子水与世爻相害，变卦代表回程之路，因而这种口角将会在返程途中发生。幸好世爻未土远远强于子水，所以对自己并不会造成什么威胁和不利后果。

此卦六合变六冲，按传统观点是先顺后逆，为事情办不成的象征，但事实并非如此，这说明断卦不能单以卦的形式为依据，而应该以卦的喜忌为依据，否则就会判断错误。

结果：出去办事一帆风顺，回家下出租车时与司机发生了一点小摩擦。

例 5：广西范先生出差顺利否：

癸未　壬戌　庚申　丁亥

火地晋	**雷天大壮**	**六神**
官鬼己巳火○	父母庚戌土″	螣蛇
父母己未土″	兄弟庚申金″	勾陈
兄弟己酉金′世	官鬼庚午火′世	朱雀
妻财乙卯木×	父母甲辰土′	青龙
官鬼乙巳火×	妻财甲寅木′	玄武
父母乙未土×应	子孙甲子水′应	白虎

世爻酉金在戌月已退气，但毕竟它处于秋季，戌土可以生金，所以还是有一些力量，加之得到日辰庚申双体之金帮扶，力量进一步加强，因此，以起卦时令看，世爻并不弱。

应爻为办事的目的地，应爻未土为燥土本不生金，但在戌月，已具寒凉之气，未土中的火已经被抑制，这时的未土就不再具有燥热之性，因而不以燥土论。这样，应爻未土就可以生世爻酉金了。应爻得月建戌土之助以旺论，应爻旺而生世，表明出去能够得到对方的支持，办事顺利。

火克世爻酉金为忌神，但巳火在卦中发动被日柱庚申双体之金合绊，又入墓于月建，虽二爻巳火动化出寅木但入墓于年支生火之力就大减，所以，火就无力去克世爻酉金，这样，忌神就不能危害世爻，因而此次出行安全无忧。

结果：一切顺利。

看似此卦火为忌神，木动又生火，火动克世爻酉金，表面上看起来是很不好的卦，但实际上，这只是形式上的克，而实际上忌神火并不能克世爻，所以并无不吉之处，如果不能区分形式与实质的差别，对这类卦就容易误判。希望读者对此能引起注意。

例 6：天津邓先生求测去内蒙古顺利否：

戊子　庚申　庚戌　庚辰

风雷益	**风泽中孚**	**六神**
兄弟辛卯木′应	兄弟辛卯木′	縢蛇
子孙辛巳火′	子孙辛巳火′	勾陈
妻财辛未土″	妻财辛未土″世	朱雀
妻财庚辰土″世	妻财丁丑土″	青龙
兄弟庚寅木×	兄弟丁卯木′	玄武
父母庚子水′	子孙丁巳火′应	白虎

妻财辰土持世，得时辰庚辰入爻遇日辰相冲为暗动，此次出差势在必行，非走不可。二爻寅木和应爻卯木虽临空亡克不住世爻，但二爻寅动化卯为化进，加之大象（巽宫）向忌背用，断此次出差不吉，嘱咐其丙辰日走，已未日一定要返回，对方要求甲寅日去，其处于无奈，答应了对方要求，庚申日才返回。结果期间重感冒，很难受。

例 7：马来西亚魏女士求测出门求财是否顺利：

乙酉　丙戌　癸未　丁巳

泽雷随	**震为雷**	**六神**
妻财丁未土″应	妻财庚戌土″世	白虎
官鬼丁酉金○	官鬼庚申金″	縢蛇
父母丁亥水′	子孙庚午火′	勾陈
妻财庚辰土″世	妻财庚辰土″应	朱雀
兄弟庚寅木″	兄弟庚寅木″	青龙

父母庚子水′　　父母庚子水′　　玄武

财爻持世，世爻得日月之助而强旺，应爻为求财之所，应爻临财星旺而助世爻，说明出去求财不但容易，而且收获不小；忌神寅木兄弟失令衰弱，安静又入墓于日辰，不能克财，这也是有利因素；唯五爻酉金官鬼动泄世爻之财气，五爻为道路，恐在路途中会耗财，所幸酉金旬空化空，说明有惊无险，并不会对世爻造成实质性的伤害。既然作为忌神的兄弟和官鬼都不能对世爻造成实质性的妨碍，所以，此去不但安全无忧，而且也不会有破财之事发生，算是求财如意之卦。

结果：如愿以偿。

此卦只有一个官鬼爻动，看似泄世不利，实则因空化空而并不能起作用，所以无碍。旬空、化退之爻的作用到底如何，由此卦可见一斑。倘若酉金官鬼不空，就是另外一种情形了。

例 8：辽宁魏先生测出行吉凶：

戊子　庚申　庚戌　庚辰

地山谦	**水山蹇**	**六神**
兄弟癸酉金″	子孙戊子水″	螣蛇
子孙癸亥水×世	父母戊戌土′	勾陈
父母癸丑土″	兄弟戊申金″世	朱雀
兄弟丙申金′	兄弟丙申金′	青龙
官鬼丙午火″应	官鬼丙午火″	玄武
父母丙辰土″	父母丙辰土″应	白虎

世爻动化回头克，日辰也克世爻，似乎大凶之兆。但若仔细分析，便知情况并没有那么严重：世爻亥水得月令庚申双体之金生，这个当令的双体之金足以通土水交战之关，加之世爻又得太岁子水之帮，所以戌土并不能对世爻起伤害作用。戌土为父母，在五爻代表交通工具，既然戌土不能伤害世爻，就说明不会有交通事故发生，最多只是有一种不愉快的感觉而已。

结果：一出门便坐了一辆黑车，司机说没有带 IC 卡，要走老路，因卦中显示五爻为道路化父母回头克，立即决定不坐此车，付了款，又重新招了一辆车。之后的旅程平安无事。

例 9：重庆王女士问和丈夫一起出差去十堰是否顺利：

戊子　庚申　丙午　辛卯

天风姤	**风水涣**	**六神**
父母壬戌土′	妻财辛卯木′	青龙
兄弟壬申金′	官鬼辛巳火′世	玄武
官鬼壬午火○应	父母辛未土″	白虎
兄弟辛酉金○	官鬼戊午火″	螣蛇
子孙辛亥水′	父母戊辰土′应	勾陈
父母辛丑土″世	妻财戊寅木″	朱雀

世爻为自己，应爻官鬼为丈夫。

世爻丑土得日辰生，卦中无其他克世爻的因素，所以自己平安。但应该看到：世爻丑土失令并不旺，却被辛酉金旺动与整个卦三会金局泄气，因而此行有不顺心的吃亏事。

应爻午火临日辰，因不当令，所以也不旺。应爻动化出未土泄气，临白虎又有三会金局耗气，所以情况比世爻还要差一些。这样，丈夫更会遇到不愉快的事情；所幸应爻没有水动而克，因而不会遭遇大的凶事。

结果：丁未日老公的头被玻璃碰伤，办事也不圆满。戊申日返回时不但未买到火车卧铺票，连硬座也未买到，硬是在车上站了近 10 来小时。又是晚上，很难受。

例 10：李先生欲回老家，问途中平安否：

丙子　丙申　戊子　辛酉

山地剥	**六神**
妻财丙寅木′	朱雀
子孙丙子水″世	青龙
父母丙戌土″	玄武
妻财乙卯木″	白虎
官鬼乙巳火″应	螣蛇

父母乙未土″　　　　勾陈

世爻为用神，临太岁、日辰，又长生于月建，可谓强旺，但六爻安静，卦中再无金水生助世爻，不致过旺，这种情况下，子孙持世则“飞灾横祸化为尘”。世居五爻临道路，水旺则流，欲行之象。虽卦爻戌卯克耗用神，但用神强旺不畏克耗，财为饮食，父母为车船票，为住所，乃为回家途中食宿路费之正常消费；应爻为家，虽为官鬼，但休囚受克，不致为凶。

综上所述，断其一路平安。

后得知果如所测。

例 11：武汉孙先生专程来求测女儿出走多日在外吉凶，何日能回：

丁丑　戊申　丙午　己亥

泽火革	**泽天夬**	**六神**
官鬼丁未土″	官鬼丁未土″	青龙
父母丁酉金′	父母丁酉金′世	玄武
兄弟丁亥水′世	兄弟丁亥水′	白虎
兄弟己亥水′	官鬼甲辰土′	螣蛇
官鬼己丑土×	子孙甲寅木′应	勾陈
子孙己卯木′应	兄弟甲子水′	朱雀

应爻子孙为用神，绝于月建休于日辰，官鬼丑土动来耗用神之气又阻隔克制亥水原神，且用神旬空，这些因素对用神极为不利，似乎该女有去无回，大凶之象。但进一步细审卦爻，用神化子水回头生，子水长生于月建，受日冲为暗动，暗动则有力，并且子水纳干甲，甲木可帮用；再者主卦亥水原神重叠，长生于月建，虽被官鬼丑土动而阻隔克制，但亥水在申月为有源之水，丑又为湿土，故克之不尽，用神绝处逢生；卯木旬空，虽旬内难以受生，却也正可避克，所以此卦用神旬空的作用十分微妙。

用神绝处逢生，凶中有救，其女在外安全，这一点可以确定了。但人能否回来，何时回来呢？

在此卦若要人回须满足两个条件：1. 用神有力。2. 静而逢冲。

用神要从无力变为有力，在本卦一需用神出空，二需原神发动，三需化掉仇神土和忌神金。八月初九乙卯日，用神填实，力量增强，但月令交酉，酉冲卯，用神受损，原神尚未发动，丑土仍克水，水就难生木，故用神虽值日，但被月建冲克仍是力量不足；八月十一日，为酉月丁巳日，巳冲亥，亥水原神暗动，变卦子水原本暗动，所以亥子丑皆动而会水局，丑土被化不再克原神，酉金本冲克卯木，但水局旺动可通关，形成金生水，水生木，化敌为友，用神一下子强旺起来。用神强旺，月建冲不为破而为动，用静旺而逢冲动则归，故断此日回家。辛亥、壬子、甲寅、乙卯日，用神稍旺，断其女有回家的念头。

事隔很久以后，求测者于 1998 年 8 月打电话告诉我，他女儿确实于 1997 年己酉月丁巳日辛丑时回到家中。

此卦占断的难度较大，玄机就在于用神安静旬空和原神静而待动。此卦当时引起同行的争议，他们都认为此人在外大凶，回不来了，认为此人可能已死，理由是用神衰弱又空。因久久得不到求测者的反馈信息，他们更加确定我将此卦断错。后来我又反复研究此卦，认为当时的占断是正确的，于是又自己起卦求测该女是否归家，何时来反馈，卦象表明人已归，但父母爻衰弱安静，也是待时而用之象，所以心安理得地静候反馈，结果终于在 1998 年 8 月得到反馈，验证了当时的占断。

例 12：我夫人在梦中惊醒，对我说：“我感到小陈好像会出什么事，你看一下。”当即起得“山火贲”变“山雷颐”卦：

丁丑　乙巳　乙丑　己卯

山火贲	**山雷颐**	**六神**
官鬼丙寅木′	官鬼丙寅木′	玄武
妻财丙子水″	妻财丙子水″	白虎
兄弟丙戌土″应	兄弟丙戌土″世	螣蛇
妻财己亥水○	兄弟庚辰土″	勾陈
兄弟己丑土″	官鬼庚寅木″	朱雀
官鬼己卯木′世	妻财庚子水′应	青龙

小陈是我入门弟子，应以子孙爻为用，伏于亥水之下，长生于月建，又

得日辰之生，本无碍，但不宜伏生飞而泄气，子孙泄气于财爻，乃耗财之象，且卦中财爻临月破又遭日克又发动化辰土回头克，也是破财之象，幸财爻旬空，空则无，空则可避免，但财动得伏神生非真空，兄弟爻力量又很强，财爻抵挡不住，难免破小财。因他当日恰好要去鄂州编校杂志，故嘱他注意，最好不带钱，或事先用一笔钱再走。他按当日辰时起得“山雷颐”变“火雷噬嗑”卦分析道：

丁丑　乙巳　乙丑　庚辰

山雷颐	**火雷噬嗑**	**六神**
兄弟丙寅木′	子孙己巳火′	玄武
父母丙子水″	妻财己未土″世	白虎
妻财丙戌土×世	官鬼己酉金′	螣蛇
妻财庚辰土″	妻财庚辰土″	勾陈
兄弟庚寅木″	兄弟庚寅木″应	朱雀
父母庚子水′应	父母庚子水′	青龙

世爻月生日助强旺有力，兄弟忌神失令且安静，人身安全没有问题。财爻持世动而化泄气，自己破财之象，但戌土旬空破财不多，财化鬼有盗贼之征，官鬼无申酉金之帮，成为从象，盗贼应青壮年。应爻父母为车又为目的地，世旺克应，不会有车祸。若推辞不去，但卦遇游魂，有命难违，势在必行。主卦体四用七，变卦体四用三，破财约在四十三至四十七元的范围内。

实际情况：弟子小陈与同事于当日下午 1 点钟上车，坐下后便昏昏朦朦地入了梦乡，中途停车上来一个三十多岁的男子坐在他左边，待再次停车下客时，那人也下了车，小陈猛然间睡意全消，一摸左边口袋，四十四元钱不翼而飞，仅剩下右边口袋里四元钱。一看表，中午 1 点半多。他回来对我说：“卦上明示要破财，不去又推不掉，便存心验证此卦。为防万一，只带了五十元零花钱，上车前用了二元，车费由同事在‘中心’财务室领出带着，虽然提醒自己注意，但一上车就不由自主地打起瞌睡来，钱被扒走后，顿时就清醒了。所幸衣物未被偷走，稿件也在同事包里安然无恙。真可谓难逃定数。”我说：“如果你事先有意花掉五十元钱，就不会再破财了，这叫做主动化解。”

例 13：一男子求测妻子被人拐走何日能找到：

丙子　壬辰　辛卯　癸巳

火天大有	乾为天	六神
官鬼己巳火′应	父母壬戌土′世	螣蛇
父母己未土×	兄弟壬申金′	勾陈
兄弟己酉金′	官鬼壬午火′	朱雀
父母甲辰土′世	父母甲辰土′应	青龙
妻财甲寅木′	妻财甲寅木′	玄武
子孙甲子水′	子孙甲子水′	白虎

妻财寅木为用神，临日辰旺地，月建辰土正可培木，寅卯辰三会成局，太岁子水，月、时透壬、癸皆生木，用神寅木纳干为甲，甲寅双体，力量更大，加之丙子、壬辰、癸巳、甲寅皆纳音水，辛卯又纳音木，这些力量全来生助用神，使之过旺；测行人用神过旺宜逢墓库敛其旺气，卦中未土为木库又发动，已明示于人，且未土旬空，更是玄机透露，乙未日，未土出空填实，用神入日库，断其妻子必自归，不用去找。

三月十一日，其妻果然不找自回。

例 14：程某问出外做生意的丈夫什么时候能回来：

丙子　丁酉　乙丑　辛巳

水风井	风水涣	六神
父母戊子水×	兄弟辛卯木′	玄武
妻财戊戌土′世	子孙辛巳火′世	白虎
官鬼戊申金″	妻财辛未土″	螣蛇
官鬼辛酉金○	子孙戊午火″	勾陈
父母辛亥水′应	妻财戊辰土′应	朱雀
妻财辛丑土″	兄弟戊寅木″	青龙

用神官鬼临月建动而入日库，本日即归家，但子水动泄用神之气，用动化午火回头克，用神不算太旺，逢泄、克、库则为阻碍牵绊，未土可制水冲

库合午，故断本日未时回来。果验。

例 15：一弟子来信说四月初二要到我家，我于初一摇卦，断他未在家中，明日不可能来。

丙子 癸巳 甲寅 乙亥

火地晋	**六神**
官鬼己巳火′	玄武
父母己未土″	白虎
兄弟己酉金′世	螣蛇
妻财乙卯木″	勾陈
官鬼乙巳火″	朱雀
父母乙未土″应	青龙

用神子孙衰弱旬空又被飞神所克，难以行动，世为我家，应为外地，卦遇游魂，本主走动，但用伏于应下受克则主在外地被事缠住而不能成行。

第二天果然未来。不久他来信说当时有事外出而不能来。

求测出行顺逆的卦很多，以上只是从不同类型、不同特点的卦中挑选了一些具有代表性的卦例，希望能对大家有所启发和帮助。易友们通过研读这些卦例，要学会抓住卦中最本质的东西，而不要被卦的表面形式所迷惑或误导。只有这样，才能真正掌握断卦的要领，从而作出正确的预测结论。

例 16：济南刘先生的老婆神经有问题，于昨晚失踪后一直未找到，担心其安危，便在电话中向我求测老婆吉凶：

己丑 乙亥 癸未 辛酉

风山渐	**艮为山**	**六神**
官鬼辛卯木′应	官鬼丙寅木′世	白虎
父母辛巳火○	妻财丙子水″	螣蛇
兄弟辛未土″	兄弟丙戌土″	勾陈
子孙丙申金′世	子孙丙申金′应	朱雀
父母丙午火″	父母丙午火″	青龙
兄弟丙辰土″	兄弟丙辰土″	玄武

1. 财星子水代表老婆。

2. 财星临月建旺，又有时辰酉金相生，老婆必定平安。

3. 五爻为道路，五爻巳火动化出财星，说明老婆已经在回家的路上。时辰酉金生财星，老婆不超过酉时就会到家。

4. 父母巳火动，父母代表车，所以可能会乘车回来。

我安慰刘先生不要担心，老婆很快就会到家。双方还没挂电话，刘先生突然很高兴地告诉我："李老师，我老婆到家了。真神！"

这种卦是典型的近应时辰，应期之快，完全就在眼前。

例 17：张先生求测能否向姐姐借到钱：

乙亥　甲申　丙戌　壬辰

雷天大壮	**六神**
兄弟庚戌土″	青龙
子孙庚申金″	玄武
父母庚午火′世	白虎
兄弟甲辰土′	螣蛇
官鬼甲寅木′	勾陈
妻财甲子水′应	朱雀

1. 世爻空而入日墓，衰弱无力，心里不踏实。

2. 父母持世求财，辛苦不易之象。

3. 兄弟旺但泄世爻之气，世弱宜生助不宜泄，说明其姐不会帮助他。

4. 财爻临应长生于月建，但被兄弟辰戌相冲而克住，况且世空世弱也不胜财，根本不可能借到钱。

5. 世衰入墓，原神官鬼又月破，须防身体患病。

根据以上分析，劝他不去为好。但他仍不甘心。结果其姐推辞说钱被别人借去了，手里无钱。他还生了四天病（丙戌日至己丑日），若执意出行，路上病痛之苦可想而知。

例 18：太原宋先生批评了儿子几句，没想到孩子于上午离家出走了。到处找不到人，也无法联系，生怕孩子赌气而发生意外，于是求测孩子会否出事：

己丑 乙亥 丁卯 庚戌

地火明夷	地雷复	六神
父母癸酉金″	父母癸酉金″	青龙
兄弟癸亥水″	兄弟癸亥水″	玄武
官鬼癸丑土″世	官鬼癸丑土″应	白虎
兄弟己亥水○	官鬼庚辰土″	螣蛇
官鬼己丑土″	子孙庚寅木″	勾陈
子孙己卯木′应	兄弟庚子水′世	朱雀

1. 初爻子孙卯木为用神。

2. 用神卯木得月生日助，还得三爻亥水临月建发动相生，力量很强，绝不会有危险和意外发生。

3. 用神临日辰，应期必快，按理当天回家的可能性极大。但现在已是戌时，亥时过后就是明天了，那么，亥时有无回来的可能呢？亥水旬空，但临月旺动不空，出空近应日时，最快可应在时辰上，也就是亥时。亥水出空填实生世，回来的可能性很大。

果然，测卦后大约一小时，孩子回到家里，恰恰是亥时。

例 19：曾公子 12 岁，父母回家不见其人，到处都没找到，心中着急，父母特地求测孩子是否安全：

辛卯 丙申 丁巳 戊申

天泽履	风泽中孚	六神
兄弟壬戌土′	官鬼辛卯木′	青龙
子孙壬申金′世	父母辛巳火′	玄武
父母壬午火○	兄弟辛未土″世	白虎
兄弟丁丑土″	兄弟丁丑土″	螣蛇
官鬼丁卯木′应	官鬼丁卯木′	勾陈
父母丁巳火′	父母丁巳火′应	朱雀

1. 以孩子姓名起卦，故以世爻代表孩子本人。

2. 世爻申金临月建旺，午火虽发动克世，但午火弱，动化未土相合，对世爻不足以构成威胁，世爻无损伤，孩子必定安全。

结果：当天晚上回家，孩子说是到同学家玩去了，没出什么事。

例 20：李女士的丈夫离家数日，失去联系，特地求测其行踪和吉凶：

壬辰　丁未　己丑　癸酉

水地比	坤为地	六神
妻财戊子水″应	子孙癸酉金″世	勾陈
兄弟戊戌土〇	妻财癸亥水″	朱雀
子孙戊申金″	兄弟癸丑土″	青龙
官鬼乙卯木″世	官鬼乙卯木″应	玄武
父母乙巳火″	父母乙巳火″	白虎
兄弟乙未土″	兄弟乙未土″	螣蛇

1. 官鬼卯木代表丈夫。

2. 卯木官鬼不得动爻和四值之生助，力量非常衰弱，但官鬼为乙卯双体木，得变爻癸亥双体之水生扶，又得玄武之生，故弱而不从。

3. 用神衰弱，土重木折。初爻未土暗动，世爻入墓于初爻及月建，墓旺身弱，难见天日，大凶之象。

4. 用神官鬼临玄武，在外恐有暧之事。

后来得知，去外游玩，不幸被水淹死。

例 21：北京郭先生的侄子离家几天了，手机也处于关机状态，不知是何原因，特地求测吉凶：

癸巳　丁巳　辛卯　癸巳

火天大有	火泽睽	六神
官鬼己巳火′应	官鬼己巳火′	螣蛇
父母己未土″	父母己未土″	勾陈
兄弟己酉金′	兄弟己酉金′世	朱雀
父母甲辰土〇世	父母丁丑土″	青龙
妻财甲寅木′	妻财丁卯木′	玄武

子孙甲子水′　　官鬼丁巳火′应　　白虎

1. 此卦是以郭先生侄子本人的姓名起卦，故以世爻为用。

2. 世爻辰土有年月时巳火生，力量强旺。日辰卯木被年月时之火化解，不克世爻。卦中无动爻克世，毫无凶兆。

3. 世临青龙，与酒色有关，因其为年轻小伙，故推断他可能与女友在一起玩。

4. 世爻动化进，很快就会回来。明日壬辰，日辰引动世爻，世爻为父母，如果不回家也会有消息。

结果：第二天回到家里。他说确实是与女朋友在一起玩，因怕父母打电话催他回家，又怕被责骂，所以就干脆关闭手机，痛痛快快地玩了几天。

例 22：我自测去陕西做业务是否吉顺：

癸巳　戊午　乙卯　丁亥

巽为风	地风升	六神
兄弟辛卯木○世	官鬼癸酉金″	玄武
子孙辛巳火○	父母癸亥水″	白虎
妻财辛未土″	妻财癸丑土″世	螣蛇
官鬼辛酉金′应	官鬼辛酉金′	勾陈
父母辛亥水′	父母辛亥水′	朱雀
妻财辛丑土″	妻财辛丑土″应	青龙

1. 做事顺利，安全往返，是出外办事的两大重要前提。是否安全看世爻的五行力量和生克情况，办事是否顺利则看用神与世爻的五行关系。

2. 世爻卯木在午月不旺，但有日助时生，也不是很弱。世动化酉金回头克，此为不吉因素，所幸酉金被月建克制且临日破，力量很小，所以对世爻的克力也很小。玄武临世相生，也可化解酉金对世爻的冲克。这种卦象是小凶但有化，不会有大的安全事故，但官鬼克世，辛苦劳累，还须防小伤。

3. 做业务以财爻为用神。卦中两个财爻，既然是去外地求财，就应以离世爻最远的初爻丑土财星为用神。财爻得动爻巳火及年月之生，力量较强，说明有财可求。世爻和财爻都不弱，此财能到手。

4. 世爻为兄弟克财星，说明此财需要凭自己的实力才能获得。世爻和子孙同动，进而生财爻，说明是凭技术挣钱。兄弟子孙财星构成相生链，求财必然顺利。

5. 巳火生财星，利求财；巳火克官鬼，可保护世爻。为此，定于丁巳日出行，辛酉日前返回，避免酉金冲克世爻。

实际：丁巳日出发，为客户勘测祖上阴宅，山地崎岖，走得有些辛苦。庚申日在山上摘李子，下山的路比较陡，两手拿着李子，不小心摔倒，手指被划伤，但无大碍。回头再看卦象，卯木恰恰代表手指，被酉金冲克，故有此伤。六爻卦之神奇，由此可见。

例 23：北京刘先生回家发现几岁的儿子不在家，到处寻找无果，非常着急，于是向我求测孩子的吉凶：

壬辰　乙巳　辛巳　丙申

雷风恒	**雷天大壮**	**六神**
妻财庚戌土″应	妻财庚戌土″	螣蛇
官鬼庚申金″	官鬼庚申金″	勾陈
子孙庚午火′	子孙庚午火′世	朱雀
官鬼辛酉金′世	妻财甲辰土′	青龙
父母辛亥水′	兄弟甲寅木′	玄武
妻财辛丑土×	父母甲子水′应	白虎

1. 以孩子姓名起卦，世爻代表孩子本人。

2. 世爻为辛酉双体之金，得流年辰土、动爻丑土和暗动的上爻戌土之生，又得时辰申金之助，因而力量并不太弱。

3. 世爻看似被月日旺火克，但其实巳火远不如午火克金的力量大，加之巳申相合，克力再减，对世爻构不成威胁，加之卦中并无动爻克世，因而孩子必定平安无事。

4. 财动生世，世临青龙，主酒色之事，但孩子年仅几岁，不可能喝酒谈恋爱，因而推测可能是在与小朋友一起喝饮料玩。

5. 世爻旬空安静，到了酉时，酉金引动世爻，就会回来。

我告诉刘先生不必担心，半小时之后孩子自己就会回来。

果然，半个小时后，孩子回到家中，一问得知，确实和小朋友一起在肯德基喝饮料。

例 24：测张某出走吉凶：

庚辰　癸未　庚午　癸未

坤为地	**雷地豫**	**六神**
子孙癸酉金″世	兄弟庚戌土″	螣蛇
妻财癸亥水″	子孙庚申金″	勾陈
兄弟癸丑土×	父母庚午火′应	朱雀
官鬼乙卯木″应	官鬼乙卯木″	青龙
父母乙巳火″	父母乙巳火″	玄武
兄弟乙未土″	兄弟乙未土″世	白虎

1. 出走时间加姓氏就代表张某本人的信息，因此当以世爻为用神。

2. 取世爻酉金为用，世爻得年、月、时支生，又得卦中动爻兄弟丑土生，未月土当令主事，柱中之土与卦中之土成土之方局，相冲刑激起土之旺气，土多埋金，金若从了可作吉断，但世爻酉金不从，原因有三：

(1) 癸酉纳音剑锋金，相当于双体之金（庚申辛酉类)。

(2) 年、日干庚金相帮。

(3) 变卦有天干之金相帮，世爻酉金虽弱而不从。

3. 世爻酉金弱而不从，卦中叠叠厚土埋金，忌神力量强大，且酉金又入动爻之墓，墓为坟墓，世临螣蛇主虚惊怪异，当主大凶之象，必死无疑，丁丑日土成方局，墓爻值日即为应期。后反馈得知果于丁丑日喝农药自杀身亡。

可见：抛开年、时不用，只用月、日两柱，甚至有的人只用月支、日支断卦是不妥的。就此卦而论，用神酉金得月生被日克，用神有气，且卦中丑土原神发动生用神，虽为墓但用神有气，逢月冲为破墓，故用神不致有凶，这样必与事实相反，可见抛开年、时柱不用的断卦法是行不通的。

例 25：一男士求测其妻离家出走吉凶如何？（以其妻姓名及时空信

息起卦)

乙未　戊子　庚辰　庚辰

风泽中孚	**水泽节**	**六神**
官鬼辛卯木○	妻财戊子水″	螣蛇
父母辛巳火′	兄弟戊戌土′	勾陈
兄弟辛未土″世	子孙戊申金″应	朱雀
兄弟丁丑土″	兄弟丁丑土″	青龙
官鬼丁卯木′	官鬼丁卯木′	玄武
父母丁巳火′应	父母丁巳火′世	白虎

1. 因以姓名信息所起卦，故以世爻代表离家出走的妻子。

2. 官鬼临螣蛇说明丈夫对妻子的出走心中惊恐不安，故来求测。

3. 世爻未土临太岁，得日时之帮，卦中又有巳火及丑土生助，世爻党众多，可谓强旺有力，忌神卯木虽然动于卦中与世爻相战，但世爻无论气势还是数量上都强于忌神，既然世爻强，必然在外处于安全平安状态。

4. 世爻未土得众土之帮，容易出现固执、倔强之性，又兄弟持世临朱雀，易出现口舌之事，朱雀生旺身加重了未土固执、倔强之性，故易说出尖锐、刻薄的语言使对方难以接受。卦中上爻卯木官鬼（夫星）动得月建、回头之生，与二爻卯木遥相呼应，对世爻构成相克之势，必然与丈夫发生了争执。世爻未土固执己见不容妥协，官爻（夫星）动于卦中得月建及回头之生，可谓针锋相对、狭路相逢，夫妻间必然唇枪舌剑甚至大打出手，这也是妻子离家出走的主要原因。

5. 卯木官爻（夫星）动而克制世爻，兄弟世爻受委屈（克制）后必然寻找一处可以庇护保护自己的处所，所以父母、兄弟爻是最好的选择(出走后可能到长辈、姐妹、同事家中)。

6. 既然人在外面平安，我们再看什么时间妻子可以回家，双方关系得以缓解。

庚辰日：世爻得日辰之帮，能得到朋友、同事的帮助，但世爻安静，外患（卯木官鬼）不能解除，故在外平安，没有回家之意。

接下来辛巳日：五爻辛巳火临于日辰，五爻父母为道路、书信、信息，又与世爻为相生关系，必有世爻的信息。

五爻巳火化木生土，在官爻（夫星）与世爻间架起了沟通桥梁，也为世爻回家铺平了道路，可谓最为有利的日期，再看在哪个时间段最为有利，将所有的病症都能够完全解除。一天有十二个时辰，对世爻有扶助的时辰是：辰、戌、丑、未、巳、午时，我们来重点分析这几个时辰既能够引动安静的世爻又能够将局中的病症去掉：

己丑时虽为双体之土，但冬季为冻土（壬辰时相同）不为世爻所喜，又不能解除忌神克世之弊；癸巳时能通卯未之关，但世爻处于安静状态；甲午临月破力量不足，不能完全通关；乙未时引动世爻，日辰巳火又能化官生世，是为比较有利的时间。但我们仔细分析戌时则更为有利，原因：

（1）戊戌时双体之土助世爻最为有利。

（2）丑未戌三刑刑动世爻。世爻虽然不情愿，也只有顺梯下楼。

（3）合住忌神卯木官鬼使其不克世爻。

分析到此，我就让其放心，妻子在外面安全、平安，两日内必能找到。（后反馈：自己和妻子闹矛盾并大打出手，妻子赌气之下离家出走，辛巳日未时妻子同事打电话说妻子在她那里，在同事的劝说下戌时回到家中。）

例 26：测学员王林贤回家后何时到来：

辛巳　乙未　庚寅　乙酉

风山渐	**风火家人**	**六神**
官鬼辛卯木′应	官鬼辛卯木′	螣蛇
父母辛巳火′	父母辛巳火′应	勾陈
兄弟辛未土″	兄弟辛未土″	朱雀
子孙丙申金′世	妻财己亥水′	青龙
父母丙午火″	兄弟己丑土″世	玄武

兄弟丙辰土× 官鬼己卯木′ 白虎

1. 因按时间及其姓名起卦，故取世爻为用，寅日冲世，世爻临马星动而回家，寅申为道路，说明他此次回去大部分时间在路上，这与事实相符。

2. 世临马星被日冲逢合日必到，即癸巳日到，那么巳日什么时候到呢？巳日与用神申金合，合待冲时到，那么他应在寅时到。

实际情况果然在巳日寅时到。

例 27：李女士求测去日本吉凶：

辛巳 甲午 丙午 丙申

风雷益	**地雷复**	**六神**
兄弟辛卯木○应	官鬼癸酉金″	青龙
子孙辛巳火○	父母癸亥水″	玄武
妻财辛未土″	妻财癸丑土″应	白虎
妻财庚辰土″世	妻财庚辰土″	朧蛇
兄弟庚寅木″	兄弟庚寅木″	勾陈
父母庚子水′	父母庚子水′世	朱雀

1. 妻财辰土持世得太岁月建日辰相生，卦中木火同动生世，好似有火多土焦之嫌，幸而辰未两土紧贴静而不动互相扶持，又得朧蛇相帮，不至于火多土焦，可作吉断。

2. 五爻为道路动而生世也为吉象，应爻卯木动克世爻，但有五爻巳火动而通关生世，应克不了世爻。故断她旅途平安。

反馈：平安无事。

例 28：某人求测出行吉凶：

庚辰 癸未 己卯 庚午

火山旅	**离为火**	**六神**
兄弟己巳火′	兄弟己巳火′世	勾陈
子孙己未土″	子孙巳未土″	朱雀
妻财己酉金′应	妻财己酉金′	青龙

妻财丙申金′	官鬼己亥水′应	玄武
兄弟丙午火″	子孙己丑土″	白虎
子孙丙辰土×世	父母己卯木′	螣蛇

1. 测出行吉凶，此卦卦意较明显：旅卦有外出旅行之象，子孙辰土持世发动也说明要走。世爻临太岁，得月扶又得时支午火生，动化卯木临日辰回头克，虽然世爻旺相又有火通关克不住，但毕竟受克，应有小的麻烦。

2. 父母爻为舟车行李及车票一类的东西，在这方面定有麻烦。

3. 应爻酉金虽旬空但日冲为暗动泄世爻之气，应爻为目的地，此去定有不愉快之事。

实际情况是，去时在车上因行李之事与售票员发生争吵，心里很不高兴。到目的地用餐时又与服务员争吵闹得不愉快，回来时又买不到卧铺票，虽无大事，但往返皆不如意。

例 29：新疆一父亲摇卦求测女儿离家出走吉凶：

乙未　丁亥　戊申　戊午

雷天大壮	**泽天夬**	**六神**
兄弟庚戌土″	兄弟丁未土″	朱雀
子孙庚申金×	子孙丁酉金′世	青龙
父母庚午火′世	妻财丁亥水′	玄武
兄弟甲辰土′	兄弟甲辰土′	白虎
官鬼甲寅木′	官鬼甲寅木′应	螣蛇
妻财甲子水′应	妻财甲子水′	勾陈

1. 父亲测女儿，以五爻子孙爻为用神。

2. 子孙爻庚申双体之金临日辰动而化进，又得太岁未土、三爻辰土及六爻戌土之生，可谓不弱。四值和卦爻对申金子孙爻又无大的克耗，孩子必定处于平安状态。

3. 父母爻持世与子孙构成相克关系，父母对女儿所作所为有不同的观点、看法，并含有指责的信息，但冬火不但不克金反有暖金之功，说明父母对女儿的指责出发点是有益的。但站在女儿的角度，毕竟是被克方，容易产生反感。

4. 子孙爻临五爻动而化进，五爻为道路，说明孩子确实不在家中，在外面没有固定场所，环境容易多变。子孙爻在世爻经卦临近世爻，说明离家不会太远，申金动而化酉金桃花临青龙，容易出现在酒吧、歌厅等娱乐场所。

5. 二爻官鬼甲寅木暗动虽与月建相合，但卦中申金也动必然与官鬼构成冲战之势，官鬼代表约束、行事原则，子孙申金与之相冲，说明孩子内心较为矛盾，不喜被管束，竭力地想挣脱束缚，容易在散漫自由与原则束缚间挣扎。官鬼长生于月建临螣蛇，说明这种约束力对她自己的心理影响较大，容易产生反感，并出现叛逆之性，这也是孩子出走的其中一个原因。

6. 既然孩子处于安全状态，接下来我们再看孩子什么时间可以找到，纵观全局，仔细分析一下五行的旺衰，子孙申金动与初爻子水和三爻辰土三合与卦中，水临月建又长生于日辰可谓有力，对申金、辰土(喜用)小有泄耗作用，虽然申金和辰土不能被水完全合化，但也有一定的损耗之弊，什么时间把这种弊病去掉就是孩子之归期。戊申、己酉日，子孙临旺地，对子孙申金来说可以说是比较有利的时间，但病不能被拔出。接下来庚戌日，水被制，戌与辰相冲将申子辰三合局冲破，此时的辰土将是一个太极点的转化，我们可以从以下几方面加以了解，其一、与日辰冲起土旺，不再受制于三合局。其二、辰为水库临旺地被冲，有收敛水的功能，忌神得制。其三、暗动而生申金子孙，用神得生。其四、在同等情况下，用神得生与用神得帮有层次上的区别，也就是说用神得生比用神得帮更占优势。

忌神得制，用神受生，有病有药，而且这种药更是一味良药，所以，整个局面出现吉祥、和谐状态。

分析到此，我就让其放心，孩子在外面安全平安，三日内必能找到。(后反馈：女儿因为考试成绩差遭父母指责几句，赌气离家出走，庚戌日在另一小区找到，据孩子说，曾在同学家居住，几天内换了多个场所。)

本节习题：

1. 测出行的卦，如果卦象显示为凶兆，但又不想改变原来的出行计划和时间，有什么方法可以化凶为吉而安全出行吗？

2. 本节例 2 和例 3 的卦象完全相同，只是月建日辰不同，但结果却完全相反。这是否说明月建日辰比卦象重要得多，吉凶成败都是日月在主宰而不是卦象在主宰吗？

3. 在卦例解析中讲到五爻为道路，那么，根据世爻与五爻的组合情况就能断定出行能否顺利平安和办事如愿吗？

4. “世爻财动化官鬼泄气，花钱办事之意。”那么，是否可以断为有盗贼之象？怎样区分这两种情况？

5. 占出行如果应爻临官鬼且生世爻，有利否？如果外出求人办事，应爻为官鬼，应爻是喜旺还是喜衰？这还要考虑世爻克官鬼或应爻生世爻等方面的问题吗？只要世克应，办事就可成吗？

第九节　地理勘测

环境地理勘测包括的范围较广，比如住宅环境、店铺环境、厂房环境、楼盘环境、办公室环境以及各种经营场所环境等等。环境与居住者或使用者的生活、学习、健康、财运、经营等方方面面有着密切的关系。因此，环境与人的命运休戚相关。

如果一个人正行好运又使用环境适合他的房屋，那么，无疑是锦上添花，运气会更好；如果一个人行运虽好但所使用的房屋环境不好，则其好运会大打折扣；如果一个人行运差但有意识地选择使用环境适合他的房屋，则会弥补行运的不足；如果一个人行运差并且又使用环境恶劣的房屋，则必然会雪上加霜，倒霉透顶。

虽然环境地理如此重要，却并不是每个人都意识到了这一点。有的人因受益于良好的环境而运气特别顺畅却不觉，也有的人被恶劣的环境所害而灾祸连连却不晓。这都是对环境地理学缺乏认识的表现。

环境地理学是一门学科，三言两语实在无法讲透彻，因不属于本书的主题，在此就不多谈。有兴趣的易友可参阅拙著《易学经世真诠 4.人居地理学》。本节作为本书的一个小节，现就关于怎样用六爻卦预测环境地理的课题进行一些讲解。

房屋环境对居住者或使用者的影响是因人而异的，即使是同一套房屋，不同的人居住或使用会有不同的优劣影响，而且这些影响是有所侧重的。这在六爻卦中会有重点的反映。换句话说，在测环境地理的六爻卦中所反映的信息就是关于环境优劣的主要信息。

环境地理不但可以预测，而且可以调理。通过预测，一旦发现某方面的环境地理问题，就可以运用专门的环境地理学技术进行适当的调理，从而弥补原来的环境地理缺陷，达到化凶为吉的目的。运用六爻预测环境地理的目的有两个：一是为了通过预测而得知环境地理的优劣之后作出对房屋是否购买或者使用的决定；二是为了对无法更换但又有环境问题的房屋进行调理。因为进行环境调理需要先知道房屋环境存在的弊端，而这些弊端正需要通过预测得出答案。因此，运用六爻卦预测环境地理的实用价值是不可小视的。

用六爻卦预测环境地理优劣并不是一件难事，只要紧紧抓住世爻（求测者、房屋居住者或使用者）这个核心，根据卦爻与世爻之间以及各六亲之间的五行生克关系，就可以分析推断出环境地理的优缺点。现将环境地理勘测卦中所代表的常见含义简述如下：

世爻强旺无克害，对身体健康有利。

世爻弱但有生助而无日月动爻克害，对健康也无大碍。

世爻衰弱被重克而无化解，易遭重大伤病及意外之灾。

财爻强旺而与世爻有情有缘或向世背他爻，财运很好，求财轻松易得。

子孙爻旺而生世，财运亨通，生财有道；另一方面，还能得子女之孝顺。

子孙爻旺相持世但无财爻旺动泄世，主才华出众，名声显赫。

父母爻旺相而无克害，家中老人健康长寿；父母爻衰弱遭克，对父母长辈健康有威胁。

官鬼旺相生世爻，有利于仕途发展，易得晋升或提拔；官鬼旺而克世，仕途坎坷，甚至会遭到权贵排挤或打击。

兄弟爻旺相而持世克制财爻，耗费很大，难以积蓄。

有关房屋环境对配偶的影响之断法，可参照分析推断世爻信息的方法。

以上所列，只是传统环境地理勘测卦中六亲与世爻之间或者六亲与六亲之间的某些组合所代表的部分信息含义，读者不必去死记，因为这些含义都可以从具体的传统环境地理勘测卦中推断出来，都只不过是对六亲含义的具体运用罢了。

下面举些实例讲解传统环境地理勘测卦的具体分析推断方法：

例 1：陈女士求测安葬亡父在此地对自己是否吉利：

丙戌　庚寅　癸巳　庚申

雷风恒	**地泽临**	**六神**
妻财庚戌土″应	官鬼癸酉金″	白虎
官鬼庚申金″	父母癸亥水″应	螣蛇
子孙庚午火○	妻财癸丑土″	勾陈
官鬼辛酉金○世	妻财丁丑土″	朱雀
父母辛亥水′	兄弟丁卯木′世	青龙
妻财辛丑土×	子孙丁巳火′	玄武

墓地是陈女士请我去选择的，因她心中感到不踏实，故而测了此卦。

世爻代表陈女士本人。动爻午火克世爻，本为不吉，但幸好午火旬空，又动化丑土相晦，初爻丑土动生世爻，因而午火虽动却并不能克世爻。这说明父亲的墓地不会给自己带来什么祸患，安全无忧。

日辰巳火入变卦，与初、三两个动爻构成三合官局，这就使得子孙爻和财爻都心向世爻，表明生财之路畅通，财运昌隆。

反馈：后来炒股赚很多钱，自己所经营的其他生意也很好。

安葬老人的阴宅环境优劣无疑会对后人带来直接的重大影响，要选择一个阴宅仅对某一个后人有利并非难事，但如果要对所有的兄弟姐妹都有利则并非那么简单。不过这也可以通过六爻卦进行预测。陈女士的弟弟不知将自己的父亲安葬在此地对自己是否有利，于是也求测了一卦：

丙戌 庚寅 癸巳 庚申

雷火丰	**地火明夷**	**六神**
官鬼庚戌土″	父母癸酉金″	白虎
父母庚申金″世	兄弟癸亥水″	螣蛇
妻财庚午火○	官鬼癸丑土″世	勾陈
兄弟己亥水′	兄弟己亥水′	朱雀
官鬼己丑土″应	官鬼己丑土″	青龙
子孙己卯木′	子孙己卯木′应	玄武

世爻申金看似月破日克，又遭妻财午火动而克伤。殊不知世爻纳干为庚，构成庚申双体之金，更得时柱庚申双体之金帮扶世爻；午火动被湿土晦又入双墓，克金之力大减；世爻申金遭日辰克，但为克中有合，手下留情。

综上所述，此为身旺、财、官皆旺，父亲安葬之后对自己当然是吉利的。

实际情况：此人父亲下葬后至今各方面都很顺利：身体健康，仕途得意，名利双收。

例 2：山西太原张某求测搬到新房住好不好：

丙戌 戊戌 癸酉 丁巳

泽雷随	**泽火革**	**六神**
妻财丁未土″应	妻财丁未土″	白虎
官鬼丁酉金′	官鬼丁酉金′	螣蛇
父母丁亥水′	父母丁亥水′世	勾陈
妻财庚辰土×世	父母己亥水′	朱雀
兄弟庚寅木″	妻财己丑土″	青龙
父母庚子水′	兄弟己卯木′应	玄武

财爻旺动持世，无旺相的兄弟发动相克，说明住进此房对自己的健康不

会有妨碍，财运也不错。不过，财爻动被日辰酉金合而泄气，又动化父母亥水耗气，虽然财爻持世旺而不怕泄耗，但这毕竟不是好兆头，也是一种耗财的信息。为何事耗财？财爻动化父母耗气，很可能因房屋本身的问题而耗财。但所耗的财对房主来说不过是九牛一毛，并无大碍。

卦中子孙爻衰弱，伏在四爻亥水之下受克，此房不宜子女长期居住。

卦中没有其他特别明显的信息，说明在其他方面的情况比较一般，说不上很好也说不上很差，就不必一一细论。

总的来讲，这套房的环境还算中等，可以供夫妻居住。

结果：搬进去住了不久，餐厅的整个天花板一起掉下，幸好当时无人在家，未造成伤亡事故，只是重新装修花了点钱而已。其他方面比较正常。

例 3：某先生因工作不顺，想请我通过调整办公室环境改善运气，问是否有效：

乙酉　癸未　丙午　甲午

水山蹇	**地山谦**	**六神**
子孙戊子水″	兄弟癸酉金″	青龙
父母戊戌土○	子孙癸亥水″世	玄武
兄弟戊申金″世	父母癸丑土″	白虎
兄弟丙申金′	兄弟丙申金′	螣蛇
官鬼丙午火″	官鬼丙午火″应	勾陈
父母丙辰土″应	父母丙辰土″	朱雀

看环境地理调整后的效果如何，应围绕世爻为核心进行分析。世爻申金有午火克，需要土来化解。卦中恰好有一个戊戌双体之土发动来生世爻申金，将火对世爻的克力化解于无形，这说明环境地理调理的效果将会非常不错。

既然卦象显示出会有不错的效果，于是就按环境地理学原理对办公室进行环境布局调理。后来的事实证明，自从其办公室经过环境布局调理后，他的工作一帆风顺，与以前确实是大不一样。他觉得环境地理学的作用真是让人难以想象。

例 4：湖北龚先生总感到自己的财运不好，他怀疑自己的住宅环境气场有问题，于是请我去给他勘测。有些环境气场问题，由于受客观条件的影响，调理后难以达到预期的效果。为了信息更加明确，于是令其先摇一卦求测继续住此套房不调整到底如何：

丙戌　辛卯　丙辰　壬辰

艮为山	**火山旅**	**六神**
官鬼丙寅木′世	父母己巳火′	青龙
妻财丙子水″	兄弟己未土″	玄武
兄弟丙戌火×	子孙己酉金′应	白虎
子孙丙申金′应	子孙丙申金′	螣蛇
父母丙午火″	父母丙午火″	勾陈
兄弟丙辰土″	兄弟丙辰土″世	朱雀

财爻子水衰弱旬空又遭太岁及日时之克，并且又入日时之墓，财爻有克无生助，弱极而从；若从世爻，当为吉象。在此卦中财到底从谁呢？卦中四爻戌土临太岁发动又得日时之助，加之初爻辰遇太岁冲而暗动，整个卦中土旺之极，财从兄弟与世爻无缘。土又与世爻构成木土交战，导致土重木折，世爻（房主）受伤克又与财无缘，如果继续居住下去不进行调整的话，肯定会不吉。

于是龚先生请我进行全面的调理，调理完毕后，我又让龚先生摇了一卦，求测请李顺祥调理后继续住此房如何：

丙戌　辛卯　丙辰　壬辰

山泽损	**六神**
官鬼丙寅木′应	青龙
妻财丙子水″	玄武
兄弟丙戌土″	白虎
兄弟丁丑土″世	螣蛇
官鬼丁卯木′	勾陈
父母丁巳火′	朱雀

与上一卦情形大不相同，财爻子水仍然弱极而从，所不同的是此卦不仅财爻从世爻而且财爻与世相合，求财轻松而易得。流年为戌土，世爻为丑土，流年和日辰帮扶世爻，又有戌土暗动帮扶世爻，初爻双体之火也能生世爻，世爻力量很强，这样财爻从了世爻是不用质疑的，必是发财的象征，并且身体健康，心情舒畅。世爻丑土虽然旬空，但因力量强旺不为真空，出旬后定可发挥作用。尤其是过了卯月后，世爻力量得火土月令生助，力量进一步加强，财爻从世爻就从得更好，财运也就会越来越好了。

后来反馈："进行环境气场调理后，不但财运特别好，其他也一切顺利。想不到传统环境地理学竟有如此神奇的作用。"

例 5：一家上市公司总裁的母亲去世十多年了。这位总裁请了很多地方（包括港、台在内）的地理师，选了很多地方，但都感到不满意，故一直未将其母安葬。近两年来，这位总裁经多方打听，找到我为他的多家集团公司及家庭住房进行了全面的勘测布局后，觉得有很大变化——事业兴旺，全家人身体健康。于是，他要求我为他的亡母选择一块宝地。经过大量的寻穴筛选工作，最后选定一处我认为对其全家人都有利的吉穴。这位总裁特别重视此事，所以还是有些不放心，要求为他测一卦看看，其母亲葬于所选之地后对自己、家人及子孙后代影响如何：

丁亥　壬子　丙戌　丙申

雷风恒	**地天泰**	**六神**
妻财庚戌土″应	官鬼癸酉金″应	青龙
官鬼庚申金″	父母癸亥水″	玄武
子孙庚午火○	妻财癸丑土″	白虎
官鬼辛酉金′世	妻财甲辰土′世	螣蛇
父母辛亥水′	兄弟甲寅木′	勾陈
妻财辛丑土×	父母甲子水′	朱雀

世爻虽弱，但世爻是双体之金，得五爻双体之金相帮，并且世爻又得卦中财爻动来相生。这表明对自己是很有利的。更为可贵的是：日辰为财星入卦来生世爻，此乃财运绵长之祥兆。

午火动，看似克世爻，其实午火月破又入日墓，以从论，不能克世爻，从则吉。子孙为财源，午火子孙从，表示财源茂盛，这意味着将会使自己财运亨通，并且源源不断。

其母的下葬日期选为丁亥年癸丑月庚申日己卯时；其穴立向是丑山未向，属旺山旺向格局。

下葬时，我告诉这位总裁：“我给你母亲选的是寅葬卯发的福地，你很快就会有大的收获。”

其母下葬后不到两个月，该总裁就拿到了几个原来认为怎么也无法拿到的大项目；他公司发行的股票想定向增发，出乎意料地便心想事成了。

事后，这位总裁多次打电话表示感谢。他说：“万万没想到阴宅环境气场对人的影响这么大，有这么神奇。”

例 6：求测买下该房请李顺祥老师进行环境布局调整后一家人居住吉凶：

庚辰　甲申　乙丑　癸未

风火家人　　六神

兄弟辛卯木′　玄武

子孙辛巳火′应　白虎

妻财辛未土″　螣蛇

父母己亥水′　勾陈

妻财己丑土″世　朱雀

兄弟己卯木′　青龙

测买房子考虑的是买到的房子住进后对自己及家人的吉凶如何，对自己的财运事业有什么影响，按照这个思路我们对这个卦进行详细分析。

1. 卦中财爻丑土持世得太岁、日辰、时支相帮，世财俱旺，说明此房对自己、妻子及财运均不错。朱雀临世生财主有文书之喜。世临华盖，外卦财爻未土临太极暗动助世，若搞九流艺术必得厚利，此为家财外财齐发之吉象。

2. 应爻子孙巳火休囚失令被众土所晦又被月建相合弱极而从，卦中财爻最旺，子孙从于财爻即子孙从于世爻，故而子孙吉利，财源广进之象。

3. 官鬼为名声为职位临月建而旺，泄世有力，但世爻得众土相帮力强为泄秀，且官鬼酉金不上卦伏于父母亥水之下生助父母爻，对世爻泄力不大，说明他工作顺利，名声远扬。父母爻虽势单力薄，但得月令申金生，伏神官鬼酉金生，也过得去。

综上所述，此房对他利大弊少，建议他尽快住进此房。此前他找了几派的地理先生看都说此房不吉，不能买，但听了我的这番判断，他还是买了此房。

反馈：他原来做生意所赚不多，仅能勉强维持，住进新宅后财运上了几个台阶，工作顺利，还得了很多荣誉证书。

例 7：某先生求测按某地理师所选墓穴在此安葬父亲对家人之吉凶：

戊寅　乙卯　戊午　丁巳

风火家人	**风山渐**	**六神**
兄弟辛卯木′	兄弟辛卯木′应	朱雀
子孙辛巳火′应	子孙辛巳火′	青龙
妻财辛未土″	妻财辛未土″	玄武
父母己亥水′	官鬼丙申金′世	白虎
妻财己丑土″世	子孙丙午火″	螣蛇
兄弟己卯木○	妻财丙辰土″	勾陈

此为测阴宅环境地理的卦例，要想知道安葬后对自己及家人的吉凶只要分析卦中各爻的生克关系，就清楚了。

此卦妻财丑土持世，遭太岁月建之克，又被初爻卯木临月建旺动来克，显然下葬后此坟对自己、妻子及财运不利，有克妻破财之事发生。幸有日辰午火，时支巳火生助，危而有救，不致有大凶之灾。卦中父母亥水从于木火，子孙爻兄弟爻俱旺，对家中其他亲人影响不大。但每逢木旺之年自己就有克妻破财之灾，逢火土旺之年就会财源广进。此为喜忧参半的阴宅。

我把测出的情况如实告诉了对方，他当时苦于难以找到比此处更好的墓穴，虽不够理想但还是下葬了。下葬后发生了如下之事：

1999 年他妻子因病住院动手术，这年冬天他破了大财。（这是初爻卯木临太岁旺动克世之故）

2000 年上半年每月收入近十万元，一年下来发财几十万。

例 8：广西翟先生请我去给他的新宅进行勘测布局，调理结束他还有些不放心，于是起卦求测搬进调理后的新房住好不好：

丙戌　戊戌　庚寅　辛巳

雷风恒　　　**六神**

妻财庚戌土″应　　螣蛇

官鬼庚申金″　　勾陈

子孙庚午火′　　朱雀

官鬼辛酉金′世　　青龙

父母辛亥水′　　玄武

妻财辛丑土″　　白虎

官鬼辛酉双体之金持世得年月之生，同时五君爻庚申双体之金暗动又扶助世爻辛酉金，此为能得上级信任和提拔的信息，因而仕途通顺。

财爻临年月旺而生世，身财两强，必然财运亨通。

可见，住进新房后将会升官发财，大吉大利。

实际情况：翟先生住进经过勘测布局的新房后，工作顺利，不但财旺，而且住进不久职位就得到了提升。

例 9：某人求测按李顺祥老师选的墓穴安葬父母吉凶如何：

庚辰　己丑　庚午　壬午

雷水解	**雷地豫**	**六神**
妻财庚戌土″	妻财庚戌土″	螣蛇
官鬼庚申金″应	官鬼庚申金″	勾陈
子孙庚午火′	子孙庚午火′应	朱雀
子孙戊午火″	兄弟乙卯木″	青龙
妻财戊辰土○世	子孙乙巳火″	玄武
兄弟戊寅木″	妻财辛未土″世	白虎

1. 此卦妻财辰土持世动化子孙巳火回头生，世爻又得太岁月建相助，日时相生，此坟下葬后自己、妻子、钱财、儿女均大吉。

2. 兄弟寅木势单力薄，卦中又无生扶，从于火土，从则吉，因此对兄弟姐妹也吉利。

3. 父母爻代表文书，学业，父母子水伏在初爻兄弟寅木之下，父母爻力量太弱也从于火土两行，因此，此坟对后代学业有利，能出大学生、出官员、出名人。

4. 官鬼申金居五爻得卦中旺土所生，官居外卦临驿马，又五爻为道路，后人若在外定有名望。

反馈：安葬修好此坟后，坟主的后代都生了俊男，产了秀女，在事业上一年一个新台阶，一切如意吉祥，其长孙在2010年也顺利地考上了军校。

附录一 成功的基础

——漫谈预测与策划之价值

“你成功的要素是什么？”

“努力奋斗。”

“你失败的主要原因是什么？”

“很难说清，归结为运气不好吧。”

“不对。你失败的主要原因之一，也是‘努力奋斗’，而且你越是努力，就越是惨败。”

他对我的这句话感到不解，疑惑地望着我。于是我便给他讲了一个例子：

张先生为了发财，在1998年初投资100多万做服装生意。为了进货，四处奔波，劳神费力，到年底却亏了10多万。他不甘心，第二年又转行与人联合搞房产生意。为了筹集一大笔底金，托尽人情，说尽好话，签订合同后又为业务上的事情不分白天黑夜地干，但不料生意难做，一年时间不到又亏掉近百万，几乎倾家荡产。他愁累交加，害了一场大病，好像老了 10 岁，可谓人苦财失。2001 年，他不再热衷于发财，调整心态，在家闲耍，悠然自在，养精蓄锐，身心皆获康复。这年虽未挣钱，但也未破财。

这就是越努力越失败，不介入不受损的例子。

当然，这并不是叫人不去奋斗。奋斗有两种结果，一是成功，一是失败。我们不妨把结果成功的奋斗称为良性奋斗，把结果失败的奋斗称为劣性奋斗。良性奋斗是以行为的理智性、计划的优良性、方案的可行性为基础的，所以，成功是必然的；而劣性奋斗则是计划疏漏，方案错误，心存侥幸而盲目蛮干，一开始便预伏危机，所以，失败是注定的。

那么，怎样才能避免劣性奋斗呢？这就离不开可靠的预测与策划。但怎样的预测与策划才可靠呢？

事实证实，运用常规分析虽能对很多事情的未来作出准确的推断，但并非万能。有些事，表面上看来可以做，按常规分析必胜，但结果却惨败；有些事，表面上看来不能做，按常规分析必败，但结果却大成。所以，常规分析有时会使人或者掉进美丽的陷阱，或者错失天大的良机。那么，怎样才能弥补常规分析法的缺憾呢？到目前为止，除了运用术数预测，恐怕还难以找到其他更为可靠的方法。术数预测中的八卦预测法和传统环境地理预测法具有惊人的准确度。借助这种预测方法，可以预知事情的结果，为决策提供极其重要的参考。

对比较重大的事情或项目事先进行预测，不但重要而且必要。预测显示不宜搞，就要坚决地及时刹车，避免无谓的人力、财力损失。

重庆王先生准备搞房地产开发，需投资几个亿，对经营的结果到底如何，他心里有些不踏实，于是请我给他预测：

辛巳　丁酉　壬辰　戊申

火天大有	**水天需**	**六神**
官鬼已巳火○应	子孙戊子水″	白虎
父母己未土×	父母戊戌土′	螣蛇

兄弟己酉金○　　兄弟戊申金″世　　勾陈
父母甲辰土′世　　父母甲辰土′　　朱雀
妻财甲寅木′　　妻财甲寅木′　　青龙
子孙甲子水′　　子孙甲子水′应　　玄武

父兄同动而子孙安静，兄旺财弱，无财可求。我建议他不要去搞，但他认为从政策方面的信息看应该很不错，而且对方在交易条件上作了很大让步，不可能赚不到钱。我告诉他：对方很可能在耍什么花招，你准备接手的地皮很可能早已变“空头支票”了（父母未土空且被月建入爻动而泻泄）。他不以为然，坚持要搞，并问我何时签订合同好：

辛巳　丁酉　壬辰　戊申

离为火　　火天大有　　六神
兄弟己巳火′世　　兄弟己巳火′应　　白虎
子孙己未土″　　子孙己未土″　　螣蛇
妻财己酉金′　　妻财己酉金′　　勾陈
官星己亥水′应　　子孙甲辰土′世　　朱雀
子孙己丑土×　　父母甲寅木′　　青龙
父母己卯木′　　官鬼甲子水′　　玄武

世应俱衰，应爻冲克世爻，两败俱伤；父母生世，合同能签成，但父母卯木月破，其生世有名无实，明示所签合同不会给他带来什么好处；子孙动而盗泄世爻之气去生财，财又生应。总的来看，签此合同对王先生（世爻）绝无利益。但他仍不相信，执意再摇一卦求测：

辛巳　丁酉　壬辰　戊申

山地剥　　水地比　　六神
妻财丙寅木○　　子孙戊子水″应　　白虎
子孙丙子水×世　　兄弟戊戌土′　　螣蛇
父母丙戌土″　　兄弟戊申金″　　勾陈
妻财乙卯木″　　妻财乙卯木″世　　朱雀
官鬼乙巳火″应　　官鬼乙巳火″　　青龙

父母乙未土〃　　父母乙未土〃　　玄武

世动生财，财动生应，为人作嫁之象；月建为官方，又为兄爻，伏于世下生世，表明正是受到官方消息的引诱和朋友的怂恿而跃跃欲试。

他怎么也不相信将是上述结果，仍然坚持己见去签订了合同。过了几天，他打电话告诉我，对方在签合同前就已将该土地作了抵押，所以根本无权动用该土地。所幸因为我的警告，他便也存了几分戒心，签合同时未按原来的口头协议交几千万定金，因此尚未造成大的损失。

对于本来就宜搞的事项，根据当前情况预测也有好处，因为通过周易预测，可以根据五行的宜忌因素进一步调整和完善行动方案，从而达到最佳的效果；而如果不进行周易预测，有些隐伏的因素就不能预先发现，就不能采取相应的措施预先防范那些不利因素，也不能及时利用那些尚未发现的有利因素。

可见，事先进行周易预测是百利而无一害的。

值得强调的是：预测固然重要，而策划更为重要。这里所说的策划，是指在预测结论的指导下从五行角度进行的策划，这种策划是对既定方案的进一步补充和完善，当然能收到更好的效果。

五行策划涉及的内容很多，如时间、场所（方位）、人选、行业、形状、颜色、手续、财务、交际、谈判等等，此外，对环境气场不好的阳宅（如办公室、居室、客厅、店铺、厂房等）及阴宅进行调整，也是一个十分重要的内容。这些策划与调整，将会迅速产生意想不到的良效。

有的公司在经营管理等诸方面都无问题，但就是效益不好甚至亏损，这很有可能是环境气场的问题。如果经过合理的环境气场调整，就会轻易而迅速地大大改观。

大连有位先生欲开酒店，于 2000 年春季求测，我告知他宜 3-6 月开业，过则不利。他后来来电告诉我，由于种种原因，他将开业时间拖至临近立冬之时。开业头几天，生意相当不错，但几天一过，业务就一直走下坡路。他要求再测一卦。我根据卦象推断：酒店坐东南向西北，店前应有电杆或电塔。他在电话中听到此断，认为我有特异功能，要我前去为其调整。由于不可能将门前的电塔移开，因此只有在店内调整，我将店内的收银台右移两米多，将大门也右移两米多，又对店主的卧室进行了调整。调整后迅速扭亏为盈，每月纯利数万元。

当然，如果问题不在环境气场，那么，调整环境气场就毫无价值，所以，必须首先要确定问题到底出在哪里。八卦预测可以很方便地找出答案，而不必实地勘测。

五行调整并非万能。有些事大势所趋，最终注定失败，用任何方法都无法挽回。像这种情况就不必调整，应建议其及时刹车，做好善后工作。调整后有无良效，也可用八卦测知。根据八卦显示的信息，有效则调，无效则不调。调后有效无效，预测师千万要测准，以免枉费心机而于事无补。

有些人走鸿运时，忘记了什么叫倒霉，不相信霉运将会降临到自己头上。他们请人预测，往往是企图能从预测师口中听到自己将更加“大红大紫”“大发特发”的信息。所以，一旦预测师测出其近期会逢厄运时，他们会不以为然，甚至有的还认为预测师在胡言乱语，危言耸听。之后，当预言被事实证明后，他们才从噩梦中惊醒，后悔莫及，痛定思痛，方信预测之先见。

1999 年，梁老板叫他的助手来我处代测四柱。我告知其 2000、2001 这两年运气很差，谨防破大财，并建议他进行全面的五行调整。他当时事业正旺，大概是对我的预测不相信，因此，测后一年多与我无联系。庚辰年己丑月，他突然来电说，自己亏了千多万，并因挪用巨款惹来麻烦，恐有官司临身，向我求教扭转之法。

我叫他先求测不进行五行调整会如何：

庚辰　己丑　丙申　甲午

山火贲	**山泽损**	**六神**
官鬼丙寅木′	官鬼丙寅木′应	青龙
妻财丙子水″	妻财丙子水″	玄武
兄弟丙戌土″应	兄弟丙戌土″	白虎
妻财己亥水○	兄弟丁丑土″世	螣蛇

兄弟己丑土× 官鬼丁卯木′ 勾陈

官鬼己卯木′世 父母丁巳火′ 朱雀

世爻衰而被耗气，又遭日辰之克，工作力不从心之象；官鬼持世临朱雀，口舌官非；财动欲生世但被三兄夹克，应爻为兄，财定被对方所获；虽世应卯戌合，但世衰应旺，世爻只有被应爻钳制（合住）的份。可见，若不调整不但与财无缘，而且在工作和精神上皆压力重重，这样下去只有越陷越深。

再测进行多方面调整后又如何：

庚辰 己丑 丙申 甲午

雷天大壮 **泽天夬** **六神**

兄弟庚戌土″ 兄弟丁未土″ 青龙

子孙庚申金× 子孙丁酉金′世 玄武

父母庚午火′世 妻财丁亥水′ 白武

兄弟甲辰土′ 兄弟甲辰土′ 螣蛇

官鬼甲寅木′ 官鬼甲寅木′应 勾陈

妻财甲子水′应 妻财甲子水′ 朱雀

子孙临日动而化进，求财有源；一交辛巳年，太岁助世，可得到实力人物或实权人物的支持。

综上所述，调整后可扭转败局。

到梁先生处实地勘测后，我发现他奶奶之墓环境气场欠佳，葬后会克属猴、羊、牛、虎的后代，而梁先生正是属牛。梁先生深感惊奇的是，他的伯父正是属猴的，是香港的一位老板，从他奶奶葬下后，伯父的财产全被败光。还说：“阴宅对后人的影响真大！”于是特地将此坟的环境气场作了调整。他的办公室、居室、厂房环境气场也有很多致命的缺陷，我也一一给予了调整。根据我的经验，全面的五行调整比局部调整虽然麻烦一些，但效果好得多。经过我的调整，梁先生真正是绝处逢生，整个公司很快恢复了元气并重新壮大，2001 年秋，便大见成效。

环境地理不仅对人的财运影响很大，对人的健康、工作、功名、学业、婚姻等等方面也有很大影响，通过调整，可以起到很好的改良作用。在我的运用实践中，这类实例是经常碰到。

预测——策划——实施，这是成功的三部曲。其中预测和策划是成功的基础，而预测又是策划的基础。所以，预测必须准确，这就要求预测师具备高超的预测水平，否则，预测失误，就会事与愿违，适得其反。特别是对某些重大事项，如果预测师不具备精湛的预测技术，没有十分的把握，就不要乱下结论，以免误了大事。须知，这时预测师的断语对则一字值千金，错则一字失千金。

题外话：

人们在作出一项重大决定之前，一般都要先行调查研究、论证推断，这便是预测。这种预测是从可视事实和可视现象入手的，我们称之为可视性预测。这种预测的工作量大，需要的时间较长，而且难以预知未来的一些意想不到的情况。而用周易方法预测，不但省时省力，而且可以洞悉未来可能发生的意外情况。可视性预测具有直观性，让人看得见，因而具有说服力，但同时也使人对其产生过分的依赖性和轻信。周易预测也是一种调查研究，论证推断的方法，它是从非直观的五行角度入手的。周易预测具有抽象性，由于看不见，不懂五行之人则对预测推论感到神秘玄奥，甚至觉得不可思议，因而半信半疑，甚至完全否认。

事实胜于雄辩。实践证明，可视性预测和周易预测都各有千秋，都不可否认。若兼而用之，各取所长，则必然相得益彰。

如果把五行策划法与大众化的常规策划法融为一体，那么，这样策划出的方案肯定比单纯只用其中一种方法所策划的方案优良得多。可惜的是，能认识到这一点的人实在是太少。

通过以上实例，我们可以看到：环境地理对人的作用是不可轻视的，同时，环境地理也是可以通过调理而达到趋吉避凶、趋利避害之目的和效果的。但如果对环境地理学缺乏了解和认识，缺乏正确的环境地理学观念，那么，也就不能驾驭环境地理使之为自己服务，并且对不良环境地理的危害也无法有效化解和消除。

附录二 以人为本 创造幸福人生

平时事务繁忙，没有时间把预测中的典型案例写出来与大家分享，以后我将尽量在百忙中抽时间写写学术案例，和大家一起共同探讨学习。

2015 年 8 月 6 日开完“国际易学联合会易学应用研究会”成立大会，应张总夫妇邀请去了南京。这次因张总除了要更换办公场地外，还要选择一栋别墅供其全家居住，需要到现场作实地勘测进行布局。

张总夫妇是我多年的客户，我曾先后为其全家作过终生全面预测，她的两个孩子的出生时间也是张总请我选的，两个小家伙聪明伶俐中透着贵气和灵气，非常惹人喜爱。张总在企业发展、项目投资、包括个人事务中犹豫不决、难以决断时，都要打电话向我咨询，每次我都要经过对卦象缜密分析后为其提供决策思路。张总属于智慧型的人，基本上每次都能够按照我对卦象判断的结论去执行。她这些年来一直发展得非常好，在经济如此萧条不景气的当下，企业还是能够稳步发展，实属不易。

精干而又纯朴的两夫妻，在电话里作了我多年的客户，这还是第一次见面。

到了张总办公室，她不失时机地试探性地问道：“李老师，我的办公室都是按我个人的喜好布置的，您看怎么样？”

我定好方位，看了办公室的内部摆放及外部环境，对张总说：“自从你搬到这里办公，第一，总体财运虽是向好的方向发展，但内心不安定，有时会出现犹豫不决、矛盾心性；第二，只能得远方贵人的帮助，业务也多在外地；第三，该得的钱而得不全。不仅财运不稳定，还有大的破耗；第四，容易被错误的信息引导，从而作出错误的决定，使自己处于被动局面......”

张总闻之愕然：“李老师，我在这办公的情景与您描述的一模一样，我公司的主要业务大都在外地，您快给我说说，这些您是怎么看出来的？”

我将办公室环境地理原理细致给其解析，哪个地方好，好在什么地方，哪个地方不好，缺陷是什么，有什么具体的吉凶表现，张总夫妇听得频频点头。

接着，张总还和我聊起了今年有次求测和别人合伙的一笔投资，她说当时我给她测得结果是不能投，有钱财被套、破耗的风险。但她自己分析起来觉得前景不错，并且对方承诺她三个月后随时可以把所投款项全部收回。因利益的驱使，把我的忠告抛在了脑后，还是把钱投了进去。结果，到现在钱都没拿回来，投入那么大，无疑损失不小，后悔极了。通过那次预测，张总对预测的科学性、前瞻性更加深信不疑。

张总夫妇都是易学爱好者，只是没有时间去深研，最初是读我的书找到我的。聊到易学发展前景，张总诚恳邀请我在南京开个分支机构，给我提供包括房子在内的诸多方便。走遍祖国大江南北，许多客户都提出过这样的建议，但因我太忙，分身无力，还是不要开分支机构的好，如果开了分支机构让其他人代替我去做，对客户的服务质量难以保证，自己也不放心，我谢绝了她的好意。不过，在这里我对有此好意的客户朋友表示衷心的感谢，感谢你们对我的信任！对易学发展的支持！

在南京的第二天上午我带着弟子为张总确定了新办公室，并为她规划好了财务室、副总办公室及各科室的办公位置，对每一间办公室的桌椅等物件的摆放都按照环境地理原理及结合命理信息进行了合理的布置，并在张总办公室给她布了催财局。

第二天下午，我们来到张总已交付购买定金的别墅，我从沙盘到整个小区的大环境再到单栋别墅的小环境都进行了认真勘测后，发现张总交定金900万的这套别墅不适合她全家居住，我有些着急了。不过，张总告诉我说开发商是她的朋友，协议上已注明房子可以调换。我们最后找到了两套在环境地理上最适合张总全家居住的别墅。从环境地理的角度是选好了，我们还要用六爻卦来检验，来发现未来我们现在看不见的变数。我让张总分别在两栋别墅里各摇了一卦，现在我就重点来讲讲用六爻卦预测房屋对所有居住者的影响。

下面是张总在两套房子中摇的六爻卦：

1. 第一套房子之卦：

乙未　甲申　丙辰　丙申

天火同人	**地火明夷**	**六神**
子孙壬戌土○应	妻财癸酉金″	青龙
妻财壬申金○	官鬼癸亥水″	玄武
兄弟壬午火○	子孙癸丑土″世	白虎
官鬼己亥水′世	官鬼己亥水′	螣蛇
子孙己丑土″	子孙己丑土″	勾陈
父母己卯木′	父母己卯木′应	朱雀

2. 第二套房子之卦：

乙未　甲申　丙辰　丙申

山雷颐	**火雷噬嗑**	**六神**
兄弟丙寅木′	子孙癸巳火′	青龙
父母丙子水″	妻财癸未土″世	玄武
妻财丙戌土× 世	官鬼癸酉金′	白虎
妻财庚辰土″	妻财庚辰土″	螣蛇
兄弟庚寅木″	兄弟庚寅木″应	勾陈
父母庚子水′应	父母庚子水′	朱雀

第一卦的分析：

我们先分析世爻亥水所处的状态，亥水长生于月建，得五爻申金生，又得变爻癸亥双体之水相帮，土金水依次相生，为子孙、妻财、世爻皆旺，表面上看似一派祥和。但仔细分析却不难发现，存在以下不足：

1. 五爻妻财申金虽生世爻但生中有害，又化癸亥水泄财之气。

2. 世爻亥水虽在月建为长生，但四值和卦爻中有五土之众，世爻又临螣蛇所克，只有在金旺之时方可通关，过之则有土众越金克水之弊。

3. 卦变游魂，有图谋不长远，不安、迁变之象。

4. 父母爻从于子孙，子孙转而克世，子孙代表思维，故导致思维打不开，容易误判国家政策、市场法则，并容易作出错误的决策。

第二卦的分析：

1. 戌土财爻持世，得太岁、日辰帮，外卦辰土临日辰入卦相帮，可谓身旺财旺。

2. 外卦辰土临日辰冲世爻戌土，本气相冲愈冲愈旺，为财找我之象，与财有缘，财运自然不错。

3. 官爻代表丈夫，官爻临月建而旺，世爻又动而化官，世官相生，为夫妻恩爱，同心创业之象。

4. 子孙爻主卦不现，伏于五爻之下，四值也无生助，子孙为从且从象较真，从则吉。从于财官也主子孙富贵双全。

5. 土爻为财，十二年一个循环中土的流年就占四年，加之巳午火流年又生土（财爻），土旺就占尽半数。所以土为财，财源广、利润厚，有利求财。

两者相比后者优于前者。

最后，通过综合分析，我为其选择了后者，观其吉宅，后靠有绵延的别墅作为靠山，明堂宽广有气，青龙、白虎配合得当，整栋别墅五行之气流通有情而吉祥。

张总夫妇听了我的分析，马上打电话将自己原来所定的房子更换为了我为其选定的房子。

一名合格的地理师除了有高超的技术、广博的社会知识外，还要有高度的责任感、仁爱心。传统环境地理学门派众多，人作为主体是环境地理研究的终极目标所在，适合房主的才是最好的环境地理。

本节习题：

1. 如果所购的房屋不能兼顾在该房居住的所有人，该怎么办？有什么方法可以调理而达到皆大欢喜的效果吗？

2. 购买住宅是否不需要看家人的四柱，只用八卦就能预测出该房对家人的吉凶？

3. 很多地理师给人选住宅都不看居住者的四柱，也不测卦，而完全按照房屋本身的环境去选择，请问这种方法可靠吗？如果地理师不懂命理也不懂八卦，能给人选择到合适的房屋环境地理吗？

第十节　考试成败

升学考试，这是千百万学生十分关心的大事。十年寒窗苦，谁不想在考场上一显身手，榜上题名？但是，考试就如射击，神枪手也有打偏的时候。有的考生平时成绩名列前茅，升学考试却名落孙山；有的考生平时成绩中上，升学考试却考得出人意料的高分。这些事看起来具有偶然性，不可捉摸，其实，这是可以提前预测的。根据八卦提示的信息，考生可以提前主动地采取一些有效的措施预防和避免不利因素的影响，使自己在考试中处于最佳竞技状态，最大限度地考出自己的真实水平。

考试包括的范围很广，比如升学考试、求职考试、职称考试、晋级考试等等。考试是一件非常重大的事情，因为某些考试的成败将决定参考者的前途和命运。为了参加这种关系重大的考试，他们会付出许多的时间、精力、钱财去学习。但现实是残酷的，并不是所有付出辛劳的人都会有同等的收获。

对于那些并未做多少准备、没有多少付出的考试者来说，考试落榜倒无所谓，但对于那些付出很多并且非常在乎考试却又落榜的人来说，落榜无疑是一种沉重的心理打击。

考试结果能否事先知道呢？答案是肯定的，方法就是通过八卦预测而预知。根据预测结果，当事人可以理智地选择是否全力以赴地投入到考试的准备中，最终使付出与收获有一个合理的结果。这样就可以避免一些无谓的付出和遗憾。所以，预测考试对当事人来说是很有实用价值的。

考试分不同的种类，不同的考试，其目的也不同。比如，高考是为了进高校读书，高校是录取与否的决定者，因而预测时必须把高校作为一个重要的因素纳入分析的对象；又比如，技术职称考试，这种考试仅仅是看应试者的技术水平如何，并不是选拔考生进入学校读书，所以就不需考虑学校这个因素；再比如，报考公务员，既不是要上学读书，也不是要职称晋级，而是要进入行政单位工作。

诸如此类，虽然考试目的各不相同，但预测的方法却基本是一样的，都是以世爻（考生）与父母爻为分析的主要依据进行推断。世爻代表考生（指考生亲自求测时，若是他人代测则按六亲关系取用），父母爻代表考分、学校、职称、单位、文凭等等。

考生本人求测的分析推断如下：

世爻代表考生本人。世爻宜旺相不宜衰弱，如果世爻弱就要弱极而从则有利。世爻旺相，表明考生自己自信心强，世爻衰弱则表示自己信心不足或者实力不够。

父母爻强旺持世而无动爻相克，升学、应聘、考职称等能顺利过关。

世爻得强旺的父母爻之生，高校、招聘单位乐意录取自己。

父母爻冲克世爻，学校对考生有排斥之意，不愿录取；但如果世爻与父母爻都强旺有力并且力量相当，就能形成对峙不战，高校或招聘单位因惜才而会录取自己。

世爻衰弱且又被旺相的动爻克，自己在考试中状态不好，会出现较大失误或者在录取过程中会遭遇较大的障碍。

世爻强旺而父母爻衰弱，考生虽有信心却难以进入名牌高校。

世衰父旺，填报志愿不量体裁衣，好高骛远而影响录取。

世爻生父，世旺父相，考生状态不错，可填报名校且易被录取。

父母爻衰弱、空破、化退，对录取不利。

世爻衰弱、化退、旬空，考生缺乏自信，临场发挥不好。

子孙爻旺相不遭克损，思维敏捷，临场发挥出色，考试成绩会超过平时成绩。

兄弟爻持世旺动，竞争激烈，世旺其他兄弟爻衰，竞争者不是我的对手；反之，我不是对方的对手。

卦中兄弟爻旺相动而克财爻，为考试会付出较多的费用。

财爻持世发动生官鬼，为了能够录取而会花钱与主管者搞好关系。

官鬼爻动而克世，招生方或招聘方的领导会有意排斥自己，因而难以被录取。

以上是指考生本人求测的断法，他人代测只需按相应的六亲关系取出用神爻（考生爻）即可，其他的分析推断方法基本相同。

例 1：云南省罗小姐平时成绩虽然不错，但还算不上佼佼者。她十分渴望考上大理重点高中，其父母的朋友母忻陇（是我的学员）问我有什么高招可助她一臂之力。我为罗小姐做了更名，还准备给她作一些五行调理，看是否能够帮助她达到目的，于是让她起卦一测：

戊子　丙辰　壬寅　丙午

风雷益	**山雷颐**	**六神**
兄弟辛卯木′应	兄弟丙寅木′	白虎
子孙辛巳火○	父母丙子水″	螣蛇
妻财辛未土″	妻财丙戌土″世	勾陈
妻财庚辰土″世	妻财庚辰土″	朱雀
兄弟庚寅木″	兄弟庚寅木″	青龙
父母庚子水′	父母庚子水′应	玄武

父母子水代表希望考取的学校，世爻代表考生本人。

虽世爻旬空但临月建旺地不为空，自身的竞争实力很强。五爻巳火有寅卯木和时柱丙午双体之火生扶，而子水入月墓衰弱，所以巳火不畏化出的子水之克。这样，子孙巳火就有力量去生世爻。子孙代表竞技状态和临场发挥的水平，所以临场发挥肯定会不错。这些有利因素就决定了自己能够考出高分。

父母子水不克世爻，反而入墓于世爻，就表示学校被自己的成绩完全折服，因而会毫无疑问地录取自己。

如果经过改名和其他五行调理，就会有上述效果。于是及时付诸实施。

反馈：高考超常发挥，考了 646 分，名列全县第七、全校第一。现已被大理州重点中学大理一中录取。按平时成绩根本考不了这么高的分。

为此她父母的朋友母忻陇还特地给我写来一封感谢信。现摘录如下：

尊敬的李老师：你好！

我朋友罗时忠的小孩通过李老师的改名和中考前的综合调整后，结果：考分是646分（实际总分710分），名列全县第七名，名列全校第一名，现已被大理州重点中学大理一中录取。更神奇的是这位考生平时成绩没有考过县级的其他同学！我代表她的父母感谢李老师！

学员：母忻陇 2008.07.24 于永平

五行调理的作用由此可见一斑。

例2：贵州曹女士的女儿问能否考上研究生：

甲申　丙寅　丙子　丙申

泽雷随	**泽火革**	**六神**
妻财丁未土″应	妻财丁未土″	青龙
官鬼丁酉金′	官鬼丁酉金′	玄武
父母丁亥水′	父母丁亥水′世	白虎
妻财庚辰土×世	父母己亥水′	螣蛇
兄弟庚寅木″	妻财己丑土″	勾陈
父母庚子水′	兄弟己卯木′应	朱雀

妻财持世发动化出父母爻，表示自己很想被学校录取。但世爻辰土被太岁泄月克日耗，力量衰弱，因而是心有余而力不足，虽然自己很想考好，但力不从心。子孙爻午火伏在四爻父母亥水之下受克，说明临场状态不佳，这是考不好的主要原因之一。

由于自己与父母爻相克却又克不了父母，学校不会录取自己，因而无法实现自己读研究生的梦想。

世爻衰弱无助，是此卦的症结所在。世爻衰弱，说明自己平时的学习成绩并不好，考试时缺乏竞争实力，也缺乏必胜的自信心。这种考试需要过硬的专业知识水平，自己既然在这方面缺乏实力，考试就难以出现奇迹。

结果：2004年考研落榜。

有人会问：既然此考生参考竞争的实力不够，她就不会有十足的信心去参加考试，但卦中世爻发动化出父母爻不正是代表她积极地参加考试并想考中吗，这是否与卦意有些不符合？

其实，这并不矛盾。世爻发动虽然代表考生积极参加考试，但她内心却并无取胜的把握。有不少考生都是怀着碰一碰运气的心理参加考试的，他们虽然并无考中的把握，但也不甘心放弃考试。

例 3：湖北何女士问考研能否成功：

癸未　癸亥　庚子　庚辰

雷火丰	**六神**
官鬼庚戌土″	螣蛇
父母庚申金″世	勾陈
妻财庚午火′	朱雀
兄弟己亥水′	青龙
官鬼己丑土″应	玄武
子孙己卯木′	白虎

父母持世，自己一门心思在想读研究生。世爻申金失令衰弱，自己考试竞争的实力不足；子孙卯木虽然旺相但耗世爻之气，临场发挥并不好。既然自己的竞争实力不强，发挥也不好，考研之事就不会如愿。

后来反馈：无功而返。

此卦父母持世，世爻又衰弱，其中还包含一种信息：此考生平时成绩不好，而且比较懒散，缺乏积极上进的动力，有些依赖父母的思想。

例 4：北京张女士的女儿求测能否考上北京工业大学：

戊子　丁巳　癸丑　己未

震为雷	**泽雷随**	**六神**
妻财庚戌土″世	妻财丁未土″应	白虎
官鬼庚申金×	官鬼丁酉金′	螣蛇
子孙庚午火′	父母丁亥水′	勾陈
妻财庚辰土″应	妻财庚辰土″世	朱雀
兄弟庚寅木″	兄弟庚寅木″	青龙

父母庚子水′　　父母庚子水′　　玄武

财爻持世虽遭太岁及五爻庚申双体之金耗泄，但得月日时之生扶，世爻力量很强。这说明考生本人很有自信心。

父母子水代表北京工业大学，父母子水不克世爻，那所学校最终还是会录取这位考生。

申金动化进泄世爻之气，世爻为妻财，就等于泄了世爻的财气。这就意味着为进入此高校需要花费一些钱。

结果：考分虽只达到录取线的边缘，但因有个考生入选后又选择了别的大学，所以乘机通过活动，其女儿终于被录取了。

例 5：浙江王先生求测能否考上法国某大学研究生：

壬午　戊申　丙辰　戊戌

雷山小过　　**火山旅**　　**六神**

父母庚戌土×　　官鬼己巳火′　　青龙

兄弟庚申金″　　父母己未土″　　玄武

官鬼庚午火′世　　兄弟己酉金′应　　白虎

兄弟丙申金′　　兄弟丙申金′　　螣蛇

官鬼丙午火″　　官鬼丙午火″　　勾陈

父母丙辰土″应　　父母丙辰土″世　　朱雀

官鬼午火持世，自己看重功名，考研究生的目的之一也在于此。世爻午火衰弱，子孙亥水伏于世爻之下克世爻，说明自己在考试时临场发挥将会很差，这就不可能考出好成绩。应爻代表法国某大学，世爻生应爻，表示自己很喜欢这所大学并且也很想考入这所大学读书。但是，世爻午火衰弱，自己是心有余而力不足，只有望洋兴叹了。上爻戌土发动收敛和束缚世爻，这就使得世爻的力量更加衰弱，最终世爻无力挣脱戌土墓库的束缚而无法去法国某大学读书。

此卦与世爻五行同类的丙午火及年支午火皆为世爻的竞争者。很明显，二爻丙午火及年支午火之力皆强于世爻，表明学校愿意录取比世爻更优者，也就是说学校向他人而背世爻，所以，竞争的结果，必然是自己失望而归，别人如愿以偿。

考后反馈：结果没考上。

例 6：河南王先生求测能否考上研究生：

丙戌　丁酉　庚子　辛巳

风天小畜	**风山渐**	**六神**
兄弟辛卯木′	兄弟辛卯木′应	螣蛇
子孙辛巳火′	子孙辛巳火′	勾陈
妻财辛未土″应	妻财辛未土″	朱雀
妻财甲辰土′	官鬼丙申金′世	青龙
兄弟甲寅木○	子孙丙午火″	玄武
父母甲子水○世	妻财丙辰土″	白虎

子水持世发动，得月生日助，力量强大，说明自己信心十足，这本来是很有利的因素，但不宜世爻动化辰土暗动回头克，加之卦中子孙爻衰弱又临空亡，也主自己临场考试时思维不够敏捷，考试中必然发挥不好，这就使有利变为不利。世爻子水父母代表考试成绩，化回头克则意味着考试成绩不好，达不到标准，因而自己考研究生的愿望必然落空。

后来反馈：考试成绩离录取线只差了一分，十分遗憾。

父母爻代表考分，此卦如果世爻子水不旺相，那么，在化辰土暗动回头克的情况下考试成绩就更差了，那就不是只差一分几分了。

例 7：重庆张先生决定报考研究生，问能否考上：

甲申　丙寅　丙子　癸巳

离为火	**天雷无妄**	**六神**
兄弟己巳火′世	子孙壬戌土′	青龙
子孙己未土×	妻财壬申金′	玄武
妻财己酉金′	兄弟壬午火′世	白虎
官鬼己亥水○应	子孙庚辰土″	螣蛇
子孙己丑土″	父母庚寅木″	勾陈
父母己卯木′	官鬼庚子水′应	朱雀

兄弟巳火持世，得月令之生处相地，其力量本来不算弱；但可惜被日辰子水和动爻亥水克伐，其力量就大打折扣；加之世爻又与四值构成三刑，力量再度减弱。结果，世爻就以弱论，这就意味着自己参加考试的竞争实力不足。卦中虽有子孙未土发动导师，但化申金对世爻构成泄耗交加，自己考试时临场发挥不好。

亥水官鬼居应爻，代表学校导师，官鬼冲克世爻，说明学校导师对我很不认可，不会同意录取我读研究生。这样，考研的事情当然就只有化为泡影了。

后来反馈：结果确实未能考上。

例 8：王女士求测考试能否成功：

乙酉　戊寅　己卯　庚午

泽山咸	**坎为水**	**六神**
父母丁未土″应	子孙戊子水″世	勾陈
兄弟丁酉金′	父母戊戌土′	朱雀
子孙丁亥水○	兄弟戊申金″	青龙
兄弟丙申金○世	官鬼戊午火″应	玄武
官鬼丙午火×	父母戊辰土′	白虎
父母丙辰土″	妻财戊寅木″	螣蛇

世爻申金旬空又月破，被午火动来相克，又动化午火回头克，由于世爻有流年酉金入卦及五爻酉金相帮，因此并不能构成弱极而从的状态，只是衰弱而已。弱而不从，并非好的状态。子孙亥水代表自己考试时的临场发挥情况，子孙亥水动被月令合化，虽动却无用，说明自己的临场发挥必然不好。

官鬼午火克世爻，官鬼与世爻同处于一个经卦，这个官鬼不是代表报考学校的领导，而是表示自己在考试中会遇到很大的困难，许多题都做不好。

应爻未土父母代表所报考的学校，未土被日月重克，同时又有初爻辰土相帮，所以弱而不从。这个未土本身虽为燥土，但卦中有亥子水去润湿，所以并不是真正的燥土，未土不燥本可生世爻申金，可惜未土被日月克住，无法生世，所以，自己所报考的学校就对自己毫无兴趣，这样当然也就不会被录取了。

此卦两个父母爻，内卦父母辰土代表自己的考分，衰弱被克，说明自己的考分将会很低。

后来反馈：未能考上。

例 9：江苏许总求测女儿高考如何：

壬辰　壬寅　甲寅　甲戌

风地观	**天地否**	**六神**
妻财辛卯木′	父母壬戌土′应	玄武
官鬼辛巳火′	兄弟壬申金′	白虎
父母辛未土×世	官鬼壬午火′	螣蛇
妻财乙卯木″	妻财乙卯木″世	勾陈
官鬼乙巳火″	官鬼乙巳火″	朱雀
父母乙未土″应	父母乙未土″	青龙

许总在 2010 年有缘与我结识，当时他女儿在上高二，学习成绩不好，平时最好的考分连上三本线都很难。于是许总请我作了全面的环境布局和五行调理。

2012 年 2 月的一天，许总焦急地打来电话，告诉我自从布局调理之后女儿的学习成绩逐渐有所改善，平时成绩已超过三本线了。但不知为什么目前学习状态又有些糟糕，想请我测一下他女儿到底高考结果如何。当时我用他打来电话时的时间加上许总的姓名总笔画数起得以上卦象。

我当即告诉许总说："恭喜你呀！你女儿这次高考会超常发挥，一定能考上理想的大学。公历 2 月 4 日至 4 月 4 日学习状况糟糕完全是正常的，过了 4 月 4 日，一定会有好的转机。"许总表示感谢后，如释重负地挂断了电话。

对此卦分析的思路如下：

1. 父母测女儿之事，应以子孙爻为用神代表其女儿。

2. 子孙子水伏藏在初爻未土之下既无亥子水相帮，又无申酉金之生，为弱极而从其旺势，从则吉，不会存在自身状态不佳能力不足的问题。

3. 卦中巳火安静，寅卯月木乘旺势，火不能完全通木土交战之关，就小有木土交战之弊，未土父母爻代表学习成绩，所以目前学习状态糟糕。

4. 当年高考之时，巳交午令，火旺引动主变卦之巳午火，完全通木土交战之关，状态必定好转，考试必然超常发挥。

5. 卦中父母未土代表学习成绩又代表被录取的大学，除寅卯月之外，全卦木火土依次相生，整体气势在父母未土，用神子水又从于父母爻，所以能考出高分，被理想的大学录取。

后来许总打电话激动地告诉我："李老师，我女儿竟然还考上了南京邮电大学！真是如您所测，过了清明后学习状态就逐渐好转了。真是太感谢您了！"

每每看到求测者达到了愿望，也是我最开心、最有成就感的时候。

例 10：重庆刘先生求测儿子能否考上较理想的大学：

壬辰　甲辰　己未　己巳

水雷屯	**水泽节**	**六神**
兄弟戊子水″	兄弟戊子水″	勾陈
官鬼戊戌土′应	官鬼戊戌土′	朱雀
父母戊申金″	父母戊申金″应	青龙
官鬼庚辰土″	官鬼丁丑土″	玄武
子孙庚寅木×世	子孙丁卯木′	白虎
兄弟庚子孙′	妻财丁巳火′世	螣蛇

刘先生打电话请我测一下他儿子今年高考如何，我当时就按接电话的时间加其儿子的姓名笔画数起得以上卦象。根据卦中显示的信息，我对刘先生说："你儿子今年高考跟不上平时的成绩，考试时不能正常发挥，你要有思想准备。"

对此卦分析的思路如下：

1. 按考生姓名笔画数起卦以世爻为考生本人，子孙爻持世，子孙也代表发挥状态，父母爻代表成绩、考题，也为学校，官鬼爻为考官。

2. 用神寅木在四值中被耗气过重，又遭五君爻戌土暗动且引动三爻辰土耗其气，用神若能从其旺势则当以吉论。但是世爻寅木虽处弱势，却发动化进，弱而不从。子孙弱而不从就表明考试时状态不好，发挥不佳。

3. 世爻发动克应爻官鬼戌土，官鬼代表考官，你和他相克，表示气场不和，会产生紧张气氛，考试时就不能正常发挥。

4. 父母爻申金冲克世爻，说明考题对自己来说比较难，让自己难以应对。既然成绩不好，达不到理想的分数线，理想的学校就不会录取你。

后来刘先生给我打来电话黯然地说："李老师，我儿子只上了三本的分数线，老师说他平时成绩很好，怎么都能轻松地考上二本，说他这次高考确实太紧张，发挥失常。"

例 11：一考生求测今年高考能否如愿：

甲戌　庚午　丙子　己亥

风地观	**山地剥**	**六神**
妻财辛卯木′	妻财丙寅木′	青龙
官鬼辛巳火○	子孙丙子水″世	玄武
父母辛未土″世	父母丙戌土″	白虎
妻财乙卯木″	妻财乙卯木″	螣蛇
官鬼乙巳火″	官鬼乙巳火″应	勾陈
父母乙未土″应	父母乙未土″	朱雀

父母持世得太岁助又得月建之生，巳火动而相生，过分强旺，有火旺土燥之弊，幸日辰子水克火润土，巳火动又化子水回头克，乃为除弊救偏之玄机所在。

父母持世过旺而有制，考试成绩必佳，但考试在未月，燥土克水，水润土之力减，应人为地调节：在考场上宜穿黑衣白裤白鞋，届时在饮料上多喝清凉饮料，并随身携带解暑药物，考试时用较大的铝盅盛满矿泉水置于自己座位的书桌上，盅不能加盖子，感到心里闷热就喝几口，但离开考场前不能喝干，戴表宜戴金属机械表，不宜戴电子表，钢笔宜选白色，用碳素（黑）墨水。

此考生半信半疑，但为了考出好成绩，他还是积极准备。考试第一天上午，其他都照上述所做，唯独服装颜色选了上红下黄，结果答卷一个小时后，突然心里感到特别闷热，头脑发昏，当即服了解暑药，也不见效，所以后面的题答得不好。他觉得上黑下白的服装有点不伦不类，怕人笑话，便未照办，考试初战遭挫，心里开始着急，头脑更是昏沉沉的。回到寝室，他立即换上上黑下白的服装，顿感一股凉爽之气沁入心脾，顿觉心旷神怡。下午参加考试，思路格外敏捷，直到考试结束回家，他还有点舍不得换装。

一个月后，高考成绩公布，他在本校考生中获得了第一名，但他平时成绩不过居班上第五至七名之间，同学们既羡慕又惊异。后来他顺利地进入了自己填报的大学。

例 12：一易学爱好者求测到某公司学预测怎样：

辛巳　辛卯　乙未　丙戌

雷地豫	**雷山小过**	**六神**
妻财庚戌土″	妻财庚戌土″	玄武
官鬼庚申金″	官鬼庚申金″	白虎
子孙庚午火′应	子孙庚午火′世	螣蛇
兄弟乙卯木×	官鬼丙申金′	勾陈
子孙乙巳火″	子孙丙午火″	朱雀
妻财乙未土″世	妻财丙辰土″应	青龙

1. 卦中财爻未土持世临华盖得太岁生日时助而旺，说明此人求学决心大，信心足，且与易学有缘。

2. 应爻代表公司负责人，应爻午火带太极得太岁扶助月建旺生，又得卦中兄弟爻临月建动而生之，说明该公司负责人预测技术水平高，名气大，应爻合世爻本主吉象。

3. 不宜间爻兄弟发动克世，在求学过程中有不顺之事，幸兄弟卯木入墓日辰，被两子孙爻夹泄转而生世，且兄动又化申金回头暗合，对世爻克力减弱，故此人在该公司学预测虽有波折，但最终可成。卯月之后为辰月，土当令而旺，过了清明再来，此事必成。

4. 另兄动克世，说明自己在求学过程中卯月有破耗，也说明其他学员有与他不和之象，但问题均不大。

实际该易学爱好者事前没有与该公司联系，由于住宿等方面的原因，初到公司时公司负责人没有答应收留他。由于他决心很大不愿走，因而在外住旅店花了些钱。清明过后他再次来到该公司要求参加学习，公司负责人见他求学心切就收留了他。起初先来的学员与他不和，但经公司负责人调解后，一切顺利，并受到公司负责人的关照。

例 13：求测能否考上重庆商学院：

庚辰　壬午　庚子　甲申

风山渐	天风姤	六神
官鬼辛卯木′应	兄弟壬戌土′	螣蛇
父母辛巳火′	子孙壬申金′	勾陈
兄弟辛未土×	父母壬午火′应	朱雀
子孙丙申金′世	子孙辛酉金′	青龙
父母丙午火×	妻财辛亥水′	玄武
兄弟丙辰土″	兄弟辛丑土″世	白虎

1. 看世爻：卦中子孙申金持世安静力量不强，世临时支得太岁生，又有动爻未土紧贴生之，世爻看似不弱，但卦中父母午火临月建动克世爻，日辰子水泄世，四爻未土看似生世，但未土本为燥土，发动化午火回头合更增其燥性，使得未土与火无异，世爻受到夹击，身弱不利考试。

2. 看父爻：父母为成绩为文书，父母午火临月建但动化亥水回头克又被初爻辰土所晦（湿土晦火），力量不强，原指望月令相助，但月令午火左有辰土晦右被日辰冲，上有壬水盖头，时支又生子水加大冲午火之力，虽申子辰水局不能成化，但午火也是双拳难敌四手，当令不强，对卦中父母午火有助之心而无助之力。外卦父母巳火居五君爻，得天地之正位看似气度不凡，但巳火被午火化出之亥水临日辰冲克，故而力量不强。父母爻较弱，故考试成绩不好，难以上线。

3. 官鬼爻代表名气，官爻卯木失令，被太岁耗，被月令旺泄，又被时支申金所克，加之未土兄动又耗其气，考试在未月，官爻既入月墓又入动墓，未月众兄克财，财不生官，土众埋木，故而官爻太弱名气不显。

经过对世爻、父母爻、官鬼爻的分析，显然三者皆弱，分数不会上线，因此断他考不上重庆商学院。

反馈：分数不够没考上。

例 14：求测能否考上成都气象学院：

庚辰　壬午　庚子　甲申

天火同人	**泽火革**	**六神**
子孙壬戌土○应	子孙丁未土″	螣蛇
妻财壬申金′	妻财丁酉金′	勾陈
兄弟壬午火′	官鬼丁亥水′世	朱雀
官鬼己亥水′世	官鬼己亥水′	青龙
子孙己丑土″	子孙己丑土″	玄武
父母己卯木′	父母己卯木′应	白虎

1. 此卦官鬼亥水持世，除考虑世爻与父母爻关系外，还要考虑财爻的旺衰，因财虽克父，但也生世，财爻为喜为忌，全在于世与财的旺衰强弱。

2. 卦中官鬼亥水持世得日辰子水助，五爻财星申金临时辰生世，但水在午月失令，力量不强，太岁辰土既克世又是世爻亥水之墓，应爻戌土也动而克世，丑土也贴身相克，四爻午火临月建，被日辰冲之为暗动与世爻亥水暗合，耗世爻之气，故世爻偏弱。官旺则为官主名气，官弱则为鬼有忧虑。此卦官弱，名气不显，考学不利。

3. 初爻父母卯木为成绩，卯木在辰年午月申时为耗泄克，仅得日支子水相生，从以上的分析中我们知道水失令力弱，自身难保，哪有力量生卯木，因而父母爻偏弱，分数难以上线。

4. 上爻子孙动化未土，考试在未月，未当令得权，构成辰戌丑未土方局，重土埋金，财生不了世爻官星，世受旺土之克力量较弱，父母爻在未月一方面入墓，另一方面也是土重木折，官爻、父爻、世爻同时受损，因而断他考不上成都气象学院。

反馈：没上线。

例 15：求测能否考上贵州财经学院：

庚辰　壬午　庚子　甲申

水山蹇	**六神**
子孙戊子水″	螣蛇
父母戊戌土′	勾陈
兄弟戊申金″世	朱雀
兄弟丙申金′	青龙
官鬼丙午火″	玄武
父母丙辰土″应	白虎

1. 此卦兄弟申金持世，金在午月处受克之地又被日支子水泄本不吉，幸好三爻申金紧贴相帮，时支申金相助，世爻由弱转为中和，更妙父母爻戌土居五君爻被太岁冲，暗动生世。戌土又冲动应爻辰土同来生之。太岁及五君爻生世必有平步青云之喜。

2. 二爻官鬼午火临月建，日冲暗动克世本不吉，但有父母爻旺动化官生世，官鬼反而起了锦上添花的作用。看来这才是真正的“父爻旺相，其文掷地金声，鬼位兴隆，家报泥金捷喜。”

综上所述，断其能考上贵州财经学院。

反馈：果然考上。

例 16：某女士求测考试能拿到毕业证否：

己卯　癸酉　癸亥　丁巳

地山谦	**地风升**	**六神**
兄弟癸酉金″	兄弟癸酉金″	白虎
子孙癸亥水″世	子孙癸亥水″	螣蛇
父母癸丑土″	父母癸丑土″世	勾陈
兄弟丙申金′	兄弟辛酉金′	朱雀
官鬼丙午火×应	子孙辛亥水′	青龙
父母丙辰土″	父母辛丑土″应	玄武

1. 测考试能否拿到毕业证（文凭）主要由世爻与官爻、父爻的关系确

定，现子孙亥水持世得月生日助，说明世爻有一定能力，并下决心拿到文凭。

2. 父母爻为文凭，遭太岁克，月日泄耗，只得时支巳火和应爻官鬼午火动而生。官爻午火得太岁生时支助，虽月耗日克也不弱，独不宜动而化回头克，使得官爻自身难保，生父母爻的力量微弱，父母爻太弱，因而拿不到文凭。

3. 世爻被日辰引动，应爻明动，应临官鬼又为配偶宫，世应暗合当有恋爱之象，应爻动化亥水与之暗合，化出之亥水与世爻同性，当主男友移情别恋，自己受到打击而学业无成。

据反馈：该女士在学习期间与班上一男生谈恋爱，后因男友背叛了自己而与另一女孩好上了。自己受到打击不再学习，因而未拿到文凭。

例 17：某女士求测到某处学习前景如何：

庚辰　己丑　甲戌　壬申

风地观	**风火家人**	**六神**
妻财辛卯木′	妻财辛卯木′	玄武
官鬼辛巳火′	官鬼辛巳火′应	白虎
父母辛未土″世	父母辛未土″	螣蛇
妻财乙卯木×	子孙己亥水′	勾陈
官鬼乙巳火″	父母己丑土″世	朱雀
父母乙未土×应	妻财己卯木′	青龙

1. 主卦风地观有观看等待的意思，说明她要对学校进行考察。

2. 父母未土持世与年月日组成土方局，世爻旺相又暗动，应爻明动世应比和本利于学业。但不宜三爻妻财卯木发动化亥水回头生助与世应相战不利学业，亥卯未合木局又得初爻未土化卯木助三合木局之力，又有上爻卯木助势，土木相战愈演愈烈，此为阻碍学习的力量，故断其学业难成。

3. 应爻父母为学校为老师虽力量强大但动化回头克，又被三合木局克，若招了此人必将给应爻带来麻烦。

实际情况：她在入学前对学校进行了考察，学校在她入学时也对她的品质言行进行了了解，认为她不合条件没有收她。

例 18：求测能否考上重庆师范学院：

庚辰　壬午　庚子　甲申

天山遁	泽山咸	六神
父母壬戌土○	父母丁未土″应	螣蛇
兄弟壬申金′应	兄弟丁酉金′	勾陈
官鬼壬午火′	子孙丁亥水′	朱雀
兄弟丙申金′	兄弟丙申金′世	青龙
官鬼丙午火″世	官鬼丙午火″	玄武
父母丙辰土″	父母丙辰土″	白虎

1. 此卦官鬼午火持世，应该考虑世爻、父母爻、财爻的关系，因财生官爻对世有益，但财爻不能太旺，若太旺了则会越过官爻克父母反而不吉。

2. 官鬼午火与日辰相冲为暗动，又持世临月建，还有四爻午火暗动助世，世爻看起来似乎吉利。但四爻午火暗动入动墓，使午火帮世力量减弱；月令午火也似乎不得民心，上下志不同，左右情不协，周围全是克泄耗，午火月令成了孤家寡人，自身难保，对世爻午火有助之心无助之力；且世爻又入动爻戌土之墓，又被初爻父母辰土紧贴而晦，力量明显偏弱。世弱喜财生，可惜财不上卦，虽伏在世爻午火之下暗生世爻，但不上卦者毕竟力弱，且寅木仅得日支子水生，在午月遭泄，被太岁耗，被时支申金冲克，这样一来，寅木哪还有心思去生世爻午火呢？再加上考试在未月，寅木又入墓更生不了世。故世官两弱对考学不利。

3. 父母爻为成绩，临太岁两显卦中，又得月建生助，父爻旺象。《黄金策·求名》一节中有论“父爻旺相，其文掷地金声。”那么他的成绩是否好呢？卦中父母戌土动而泄世，戌土为世之墓此为世爻受困于成绩之意，初爻父母辰土（湿土）晦火有力，也泄世之气，世爻弱喜生扶，现父母爻反而旺泄世爻，这样的父母爻虽旺于我何益呢？显然这里父母爻虽旺而不能说“其文掷地金声。”

4. 卦名为遁，遁者逃也，显然是考试失败而逃。因此断他考不上重庆师范学院。

反馈：分数不够，没考上。

例 19：求测能否考上陕西经贸学院：

庚辰　壬午　庚子　甲申

风水涣	泽水困	六神
父母辛卯木○	子孙丁未土″	螣蛇
兄弟辛巳火′世	妻财丁酉金′	勾陈
子孙辛未土×	官鬼丁亥水′应	朱雀
兄弟戊午火″	兄弟戊午火″	青龙
子孙戊辰土′应	子孙戊辰土′	玄武
父母戊寅木″	父母戊寅木″世	白虎

1. 此卦兄弟巳火持世，主要考虑世爻与父母爻的关系，因官鬼克世一般以官鬼为忌，官不宜动克世爻，不过此卦父母寅、卯木明暗动可通关生世，因而官爻亦不为忌。

2. 兄弟巳火持世得月令午火扶助，得父母寅卯木动生，巳午未会火局，似为一派祥和之象。但仔细分析却不尽然：世爻巳火似得月令午火相助，但月令午火被壬水盖头，被日支子水以时支申金为后盾冲克，又被辰土太岁旺泄其气，因此月支午火虽当令而不强，助世不力。卦中三爻午火临日冲暗动本可助世，惜其被二爻辰土晦，四爻未土泄，助不了世爻。世爻巳火旬空又被时支申金合绊住，巳火受伤，巳、午之火自身力弱，巳午未火局难成，未土动反泄世爻之气，父母寅卯木明暗动本可生一下世爻，可惜卯木动而化墓，寅木又入动爻未土之墓，世爻生扶全失，世爻弱不利考学。

3. 父母爻虽两显卦中并发动，但一方面入墓而无力，另一方面它们仅得日支子水相生，在年、月、时支都为耗泄克，力量较弱，为考试分数不够之象。考试在未月，墓爻当令对父母爻更是雪上加霜，如此成绩怎能升学？

4. 卦中父母爻动生世，本喜官来生父母，可惜官爻亥水伏在兄弟午火之下与兄弟暗合，亥水又墓于太岁，加之卦中未土旺动，官鬼亥水根本无出头之日。名气不显之象。

5. 世应龙蛇混杂，应临湿土晦之，卦由涣变困，高考心力涣散，为高考所困之象。世爻旬空更是不吉。

综上所述，考不上陕西经贸学院。

反馈：没考上。

例 20：广西柳州翟先生之女求测明年能否考上美国前 60 名的大学：

辛卯　庚子　庚申　丁亥

泽火革	**天火同人**	**六神**
官鬼丁未土×	官鬼壬戌土′应	螣蛇
父母丁酉金′	父母壬申金′	勾陈
兄弟丁亥水′世	妻财壬午火′	朱雀
兄弟己亥水′	兄弟己亥水′世	青龙
官鬼己丑土″	官鬼己丑土″	玄武
子孙己卯木′应	子孙己卯木′	白虎

1. 每个名牌大学的名额是有限的，所以考生之间的竞争难免会非常激烈。但这种竞争跟官员晋升的竞争不同，官员之间是多人争同一个职位，而学校则是可以收纳许多学生的。因此，这种卦的断法就和晋升卦不一样。能否被学校录取，主要取决于父母爻与世爻的关系及力量强弱，而不是世爻与同类五行较劲定胜负。

2. 此卦世爻亥水得月建之助和日辰之生，力量很强旺，说明自己很自信，也很有竞争实力。

3. 上爻未土虽然发动，但因自身衰弱，无法克制强旺的世爻，构不成障碍。

4. 父母代表学校，由于与世爻同处一经卦，也可代表母亲。父母酉金得日辰之助，被流年冲为暗动。父母暗动生世，说明自己的学习能得到母亲的有益帮助，同时也说明学校乐于录取自己。

5. 此卦几无不利因素，因而必能顺利自己心仪的名校。

实际情况：母亲是高级知识分子，对自己的成长和学习帮助很大。自己此次考试成绩很不错，在给学校投递个人资料时，把自己写的一本书（内容是关于自己在美国读书的经历）附上，最终得到学校青睐，考入美国前40名的大学，超出了预期，读上了该校最好的也是自己最喜欢的专业。

例21：北京孙先生考研之后问考研结果将会如何：

辛卯　辛丑　辛卯　丙申

风水涣	**天水讼**	**六神**
父母辛卯木′	子孙壬戌土′	螣蛇
兄弟辛巳火′世	妻财壬申金′	勾陈
子孙辛未土×	兄弟壬午火′世	朱雀
兄弟戊午火″	兄弟戊午火″	青龙
子孙戊辰土′应	子孙戊辰土′	玄武
父母戊寅木″	父母戊寅木″应	白虎

1. 他所问的事情就是能否被录取。这应以父母爻为用神，父母代表学校。

2. 考研有名额限制，也存在竞争，三爻午火就是竞争对手之一。初爻寅木未发动，并且午火旬空，所以寅木生午火的作用不大；卯木临年日入卦紧贴生世，世爻比三爻力量强，所以这种竞争世爻还是胜者。

3. 流年和日辰皆为卯木父母，父母用神生世爻，说明必能被录取。

4. 世爻本身力量不是特别强，被未土动泄世爻之气，故美中不足。

结果：考上了研究生，但不是自己最想读的第一专业。

例22：求测能否考上重庆通信学院：

庚辰　壬午　庚子　甲申

水雷屯	**山雷颐**	**六神**
兄弟戊子水×	子孙丙寅木′	螣蛇
官鬼戊戌土○应	兄弟丙子水″	勾陈
父母戊申金″	官鬼丙戌土″世	朱雀
官鬼庚辰土″	官鬼庚辰土″	青龙
子孙庚寅木″世	子孙庚寅木″	玄武

兄弟庚子水′　　兄弟庚子水′应　白虎

1. 此卦子孙寅木持世，世爻与父母、官鬼均是相克关系，三者之间具有不可调和的矛盾，像这种子孙持世的卦，只有当三者都旺力量基本均衡又不发生争战时才有利于考学。

2. 世爻寅木在午月处衰弱之地，太岁辰土耗其气，又被时支申金冲克，仅得日支子水相生，看似卦中上爻子水发动生世，又化寅木助世本为吉象。遗憾的是官鬼戌土旺动得太岁助、月建生，冲动三爻官鬼辰土，众土动既克兄弟子水又耗世爻寅木之气。初爻子水临月冲又入辰墓也生不了世爻，故世爻偏弱，难抗官父之耗克，对考学十分不利。

3. 父母申金为成绩临时支，得旺土动而生，不畏火克，况且月令午火自身难保也无力克卦中父母爻，父母爻转旺克世有力，对世爻不利。因此卦中虽官父两旺，但对世爻无情，反为伤身之恶煞，因此断他考不上重庆通信学院。

反馈：没能考上。

例 23：求测高考能否考上大学：

庚辰　壬午　己未　甲戌

山泽损　　**地天泰**　　**六神**

官鬼丙寅木○应　子孙癸酉金″应　勾陈

妻财丙子水″　妻财癸亥水″　朱雀

兄弟丙戌土″　兄弟癸丑土″　青龙

兄弟丁丑土×世　兄弟甲辰土′世　玄武

官鬼丁卯木′　官鬼甲寅木′　白虎

父母丁巳火′　妻财甲子水′　螣蛇

1. 此卦兄弟丑土持世得太岁、日辰、时支旺助，月令午火相生，世爻又发动化进（因丑化辰，辰临太岁，故为化进），卦中辰戌丑未土成方局，世爻旺相，其势可顺不可逆。

2. 初爻父母巳火得月令午火相帮与日支构成巳午未三会火局，卦中丙丁火既众且旺，化神有力，巳午未火局成化。卦中世爻与父母爻构成火土两气成象，父世两旺对考学十分有利。

3. 卦中官鬼两现，上爻官鬼寅木动而克世似乎逆格局气势不吉，但火旺，兄弟戌土暗动，寅午戌三合火局成化，二爻官鬼卯木与戌土合也化火，官鬼爻不但不克世反而生父母爻，父母爻再生世爻，木火土生化有情，官鬼助旺火土两气成象的格局，一派祥和之象。

4. 泰卦有小往大来之象，泰为变卦为事之终，说明考学结果必然理想。

综上所述，我断其能考上重点大学。

反馈：考上了名牌大学。

例 24：山西晋城原先生之子求测今年能否读上晋城一中：

辛卯　丁酉　丁亥　乙巳

风火家人	**山火贲**	**六神**
兄弟辛卯木′	兄弟丙寅木′	青龙
子孙辛巳火○应	父母丙子水″	玄武
妻财辛未土″	妻财丙戌土″应	白虎
父母己亥水′	父母己亥水′	螣蛇
妻财己丑土″世	妻财己丑土″	勾陈
兄弟己卯木′	兄弟己卯木′世	朱雀

1. 三爻父母亥水为学校为用神。用神临日辰又得月建生，力量很强，说明自己想读的那个学校很不错。

2. 世爻丑土克父母亥水，表示需要自己用足够的实力才能进得去。五爻巳火不旺又被日辰冲克，所以虽动却难以生世爻。世爻在月令不旺，被流年所克，又缺乏有力之生，眼下实力不足，无法进入该校。

3. 如果一心想进入该校读书，只有等到世爻力量增强之时才会有希望。明年壬辰，太岁助世爻，力量加强，而用神亥水力量减弱，此时，世爻就具备了与用神亥水接近的实力，因此，世爻就可凭实力进入该校读书。

结果：辛卯年未能进入该校，壬辰年终于达到目的。

像这种卦，世爻的实力代表的是一种综合实力，比如成绩、社会关系、家里经济实力等等，即使是花钱进去读，也算是综合实力的一种类型，成绩不够格就需要更多的钱或者社会关系。

例 25：高考结束后，一考生求测能否被高校录取？有无贵人相帮？

丙子　乙未　甲子　辛未

风天小畜	**巽为风**	**六神**
兄弟辛卯木′	兄弟辛卯木′世	玄武
子孙辛巳火′	子孙辛巳火′	白虎
妻财辛未土″应	妻财辛未土″	塍蛇
妻财甲辰土′	官鬼辛酉金′应	勾陈
兄弟甲寅木′	父母辛亥水′	朱雀
父母甲子水○世	妻财辛丑土″	青龙

断：考试成绩低于录取线，无贵人相助，升学无望，不必耗费心思和钱财。

解析：父母持世临太岁和日辰，本利考试，但不宜月建克世，世动又化回头克，主卦官鬼原神不现，临考时必定发挥不好，父母处劣势又无生助，考分必低，录取时也不可能有贵人相帮。

后记：此考生因考分未上录取线，便四处活动，答应帮忙的人也不少，但结果劳而无功，白白浪费几千元，连委培都没读上。

例 26：路小姐是一名士兵求测问今年能否考上军校：

辛卯　辛卯　丙子　乙未

水山蹇	**泽山咸**	**六神**
子孙戊子水″	父母丁未土″应	青龙
父母戊戌土′	兄弟丁酉金′	玄武
兄弟戊申金×世	子孙丁亥水′	白虎
兄弟戊申金′	兄弟丙申金′世	塍蛇
官鬼戊午火″	官鬼丙午火″	勾陈
父母戊辰土″应	父母丙辰土″	朱雀

1. 世爻申金失令衰弱，但有白虎临世相助、五爻戌土紧邻和时辰未

土之生，所以又不能构成从势。太弱而不从，不是好现象。

2. 世爻动化出亥水泄气且相害，此为自己造成的不利因素。子孙代表思维、智力，化出子孙泄世之气，说明自己思维有些问题，这对考试无疑会有不利影响。

3. 世爻弱又旬空，自身竞争实力不足。三爻申金为竞争者，本身也衰弱，但有螣蛇驾临相生，且安静不动，不像世爻那样被化出之爻泄气。因此，世爻不如三爻的竞争实力强，再加上前述自身的弱点，竞争中会处下风。

4. 父母代表学校，五爻父母本是生世爻的，但世爻太弱，难得其生，加之年月合住戌土，所以更不能生世爻。

5. 综上分析，无法考上军校。

结果：考试落榜。

例 27：郑先生求测考研能成否：

庚寅　己丑　辛酉　己亥

风泽中孚	**六神**
官鬼辛卯木′	螣蛇
父母辛巳火′	勾陈
兄弟辛未土″世	朱雀
兄弟丁丑土″	青龙
官鬼丁卯木′	玄武
父母丁巳火′应	白虎

1. 三爻和月建丑土为竞争者。

2. 三爻旬空安静且被青龙克制，力量弱于世爻。

3. 月建被太岁克有日辰泄气，在四值中没有生助，力量大大削弱，而世爻被月建冲旺且有朱雀之生，所以月建丑土反而不如世爻力量强。

4. 卯木官星入墓于世爻，其情向我。

5. 五爻父母巳火代表学校，得流年生，被时辰冲而动来生世爻，用神之情向我，表示被学校录取。

以上各种有利因素皆指向世爻，故考研必中。

结果：考研顺利通过。

此卦虽然也存在竞争，但与晋升类的卦又有区别，晋升卦是多人竞争一职位，考研多人竞争若干个名额，因此，考试类的卦，决定因素不是竞争爻，而是世爻本身。只要世爻占据有利因素，用神向我，就有考上的希望。如果竞争爻比我强，说明会有多人同时考上。如果竞争爻力量既比我强，而用神又向他，世爻过分衰弱，那么，就无法考上。可见，考试类的卦和晋升类的卦的断法，既有相同之处，又有一些区别。

例 28：吕公子想读军校，单凭成绩没有绝对把握，但自觉综合素质很不错，因而也有竞争资格，所以他想知道，通过种种努力，最终能否读上军校：

庚寅　壬午　丙午　戊戌

山泽损	**火雷噬嗑**	**六神**
官鬼丙寅木′应	父母己巳火′	青龙
妻财丙子水″	兄弟己未土″世	玄武
兄弟丙戌土×	子孙己酉金′	白虎
兄弟丁丑土″世	兄弟庚辰土″	螣蛇
官鬼丁卯木○	官鬼庚寅木″应	勾陈
父母丁巳火′	妻财庚子水′	朱雀

1. 四爻和时上戌土为竞争者。

2. 戌为燥土本就比丑土力量强，现又发动，力量更强，说明竞争者实力强于我。但四值构成寅午戌三合火局，还多出一个日辰的午火，而五爻子水不得四值之生助，此月破为真破，不能对戌土起到调候作用。因此，四爻戌土有过分炎燥之病。

3. 世爻丑为湿土，自身有调候之功，现得日月及纳干之生，还有螣蛇之助，不但力量强，而且不至炎燥。

4. 卯木虽动，但与动爻戌土相合，加之旬空，所以它对世爻构不成真正的障碍，只是小有波折而已。

5. 时辰之戌土有火多土焦之弊，起不到土的作用，所以与世爻构不成竞争。

上述因素皆对世爻有利，所以定能读上军校。

结果：军校的录取不是单凭文考成绩，需要综合考核。他的文考成绩不算顶尖，但也不是很差，而其他方面却相当不错，因而和几个待定的考生有一拼。结果，校方觉得他的成绩在待定名额中虽然不是最好的，但他的综合素质最好，所以筛选中虽有波折，最终还是被录取。

此卦之所以按竞争类的卦断，是因为求测者已告知，自己平时的学习成绩不是特别优秀，即使上线也不会超过多少，因而只有凭其他方面的优势去竞争。这就是一个综合实力的竞争，所以就按竞争卦断。

从以上升学类卦例可以看到，虽然都是考试，但各自的情况有所不同，因此，预测分析时，最好能够弄清考生的实际情况，这样才能使分析更加合情合理，预测结论也才会更加准确。

本节习题：

1. 第 784 页例 13，官鬼卯木弱而不从，是不是因为受日辰生的缘故？

2. 第 787 页例 17，世应比和，应该为相帮之象，为什么应爻父母（学校）不收她入学？

3. 预测升学，如果用神父母被起卦时的月建克却临日辰并且生世爻，而考试时间在用神旺相的月份，升学会有希望吗？如果考试时间在用神父母衰弱之月呢？

第十一节　吉凶祸福

常言道："天有不测风云，人有旦夕祸福。"人在一生中多多少少都会遇上一些意外的喜事、凶事或祸事。喜事突然临门当然令人惊喜，事前不知道并无所谓；但凶事或祸事一旦突然降临到自己的头上，就会感到措手不及，一时难于应对，严重时会造成重大的经济损失或者人身伤害，甚至危及生命。

凶事、祸事一直被人们视为难以预知的意外灾祸。不知道它是属于什么类型的灾祸，不知道是否会降临到自己头上，也不知道它何时何地会降临到自己头上，只有等事情发生后，才去仓促应对。

对于凶事或祸事，若能事先预知，就可以提前采取相应的措施，以减免其危害的程度，甚至化凶为吉。

有些事情，表面上看起来将会对自己很不利，具有很大的威胁性和危害性，但其实却是杞人忧天，是自己的错觉或者错误判断，以致于为这种事把自己搞得长期惶恐不安，影响工作和生活，甚至还会为了消除“隐患”而付出财力物力，造成无谓的损失。

可见，对于那些人们特别在意的事情，如果事先不知其吉凶，不知其是否会发生，就会长期是一块心病或隐患。只有预知其吉凶，才会知道如何正确应对，才能预防或消除这种隐患或心病。

那么，是否有什么方法可以预知呢？

答案是肯定的。这种方法就是运用六爻预测技术进行信息预测。

六爻预测吉凶，如果是本人求测，就以世爻代表求测者本人。预测时以世爻为核心，根据卦中相关卦爻与世爻的生克情况推断吉凶。

一、以下情形为吉利信息

世爻旺相，不遭它爻重克。

动爻克世爻，但世爻强旺，动爻衰弱，动爻无力克害世爻。

动爻克世爻，但有其他动爻通关，最终使世爻不遭克损。

世爻化有力之回头生。

动爻克世爻，但这个动爻被另一个力量更强的动爻克制住或被日月克制住。

世爻旺相化进，不遭克伐。

克世爻的动爻被合化为生世爻之物。

世爻得日月生助，其他爻克不了世爻。

克世爻的动爻旬空、化空、化破、化退、化墓，意味着不利因素会被逐渐消除。

世爻弱极而从。

二、以下情形为不吉信息

世爻衰弱被旺相的动爻克伐而无解救。

世爻衰弱又化退、化破、化墓。

世爻衰弱化回头克而无解救。

世爻被日月重克。

世爻临日破或月破。

世爻被旺相的本爻伏神所克。

世爻衰弱不从而又入墓于日月。

世爻衰弱而被刑、害、冲。

三、吉凶信息类别

青龙持世而克世爻，因酒色生灾。

朱雀持世而克世爻，因言语惹祸。

勾陈持世而克世爻，因田地、房屋之事而忧。

螣蛇持世而克世爻，受恐惧之事或梦魇惊吓而使精神受到伤害。

白虎持世而克世爻，惹是生非而招祸。

玄武持世而克世爻，行为不端致祸。

官鬼动来克世爻，有官司、牢狱、伤病之灾。

父母动来克世爻，遭长辈斥责或受规章制度责罚。

兄弟动来克世爻，钱财有损或身体遭遇伤病。

子孙动来克世爻，降职剥官。

财爻动来克世爻，名誉有损。

官鬼动来生世爻，得领导信任或提拔，或因与官场人打交道而获益。

父母动来生世爻，得长辈庇护或帮助，或有名誉之喜。

兄弟动来生世爻，兄弟朋友相聚或相帮。

子孙动来生世爻，生财有道，财运亨通。

财爻动来生世爻，别人有求于我而给我钱财或者经营项目获利。

以上断语是根据卦理推导出来的，并不是每个卦都需要用上这些断语，不必死记硬背，只要懂得其中道理，自己可以推导更多的断语。其实，预测过程就是一个推导并得出断语的过程。因此，最重要的是要学会推导的方法。

以上是求测者自己求测时的分析推断方法，如果是代人求测，则根据代测者与被测者的六亲关系取出用神，然后根据用神在卦中所受生克的情况判断吉凶，方法和原理与世爻为用神时基本一样，就不赘述。

例 1：澳大利亚杨先生感到腿脚痛很严重，担心会有什么严重后果，于是电话求测吉凶到底如何：

乙酉　癸未　己酉　甲戌

雷水解	**六神**
妻财庚戌土″	勾陈
官鬼庚申金″应	朱雀
子孙庚午火′	青龙
子孙戊午火″	玄武
妻财戊辰土′世	白虎
兄弟戊寅木″	螣蛇

世爻辰土持世，得月令未土之助，力量不弱。卦中克世爻的只有初爻兄弟寅木，但寅木旬空、日克，又入墓于月令，根本无力去克世爻。不宜辰酉合，太岁和日辰泄世爻之气，但幸有子孙午火生世爻，世爻力量强大，不会被酉金官鬼合化，所以不会发生重大病变。从年月日时和整个卦象来看，没有什么因素能够对世爻构成较大威胁，所以，世爻不会受到伤害。相反，由于世爻力量强旺，能够完全抵御病痛，迅速康复。

后来反馈：腿脚痛很快就好了，平安无事。

例 2：山西太原刘先生对母亲身体状况一直放心不下，特地求测母亲身体吉凶：

丙戌 乙未 乙巳 丁亥

泽火革	**离为火**	**六神**
官鬼丁未土×	妻财己巳火′世	玄武
父母丁酉金○	官鬼己未土″	白虎
兄弟丁亥水′世	父母己酉金′	螣蛇
兄弟己亥水′	兄弟己亥水′应	勾陈
官鬼己丑土″	官鬼己丑土″	朱雀
子孙己卯木′应	子孙己卯木′	青龙

测母亲吉凶，以父母爻为用神。

虽然生用神酉金的燥土居于坎宫又有卦中两亥水及时辰亥水润之可生用神，但不宜酉金弱而不受生，不受生本为不吉，幸好酉金在整个卦中及四值无申酉金之帮，无帮即为从，从则吉。这样，父母酉金在日月对其不利的情况下便有了救应，所以，母亲必定平安无事。

后来得知，果如所测，母亲一直平安。

此卦属于代测的类型，代测母亲，父母爻就是分析的核心，世爻就不再是分析的核心了。

在预测吉凶尤其是预测健康状况时，有人把官鬼一概看成是疾病，把它当成忌神，其实是错误的观点。至于测疾病是否以官鬼爻为忌神，我在本章第五节中已作了详细的讲解，有兴趣的读者可回头去看一看。此卦对这种错误观点就是一个很有力的反驳：正是因为用神从官鬼使官鬼反为用神之喜神，母亲才能安康，否则就不是那么一回事了，这说明此时的官鬼不但不是忌神，反而还是喜神。是喜是忌，取决于对用神是生是克而不是取决于六亲本身的名称。所以，六爻预测贵在精通卦理和事理，贵在灵活运用，不可生搬硬套，望文生义，否则就会犯下很低级的错误。

例 3：广西韦先生打球受重伤，我欲知其吉凶如何，以其姓名加时间起卦预测：

壬午　壬子　庚申　乙酉

雷山小过	地山谦	六神
父母庚戌土″	兄弟癸酉金″	螣蛇
兄弟庚申金″	子孙癸亥水″世	勾陈
官鬼庚午火○世	父母癸丑土″	朱雀
兄弟丙申金′	兄弟丙申金′	青龙
官鬼丙午火″	官鬼丙午火″应	玄武
父母丙辰土″应	父母丙辰土″	白虎

以事发时间加当事人姓名起的卦，在推断时要以世爻代表当事人，就和其自己亲自求测一样。

世爻官鬼午火就代表韦先生本人。月令子水冲克世爻为月破，无木相生，这种月破是真破；世爻午火发动化丑土为化空、相害又泄气，情况更加不妙。这些都是大凶因素，它们凑在一起，实在是雪上加霜，凶上加凶，回天乏术了。

结果医治无效，于戊辰日不幸去世。

有人对此卦可能会感到不解：世爻不是从了吗？怎么还会有灭顶之灾？

的确，世爻午火如果真是弱极而从则以吉论，但不宜二爻丙午双体之火及年支午火相帮，于是就不从，衰弱不从又遭重克而无救应，因而劫数难逃。

例4：英国华人舒先生求测其父亲身体吉凶：

丙戌　戊戌　辛卯　丙申

天火同人	六神
子孙壬戌土′应	螣蛇
妻财壬申金′	勾陈
兄弟壬午火′	朱雀
官鬼己亥水′世	青龙
子孙己丑土″	玄武

父母己卯木′　　　白虎

父母卯木为用神。卯木临日辰又得三爻亥水临青龙生助，力量不弱。妻财申金克父母为忌神，申金忌神在戌月有余气，本来是有力量去克父母卯木的，但申金与父母卯木远隔，又安静未动，使不上多大的力；加之二爻丑土为申金之墓库被月令刑动，对申金有收敛作用，而且日辰卯木又把申金暗合住，申金克父母卯木的力量就大大减弱了。这样，临日辰的父母爻本身就有气，又不遭其他因素的严重克损，因此必然安然无恙。

结果平安无事。

此卦四爻午火与忌神申金紧邻，如果能把申金克制住，忌神申金即使没有上述制约因素，也不能克伐用神父母爻。但午火旬空，不能发挥作用，在那里只不过是一个摆设而已。因此，卦中对忌神申金起制约作用的并不是午火，而是前述的那些五行因素。

例 5：重庆刘先生求测其哥哥肺病吉凶：

癸未　丁巳　辛丑　戊戌

火雷噬嗑	**火天大有**	**六神**
子孙己巳火′	子孙己巳火′应	螣蛇
妻财己未土″世	妻财己未土″	勾陈
官鬼己酉金′	官鬼己酉金′	朱雀
妻财庚辰土×	妻财甲辰土′世	青龙
兄弟庚寅木×应	兄弟甲寅木′	玄武
父母庚子水′	父母甲子水′	白虎

测哥哥的吉凶以兄弟爻为用神。

兄弟寅木在巳月处衰地，年月日时对寅木皆无生助，而且还被月令相害，又入墓于太岁及暗动之五爻未土，在“天时”上非常不利。

卦中子水虽与寅木紧邻，但因其安静衰弱入墓于动爻又被四值旺土克制，根本就不能生寅木。这样，寅木就处于内外交困的境地。

世爻庚寅木发动化出甲寅木，辰土发动化出辰土，这就构成伏吟，在用神衰弱无助的情况下，伏吟则代表痛苦呻吟之意，表示患者病重，有卧床呻吟之象。

由于用神动化甲寅双体木帮身，使之不从，身弱遭众多泄耗，必然导致千疮百孔，病情的剧烈变化必然会朝着凶险的方向进行——走向生命的尽头。肺病属于慢性病，由来已久之病，久病逢冲则死，应期很近。

后来反馈：其兄弟患肺癌，医治无效，不久死亡。

例6：四川内江王女士求测母亲离家出走后吉凶如何：

癸未　乙丑　辛卯　丙申

山泽损	山水蒙	六神
官鬼丙寅木′应	官鬼丙寅木′	螣蛇
妻财丙子水″	妻财丙子水″	勾陈
兄弟丙戌土″	兄弟丙戌土″世	朱雀
兄弟丁丑土″世	父母戊午火″	青龙
官鬼丁卯木′	兄弟戊辰土′	玄武
父母丁巳火○	官鬼戊寅木″应	白虎

初爻父母巳火为用神。

用神巳火在丑月衰弱，入墓于四爻戌土，临白虎发动又化出寅木构成三刑又相害，加之用神又被当令之旺土狂泄其气，同时，年月与三爻、四爻三刑，刑开戌土火墓收敛巳火，此乃大凶之兆。用神巳火居于卦中最低的爻位又被寅卯木官鬼包围，此乃入棺之象。据此断其有灭顶之灾。

结果：2004年2月14日发现其母已被人杀害。

这里有一个问题，也是此卦的关键，就是用神巳火有寅卯木相生，为什么却会有大凶之灾？

我们知道，相生需要满足三个条件：一是具备相生关系；二是主生方有足够的力量；三是受生方具有的力量能够接纳生气。第一个条件不用说是满足的；卯木临日辰，木又不被月克，所以寅卯木的力量不弱，具有生克之力，能够正常发挥生克的作用，所以，第二个条件也是满足的；巳火在丑月衰弱，入墓于四爻戌土（年月及四爻相刑而动），同时又被湿土所晦，自身力量太小，而木本身不弱，加之数量又多，与孤单的丁巳火相比就构成木多火窒，所以，木对用神起的反而是负作用，尤其是寅巳相刑又相害，更是致命一击。正是由于这些不利的原因，我们才能将包围丁巳火的官鬼寅卯木看成是棺材。如果寅卯木对巳火能够起到生的作用，那么，官鬼寅卯就不是棺材而是护身符了。可能有人还会问，巳火既然孤单，就应该成从象，也应当主吉呀，这个问题问到点子上了，此卦玄机就在于此，主要是因父母爻双体之火，双体之火怎能从得了呢？从不了就肯定有大凶。

由此可见，像这种卦，若不细心分析，就会出现方向性误判。

例 7：吉林方先生被人家找他麻烦，但他为了事业又不想离开，于是求测不离开此地会怎样：

乙酉　甲申　壬午　乙巳

雷泽归妹	**火天大有**	**六神**
父母庚戌土×应	官鬼己巳火′应	白虎
兄弟庚申金″	父母己未土″	螣蛇
官鬼庚午火′	兄弟己酉金′	勾陈
父母丁丑土×世	父母甲辰土′世	朱雀
妻财丁卯木′	妻财甲寅木′	青龙
官鬼丁巳火′	子孙甲子水′	玄武

世爻为自己，应爻为对方。世应丑戌相刑，双方的确存在矛盾。世爻丑土发动化出辰土，力量减小为化退，表示自己因畏惧而有退却之意；应爻戌土发动化巳火回头生，对方有人撑腰，不会惧怕我方。因此，在心理上对方占据了绝对的优势。

那么，对方是否一定会对我方有不利的举动呢？是否会加害于我方呢？

世应相刑，矛盾是没有消除的；世应比和，双方都有点互不相让。虽然世爻力量比应爻稍微弱一些，但由于世爻也有日时之生，所以也有人为之撑腰，因而并不是非常害怕对方。世应都失令，并不旺相，所以双方都不具有很强大的实力，都是依靠巳午火之生才有点力量，所以双方都掀不起什么大浪，都不能把对方彻底制服。在这种情况下，双方都会权衡利弊，既然不能制服对方，当然还是相互井水不犯河水的好。

综合以上分析可以下结论：留在此地平安无事，只是自己实力比对方稍弱，不可再去招惹对方。

后来的结果证明，确实平安无事。

例 8：天津李先生问练气功对自己身体影响如何：

乙酉　丁亥　庚戌　丁亥

火地晋	**兑为泽**	**六神**
官鬼己巳火○	父母丁未土″世	螣蛇
父母己未土×	兄弟丁酉金′	勾陈
兄弟己酉金′世	子孙丁亥水′	朱雀
妻财乙卯木″	父母丁丑土″应	青龙
官鬼乙巳火×	妻财丁卯木′	玄武
父母乙未土×应	官鬼丁巳火′	白虎

世爻酉金失令，日辰与世爻生中有害，所以世爻力量不强，幸好太岁入爻帮世爻。亥月需火调候，所幸巳火发动暖土，未土得暖则可生世爻酉金。世爻衰弱得生，是为救应，这个救应就是父母未土。练气功的目的在于强身健体，也就是对身体起保护作用，这个功能正好由父母未土来完成了。既然父母未土能够生世爻，也就意味着练气功能够达到健康的目的。

实际情况：他经过一段时间的修练，健身效果很好。

例 9：重庆彭先生求测承建某立交大桥财运如何，是否会出事故：

丙戌　庚子　己卯　己巳

天地否	**火地晋**	**六神**
父母壬戌土′应	官鬼己巳火′	勾陈
兄弟壬申金○	父母己未土″	朱雀
官鬼壬午火′	兄弟己酉金′世	青龙
妻财乙卯木″世	妻财乙卯木″	玄武
官鬼乙巳火″	官鬼乙巳火″	白虎
父母乙未土″	父母乙未土″应	螣蛇

财爻持世，自己承建大桥的目的意在求财。财爻临日辰又得月令相生，

说明财运不错。但不宜月令对世爻生中有刑，更不利的是，兄弟申金发动克财，会有一些预算外的花费；再者，世爻被巳、午两个官鬼爻夹泄，说明与此项目有关的当权者也会从中分一杯羹。所以，虽然能挣些钱，但花费不少，所以最终所剩的利润并不是当初预算的那么多。

那么，中途是否会出事故呢？这可是承建工程中最忌讳的事。白虎临官鬼，这是事故的标志。如果官鬼有力并发动，那么事故就很难避免。卦中官鬼巳被月令克住，并且又安静不动，所以不会产生实质性的危害，这就意味着不会发生重大事故。

结果：与分析完全一样。

例 10：唐先生运气一直不好，想请我给他调理，但他心里又有些不踏实，他想知道请我调理后吉凶情况会如何变化，于是摇得以下卦象：

丙戌　戊戌　甲申　癸酉

风山渐	**山火贲**	**六神**
官鬼辛卯木′应	官鬼丙寅木′	玄武
父母辛巳火○	妻财丙子水″	白虎
兄弟辛未土″	兄弟丙戌火″应	螣蛇
子孙丙申金′世	妻财己亥水′	勾陈
父母丙午火″	兄弟己丑土″	朱雀
兄弟丙辰土×	官鬼己卯木′世	青龙

测自己的吉凶，仍然是以世爻代表自己。子孙申金在戌月有余气，又得日时申酉金扶助，力量并不弱。卦中巳火父母发动克世爻，说明房屋环境气场等方面有些问题，此为不利因素，但幸有初爻辰土旺动通关，由于辰土比巳火旺，其力量大于巳火，因而足以通关。这样，巳火对世爻之克就被完全化解，并且构成巳火生辰土、辰土生世爻的相生链，这种相生链的作用使得巳火不但不克世爻，反而去生辰土，使辰土力量加强而最终使得辰土生世爻的力量更大。这就是明显的化凶为吉之象征，说明调理后的效果非常好。

结果：调理后至今（2013 年癸巳）平安、吉祥，事业顺利。

有人可能会问：世爻上有未土、下有午火围住，未土为燥土不但不生金，反而还有克性，午火又克金，世爻何以安宁呢？午未对世爻确实是不利因素，但妙在午未都旬空，形同虚设，并不能发挥原本的作用，所以并无妨碍。

例 11：程女士怀孕近三个月了，去医院检查，医生说小孩已经没有生命了。于是就来求测到重庆市妇幼保健院做流产手术后果如何：

丁亥　癸卯　己酉　甲戌

火泽睽　　　　六神

父母己巳火′　　勾陈

兄弟己未土″　　朱雀

子孙己酉金′世　青龙

兄弟丁丑土″　　玄武

官鬼丁卯木′　　白虎

父母丁巳火′应　螣蛇

子孙持世，自己目前有孕在身。世爻酉金临月破，表示有破身之灾，这与流产手术正好相符。流产的破身之灾是无法避免的，关键是看之后有无救应，有则平安无事，反之则会对身体造成大的伤害。世爻酉金临日辰，此为救应，而且这个救应是很有力量的，所以流产手术肯定不会出现问题。

结果手术非常成功。

例 12：刘先生接到恐吓电话，心中不安，问到底会有何影响？

丙戌　戊戌　壬申　乙巳

雷泽归妹　　　六神

父母庚戌土″应　白虎

兄弟庚申金″　　螣蛇

官鬼庚午火′　　勾陈

父母丁丑土″世　朱雀

妻财丁卯木′　　青龙

官鬼丁巳火′　　玄武

世爻为自己，应爻为对方。世应丑戌相刑，彼此确有矛盾。白虎临应爻父母，正是对方以电话或言语进行威胁的明显标志。不过，应爻虽然临月建，但旬空，有力使不出，而世爻被月建刑旺，力量不弱，较之旬空的应爻，更胜一筹，所以自己不必惧怕对方。朱雀生世爻父母，自己会以更管用的语言制服对方。对方既然没有什么优势，最终自然会妥协。

结果：对方不但没有给求测者造成什么危害，反而还派人来结成了业务合作伙伴。

本节习题：

1. 预测吉凶，如果结果显示为凶，如实告诉求测者，反而会让其有心理负担，对这种情况，预测师该怎样给求测者说才妥当呢？又怎样给其化解呢？

2. 看吉凶信息的类别，是以六亲还是以六神的信息为主？

第十二节　天气变化

一年四季气温的高低，随季节的变化而变化，春暖、秋凉，冬寒、夏暑，年复一年，总是遵循此常规，这是人所共知的。

但天气的阴晴风雨等状况却是日日有异，夜夜不同，叫人难以捉摸。就是科学高度发展的今天，气象预报也不能达到令人满意的准确度，难怪人们感叹："天有不测风云！"

然而，八卦却有仰观天文、俯察地理之能，可给人们以准确的气象预报，较之用现代科学仪器预测天气，既省时、省力、省物、省资，又方便，快速，只要卦技过硬，其预测的准确率比前者更高。

八卦预测天气，其起卦方法可用摇卦法或象数起卦法。象数起卦法中尤以时间起卦法较常用。

由于区域的不同，同一时间内的天气状况也有所差异，因此这种起卦法有时需要加入一个变量数据，这个数据可以是地名笔画数，也可以是起卦时意念中的某个数。起卦方法不必拘执于哪一种，但亦须遵循一个原则——心动则占，以第一意念所选择的起卦法为准。

纳甲法预测天气，以六亲取用。父母主雨，子孙、妻财主晴，兄弟主风云，官鬼主雷电雾气。

《黄金策》对占测天气论述较详，读者在研读时须抓住一个要领：天气的晴雨风雷云雾是以六亲的力量大小决定的。比如父母爻力量最大则主雨，子孙爻力量最大则主晴。兄弟爻旺动而力大主大风，动而力小主小风。在分析卦象时，要紧紧抓住月建、日辰、动爻与用神的生克关系及生克合力的大小，要看到六亲的实际力量，不要一见动爻就简单地认为该动爻即为天气的预示，比如父母爻动，若力量大不被克制定会下雨，倘若父母爻本身失令衰弱，虽动但化有力之回头克，或被日月或被它爻动克，则更加衰弱，这种情况一般是不会下雨的；而若父母即使不动，但临日月旺相又得它爻生助，也为有雨之兆。所以，读者必须紧紧扣住五行力量实际强弱这根弦，占断才不致走向误区。

说穿了，哪一种六亲的力量占主导地位，那么，这类六亲代表的天气类别也就占主导地位，晴雨风雷便由此可决。

例 1：测何日下雨：

乙亥　乙酉　丙子　癸巳

山水蒙	**地泽临**	**六神**
父母丙寅木○	妻财癸酉金″	青龙
官鬼丙子水″	官鬼癸亥水″应	玄武
子孙丙戌土″世	子孙癸丑土″	白虎
兄弟戊午火″	子孙丁丑土″	螣蛇
子孙戊辰土′	父母丁卯木′世	勾陈
父母戊寅木×应	兄弟丁巳火′	朱雀

测雨以父母爻为用神。父母寅木在卦中两现皆动，为下雨之兆，但寅木失令，虽得日辰之生，却被月建之克，在卦发动，一化回头克，一化泄气，所以用神之力在丙子日并不足以导致下雨，力量不足，须待日辰之助益则可

由弱变强，至第三天戊寅日，用神临日辰，果然天下大雨。

此卦上爻用神化回头克，但酉金毕竟旬空，所以虽临月建也一时（旬内）难施其力，阻挡不了雨的降临，初爻用神化兄弟泄气，乃是雨天风云之兆，故该日风雨交加。

断此日下雨的另一关键之处是用神有日辰子水这个强旺之原神作后盾。

如果酉月申、酉日占得此卦，至寅日是很难下雨的，即使能下，也不过打几个雨点而已。

例 2：一九九七年十月三十日，陈园提议大家预测翌日开业（此指“广东邵伟华信息咨询服务有限公司”之开业）之时（巳时）的天气状况，我据开业时间起得“水雷屯”变“水泽节”卦：

丁丑　辛亥　丙子　癸巳

水雷屯	**水泽节**	**六神**
兄弟戊子水″	兄弟戊子水″	青龙
官鬼戊戌土′应	官鬼戊戌土′	玄武
父母戊申金″	父母戊申金″应	白虎
官鬼庚辰土″	官鬼丁丑土″	螣蛇
子孙庚寅木×世	子孙丁卯木′	勾陈
兄弟庚子水′	妻财丁巳火′世	朱雀

子孙寅木动而化进，又得月日之生，强旺有力，子孙主晴，在卦中发动，已显兆机；而父母申金乂旬空安静，衰弱无力，不可能下雨。故断开业之时广州天气晴朗。

第二天，果然碧空暖阳，无丝毫雨兆。

此卦兄弟爻临日月，可谓强旺，似乎应主大风，但实际上，全卦子孙独动，泄泻兄弟之气，加之兄弟安静，故只有微风而已。

最后需要指出的是：预测天气需针对季节的不同而作出合理的判断，比如官鬼旺动主雷电，并非四季都如此，冬天一般无雷。如此之类，全在灵活运用。

古代用纳甲法占测天气，有以爻之五行来占断的。即金、水动主雨，火动主晴，木动主风，土动主阴，这一点明显地有误，《黄金策》已予以纠正。占天气以六亲为凭，此是卦之至理，且《黄金策》中又有“应乃太虚，逢空则雨晴难拟；世为大块，受克则天变非常”之语，似乎世应重于六亲，若所占之卦父母爻或子孙爻恰在应爻而旬空，不就难以推断晴雨了吗？在世爻遭克就会有不寻常的天气了吗？这种观点会使占卦者感到在六亲与世应面前无所适从。我们不必拘泥于世应，要以用神为重，不管用神居于何爻，都须运用五行生克之理推断，世应也不例外。

《黄金策·天时》

天道杳冥，岂可度斯夫旱潦？易爻微渺，自能验彼之阴晴。当究父财，勿凭水火——《天玄赋》、《易林补遗》皆以水火为晴雨之主，而不究六亲制化，盖执一不通之论也。且如以水爻为雨，其言旺动骤雨，休囚微雨，然水居冬旺则雨，雨岂独旺于秋冬而轻微于春夏耶？知乎此不攻自破矣！凡卜天时，当看父财，勿论水火也。

妻财发动，八方咸仰晴光，父母兴隆，四海尽沾雨泽——以父母爻为雨，财动则克制雨神，所以主晴。

应乃太虚，逢空则雨晴难拟——占天时，应空则雨晴难拟，须凭父财及日辰断之。

世为大块，受克则天变非常——应为天，万物之体也；世为地，万物之主也。若世受动爻刑克，必有非常之变。

日辰主一日之阴晴——如父母爻动被日辰克制者，不雨；倘父母爻动日辰生扶，主大雨；财爻动日辰生扶，主烈日。日辰为主也。

子孙管九天之日月——阳象子孙为日，阴象子孙为月，旺则皎洁，衰则暗淡，空伏蒙蔽，墓绝暗晦。墓宜逢冲，绝宜逢生。

若论风云，全凭兄弟——风云当看兄弟爻，以旺动衰静论风云大小浓淡。若问顺风逆风莫看兄弟，以子孙为顺风，以官鬼为逆风。

要知雷电，但看官爻——官鬼在震宫动有雷，旺相霹雳，化进神亦然。或卦无父母，虽雷不雨，父母值日方有雨也。

更随四季推详——此节引上文而言，冬令不可以雷断矣。

须配五行参决——五行各有时旺，春冬多霜雪冰雹，夏秋多雷电朝露。

晴或逢官，为烟为雾——卦得晴兆，官鬼若动，有浓烟重雾；或恶风阴晦，冬或大寒，夏或大热。

雨而遇福，为电为虹——卦得雨兆，子孙若动，有闪电彩虹，盖子孙主彩虹，虹与电亦有其象，故以类而推之。

应临子孙，碧落无瑕疵之半点——凡应临子孙动者，日必皎洁，或财临应动化福亦然。

世临土鬼，黄沙多漫散于千村——或父母爻空伏而世临土鬼发动，是落沙天也，待父爻出空出透日，方有雨也。

三合成财，问雨那堪八卦——卦有三合成财局，有彩霞无雨，三合父局有雨。

五乡连父，求晴怪杀临空——五乡者金木水火土五行也，唯父爻为雨，以财爻为忌煞。若求晴最怪财爻旬空也。

财化鬼阴晴未定——财主晴明，鬼主阴晦，如遇财鬼互化，或鬼财皆动，必主阴晴不定。

父化兄风雨靡常——父主雨，兄主风，两爻互化或俱发动，皆主风雨交作。凡论先后，当以动为先，变为后，俱动则以旺为先，衰为后。

母化子孙，雨后长虹垂带练；弟连福德，云中日月出蟾珠——日月虹霓皆属子孙，若遇父爻化出，必然雨后见虹，兄爻化出则是云中见日。

父持月建，必然阴雨连旬——如求晴岂宜父持月建，若无子孙同财爻齐发，是必连旬阴雨也。

兄坐长生，拟定狂风累日——长生之神，凡事从发萌之始。如父爻逢之，雨必连朝；兄爻逢之，风必累日；官爻逢之，阴云不散；财爻逢之，雨未可望。须至墓绝日，然后雨可止，风可息，云可开，阴可晴也。

父财无助旱潦有常——官鬼父母无气而财爻旺动者必旱，子孙妻财无气而父母旺动者必潦。遇此最怕日月动来生扶，则潦必至淹没，旱必至枯槁。如父财二爻虽旺动，却有制伏，又无扶助，纵旱有日，纵潦有时。

福德带刑日月必蚀——子孙带刑化官鬼，或官鬼动来刑害，或父带螣蛇来克，皆主日月有蚀；阳爻日，阴爻月。

雨嫌妻位之逢冲——占雨若财爻暗动，则父受其暗伤，雨未可望。

晴利父爻之入墓——发动父爻入墓，而无日辰动爻冲开墓库，则雨止。

子伏财飞，檐下曝夫犹抑郁——财爻主晴，不主日，得子孙出现，发动旺相，然后有日，倘无子孙则财爻无根，官鬼必专权，非久晴之兆也。

父衰官旺，门前行客尚趑趄——雨以父为主，得官爻旺动有雨，如父爻居空地，仍为无雨，必密云凝滞不散之象，父爻出旬逢冲当有雨也。

福合应爻，木动交而游丝漫野——子孙乃旷达之神，若临木动与应爻合，或在应上生合世身，必是风和日暖，游丝荡漾之天也。

鬼冲身位，金星会而阴雾迷空——鬼临金爻，动来冲克世身，或冲克应爻，或临应上发动，皆主有浓烟重雾蔽塞郊野之象。

卦值暗冲，虽空有望——如占雨父空，占晴财空，若日辰冲之，则冲空不空，欲定日期，出旬有望。

爻逢合住，纵动无功——父动雨，财动晴，理固然也。若被日辰合住，虽动犹静，待日辰冲父之日雨，冲财之日可晴也。

合父鬼冲开，有雷则雨，合财兄克破，无风不晴——如动爻合住父爻得官爻去冲动父爻，先雷后雨；财被动爻合住，得兄弟克破动爻，无风则不晴。

坎巽互交，此日雪花飞云出——坎巽者，指言父兄两动，在冬令占，有风雪飘扬之象。

阴阳各半，今朝霖雨慰三农——阴晴者，言官父二神也，如求雨见官父皆旺动而无冲合伤损，当日有雨也。

兄弟木兴系巽风，而冯夷何其肆虐——遇兄弟属木，在巽宫旺动刑克世爻，当有飓风之患，如父亦旺动，主风雨交作也。

妻财发动属乾阳，而旱魃胡尔行凶——财爻发动，或变入乾卦，而又遇月建日辰生扶合助者，必主大旱。

六龙御天，只为蛇兴震卦——震为龙象，若见青龙或辰爻在此宫旺动者，必有龙现。如父化辰先雨后龙，如辰化父先龙后雨，父爻安静或空伏，龙虽现而无雨，化财亦然。

五雷驱电，盖缘鬼发离宫——有声曰雷，无声曰电。若鬼在离宫动，当以五雷驱电断之，盖离为彩色之象故也，火鬼亦然。

土星依父，云行雨施之天；木德扶身，日暖风和之景——土主云，父主雨，故土临父动有云行雨施之象。木主风，财主晴，故木临财动有日暖风和之景。

半晴半雨，卦中财父同兴——妻财父母俱动，必然半晴半雨；父衰财旺晴多雨少，父旺财衰雨多晴少。

多雾多烟，爻上财官皆动——财动主晴，鬼动主阴，官旺财衰，大雾重如细雨，鬼衰财旺，烟迷少顷开晴。

身值同人，虽晴而日轮含曜；世持福德，纵雨而雷鼓藏声——凡兄弟持世，动则克财，财若旺相，亦非皎洁天气；子孙持世，动则克官，官若发动，虽雨必无雷声。

父空财伏，须究辅爻。克日取期当明占法——辅爻者即原神也。占雨以父母爻为用神，以官鬼爻为原神；占晴以财爻为用神，以子孙爻为原神。如用神空伏、衰旺、动静、出现、墓绝、合冲、月破，当以病药之法决断日期。今以用神为法原神之例如之。即如用神伏藏，俟用神出透之日应事；如用神安静，俟冲静之日应事；如用神旬空安静，俟出旬逢冲之日应事；如用神静空逢冲，谓之冲起，俟出旬逢合之日应事；如用神静空逢合，俟出旬逢冲之日应事；如用神发动而无他故者，俟逢合之日应事；如用神旬空发动逢冲，谓之冲实，本日应事；如用神发动逢合、动空逢合及静而逢合者，皆俟冲日应事；如用神入墓于日辰者，俟冲用神之日应事；如用神自化入墓者，俟冲开墓库之日应事；如用神被旁爻动来合住，或自化出作合，俟冲开合我之爻之日为应事；如用神月破，俟出月值日或逢合之日应事；如用神绝于日辰，或化绝于爻者，俟长生日应事；如原神会局来克，而用神伏藏，俟出透之日应事；如旬空，俟出旬之日应事。故合待冲、冲待合、绝待生、墓待开、破待补、空出旬、衰待旺等法，远断月日，近断日时，故曰“克日取期当明占法”也。雨宜察父爻之空不空，晴宜察财爻之伏不伏。既如用神，还宜兼察原神，故曰“父空财伏须究辅爻”。“须”字当做“兼”字解，而古注疑以占雨而父空，不必宗父爻，当以辅爻推之，占晴而财爻伏，不必宗财爻，当以辅爻断，以词言义，故予琐陈。

要知其详，别阴阳可推晴雨；欲知其细，明衰旺以决重轻——此节言其大略而已。阴阳，动变之意；重，大也，轻，小也，以旺衰可决雨之大小也。

能穷易道之精微，自与天机而吻合。

本节习题：

1. 测天气，以六亲代表天气的各种情形，而五行中的水火又代表雨和太阳，如果六亲与五行不同步，比如，父母为巳、午火，或者子孙为亥、子水，该怎样去推断天气情况？

2. 第 810 页例 1 说：“如果酉月申、酉日占得此卦，至寅日是很难下雨的，即使能下，也只不过打几个雨点而已。”但既然酉月申酉日金可生卦中的子水，子水又可以去生寅木，寅木父母爻因得生而有力，照样能下雨。请问为什么就不能下雨呢？

3. 占天气时，为什么有时候占得巽卦却无风，占得震卦却无雷，占得坎卦却无雨？是否起的卦象不准确？

第十三节　日常杂事

在这一章的分类预测中，已经分别列举了十三个项目的预测。但天下有万物，人间有万事，前面所列举的项目远远不能涵盖世间纷繁复杂的万事万物，而限于篇幅，也不可能在一部书中将天下万事万物的预测都一一罗列进来。当然，也没有全部罗列的必要。只要明白了卦理，懂得了分析推断的方法，就可触类旁通，也就可以对任何类型、任何项目的事物进行预测。所以，对六爻预测技术的学习，贵在懂得卦理和掌握预测技巧。要做到这一点，除了对本书前面所讲的理论切实掌握外，还需要更进一步地通过对大量卦例的细心研习与琢磨，从中领悟六爻预测的真谛。

下面，我们通过对一些预测实例的分析来看看如何运用六爻预测技术对世间万事进行预测。希望读者边阅读边琢磨，从中学会举一反三、触类旁通的本领。

例 1：（借钱类）广西施先生求测能否借到钱：

壬辰　辛亥　癸巳　戊午

艮为山	**水雷屯**	**六神**
官鬼丙寅木○世	妻财戊子水″	白虎
妻财丙子水×	兄弟戊戌土′应	螣蛇
兄弟丙戌土″	子孙戊申金″	勾陈
子孙丙申金○应	兄弟庚辰土″	朱雀
父母丙午火″	官鬼庚寅木″世	青龙
兄弟丙辰土×	妻财庚子水′	玄武

这是一位易友自测的卦，他认为世爻水多木漂，借不到钱，但又拿不准，故来问我。我的分析推断如下：

1. 四值中只有月建为水，虽当令而旺但有土火克耗，所以四值中水的力量并不是很强。

2. 卦中三个子水，数量是不少，但皆有流年辰土牵制，而且五爻子水动化戌土回头克，所以卦中子水数量虽多，但因有适当的克制而不致泛滥成灾。

3. 官鬼寅木持世，长生于月建，力量不弱。财爻子水动与世爻紧贴相生，世爻动也化财爻回头生，求财易得之象。

4. 当然，世爻与财爻比较，世爻是要弱一些，所以不能完全担负亥子水加起来的财，只能获得与世爻力量相当的钱财分量。

5. 亥子水皆为财星，但亥中有甲木，可助世爻而使世爻力量有所加强，而子水则无木之藏干，所以亥财比子财更利于世爻。为此，我建议施先生在第六天的己亥日去借钱。

结果：施先生己亥日向对方开口借 15 万，对方答应借给 7 万，并当即汇款到帐，应验了上述推断。

例 2：（洽谈类）山东李先生求测去贵阳洽谈业务如何：

丁亥　壬寅　乙未　辛巳

雷水解	**六神**
妻财庚戌土″	玄武
官鬼庚申金″应	白虎
子孙庚午火′	螣蛇
子孙戊午火″	勾陈
妻财戊辰土′世	朱雀
兄弟戊寅木″	青龙

世爻为自己，应爻为对方。世应相生，双方有合作意愿。世爻虽空亡，但双体之土临日辰又得外卦戌土相帮，加之三、四爻午火临时辰生扶世爻，所以寅木难克辰土，实力较强。应爻申金虽临月破又被午火克，幸好双体之金，又得世爻之生，说明对方完全能得到我方的帮助。因此，洽谈必然顺利达到目的。

结果业务做成，双方都非常满意。

例 3：（竞争类）辽宁杨先生求测近两天竞争某项目能否成功：

甲申　丁卯　戊戌　辛酉

水地比	**泽地萃**	**六神**
妻财戊子水″应	兄弟丁未土″	朱雀
兄弟戊戌土′	子孙丁酉金′应	青龙
子孙戊申金×	妻财丁亥水′	玄武
官鬼乙卯木″世	官鬼乙卯木″	白虎
父母乙巳火″	父母乙巳火″世	螣蛇

兄弟乙未土″　　　兄弟乙未土″　　　勾陈

1. 月建卯木为竞争对手。

2. 世爻卯木被动爻申金克，又被白虎临世相克，无发动的卦爻通关化解，力量远不如月建卯木强。

3. 合作的对方以应爻代表。应爻与世应为相生关系，说明双方有合作意向，但应爻不动，同时子卯相刑，说明双方彼此感到不愉快。

4. 由于世爻力量不如月建卯木强，所以应爻会倾向与实力强的人合作而放弃世爻。

结果合作未成。

例 4：（荣誉类）北京徐先生问此次评奖能否通过：

丙戌　丙申　己丑　乙亥

雷天大壮　　　　**六神**

兄弟庚戌土″　　　勾陈

子孙庚申金″　　　朱雀

父母庚午火′世　　青龙

兄弟甲辰土′　　　玄武

官鬼甲寅木′　　　白虎

妻财甲子水′应　　螣蛇

评奖是有关荣誉的事情，以父母爻代表。根据父母爻与世爻的关系就可以推断出能否通过的答案。

世爻午火在申月失令，月日时一片克泄耗，入墓于太岁，世爻上下被申辰两个爻耗泄，世爻又临旬空，而唯一能生世爻午火的寅木又临月破而无力相生，这样，午火就处于一种衰弱至极的状态，也就是达到了弱极而从的程度，世爻从则吉。现在已经知道世爻处于一种有利的状态，接下来就要看世爻与代表荣誉的父母之间是什么关系：

父母持世，父母与世爻合为一体，而且世爻又临青龙，此乃喜庆之兆，表示荣誉的花环必将戴在自己的头上。换句话说，此次评奖无疑是能够顺利通过的。

结果：此次评奖是根据过去的工作成绩来评选“先进参谋奖”，对升迁影响很大，徐先生在评选中顺利通过。

此卦的关键在于：要正确判断世爻的强弱状态，要看到世爻是弱极而从，不能将其误判为衰弱而不从，否则，就会得出相反的预测结论。

例 5：（洽谈类）湖南常先生说别人准备找他去做一笔业务，但不知到底能否做成，于是求测了一卦：

丙戌　戊戌　癸酉　己未

天地否	**火泽睽**	**六神**
父母壬戌土′应	官鬼己巳火′	白虎
兄弟壬申金○	父母己未土″	螣蛇
官鬼壬午火′	兄弟己酉金′世	勾陈
妻财乙卯木″世	父母丁丑土″	朱雀
官鬼乙巳火×	妻财丁卯木′	青龙
父母乙未土×	官鬼丁巳火′应	玄武

世爻为自己，应爻为对方。世应卯戌相合，双方确有洽谈的意向。但应爻旬空，对方的意向不能变成行为，所以对方最终不会请自己去做这笔业务。财爻持世临日破，又被初、二、五爻泄耗克过重，因此，这笔钱是无法赚到的。

综合上述信息推断，这笔业务肯定做不成。

后来果然未能做成此笔业务。

例 6：（学艺类）山东崔先生求测学做面点前景如何：

壬午　壬子　戊辰　癸亥

天雷无妄	**六神**
妻财壬戌土′	朱雀
官鬼壬申金′	青龙
子孙壬午火′世	玄武
妻财庚辰土″	白虎
兄弟庚寅木″	螣蛇

父母庚子水′应　　勾陈

学做面点的目的是为了挣钱，所以应看财爻与世爻之间的关系。

子孙持世，子孙代表技术，说明自己想学面点手艺的心情很迫切。世爻入墓于外卦暗动之戌土，财星泄世爻之气，世爻生财星，表明自己对钱财的追求。追求是需要实力的，远远不如财爻生世求财那么容易。财爻临日辰并不是很弱，但世爻午火临月破有年支午火相帮弱而不从，这样一来形成身弱财旺，自己就没有实力去挣到钱。在世爻子孙实力不足的情况下，子孙持世生财爻往往是为人作嫁的象征，自己的劳动难以给自己带来财富，而往往是帮了别人的忙，让别人赚了钱，自己则是费力不好看。

基于上述分析，建议他放弃原来学艺的打算，但他学艺心切，以为学成后自己定能凭此手艺开店赚钱，结果学成后回来开店却是事与愿违，不但没有赚到钱，反而还亏了老本，真是落得个费力不好看的结局。

例 7：（竞争类）南京文先生求测在月内与某大学谈一个项目能否成功：

癸未　甲寅　己酉　乙亥

巽为风　　　　六神

兄弟辛卯木′世　　勾陈

子孙辛巳火′　　朱雀

妻财辛未土″　　青龙

官鬼辛酉金′应　　玄武

父母辛亥水′　　白虎

妻财辛丑土″　　螣蛇

1. 项目合作需要选择最好的合作者，所以会从有合作意向所有人中进行挑选，因而存在多人之间的竞争。

2. 与世爻五行同类的月建寅木为竞争对手。

3. 世爻卯木虽得月建帮而被日辰冲为暗动，但卯木旬空，卦中又无动爻水来生，还被勾陈临世耗气，因而力量强不过月建寅木，竞争中就不占上风。

4. 官星为决定此事的决策者，官星酉金冲克世爻，对寅木只克不冲，其情与我最为相背。

综上分析，世爻不占任何优势，校方就不会与世爻合作。

结果：双方观点不一致，未能合作成功。

例 8：（信件类）云南张先生求测何时收到唐教授的信件：

丁亥　癸卯　丁巳　丙午

水天需	泽天夬	六神
妻财戊子水″	兄弟丁未土″	青龙
兄弟戊戌土′	子孙丁酉金′世	玄武
子孙戊申金×世	妻财丁亥水′	白虎
兄弟甲辰土′	兄弟甲辰土′	螣蛇
官鬼甲寅木′	官鬼甲寅木′应	勾陈
妻财甲子水′应	妻财甲子水′	朱雀

父母代表信件。父母巳火伏在二爻寅木之下。伏神得飞神之生，又得月令之生，信件应该收得到。卦中申金发动冲寅木为忌神，何时能消除这个忌神，那时就会收到信件。消除申金的最彻底的方法就是以寅木去冲，而且还要寅木力量强，这样的条件当然非寅日莫属。所以断在丙寅日能收到信件。

结果确实在丙寅日收到信件。

例 9：（谒见类）北京某先生去见某官员办事，欲知结果如何：

丁亥　壬寅　辛未　戊戌

雷地豫	地水师	六神
妻财庚戌土″	官鬼癸酉金″应	螣蛇
官鬼庚申金″	父母癸亥水″	勾陈
子孙庚午火○应	妻财癸丑土″	朱雀
兄弟乙卯木″	子孙戊午火″世	青龙
子孙乙巳火×	妻财戊辰土′	玄武
妻财乙未土″世	兄弟戊寅木″	白虎

世爻代表自己，五爻申金官鬼代表要见的官员。申金月破，但这种月破

中的申金并不是被克方，而且又得日生，所以其力量并不是很弱。妙在官鬼庚申双体之金又居五君爻，说明此官员处于要害部门，是个拥有特殊实权的人物。

世爻未土生用神官鬼申金，说明是自己主动去找对方，而不是对方主动来找自己。用神官鬼庚申金居高位，世居初爻低位，自己会以尊敬和虔诚的态度去拜访对方。世爻得巳午火生又临日辰，说明自己也是有名气和实力之人。用神官鬼得世爻之生，表明自己能使对方获益。在这种情况下，双方都觉得高兴，因而谒见定然会达到目的。

结果谈得很投机，满意而归，心想事成。

例 10：（竞争类）甘肃饶先生求测搞一个融资数亿元的项目能否到手：

壬午 辛亥 癸未 丁巳

天山遁	**山地剥**	**六神**
父母壬戌土′	妻财丙寅木′	白虎
兄弟壬申金○应	子孙丙子水″世	螣蛇
官鬼壬午火○	父母丙戌土″	勾陈
兄弟丙申金○	妻财乙卯木″	朱雀
官鬼丙午火″世	官鬼乙巳火″应	青龙
父母丙辰土″	父母乙未土″	玄武

1. 四爻和流年午火、时辰巳火为竞争者。

2. 世爻午火虽有青龙相生，但被月建克，力量并不强。

3. 四爻午火动化墓，被勾陈泄气和两个动爻申金耗气，力量比世爻更弱。

4. 卦爻无动爻来生，比四值中同类五行弱，所以世爻比年时之火都弱，缺乏竞争实力。

5. 这么大的融资项目，需要雄厚的经济实力。财爻寅木虽然伏在世爻之下生世爻，但入墓于日辰，钱就拿不出来，这也是一个失败的因素。

综上分析，必然失败。

结果确实未能成功。

例 11：（托人类）宁夏杨先生准备办一件事情，因事情比较难办，于是打算找王先生帮忙，但又不知找对方是否真正会对自己有所帮助，因而求测：

甲申　丙子　戊子　庚申

泽地萃	泽风大过	六神
父母丁未土″	父母丁未土″	朱雀
兄弟丁酉金′应	兄弟丁酉金′	青龙
子孙丁亥水′	子孙丁亥水′世	玄武
妻财乙卯木×	兄弟辛酉金′	白虎
官鬼乙巳火×世	子孙辛亥水′	螣蛇
父母乙未土″	父母辛丑土″应	勾陈

世爻代表自己，应爻代表王先生。世爻本为从象，因应爻衰弱，从不了应爻，故应爻就缺乏实力。应爻又为兄弟，对方不但不能帮自己，反而还会枉费钱财。所以，拜托王先生帮忙无疑是错误的选择。

杨先生听了预测之后，半信半疑，最终还是去找了王先生帮忙，结果没有任何帮助。

例 12：（审批类）我自测科协是否会批准成立“重庆市东方周易文化研究院”：

丙戌　辛丑　乙卯　甲申

雷泽归妹	六神
父母庚戌土″应	玄武
兄弟庚申金″	白虎
官鬼庚午火′	螣蛇
父母丁丑土″世	勾陈
妻财丁卯木′	朱雀
官鬼丁巳火′	青龙

同意成立“研究院”的批复以父母爻代表。父母丑土持世，说明我自己对成立研究院之事很在乎。成立研究院需要学术实力，否则就不具备资格。

世爻父母丑土临月建强旺，说明研究院的团队实力雄厚，完全能够担当研究院的工作。

成立研究院能否获准科协的审批，应该看官鬼爻与世爻及父母爻的关系。官鬼生父母爻和世爻，说明科协能够爽快答复，很快就会同意审批。

结果在第五天（2007 年 1 月 25 日己未日）得到批复，获准成立“重庆市东方周易文化研究院”（现更名为重庆市华夏周易文化研究院）。

此卦世爻丑土旬空，因临月建又得太岁帮而不以空论，这个旬空只是代表自己心中对研究院能否获准成立感到不踏实，这也正是起卦预测的原因。

例 13：（审批类）我自测向民政局申请创建“重庆市东方周易文化研究院”能否获准：

丙戌　辛丑　壬子　己酉

风地观	**山地剥**	**六神**
妻财辛卯木′	妻财丙寅木′	白虎
官鬼辛巳火○	子孙丙子水″世	螣蛇
父母辛未土″世	父母丙戌土″	勾陈
妻财乙卯木″	妻财乙卯木″	朱雀
官鬼乙巳火″	官鬼乙巳火″应	青龙
父母乙未土″应	父母乙未土″	玄武

与上一例的预测原理一样，也是以父母为用神。父母未土持世，得五爻官鬼巳火动来相生，说明登记机关的领导很支持这件事。但是，官鬼巳火动化出子水回头克，又被日辰子水所克，这说明领导虽然支持成立研究院，但有人持有异议，而且这种异议对这个领导有一定的压力，领导要作出同意批准的决定，就得顶住这种压力。那么，领导是否能顶住压力呢？子水临日辰，可谓有力，幸有月建丑土合住子水，使子水无法去克制官鬼巳火，所以，这种压力是会被消除的。这样，领导就会作出批准的决定了。

结果于 2007 年 1 月 31 日乙丑日批复：同意成立研究院。

此卦父母未土持世逢月建丑冲，此为同类相冲，不为月破，而为冲旺。如果论为月破的话，世爻父母未土就失去作用，成立研究院的事就不能获得批准了。

例 14：（吉凶类）江西王先生求测官方对他的公司发展有无负面影响：

丙戌 癸巳 丁巳 辛亥

天泽履	六神
兄弟壬戌土′	青龙
子孙壬申金′世	玄武
父母壬午火′	白虎
兄弟丁丑土″	螣蛇
官鬼丁卯木′应	勾陈
父母丁巳火′	朱雀

官方以官鬼爻代表。官鬼为卯木，居于二爻。官鬼如果能够有力地刑克世爻，就表示对我不利。

我们来看官鬼与世爻的生克情况：

官鬼卯木衰弱，世爻申金也衰弱，卯木不克申金，反与申金暗合，因而官方不但不会对我有什么不利的举动，反而还会与我暗中配合。所以，完全可以打消害怕官方的顾虑。

结果无任何负面影响。

例 15：（吉凶类）马来西亚王总求测同行公司成立后对自己的公司影响如何：

丙戌 庚寅 庚午 丁亥

天风姤	巽为风	六神
父母壬戌土′	妻财辛卯木′世	螣蛇
兄弟壬申金′	官鬼辛巳火′	勾陈
官鬼壬午火○应	父母辛未土″	朱雀
兄弟辛酉金′	兄弟辛酉金′应	青龙
子孙辛亥水′	子孙辛亥水′	玄武
父母辛丑土″世	父母辛丑土″	白虎

世爻代表自己的公司，应爻代表同行公司。应爻动世应构成丑午相生又

相害，作为同行公司，相生表示在竞争中相互促进，相害则表示有利益之争。由于是应爻午火生世爻丑土，而世爻并不生应且反泄应爻之气，所以相比之下自己的公司并不会因为同行公司的成立而吃亏。

结果确实没有受到不利的影响。

例 16：（洽谈类）江苏梁先生求测洽谈租厂房之事能否成功：

丙戌 癸巳 丙申 庚子

地火明夷	**六神**
父母癸酉金″	青龙
兄弟癸亥水″	玄武
官鬼癸丑土″世	白虎
兄弟己亥水′	螣蛇
官鬼己丑土″	勾陈
子孙己卯木′应	朱雀

厂房以父母爻代表。父母酉金入墓于世爻丑土，表示厂房最终会落在我的手中。这就表示洽谈能够成功。应爻为洽谈的对方。应爻克世爻，对方有刁难我的意思，但世爻得月建及太岁生扶，力量较强，而应爻失令，又被太岁和日辰申金所合克，力量远不及世爻，因而应爻实际上并不能克住世爻，所以，对方虽然想刁难我却奈何不了我，最后只有向我妥协，于是将以我的意见为主达成租房协议。

实际：与上述预测相符。

例 17：（出版类）河北张先生求测自己的学术著作能否正式出版：

壬午 丁未 癸未 庚申

乾为天	**风天小畜**	**六神**
父母壬戌土′世	妻财辛卯木′	白虎
兄弟壬申金′	官鬼辛巳火′	螣蛇
官鬼壬午火○	父母辛未土″应	勾陈
父母甲辰土′应	父母甲辰土′	朱雀
妻财甲寅木′	妻财甲寅木′	青龙

子孙甲子水′　　子孙甲子水′世　　玄武

学术著作以父母爻代表。父母持世，表示自己出版著作心切。著作能否出版，是由出版社负责出版事宜的领导决定。这位领导以官鬼代表，卦中官鬼午火发动生用神，说明这位领导对出版事宜很感兴趣。官鬼动生世爻父母戌土，表示自己的著作能得到这位领导的喜欢。这就为著作的出版奠定了良好的基础。著作出版需要考虑著作本身的学术价值和社会价值，世爻父母戌土旺于日月，又得太岁入卦生之，说明著作的学术价值和社会价值很高。这些有利因素全部集中在一起，著作出版当然就没有什么问题了。

结果著作在出版社正式出版。

例 18：（出版类）重庆余先生求测专著能否在某出版社出版：

癸未　甲寅　己酉　辛未

地雷复　　**水雷屯**　　**六神**

子孙癸酉金″　　妻财戊子水″　　勾陈

妻财癸亥水×　　兄弟戊戌土′应　　朱雀

兄弟癸丑土″应　　子孙戊申金″　　青龙

兄弟庚辰土″　　兄弟庚辰土″　　玄武

官鬼庚寅木″　　官鬼庚寅木″世　　白虎

妻财庚子水′世　　妻财庚子水′　　螣蛇

父母爻代表书稿。父母巳火伏在官鬼寅木之下，说明此书目前尚未正式出版过。

寅木官鬼临月建看似强旺，但不宜旬空又入墓于太岁，加之对父母巳火又生中有害，说明有位领导既支持出版此书，同时又怕担当什么责任，所以有些拿不定主意。并且心中也不踏实，因而这个领导就没有魄力决定同意出版此专著。五爻亥水得日建之生动来生合飞神官鬼寅木，使寅木真正去生用神巳火，殊不知亥水动化戊戌双体之土回头克，这样一来，亥水自身难保，就根本无力去生官鬼寅木了。寅木空亡又入墓就不能生用神。这样，出版专著之事就没有希望了。

应爻兄弟丑土与世爻子水相合，表示有朋友愿意帮助自己出版此书，但世应都衰弱，想帮也帮不了。

综合以上分析，可以断定此书在这个出版社无法出版。

实际情况：预测前有人答应帮忙，但最终未能办成。

例 19：（交易类）四川唐先生求测购买一个项目能否成功：

丙戌　己亥　丙辰　癸巳

艮为山	**风山渐**	**六神**
官鬼丙寅木′世	官鬼辛卯木′应	青龙
妻财丙子水×	父母辛巳火′	玄武
兄弟丙戌火″	兄弟辛未土″	白虎
子孙丙申金′应	子孙丙申金′世	螣蛇
父母丙午火″	父母丙午火″	勾陈
兄弟丙辰土″	兄弟丙辰土″	朱雀

购买项目的目的是为了赚钱，项目就是一种财富，所以项目应以妻财爻代表。

世爻寅木得月建生，力量很强；世爻化进，自己对购买此项目信心十足。财爻子水为用神，用神子水生世，说明这个项目早晚是自己的盘中餐，跑也跑不掉。不过，目前子水旬空，暂时还不能将此项目买到手，需要等到出空之后才能如愿。

购买别人的项目，是与卖方之间的交易，双方为了经济利益自然会讨价还价，在此过程中谁会占上风，就看双方谁居主导地位。

世爻为自己，应爻为出售项目的卖方。虽然世爻得月令生有力，但应爻也得日辰生，力量也不弱。那么，到底谁更具有优势呢？世爻寅木与应爻申金相冲，并且是应爻申金冲克世爻寅木，应爻是主克方，主动权掌握在卖方的手中。这样，卖方就会在价格上尽量提高，自己又左右不了卖方，于是最终只得服从对方的价位，这无疑会吃些亏，会多花一些钱才能买下这个项目。

另外，子水财爻在世爻所居之经卦，代表自己的钱，子水被四爻戌土遇日辰相冲暗动所克，又动化巳火耗气，所以，自己的钱必然会有些意外的耗费。不过，子水旺于月建，力量很强，说明自己的经济实力雄厚，经得起这点耗费。

结果：双方成交，但支付超出了自己事先的预算。

例 20：（升调类）贵州王某求测能否升调离开现在的单位：

丙戌　戊戌　癸巳　丁巳

雷天大壮	**地天泰**	**六神**
兄弟庚戌土″	子孙癸酉金″应	白虎
子孙庚申金″	妻财癸亥水″	螣蛇
父母庚午火○世	兄弟癸丑土″	勾陈
兄弟甲辰土′	兄弟甲辰土′世	朱雀
官鬼甲寅木′	官鬼甲寅木′	青龙
妻财甲子水′应	妻财甲子水′	玄武

1. 升调人人都想，日时巳火为竞争者。

2. 世爻午火旬空，入墓于年月，虽然发动，并无多大力量，且化丑土泄气，又有勾陈泄气，故动而反生弊。

3. 三爻辰土暗动，构成湿土晦火。

4. 世爻动而泄气，又无木动来相生，力量远不及日时之火，所以升调的只能是别人。

当时我断他升调不成，他不高兴，认为很有把握。结果硬是被摁在了原单位。

例 21：（医药类）河南杨先生求测买药治疗脱发效果如何：

壬午　辛亥　丁酉　庚戌

火泽睽	**地泽临**	**六神**
父母己巳火○	子孙癸酉金″	青龙
兄弟己未土″	妻财癸亥水″应	玄武
子孙己酉金○世	兄弟癸丑土″	白虎
兄弟丁丑土″	兄弟丁丑土″	螣蛇
官鬼丁卯木′	官鬼丁卯木′世	勾陈

父母丁巳火′应　　父母丁巳火′　　　朱雀

子孙酉金持世虽然失令，但临日辰，并且又有众土相生；父母巳火发动克世爻，此为病根，妙在父母巳火化出癸酉剑锋金三合金局加大世爻之力，这就说明这个药品能够治疗脱发之症。据此，断此药品可以使用，用后能够取得较好的疗效。

结果：用后确实有效，止住了头发的继续脱落。

此卦世爻被三个土重重围住，是否有土众埋金之嫌呢？单从数量比例上看是有这种弊端，但实际上，酉金临日辰与卦中三合金局，比土旺得多；衰弱之土虽众，但力量加起来也并不大，所以土不能将金埋住。如果是土旺金衰，那么，三个旺土就可埋住一个金了，在这种情况下才是真正的土多埋金。

例 22：（转让类）甘肃童女士求测门面转让能否成功：

壬午　辛亥　丁酉　庚戌

山地剥	**山火贲**	**六神**
妻财丙寅木′	妻财丙寅木′	青龙
子孙丙子水″世	子孙丙子水″	玄武
父母丙戌土″	父母丙戌火″应	白虎
妻财乙卯木×	子孙己亥水′	螣蛇
官鬼乙巳火″应	父母己丑土″	勾陈
父母乙未土×	妻财己卯木′世	朱雀

世爻为自己，应爻为承接门面的对方。父母爻代表门面，父母克世，说明自己在这个门面里经营业务感到吃力。应爻巳火虽旬空，有动爻及年支生助，故出空则不为空。应爻官鬼生父母，说明对方对这个门面比较喜欢，因而有意承接。内卦亥卯未三合财局生应爻，出空能受生之后对方拿到这个门面经营能够营利，对方也看到了这一点，于是便会欣然答应承接。

世爻子水克应爻巳火，在洽谈中自己居主导地位，转让价格是自己说了算，而不是由对方来定。因此，转让费的数额自己是比较满意的。

结果以比较理想的价位转让了出去。

例 23：（交际类）青海罡先生问与某单位往来有无好处：

癸未　甲寅　甲子　己巳

水雷屯	雷水解	六神
兄弟戊子水″	官鬼庚戌土″	玄武
官鬼戊戌土○应	父母庚申金″应	白虎
父母戊申金×	妻财庚午火′	螣蛇
官鬼庚辰土″	妻财戊午火″	勾陈
子孙庚寅木×世	官鬼戊辰土′世	朱雀
兄弟庚子水○	子孙戊寅木″	青龙

世爻代表自己，应爻代表欲与之往来的单位。世爻临月建又得动爻临日辰生护，卦中申金月破又动化回头克而无力克世爻寅木，世爻有生助，力量特别强大。应爻官鬼戌土和父母申金与初爻子水构成连环相生而生世爻，说明对方于我有利。什么利？应爻官鬼旬空，自己无法从对方那里得到官职，但父母申金与世爻形成连环相生，说明可以从对方那里得到某种名誉或者代表名誉的某种证件或证书之类的东西。

实际情况：有收获，得到该单位颁发的荣誉证书。

例 24：（利弊类）北京龚先生求测：读研究生某专业对自己的事业有无帮助：

癸未　甲寅　丁卯　乙巳

雷地豫	山泽损	六神
妻财庚戌土×	兄弟丙寅木′应	青龙
官鬼庚申金″	父母丙子水″	玄武
子孙庚午火○应	妻财丙戌土″	白虎
兄弟乙卯木″	妻财丁丑土″世	螣蛇
子孙乙巳火×	兄弟丁卯木′	勾陈
妻财乙未土×世	子孙丁巳火′	朱雀

卦中动爻构成三合、三会子孙局生财，说明所读的研究生专业能够创造财富。财爻未土持世，三会子孙局来生世爻，世爻又动化子孙回头生，预示

此专业技术将会成为自己的生财之道。

后来（2008年）反馈：此专业对自己的事业上有很大帮助，使得事业蒸蒸日上。此卦世爻本来失令衰弱，但由于得到旺相的子孙爻之生护，使世爻由弱变强，加之世爻得太岁之帮，从而使自己的实力大增，这正是事业能得以快速发展的重要原因之一。

例25：求测事业：

庚辰　甲申　戊申　壬戌

天地否	火山旅	六神
父母壬戌土′应	官鬼己巳火′	朱雀
兄弟壬申金○	父母己未土″	青龙
官鬼壬午火′	兄弟己酉金′应	玄武
妻财乙卯木×世	兄弟丙申金′	白虎
官鬼乙巳火″	官鬼丙午火″	螣蛇
父母乙未土″	父母丙辰土″世	勾陈

1. 测事业当求其实惠，以财爻为用，看财爻与世爻关系如何，现财爻卯木持世，在年月日时中仅得月干甲木之助，其余全是克耗，又被卦中动爻申金临月日旺克，加之两官爻巳午火夹泄更是雪上加霜，然世爻自恃双体之木又有内卦纳干三乙木之助、外卦三壬水相生、月干甲木助之，世爻力微又想自成体系，弱被克泄耗，又不从，事业定然不顺。

2. 世爻旬空发动化回头克，卯木与申金暗合，说明世爻对现有工作已无信心，不愿待在原单位了，但想走又走不了，因世爻化回头克合。

3. 世爻在年月日时及卦中遭克泄太过，说明其工作压力大。又被两鬼夹泄，工作烦恼多，事事不称意，木主神经被克泄耗太过，也主其神经系统有病。五爻兄弟申金动克世爻，五爻为道路，故我叮嘱他行车走路应小心车祸摔伤。建议他穿黑色衣服为主。

实际上此人在从事艾滋病的研究工作，与主管领导关系不好，工作不顺心，经济效益又不好，但又爱面子，自视过高，好像他的研究已取得成功，常把自己与伟人相提并论，有些神经质。测后不久在街上扭伤了脚，此后不久他自己开的一家个体药店由于手续不全，被有关部门查封。

例 26：求测父下葬几年后棺材烂否：

庚辰　己丑　己巳　辛未

地火明夷	**地雷复**	**六神**
父母癸酉金″	父母癸酉金″	勾陈
兄弟癸亥水″	兄弟癸亥水″	朱雀
官鬼癸丑土″世	官鬼癸丑土″应	青龙
兄弟己亥水○	官鬼庚辰土″	玄武
官鬼己丑土″	子孙庚寅木″	白虎
子孙己卯木′应	兄弟庚子水′世	牖蛇

1. 测棺材取父母爻为用神。

2. 兄弟亥水动看似对父母酉金有泄泻之嫌，实则空亡，虽动，但被众土所克又入双墓，故亥水动对用神酉金并无负面影响。

3. 卦中父母癸酉纳音为剑锋金，酉中辛金为珠玉之金，如此成器之金虽被重土所埋也不会变质，土又生金，金反而有被土保护起来之象，故棺材还没烂。

实际情况：棺材虽已埋了三年多，但挖起来跟新的差不多，毫无损伤。

例 27：（交易类）重庆何先生测能否以四十万元的价格把一套房买下来：

丙戌　庚寅　己巳　癸酉

泽天夬	**火泽睽**	**六神**
兄弟丁未土×	父母己巳火′	勾陈
子孙丁酉金○世	兄弟己未土″	朱雀
妻财丁亥水′	子孙己酉金′世	青龙
兄弟甲辰土○	兄弟丁丑土″	玄武
官鬼甲寅木′应	官鬼丁卯木′	白虎
妻财甲子水′	父母丁巳火′应	牖蛇

四十万元是自己的心理价位，能低不能高。房屋交易是买卖双方的事，价格也需要双方商量，房屋价格最终由谁决定，到底是谁答应谁的要求价位，就看世应之间的五行关系：如果应爻生世，对方会爽快答应我的要求价位；如果应爻克世，卖方则不会答应我方的要求价位而会自己单方定价；如果世爻克应爻并且又能真正克住应爻，那么，卖方无奈之下只得答应我方要求的价位。

世爻酉金本来失令衰弱，但得未辰二土发动相生，世爻本身也发动化出未土回头生，所以世爻的力量有所增加。应爻虽临月建又化进，看似力量强大，殊不知应爻入墓于上爻未土，加之又是被克方，这样一来，应爻就会答应我方的要求。

结果把此套房顺利买下，果然没有超出四十万元。

例 28：某先生求测能否要到工钱：

庚辰　丁亥　己卯　癸酉

水天需	**水火既济**	**六神**
妻财戊子水″	妻财戊子水″应	勾陈
兄弟戊戌土′	兄弟戊戌土′	朱雀
子孙戊申金″世	子孙戊申金″	青龙
兄弟甲辰土′	妻财己亥水′世	玄武
官鬼甲寅木○	兄弟己丑土″	白虎
妻财甲子水′应	官鬼己卯木′	螣蛇

1. 测要钱看世应关系，看财爻与世爻关系如何。

2. 子孙申金持世虽得太岁生，时支助，但五爻兄弟被太岁冲暗动，五爻又冲动三爻辰土，众兄生世有埋金之嫌，好在卦中寅木发动得月建生日辰助制土有力，但官鬼寅木虽制兄弟却也耗世爻之气，世爻偏弱又逢旬空，对讨债不利，世空有钱难得，兄动又有破财之象。

3. 世生应爻为子孙生财，说明自己为对方挣了钱。官鬼寅木得日支卯木之助旺动泄应爻之财，有财被泄走之象。卦中兄爻旺动劫财，兄能得到钱，应得世生也得到了钱，官鬼泄应也得到了钱，唯独世爻弱又被应爻泄官鬼耗，故而只有他得不到钱。

反馈：他是打工搞装修的，为老板挣了钱，他去要工钱时，老板说他的同伴领去了，问同伴又说老板没给，就这样到现在工钱也未到手。

例 29：搞术数研究的本来都是一家人，一般都能互相尊重，但由于各自的观点不同，也有相互诘难的。一九九八年七月初二上午，一位环境地理讲师对我说："四柱、八卦不大可靠，还是环境地理学技术准确。"我说："环境地理也是我研究的重点之一，与四柱八卦相比，是各有所长，只是研究的重点不同而已，传统环境地理学也有局限性。至于哪种预测方法更准确，那只是技术高低的问题。没有深入研究过的学问，还是不要妄加评论的好。"他年轻气盛，很不服气地说："那你看我六月二十七日（夏历）早上六、七点钟有什么事发生？"谁也不是神仙，同行竟然这样诘难，我心里觉得很不是滋味。不过我也不想认输，对他说："你报三位数吧。""1、4、5"。我沉吟片刻，对他说："你不就是遭遇了盗贼吗？""哎呀，对！那天早上我正在河南郑州吃早点，随身带的一个密码箱被小偷给偷走了，损失了一千多元。"这说明他的环境地理技术并不能预测自己会遇上小偷，所以我觉得卖西瓜的人可以说自己的西瓜是甜的，但你不能说人家哈密瓜就是酸的。

我们且看此卦的信息：

戊寅　庚申　丁酉　癸卯

天雷无妄	**火雷噬嗑**	**六神**
妻财壬戌土′	子孙己巳火′	青龙
官鬼壬申金○	妻财己未土″世	玄武
子孙壬午火′世	官鬼己酉金′	白虎
妻财庚辰土″	妻财庚辰土″	螣蛇
兄弟庚寅木″	兄弟庚寅木″应	勾陈
父母庚子水′应	父母庚子水′	朱雀

官鬼申金发动临玄武，有盗贼之象，五爻为道路，鬼动化财，乃途中被盗之象。世爻子孙午火有寅中丙火相助休囚安静不从，而官鬼临日月旺动，

衰不敌旺，子孙制不了官鬼，被盗难免。日月与外卦戌土三会官鬼金局，戌财被会而化为官鬼（财爻向鬼背财），亦为破财之象。外卦之财可理解为露在外面看得见的财物，所以密码箱被盗。此卦的玄机在于世爻子孙衰而官鬼旺，衰不制旺，静不敌动，官鬼金反克世爻火，所以虽是子孙持世灾祸也难化为尘。日干丁火本对世爻午火有扶助之意，但被时干癸水紧贴相冲而无扶助之力，再者世爻午火又有纳干壬水盖头，所以被盗而不知觉。

以上列举多种类型的预测卦例，读者通过对以上卦例的分析与琢磨，不难从中领悟到六爻预测的思路与技巧。总之：只要懂得基本的卦理并能明白所测之事的事理，所测之事都可以按理推断出准确的结论。所以，学习六爻预测的关键就在于明理。

本节习题：

1. 测火灾可以取火爻为用吗？

2. 问用六爻测开门市能否成功，以何为用神？如财弱或不上卦该如何断？

3. 测学某一种技术能否用得上，是否要看子孙爻与世爻的关系？怎样看？二者强旺是否就好？这种技术可否赚钱，是否以财爻与世爻的关系看？

4. 用六爻卦测物或人的远近该怎么去分析推断？

第十四节　本章结语

用纳甲法可以预测任何事情，真可谓其小无内，其大无外。《黄金策》里分列了三十多种类型，实际上在纷繁复杂的大千世界，远不止这些项目，从著书的角度讲，实在是难以尽述。本书选择了社会生活中最常见的也是人们最关心的部分项目以实例进行了论述，目的在于使读者能学以致用。从各节的断卦实例中大家可以看到，我断卦很少套用古今各种八卦占筮书中的断语，而直接从四值、动变爻对用神的向背和生克制化入手，从五行力量的强弱对比上下工夫，这样不但断卦思路清晰、简捷，而且准确度高，不说百发百中，至少八九不离十。今人编著预测书籍，往往爱抄袭古书的大量断语为己论，其实只是将古文翻译成白话而已，而翻译又时有曲解原意之弊。古书断语很大部分本就未加使用条件的限制，今人再将其曲解，更是差之毫厘，谬以千里。本书存其原貌，原文照录，使有识者自鉴。希望有志研习八卦预测的爱好者，能从借鉴他人断语的初级机械阶段过渡升华到自己推导断语的高级随意境界。本章各节所举的实例分析，若能在断卦思路上给读者以有益的启示，从而为实现这种过渡升华起到铺垫作用，则我聊以自慰。背熟一千条断语，不如掌握一种正确思路。不知诸君有无同感？

其他许多项目的预测，本章未逐一列举，事实上也不可能全部一一罗列，但无论什么类型的事情，简单也好，复杂也好，用八卦纳甲预测，其预测原理和法则都是一样的。万变不离其宗，只要取准用神，抓住合冲空破旺衰强弱的实质，运用阴阳变化、五行对用神的向背和五行生克制化的原理，就不难推断出准确的结论。八卦预测贵在灵活变通，读者若能举一反三，什么项目的预测都是大同小异，并非难事。

读者反馈表

请您认真填写后邮寄、电子邮件或传真至我院，您即可免费加入我院《易学》读书会。您将免费获得李顺祥老师的最新研究成果和最新的《易学图书书目》(专供会员的研究资料目录)，还可免费获赠李顺祥老师主编的——《易学经世真诠 7.顺祥宗易》易学刊物一本。

电　话：023-66029043　　66036058

网　址：www.sxw.cc　　传　真：023-61805874

E-mail：Lsx1976@21cn.com　Sxwcc@263.net

微信订阅号：Lsx031033　微信服务号：Lsx022033　邮　编：400020

地　址：重庆市江北区观音桥未来国际大厦 27-2 号　收件人：李顺祥

<table>
<tr><td>您的姓名</td><td colspan="3"></td><td>电子信箱</td><td></td></tr>
<tr><td>邮政编码</td><td></td><td>微信号</td><td></td><td>电　话</td><td></td></tr>
<tr><td>通信地址</td><td colspan="5"></td></tr>
<tr><td colspan="6">您购买了我院如下何种图书？请在书名后的括号内打上√。</td></tr>
<tr><td colspan="6">《易学经世真诠 1.人生信息学》(上下册)(　)
《易学经世真诠 2.时空信息学》(上下册)(　)
《易学经世真诠 3.中国姓名学》(　)
《易学经世真诠 4.人居地理学》(　)
《易学经世真诠 5.人生信息学答疑》(　)
《易学经世真诠 6.时空信息学解惑》(　)</td></tr>
</table>

您如需邮购以上图书，可来电来函咨询。

后　记

本《信息学》共分两部，一部为《易学经世真诠 1.人生信息学》（上下册），一部为《易学经世真诠 2.时空信息学》（上下册），是拙著《易学经世真诠 3.中国姓名学》《易学经世真诠 4.人居地理学》《易学经世真诠 5.人生信息学答疑》和《易学经世真诠 6.时空信息学解惑》的姊妹篇。

此套丛书是我长期预测实践的学术结晶和授徒教学的经验总结，浸透着我三十多年的心血和汗水。本着以“实战”为导向，以“实效”为宗旨，将自己的预测经验和预测精髓融入其中，运用通俗易懂的大众化语言，深入浅出地讲授理论知识及实战技法。尽管事务繁忙，但每次出差在外给顾客进行环境布局及五行调理时，我都没有忘记带上书稿，尽量从忙碌空隙中挤出时间对书中的内容进行修改补充，力求精益求精。完稿后，经多位好友校对，我又再次精心修改，使之臻于完善。

本书从编写、修改到最终定稿，前后经过了十多个年头。部分内容原本只作为我举办高级预测师特训班的面授专用教材，没有打算公开发行，但我觉得弘扬易学的意义远远大于个人得失，因此最终决定正式出版发行此套丛书，将学术成果贡献出来，为易学的发展尽一己绵薄之力，读者若能认真研读此套丛书，预测技术必将得到飞跃性的提高。

《易学经世真诠 1.人生信息学》（上下册）和《易学经世真诠 2.时空信息学》（上下册）是在原拙著《四柱玄机》《四柱详解》《四柱集锦》《中国四柱预测学讲义》《六爻玄机》《六爻详解》和《中国八卦预测学讲义》的基础上经过大量修正，并加入了我近十多年来的新成果，列举了大量的预测实例后编写而成，力求使读者研习后真正达到学以致用的目的。

四柱与八卦同源，皆属阴阳五行学的范畴，两部《信息学》（上下册）的内容虽各自独立，却是异曲同工、互为补充，可相互借鉴，若能将二者进行有机结合、融会贯通，定会相得益彰。我坚信，读者研习了此套丛书后，在理论和实践两个方面，一定会跨上新的台阶。

希望广大易学同仁齐心协力，使中华民族的易学瑰宝发扬光大！

读者若需与我联系，可按以下方式：

1. 网址：//www.sxw.cc

2. E-mail：Lsx1976@21cn.com

3. 电话：023-66036058 66029043 传真 023-61805874

4. 微信订阅号：Lsx031033 微信服务号：Lsx022033

5. 来信请寄：重庆市江北区观音桥未来国际大厦 27-2 李顺祥（收）邮编 400020

李顺祥

2017 年 5 月于重庆市华夏周易文化研究院